Yvonne Franke, Kati Mozygemba, Kathleen Pöge,
Bettina Ritter, Dagmar Venohr (Hg.)
Feminismen heute

Gender Studies

Yvonne Franke, Kati Mozygemba,
Kathleen Pöge, Bettina Ritter, Dagmar Venohr (Hg.)

Feminismen heute

Positionen in Theorie und Praxis

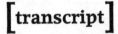

Gefördert durch die Hans-Böckler-Stiftung

Bibliografische Information der Deutschen Nationalbibliothek
Die Deutsche Nationalbibliothek verzeichnet diese Publikation in der Deutschen Nationalbibliografie; detaillierte bibliografische Daten sind im Internet über http://dnb.d-nb.de abrufbar.

Umschlaggestaltung: Kordula Röckenhaus, Bielefeld
Umschlagabbildung: Dagmar Venohr, Hamburg, 2014
Satz: Justine Haida, Bielefeld
Druck: CPI – Clausen & Bosse, Leck
Print-ISBN 978-3-8376-2673-5
PDF-ISBN 978-3-8394-2673-9

Gedruckt auf alterungsbeständigem Papier mit chlorfrei gebleichtem Zellstoff.
Besuchen Sie uns im Internet: *http://www.transcript-verlag.de*
Bitte fordern Sie unser Gesamtverzeichnis und andere Broschüren an unter:
info@transcript-verlag.de

Inhalt

II. THEMEN & FELDER

Geleitwort

Gudrun-Axeli Knapp

Der ›Feminismus‹ und das, was er wollte, will, oder hätte wollen sollen, sind wahre Dauerbrenner in öffentlichen Debatten. Das gilt, seit das Wort ›Feminismus‹ gegen Ende des 19. Jahrhunderts zum ersten Mal auftauchte, um Frauen zu beschreiben, die um ihre Unabhängigkeit ringen. Das Beunruhigende, Stellungnahmen Herausfordernde, das der Problematisierung von Geschlechterverhältnissen und Geschlechterdifferenzierungen innewohnt, hängt mit der spezifischen Verquickung von Identifikationen, persönlichen Erfahrungen und Politik zusammen, die dieses Feld charakterisiert und es von anderen Gegenständen gesellschaftlicher Auseinandersetzung unterscheidet. Mehr als andere Formen der Gesellschaftskritik ruft feministische Kritik daher auch immer wieder Impulse der Abwehr, der aggressiven Beschwichtigung und des Herunterspielens (›Gedöns‹) der Probleme hervor, auf die sie sich bezieht und immer wieder werden die Kritiker_innen dabei selbst zu Sündenböcken gemacht. »Kein anderer Bereich der Gesellschaftskritik«, so resümiert Meredith Haaf in der *Süddeutschen Zeitung* die öffentlichen Feminismusdebatten, »ist so anfällig für intellektuelle Sabotage: Wer schreibt schon Bücher darüber, warum Kapitalismuskritiker an den Verwerfungen unserer Wirtschaftsordnung schuld sind.« (Haaf 2014)

Zum klassischen Repertoire der Beschwichtigungsformeln gehört das *downsizing* zum ›Frauenproblem‹ (›Nebenwiderspruch‹), das zunehmend ergänzt, ja, ersetzt wird durch pauschale Behauptungen vom ›Überholtsein‹ und vom ›Tod des Feminismus‹. Sabine Hark und Ina Kerner haben dies in einem lesenswerten Artikel über das »False Feminist Death Syndrome« untersucht (Hark/Kerner 2007). Begründet wird die These eines Veraltet- und Überholtseins des Feminismus inklusive der auf die Geschlechterproblematik zentrierten Forschungsströmung mit Annahmen einer sinkenden sozialstrukturellen Bedeutung der Kategorie ›Geschlecht‹ als gesellschaftlichem Platzanweiser. An dem Wandel, der darin zum Ausdruck komme, habe die Frauenbewegung wesentlichen Anteil gehabt, es seien also ihre eigenen Erfolge, die sie heute überflüssig machen.

Neben den Partikularisierungen und Abgesängen aller Art finden sich in den Debatten um Feminismus symptomatische rhetorische Strategien, die das Feld in einer bestimmten Weise strukturieren. Mit der wachsenden Zeitspanne, auf die die Frauenbewegung zurückblickt, und mit den damit verbundenen Wellen, »Atempausen« (Gerhard 1999) und Generationenwechseln, bestimmt eine *temporale* Perspektivierung die Diskussion. In der Regel folgt sie der Logik des »vom Vom zum Zum« (Jandl), in deren narrativen Rahmungen die Entwicklung des Feminismus einsinnig und meist auch versämtlichend konstruiert wird. Dies gilt nicht nur für die Außenansicht der externen Feminismusbeobachter_innen. Auch der innerfeministische Diskurs ist von solch monochromen Auslegungen nicht frei. Hier nehmen sie entweder die Form einer Verlust- und Verfallserzählung an: von den radikalen Anfängen, in denen Theorie und Praxis von Gesellschaftskritik zusammengehörten, hin zu Stillstand, Vereinnahmung und Komplizenschaft der Genderei mit dem gesellschaftlichen Status quo, oder die einer Überwindungs- und Überholungsgeschichte, die vom Standpunkt einer Avantgarde aus geschrieben wird, die die jeweils fortgeschrittenste kritische Position für sich reklamiert. Auffällig ist eine weitere homogenisierende Verengung, die zunehmend auch im deutschsprachigen feministischen Diskurs in Umlauf ist und die zurückzuweisen bzw. zu differenzieren wäre: die wie selbstverständlich daherkommende und stark von US-amerikanischen Erfahrungen und Einschätzungen geprägte Reduktion des Feminismus auf ein *identitäts*politisches Projekt (Hark 2014b; Jähnert/Aleksander/Kriszio 2014).

In dem von jüngeren Journalistinnen besetzten meinungsstarken Feld der öffentlichen Feminismusbeobachtung und -debatte hat sich in den vergangenen Jahren zudem das Genre der »Feminismus-Verbesserungs-Industrie« (Haaf 2014) herauskristallisiert. Auch deren Kritik arbeitet mit und lebt von Homogenitätsunterstellungen im Blick auf die Vergangenheit, Gegenwart und die projektierte Zukunft eines verbesserten Feminismus, der den verbesserungsbedürftigen abgelöst hat. Wer aber ist dieser verbesserungsbedürftige Feminismus? Ist er nur einer oder viele? Und: Sind alle gleichermaßen verbesserungsbedürftig?

Im *anti*feministischen Diskurs strukturiert das »vom Vom zum Zum« das Phantasma einer wachsenden Bedrohung von Familie, Nation und Gemeinschaft durch die europaweite Hegemonie von Femokratien, die mit Hilfe von Normen der Political Correctness und einem Wust an Regulierungen und Vorschriften die Freiheit der Rede, des Denkens und Verhaltens einschränken und die mit dem Gender-Mainstreaming, der »Rassenlehre des 21. Jahrhunderts«[1], ein gigantisches Umerziehungsprogramm samt bürokratischer Maschinerie etabliert haben. Der aggressive Antifeminismus von heute kommt im Gewand eines homophoben Anti-Genderismus daher und kämpft mit harten Bandagen. Er ist spürbar hassgesteuert und zieht Befriedigung aus der Rhetorik des Tabubruchs, die in Deutschland fatal an andere Debatten erinnert: »Man wird doch wohl noch sagen dürfen«. Auch für ihn kann es nur einen (Feminismus) geben – und der gehört kaltgestellt.

---

1 | https://sites.google.com/site/theproanti/wir-stimmen-nicht-zu-totalitaeres-gender-mainstreaming-1 (11.10.14)

In allen genannten Fällen wird – aus unterschiedlichen Motiv- und Interessenlagen heraus und mit ebenso unterschiedlichen Affektbesetzungen und Wertungen im Einzelnen – der Blick auf das transnationale und sowohl institutionell als auch politisch-perspektivisch höchst ausdifferenzierte, heterogene und in sich konflikthafte Feld feministischer Kritik verengt, wird mit dem aufmerksamkeitssichernden Singular und einer homogenisierenden Zentralperspektive gearbeitet, um die Pointe der jeweiligen Version des »vom Vom zum Zum« plausibilisieren zu können. Nach Sabine Hark haben wir es

»mit einer gesellschaftlichen Konstellation zu tun, in der einerseits *post-2nd-wave* und anti-feministische Kräfte an der Reformulierung von Feminismus als heteronormativ grundiertem solipsistischen Eliteprojekt ›von oben‹ arbeiten und die zugleich aktiv die Etablierung des Zerrbilds eines lustfeindlichen, männerhassenden und notorisch zensierenden, sklerotischen Feminismus betreiben sowie dessen Desartikulation als mehrdimensionale, glokale, vielstimmige und oft auch inkongruente und widersprüchliche *kollektive* politische Praxis ›von unten‹ befördern.« (Hark 2014a: 5, Hervorh. i. Orig.)

Vereinfachungen und Versämtlichungen wie sie in den unterschiedlichen Konstruktionen des einsinnigen Feminismus gängig sind, weisen ein inhärentes Potential zur Verselbständigung auf. Sie lassen sich leicht aus dem Zusammenhang der jeweiligen Erzählung lösen und flottieren dann in der ›stillen Post‹ der gesellschaftlichen Selbstverständigung als Gespenster, Gerüchte und Klischees. Klischees sind eine harte Währung unter sozio-ökonomischen und kulturellen Verhältnissen, die eher kurzatmige Kommunikationen und Abkürzungen begünstigen als kognitiv, emotional und zeitlich aufwändige Formen einer vertiefenden Aneignung durch genaueres Hinsehen, durch Sich-Umhören, durch Mehr- und Querlesen. Im Markt der Massenmedien schlagen sich die Entwicklungen in immer kurzzyklischer werdenden Formen der Skandalisierung, des Sensationalismus und in Hypes nieder, die die jeweils plattesten Botschaften und die schreierischsten Formulierungen opportunistisch begünstigen. Der Titel des vor kurzem erschienen Buches *Tussikratie. Warum Frauen nichts falsch und Männer nichts richtig machen können* (Bäuerlein/Knüpling 2014) und sein breites – und verbreitet positives – Echo sind dafür symptomatisch. Aus meiner Sicht diskreditiert er schon vorab auch das, was inhaltlich bedenkenswert sein könnte. Treffend schreibt Heide Oestreich in ihrer Besprechung am 18. Juni 2014 in der *taz* unter dem Titel »Prügel für Strohpuppen«: »Theresa Bäuerlein und Friederike Knüpling erfinden und bekämpfen die ›Tussikratie‹. Dumm nur, dass es ihre Gegnerinnen gar nicht gibt.« (Oestreich 2014, Hervorh. i. Orig.)

Auch in der Sphäre der Wissenschaft, die ihrem Selbstanspruch nach eigentlich dafür freigestellt sein sollte, sich das »Erinnern, Wiederholen, Durcharbeiten« (Freud) und die forschende Komplexitäts*produktion* leisten zu können, um zu sachhaltigen Einschätzungen zu gelangen, werden Feminismus-Klischees produziert und wird damit Politik gemacht. Unter den Bedingungen der Entrepreneu-

rial University in einer vermarktlichten Gesellschaft, die individualistische Gel-
tungskonkurrenz, den Einsatz der Ellenbogen und Entsolidarisierung begünstigt,
verändern sich die Produktions-, die Zirkulations- und Aneignungsbedingungen
von ›Wissen‹ und Kritik auf gravierende Weise. Nicht nur die Wissen*inhalte* sind
davon tangiert, auch das sozialpsychologische Unterfutter und die Besetzungsdy-
namiken kultureller Austauschprozesse und Wissenszirkulation verändern sich.

Klischeebildung, auch Klischeebildung in Sachen Feminismus, findet heute
offenkundig unter anderen Bedingungen und in einem anderen gesellschaftlichen Klima statt als zu Beginn der zweiten Frauenbewegung. Eine wesentliche
Differenz ist die, dass sowohl Feminist_innen, journalistische Feminismusbe-
obachter_innen und anti-feministische Kommentator_innen in ihren Einschätzungen auf Aspekte tatsächlicher gesellschaftlicher Wirksamkeit feministischer
Kritik rekurrieren können und von dort aus extrapolieren. Was in der innerfeministischen Debatte als Dialektik feministischer Aufklärung, als »rhetorische Modernisierung« (Wetterer 2003) und als »erfolgreiches Scheitern« (Wetterer 2013;
Holland-Cuntz 1994) beschrieben werden konnte, als Form einer Wirksamkeit
durch Ver-Mainstreamung und kulturindustrielle Verbreitung bzw. Vereinnahmung und Entschärfung von Impulsen feministischer Kritik, sieht in den aggressiv anti-feministischen Deutungen wie eine Niederlage der Freiheit, Familie und
Vaterland liebenden Kräfte auf ganzer Linie aus. Dabei gibt es durchaus auch Berührungspunkte zwischen kritisch-dekonstruktiven und anti-feministischen Varianten der Auseinandersetzung mit dem Status quo des feministischen Projekts:
etwa in dem geteilten Unbehagen an Freiheitseinschränkung durch zu viel Regulation und ›Regierung‹. Auch viele Feminist_innen verstehen Kritik mit Foucault
(1992) als Impetus »nicht dermaßen regiert werden« zu wollen und als Kampf um
Freiräume gegenüber den Anmaßungen neuer Steuerungsformen, die direkt auf
das Individuum zugreifen. Welten liegen zwischen ihnen in den Antworten, die
auf die Problembestimmung der Freiheitseinschränkung gegeben werden.

Der vorliegende Band setzt vor dem Hintergrund der hier nur kurz skizzier-
ten Dispositive der einsinnigen ›Feminismus-im-Singular-Produktion‹ schon
mit seinem Titel ein Ausrufezeichen: *Feminismen heute. Positionen in Theorie und
Praxis*. Der Plural ›Feminismen‹ drückt die Intention der Herausgeberinnen aus,
Korrekturmöglichkeiten monochromer Feminismus-Klischees und kursierender
Zerrbilder anzubieten. Umgesetzt wird dies durch eine ungewöhnlich breit gefä-
cherte Zusammenstellung von Beiträgen, die Einblicke in die Perspektiven, Themen und Felder, aber auch in unterschiedliche Ausdrucksformen und Medien
feministischer Kritik geben. Die inhaltliche Breite der abgedeckten Themen ist
Programm: Sie reicht von einem übergreifenden Beitrag zur Frage feministischer
Solidarität hin zur Darstellung einzelner Strömungen wie dem Afrodeutschen
Feminismus, Queerfeminismus, Innermuslimischen Positionen zum Feminismus, Feminismus und Disability, postkolonialer feministischer Kritik bis hin
zur immer wieder aktualisierbaren Frage des Verhältnisses von Marxismus und
Feminismus. Klassische Themen wie Mutterschaft, Care Arbeitsmarkt und Se-

xuelle Gewalt sind vertreten, aber auch auf verschiedene Problembereiche und Erfahrungen wird, teilweise mit zeitdiagnostischen Akzentuierungen, eingegangen: etwa auf die Frage von Selbstbestimmung und medizinischer Machbarkeit oder das brisante Verhältnis von Selbstermächtigung und Selbstoptimierung. Feministische Praxis wird in vielfältiger Weise zum Thema – u.a. am Beispiel feministischer Mädchenarbeit, der Geschichte der Frauenhäuser und der Frauengesundheitsbewegung. Vertreten sind aber auch Beiträge, die sich mit dem Echo und der Aneignung feministischer Kritik im Bereich der kulturellen Produktion im engeren Sinne befassen, etwa in der Beziehung von HipHop und Feminismus oder der Frage, was einen feministischen Film ausmacht. Abgerundet wird das Ganze durch Erfahrungsberichte, so zum Beispiel von der Entstehung eines autonomischen feministischen Freiraums an der Universität Bielefeld oder einem Konferenzbericht über »Feminismen of Color in Deutschland«.

Sicher kann man von einem aus einer Tagung hervorgegangenen Sammelband, auch wenn er überaus viele Aspekte feministischer Kritik abdeckt, nicht erwarten, eine umfassende empirische Bestandsaufnahme zu liefern; ebenso wenig deckt eine Publikation, die die *politischen* Einsätze feministischer Kritik betont, das ganze Spektrum an widerstreitenden Auslegungen ab, das sich im transnationalen Feld des Feminismus, insbesondere feministischer *Theorie* entfaltet hat. Wie der jüngst erschienene und auf die Theorie zentrierte Band *Die Zukunft von Gender. Begriff und Zeitdiagnose* (Fleig 2014) dokumentiert, führt der Blick auf die Kontroversen und Bruchlinien feministischer Theorie den einsinnigen ›Feminismus-im-Singular‹ auf eigene Weise ad absurdum. Das betrifft auch einen der Zentralbegriffe der gegenwärtigen Geschlechterforschung: ›Gender‹, der nicht nur von konservativen Kritikern des ›Genderismus‹, etwa aus dem Vatikan, sondern auch von Feminist_innen mit guten Gründen und mit den Mitteln feministischer Theorie kritisiert werden kann, wurde und wird.

Die Tagung, auf die der vorliegende Sammelband zurückgeht und an der auch ich mit einem Workshop zum Thema Intersektionalität beteiligt war, stand – im Sinne der kritisch-aufklärenden Absicht der Organisatorinnen – unter dem Motto »Welcome to Plurality. Feminismen heute«. Intention und Programmatik sind begrüßenswert und haben sich schon auf der Tagung als fruchtbar erwiesen. Dennoch ist im Umgang mit dem Begriff der Pluralität ebenso Vorsicht geboten wie mit der Praxis der Pluralbildungen – inklusive des Plurals ›Feminismen‹. Die Feier bloßer Vielfalt, dies hat die Debatte um den Postmodernismus gezeigt, kann zum einen verdecken, dass es zwischen verschiedenen Ansätzen feministischer Kritik Unvereinbarkeiten und Dominanzverhältnisse gibt. Diese sind zu thematisieren und im Widerstreit auszutragen, anstatt so zu tun, als ob Pluralität im echten Sinne existent wäre. Das Lob der Vielfalt kann überdies verschleiern, dass feministische Kritik – vermutlich in all ihren Varianten – einen geteilten Impetus hat: Sie nimmt Anstoß an Diskriminierung, Macht, Herrschaft und Ungleichheit im Verhältnis der Geschlechter sowie an Beschränkungen und Normierungen, die dem Geschlechterbinarismus innewohnen. Die Schlussfolgerungen, die daraus gezogen werden, können untereinander inkompatibel sein. Dies gilt besonders für den Bezug auf Zweigeschlechtlichkeit (siehe dazu die Beiträge von Casale, Rendtorff und Soiland in: Fleig 2014) und seine fundierende Bedeutung für feministische Kritik. Hier steht eine neue Grundlagendebatte ins Haus.

Vor diesem Hintergrund lese ich die Setzung des Plurals gegen den einsinnigen Singular vom Feminismus im Titel des Bandes als Ausrufezeichen, als These und Positionierung, hinter denen sich eine Einladung verbirgt, sich das Feld feministischer Kritik in seinem Facettenreichtum, aber auch seinen Widersprüchen, Ambivalenzen, Dialektiken, Konflikten und Sollbruchstellen genauer anzusehen. Es sind *diese* Aspekte der feministischen Kritik-Konstellation, die in den vergangenen 40 Jahren Reflexions-, Differenzierungs- und kollektive Lernprozesse angestoßen haben, die ihresgleichen suchen. Ich kenne kein anderes politisches und intellektuelles Projekt, das in vergleichbarer Weise immer wieder seine eigenen Grundlagen befragt und sich an den Aporien ihrer Kollektivreferenz, eines zugleich unverzichtbaren und unmöglichen ›Wir‹, abgearbeitet hat. Daran gegen die gängigen Zerrbilder vom einsinnigen Feminismus zu erinnern und es in einigen Facetten anschaulich zu machen ist eine der starken Seiten des Bandes. Ich wünsche mir mehr Erzählungen über den Feminismus, die dieses leisten.

QUELLEN

Bäuerlein, Theresa/Knüpling, Friederike (2014): Tussikratie: Warum Frauen nichts falsch und Männer nichts richtig machen können, München: Heyne Verlag.

Fleig, Anne (Hg.) (2014): Die Zukunft von Gender. Begriff und Zeitdiagnose, Frankfurt a.M./New York: Campus.

Foucault, Michel (1992): Was ist Kritik?, Berlin: Merve-Verlag.

Gerhard, Ute (1999): Atempause. Feminismus als demokratisches Projekt, Frankfurt a.M.: Fischer-Verlag.

Haaf, Meredith (2014): »Die schreckliche Macht der fiktiven Horrortusse«, in: Süddeutsche Zeitung, 12.06.2014.

Hark, Sabine (2014a): »Kontingente Fundierungen: Über Feminismus, Gender und die Zukunft der Geschlechterforschung«, in: Fleig, Die Zukunft von Gender, 51-76.

Dies. (2014b): »Wer wir sind und wie wir tun. Identitätspolitiken und die Möglichkeiten kollektiven Handelns«, in: Fleig, Die Zukunft von Gender, 29-47.

Dies./Kerner, Ina (2007): »Der Feminismus ist tot. Es lebe der Feminismus. Das ›False Feminist Death Syndrome.«, www.querelles-net.de/index.php/qn/article/view/510/518 (24.11.2013).

Holland-Cunz, Barbara (1994): Soziales Subjekt Natur. Natur und Geschlechterverhältnis in emanzipatorischen politischen Theorien, Frankfurt a.M./New York: Campus.

Oestreich, Heide (2014): »Prügel für Strohpuppen« Rezension, in: taz, 18.06.2014.

Wetterer, Angelika (2013): »Das erfolgreiche Scheitern feministischer Kritik«, in: Appelt, Erna/Aulenbacher, Brigitte/Wetterer, Angelika (Hg.), Gesellschaft. Feministische Krisendiagnosen, Münster: Westfälisches Dampfboot, 246-267.

Dies. (2003): »Rhetorische Modernisierung. Das Verschwinden der Ungleichheit aus dem zeitgenössischen Differenzwissen«, in: Knapp, Gudrun-Axeli/Wetterer, Angelika (Hg.), Achsen der Differenz. Gesellschaftstheorie und feministische Kritik, Münster: Westfälisches Dampfboot, 286-320.

Danksagung

Im Rahmen der *Wissenschaftlerinnenwerkstatt*, der jährlich stattfindenden Zusammenkunft von (Alt-)Stipendiat*innen der *Hans-Böckler-Stiftung* entstand die Idee für den vorliegenden Band. Auf diesen tagungsähnlichen, selbstorganisierten Treffen diskutieren die Teilnehmer*innen offen und generationenübergreifend frauenpolitische und feministische Themen in einem geschützten Frauen*-Raum. Für das Jahr 2012 wählten wir das Thema »Welcome to Plurality – Feminismen« heute und setzten uns bereits in der Vorbereitung unseres Werkstattwochenendes mit dem Begriff ›Feminismus‹, seiner praktischen wie theoretischen Wirkungskraft in unterschiedlichsten gesellschaftlichen Bereichen und unseren eigenen, zum Teil divergierenden feministischen Positionen auseinander. Die *Wissenschaftlerinnenwerkstatt* der *Hans-Böckler-Stiftung* war das inhaltliche, organisatorische sowie finanzielle Sprungbrett, welches uns Herausgeber*innen zusammenbrachte und das uns ermöglichte, mit unseren individuellen Erfahrungen und Kenntnissen gemeinsam dieses Buch zu erarbeiten. Ohne diesen von der *Hans-Böckler-Stiftung* finanziell und ideell geförderten Austausch und der anregenden Diskussionsfreudigkeit der Teilnehmer*innen hätte sich dieses Buchprojekt nicht entwickeln können. Unser besonderer Dank gilt Werner Fiedler, Leiter des Referates Promotionsförderung I der *Hans-Böckler-Stiftung* und der Referatsmitarbeiterin Iris Henkel. Mit ihrer Unterstützung konnten wir die offene Auseinandersetzung ohne vordefinierte Schranken auch im vorliegenden Buch fortsetzen. Des Weiteren danken wir den Autor*innen der hier gesammelten Beiträge. Sie haben ihre wertvolle Zeit und ihre Ideen zur Verfügung gestellt und sind mit uns den Weg der Textdiskussion und -veränderung gegangen bis sich das bunte kaleidoskopartige Bild herausschälte. Wir danken außerdem Mona Guhl, Studentin der Universität Bielefeld, die mit ihrer Genauigkeit und Verlässlichkeit im Formatieren dazu beigetragen hat, die gesammelten Gedanken in dieser Form präsentieren zu können.

Welcome to Plurality

Ein kaleidoskopischer Blick auf Feminismen heute

Kathleen Pöge/Yvonne Franke/Kati Mozygemba/Bettina Ritter/Dagmar Venohr

FEMINISMEN IN BEWEGUNG

Die *eine* feministische Bewegung und die *eine* feministische Theorie hat es nie gegeben. Dennoch wird Feminismus immer wieder sowohl von außen als auch innerhalb der feministischen Debatten als monolithische Einheit konstruiert. Wir möchten grundsätzlich betonen, dass Feminismus vielfältig ist und es schon immer war. Die unterschiedlichen feministischen Ansätze und Strömungen lassen sich nicht vereinheitlichen, ohne Wesentliches auszublenden. Deshalb versuchen wir, sie in ihrer Vielfalt in den Blick zu nehmen, sprechen anstelle von ›dem Feminismus‹ von *Feminismen* und meinen damit auch die lange Tradition feministischer Themen, Aktionsformen und Theorien. Diese kaleidoskopische Perspektive ermöglicht uns, das Neben-, Gegen- und Miteinander einer Vielzahl von verschiedenen aktuellen Feminismen ohne Anspruch auf Vollständigkeit zu präsentieren. Das Plurale der Feminismen abzubilden heißt hier, die feministische Vielfalt in ihren je spezifischen, widersprüchlichen und auch gemeinsamen Entwicklungen, in ihren diversen inhaltlichen Abgrenzungsbestrebungen und ihren differenten Bewegungs- und Aktionsformen anzuerkennen. Denn ein wichtiger Motor für die Debatten und für die Vielfältigkeit feministischer Positionen und Perspektiven ist die innerfeministische Kritik, die Auseinandersetzung und der Widerspruch.

Zu den feministischen Traditionen und theoretischen Perspektiven vieler Feminismen zählen z.B. jene, die sich auf ein Kollektivsubjekt ›Frau‹ bzw. auf die Genus-Gruppe von Frauen beziehen und sich gegenüber männlich geprägter Herrschaftskultur abgrenzen. In den feministischen Debatten der 1960er und 1970er Jahre wurde beispielsweise das Patriarchat »als weltweites, klassen-, kultur- und epochenübergreifendes Gewaltsystem, als geschlechtsapartes Werk ohne Frauen und gegen Frauen verstanden« (Thürmer-Rohr 2008: 88f.). Zentral ist in diesen Debatten der Blick auf das Geschlechterverhältnis, das als konstitutiv für die gesellschaftliche Verfasstheit angenommen wird. Die unterschiedlichen und teilweise auch widersprüchlichen Erfahrungen von Frauen* werden dabei jedoch oft von der Perspektive des Kollektivsubjekts ›Frau‹ verdeckt. Mit der These der Mittäterschaft wurde die Konzeption von Frauen als Kollektiv von Opfern männlicher Gewalt in Frage gestellt und deren Mitbeteiligung an der institutionalisierten patriarchalen Herrschaft sichtbar gemacht (vgl. Thürmer-Rohr 1983). Die Annahme einer Mittäterschaft leugnet nicht, dass Frauen* immer wieder Opfer von männlicher Gewalt werden, sondern »wendet sich vielmehr gegen jene generalisierenden und entlastenden Konstrukte, die aus den weiblichen Opfererfahrungen eine weibliche Identität herstellen wollen, welche die Definition der Frau einschließlich ihres Handlungsspektrums definiert und determiniert« (ebd.: 89). Diese vereinheitlichende Annahme wird häufig kritisiert: zum einen von dekonstruktivistischen Ansätzen, die das Kollektivsubjekt ›Frau‹ gänzlich in Frage stellen, wobei gerade die Wirkmächtigkeit der Konstruktion von Geschlecht betont wird (vgl. Butler 1991); zum anderen wurde durch den Einbezug von weiteren sozialen Ungleichheitskategorien eine intersektionale (Forschungs-)Perspektive entwickelt, die die Vorrangigkeit von Geschlecht als sozialen Platzanweiser in Frage stellt. Die Heterogenität von Frauen* wird in den Blick genommen, wobei die Verschränkung verschiedener Ungleichheitskategorien, besonders von Geschlecht und sozialer Lage, bereits frühere feministische Debatten prägte. Spaltete sich die Frauenbewegung in den Anfängen u.a. entlang der Klassenzugehörigkeit in eine bürgerliche und eine proletarische Strömung (vgl. Notz in diesem Band; Nave-Herz 1997; Gerhard 1989; Zetkin 1978), so ist in jüngerer Zeit ein Einbezug vielfältiger Ungleichheitsdimensionen wie Geschlecht, Klasse, Ethnie, aber auch Alter, Gesundheit und Sexualität durch die Rezeption von intersektionalen Debatten festzustellen (vgl. Knapp 2013; Walgenbach 2012). Es werden Wechselwirkungen und Überlagerungen verschiedener Achsen der sozialen Ungleichheit in den Blick genommen, und es wird beleuchtet, wie Intersektion spezifische Lebenslagen produziert.

Am Beispiel dieses Perspektivenwechsels zeigt sich, dass die innerfeministische Kritik, hier: am Kollektivsubjekt ›Frau‹, produktiv für die Vielfalt der Perspektiven und Ansätze ist. Allein aus der Pluralität der in Betracht gezogenen Ungleichheitsdimensionen folgt eine zunehmende, wenn auch immer schon vorhandene Ausdifferenzierung sowohl von feministischen Ansätzen als auch von den Subjekten und Strukturen, mit denen diese sich beschäftigen. Wenn wir vor dem Hintergrund dieser Diagnose mit dem vorliegenden Buch eine Vielfältigkeit des Feminismus konstatieren und das mit der Bezeichnung *Feminismen* deutlich machen, verweisen wir in dem Zusammenhang auf die ausdifferenzierten Strömungen und Themen. Die Verschiebung von einer universalistischen Perspektive zu einer Anerkennung von Partikularität macht es überhaupt möglich, diese Vielfalt zusammen in *einem* Buch zu präsentieren. Wir begeben uns in der folgenden Momentaufnahme auf die Suche nach Gemeinsamkeiten und Unterschieden der sichtbaren Kristalle des Kaleidoskops, der vielfältigen theoretischen und praktischen Feminismen.

DILEMMATA FEMINISTISCHER SOLIDARITÄT

Solidarität zwischen Frauen* ist das Fundament im Kampf um gesellschaftliche Veränderungen, obwohl die konkret verfolgten Ziele heterogen bleiben. Die Frage nach Solidarität ist eine für feministische Auseinandersetzungen zentrale, wenn auch viel umkämpfte Frage, da sie mit verschiedenen Dilemmata verknüpft ist. Die Geschichte der feministischen Bewegungen bzw. der Frauen*rechtsbewegungen ist nicht nur eine der Emanzipation, sondern auch eine der Ausgrenzungen und der Spaltungen. Verschiedene Positionen und Initiativen stehen oft relativ unverbunden nebeneinander und beziehen sich häufig nicht aufeinander. Innerfeministische Debatten um Gleichheit und Differenz wurden in Deutschland bzw. dem deutschsprachigen Raum bereits in den 1980er Jahren geführt und deren dilemmatische Struktur bezogen auf feministische Solidarität ausgelotet. Denn die »Gleichbehandlung von Ungleichem führt zur Fortschreibung von Ungleichheit«, so Gudrun-Axeli Knapp, und eine »differenzielle Behandlung des Differenten läuft Gefahr, die Gründe und Anlässe für Diskriminierung fortzuschreiben« (Knapp 2001: 43).

In jüngster Zeit stellte sich die Frage nach sich solidarisierenden Frauen* z.B. im Zusammenhang mit der Initiative #aufschrei auf Twitter. Sie machte breitenwirksam unterschiedliche Erfahrungen von Sexismus sichtbar, wie sie das alltägliche Leben vieler prägen. Anhand der Beiträge zum #aufschrei in den sozialen Netzen im Internet wurden die verschiedenen Lebenslagen von Frauen* wahrnehmbar. Es wurden keine konkreten Forderungen für alle Frauen* aufgestellt. Stattdessen entstand im Laufe der Zeit in diesem Kontext eine Suchbewegung danach, was unter dem Begriff Sexismus zu fassen sei. Im Unterschied zu dieser Initiative stehen die Proteste von FEMEN-Aktivistinnen Anfang 2013 vor einer Berliner Moschee im Rahmen des International Topless Jihad Day exemplarisch für die Vorstellung eines einheitlichen Feminismus für alle Frauen*. Ihre Forderungen schrieben sie mit schwarzen Lettern auf ihre nackten Oberkörper – darunter: »Free Amina«. Amina Tyler (mit bürgerlichem Namen Amina Sbouï) ist eine ehemalige tunesische FEMEN-Aktivistin, die ein Bild von sich mit der Aufschrift auf ihrem Oberkörper »Fuck your morals« auf ihre Facebook-Seite stellte. Daraufhin forderte u.a. der islamische Prediger Adel Almi, Tyler auszupeitschen oder zu steinigen. Tyler wurde für mehrere Monate inhaftiert. Eine Solidarisierung mit Tyler war also durchaus notwendig. Wie diese jedoch von den FEMEN-Aktivistinnen realisiert wurde, zeigt Sollbruchstellen der feministischen Reflexion und Politik auf: Mag diese Protestform für andere Themen und Zielsetzungen wirkungsvoll sein, um medial und gesellschaftlich Gehör zu finden, erscheint sie in diesem Fall diskussionswürdig. Die Protestlerinnen forderten die Freiheit von Tyler und meinten damit die Freiheit von Religion und jene des entblößten Körpers. Tyler wird hier stellvertretend für die Gruppe von muslimischen Frauen gedacht, denen religiös motivierte Gewalt durch Männer droht. Mit der Konstruktion einer Gruppe wird diese nach innen homogenisiert und nach außen die Differenz zur westlichen Kultur absolut gesetzt. Der Konstruktion der (verschleierten) muslimischen Frau als Opfer stellen sich die *FEMEN*-Aktivistinnen selbst als emanzipiert gegenüber. Emanzipation kann in dieser Logik nur durch Assimilation erfolgen. Ob diese Form der Solidarisierung gewünscht und zielführend ist, wird kontrovers diskutiert. Die Forderungen nach der Befreiung der muslimischen Frau und diese Form der Solidarisierung wurden von unterschiedlichen Seiten scharf kritisiert. Um diesen Forderungen und Protestformen etwas zu entgegnen, gründete sich die *Muslimah-Pride*-Bewegung. Sie proklamieren, dass Muslimas* für sich selbst sprechen können und nicht befreit werden wollen – obgleich muslimische Feminist*innen patriarchale Strukturen ebenfalls kritisieren. Auch verweist die Aktivistin Maryam Kazeem in einem Kommentar zur Debatte darauf, dass es kein universelles Verständnis von Nacktheit gibt und ein westliches Verständnis nicht ohne weiteres übertragbar sei, sondern immer in Abhängigkeit vom historischen und politischen Kontext betrachtet werden müsse (vgl. Kazeem 2013).

Mit Marnia Lazreg, die ihre Aussage auf die feministische Forschung bezieht, kann an dieser Stelle die Herausforderung für feministische Solidarisierungen folgendermaßen formuliert werden: »The point is neither to subsume other women under one's own experience nor to uphold a separate truth for them.« (Lazreg 1988: 99) Ein Nebeneinander von verschiedenen feministischen Positionen kann vielmehr ausgesprochen sinnvoll sein, um spezifische Problemlagen genauer ausloten und adressieren zu können. Zudem entspricht es dem feministischen Prinzip der Selbstbestimmung, welches unterschiedlichen Gruppen von Frauen* grundsätzlich zusteht. Neben dem Gleichheits- und Differenzdilemma der feministischen Reflexion und Politik nennt Knapp das der Identität, d.h. die »Voraussetzung substanzieller Gruppenidentität impliziert notwendig die Exklusion von Nicht-Identischem« (Knapp 2001: 43f.), und das Dilemma der Dekonstruktion: »[D]ie radikale Dekonstruktion greift die konzeptionellen Bedingungen der Möglichkeit verallgemeinerter Aussagen über Geschlechterrelationen an. Damit unterminiert sie tendenziell den Rahmen, den Feminismus voraussetzt.« (Ebd.) Mit den letzten beiden Punkten steht der feministische Gegenstand selbst, nämlich die Kategorie ›Frau‹, zur Disposition. Vertreter*innen gesellschaftstheoretischer Perspektiven wie Regina Becker-Schmidt oder auch Knapp geben zu bedenken, dass diese relationale Kategorie und ihre gesellschaftsstrukturierenden Einflüsse nicht an Bedeutung verloren haben (vgl. Becker-Schmidt 2013). Dies formuliert Knapp in Bezug auf postfeministische Debatten wie folgt: »[D]ie Pluralisierung wird übertrieben, Phänomene der herrschaftsförmigen ›Versämtlichung‹ (Dohm) von Frauen unterschätzt oder durch theoretische Entscheidungen der Reflexion entzogen.« (Knapp 2001: 16f., Hervorh. i. Orig.)

Festzuhalten gilt, dass die Frage nach Solidarität zwischen Frauen* zur Gretchenfrage feministischer Theorieproduktion und Praxis geworden ist. Denn die ›Schwestern‹ sind eben nicht gleich, sie gehen nicht von denselben Problemlagen aus, sie haben nicht dieselben politischen Forderungen. Dies hat zu einer Suchbewegung geführt, die bis heute nicht abgeschlossen ist und – so die hier vertretene These – weder abgeschlossen werden kann noch sollte. Wir halten die unablässige Auslotung der (Un-)Möglichkeit von Solidarität für eine Kernaufgabe gegenwärtiger Feminismen. Beispielhaft für solche Suchbewegungen ist etwa das von Donna Haraway vorgeschlagene Konzept der Affinität als Moment des Zusammenschlusses, welches die Grundlage gemeinsamer politischer Handlungen sein sollte (vgl. Haraway 1995). Stärker auf kollektive politische Ziele orientiert ist das Konzept der transversalen Politik in Bündnissen über die Differenzen hinweg von Nira Yuval-Davis (vgl. Yuval-Davis 1993). Ähnliches fordert Irene Dölling ein, wenn sie von kollektiven Denkbewegungen spricht, um Gemeinbegriffe zu entwickeln, die immer nur vorläufig und kontextgebunden sein können (vgl. Dölling 2013: 33). Auch hier in dieser Textsammlung finden sich verschiedene Vorschläge, um feministische Solidarität politisch praktisch zu ermöglichen (vgl. z.B. die Artikel von Natascha Salehi-Shahnian oder von Kübra Gümüşay und Nadia Shehadeh).

Nach unserer Auffassung von feministischer Solidarität und Bewegung geht jeder Solidarisierung die Entwicklung eines Problemverständnisses voraus. Aus diesem Grund sind uns alle Bereiche, die den vorliegenden Sammelband gliedern, gleichrangig wichtig. Die theoretischen Ansätze und Perspektiven, die einzelnen Themen und Felder und auch die konkreten Ausdrucksformen entwickeln und verändern sich und sichern so die Tradierung feministischer Ideen. Sie benennen soziale Ungleichheitslagen, die offen, verschoben oder verdeckt, also kaleidoskopartig gleichzeitig existieren. Wir verorten die größten Handlungspotentiale und die Bildung von Bündnissen in den Auseinandersetzungen um konkrete Themen und in spezifischen (Politik-)Feldern. Hier kann sich themenbezogene Solidarität herausbilden und in politische Handlung übersetzt werden, wie es etwa *#aufschrei* zeigt oder auch bei der Kampagne *pinkstinks* zu sehen ist. Dabei dürfen weder Solidarität noch Bewegung statisch begriffen werden, vielmehr muss beides situativ und konkret zeit-räumlich hergestellt und gegebenenfalls wieder aufgegeben werden.

Zudem sei hier auf eine weitere grundlegende Bedingung von jeder Form der Zusammenarbeit und Solidarität verwiesen: die Reflektion von Machthierarchien und die sozial ungleiche Positionierung verschiedener Akteur*innen. Die Privilegierung der einen im Vergleich zu anderen muss sowohl in der theoretischen Auseinandersetzung als auch in der politischen Praxis mitgedacht und konzeptionell berücksichtig werden. Letztlich muss es darum gehen, die eigenen Privilegien dafür zu nutzen, um eben diese abzuschaffen. Ungleichheitsverhältnisse müssen verstärkt intersektional begriffen und analysiert werden. Der Schlüssel zu einem neuen Verständnis von (feministischer) Solidarität liegt in der Repolitisierung und Intensivierung des Dialogs zwischen den verschiedenen Akteur*innen.

HERAUSFORDERUNGEN FEMINISTISCHER BEWEGUNGEN

So viel die verschiedenen feministischen Bewegungen im Verlauf der vergangenen Jahrhunderte erreicht haben, so offen und beständig haben sie mit vielfältigen Schwierigkeiten zu kämpfen. Neben der bereits diskutierten Frage nach Solidarisierung bilden antifeministische Positionen eine Konstante. Der gegenwärtige antifeministische Diskurs imaginiert dabei gesellschaftliche Verhältnisse, in denen Normen der feministischen Political Correctness tatsächlich wirkmächtig sind, und übt sich dann im vermeintlichen Tabubruch. Der kritisierte hier im Singular konstruierte Feminismus funktioniert als totalitäre Ideologie, die das Denken und Handeln regulieren, kontrollieren und im schlimmsten Falle sogar sanktionieren will. Ein beliebtes Bild, das zu diesem Zweck gern angerufen wird, ist das der Feministin als unzeitgemäße, rückwärtsgewandte Person. Zugeschriebene Attribute wie unattraktiv, lustfeindlich, männerhassend und verbittert sind keine Seltenheit. Meist wird sodann in personalisierender Weise auf einzelne feministische Akteur*innen Bezug genommen. Hier finden sich auch regelmäßig Aussagen prominenter Persönlichkeiten, die ihrer Meinung zum Geschlechterverhältnis Ausdruck verleihen. Eva Hermann und ihr *Eva-Prinzip* ist ein Beispiel für eine ganze Reihe medienwirksamer antifeministischer Personen und Statements. Über die jeweiligen in den Feuilletons ausgeschlachteten antifeministischen Debatten hinaus ergeben sich daraus gesamtgesellschaftliche Verschiebungen. Das gesellschaftliche Klima des Sagbaren scheint sich zu verändern: Zunehmend werden antifeministische Forderungen wieder salonfähig. Aber dieser antifeministische Backlash bleibt nicht unwidersprochen, er wird vielmehr zum Ausgangspunkt, feministische Themen und Positionen immer wieder im öffentlichen Diskurs zu re-aktualisieren. So bewirkten etwa die Äußerungen Rainer Brüderles oder die anti-feministische Zettel-Kampagne der *Jungen Alternative für Deutschland* von 2014 »Ich bin kein/e Feminist/in, weil...« zugleich zahlreiche feministischen Reaktionen und Aktionen.

Antifeministische Positionen haben in gewisser Hinsicht auch darum eine so breite Resonanz erfahren, weil gerade viele junge Frauen feministische Forderungen für nicht mehr zeitgemäß erachten. Vielmehr vertritt die gegenwärtige Generation von Frauen* die Auffassung, dass das feministische Projekt obsolet geworden sei (vgl. Ebner-Zarl 2012). Angela McRobbie bezeichnet diese überwiegend, aber nicht ausschließlich weißen, akademisch gebildeten und erfolgreichen Frauen* der Mittelschicht, die sich gegen feministische Positionen und Praxen wenden, kritisch distanzierend als »Top-Girls« (vgl. McRobbie 2010). Diese Frauen* wachsen in dem Glauben auf alle Optionen im Leben zu haben und sind der Überzeugung, dass ihre spezifische Lebenslage nicht ihre Lebenschancen beschneide, da allein das meritokratische Prinzip bestimme. Gesellschaftliche und strukturelle Ungleichheiten spielen in dieser Wahrnehmung keine Rolle mehr. Emblematisch für diese Haltung ist das Buch *Danke, emanzipiert sind wir selber!* von der ehemaligen Familienministerin Christina Schröder und ihrer damaligen Mitarbeiterin

Caroline Waldeck (Schröder/Waldeck 2012). Zwar beschreiben die beiden Auto-rinnen, dass keine Chancengleichheit entlang der Kategorie Geschlecht bestünde, jedoch ziehen sie daraus nicht die Notwenigkeit einer feministischen Kritik und Politik, sondern weisen diese als bevormundend zurück. So wenig dieses Buch aus unserer Sicht analytisch überzeugt, so scheint es einem gewissen Zeitgeist zu entsprechen, der heute von vielen Frauen* geteilt wird. Nicht selten werden etwa in Universitätsseminaren feministische Anliegen mit der Begründung ab-getan, dass es der Emanzipation von Frauen* nicht mehr bedürfe. Während also das Bewusstsein für geschlechtliche Ungleichheit geschwunden ist und sich eine Gleichheitsnorm etablieren konnte, bleiben die strukturellen und institutionellen Ungleichheiten gleichwohl bestehen (vgl. Becker-Schmidt 2008; Krüger 2001). Angelika Wetterer bezeichnet dieses widersprüchliche Phänomen als »rhetorische Modernisierung« (vgl. Wetterer 2003). Dieser Tatsache muss Rechnung getragen werden, und es bedarf feministischer Antworten. Möglicherweise sind hier die Kommunikations- und Diskussionsformen, wie sie beispielsweise das Web 2.0 bietet, ein Weg für feministische Themen zu sensibilisieren. Eine solche Deutung legen etwa die Initiativen #aufschrei und #schauhin nahe. Auch aktuelle Anknüp-fungen an Aktionsformen der 1970er Jahre, wie sie bei der Mad and Disability Pri-de Parade mit einem queerfeministischen Ansatz praktiziert werden, könnten dem Desinteresse an feministischen Anliegen entgegenwirken.

Neben den stetigen Rechtfertigungsleistungen, die feministische Politiken und Praxen erbringen müssen, um sich gegen antifeministische Tendenzen zu behaupten, werden sie auch von einer weiteren Seite herausgefordert. Viele femi-nistische Forderungen zielen auf Chancengleichheit, Anspruch auf Mitgestaltung und Selbstbestimmung des Subjektes – Werte, wie sie auch im Neoliberalismus zu finden sind. Seit den 2000er Jahren lässt sich verstärkt ein Elitefeminismus erkennen, der die individuelle Selbstverwirklichung anstrebt, ohne dabei grund-sätzlich gesellschaftliche Verhältnisse mit der Wirkung weiterer Ungleichheitska-tegorien zu berücksichtigen. Diese »neue F-Klasse« (vgl. Dorn 2006) von »Alpha-Mädchen« (vgl. Haaf/Klinger/Streidl 2008) orientiert sich in ihrer beruflichen Selbstverwirklichung an einem Maßstab, dem das adult worker model zugrunde liegt, welches jedoch eine geschlechtliche Arbeitsteilung voraussetzt. Dass eine solche kritiklose Anpassung an hegemoniale Normen weder allen Frauen* mög-lich noch von allen gewollt ist, wird von den Akteur*innen dieses Elitefeminis-mus ausgeblendet bzw. bewusst in Kauf genommen. Dabei sind es gerade diese konzeptionell passfähigen neoliberalen feministischen Vorstellungen, die die Frage nach feministischen Utopien wieder relevant erscheinen lassen.

Unsere These ist, dass die Basis jeder feministischen Artikulation eine Ideal-vorstellung von Gesellschaft ist. Diese Utopie bildet den Ausgangspunkt jeder For-mulierung von feministischer Kritik. Meist ist sie jedoch implizit oder gänzlich ex negativo in den einzelnen Forderungen oder theoretischen Bezügen enthalten. Die Kritik an feministischen Ansätzen, welche in ihren Analysen gesellschaft-liche Macht- und Herrschaftsverhältnisse grundsätzlich in Frage stellen, ist zugleich eine Abwendung von solcherlei Ansätzen. Mit diesem Perspektivenwechsel ist auch die Frage nach einer emanzipatorischen Gesellschaftsutopie nicht mehr eindeutig zu beantworten. Erst die Rückbesinnung auf die verschiedenen Ungleichheitskategorien der letzten Jahre ermöglicht es derzeit, den kritischen Diskurs über gesellschaftliche Verhältnisse wieder aufzunehmen. Die Frage ist, ob es überhaupt einer feministischen Utopie bedarf und wenn ja, wie diese aussehen kann, ohne erneut Ausschlüsse zu produzieren. Müssen wir uns von der Idee einer Utopie verabschieden? Worauf gründen wir aber dann unsere Kritik, die letztlich zu gesellschaftlichen Veränderungen führen soll? Der vorliegende Sammelband möchte einen Teil dazu beitragen, die hier dargestellten aktuellen Herausforderungen anzunehmen sowie Debatten und Auseinandersetzungen auf den unterschiedlichsten Ebenen und Feldern anzuregen.

EIN KALEIDOSKOPISCHER BLICK AUF FEMINISTISCHE VIELFALT

Das Anliegen des Buches besteht darin, einen Teil der gegenwärtigen Vielfalt feministischer Ansätze und Themen abzubilden und damit sichtbar zu machen. Notwendigerweise erfordert dies eine Auswahl von Beiträgen aus einer kaum zu überblickenden Vielfalt von Debatten, Positionen und auch Akteur*innen, die mit aktuellen thematischen Schwerpunktsetzungen zu Wort kommen sollen. Wir haben im vorliegenden Buch feministisch engagierte Autor*innen aus verschiedenen gesellschaftlichen Bereichen versammelt, die wissenschaftlich, künstlerisch, journalistisch arbeiten und/oder sich aktivistisch engagieren. Wir wollen eine Plattform für Autor*innen verschiedener Generationen und Statusgruppen bieten, die einen persönlichen Bezug zum präsentierten Ansatz und Thema haben.

Grundsätzlich gehen wir davon aus, dass der Anspruch, die ganze Vielfalt feministischer Positionen und Themen abbilden zu wollen, ein unrealistisches Unterfangen ist. Das Buch bietet somit eine selektive Auswahl aus feministischer Vielgestaltigkeit. Unser Fokus ist ein kaleidoskopischer Blick auf feministische Ansätze in Deutschland und teilweise im deutschsprachigen Europa. Wie im Kaleidoskop fallen Teile hinter anderen zurück und sind für einen Moment dem Blick entzogen, dennoch existieren sie weiter und bleiben relevant. Die einzelnen feministischen Themen, Ansätze und Formen nehmen gesellschaftlich unterschiedlich großen Raum ein. Einige der im Buch präsentierten Themen sind in gegenwärtigen feministischen Debatten noch wenig repräsentiert, wie beispielsweise Mutter- bzw. Elternschaft. Andere finden in den letzten Jahren im Kontext der weltweiten ökonomischen Krise wieder mehr Beachtung wie z.B. materialistische Ansätze. Um Schlaglichter zu setzen, entscheiden wir uns einmal dafür auf Themen aufmerksam zu machen, die zurzeit wenig im Fokus stehen, und ein anderes Mal entscheiden wir uns für einen Bereich, der in öffentlichen Debatten vergleichsweise präsent ist. So haben wir uns beim Thema ›Feminismus und Religion‹ beispielsweise für den Ansatz des islamischen Feminismus entschieden, auch wenn andere Religionen genauso denkbar und ebenso spannend gewesen wären. Wir haben diese Perspektive gewählt, da in den öffentlichen Debatten Frauenrechte und Islam immer wieder als Oxymoron verstanden und im Vergleich zu anderen Religionen in besonderem Maße medial diskutiert werden.

Vielfältig sind auch die unterschiedlichen Positionen, Interessens- und Arbeitsschwerpunkte, die wir als Herausgeber*innen des Buches mitbringen und die verschiedene Perspektiven auf das feministische Feld eröffnen. Jeder* von uns ist ein anderes Bild feministischer Vielfalt zu eigen. Dadurch spiegeln die vertretenen Thesen und Argumentationen in den einzelnen Beiträgen nicht unbedingt die unterschiedlichen Positionen innerhalb der Herausgeber*innengruppe wider. Im Prozess des Arbeitens sind uns zu unserem Bedauern auch Beitragsthemen wie bspw. eine sprachphilosophische Betrachtung über das Sprechen in feministischen Praxen abhanden gekommen. Andere Positionen und Perspektiven, die von anderen sicherlich innerhalb des feministischen Feldes verortet werden, haben wir jedoch bewusst außen vor gelassen. So haben wir uns beispielsweise aus unserer kritischen Haltung gegenüber gegenwärtigen gesellschaftlichen Verhältnissen heraus dazu entschieden, konservative Feminismen und jene mit einer Nähe zu neoliberalen Positionen nicht mit aufzunehmen.

Die inhaltliche Zusammenstellung ist, ebenso wie die Auswahl der Beiträge, insbesondere vor dem Hintergrund der Verwobenheit theoretischer Debatten und Auseinandersetzungen, praktischer Strategien und Aktivitäten, verschiedener Thematiken und konkreter Bereiche, in denen all dies geschieht, eine große Herausforderung. Wir haben uns schließlich für eine Ordnung entschieden, die der kaleidoskopischen Momentaufnahme entspricht, die dieses Buch abbildet, und es in drei Abschnitte gegliedert. Im ersten Abschnitt sammeln sich aktuelle feministische »Ansätze & Perspektiven«. Die ausgewählten Beiträge bieten einen Einblick in theoretische Fragen, die von Feminist*innen diskutiert werden. Im zweiten Abschnitt findet sich eine Sammlung von »Themen & Feldern« feministischer Auseinandersetzung in Theorie und Praxis. Hier wird deutlich, welch weites Spektrum von Inhalten heute für Feminist*innen relevant ist. Im dritten Abschnitt »Ausdruck & Formen« werden schließlich verschiedene Praxisformen vorgestellt, darunter institutionalisierte, künstlerische und digitale. Die Reihenfolge der Abschnitte unterliegt keiner hierarchischen Ordnung. Vielmehr stehen die Themen feministischer Auseinandersetzung im Zentrum des Buches und werden gerahmt von theoretischen Ansätzen und praktischen Formen. Denn sie sind es, an denen sich die Theorie mit einer Erklärung versucht und von denen sich die entsprechende Praxis ableitet. Die feministischen Themenfelder sind der Dreh- und Angelpunkt für Diskussionen und inhaltlichen Streit, der – so unsere These – der Ausgangspunkt feministischer Solidarität sein kann.

Das Buch wird eröffnet mit einem Beitrag von **Gisela Notz**, die sich ausgehend von feministischen Bewegungen des letzten Jahrhunderts mit der Frage nach feministischer Solidarität vor dem Hintergrund verschiedener (sich teilweise widersprechender) Feminismusbegriffe beschäftigt. Sie bezieht dabei die Unterschiedlichkeit feministischer Gruppierungen und von Frauen* etwa aufgrund ihrer Klassenzugehörigkeit und Ethnie ein.

Der erste Teil »Ansätze & Perspektiven« beginnt mit einem Aufsatz von **Maisha M. Eggers und Sabine Mohamed** zu Schwarzem feministischem Denken und Handeln in Deutschland, welche in den 1980er Jahren unter Schwarzen lesbischen Aktivistinnen ihre Anfänge fanden. Sie schildern, wie durch die Entstehung einer organisierten Schwarzen Gemeinschaft die Wissensproduktion über »Schwarzsein in Deutschland« initiiert und ein Rahmen für Vernetzung, Austausch und Reflexion geschaffen wurde. Anschließend greift **Karen Wagels** die queerfeministische Perspektive auf und orientiert sich an der foucaultschen Maxime »wie und wie weit es möglich wäre, anders zu denken«. Sie diskutiert feministische und queere Theoriebildung sowie Praxis anhand von drei aktuellen Forschungsfeldern: Heteronormativität, Wissensregime und Affekte. **Kathrin Klausing** zeigt in ihrem Beitrag Ansätze und Initiativen auf, die verdeutlichen, dass Feminismus und Islam kein Widerspruch sind. Dabei geht sie auf Netzwerke muslimischer Frauen und auf die Auseinandersetzung mit religiösen Diskursen zu Geschlechterrollen ein. **Heike Raab** widmet sich der Entwicklung der behinderten Frauenbewegung, der queeren Disability Studies und geht auf verschiedene aktuelle Initiativen ein. Sie plädiert letztlich für intersektionale Analysen, die die Wechselwirkung von Behinderung und Heteronormativität fassen können. **Elisabeth Fink und Johanna Leinius** diagnostizieren eine zögerliche Rezeption von postkolonial-feministischen Pionierarbeiten im deutschsprachigen Raum und führen dies auf ungleiche gesellschaftliche Positionierungen zurück. Sie bieten eine Einführung in das Feld der postkolonial-feministischen Perspektive und fordern eine feministische Dekolonisierung, um Solidaritäten ausloten zu können. Eine wieder andere Sichtweise wird bei **Frigga Haug** deutlich, die in ihrem Beitrag sowohl in einem historischen Abriss als auch mit Blick auf Potentiale für die Zukunft auf die produktive Spannung von Marxismus und Feminismus eingeht. Sie zeigt darin auf, inwiefern die Organisation von Arbeit und gesellschaftlicher Arbeitsteilung ein zentrales feministisches Thema ist.

Der zweite Teil »Themen & Felder« beginnt mit einem Artikel von **Kübra Gümüşay und Nadia Shehadeh**, die aus persönlicher Sicht von ihren Entwicklungen hin zu einer feministischen Position erzählen und wie das Web 2.0 hierfür wegweisend war. Die Autorinnen u.a. auch des Blogs *maedchenmannschaft.net* berichten von Ausschlüssen durch hegemoniale Feminismen und deren »Solidarismus«-Forderungen sowie von der Suche nach alternativen Positionen. **Lisa Malich** nähert sich dem Thema Mutterschaft aus queerfeministischer Sicht, indem sie auch heute noch gültige feministische Traditionslinien aufspürt. Dabei stellt sie fest, dass Mutter und Feministin* zu sein zwar immer ein gesamtgesellschaftlich schwieriges Unterfangen war und ist, dass darin aber auch Potentiale enthalten sind, die traditionelle Mutterrolle grundlegend zu revidieren. Zu feministischer Ökonomie äußern sich **Bettina Haidinger und Käthe Knittler** und greifen in ihrem Beitrag die geschlechtliche Arbeitsteilung als ein zentrales Kritikfeld auf. Zur Kritik an den vorherrschenden Wirtschaftstheorien und Modell-annahmen, der vergeschlechtlichten Arbeitsteilung und der wirtschaftlichen Verhältnisse müsse, so die im Beitrag vertretene These, immer auch die Konzeption einer feministischen Utopie Teilaufgabe von feministischer Ökonomie sein. **Sonja Eismann** nimmt den weiblichen Körper als Ressource des neoliberalen Optimierungs- und Repräsentationswahns und als elementaren Austragungsort gesellschaftlicher Machtstrukturen in den Blick und fragt, wie und ob es heute gelingen könne, diesem zu entgehen, und welche Potentiale dann frei würden. In ihrem Beitrag zu transnationalen Care-Arrangements spricht **Janina Gläser** von den Möglichkeiten eines transnationalen feministischen »Schulterschlusses«, der aus diesen Settings erwachsen könne, und erläutert dies anhand empirischen Materials. **Maria Wersig** vertritt in ihrem Beitrag den Standpunkt, dass weibliche Lebensrealitäten in Gesetzen und der Rechtsprechung nicht ausreichend berücksichtigt werden, und macht an konkreten Beispielen deutlich, dass bereits der Begriff ›feministische Rechtswissenschaft‹ in einem sich als neutral und objektiv verstehenden Fach eine Provokation darstellt. Um Selbstbestimmung als feministisches Element geht es im Text von **Eva Schindele**. Sie vertritt die These, dass der Kampf um Selbstbestimmung und Selbstverwirklichung, der ihrer Ansicht nach das ›Wir‹ der Frauenbewegung ausmache, heute zu einer gesellschaftlichen Maßgabe zur individuellen Selbstoptimierung geworden ist. **Mithu M. Sanyal** schärft das Bewusstsein für die Wahrnehmung von Vergewaltigung als ein Verbrechen, dass nicht nur Frauen gendert, sondern Geschlechtlichkeit an sich gesellschaftlich markiert und somit Frauen wie auch Männer in ihrem je individuellen Wahrnehmen und Leben von Sexualität diskreditiert. Im Küchengespräch der **Autor_innengruppe aus Marburg** geht es neben der grundsätzlichen Auseinandersetzung mit der Kategorie ›Frau‹ um die Frage, wie im Kontext von sogenannter feministischer Mädchenpädagogik noch von ›Mädchen‹ gesprochen werden kann oder soll. Aus diversen beruflichen und biografischen Perspektiven steuern die Autor*innen um Susanne Maurer unterschiedliche Positionen und Betonungen bei.

Der dritte Abschnitt zu »Ausdruck & Formen« wird eingeleitet mit einem Artikel von **Claudia Schöning-Kalender**, in dem sie über 30 Jahre Frauenhausarbeit und deren ursprüngliche Prinzipien vor dem Hintergrund veränderter Bedingungen und Überlegungen resümiert. Hierbei plädiert sie für einen differenzierteren Begriff von Parteilichkeit, so dass auch die Beschuldigten in die Arbeit einbezogen werden. Im Beitrag des **Autorinnen*kollektivs des FemRef** der Universität Bielefeld werden sowohl mit historischem Blick als auch mit aktuellem Bezug feministische Aktivitäten an der Universität besprochen. Ein Fokus liegt auf der Praxis eines Frauenraums, den die Autor*innen als zu verteidigende Errungenschaft feministischer Politik kennzeichnen. Die Musikerin, Künstlerin und Aktivistin **Bernadette LaHengst** lieferte mit ihrem Auftritt auf der *Wissenschaftlerinnen Werkstatt* der *Hans-Böckler-Stiftung* 2012 den Soundtrack, zu dem wir tanzten, schwoften und schwatzten bis tief in die Nacht. Die hier veröffent-

lichten Songtexte stehen stellvertretend für ihr vielfältiges feministisches, gesell-
schaftskritisches und kulturpolitisches Gesamtwerk, mit dem sie es immer auf's
Neue vermag, auf ganz anderer Ebene umfassend zu solidarisieren. **Magdalena
Freudenschuss, Elke Gaugele und Dagmar Venohr** trafen sich zu einem Gespräch
über »Brot und Rosen« und umreißen in ihrem Beitrag zu Feminismus und Mode
ein aktuelles Bild der deutschen modewissenschaftlichen Landschaft und ihren
feministischen wie gesellschaftspolitischen Potentialen. Eine ganze andere Aus-
drucksweise feministischer Belange findet sich in dem Beitrag »wendo – Weg der
Frauen*« von **Beatrice Osdrowski**, in dem sie die Potentiale feministischer Selbstverteidigung vorstellt und auch deren Grenzen hinsichtlich einer gesamtgesellschaftlichen feministischen Strategie aufzeigt. **Kerstin und Sandra Grether** sind
als feministische Aktivistinnen an vorderster Front unterwegs und berichten in
ihren Songs, Gedichten, Romanen und Aktionstexten von dort. Hier erzählen sie
in punk-poetischer Form vom Barbiewahn und darüber, wem der Körper eigentlich gehört, der real und medial immer mehr zugerichtet wird. Im Beitrag von
Cornelia Burgert, Martina Schröder, Petra Bentz und Monika Fränznick wird die
Arbeit des *Feministischen Frauen-Gesundheits-Zentrums e.V. Berlin* vorgestellt und
die Frage gestellt, wie ein frauenbewegtes, ganzheitliches Kennenlernen des eigenen Körpers auch heute noch umgesetzt und Frauen in Gesundheitsfragen zu
Selbstbestimmung und Empowerment bewegt werden können. Im nächsten Text
zeigt **Ula Stöckl** als eine der Pionierinnen des deutschen feministischen Films,
wie es damals war, was sich daraus entwickelte und heute immer noch schwierig
ist: frauenrelevante feministische Themen und gleichberechtigte Arbeitsbedingungen im Filmbusiness. Auch **Sookee und Anna Groß** diskutieren in ihrem Beitrag die Bedingungen feministischen künstlerischen Arbeitens. Auf Grundlage
ihrer persönlichen Erfahrungen zeigen sie einerseits die patriarchalen Strukturen der Hip-Hop-Szene auf und verweisen andererseits auch auf die vielfältigen
Möglichkeiten feministische Ideen umzusetzen, die sich aus der Zusammenarbeit mit anderen feministisch orientierten Menschen ergeben haben. Im letzen
Beitrag des Bandes von **Natascha Salehi-Shahnian** werden anhand der Geschichte
der feministischen Bündnistagungen of Color die Themen der Feminismen of
Color dargestellt und anhand einer Reflexion der Tagung von 2013 die aktuellen
Debatten um das Verhältnis von Feminismen of Color zu den hegemonialen Feminismen situiert. Der Beitrag zeigt die Notwendigkeit der geschlossenen internen Auseinandersetzung auf und stellt gleichzeitig die inhaltliche Verbindung
zur Frage möglicher Solidarität her. Diese Grundidee feministischen Denkens
und Handelns, die sich mehr oder weniger explizit in allen Beiträgen wieder-
findet und eingangs von Gisela Notz herausgestellt wird, bildet die inhaltliche
Klammer unseres Sammelbandes: Feministische Solidarität schließt gerade nicht
aus, sich separieren und auf spezifische Problemlagen fokussieren zu können,
sondern sieht in der Anerkennung der Vielfalt das Potential zur steten Entwicklung und Verwirklichung feministischer Ideen, Utopien und Ziele.

QUELLEN

Becker, Ruth/Kortendiek, Beate (Hg.) (2008): Handbuch Frauen- und Geschlechterforschung. Theorie, Methoden, Empirie, 2. erw. u. aktual. Aufl., Wiesbaden: VS Verlag für Sozialwissenschaften.

Becker-Schmidt, Regina (2013): »Konstruktion und Struktur: Zentrale Kategorien in der Analyse des Zusammenhangs von Geschlecht, Kultur und Gesellschaft«, in: Graf, Julia/Ideler, Kristin/Klinger, Sabine (Hg.), Geschlecht zwischen Struktur und Subjekt. Theorie, Praxis, Perspektiven, Opladen/Berlin/Toronto: Barbara Budrich, 19-42.

Dies. (2008): »Doppelte Vergesellschaftung von Frauen: Divergenzen und Brückenschläge zwischen Privat- und Erwerbsleben«, in: Becker/Kortendiek, Handbuch Frauen- und Geschlechterforschung, 65-74.

Butler, Judith (1991): Das Unbehagen der Geschlechter, Frankfurt a.m.: Suhrkamp.

Dölling, Irene (2013): »30 Jahre feministische Studien: Wie mit dem feministischen Erbe umgehen?«, in: feministische Studien 30 (1), 29-34.

Dorn, Thea (2006): Die neue F-Klasse. Warum die Zukunft von Frauen gemacht wird, München/Zürich: Piper.

Gerhard, Ute (1989): »Alte und Neue Frauenbewegung. Vergleich und Perspektiven«, in: Wasmuth, U.C. (Hg.), Alternativen zur alten Politik. Neue soziale Bewegungen in der Diskussion, Darmstadt: Wissenschaftliche Buchgesellschaft, 64-81.

Ebner-Zarl, Astrid (2012): »Ganz okay, aber bloß nicht übertreiben... «. Die Einstellung von Studentinnen zu Feminismus vor dem Hintergrund von fortgesetzter Frauendiskriminierung, Linz: Trauner.

Haaf, Meredith/Klinger, Susanne/Streidl, Barbara (2008): Wir Alphamädchen: Warum Feminismus das Leben schöner macht, Hamburg: Hoffmann und Campe.

Haraway, Donna (1995): »Ein Manifest für Cyborgs. Feminismus im Streit mit den Technowissenschaften«, in: dies. (Hg.), Die Neuerfindung der Natur. Primaten, Cyborgs und Frauen, Frankfurt a.M./New York: Campus, 73-97.

Kazeem, Maryam (2013): »Bodies That Matter: The African History of Naked Protest, FEMEN Aside«, www.okayafrica.com/news/naked-prostest-bodies-that-matter-FEMEN-african-history (12.07.2014).

Knapp, Gudrun-Axeli (2013): »Zur Bestimmung und Abgrenzung von ›Intersektionalität‹. Überlegungen zu Interferenzen von ›Geschlecht‹, ›Klasse‹ und anderen Kategorien sozialer Teilung«, in: Erwägen Wissen Ethik 24 (3), 341-354.

Dies. (2001): »Dezentriert und viel riskiert: Anmerkungen zur These vom Bedeutungsverlust der Kategorie Geschlecht«, in: dies./Wetterer, Angelika (Hg.), Soziale Verortung der Geschlechter. Gesellschaftstheorie und feministische Kritik, Münster: Westfälisches Dampfboot, 16-62.

Krüger, Helga (2001): »Geschlecht, Territorien, Institutionen. Beitrag zu einer Soziologie der Lebenslauf-Relationalität«, in: Born, Claudia/dies. (Hg.), Individualisierung und Verflechtung. Geschlecht und Generation im deutschen Lebenslaufregime, Statuspassagen und Lebenslauf 3, Weinheim/München: Juventa, 257-303.

Lazreg, Marina (1988): »Feminism and Difference: The Perils of Writing as a Woman on Women in Algeria«, in: Feminist Studies, 14 (1), 81-107.

McRobbie, Angela (2010): Top Girls. Feminismus und der Aufstieg des neoliberalen Geschlechterregimes, Wiesbaden: VS Verlag für Sozialwissenschaften.

Nave-Herz, Rosemarie (1997): »Die Geschichte der Frauenbewegung in Deutschland«, 5. überarb. Aufl., Hannover: Niedersächsische Landeszentrale für politische Bildung, http://nibis.ni.schule.de/nli1/rechtsx/nlpb/pdf/Gender/frauen bewegung.pdf (18.09.2014).

Schröder, Christina/Waldeck, Caroline (2012): Danke, emanzipiert sind wir selber! Abschied vom Diktat der Rollenbilder, München/Zürich: Piper.

Thürmer-Rohr, Christina (2008): »Mittäterschaft von Frauen: Die Komplizenschaft mit der Unterdrückung«, in: Becker/Kortendiek, Handbuch Frauen- und Geschlechterforschung, 88-93.

Dies. (1983): »Aus der Täuschung in die Ent-Täuschung. Zur Mittäterschaft von Frauen«, in: Beiträge zur feministischen Theorie und Praxis 6 (8), 11-25.

Walgenbach, Katharina (2012): »Intersektionalität – Eine Einführung«, http:// portal-intersektionalitaet.de/uploads/media/Walgenbach-Einfuehrung.pdf (01.10.2014)

Wetterer, Angelika (2003): »Rhetorische Modernisierung: Das Verschwinden der Ungleichheit aus dem zeitgenössischen Differenzwissen«, in: Knapp, Gudrun-Axeli/dies. (Hg.), Achsen der Differenz. Gesellschaftstheorie und feministische Kritik II, Münster: Westfälisches Dampfboot, 286-319.

Yuval-Davis, Nira (1993): »Women, Ethnicity and Empowerment«, Institute of Social Studies, Working Series 151, http://repub.eur.nl/pub/19113/wp151.pdf (18.09.2014).

Zetkin, Clara (1978): Zur Geschichte der proletarischen Frauenbewegung Deutschlands, Frankfurt a.M: Marxistische Blätter.

(Kein) Abschied von der Idee der Schwesterlichkeit?

Herausforderungen für feministische Solidarität

Gisela Notz

Feministische Bewegungen haben seit ihrem Bestehen immer wieder den Anspruch, Frauen aus allen gesellschaftlichen Schichten unter einem Dach zu vereinen. Dieser Anspruch führte immer wieder zu Auseinandersetzungen und Konflikten. Ist deshalb feministische Solidarität unmöglich? Der Beitrag setzt sich mit den historischen und aktuellen Debatten um (globale) feministische Solidarität auseinander und zeigt, dass die Diskussion um die Bedeutung verschiedener sozialer Ungleichheitskategorien von Beginn an die feministischen Bewegungen prägte.

Frauenbewegungen und feministische Bewegungen haben seit ihrem Bestehen immer wieder den Anspruch, Frauen aus allen gesellschaftlichen Schichten unter einem Dach zu vereinen. Das ging nie ohne Auseinandersetzungen und Konflikte. Ist deshalb feministische Solidarität unmöglich? Die um die Jahrhundertwende bestehende Trennung zwischen proletarischen und bürgerlichen Frauenbewegungen scheint out zu sein. Und doch sind Feministinnen auch heute noch aufgrund ihrer Klassenzugehörigkeit und der Zugehörigkeit zu verschiedenen Ethnien gespalten. Die Frage, was eine gut situierte bürgerliche oder auch kleinbürgerliche Hausfrau mit ihrer Putzfrau oder Haushaltsangestellten gemeinsam hat, muss gestellt werden. Und dennoch gab es Protestaktionen, die alle betrafen – weil sie Frauen sind. Man denke an die andauernde Auseinandersetzung um den §218. Angesichts zunehmender Armut und Ausgrenzung sollten wir die Idee der Schwesterlichkeit, die freilich nicht universal zu sehen ist, nicht aufgeben.[1]

Es gibt vielfältige Formen von Diskriminierungen und je mehr zusammentreffen, desto schwieriger wird das für die Ungleichheitsforschung und desto mehr Probleme ergeben sich für die Praxis der Individuen. Da hilft nur der Zusammenhalt zwischen den stigmatisierten Gruppen, also die Solidarität, wie ich sie beispielsweise in der Arbeitersiedlung *Gartenstadt*, in der ich sozialisiert wor-

1 | Ich danke Kirsten Achtelik, Brigitte Bargetz, Christiane Leidinger, Inga Nützen und Julia Rosshart, weil sie den Text mit mir diskutiert haben.

den bin, schon früh erfahren habe. Ich beginne jedoch nicht mit meiner Sozialisation und auch nicht mit der Arbeiterklasse. Vielmehr beginne ich mit der Frage,
was Feminismus eigentlich ist, um dann zu fragen, was Solidarität ist oder sein
sollte. Auf diesen Überlegungen aufbauend, will ich mich der eigentlichen Frage
zuwenden, was feministische Solidarität sein könnte, und ob es sie überhaupt
gibt oder geben kann. Dies wird mir ohne historische Bezüge nicht gelingen. Allerdings kann dies nur sehr kursorisch und exemplarisch erfolgen, denn es geht
um mehr als 160 Jahre Geschichte. Schließen werde ich mit dem Aufzeigen von
Perspektiven für einen solidarischen kritischen Feminismus.

WAS IST FEMINISMUS?

In der überregionalen Zeitung *Die Tageszeitung* vom 22./23. September 2012 ging
es unter der Rubrik »Streit der Woche« wieder einmal darum, ob Männer Feministen sein sollen (vgl. http://www.taz.de/!102137/). Gefragt wurden Frauen und
Männer, Junge und Ältere, PolitikerInnen und VerbandsvertreterInnen. Gregor
Gysi (Linkspartei und bis 2002 Berlins erster Frauensenator) sprach sich dagegen
aus: »Männer können in der Regel keine Feministen sein.« (Ebd.) Er kannte allerdings eine Ausnahme, und das war er selbst. Diese anmaßende Selbstüberschät-
zung wurde mit dem Label »Der stärkste Satz« (ebd.) geadelt und er selbst auf der
ersten Seite angekündigt, die anderen ExpertInnen – darunter auch ich – nicht.
Im gesamten Beitrag war fast ausschließlich von »der Frauenbewegung«, »dem
Feminismus« und natürlich »den Feministinnen« die Rede (ebd.). Darauf, dass
es verschiedene Frauenbewegungen gab und gibt und Feminismus ein vieldeuti-
ger Begriff ist, der sich auf ganz verschiedene feministische Theorien bezieht, die
sich teilweise auch widersprechen, wurde kaum hingewiesen.

Ich kann mich in diesem Zusammenhang nicht an allen Theorien abarbeiten,
vielmehr werde ich vom Standpunkt einer kritischen Feministin ausgehen. Für kritische Feministinnen stellt Feminismus die kapitalistisch-patriarchalisch geprägte
Wirtschaft und Kultur sowie eine Gesellschaft, die soziale, rassistische, klassistische
und sexistische Ungleichheiten immer wieder reproduziert, in den Mittelpunkt der
Kritik (vgl. Notz 2011a). Sie unterziehen die gesellschaftlichen Verhältnisse einer
feministischen Analyse und entwickeln Vorstellungen sowie Handlungsstrategien
zur gesellschaftspolitischen Veränderung, hin zu einem gleichwertigen Miteinander verschiedener Geschlechter und zu einem anderen, besseren Leben – weltweit.
Zum kritischen Feminismus gehören feministische Gegenöffentlichkeiten ebenso
wie Vorstellungen von einer anderen Welt ohne Ausgrenzung und Unterdrückung
von Fremden und Anderen und ohne Kriege und Gewalt. Dabei gehe ich davon aus,
dass feministische Theorien ohne eine Anbindung an feministische Praxis nicht viel
wert sind. Feminismus bezeichnet also sowohl eine politische Theorie als auch eine
soziale Bewegung und seit den 1980er Jahren auch eine wissenschaftliche Disziplin.

Diente der Begriff Feminismus den Gegnern der Frauenemanzipation stets
zur Diffamierung jeglicher Frauenbewegungen, so diente er innerhalb der Bür-

gerlichen Frauenbewegungen zur Abgrenzung von gemäßigten und konservativen zu den radikalen Frauenrechtlerinnen. Vor allem aber trennte er die Sozialistischen und die Bürgerlichen Frauenbewegungen. Teile der Frauenbewegungen hatten seit Beginn der Industrialisierung, vor allem nach den beiden Weltkriegen und während der Frauenfriedensbewegungen der 1950er und zu Zeiten der Neuen Frauenbewegungen der 1970er Jahre, den Anspruch, Frauen aus allen gesellschaftlichen Schichten unter ihrem Dach zu vereinigen, was freilich nie ohne Konflikte möglich war (vgl. Notz 2008b: 155ff.).

Wie vielfältig der Begriff des Feminismus heute gebraucht wird, zeigt, dass einerseits viele Frauen diesen Begriff scheuen wie der Teufel das Weihwasser, andererseits Politikerinnen, wie Bundesministerin Ursula von der Leyen (CDU), sich »konservative Feministin« nennen. Nach Meinung von Frauenforscherinnen hat die feministische Bewegung gerade eine *Atempause* (vgl. Gerhard 1999) eingelegt, jedenfalls herrscht Windstille. Und doch gibt es immer wieder junge Feministinnen, die aktuelle geschlechterrelevante Themen aus Politik und Gesellschaft kritisch reflektieren,[2] junge Frauen, die in feministischen Zeitungen schreiben und/oder selbst solche Zeitschriften herausbringen.[3] Das heißt nicht, dass die jüngere Generation die Vorstellungen der ›Altfeministinnen‹ kritiklos übernimmt. Vielmehr entwickeln sich neue Debatten um den Zusammenhang zwischen *class*, *race* und *gender*, queerfeministische Theorien, Intersektionalität, aber auch um neue Protest- und Aktionsformen.

WAS IST SOLIDARITÄT?

Solidarität (abgeleitet vom lateinischen *solidus* für fest, dicht) beschreibt einen gesellschaftlichen Zustand, in dem die Beziehungen zwischen den Einzelnen und einer Gruppe gleichermaßen durch Eigenständigkeit und Verantwortung der Einzelnen und durch Anspruch und Verantwortung der Gesamtheit gekennzeichnet sind (vgl. Zacher 2011: 767). Der Begriff Solidarität ist situativ vieldeutig. Er bezeichnet vor allem als Grundprinzip des menschlichen Zusammenlebens ein Ge-

---

2 | Siehe z.B. *maedchenmannschaft.net*, ein deutschsprachiges feministisches Blog des Vereins *Mädchenmannschaft e.V.*, das seit 2007 über Politik, Medien, Werbung und geschlechtersensible Projekte berichtet.

3 | Siehe z.B.: *Femina Politica. Zeitschrift für feministische Politikwissenschaft*, mit dem Anspruch, kritischem Denken Raum zu geben und politikwissenschaftliche und aktuelle politische Themen zu analysieren und zu kommentieren; *Wir Frauen. Das feministische Blatt*, das ein Forum für außerparlamentarisch aktive Frauen bietet und sich über den deutschen Tellerrand hinaus positionieren will; *Missy Magazine*, ein feministisches Magazin für junge Frauen, das Berichterstattung über Popkultur, Politik und Style mit einer feministischen Haltung verbindet; *an.schläge. Das feministische Magazin* aus Österreich, das den Anspruch hat, das aktuelle politische, gesellschaftliche und kulturelle Geschehen aus einer konsequent feministischen Perspektive zu beleuchten.

fühl von Individuen und Gruppen zusammen zu gehören. Dies äußert sich in gegenseitiger Hilfe und dem Eintreten füreinander. Solidarität kann sich von einer familiären bürgerlichen Kleingruppe über Nachbarschafts- und Selbsthilfegruppen, kollektive politische Zusammenhänge, wie autonome Frauengruppen, Parteien und Gewerkschaften, bis zu Staaten und Staatsgemeinschaften erstrecken.

Ein Zusammengehörigkeitsgefühl aufgrund gemeinsamer Unterdrückungs- und Diskriminierungserfahrungen könnte von Feministinnen aufgrund ihrer immer noch diskriminierten Situation in der Gesellschaft erwartet werden. Oft stehen dem übersteigerte Ansprüche (individuell oder auf die Gruppe bezogen) entgegen. Die zahlreichen, zum Teil auch gegenläufigen Strömungen, die die Interessen und Rechte der Frauen widerspiegeln, machte Solidarität unter ›den Feministinnen‹ als Gruppe von gleichgestellten Individuen zu keiner Zeit leicht. Schließlich haben auch sie innerhalb der verschiedenen Sozialisationsinstanzen gelernt, dass in unserer Gesellschaft Einzelkämpferinnen offensichtlich weiter kommen als auf Solidarität ausgerichtete Individuen. Zudem sind auch Feministinnen aufgrund verschiedener Klassenprivilegien, Rassismus und Sexismus gespalten. Arbeitertöchter waren und sind innerhalb der feministischen Gruppen meist ebenso wenig zu finden wie Migrantinnen oder Women of Color. bell hooks verweist darauf, dass Solidarität etwas ist, das hergestellt, erarbeitet werden muss. Diese gemeinsame Arbeit, schreibt sie, »die eigene sexistische Sozialisation aufzudecken, zu analysieren und zu überwinden, wird Frauen gegenseitig Stärke und Bestätigung geben und ein solides Fundament für die Entwicklung politischer Solidarität legen« (hooks 1990: 79). Die Idee vom Zusammenschluss aller Frauen (unabhängig von Klasse, Bildung, Religion und Herkunft) war allerdings immer eine Schimäre. Um das zu verdeutlichen, diskutiere ich die verwirklichten und nicht verwirklichten Solidaritätsansprüche der ›alten‹ Frauenbewegungen im 19. und beginnenden 20. Jahrhundert und konzentriere mich anschließend auf die ›neuen‹ Frauenbewegungen der 1970er Jahre.

WIE ALLES BEGANN: DIE ANFÄNGE DER FEMINISTISCHEN BEWEGUNGEN

Die Französische Revolution wird als Ausgangspunkt der politischen Ideengeschichte des modernen Feminismus bezeichnet. Trotz ihrer vielfältigen Aktivitäten blieben Frauen von den neu erkämpften Menschenrechten ausgeschlossen. Der am 3. September 1791 durch die Nationalversammlung in Paris verabschiedeten *Erklärung der Menschen- und Bürgerrechte* setzte Olympe de Gouges (1748-1793) die von ihr im gleichen Monat 1791 verfasste *Erklärung der Rechte der Frau und Bürgerin* entgegen, in der sie Menschenrechte für das gesamte weibliche Geschlecht forderte. Sie wies nach, dass der Mann alleine von der Revolution profitieren wollte, indem er nur sein eigenes Recht auf Gleichheit verlangte, also nur gegenüber seinem eigenen Geschlecht solidarisch war, gleichzeitig aber über das weibliche Geschlecht befehlen wollte. In Artikel I ihrer Erklärung heißt es: »Die Frau ist frei geboren und bleibt dem Manne ebenbürtig in allen Rechten.« (de Gouges 1995/1791)

Artikel II besagt: »Ziel und Zweck jedes politischen Zusammenschlusses ist die Wahrung der natürlichen und unverjährbaren Rechte von Frau und Mann, als da sind: Freiheit, Eigentum, Sicherheit und insbesondere das Recht auf Widerstand gegen Unterdrückung.« (Ebd.) Am 3. November 1793 wurde Olympe des Gouges aufgrund des *Gesetzes über die Verdächtigen* verurteilt und durch die Guillotine enthauptet. Fast zu gleicher Zeit verfasste 1792 die Feministin Mary Wollstonecraft (1759-1797) in England ein *Plädoyer für die Rechte der Frau*. Sie schockierte die Machthabenden mit ihren Forderungen nach gleichen Erziehungs- und Bildungsmöglichkeiten sowie gleichen politischen und sozialen Rechten, die sie ebenfalls für alle Frauen durchsetzen wollte (vgl. Wollstonecraft 1792). Dass der Staat die Frauen bilden müsse, damit sie sich auch im ökonomischen Bereich emanzipieren könnten, war damals eine ebenso radikale wie ungewöhnliche Forderung.

Der Anfang einer organisierten feministischen Bewegung wird meist mit der Bürgerlichen Revolution von 1848 verortet. Bereits im Vormärz (1843) vertrat die Frauenrechtlerin und Schriftstellerin Louise Otto (1819-1895) in den *Sächsischen Vaterlandsblättern*, deren Mitarbeiterin sie wurde, die Auffassung, dass die Teilnahme der Frauen an den Interessen des Staates nicht nur ein Recht, sondern eine Pflicht sei (vgl. Gerhard/Hannover-Drück/Schmitter 1987: 40-42). Unter Teilnahme verstand sie alle Angelegenheiten, die alle Frauen betrafen; dazu gehörte Bildung, existenzsichernde Erwerbsarbeit und politische Betätigung. Sie und ihre Mitstreiterinnen begriffen sich nicht als die unterdrückte Minderheit, sondern vertraten die Hälfte der Menschheit, die ihr Recht einforderte.

In den zeitgenössischen Beschreibungen werden die Helden der bürgerlichen Revolutionen von 1848/49 mehrheitlich männlich, jung und schön dargestellt, obwohl Frauen überall dabei waren. Freiheit, Gleichheit, Brüderlichkeit schloss Frauen nicht mit ein, denn Brüderlichkeit meinte Solidarität unter Männern. »Wo sie das Volk meinen, zählen die Frauen nicht mit«, musste Louise Otto 1849 in der ersten Ausgabe der von ihr gegründeten *Frauenzeitung* feststellen (Otto 1849: 2). Sie kritisierte das unsolidarische Verhalten der männlichen Mitstreiter heftig: »Wir müssen den redlichen Willen oder die Geisteskräfte der Freiheitskämpfer in Frage stellen, welche nur die Rechte der Männer, aber nicht zugleich auch die der Frauen vertreten.« (Ebd.) Die revolutionären Frauen des aufkommenden Bürgertums sahen sich auch als Fürsprecherinnen für die Frauen der unterdrückten Klasse. Die *Frauenzeitung*, die heute als die erste feministische Zeitschrift bezeichnet wird, erschien mitten in den Aufregungen der schon halbwegs niedergeschlagenen Revolution am 21. April 1849 unter dem Motto »Dem Reich der Frauen werb' ich Bürgerinnen«. Weniger dieses Motto als vielmehr die Inhalte der Zeitung spiegeln die Intention wider, Gemeinsamkeiten zwischen den Frauen verschiedener Schichten herzustellen und sich für diejenigen einzusetzen, die »in Armut, Elend und Unwissenheit vergessen und vernachlässigt schmachten«, (ebd.: 37) wie Louise Otto schrieb. Daher regte sie die Gründung von Arbeiterinnenvereinen an. Das war nicht einfach, denn das nach dem Scheitern der bürgerlichen Revolution verabschiedete preußische Vereins- und Versammlungsgesetz von 1850, ähnlich auch das bayerische, untersagte »Frauenspersonen, Schülern und Lehrlingen« die Mitgliedschaft in politischen Vereinen und die Teilnahme an politischen Versammlungen bis 1908. Ihre Zusammenkünfte mussten Frauen als Kaffeekränzchen oder andere, scheinbar unpolitische Zusammenkünfte tarnen. In ihrer berühmt gewordenen *Adresse eines Mädchens* (Franzke/Ludwig/Notz 1997: 117ff.) hatte Louise Otto 1848 als erste deutsche Frau zur Arbeiterinnenfrage solidarisch Stellung genommen: Sie verlangte, bei einer Neuordnung der Arbeitsverhältnisse auch die Arbeit der Frauen zu berücksichtigen. Etliche Jahre später (1866) erschien die Schrift *Das Recht der Frauen auf Erwerb*, in der Louise Otto die eigenständige Existenzsicherung für Frauen aus allen gesellschaftlichen Schichten forderte. »Wer nicht frei erwerben darf, ist Sklave« schrieb sie und weiter: »[S]elbstständig kann schon dem Sprachgebrauch nach nur sein, wer selbst zu stehen vermag, das heißt, wer sich selbst auf seinen eigenen Füßen und ohne fremde Beihülfe halten kann.« (Ebd.: 107) Es ging ihr um finanzielle Unabhängigkeit von Frauen aller Schichten und nicht um Familienlohn und Zuverdienst.

Mit der Solidarität der Männer konnten die bürgerlichen Frauen nicht rechnen, wenn sie Rechte für *alle* Frauen einforderten. Diese Forderung stellten ohnehin nur die radikalen unter ihnen, die gemäßigten bürgerlichen ›Schwestern‹ gaben sich beispielsweise mit der Forderung nach einem beschränkten Wahlrecht für Frauen zufrieden, weil sie die gleichen Rechte haben wollten wie *ihre* Männer.[4] Selbst dafür ernteten sie nur Widerstand und keine solidarische Unterstützung von diesen.

TRENNLINIEN ZWISCHEN DEN FRAUENBEWEGUNGEN

Nicht nur untereinander und im Verhältnis zu ihren Männern waren die Frauenrechtlerinnen uneins. Auch bei den Frauen der unterdrückten Klasse des neu entstehenden Industrieproletariats stießen die Bürgerlichen auf Ablehnung, spätestens dann, wenn sie das Ende der patriarchalen Geschlechterordnung forderten, denn auch in der proletarischen Frauenbewegung wurde Solidarität als Tugend der gesamten Arbeiterklasse hervorgehoben. Damit wurde die Forderung

---

4 | Die Mitglieder des Preußischen Landtages wurden von 1849 bis 1871 nach dem Dreiklassenwahlrecht gewählt. Die Männer jedes Wahlbezirkes wurden danach in drei Gruppen aufgeteilt, auf die je ein Drittel des gesamten Steueraufkommens entfiel. Jede der Gruppen wählte die gleiche Anzahl von Abgeordneten, sodass wenige Vermögende über das gleiche Gewicht verfügten wie die große Masse der Besitzlosen. Mit der Gründung des Deutschen Reiches im Jahr 1871 wurde für die Wahlen zum Reichstag das allgemeine, gleiche, unmittelbare und geheime aktive und passive Wahlrecht für alle männlichen Bürger über 25 Jahre, die im Besitz der bürgerlichen und politischen Ehrenrechte waren, eingeführt. Ausgeschlossen waren Männer, denen die staatsbürgerlichen Rechte entzogen waren, Armenunterstützungsempfänger und *alle* Frauen. Bei den Wahlen zum Preußischen Haus der Abgeordneten galt bis 1919 weiter das Dreiklassenwahlrecht.

nach internationaler Solidarität verbunden. Die Tatsache, dass die Ungleichheit zwischen den Geschlechtern innerhalb der Arbeiterklasse immer ein Nebenwiderspruch neben dem Hauptwiderspruch zwischen Kapital und Arbeit blieb und dass auch sozialistische Frauen der Überzeugung waren, dass die Gleichberechtigung zwischen den Geschlechtern nur gemeinsam im Kampf mit den Männern der Arbeiterklasse für die Überwindung der kapitalistischen Verhältnisse zu erreichen sei, unterschied sie von den Bürgerlichen und machte Solidarität zwischen den Frauen verschiedener Klassen schier unmöglich. Die Trennlinie verlief damals zwischen Feminismus und Sozialismus. Feministinnen waren die »Bourgeoisdamen« (*Die Gleichheit* vom 18.04.1894: 63).

Die proletarischen Frauenzusammenschlüsse wiesen diesen Begriff weit von sich. Der Klassenunterschied bildete die Trennlinie zwischen den Bürgerinnen und den Proletarierinnen, auch wenn das manche Historikerinnen bestreiten. Clara Zetkins Erklärung trifft den Punkt: »Die wohlhabende Frau bedarf zu ihrer Emanzipation, ihrer Befreiung bloß der rechtlichen Gleichstellung mit dem Manne. Die Frau des Proletariats dagegen bleibt, auch wenn sie ihre rechtliche Gleichstellung errungen hat, noch unfrei, abhängig vom Kapitalisten.« (Zetkin o.J.)

Spätestens nach der Reichsgründung 1871 trennten sich die Wege der bürgerlichen und der proletarischen Frauenbewegungen nahezu gänzlich. Bürgerliche Frauen versuchten die Gleichstellung der Frauen mit Reformen innerhalb der bestehenden kapitalistisch-patriarchalen Gesellschaft zu erreichen. Proletarische Frauen waren davon überzeugt, dass die Befreiung der Frau sowie die volle soziale und menschliche Emanzipation aller Menschen nur mittels einer Revolution, durch die die kapitalistische Gesellschaft von der sozialistischen abgelöst wurde, erreicht werden konnte. Ottilie Baader (1847-1925) verdeutlichte dies beim Gründungskongress der *Sozialistischen Fraueninternationale* im August 1907 in Stuttgart: »Die sozialistische Frauenbewegung Deutschlands ist von der Überzeugung durchdrungen, dass die Frauenfrage ein Teil der sozialen Frage ist und nur zusammen mit ihr gelöst werden kann.« (Baader 1907: 3) Ihr ging es um den »Kampf aller Ausgebeuteten ohne Unterschied des Geschlechts gegen alle Ausbeutenden, ebenfalls ohne Unterschied des Geschlechts« (ebd.: 3f.). Daran waren die meisten Bürgerlichen nicht interessiert.

Neben dem Politikverbot waren Sozialistinnen seit 1878 unter dem Sozialistengesetz gegen die angeblich »gemeingefährlichen Bestrebungen der Sozialdemokratie«, das bis 1890 in Kraft war, einer doppelten Unterdrückung und Verfolgung durch die Staatsgewalt ausgesetzt. Während keine der führenden Frauen der proletarischen Frauenbewegung von den Schikanen verschont blieb, konnten viele bürgerliche Frauenvereine, die ›radikalen‹ ausgenommen, Politik machen.

Wie groß die Gräben zwischen bürgerlicher und sozialistischer Frauenbewegung waren, zeigt die Tatsache, dass bei der Gründungsversammlung des *Bundes Deutscher Frauenvereine* (BDF) als Dachorganisation der bürgerlichen Frauenvereine die Beziehung der bürgerlichen Frauenbewegung zur Arbeiterinnenbewegung Gegenstand heftiger Debatten war. Zur konstituierenden Sitzung im Mai 1894 wurden sozialistische Vereine nicht eingeladen, weil – so die Initiatorinnen – befürchtet wurde, durch ihre politische Betätigung würde die Arbeit des Bundes grundsätzlich gefährdet und ein Verbot riskiert. Zudem konnte nicht davon ausgegangen werden, dass alle Gründungsvereine ein Zusammengehen mit den sozialistischen Vereinen dulden würden (vgl. Dölle 1991: 32). Schließlich war es nur eine kleine Gruppe eher radikaler Frauenrechtlerinnen, die sich gegen den Ausschluss aussprach. Zwar stellte Auguste Schmidt bei ihrer Eröffnungsrede klar, »dass der Bund Arbeiterinnenvereine von Herzen willkommen heißen werde« (zit.n. Lange/Bäumer 1901: 133), fuhr aber fort, dass er »solche von unverkennbar politischer Tendenz nicht aufnehmen könne« (ebd.). Damit waren freilich alle Arbeiterinnenvereine ausgeschlossen. Die wenigsten bürgerlichen Frauen wollten sich mit den Sozialistinnen an einen Tisch setzen. Aber auch die Sozialistinnen kooperierten nur ganz punktuell mit bürgerlichen Frauengruppen. So kam es nur zu wenigen gemeinsamen Aktionen. Clara Zetkin schloss eine Zusammenarbeit zwischen Bürgerlichen und Sozialistinnen in einem Bund ohnehin aus, weil sie keine Gemeinsamkeiten mit den Frauenrechtlerinnen sah, die das »große und verwickelte Problem der Frauenbefreiung nicht in seinen vielverzweigten sozialen Zusammenhängen erfassen, vielmehr aus den Interessen der bürgerlichen Gesellschaft betrachten« (Zetkin 1958: 204). In der sozialistischen Frauenzeitung *Die Gleichheit* wandte sie sich gegen eine »humanitätstrunkene Allerweltsbasenschaft« zwischen Proletarierinnen und Bourgeoisdamen. Sie kritisierte die bürgerlichen »Schwestern« (*Die Gleichheit* vom 27.06.1894: 102), weil sich die meisten nicht darum kümmern, wenn die große Masse der Proletarierinnen weiter in politischer Rechtlosigkeit gehalten würde (ebd.). Deshalb war eine klare Abgrenzung zur Gleichstellungspolitik der bürgerlichen Frauenbewegungen notwendig, zumal diese die weibliche ›Andersartigkeit‹ gegenüber den Männern betonten und damit neue Gegensätze zwischen den Geschlechtern schürten, die Klassengegensätze jedoch aufrechterhalten wollten.

Unter »Solidarität mit den unteren Klassen« (Braun 1901: 463) verstanden gemäßigte Feministinnen meist die karitative Unterstützung oder das Kochen der Armensuppe. Frauen der proletarischen Frauenbewegung wehrten sich gegen den verbreiteten Glauben der Bürgerlichen, »dass Wohltätigkeit, Armenpflege und allseitiger guter Wille die Mittel sind, das soziale Elend aus der Welt zu schaffen« (ebd.), weil dieser Standpunkt dazu führte, dass sowohl Wohltäter als auch Schützlinge die Empfindung für Gerechtigkeit verloren und die Wohltätigkeit an ihre Stelle setzten. Das Verständnis dafür, dass »jeder arbeitende Mensch ein Recht auf eine gesicherte Existenz hat« (ebd.), ginge dabei verloren. Es sei nicht nur eine schreiende Ungerechtigkeit, sondern auch eine Kränkung, wenn man Menschen mit Almosen abspeisen wolle, so die Sozialdemokratin Lily Braun in ihrem Buch *Die Frauenfrage*. Die Sozialistinnen hielten nichts von dieser Art von Solidarität, die geeignet ist, das soziale Prestige der Wohltätigen zu mehren und die Hungernden zu demütigen; sie bleiben BittstellerInnen und sie bleiben arm (vgl. Notz 1999: 53).

Innerhalb der proletarischen Frauenbewegung wurde Solidarität – ebenso wie innerhalb der Arbeiterbewegung – als Tugend der Arbeiterklasse hervorgehoben.

Damit wurde die Forderung nach internationaler Solidarität aller Proletarier, unabhängig von Geschlecht, ethnischer und kultureller Herkunft verbunden. Sozialistinnen hatten erkannt, dass Probleme wie der Kampf um das allgemeine Wahlrecht, die krankmachenden Arbeitsbedingungen, die soziale und geschlechterspezifische Ungleichheit und die Bedrohung des Weltfriedens nicht auf nationaler Ebene zu lösen sind. Daher schlossen sie sich 1907 zur *Internationalen Sozialistischen Frauenbewegung* zusammen. Sie sahen darin ein Mittel, die Frauen in den sozialistischen Parteien der Welt zur Wahrnehmung ihrer Interessen zu bewegen und damit auch das Gewicht der internationalen Linken zu stärken. Durch die Mitarbeit in einer starken solidarischen Arbeiterpartei erhofften sie sich die Verbesserung ihrer Situation. Daher unterstützten sie auch ihre sozialdemokratischen Genossen bei deren Wahlkämpfen nach dem Motto: »Können wir nicht wählen, so können wir doch wühlen.« (Wickert 1990: 72) Freilich erhofften sie sich im Gegenzug die Unterstützung ihrer Forderungen durch die Genossen. Allerdings bedurfte es harter Auseinandersetzungen, bis die Männer der sozialistischen Parteien aller Länder beim Internationalen Sozialistenkongress 1907 eine durch Clara Zetkin eingebrachte Resolution annahmen, mit der sie sich verpflichteten, sich energisch für das uneingeschränkte Frauenwahlrecht einzusetzen (vgl. Notz 2008a: 31).

Bereits beim ersten *Internationalen Sozialistischen Frauenkongress* zeichnete sich allerdings auch unter den sozialistischen Frauen eine radikale und eine reformistische Richtung ab, die das solidarische Vorgehen erschwerte (vgl. ebd.: 24ff.). Die Österreicherin Adelheid Popp (1869-1939) war etwa der Meinung, man sollte sich erst für das Wahlrecht für *alle* Männer einsetzen, und die Engländerinnen wollten ein an die Höhe des Steuersatzes gebundenes Stimmrecht. Auch wenn das Fernziel das gemeinsame, nämlich das allgemeine, gleiche Wahlrecht für Mann und Frau war, war ein solidarisches Vorgehen erst möglich, nachdem nach heftigen Diskussionen beide Anträge zurückgezogen worden waren. Clara Zetkin hatte bei dieser Konferenz auch angekündigt, dass die Proletarierinnen die bürgerlichen Frauenrechtlerinnen nicht zurückweisen würden, wenn diese sich im Kampf für das allgemeine Frauenwahlrecht hinter und neben sie stellen würden. Tatsächlich nahmen am ersten *Internationalen Frauentag*, am 19. März 1911,[5]

---

5 | Ein bestimmtes Datum für die Durchführung war damals noch nicht festgelegt worden. In Deutschland war der 19. März gewählt worden, um das Revolutionäre der Idee zu unterstreichen, denn am Vortag zu diesem Tag wurden in der deutschen Arbeiterbewegung jährlich die sogenannten *Märzgefallenen* der Revolution von 1848 geehrt. Außerdem sollte an das Engagement der Frauen der *Pariser Commune* im März 1871 erinnert werden. 1913 wurde der Frauentag erstmals am 8. März abgehalten. Nachdem er 1914 ein voller Erfolg war, beschlossen die Sozialdemokraten dieses Datum beizubehalten. Während der beiden Weltkriege waren *Internationale Frauentage* offiziell verboten. Erst nachdem die UNO im Jahre 1977 den 8. März offiziell anerkannte, schloss sich 1978 die *Sozialistische Fraueninternationale* diesem Votum an.

der bei der *II. Internationalen Konferenz sozialistischer Frauen* 1910 in Kopenhagen beschlossen worden war und an dem mehr als eine Million Frauen auf die Straße gingen, etliche Frauen der radikalen bürgerlichen Frauenbewegung teil oder überbrachten Solidaritäts- und Grußadressen. Unter dem Kampfruf »Heraus mit dem Frauenwahlrecht« forderten sie für alle Frauen soziale und politische Gleichberechtigung. So kam es zu einer öffentlich gezeigten Solidarität zwischen bürgerlichen und sozialistischen Frauen.

Als die Forderung nach dem allgemeinen Wahlrecht auch für Frauen im März 1917 zum wiederholten Male vom Deutschen Reichstag abgelehnt wurde, legten bürgerliche und proletarische Frauenverbände im Dezember 1917, mitten im Ersten Weltkrieg, dem Preußischen Landtag eine gemeinsame *Erklärung zur Wahlrechtsfrage* vor. Sie forderten politische Gleichberechtigung mit dem Manne: Allgemeines, gleiches und direktes Wahlrecht für alle gesetzgebenden Körperschaften. Von Marie Stritt, die für den Zusammenschluss bürgerlicher Frauen im *Deutschen Reichsbund für Frauenstimmrecht* sprach, wurde das gemeinsame Vorgehen der einst getrennten Schwestern als Ereignis »von Bedeutung und eine ganz neue Erscheinung in der politischen Frauenbewegung« gefeiert, während Clara Zetkin darin den Beweis sah, dass »die sozialdemokratische Frauenbewegung zu einer Nichts-als-Reformbewegung entartet [war], die die bürgerliche Ordnung nicht stürzen, sondern stützen will« (Zetkin 1958: 220). Der gemäßigte Flügel der bürgerlichen Frauenbewegung hielt sich bis zuletzt ganz und gar fern. Am 19. Januar 1919 konnten alle über 20-jährigen Menschen und damit auch die Frauen zum ersten Mal wählen und gewählt werden. Wahlanalysen lassen vermuten, wenn es sich auch nicht beweisen lässt, dass Frauen mehrheitlich konservative Parteien wählten, von denen keine sie jemals in ihren Kämpfen unterstützt hatte (vgl. Miller/Potthoff 1983). Das die konservativen Parteien begünstigende Wahlverhalten der Frauen wird in erster Linie als Ausdruck ihrer stärkeren kirchlichen Bindungen gewertet (vgl. Bremme 1956; Beyer 1933). Christliche Frauenverbände hatten das Frauenwahlrecht – da sie an traditionellen Werten und Geschlechterrollen festhielten – bis zuletzt abgelehnt. Nun warben sie gemeinsam mit den christlichen Parteien für Frauenstimmen. Die radikalen bürgerlichen Frauenrechtlerinnen, die das Stimmrecht als selbstverständliches Menschenrecht gefordert hatten, wie etwa Anita Augspurg (1857-1943), wurden nicht gewählt, weil man ihnen aussichtslose Listenplätze zugewiesen hatte (vgl. Twellmann 1992: 160ff.).

WIE ES WEITERGING: ZWISCHENKRIEGSZEITEN, ZWEITER WELTKRIEG UND WIEDERAUFBAU

Von den 467 Parlamentsmitgliedern, die im Juni 1920 in den Deutschen Reichstag der Weimarer Republik einzogen, waren 37 (8 Prozent) Frauen. 22 Parlamentarierinnen gehörten SPD und USPD an, die restlichen 15 verteilten sich auf die bürgerlichen Parteien. Die Frauen – soweit es die Sozialistinnen betraf – kamen meist aus der Arbeiterklasse. Sie bewirkten, dass soziale Probleme öffentlich diskutiert wurden. Sie waren es auch, die dafür sorgten, dass in die Weimarer Verfassung von 1919 bereits die politische Gleichberechtigung eingeschrieben war: Frauen und Männer haben »grundsätzlich die gleichen staatsbürgerlichen Rechte und Pflichten«. Dieser Satz ließ Raum für unterschiedliche Interpretationen und Einschränkungen; de facto waren Frauen davon weit entfernt, zumal das geltende Familienrecht weiterhin die Unterordnung der Frau vorschrieb und klassen- und schichtspezifische Unterschiede die Frauenzusammenhänge prägten, so dass ein einheitliches Vorgehen nicht möglich war.

Mit der Machtübernahme der Nazis eskalierten die Interessengegensätze. Gleichschaltung und Auflösung haben auch vor den Frauenorganisationen nicht Halt gemacht. Die bürgerlichen Frauenvereine haben der Gleichschaltung kaum Widerstand entgegengesetzt (vgl. Notz 2006:10). Der *Bund Deutscher Frauenvereine* (BDF) löste sich im Mai 1933 selbst auf, ohne sich gegen den Druck der NSDAP aufzulehnen. Sozialdemokratische, sozialistische, kommunistische und andere linke Frauenorganisationen wurden verboten. Die bereits im Oktober 1931 gegründete *NS-Frauenschaft* erhob als ›Eliteorganisation‹ den Anspruch auf die politische und kulturelle Führung der gesamten Frauenarbeit. Demokratische Rechte wurden für Frauen und Männer außer Kraft gesetzt. Das Verhalten von Frauen während der Zeit des Nationalsozialismus war vielschichtig: Politisch konservative Frauen begrüßten die Funktionalisierung von Frauen als Gebärerinnen und Erzieherinnen künftiger Soldaten, sie wurden in die ›Volksgemeinschaft‹ integriert und rechtfertigten und akzeptierten damit den weitgehenden Ausschluss der Frauen aus dem politischen Leben. Frauen die nicht mittaten und Widerstand leisteten, waren Verfolgungen ausgesetzt, mussten ins Exil flüchten oder kamen in Konzentrations- und Todeslagern um. Verfolgt und ermordet wurden Kommunistinnen, Anarchistinnen, Jüdinnen und Frauen, die der ›Rassenschande‹ beschuldigt wurden, Sinti- und Roma-Frauen, Lesbierinnen, Russinnen, Polinnen, Bibelforscherinnen und andere, die nicht ins Naziregime passten. Andere Frauen traten den inneren Rückzug an, erbrachten Anpassungsleistungen und wieder andere waren Täterinnen, Akteurinnen im schlimmen Sinne. Nach dem Ende des Zweiten Weltkrieges lag der Aufbau eines demokratischen Deutschlands vor allem in den Händen der Frauen, die in Ost und West versuchten, sich über Partei-, Religions- und Klassengrenzen hinweg zu organisieren (vgl. Notz 2003: 31ff.). Den Parteien waren die über- und außerparteilichen Frauenausschüsse ein Dorn im Auge, sie wollten die Frauen als Mitglieder werben oder zumindest ihre Wählerstimmen erhalten.

Ohne die solidarische Unterstützung von Frauen aus vielen verschiedenen Zusammenhängen wie Gewerkschaften und autonomen Vereinen und Zusammenschlüssen hätten die Frauen, die 1949 im Parlamentarischen Rat und 1994 im Bundestag saßen, die Formulierung »Männer und Frauen sind gleichberechtigt« nicht ins Grundgesetz für die Bundesrepublik Deutschland einschreiben können. In der Verfassung der DDR hieß es: »Mann und Frau sind gleichberechtigt.« Dazu bedurfte es offensichtlich keiner größeren Kämpfe. Die Umsetzung des Rechts dauert im wiedervereinten Deutschland bis heute an.

Beinahe vergessen ist die Nachkriegs-Frauenfriedensbewegung, die die Parolen »Nie wieder Krieg!« und »Nie wieder Faschismus!« auf ihre Transparente geschrieben und gegen Wiederaufrüstung, später gegen die atomare Aufrüstung und für den weltweiten Frieden gekämpft hat. Zahlreiche Frauen schlossen sich in der *Westdeutschen Frauenfriedensbewegung*, in der *Weltbewegung der Mütter*, im *Demokratischen Frauenbund Deutschlands*, in der *Internationalen Frauenliga für Frieden und Freiheit* und in anderen Organisationen, deren Programme frauen- und friedenspolitische Anliegen verknüpften, zusammen. Schwer, mitunter unmöglich war es, die zunehmende Ost-West-Konfrontation, die sich im Zeichen des Kalten Kriegs verschärfte, zu überwinden. Staatliche Repressionen waren nicht selten die Antwort auf die antimilitaristische Haltung von Frauen und Frauengruppen, die über religiöse und klassistische Grenzen hinweg solidarisch für den Frieden arbeiten wollten (vgl. Notz 2008b: 162ff.). An ihren Erfahrungen konnte die sich Ende der 1960er Jahre formierende Neue Frauenbewegung ansetzen, wenn sie sich auch nicht auf sie bezog.

DIE NEUEN FRAUENBEWEGUNGEN DER 1970ER JAHRE

»In den letzten 40 Jahren ist mehr für die Frauen erreicht worden, als in zwei Millionen Jahren Geschichte«, erinnert sich Antoinette Fouque, Psychoanalytikerin und Politologin in einem Interview (zit.n. Magnier 2008). Die ehemalige Europaabgeordnete gehört zu den herausragenden Persönlichkeiten der 1968 gegründeten französischen Frauenbewegung *Mouvement de Libération des Femmes*. Aber was bedeutete es, in den 1960er und 1970er Jahren Feministin zu sein? »Der Moment damals war explosiv«, erinnerte sie sich (ebd.). »Es war schwierig, Frau in einer Gesellschaft zu sein, in man nur als Frau, Mutter oder Tochter existierte«, fügte sie hinzu (ebd.). Der Begriff der Befreiung war in aller Munde, insbesondere unter den Frauen, das galt in Deutschland wie in Frankreich. Über Ursprung und Intention der Neuen Frauenbewegungen, die im Zusammenhang mit den studentischen, SchülerInnen- und Lehrlingsbewegungen von 1968 entstanden sind, gibt es viele verschiedene Erzählungen. Deutsche Frauen haben wichtige Impulse aus der amerikanischen und französischen Frauenbewegung empfangen. Einen wichtigen Auslöser bildeten die vom Historiker Axel Schildt in seinem Buch *Rebellion und Reform* so bezeichneten »sattsam bekannten Tomatenwürfe der SDS-Frauen als immer wieder zitiertes Urerlebnis« (Schildt 2005). Weniger bekannt sind die Hintergründe, die zu diesem Urerlebnis führten. Es waren die engagierte Frauen aus dem *Sozialistischen Deutschen Studentenbund* (SDS), die aufgrund ihrer persönlichen Erfahrungen den Widerspruch zwischen politischen Ansprüchen und Theorien und praktischem frauendiskriminierenden Verhalten ›ihrer‹ Genossen nicht weiter ertragen wollten. Sie kritisierten, dass diese sich einerseits als Avantgarde begriffen, gegen Unterdrückung und Unrecht kämpften sowie die Emanzipation der Arbeiterklasse forderten, mit der sie sich solidarisch fühlten, sich aber den weiblichen SDS-Mitgliedern gegenüber reichlich autoritär verhielten. Gerade sie wollten die Tatsache der doppelten Unterdrückung der Frauen nicht zur Kenntnis nehmen. Deshalb flogen am 13. September 1968 auf der 23. Delegiertenkonferenz des SDS in Frankfurt a.M. die Tomaten nach der immer noch lesenswerten Rede von Helke Sander (vgl. Sander 1975: 10ff.). Die heftig umstrittene, bis heute anhaltende Diskussion um den Frankfurter Tomatenwurf lässt sich als Anzeichen für die außerordentliche Bedeutung lesen, die diesem Gründungsereignis der Neuen Frauenbewegungen später beigemessen wurde.

Mit dem Slogan »Das Private ist politisch« setzte sich die Neue Frauenbewegung ganz bewusst von der etablierten, traditionellen Politik der Frauenverbände ab. Es wurde ein neues Verständnis des Politischen eingeklagt. Der *Frankfurter Weiberrat* formulierte: »Es gilt, Privatleben qualitativ zu verändern und diese Veränderung als revolutionären Akt zu verstehen.« (Zit.n. Nienhaus 2007: 7f.) In Erweiterung des traditionell männlichen Politikbegriffs sollte damit die politische Dimension und die Veränderbarkeit scheinbar privater Beziehungsstrukturen hervorgehoben werden. Die neu entstandene feministische Bewegung verstand sich mehrheitlich als Basisbewegung, die Stellvertreterinnenpolitik und Hierarchien strikt ablehnte. Um feministische Forderungen solidarisch unter Frauen entwickeln und nach außen vertreten zu können, wurde der Rückzug von den Männern notwendig. Er sollte nur so lange andauern, bis die doppelte Unterdrückung von Frauen sowohl in die Theorien als auch in die Mobilisierungs- und Handlungsstrategien des Verbandes aufgenommen wurde. Letztlich war das Ziel die Solidarität mit den Männern und nicht der Geschlechterkampf. Dennoch war der Schritt der Feministinnen, sich im Spannungsfeld zwischen öffentlichen und häuslichen Sphären eigene, ›männerfreie‹ Räume zu schaffen, indem sie ihre Erfahrungen, Vorstellungen und Träume, die sie aufgrund ihrer Sozialisations- und Lebensbedingungen geprägt hatten, in den Mittelpunkt stellten, für die Männer und für viele Frauen, die aus dem SDS kamen, neu.

Mitte der 1970er Jahre bildeten sich überall im Land nach US-amerikanischem Vorbild Selbsterfahrungsgruppen, daneben auch andere Frauengruppen, die einen kollektiven Lernprozess darüber einleiteten, dass ökonomische und soziale Benachteiligungen und Gewalt gegen Frauen kein persönliches Schicksal, sondern ein öffentliches Politikum seien, das es anzuprangern und zu verändern gelte. Frauen wollten Solidarität unter Frauen in einer von Männern dominierten Gesellschaft entwickeln. Sie forderten die Teilhabe von Frauen an allen gesellschaftlichen Entscheidungen, übten Kritik an den Strukturen kleinfamilialer Lebensformen mit traditionellen Geschlechterrollen und an der repressiven Kindererziehung. Sie kämpften für das Selbstbestimmungsrecht bei Schwangerschaft, gegen Misshandlung und Gewalt gegenüber Frauen und Kindern und problematisierten die geschlechtshierarchische Arbeitsteilung im Berufsleben und in der Familie. Die Anliegen der feministischen Bewegungen waren nicht darauf beschränkt, Missstände aufzudecken, sondern zugleich an deren Veränderung zu arbeiten. Eine Reihe von Experimenten und Projekten (z.B. Frauenzentren, Frauenhäuser, Lesbentreffen, Mädchenorte, Notrufe, Beratungsstellen,

Kinderläden, Frauencafés und Frauenbetriebe, Frauenbuchläden, Frauenverlage, Handwerkskollektive von Frauen, Frauenferienhäuser und Wohngemeinschaften und feministische Gesundheitszentren) setzten die aufgenommenen Themen in praktisch-politisches Handeln um und bildeten feministische Gegenkulturen, in denen Frauen Solidarität erfahren konnten. Viele Orte dienten nicht nur der individuellen Verbesserung der Situation der Betroffenen, sondern sie wurden als Orte und Zentren für feministische Gesellschaftsveränderung begriffen. Frauen sahen sich durchaus nicht in erster Linie als Opfer, sondern die Akteurinnen waren handelnde Subjekte, denen es gelang, ihre Räume für viele verschiedene Frauen, nicht nur aus den akademischen Schichten, zu öffnen.

Dennoch konnte man auch zu dieser Zeit nicht von ›dem Feminismus‹ sprechen. Auch innerhalb der Neuen Frauenbewegungen tobte die Diskussion, auf welchem Wege die Frauenbefreiung erreicht werden soll. Der Begriff ›Feminismus‹ war zwar – im Gegensatz zur Ersten Frauenbewegung – verallgemeinert worden, es blieb jedoch bei verschiedenen Feminismen. Rigide Aus- und Abgrenzungen waren mitunter die Folge. Zur Unterscheidung scheint eine – freilich sehr grobe – analytische Unterteilung in folgender Weise sinnvoll (vgl. Notz 2006: 33):

- Liberale und gemäßigte Feministinnen, die vor allem auf die Gleichheit mit Männern im Rahmen der bestehenden Strukturen in Beruf, Politik und Familie setzten;
- radikal autonome Feministinnen, die die patriarchale Geschlechterunterdrückung als grundlegende Strukturkategorie der herrschenden Gesellschaft ansahen und daher die Abschaffung des Patriarchats als oberstes Ziel verfolgten;
- sozialistische oder linke Feministinnen, die die Unterdrückung der Frauen mit anderen Formen der Unterdrückung (›Rasse‹ und Klasse) zusammen sahen und eine grundlegende Transformation der kapitalistischen *und* patriarchalen Verhältnisse anstrebten. Sie verstanden sich als Teil internationaler Bewegungen.

Vor allem Marxistinnen war der Begriff ›Feminismus‹ – wie schon innerhalb der Alten Frauenbewegungen im 19. Jahrhundert – suspekt. Sie sahen in ihm nach wie vor eine Version des bürgerlichen Individualismus, mit der den proletarischen Frauen eingeredet werden sollte, den Klassenkampf zu spalten, weil sie zunächst ihre (eigenen) Mitstreiter als Patriarchen identifizieren und entmachten sollten. Frigga Haug wandte sich damals in aller Schärfe gegen einen Feminismus, der »die Frauen« in gemeinsamem Hass auf »die Männer, von denen sie erniedrigt und versklavt werden« (Haug 1973: 941) einen sollte. Sie verwies darauf, dass »seit mehr als 100 Jahren nicht mehr die Emanzipation von Bevölkerungsteilen, sondern die der Menschheit auf der Tagesordnung« (ebd.: 942) stehe. Dennoch unterstellte auch sie den Frauen, dass »ihr partielles Ausgeschlossensein aus der gesellschaftlichen Produktion des Lebens in Gestalt ihrer Reproduktion auf die Erhaltung der Art (Haus und Kinder)« (ebd.: 941f.) ihre spezifische Unterdrückung ausmache. Daher sei eine Frauenorganisation ebenso notwendig, wie andere Zusammenschlüsse von unterdrückten Minderheiten (vgl. ebd.).

»MEIN BAUCH GEHÖRT MIR«:
SOLIDARISIERUNG IN BISHER NICHT GEKANNTEM AUSMASS

Eine Solidarisierung innerhalb der verschiedenen Gruppierungen in einem bisher nicht bekannten Ausmaß gelang durch die Kampagnen gegen den Abtreibungsparagrafen 218 des Strafgesetzbuches. Trotz anfänglicher Unstimmigkeiten zwischen autonomen und sozialistischen Teilen waren sich die verschiedenen Frauengruppen schnell in der Zielformulierung einig: ersatzlose Streichung des §218. Frauen gingen gemeinsam auf die Straße, verteilten Flugblätter, sammelten Unterschriften, legten Karteien von ÄrztInnen, die Schwangerschaftsabbrüche durchführten, an, organisierten Busfahrten zu Abtreibungen in das liberalere Holland. Straßentheater und viele andere phantasievolle Aktionen machten auf die Situation aufmerksam, und Frauen traten wegen der repressiven Politik der beiden christlichen Kirchen gruppenweise aus den Kirchen aus. Frauen aus allen Bevölkerungsschichten erklärten sich mit der Forderung »Mein Bauch gehört mir!« solidarisch. Dass im April 1974 durch den Bundestag die *Drei-Monats-Fristenlösung* verabschiedet wurde, ist wesentlich auf diese solidarischen Aktionen zurückzuführen, auch wenn die Fristenlösung nicht mehr als einen Kompromiss darstellte, der weit entfernt war von der Forderung nach ersatzloser Streichung und zwei Monate später vom Bundesverfassungsgericht wieder außer Kraft gesetzt wurde. 1976 wurde das sogenannte erweiterte Indikationsmodell, verbunden mit einer Zwangsberatung für die Schwangere, verabschiedet, das nach der Wiedervereinigung der beiden deutschen Staaten in etwas veränderter Form auch die Frauen aus der ehemaligen DDR übernehmen mussten.[6] Ähnlich große Aktionen, bei denen sich Frauen aus verschiedenen gesellschaftlichen Zusammenhängen beteiligten, waren im Zuge der Wiedervereinigung nicht möglich. Die ersatzlose Streichung des §218 aus dem Strafgesetzbuch gehört nach wie vor zu den unerledigten Aufgaben und bleibt das Anliegen auch jüngerer Frauenzusammenschlüsse, wenn auch eine ähnliche Massenbewegung wie in den 1970er Jahren nicht in Sicht ist.

DIE KOLLEKTIVE IDENTITÄT: WIR FRAUEN

Die gemeinsamen Aktionen führten zu einem homogenisierenden Wir-Gefühl. Einige Feministinnen der 1970er Jahre behaupteten in Anlehnung an das marxistische Klassenmodell, »dass Frauen eine Klasse« (Firestone 1975: 105) seien, sie unterschieden »die Klasse der Männer und die Klasse der Frauen« (ebd). Alle

---

6 | In der DDR hatte die Volkskammer bereits am 9. März 1972 das *Gesetz über die Unterbrechung der Schwangerschaft*, das eine Fristenlösung bei Schwangerschaftsabbruch innerhalb der ersten drei Monate und keine Zwangsberatung vorsah, verabschiedet.

Frauen wurden nach diesem Ansatz als soziale Klasse – analog der Arbeiterklasse – definiert, die durch das herrschende Patriarchat ausgebeutet wird. Erst mit dem Verschwinden patriarchaler Machtverhältnisse, durch deren Existenz sie entsteht, verschwindet auch die Ausbeutung. Der Versuch, Frauen als eigenständige Klasse zu konzipieren, da alle Frauen gegenüber Männern benachteiligt seien, sollte eine Solidarität zwischen den Klassen hervorbringen, die – wie bereits aufgezeigt wurde – freilich zu keiner Zeit ohne weiteres herzustellen war. Als problematisch erwies sich vor allem der universale Patriarchatsansatz, nach dem alle Frauen Unterdrückte, also Opfer, seien.

Das Weltbild der säuberlichen Trennung von weiblichem Opfer und männlichem Täter wurde durch die These von der weiblichen Mittäterschaft durch Christina Thürmer-Rohr gehörig durcheinander gewirbelt. Sie verwies darauf, dass Frauen beides sind, Unterworfene, Teilhabende und Ausführende zugleich (vgl. Thürmer-Rohr 1989, 1987). Die Emphase der Frauenbewegung im Hinblick auf die Gemeinsamkeiten von Frauen über alle Schichten und Unterschiede der Hautfarbe, Herkunft und sexuellen Orientierung hinweg wurde merklich gedämpft, denn – so die Kritik – der Feminismus vernachlässige Ungleichheiten unter Frauen und damit auch wichtige *Achsen der Differenz* (Knapp/Wetterer 2003) neben dem Geschlechterverhältnis.

Mit der aus England und Frankreich kommenden Gender- und Class-Debatte, zu der sich UngleichheitsforscherInnen durch die feministische Forschung herausgefordert sahen, wurde versucht, Ungleichheiten nach Klasse bzw. Schicht und Geschlecht zueinander ins Verhältnis zu setzen (vgl. Aulenbach/Riegraf 2012). Auch Feministinnen der Neuen Frauenbewegungen in Deutschland thematisierten Ungleichheit und Unterdrückung umfassend und hatten internationale Sichtweisen zu *class, race* and *gender* herausgebildet (vgl. Lenz 2008: 708). Damit wurde die Annahme, dass Frauen durchgehend zum benachteiligten Geschlecht gehören, fragwürdig (vgl. Crompton/Mann 1986). Wie ansatzweise bereits Frauen der Ersten Frauenbewegung verwiesen UngleichheitsforscherInnen darauf, dass Unterschiede zwischen Frauen verschiedener Klassen, Ethnien, Religionen und sexueller Orientierungen oft größer seien als die zwischen Frauen und Männern, die der gleichen Gruppe angehören. Was wiederum dazu führen musste, die Möglichkeit der »Allerweltsbasenschaft« (Zetkin 1958: 102) zu hinterfragen.

Vor dem Hintergrund der unterschiedlichen sexuellen Orientierungen kritisiert Monique Wittig den politischen Mythos ›die Frau‹. Sie sieht keine Möglichkeit der Solidarität zwischen homosexuellen und heterosexuellen Frauen (vgl. Galster 2010: 48). Da Wittig zufolge die Kategorie ›Frau‹ nur in Relation zur Kategorie ›Mann‹ existiert, und folglich Frauen ohne Beziehung zu Männern aufhören Frauen zu sein, sind homosexuelle Frauen faktisch nicht als Frauen existent. Für Wittig gibt es so viele Geschlechter, wie es Individuen gibt. Wenn dem so sei, wäre, wie Judith Butler zu Recht bemerkt, die Kategorie ›Geschlecht‹ abgeschafft und tauge nicht mehr als Solidarisierungsgrundlage (vgl. Butler 1990: 118). Lesbisch sein würde dann, ebenso wie sich zum Feminismus zu bekennen, zum

Synonym für eine umfassende persönliche und politische Identität, der Bezug von Frauen auf Frauen als Frauenidentifikation würde betont (vgl. Wittig 2003).

Ab Mitte der 1980er Jahre brachten sich afro-deutsche und jüdische Feministinnen verstärkt in die Öffentlichkeit ein und entwickelten eigene Netzwerke und Aktivitäten. Sie kritisierten selbstbewusst, was sie als Rassismus und Eurozentrismus in den Frauenbewegungen wahrnahmen.»Was verbindet uns?«, fragten sie beim *Ersten gemeinsamen Kongress ausländischer und deutscher Frauen* im März 1984 in Frankfurt a.M. In ihrem Aufruf hieß es u.a.:»Ausländerin zu sein, d.h. direkte Entmündigung und Unterdrückung in dreifacher Hinsicht: als Ausländerin, als Lohnabhängige und als Frau.« (Arbeitsgruppe Frauenkongreß 1984) Trotz heftiger Kritik an deutschen Frauen und den Frauenbewegungen wollten sie in Zukunft gemeinsam an den Konflikten arbeiten. Der Schlusssatz im Aufruf »Laßt uns einig werden! Es lebe die Fraueneinheit!« (ebd.) zeugt von dem tiefen Wunsch, dass die Solidarität über alle Grenzen hinweg schließlich doch hergestellt werden könne.

Einen Bruch in der Wir-Frauen- aber auch in der Wir-Lesben-Identität stellte die Diskussion um die Verstrickungen in unterschiedlichen Herrschaftsverhältnissen, vor allem Antisemitismus und Rassismus innerhalb der Frauen- und Lesbenbewegungen dar (vgl. Leidinger 2010: 20ff.). Mit dem ebenfalls im Aufruf enthaltenen Appell an alle Frauen,»Das Unrecht gegen die ausländische Frau ist ein Unrecht gegen alle Frauen!« (Arbeitsgruppe Frauenkongreß 1984), wurden nicht nur weitere Achsen der Differenz aufgegriffen und Perspektiven entwickelt, wie das Zusammenwirken der verschiedenen Achsen zu erforschen ist, sondern es wurde auch danach gefragt, inwieweit die Geschlechterachse nicht doch eine zentrale Rolle spielt. Diesen Gedanken hat auch bell hooks aufgenommen, indem sie darauf verweist, dass unterschiedliche Verletzungen in Machtverhältnissen und Ausstattung mit Privilegien Einigkeit nicht unmöglich machen würden. Den Abschied von der Idee der Schwesterlichkeit als Ausdruck politischer Solidarität sieht sie kritisch, weil Solidarität den Widerstandskampf stärkt, also für die feministische Bewegung unbedingt notwendig sei (vgl. hooks 1990: 79). Damit spricht sie sich für die Möglichkeit einer inklusiven Solidarität für die Frauen der Welt aus, denn Solidarität hat zu Recht nicht nur eine inklusive, sondern auch eine exklusive Komponente, die begrenzt auf das Zusammengehörigkeitsgefühl bestimmter Interessengruppen ist und andere ausschließt.

WAS HEISST DAS FÜR DIE ZUKUNFT?

»Die Herausbildung der Frauenbewegung ist meiner Ansicht nach mindestens genauso bedeutsam wie die Entdeckung der Erde als Kugel.« (Sander 2007) Dieser nicht ganz bescheidene Satz stammt ebenfalls von der Feministin Helke Sander. Sie gehört zu den Frauen, die den deutschen Feminismus prägten und nicht nur wegen der revolutionären ›Tomatenrede‹, sondern auch durch ihre radikalen, unkonventionellen und feministisch-parteilichen Filme, die sie in den darauf folgenden Jahrzehnten drehte. Auf die Frage »Wie erleben Sie Feminismus heute?« antwortet Helke Sander im Jahr 2007 – beinahe 40 Jahre nach der feministischen Revolte – knapp: »Gar nicht«. (Ebd.) Das klingt nach vier Jahrzehnten gelebtem Feminismus enttäuscht und resignativ. Der Protest, den die Neue Frauenbewegung auf die Straße getragen hat, schien weitgehend verstummt. Einige feminismuskritische Bücher der jüngeren Frauengeneration lösten in der verbliebenen feministischen Öffentlichkeit heftige Debatten aus und wurden zu Bestsellern (z.B. Dorn 2006; Kullmann 2002). Die Frage, wie ein »intelligenter, zeitgemäßer Feminismus« (Dorn 2006: 94) aussehen soll, blieb unbeantwortet. Bewegung, Protest und Widerstand schienen still zu stehen und Feminismus-Bashing wurde zur »Attitüde konservativer Gegner oder derer, die es auch ohne Feminismus oder Quoten [...] geschafft haben« (Gerhard 2013: 61).

Den meisten (privilegierteren) Frauen schien es in den letzten Jahren vor allem um die Frage zu gehen, wie sie die Machtpositionen in den bestehenden Institutionen und Gremien einnehmen können, an denen Frauen nach wie vor nur einen geringen Anteil haben. Gleichzeitig nehmen Erwerbslosigkeit und Armut in erschreckendem Maße zu. Ich komme noch einmal auf den Beginn meines Beitrages und den Verweis auf einige bemerkenswerte Projekte jüngerer Feministinnen zurück:

»Jetzt geht es um die Wurst, liebe Kolleginnen. Reicht euch das? Gebt ihr euch damit zufrieden, einfach mehr Frauen in leitender Position in den Redaktionen installiert zu sehen? Oder steht ihr mit ›ProQuote‹[7] für eine tatsächlich feministische Kritik, die dann zwingend auch beinhalten müsste, für einen Journalismus einzutreten, der Sexismus und Ungleichbehandlung anprangert und für bessere Lebensbedingungen von Frauen eintritt? Falls letzteres, so hoffen wir sehr, dass ihr euch zu dieser Personalentscheidung kritisch verhaltet.« (Köver/Missy Magazine Redaktion 2012)

Unter anderen mit diesen Sätzen antwortete das *Missy Magazine*, das von vorwiegend jüngeren Frauen herausgegeben wird, auf den Aufruf von *ProQuote*, in dem sich Journalistinnenkolleginnen für 30 Prozent Frauen in den Führungsgremien der Medien eingesetzt hatten. Die *Missy*-Redakteurinnen sind nicht prinzipiell gegen die Quote, auch sie beklagen die fehlende Repräsentation von Frauen in den Mainstream-Medien. Sie sind jedoch der Meinung, dass eine rein quantitative Präsenz von Frauen in den Führungsgremien nicht ausreicht (vgl. ebd.). Trotz aller Auseinandersetzungen ist Feminismus als solidarisches Projekt noch lange nicht erledigt. Die Themen der Alten und der Neuen Frauenbewegungen haben sich keinesfalls erschöpft. Schade, dass kritische Wissenschaft heute fast ausschließlich im Elfenbeinturm der mittlerweile etablierten Genderforschung

---

7 | *ProQuote* ist ein von Journalistinnen gegründeter Verein, der eine verbindliche Frauenquote von 30 Prozent auf allen Führungsebenen bis 2017 in allen Print- und Onlinemedien, TV und Radio fordert.

produziert wird. Und schade, dass die meisten Universitäten nicht mehr Orte kritischer Wissenschaft sind. So verliert der Feminismus sein gesellschaftsveränderndes Gesicht und die Anbindung an die feministische Praxis. Auch wenn Feminismus in den letzten beiden Jahren auch bei einigen jungen Frauen wieder in Mode zu sein scheint. Allerdings sind die Medienberichte traditioneller Printmedien mager. Soziale Medien, queere Blogs, Online-Zines und junge Magazine bringen neuen Drive in die Diskussion. Junge Frauen entwickeln andere Kampagnen und haben andere fantasievolle Aktionsformen als ihre Mütter und Großmütter. Sie organisieren viele Blogs anstatt einer großen Sommeruniversität und tanzen mit *One Billion Rising* auf den Straßen. Schon wieder gehen die Meinungen zwischen verschiedenen Strömungen auseinander. Darf frau sich oben ausziehen, um Aufsehen für ihr Anliegen zu erlangen? Ist das Tanzen auf den Straßen eine politische Aktion? Reicht es, den Alltagssexismus zu bekämpfen ohne ihn in den Zusammenhang mit der prekären Arbeitsmarktsituation zu stellen, wie das die Frauen von *#aufschrei*, *Pinkstinks* und den Slutwalks tun? Junge Frauen finden sich in solidarischen Gruppen zusammen und engagieren sich auch für Frauen, »die sich in der weißen, heteronormativen Matrix nicht wiederfinden«, schreibt Stefanie Lohaus (2014) und sie bedauert, dass einige Themenfelder wie Care-Arbeit, Kinderbetreuung und Vereinbarkeit von Beruf und Familie kaum diskutiert werden. In der Tat ist die arbeitsmarkt- und familienpolitische Diskussion neoliberal konnotiert. Wir sollten uns erinnern, dass die feministische Bewegungen einmal die Strukturen von Erwerbsarbeit und Familie gründlich hinterfragt haben und beide Bereiche anders wollten. Das ist schwer nachzuvollziehen, wenn frau von einem Zeitvertrag zum anderen hopst oder froh sein muss, einen 450-Euro-Job zu bekommen. Auch die generationsübergreifende feministische Zusammenarbeit ist nicht immer leicht. Vielleicht ist sie gerade dabei, sich neu zu formieren. Vielfältige politische Aktionen zum wiederentdeckten *Internationalen Frauentag* lassen hoffen.

Wir sollten den Begriff der feministischen Solidarität aus der Versenkung holen und feministische Theorie wieder mit der feministischen Praxis verbinden. Wichtig erscheint es, immer wieder darauf zu verweisen, dass Solidarität nicht einfach verordnet werden kann, sondern dass sie nur erreicht werden kann, wenn Privilegien reflektiert werden, gegenseitiger Respekt deutlich wird und die Erfahrungen aller beteiligten Gruppen gebündelt und fruchtbar eingesetzt werden. Wir brauchen breite Bündnisse zur Organisierung von Protest und Widerstand – auch zivilen Ungehorsams – gegen Privatisierung, Ausgrenzung, Gewalt und Unterdrückung und für Emanzipation und mehr Demokratie, für Frieden und für den Erhalt der Mit- und Umwelt – europaweit und weltweit. Für kritische Feministinnen geht es darum, gemeinsam nah den Wurzeln der Übel zu graben, die die Ungleichheiten zwischen verschiedenen Menschengruppen produzieren und reproduzieren und darauf zu dringen, dass sich etwas ändert.

QUELLEN

Arbeitsgruppe Frauenkongreß (1984): Sind wir uns so fremd? Dokumentation des ersten gemeinsamen Kongresses ausländischer und deutscher Frauen 23.-25. März, Frankfurt a.m.: ASH-Druckerei.

Aulenbacher, Brigitte/Riegraf, Birgit (2012): »Mit Marx und Weber im 21. Jahrhundert? Soziale Dynamiken und Ungleichheiten als Gegenstand von Kapitalismustheorien und Intersektionalitätsforschung«, in: Soeffner, Hans-Georg (Hg.), Kongressband zum 35. Kongress der Deutschen Gesellschaft für Soziologie (DGS) 2010, Wiesbaden: Springer VS Verlag für Sozialwissenschaften.

Baader, Ottilie (1907): »Bericht der sozialdemokratischen Frauen Deutschlands an die Internationale Konferenz sozialistischer Frauen und den Internationalen sozialistischen Kongreß zu Stuttgart 1907«, in: Berichte für die Erste Internationale Konferenz sozialistischer Frauen, abgehalten in Stuttgart 1907, Archiv der sozialen Demokratie, 3-20.

Beyer, Hans (1933): Die Frau in der politischen Entscheidung – Eine Untersuchung über das Frauenwahlrecht in Deutschland, Stuttgart: F. Enke.

Braun, Lily (1901): Die Frauenfrage, Leipzig: S. Hirzel.

Bremme, Gabriele (1956): Die politische Rolle der Frau in Deutschland – Eine Untersuchung über den Einfluss der Frauen bei Wahlen und ihre Teilnahme in Partei und Parlament, Göttingen: Vandenhoeck und Ruprecht.

Butler, Judith (1990): Gender Trouble. Feminism and the Subversion of Identity, New York/London: Routledge.

Crompton, Rosemarie/Mann, Michael (1986): Gender and Satisfaction, Cambridge/Oxford/New York: Polity Press.

De Gouges, Olympe (1791): »La Citoyenneté politique des Femmes. Le vote et l'éligibilité des femmes«, http://www.philo5.com/Mes%20olectures/Gouges OlympeDe-DeclarationDroitsFemme.htm (17.07.2014).

Dies. (1995/1791): »Erklärung der Rechte der Frau und Bürgerin«, in: Schröder, Hannelore (Hg.), Olympe de Gouges: Frau und Bürgerin – ›Die Rechte der Frau‹, Aachen: ein-FACH-verlag, 107-119.

Die Gleichheit, 4. Jg. vom 27.06.1894.

Die Gleichheit, 4. Jg. vom 18.04.1894.

Dölle, Gilla (1991): »Schwesternstreit – Von den Auseinandersetzungen zwischen bürgerlicher und proletarischer Frauenbewegung bei der Gründung des BDF«, in: Ariadne – Almanach des Archivs der deutschen Frauenbewegung 8 (22), 32-35.

Dorn, Thea (2006): Die neue F-Klasse. Wie die Zukunft von Frauen gemacht wird, München: Piper.

Firestone, Sulamith (1975): Frauenbefreiung und sexuelle Revolution, Frankfurt a.M.: Fischer.

Franzke, Astrid/Ludwig, Johanna/Notz, Gisela (1997): Louise Otto-Peters: Das Recht der Frauen auf Erwerb. Wiederveröffentlichung der Erstausgabe aus dem Jahre 1866, Leipzig: Universitätsverlag.

Galster, Ingrid (2010): »Französischer Feminismus. Zum Verhältnis von Egalität und Differenz«, in: Becker, Ruth/Kortendiek, Beate (Hg.), Handbuch Frauen- und Geschlechterforschung. Theorie, Methoden, Empirie, Wiesbaden: VS Verlag für Sozialwissenschaften, 45-51.

Gerhard, Ute (1999): Atempause. Feminismus als demokratisches Projekt, Frankfurt a.M.: Fischer.

Dies. (2013): »In den Brüchen der Zeit. 30 Jahre ›feministische studien‹«, in: feministische studien 31 (1), 58-64.

Dies./Hannover-Drück, Elisabeth/Schmitter, Romina (Hg.) (1987): »Dem Reich der Freiheit werb' ich Bürgerinnen.« Die Frauen-Zeitung von Louise Otto, Bodenheim: Athenaeum.

Haug, Frigga (1973): »Verteidigung der Frauenbewegung gegen den Feminismus«, in: Das Argument 15 (11/12), 938-947.

hooks, bell (1990): »Schwesterlichkeit: Politische Solidarität unter Frauen«, in: Beiträge zur feministischen Theorie und Praxis 27, 77-92.

Knapp, Gudrun-Axeli/Wetterer, Angelika (2003): Achsen der Differenz. Gesellschaftstheorie und feministische Kritik II, Münster: Westfälisches Dampfboot.

Kullmann, Katja (2003): Generation Ally. Warum es heute so kompliziert ist, eine Frau zu sein, Frankfurt a.M.: Eichborn.

Köver, Chris/Missy Magazine Redaktion (2012): »Offener Brief an ›Pro Quote‹: Hauptsache Frau?«, in: Missy Magazine, 04.11.2012, http://missy-magazine. de/2012/11/04/offener-brief-an-pro-quote-hauptsache-frau/ (13.07.2014).

Lange, Helene/Bäumer, Gertrud (1901): Handbuch der Frauenbewegung, Teil 1: Die Geschichte der Frauenbewegung in den Kulturländern, Berlin: W. Moeser.

Leidinger, Christiane (2010): »Frühe Debatten um Rassismus und Antisemitismus in der (Frauen- und) Lesbenbewegung in den 1980er Jahren der BRD«, in: Bois, Marcel/Hüttner, Bernd (Hg.), Beiträge zur Geschichte einer pluralen Linken, Berlin: Rosa-Luxemburg-Stiftung, 20-25.

Lenz, Ilse (Hg.) (2008): Die neue Frauenbewegung in Deutschland, Wiesbaden: VS Verlag für Sozialwissenschaften.

Lohaus, Stefanie (2014): »Die Leerstellen des Aktivismus«, in: Clara 31, http:// linksfraktion.de/clara/wem-gehoert-europa-2014-02-13/leerstellen-aktivismus/ (13.07.14).

Magnier, Mathilde (2008): »Feminismus. Rosa Revolution«, http://www.cafe babel.de/kultur/artikel/feminismus-rosa-revolution.html (13.07.2014).

Miller, Susanne/Potthoff, Heinrich (1983): Kleine Geschichte der SPD, Bonn: Dietz.

Nienhaus, Ursula (2007): »Wie die Frauenbewegung zu Courage kam. Eine Chronologie«, in: Notz, Gisela (Hg.), Als die Frauenbewegung noch Courage hatte. Die »Berliner Frauenzeitung Courage« und die autonomen Frauenbewegungen der 1970er und 1980er Jahre, Bonn: Friedrich-Ebert-Stiftung, 7-22.

Notz, Gisela (2011a): Feminismus, Köln: Papy Rossa.

Dies. (2011b): Der Internationale Frauentag und die Gewerkschaften: Geschichte(n) – Tradition und Aktualität, Berlin: ver.di.

Dies. (2006): Warum flog die Tomate? Die autonomen Frauenbewegungen der Siebzigerjahre, Neu Ulm: AG SPAK Bücher.

Dies. (2003): Frauen in der Mannschaft. Sozialdemokratinnen im Parlamentarischen Rat und im Deutschen Bundestag 1948/49-1957, Bonn: J.H.W. Dietz.

Dies. (1999): Die neuen Freiwilligen. Das Ehrenamt als Antwort auf die Krise, 2. durchg. Aufl., Neu-Ulm: Verein zur Förderung der sozialpolitischen Arbeit.

Dies. (2008a): »Her mit dem allgemeinen gleichen Wahlrecht für Mann und Frau!« Die internationale sozialistische Frauenbewegung zu Beginn des 20. Jahrhunderts und der Kampf um das Frauenwahlrecht, Bonn: Friedrich-Ebert-Stiftung.

Dies. (2008b): »Das friedenspolitische Engagement von Klara Marie Fassbinder (1890-1974)«, in: Bald, Detlef/Wette, Wolfram (Hg.), Alternativen zur Widerbewaffnung. Friedenskonzeptionen in Westdeutschland 1945-1955, Essen: Klartext, 135-170.

Otto, Louise (2013): Aufsätze aus der »Frauenzeitung«, Hamburg: tretition.

Sander, Helke (1975): »Rede des ›Aktionsrates zur Befreiung der Frauen‹ auf der 23. Delegiertenkonferenz des ›Sozialistischen Deutschen Studentenbundes‹ (SDS) im September 1968 in Frankfurt a.M.«, in: Frauenjahrbuch 1, 10-15.

Dies. (2007): Interview von Ingo Zander, WDR 5: Erlebte Geschichten, 20.01.2007.

Schildt, Axel (2005): Rebellion und Reform. Die Bundesrepublik der Sechziger Jahre, Bonn: Dietz.

Streit der Woche (2012): »Streit der Woche«, in: Die Tageszeitung, 22./23.98.2012, http://www.taz.de/!102137/ (17.06.2014).

Thürmer-Rohr, Christina (1987): Vagabundinnen. Feministische Essays, Berlin: Orlanda.

Dies. (1989): »Mittäterschaft der Frau – Analyse zwischen Mitgefühl und Kälte«, in: Studienschwerpunkt Frauenforschung am Institut für Sozialpädagogik der TU Berlin (Hg.), Mittäterschaft und Entdeckungslust, Berlin: Orlanda, 87-103.

Twellmann, Margrit (Hg.) (1992): Lida Gustava Heymann: Erlebtes. Erschautes – Deutsche Frauen kämpfen für Freiheit, Recht und Frieden 1850-1940, Königstein/Taunus: Ulrike Helmer.

Wickert, Christl (1990): Heraus mit dem Frauenwahlrecht, Pfaffenweiler: Centaurus.

Wittig, Monique (2003): »Wir werden nicht als Frauen geboren«, in: Ihrsinn. Eine radikalfeministische Lesbenzeitschrift 27, 8-19.

Wollstonecraft, Mary (1792): A Vindication of the Rights of Woman with Strictures on Political and Moral Subjects, Boston: Peter Edes for Thomas and Andrews.

Zacher, Hans F. (2011): »Solidarität«, in: Deutscher Verein für öffentliche und private Fürsorge e.V. (Hg.), Fachlexikon der sozialen Arbeit, Baden-Baden: Nomos, 767-768.

Zetkin, Clara (1958): Zur Geschichte der proletarischen Frauenbewegung Deutschlands, Berlin: Dietz.

Dies. (o.J.): Stiftung Geissstrassesieben (Hg.), »Clara Zetkin. Ein Gedenkblatt«, Stuttgart: Uni-Textbüro, http://geissstrasse.de/file_download/18/zetkin.pdf (18.10.2014).

I. Ansätze & Perspektiven

Schwarzes feministisches Denken und Handeln in Deutschland

Maureen Maisha Eggers/Sabine Mohamed

>»Das, was wir jetzt Community nennen, war wie ein Zug, der immer länger und schneller wurde und nicht mehr so einfach in eine Richtung zu steuern war.«
>(PIESCHE 2012: 25)

Der Aktivismus von Schwarzen Frauen in Deutschland ist zentral für die Existenz und die Formierung der Schwarzen Bewegung in Deutschland. Dies ist im Kontext von Bewegungstheorien von Relevanz, da die Rolle von Akteurinnen in sozialen Bewegungen (im Nachhinein) oftmals marginalisiert wird (Blumberg 1990: 133; Sargent 1981). Im deutschen Fall gelten Schwarze lesbische Aktivistinnen der 1980er Jahre nicht nur als Motor für die Formulierung eines Schwarzen feministischen Standpunktes in Deutschland, sondern auch als Impuls- und Strukturgeberinnen für die Entstehung einer organisierten Schwarzen Gemeinschaft. Die Wissensproduktion über ›Schwarzsein in Deutschland‹ ist nachhaltig geprägt von den Visionen, Begegnungen, dem Austausch und den kritischen Reflexionen Schwarzer Aktivistinnen (vgl. Eggers 2014).

Die *Generation Adefra* beginnt in der Mitte der 1980er Jahre. Eine Gruppe Schwarzer Aktivistinnen wird durch die Arbeiten und Aufenthalte der karibisch-amerikanischen feministischen Theoretikerin, Lyrikerin und Aktivistin Audre Lorde (1934-1992) in Berlin zusammengebracht und zur Gründung der Initiative *Adefra – Schwarze Frauen in Deutschland* inspiriert.

Zu diesem Zusammenschluss der Anfangsaktivistinnen gehört die Historikerin Katharina Oguntoye. Sie weist als Gründungsfrau der Initiative *Adefra* bereits zu den Anfangszeiten der Formation auf die Komplexität der Aufgabe, bisher relativ isolierte Schwarze weibliche Subjekte in Deutschland mit ihren zum Teil sehr unterschiedlich entwickelten Lebensinteressen nicht nur zusammenzubringen, sondern auch auf Dauer zusammenzuhalten (vgl. Eggers 2014; Piesche 2012).

WISSENSPRAXEN, AKTIONSFORMEN UND NETZWERKE SCHWARZER AKTIVISTINNEN DER *GENERATION ADEFRA*

Die junge Bewegung verfolgt das selbstdefinierte Ziel, Räume für eine kollektive Auseinandersetzung mit Schwarzen Lebensrealitäten in Deutschland im Allgemeinen und mit den Existenzweisen Schwarzer Frauen in Deutschland im Spezifischen zu erschaffen. Angetrieben von Visionen von Community als Ort einer kollektiven Auseinandersetzung, als Ort der Wissens- und Gesellschaftskritik und als Ort einer zugewandten, solidarischen Teilhabe an der Lebensgestaltung der Zugehörigen, regen die Anfangsaktivistinnen Reisen zu anderen Schwarzen Frauengruppen nach Amsterdam und London an. Mit Methoden wie Theaterworkshops, Körperarbeit, Frauenselbstverteidigungskursen, Kreativem Schreiben und Biografiearbeit nähern sich die Aktivistinnen einander thematisch und persönlich an. Gleich zu Beginn wird (alternative) Bildung zu einem Fokus der aktivistischen Auseinandersetzung mit den eigenen Selbst- und Lebensverhältnissen.

Die Anfangsaktivistinnen befassen sich mit Schwarzer Geschichte und mit Geschichten des Widerstands Schwarzer Gemeinschaften und Gesellschaften, bspw. mit der Geschichte der *Civil-Rights*-Bewegung in den USA, mit der Position von Schwarzen Frauen in afrikanischen Befreiungsbewegungen wie der *Anti-Apartheid*-Bewegung und schließlich mit Schwarzer deutscher Geschichte (Crenshaw 1995; Joseph 1993; Collins 1990). Sie engagieren sich zunehmend in den Bereichen politische Bildungsarbeit und Kulturkritik. Sie zeigen Filme zu Themen wie BLACK SURVIVORS OF THE HOLOCAUST (GB 1997, R: David Okeufuna). Damit decken sie Themen auf, die in der offiziellen Geschichtsschreibung vorwiegend in den Fußnoten vorkommen (vgl. Reed-Anderson 2000).

Der marginalisierende Umgang mit Themen, in denen Schwarze Menschen als gesellschaftliche Handlungssubjekte die zentralen Akteurinnen sind, führt zu einer Unsichtbarmachung ihrer gesellschaftlichen Beiträge. Diese Form der normalisierten, systematischen Nicht-Wahrnehmung bezeichnet die Afrikanisch-Amerikanische feministische Theoretikerin Patricia Hill Collins als eine *Suppression*, ein Nicht-bedeutend-Halten von Wissensbeständen und Wissensformen (vgl. Mann 2011; Reed-Anderson 2000). Dieser Umstand mache eine alternative Dokumentation von Analysen aus der Perspektive Schwarzer Akteurinnen notwendig (hooks 2000). Auch eine alternative Geschichtsschreibung sei laut Collins wichtig:»Black Women (intellectuals) create Black Feminist Thought by using their own concrete experiences as situated knowers in order to express a Black Women's standpoint.« (Collins 1990: 17)

Die Gruppe der Anfangsaktivistinnen von *Adefra* orientieren sich an solchen Aufforderungen aus der Schwarzen feministischen Tradition. Im Anschluss an die Arbeiten Schwarzer feministischer Denkerinnen und Aktivistinnen wie Collins, Lorde und bell hooks wird die junge Bewegung dahingehend strukturiert, Schwarze weibliche Existenzweisen in Deutschland sowie die deutsche Gesellschaft aus der Lebensperspektive der Schwarzen weiblichen/lesbischen Existenzweise zu ergründen.

Adefra wird zu einem Ort der Gesellschaftskritik. Diese Kritik wird mit den Jahren anti-heteronormativer. Die Sexualität, genauer die sexuelle Handlungsfähigkeit oder die sexuelle Handlungsmacht von Schwarzen Frauen in einer als zutiefst rassistisch und sexistisch wahrgenommenen Gesellschaft wird sehr schnell zu einem zentralen thematischen Fokus. Es werden Sexworkshops und Flirtworkshops in Frauenräumen organisiert (vgl. Eggers 2014; Piesche 2014). Selbstbestimmte Sexualität und eine flexible Handhabung der eigenen sexuellen Orientierung werden erkannt als Orte der Machtverhandlung und der möglichen Verfügung über sich selbst und der eigenen Lebensenergie. Die Bedeutung der Verzahnung von Unterdrückungssystemen und Ungleichheitsordnungen, welche auf die Lebensgestaltung Schwarzer Frauen als gesellschaftliche Subjekte im deutschen Kontext wirken, wird mittels feministischer Arbeiten erkundet. Schwarze feministische Kritik wird handlungsleitend für die aktivistische Kulturkritik und alternative Bildungsarbeit der Anfangsaktivistinnen. So wird *Adefra* mit den Jahren als Zusammenhang zu einem bedeutenden Symbol, zu einem Zentrum für die Artikulation des Schwarzen Feminismus in Deutschland.

INTENSIVE GEGENSEITIGE ZUGEWANDTHEIT ALS EINE POLITISCHE STRATEGIE DES (SELBST-)SCHUTZES

> »Wem verdanke ich die Kraft hinter meiner Stimme?
> Wem verdanke ich die Symbole meines Überlebens?
> Wem verdanke ich die Frau zu der ich geworden bin?«
> (LORDE 1986: 9)

Audre Lorde fragt gleich zu Beginn des autobiografischen Romans *Zami* nach dem Einfluss anderer (Schwarzer) Frauen auf ihre Lebensgestaltung, auf ihre Gewordenheit als handlungsfähige, widerstandsfähige Akteurin. Darin bringt sie die Themen Artikulation (die Kraft hinter meiner Stimme), Überlebenswissen (die Symbole meines Überlebens) und Werdung bzw. mögliche Lebenswege als biografische Verläufe (die Frau, zu der ich geworden bin) zusammen. Aus unserer Sicht thematisiert sie hier die Wirkung des Berührtwerdens des eigenen Lebensverlaufs durch die konkrete Lebensgestaltung anderer (Schwarzer) Frauen (vgl. ebd.).

Die gesellschaftliche Position Schwarzer Akteurinnen wird als ein Ort analysiert, der durch mehrfache Ungleichheitsverhältnisse strukturiert ist. Die gegenseitige Zugewandtheit bildet unserer Ansicht nach hier eine bedeutende Handlungsressource in der Navigation dieses durch Geschlechterhierarchien und heteronormative weiße Dominanz durchzogenen Erfahrungsraums.

Es bestehen offensichtlich (kleine) Möglichkeitsräume, in denen Widerstand und Subversionen überleben und auch kollektiviert werden können. Dafür ste-

hen die Lebensbiografien von widerständigen, verrückten Frauen. Unterworfene Lebensräume sind offenbar zumindest in kleinen Teilen gestaltbar. Diese ge-
staltbaren Teile gilt es auszumachen, um für sich und als Kollektiv gemeinsam
handlungsfähiger werden zu können. Lorde scheint hier aus unserer Sicht auf die
Gestaltungskraft des eigenen Einflusses auf andere Schwarze Frauen hinweisen
zu wollen. Sie spricht nämlich weiter von Bildern von Frauen, freundlichen und
grausamen, die ihren Lebensweg tief prägen (vgl. Lorde 1986). Diese Frauenbilder sind offenbar für sie wesentliche Orientierung bei der Klärung ihrer eigenen
Handlungsperspektiven und bei der Umsetzung eigener Handlungsentwürfe.

In dem deutschen Kontext wird in der Anfangszeit der *Generation Adefra* gemeinsam mit Audre Lorde über die Möglichkeit einer gezielten gegenseitigen
Einflussnahme Schwarzer Akteurinnen in Schwarzen Frauengruppen diskutiert (vgl. Oguntoye 2012). Audre Lorde, die im Jahr 1984 als Gastprofessorin an
der Freien Universität in Berlin lehrte, versteht solche Begegnungen zwischen
Schwarzen Aktivistinnen als Schlüssel einer größeren Mobilisierung anderer
Schwarzer Frauen, anderer Schwestern. Die Anregung einer kollektiven Auseinandersetzung mit der eigenen Unterwerfung ist durchaus als riskante Handlung
einzuschätzen. Die rassistisch und sexistisch verfasste gesellschaftliche Ordnung
forciert und normalisiert eher Isolierung als Kollektivierung Schwarzer Akteurinnen. Für Aktive, die sich als Schwarze Feministinnen positionieren, gehört
fortan das Ringen mit Missbilligung und Sanktionen ihres Umfelds, der Verlust
von (weißen) Freundschaften sowie Unverständnis von weißen Familienange-
hörigen zu der Entscheidung, sich mit anderen Schwarzen Frauen zusammen-
zuschließen. Es gehören beträchtliche innerpsychische Konflikte und Krisen zu
diesem Handlungsweg, aufgrund ihres Brechens mit normierten Handlungser-
wartungen für Frauen oder Schwarze Menschen als gesellschaftliche Subjekte.

Für Audre Lorde ist diese risikoreiche Positionierung ohnehin stark in einem
dilemmatischen Verhältnis verhangen. Sowohl das Annehmen der Isolation und
das Schweigen zu der unterdrückten Lebensweise als auch das Ansprechen und
der Ausbruch aus eben dieser, schätzt sie als riskant und folgenreich ein. Lorde
plädiert dennoch eindeutig für das Sprechen und für die gemeinsame Artikulation. Schweigen schätzt Audre Lorde ein als Falle und als schädigend für die
Bewegung. Das explizite Sprechen über die eigene gesellschaftliche Lage als
Schwarze Feministinnen gehört für Lorde somit zu einem grundlegenden aktivistischen Handlungsmittel:

»Doch während wir schweigend auf den letzten Luxus eines angstfreien Zustands warten,
werden wir am Gewicht dieses Schweigens ersticken. Das wir hier zusammen gekommen
sind, und dass ich jetzt diese Worte zu Euch spreche, bedeutet, das Schweigen zu brechen und einige der Unterschiede zwischen uns zu überbrücken.« (Lorde zit.n. Piesche
2012: 163)

Peggy Piesche (2012) hebt die Bedeutsamkeit der Aneignung von Sprache in der Anthologie *Euer Schweigen schützt Euch nicht. Audre Lorde und die Schwarze Frauenbewegung in Deutschland* ebenfalls hervor. Sie versteht sprachliche Interventionen als einen bedeutenden Akt, welcher nicht zuletzt gemeinsame Bezüge schaffen kann, als Fundament für das ›Wir‹ eines Kollektivs. Die mit Audre Lorde gemeinsam entworfene Selbstbezeichnung Afrodeutsch, später Schwarze Deutsche wirkt als symbolische Ressource zur weiteren Sichtbarmachung der bisher in öffentlichen Diskursen nicht wahrgenommenen Lebenszusammenhänge und Existenzweisen Schwarzer (weiblicher) Akteur_innen in Deutschland. »Damit wird das Durchbrechen der symbolischen Ausblendung manifest. Mit dem Auslösen eines öffentlichen Diskurses über Schwarzsein in Deutschland werden nicht nur Artikulationsräume, sondern gleichzeitig auch Handlungsräume eröffnet.« (Eggers zit.n. Piesche 2012: 90)

AUTOBIOGRAFISCHES SCHREIBEN ALS KOLLEKTIVIERUNG VON ÜBERLEBENSWISSEN

Mit den lyrischen Arbeiten und später den Gedichtbänden von Schwarzen Akteurinnen wie Guy Nzingha St. Louis, May Ayim[1], Ana Herrero Villamor und Raja Lubinetzki werden neue literarische politische Räume eröffnet. Lebensrealitäten und Handlungszusammenhänge von Schwarzen Frauen werden auf verschiedenen Ebenen einer größeren Öffentlichkeit zugänglich gemacht. Es zeigt sich eine Stimmen- und Perspektivenvielfalt, die prägend wird für die Wissensproduktion der Schwarzen Community in Deutschland. Vor allem die frühen anti-heteronormativen Positionierungen in den lyrischen und performativen Arbeiten von Guy Nzingha St. Louis sind kennzeichnend für die feministische Strukturierung der Schwarzen rassismuskritischen Bewegung in Deutschland.

Durch autobiografisches Schreiben werden Rassismuserfahrungen und Sexismuserfahrungen in der Anfangszeit der jungen Bewegung konsequent als Verlusterfahrungen thematisiert. Hier wollen wir hervorheben, dass Unterwerfungserfahrungen eine beachtliche innerpsychische Dimension aufweisen. Sich gegen gesellschaftliche (Ungleichheits-)Ordnungen aufzulehnen, verstehen wir als eine kraftzehrende, verunsichernde Aktionsform. Dieser Handlungsweg ist gekennzeichnet durch schmerzhafte Einsichten und gescheiterte (Handlungs-)Versuche (vgl. Eggers 2013). Es erfordert zudem Klarsicht auf die vorhandenen gesellschaftlich verursachten Blockaden. Unterwerfung geht zudem unweigerlich mit einem Verlust von Handlungssouveränität und mit dem Verlust von Selbstwert einher (vgl. ebd.). Obwohl sich Ungleichheit subjektiv in Lebensrealitäten von Subjekten zeigt, erscheint uns gerade die Kollektivierung dieser

---

1 | May Ayim (1960 bis 1996) wuchs bei einer Pflegefamilie namens Opitz in Münster auf und hieß mit bürgerlichem Namen Sylvia Brigitte Gertrud Opitz. Sie änderte ihren Namen, allerdings sind noch einige Publikationen mit dem Nachnamen Opitz versehen. Später veröffentlichte sie ihre lyrischen Werke und andere Publikationen unter May Ayim.

Konkretisierungen ein wirksameres Mittel zur Mobilisierung und Koordination von Widerstand und Subversionen zu sein. Die Widerstandsaktionen und Interventionen rassismuserfahrener Handlungssubjekte können wiederum zu Lernfolien, zu Handlungsperspektiven werden, für andere Schwestern, andere Schwarze Akteur_innen (vgl. Eggers 2013).

Durch akademische Thematisierungen und lyrische Texte sowie durch visuelle Kunst werden in der Schwarzen Deutschen (Frauen-)Bewegung immer mehr eigenständige Sphären initiiert (al-Samarai 2005: 119). Solche Interventionen forcieren öffentliche Verhandlungen intersektionaler, mehrgenerationaler Diskriminierungserfahrungen und Überlebensstrategien:

»Ich muss mich in einer Gesellschaft behaupten, die neutral scheint, es aber nicht ist. Ich kann auch selbstbewusst wirken, aber es ist dennoch nur eine Kraft, die sagt: ›Sei es, du mußt, sonst gehst du unter.‹ Warum kann ich nicht so sein, wie ich es gerne sein möchte, einfach ohne jegliche Kampfhaltung?« (Adomako 1986: 201)

Abenaa Adomako erläutert ihre Handlungs- und Überlebensstrategien in einem Interview, welches in der ersten Anthologie der Bewegung *Farbe Bekennen* erschienen ist. Dies erfolgt aus der Perspektive einer Schwarzen Akteurin, eines unterworfenen Handlungssubjekts, welches in einer weiß geprägten Gesellschaft lebt, die ihre Existenzweise als Schwarze Frau geringschätzt, abwertet, nicht wahrnimmt, marginalisiert. Vor diesem Hintergrund erscheint es ihr unabdingbar, eine »Kampfhaltung« (ebd.) einzunehmen, um nicht – aufgrund der gewaltförmigen gesellschaftliche Verhältnisse – unterzugehen. Der gesellschaftskritische Zugriff auf Überlebenswissen in der Schwarzen Deutschen Bewegung versteht Nicola Lauré al-Samarai als gelebten Widerstand gegen rassistische Gewalt. Diese Handlungen stellen eine Gegenbewegung zu der Entinnerung[2] und Unsichtbarmachung der Schwarzen Deutschen Anwesenheit dar (al-Samarai 2005: 118).

Erfahrene und geäußerte Ausdrücke rassistischer und sexistischer Normalität in Deutschland werden zu einem Fokus der Analyse und Kritik des Schwarzen Deutschen Feminismus. Folgen wir dem Blick, dass konkret erfahrene rassistische und sexistische Gewalt im Verlauf der eigenen Biografie eigentlich Konkretisierungen, subjektive Ausdrücke der rassistischen und sexistischen Ordnung der Gesellschaft sind, dann stellen subjektiv entwickelte Lösungswege wiederum Eingriffe auf eben diese Ordnungen dar. Sie werden verstehbar als an diese Ordnungen adressierte Korrekturversuche oder Subversionen. Rassismuserfahrungen und Sexismuserfahrungen sind keine individuellen Vorfälle, die Personen zufällig treffen. Sie sind die logische Konsequenz anhaltender Ungleichheits-

---

2 | Mit Entinnerung wird auf die systematische und zielgerichtete Ausblendung der Präsenz und des Einflusses Schwarzer Handlungssubjekte im Verlauf der Werdung der nationalen Gemeinschaft hingewiesen. Hierdurch wird die Geschichtlichkeit der Schwarzen Bevölkerungsgruppe ausradiert, so dass sie geschichtslos erscheint (vgl. al-Samarai 2005).

ordnungen und Ungleichheitsnormalitäten. Sie konkretisieren und zeitigen sich in den Leben von gesellschaftlichen Subjekten. Das ist ein Teil ihrer Dynamik. Und sie treffen auf Personen, Subjekte, d.h. verletzen diese – auch das ist ein Teil der Dynamik. Sie sind nicht folgenlos und damit wirkmächtig. Es handele sich so Maisha Eggers um »eine prekäre Balance zwischen Fragilität und Resilienz« (Eggers 2013: 4). Bedingung einer Erfahrungstransformation Schwarzer Akteur_ innen sei, so Eggers, die in der Schwarzen Frauen-Community praktizierte Care Work, die Muster des Zusammenhalts gesellschaftskritischer Schwarzer Frauengemeinschaften.

Adefra als Kontext ist von der Anfangszeit an an einer Kollektivierung dieser Thematisierungen und Analysen interessiert. Die Zahl der Publikation zu den Lebensthemen von Schwarzen Akteur_innen in Deutschland steigt rapide in den späten 1980er und frühen 1990er Jahren. Aus der Sicht von Adefra als Ort der Gesellschaftskritik wird Schwarzsein als spezifischer Erfahrungsraum verstanden. Aus rassismuskritischer Perspektive wird die Unentrinnbarkeit von weißer Dominanz analysiert. Diese Analysen beziehen sich auf die Politik und ihre Entscheidungsstrukturen und Prozesse sowie auf hierarchisierende Medialisierungen von Schwarzsein und rassistische Werbung (Raburu 1995). Die Analysen beziehen sich aber auch auf die gesellschaftliche Behandlung von Schwarzen Akteur_innen in der deutschen Gesellschaft: im Bildungssystem, in sozialen Systemen und in der psychosozialen Versorgung etc. (vgl. Ayim 1997: 104; Raburu 1995). Diese Analysen unterscheiden sich von anderen antirassistischen Analysen durch ihre konsequente Einbettung in die Schwarze feministische Kritik.

Die Initiative Adefra versteht sich als aktivistischer Kontext nicht nur als Organ der Veröffentlichung Schwarzer feministischer Themen nach ›außen‹ in die (weiße) deutsche Gesellschaft, sondern vor allem als Ort des Zugehörigseins für Schwarze Akteur_innen. Im Sinne einer Erhöhung von Schutzfaktoren orientieren sich Adefra-Aktivistinnen an den gelebten Zusammenhalt und möglichen Solidarität Schwarzer Feminist_innen. Diese Handlungsform wird als ein wirksames Mittel gegen die rassistischen Teilungs- und Isolierungslogiken eingeschätzt. Ganz gezielt wenden sich die Adefra-Aktivistinnen einander intensiv zu. Diese Zuwendung gilt als bewusste Positionierung gegen die gesellschaftlich geschürte Konkurrenz unter Frauen und unter Schwarzen, die durch Medialisierungen und Populärdiskurse vorangetrieben wird. Der Konkurrenz untereinander, die als Norm und Verhaltenserwartung allgegenwärtig erscheint, begegnen Schwarzen Akteurinnen mit an Schwarzen feministischen Werten orientierten Beziehungsformen, Beziehungspflege und ästhetischen Praktiken. Auseinandersetzungsformen umfassen Haarworkshops, Frauengesundheitsworkshops und das gemeinsame Befassen mit den Arbeiten afrikanischer Künstler_innen und Designer_innen (Kraft 1995; Ashraf-Khan 1994). Diese Aktionsformen werden als eine Subversion der durch sexistisch verfasste Ordnungen verursachten und gewollten Teilung und Dominanz verstanden. Hieraus entwickelt sich ein Standpunkt, den Maisha Eggers als Politik einer radikalen Zugewandtheit bezeichnet

(vgl. Eggers 2014). Die Diskussionen und Aktionen finden vorwiegend in autonomen Schwarzen (Frauen-)Räumen statt. Die daraus entstandenen Arbeiten verorten sich nicht in erster Linie als Korrektiv zum hegemonialen patriarchalen
weißen Diskurs (vgl. Mann 2011). Diese Arbeiten nehmen eine aus der eigenen
Weltsicht generierte Perspektive auf die soziale Wirklichkeit ein: »Das Interesse
an der Perspektive der gegenseitigen Zugewandtheit, Wertschätzung und Anerkennung in spezifischen Räumen legt die Grundlage für eine kritische Diffe-
renzpositionierung.« (Eggers 2012: 87)

GETEILTER FEMINISMUS: EINE KRITIK AN DER UNSICHTBARKEIT
SCHWARZER AKTEURINNEN IN DER WEISSEN (DEUTSCHEN) FRAUENBEWEGUNG

> »Black feminism is not white feminism in Black face. It is an
> intricate movement, coming out of the lives, aspirations, and
> realities of Black women. We share some things with white
> women, and there are other things we do not share. We must
> be able to come together around those things we share.«
> (LORDE ZIT. IN PIESCHE 2012: 42)

Die eigene Position als Schwarze Akteurinnen innerhalb der (weißen) deutschen
Frauenbewegung wird aus der Perspektive von *Adefra* als problematisch eingeschätzt. Die Kritik bezieht sich vor allem auf den universalistischen Repräsen-
tationsanspruch weißer Frauen (vgl. Mohamed 2011). Diese werden aus Schwarzer feministischer Perspektive als komplizenhaft mit der Privilegierung weißer
Gesellschaftsnormen, Subjektivitäten und Wissenssysteme eingeschätzt. Weiße
Feminist_innen brechen, so die Kritik von Schwarzen Feminist_innen und Fe-
minist_innen of Color nicht mit der rassistischen Normalität. Sie tragen durch
ihre Instrumentalisierung von und Forschung zu Schwarzen Frauen und ihren
Lebenszusammenhängen wesentlich zu rassistischen Hierarchien bei (vgl. Raburu 1995; hooks 1990). Hier wird auf die fehlende Selbstkritik weißer Spre-
cher_inpositionen und auf die Reproduktion von Hierarchien hingewiesen. Die
Zusammenarbeit mit weißen Feminist_innen in Deutschland ist von diesen Konfliktlinien, krisenhaften Annäherungen, gemeinsamen und getrennten Räumen
geprägt (vgl. Mohamed 2011; Raburu 1995).

Schwarze feministische Kritik positioniert sich als eine Kritik an Herrschaftsverhältnissen, die patriarchal organisiert sind und eine weiße Hegemonie reproduzieren. Die deutsche Frauenbewegung ist in weiten Teilen weiß, deutsch und
christlich geprägt. Traditionell sind kaum Räume für kritische Auseinandersetzungen mit Rassismus und Antisemitismus innerhalb der deutschen feministischen Bewegung bis in die 1980er Jahre möglich, hält Lennox fest (Lennox 1995).
Gleichwohl die neue deutsche Linke und deutsche Feministinnen, deren Wurzeln in der Studierendenbewegung lagen, die antiimperialistischen und antirassistischen Kämpfe insbesondere in anderen Ländern in den 1960er und 1970er

Jahren unterstützen, wurde weniger Aufmerksamkeit dem Rassismus und Antisemitismus innerhalb deutscher feministischer Reihen gewidmet (ebd.). Emanzipatorische Handlungskonzepte der (weißen) Frauenbewegung privilegieren weiße Frauen als normative Subjekte des Feminismus.

Der Schwarze Feminismus in Deutschland hat in Bezug auf die Kategorie
›Frau‹ und Weißsein einen feministischen (Gegen-)Diskurs angestoßen und ein
neues (kollektives) Subjekt sichtbar werden lassen. In den Kämpfen gegen die
Prozesse einer Marginalisierung und Minorisierung wird Neues geschaffen. So
halten Nikita Dhawan und María do Mar Castro Varela fest, dass jeder Kampf
ein neues Subjekt hervorbringe (Castro Varela/Dhawan 2009). Aus dem individuellen Wahrnehmen und Positionieren als Schwarze Feministinnen wird durch
solche kollektivierenden Kontexte wie *Adefra* eine Befreiung aus der Vereinzelung möglich. Daraufhin folgt das kollektive Sichtbarwerden, indem Schwarze
feministische Akteurinnen in feministischen Räumen Platz beanspruchen und
besetzen (vgl. hooks 2000).

Schwarze feministische Theorie hat die Verwobenheit von Rassismus, Sexismus und Heteronormativität aufgezeigt (Crenshaw 1995: 6ff.). Sie hat die Debatten über den eigenen Rassismus innerhalb der weißen deutschen Frauenbewegung inhaltlich strukturiert und damit forciert. Die Schwarze Frauenbewegung
in Deutschland hat die konzeptionelle Kategorie ›Frau‹ in Frage gestellt. In der
Hinsicht, dass die Kategorie ›Frau‹ einen normativen und partikularen Charakter
darstellt, aber als universalistische Kategorie verwendet wird. Sie hat die Kohä-
renz einer Kategorie gestört, da diese »die Vielfalt der gesellschaftlichen Überschneidungen verdeckt und die Konstruktionen mannigfaltiger konkreter Reihen von ›Frauen‹ aufrecht erhält« (Butler 1991: 33, Hervorh. i. Orig.). Nach Butler
greifen solche Taktiken der (terminologischen) Vereinnahmung gleichermaßen
in der feministischen und antifeministischen Kritik. Diese Taktik deute darauf
hin, »daß der kolonisierende Gestus nicht primär oder ausschließlich maskulin
ist. Er kann durchaus andere Verhältnisse der Rassen-, Klassen- und heterosexis-
tischen Unterdrückung hervorrufen, um einige zu nennen.« (Ebd.) In dem Sinn
kritisierte die deutsche Frauenbewegung zwar die patriarchale Gesellschaft, aber
nicht die rassistischen Strukturen, die sich auch in der feministischen Bewegung
durchsetzten und Frauen of Color oder Schwarzen Feministinnen kaum Gehör
verschafften. Die Kategorie ›Frau‹ erweist sich in diesem Kontext als gewaltvolle
und einengende Konstruktion. Jedes Wissenssystem ist in Handlungsvollzüge
eingebettet. Sabine Ammon (2007) hält im Hinblick auf Wissenssysteme fest,
dass erst durch den Gebrauch, die Anwendung, durch Praktiken und Handlungen das Wissensgefüge seine Bedeutung und seinen Zusammenhalt erhält. Die
Schwarze feministische Kritik bezieht sich daher auch ganz ausdrücklich auf die
Wissensproduktion der weißen Frauenbewegung.

DIE *GENERATION ADEFRA* IM WIEDERVEREINIGTEN DEUTSCHLAND: OST- UND WESTSOZIALISIERTE AKTEURINNEN, BEGEGNUNGSORTE UND AKTIONSRÄUME

»Ostdeutsch Schwarz
heißt
Isolation von Schwarzen Menschen
fast immer
[...]
heißt
deutsch zu sprechen ohne Akzent
sächsichplattvogtländerischberlinern
meistens
[...]
heißt
russisch sprechen
und MutterSprache
und VaterSprache selten
[...]
heißt
mit Thälmann leiden
Brahms kennen
den Schwarzen Beethoven lieben
den Schwarzen Puschkin verehren
die Schwarzen Dumas erleben
Tag für Tag
heißt
Jungpionier und Blauhemd,
Timurtrupp und Kollektivmitglied der
sozialistischen Arbeit
fast immer
[...]
heißt
N****, F********, M*******
aber Schwarze Deutsche *nie*
[...]
OstdeutschSchwarz
Höre ich oft
ist das nicht Parodie?
Es ist so deutsch im *Kaltland* ...«

(Willbold zitiert in Hügel et al. 1993, Hervorh. i. Orig.)

(Ost-)Deutschsein und Schwarzsein

Um (die Komplexität und Hybridität von) Deutschsein zu verstehen, halten sowohl Fatima El-Tayeb (2001) als auch Maisha Eggers (2014: 5) fest, dass die Präsenz von People of Color und Schwarzen Deutschen zentral ist für die Konstitution und das Funktionieren des deutschen Staates als Gefüge.

Das anfängliche Aufeinandertreffen junger Schwarzer Aktivistinnen wie May Ayim, Katharina Oguntoye, Katja Kinder, Daniela Tourkazi, Domenica und Christina Grotke, Jasmin Eding, Eva von Pirsch, Elke Jank, Marion Kraft, Guy Nzingha St. Louis, Ria Cheatom und vielen andere in den 1980er und frühen 1990er Jahren markiert den Beginn der kollektiven Artikulation des Schwarzen Feminismus in Deutschland. Die Vielseitigkeit ihrer Stimmen in akademischen Texten und literarischen Zeugnissen prägt den Schwarzen feministischen Standpunkt in Deutschland (vgl. Adefra 2006). Durch den Mauerfall können sich nunmehr Schwarze Aktivistinnen aus Ost- und Westdeutschland endlich begegnen und auch organisatorisch zusammenarbeiten (vgl. Piesche 2012). Diese Treffen finden vorwiegend in autonomen Frauen/Lesben-WGs im wiedervereinigten Berlin statt. Ein Ort, wo sich die unterschiedlichen Sozialisationen (Westdeutschlands wie der ehemaligen DDR) aufgrund der geografischen Nähe schneller verdichten konnten. Schwarze ostdeutsche Aktivistinnen wie Ina Röder-Sissako, Peggy Piesche und Raja Lubnetzki prägen mit ihren aktivistischen, literarischen und gesellschaftlichen Beiträgen den Übergang zur zweiten Welle der Schwarzen feministischen Bewegung in Deutschland auf bedeutende Weise. Sie markieren das Zusammenfinden Schwarzer Aktivistinnen aus Ost- und Westdeutschland (vgl. ebd.). Darüber hinaus werden die unterschiedlichen Erfahrungskontexte auch in neuen literarischen, lyrischen Formaten transportiert. Schwarze feministische Theoriebildung ist auch hier daran interessiert, diese Transformationsprozesse von den Standpunkten Schwarzer Akteur_innen als gesellschaftliche Handlungssubjekte zu analysieren und zu thematisieren (vgl. Eggers 2014; Piesche 2014; Adefra 2006).

Die Wiedervereinigung als paradoxe Einflussgrösse: Neubestimmung der jungen Bewegung Schwarzer Aktivistinnen aus Ost- und Westdeutschland

Das wiedervereinigte Deutschland, das sich nach außen stolz zeigt, reproduziert ein standardisiertes weißes Selbstverständnis eines ›Wir‹. Diese imaginierte Idealgemeinschaft und ihre Angehörigen sind weiße Ost- und Westdeutsche, die sich als Brüder und Schwestern konstruieren lassen. May Ayim spricht von einem gesteigerten Nationalgefühl im Berlin des Jahres 1989, welches sich an weiße Bürger_innen richtet (vgl. Ayim 1993). Die wiedervereinigte Nation feiert sich selbst. Sie re-imaginierte sich weiß, christlich und in Abwesenheit von Schwarzen Menschen und People of Color (vgl. ebd.). Schwarze Bürger_innen scheinen das Idealbild, die wieder gewonnene Stärke im Moment des Triumphs zu stören.[3] Dieser weiße deutsche Rückvergewisserungsprozess scheint zu einer bedeutenden Zunahme des offenen Rassismus und der Rechtsradikalität zu führen. Die Wiedervereinigung bringt insofern paradoxe Bedingungen für die Schwarze (feministische) Bewegung mit sich. Diese Situation stellt eine erhöhte Gefährdung für Schwarze Bürger_innen da:

»In der gesamten Medienlandschaft war von deutsch-deutschen Brüdern und Schwestern die Rede, von einig und wiedervereinigt, von Solidarität und Mitmenschlichkeit ... Ja, sogar Begriffe, Heimat, Volk und Vaterland waren plötzlich – wieder – in vieler Munde.[...] Das neue ›Wir‹ in – wie es der Kanzler Kohl zu formulieren beliebt – ›diesem unseren Land‹ hatte und hat kein Platz für alle.« (Ayim 1993: 53, Hervorh. i. Orig.)

»›Hau ab Du N****, hast du keine Zuhause?‹
Zum ersten Mal, seit ich in Berlin lebe, musste ich mich nun beinahe täglich gegen unverblümte Beleidigungen, feindliche Blicke und/oder offen rassistische Diffamierungen zur Wehr setzen. Ich begann wieder, beim Einkaufen und in öffentlichen Verkehrsmitteln nach den Gesichtern Schwarzer Menschen Ausschau zu halten.« (Ebd.: 56)

Die Lyrikerin May Ayim hält fest, dass sie mit der Wende zu ihrer eigenen Sicherheit beginnt, wieder Ausschau nach Schwarzen Gesichtern zu halten (ebd.). Dieses Nationsgefühl destilliert sich über die »Wiedervereinigung von Brüdern und Schwestern« (El-Tayeb 2004: 133) nach der Wende verstärkt und steht in Abgrenzung zu den »Anderen« (ebd.), die nicht über diese spezifische weiß-deutsch codierte Herkunftslinie »Blut« (ebd.) verfügen und eine christliche Sozialisation erfahren haben, einerseits. Andererseits schafft die Wende auch die neuen Verbindungslinien Schwarzer Aktivistinnen aus Ost- und Westdeutschland (vgl. Adefra 2006). Es entsteht die Möglichkeit des Austausches und die kreativen, ly-

---

3 | Die Wiedervereinigung konfiguriert ein ›Wir‹, welches über die Idee einer Blutsverwandtschaft, dem ius sanguinis, imaginiert wird und noch vor die Gründungszeit des Deutschen Reiches hineinreicht, nämlich in die Jahre 1912/13 als Neufassung des Reichs- und Staatsangehörigkeitsrechts (vgl. El-Tayeb 2004: 132-135). Allerdings muss einschränkend angemerkt werden, dass die Blutsverwandtschaft hierarchisiert wurde. »So kam es schon früh [im Deutschen Reich] zu Versuchen einer Änderung des Staatsbürgerrechts im ›rassischen‹ Sinne. Dabei ging es vor allem um zwei Punkte: die Bindung von ›Auslandsdeutschen‹ an den Staat und eine Erschwerung der Naturalisation, auch für in Deutschland geborene Ausländer.« (Ebd.: 133) Gleichwohl Afro-Deutsche das Kriterium der Abstammung von einem Deutschen legal erfüllten und somit »deutsches Blut« (ebd.) inne hatten, hält El-Tayeb fest, waren es gerade diejenigen, deren Ausschluss am heftigsten gefordert wurde: »Tatsächlich genügte ein Tropfen ›schwarzen Blutes‹, um die erbliche Wirkung des ›deutschen Blutes‹ zunichte zu machen.« (Ebd., Hervorh. i. Orig.) El-Tayeb konstatiert, dass dieses Konstrukt letztlich nur in Verbindung mit der wirkmächtigen Metapher des »weißen Blutes« (ebd.) bestehen konnte.

rischen Formen wie Perspektiven bereichern die Theoriebildung des Schwarzen Feminismus sowie die Bewegung der *Generation Adefra*.

AKTIVISTISCHE WISSENSPRAXEN, SCHWARZE WISSENSARCHIVE UND SCHWARZE FEMINISTISCHE KRITIK IN DEUTSCHLAND

Der Schwarze Feminismus hat die Stellung und Komplexität Schwarzer deutscher Lebenszusammenhänge in unterschiedlichen Epochen, die von der Aufklärung, der Shoa, dem Mauerfall und dem deutschen Kolonialismus in afrikanischen Gesellschaften bis hin zu Rassentheorien des 19. und 20. Jahrhunderts reichen, erforscht und sichtbar gemacht (vgl. Eggers 2014). Diese Wissensproduktion, welche vor allem aus der Schwarzen feministischen Bewegung hervorgeht, ist von strategischer Bedeutung. Sie verschiebt den Fokus von der aktivistischen Mobilisierung hin zu einer erkenntnistheoretischen Produktion von Wissen. Sie greift wesentlich in die Wissensproduktion zu Schwarzsein in Deutschland ein. Ihr wird sogar das Potential eines epistemischen Wandels zugedacht (vgl. ebd.). Da diese Wissensproduktion Vorannahmen über die Kategorien ›Frau‹, ›Schwarzsein‹ oder ›Deutschsein‹ in Frage stellt und die Brüche in der Art und Weise wie sich das Denken über diese Kategorie konstituiert und die Grenzen aufzeigt (vgl. Mohamed 2011). Es birgt daher das Potential, die theoretische Erkenntnisproduktion neu zu organisieren.

SCHWARZE DEUTSCHE GESCHICHTE

Mit den Beiträgen der Historikerinnen Katharina Oguntoye und Fatima El-Tayeb wird eine kritische Historisierung von Schwarzsein in Deutschland zu einem zentralen Projekt der Schwarzen feministischen Bewegung (vgl. Eggers 2014). Die beiden Historikerinnen arbeiten in ihren gesellschaftlichen Beiträgen die Lebens- und Handlungszusammenhänge von Schwarzen Akteur_innen im Wilhelmistischen Imperialismus und in den von Deutschland kolonisierten Gesellschaften, der Zeit der Rheinlandbesetzung, dem Dritten Reich, der zweiten Nachkriegszeit nach 1945 und der vereinigten Bundesrepublik ab 1989, heraus (vgl. ebd.). Vor allem der deutsche Kolonialismus, der in der dominanten deutschen Erinnerungspolitik keinen offiziellen Platz bekommen hat, wird – inspiriert durch feministische Herrschaftskritik – analysiert. Diese Wissensproduktion ist zentral für die Verortung und das Selbstverständnis der Schwarzen Bewegung in Deutschland.

Durch Forschungsarbeiten Schwarzer Akteurinnen werden Diskussionsräume angestoßen. Die Gründungen der bundesweiten Vereine *ADEFRA– Schwarze Frauen in Deutschland e.V.* und *Initiative Schwarzer Menschen in Deutschland e.V.* sind im Wesentlichen mit diesen Arbeiten verbunden. Schwarze aktivistische Wissensproduktionen und kulturelle Produktionen lassen sich hier als dekonstruktive Manöver an dem universalistischen Erklärungsanspruch weißer Weltsichten verstehen. Die Arbeiten zeigen die Hybridität der deutschen Vergangenheit auf. Sie sind ein Zeugnis gelebter Schwarzer Präsenzen und Kritiken. Das Aufdecken der Hybridität von Deutsch-Sein nimmt eine besondere Stellung im Kontext des Schwarzen Feminismus ein, da Deutsch-Sein in vielen Kontexten die gesellschaftlichen Beiträge von People of Color inkorporiert, aber gleichzeitig verschweigt (vgl. Black European Studies Reader 2005). Infolge der europäischen Kolonialisation lässt sich der Ort der Kultur nicht mehr getrennt und kohärent erfassen. Nach Homi K. Bhaba entstehen im postkolonialen Kontext zwangsläufig hybride Subjekte (Bhaba 1994). Insbesondere in den Arbeiten von Katharina Oguntoye, Fatima El-Tayeb und Paulette Reed-Anderson, welche die koloniale Vergangenheit und ihre Präsenz im gegenwärtigen Deutschland erforschen, zeigt sich die Hybridität etwa in der Migration afrikanischer kolonialer Bürger_innen nach Deutschland oder die Besatzung des Rheinlands durch Schwarze französische Soldaten nach dem Ersten Weltkrieg und die Kinder, die aus diesen Ehen zwischen deutschen weißen Frauen und Schwarzen französischen Männern entstanden (vgl. Eggers 2014).

Arbeiten wie die von Ika Hügel-Marshall et al. *Entfernte Verbindungen* (1993), Marion Krafts Interviews und Veröffentlichungen über den Schwarzen Aktivismus in Deutschland, Peggy Piesches Anthologie über Audre Lorde und die Schwarze Frauenbewegung in Deutschland (2012), May Ayims Lyrik sowie das Standardwerk *Farbe bekennen. Afro-deutsche Frauen auf den Spuren ihrer Geschichte* (Oguntoye/Opitz/Schultz 1986) sind kennzeichnend für ein thematisches Spektrum von Verhandlungen, die in der Tradition Schwarzer feministischer Kritik verankert sind. Mit der Anthologie *Farbe bekennen* wird in den 1990er Jahren ein öffentlicher Diskurs über Schwarzsein in Deutschland ausgelöst. Diese Anthologie gilt weiterhin als das meist rezipierte Zeugnis Schwarzer Lebens- und Handlungszusammenhänge in Deutschland. Mit *Farbe bekennen* ist die Sichtbarkeit von verschiedenen Generationen Schwarzer Frauen in Deutschland manifest gemacht worden. Diese Arbeiten thematisieren Handlungswege und -barrieren Schwarzer Akteurinnen im Kontext der Normalität rassistischer und sexistischer Verhältnisse in bedeutenden historischen Epochen der deutschen Nation.

Die Lebens- und Handlungszusammenhänge Schwarzer Deutscher vor und während des Nationalsozialismus in Deutschland werden durch diese feministisch inspirierten Arbeiten konkretisiert: »The ›Adolf Period‹ was the worst that anyone can imagine. You can't just suddenly label people as having a ›life not worth living.‹ They couldn't really liquidate us, but neither did they want to tolerate us.« (Ngambi zit.n. Oguntoye/Opitz/Schultze 1992: 62, Hervorh. i. Orig.) Und: »Many colored women were sterilized. Gerda, Hanna ... Christel's mother hid her in a convent near Cologne. They got her out of there and sterilized her too. Our nephew also. After sterilization they sent him right home; they didn't even allow him to rest.« (Ebd.: 66) Solche Zeugnisse von verlustreichen Erfahrungen sind – so Nicola Lauré al-Samarai – für die Schwarze Bewegung wichtige Dokumentationen von »quälenden historischen Momenten« (al-Samarai 2005: 120). Die rassistische Verfasstheit der deutschen Nation wird hier anhand des biografi-

schen Lebensmaterials Schwarzer Akteurinnen nachvollziehbar gemacht als blo-
ckierende, lebensbedrohliche und einschneidende Erfahrungen.

Die Rolle Deutschlands im kolonialen Projekt des 21. Jahrhunderts wird in
der offiziellen Erinnerungskultur als nicht relevant markiert. Oftmals wurde argumentiert, dass die Anzahl der von Deutschland kolonisierten Gesellschaften
im Verhältnis zu anderen imperialen Mächten gering sei. Allerdings war es Otto
von Bismarck unter Kaiser Wilhelm I, der in den Jahren 1884 bis 1885 zur Berliner Konferenz einlud. Auf dieser wurden afrikanische Gesellschaften und Länder
ganz offiziell aufgeteilt (vgl. Black European Studies Reader 2005). Dass solche
kritischen Perspektiven auf die Werdung der deutschen Nation verhandelt werden
– wohlgemerkt mit Schwarzen Akteurinnen als Handlungssubjekte und nicht als
Inventar – ist ein Verdienst einer Theorieproduktion, die in wesentlichen Teilen
aus der Schwarzen feministischen (macht- und herrschaftskritischen) Bewegung
kommt. Die öffentliche, akademische wie politische Anerkennung dieser Art von
›Scholarship‹ ist das Resultat jahrelanger Kämpfe der Schwarzen Frauenbewegung. Forschungen Schwarzer Frauen und der Austausch ihrer Erkenntnisse,
Analysen und das Engagement in der kritischen Theorie und Auseinandersetzungen auf Veranstaltungen der Community haben den Begriff des Schwarz-
seins in Deutschland thematisch und organisatorisch tief strukturiert. Sie haben
zum einen Schwarzsein und Deutschsein innerhalb dieser historischen Zäsuren
wie der Berliner Konferenz, des Nationalsozialismus und der Wende analysiert,
aber auch geschaffen (Adefra 2006).

SOLIDARITÄT UND BÜNDNISPOLITIKEN[4]

Katja Kinder, Anfangsaktivistin und Gründungsmitfrau der Adefra-Initiative,
hebt den Stellenwert von (Selbst-)Reflexivität in ihrem Artikel »Das Eingehen
von Bündnissen ist eine bedeutende Investition!« (Kinder 2011) hervor. Über die
Bündnisbereitschaft als Adefra-Aktivistin stellt sie fest, dass es eine wesentliche
Voraussetzung ist, dass Bündnispartnerinnen nicht vor intensiver Selbstarbeit
zurückscheuen (vgl. ebd.). Die Positionierung als machtkritisches, herrschafts-
kritisches Kollektiv impliziere die Bereitschaft zu einer praktizierten und lebenslangen Reflexivität. Der verpflichtende Charakter einer kollektiv gelebten (Selbst-)
Reflexivität muss, so Sabine Mohamed, ganz explizit sowohl auf den theoretisch-
konzeptionellen Rahmen als auch auf der Ebene der Interventionspraxis sozial-
kritischer Bewegungen verankert werden (Mohamed 2012). Laut Mohamed gibt
es in der feministischen Bündnispolitik Bedarf, traditionelle Konfliktlinien insbesondere unter rassismuskritischer Perspektive erneut zu analysieren. Eine explizite Thematisierung des Umgangs feministischer Bündnisse mit der Position
Schwarzer Akteurinnen sei dringend notwendig (ebd.).

Die Angleichung (die bloße Gleichstellung) an das Mannsein bzw. an das

---

4 | Dieser Abschnitt basiert weitgehend auf einem Online-Dossier von Sabine Mohamed 2011.

Weißsein sei aus Schwarzer feministischer Perspektive, aus der Sicht von *Adefra* kein erstrebenswertes Ziel (Kinder 2011). Die Zielsetzung und Handlungs- bzw. Interventionsorientierung potentieller Bündnispartnerinnen muss mit dem Selbstverständnis von *Adefra* als Ort des Zugehörigseins von Schwarzen (lesbischen) Aktivistinnen kompatibel sein. Bündnisse müssen an einer Ermöglichung der konkreten Arbeit mit »durch Herrschaft manipulierbare[e] Symbole wie: Wissen, Verbundenheit, Kollektiv, Angst, Lernen, Identitätsparadoxien, Verluste, Wohlergehen, Macht und Einverständnis« (ebd.) orientiert sein. Bündnisarbeit muss ganz konkret zu der gesellschaftlichen Veränderung dieser Bestände beitragen bzw. den eigenen und kollektiven Umgang mit ihnen verändern können. Wenn Bündnisse auf Dauer hierzu nicht imstande sind, dann sei es – so Kinder – folglich keine lohnenswerte Investition.

AUSBLICK: *GENERATION ADEFRA 2.0*

> »Bilder von Frauen, die wie Fackeln leuchten, zieren und markieren die Grenzen meiner Reise, stehen wie Deiche zwischen mir und dem Chaos. Die Bilder von Frauen, freundlichen und grausamen, sind es, die mich nach Hause leiten.«
> (LORDE 1986: 9)

Adefra als feministischer Kontext blickt zurück auf eine fast 30-jährige Existenz. Die Schwarze Frauenbewegung verfügt inzwischen über beträchtliche Wissens- und Handlungsressourcen sowie Interventionsmittel:

> »Was als ungleichzeitig begonnen hat, hat inzwischen eher Gleichzeitigkeiten produziert. Gemeinsame Bezugspunkte wie die Selbstbezeichnungspraxis, ein Körper von Wissen, insbesondere Schwarze deutsche Geschichte, eine Tradition von Interventionen und schließlich konkrete Bündnisse mit anderen Schwarzen Organisationen und mit Organisationen von People of Color, die unsere Visionen von Community teilen, tragen dazu bei, unsere Bewegung sowohl als Ort als auch als Symbol lebendig zu halten.« (Piesche 2012; vgl. hooks 2003).

Einige inhaltliche Schwerpunkte der Anfangszeit sind im Kern der aktivistischen Arbeit geblieben. Die Betonung von selbstbestimmten, reflexiven, anti-heteronormativen Sexualpolitiken Schwarzer Aktivist_innen im Sinne der Förderung des eigenen »Sexual Wellbeing« (hooks 2003: 140) – wie bell hooks das formuliert – bleibt eine zentrale Orientierung. Neue Inhalte, neue Organisationsformen und neue Bündnisse sind hinzugekommen. Mit der zunehmenden Digitalisierung der Gesellschaft haben netzpolitische Organisations- und Aktionsformen stark an Bedeutung gewonnen (vgl. Ebony Magazine 2014). Per Social Media können nunmehr Informationen in einer enormen Schnelligkeit verteilt und abgerufen werden. Es können virtuelle Begegnungen und Austauschbeziehungen fast zu jeder Tageszeit stattfinden. Die *Facebook*-Gruppe *Generation Adefra* 2.0 gehört zu den neuen Handlungsressourcen der Bewegung Schwarzer Aktivist_innen in Deutschland. In dieser virtuellen Gruppe sind Anfangsaktivistinnen wie Ina Röder Sissako, Katharina Oguntoye, Gabriela Willbold und Eva von Pirsch sowie Aktivistinnen der Zweiten Welle wie Peggy Piesche und Maisha Eggers mit jungen Aktivist_innen der Dritten Welle wie Sabine Mohamed und Aktivist_innen der jungen Schwarzen feministischen Bewegung in Österreich (Njideka S. Iroh, Araba Evelyn Johnston Arthur und Belinda Ade Kazeem) miteinander vernetzt. Sie sind infolge der Digitalisierung verbunden – unabhängig von ihrer derzeitigen Lokation. Es ist durch die Massenverbreitung des Zugangs zu Social Media möglich geworden, transnationale Beziehungen zu Schwarzen Feminist_innen in den USA, vor allem solche, die im Kontext von German und Cultural Studies tätig sind, täglich zu pflegen. Diese Aktivist_innen sind ebenfalls in der Gruppe *Generation Adefra* 2.0 aktiv. Dieses digitale Medium eignet sich gut für die Mobilisierung und Erweiterung des Wirkungsfeldes von *Adefra*. Immer mehr afrikanische Feminist_innen und afrikanische Gender Aktivist_innen wie die Visual-Arts-Activist Zanele Muholi und die Translation-Studies-Aktivistin Wangui wa Goro gehören zu der *Adefra-Facebook*-Gruppe. Sie nutzen *Generation Adefra* 2.0 als Austauschforum, als Informationsplattform und als Verteiler für ihre eigene feministisch inspirierte gesellschaftskritische Arbeit.

Weiterhin befassen sich Aktivist_innen der *Generation Adefra* zunehmend mit den Themen Dekolonisierung und Intersektionalität im Kontext der Kritischen Rassismustheorie. Diese neuen Wissenspraxen und Aktionsformen schaffen wiederrum neue (transnationale) Bündnisse. *Adefra*-Aktivistinnen gehören zum Kern des relativ neuen Arbeitszusammenhangs Critical Race Theory Europe (CRT Europe), initiiert durch die Arbeiten und Berlin-Aufenthalte der Intersektionalitätstheoretikerin Kimberlè Crenshaw in den späteren 2000er Jahren. Es sind also nach wie vor sowohl die aktivistische Care Work in autonomen (virtuellen) Räumen und die konkreten Begegnungen bzw. die Einflussnahme Schwarzer Feministinnen, die zu einer Erweiterung der Reflexions- und Handlungsräume der Aktivistinnen der *Generation Adefra* führen. Die Bereitschaft solcher Schwarzer feministischer Aktivistinnen wie Kimberlé Crenshaw (1995) und Zanele Muholi, ihre Ideen- und Gesellschaftsentwürfe und ihre Vernetzungsressourcen mit Schwarzen Aktivist_innen in Deutschland zu teilen, erhalten und stärken die Bewegung der *Generation Adefra* 2.0.

QUELLEN

Adefra e.V. (Hg.) (2006): Generation ADEFRA. Schwarze Autonomie in Deutschland? (Broschüre zur gleichnamigen Tagung), Berlin: Selbstverlag.

Adomako, Abenaa (1986): »Mutter: Afro-Deutsche, Vater: Ghanaer«, in: Oguntoye/Opitz/Schultz, Dagmar (Hg.), Farbe bekennen , 197-201.

al-Samarai, Nicola Lauré (2005): »Inspirited Topography: Über/Lebensräume, Heim-Suchungen und die Verortung der Erfahrung in Schwarzen deutschen Kultur- und Wissenstraditionen«, in: et al., Mythen, Masken und Subjekte, Münster: Unrast, 118-134.

Ammon, Sabine (Hg.) (2007): Wissen in Bewegung: Vielfalt und Hegemonie in der Wissensgesellschaft, Weilerswist: Velbrück Wissenschaft.

Aynim, May (1997): Grenzenlos und unverschämt, Berlin: Orlanda.

Dies. (1993): »Das Jahr 1990. Heimat und Einheit aus afro-deutscher Perspektive«, in: Hügel et al., Entfernte Verbindungen, 206-222.

Bhabha, Homi K. (1994): The Location of Culture, Repr. London u.a.: Routledge.

Black European Studies (2005): Challenging European Studies 21st century, Conference Reader, Universität Mainz.

Blumberg, Rhoda Lois (1998): »Women in the Civil Rights Movement: Reform or Revolution?«, in: Diamond, M.J. (Hg.), Women and Revolution: Global Expressions, Boston: Kluwer Academic Publishers, 79-89.

Dies. (1990): »Women in the Civil Rights Movement: Reform or Revolution?«, in: Dialectical Anthropology 15 (2/3), 133-139.

Butler, Judith (1991): Das Unbehagen der Geschlechter, Frankfurt a.M.: Suhrkamp.

Castro Varela, María do Mar/Dhawan, Nikita (2009): Postkoloniale Theorie, 2. Aufl., Bielefeld: transcript.

Collins, Patricia Hill (1990): Black Feminist Thought: Knowledge, Consciousness, and the Politics of Empowerment, Boston, MA: Hyman.

Crenshaw, Kimberle (1995): »The Identity Factor in Multiculturalism«, in: Liberal Education 81 (4), 6-11.

Ebony Magazine (2014): »Black Feminism Goes Viral«, in: Ebony Magazine – Online Edition, March 2014, www.ebony.com/news-views/black-feminism -goes-viral-045#axzz363vjwXpv (15.06.2014)

Eggers, Maureen Maisha (im Druck): »Knowledges of (Un-)Belonging – Epistemic Change as a defining mode for Black Women's Activism in Germany«, in: Nagl, Tobias/Lennox, Sara (Hg.), Remapping Black Germany: New Perspectives on Afro-German History, Politics, and Culture, Amherst: University of Massachusetts Press.

Dies. (2013): »Schwarze feministische Männlichkeitsbilder: Eine paradigmatische Liebe«, in: Ballhaus Naunynstrasse (Hg.), Black Lux: Ein Heimatfest aus Schwarzen Perspektiven, 28.08.-30.09.13, Festivalzeitung, Berlin: Selbstverlag, http://issuu.com/ballhaus-naunynstrasse/docs/black_lux_festivalzeitung (15.06.2014)

Dies. (2012): »Ein Schwarzes Wissensarchiv«, in: Piesche, ›Euer Schweigen schützt Euch nicht‹, 228-233.

Dies./Kilomba, Grada/Piesche, Peggy/Arndt, Susan (2005): Mythen, Masken und Subjekte, Münster: Unrast.

El-Tayeb, Fatima (2001): Schwarze Deutsche, Frankfurt u.a.: Campus-Verlag.

Dies. (2004): »Blut, Nation und multikulturelle Gesellschaft«, in: Klein-Arendt, Reinhard (Hg.), AfrikanerInnen in Deutschland und schwarze Deutsche: Geschichte und Gegenwart. Beiträge zur gleichnamigen Konferenz vom 13.-15. Juni 2003 im NS-Dokumentationszentrum (EL-DE-Haus) Köln, Münster: LIT, 125-138.

hooks, bell (2003): Teaching Community, New York/London: Routledge.

Dies. (2000): Feminist Theory. From Margin to Center, London: Pluto Press.

Dies. (1990): Ain't I a Woman, Boston, MA: South End Press.

Hügel, Ika et al. (Hg.) (1993): Entfernte Verbindungen: Rassismus, Antisemitismus, Klassenunterdrückung, Berlin: Orlanda.

Joseph, Gloria I. (1993): Schwarzer Feminismus: Theorie und Politik afro-amerikanischer Frauen, Berlin: Orlanda.

Kinder, Katja (2011): »Das Eingehen von Bündnissen ist eine bedeutende Investition!«, in: Heinrich Böll Stiftung (Hg.), Was ist der Streit-Wert?, http://streit-wert.boellblog.org/2011/10/12/katja-kinder/ (14.10.2011).

Kraft, Marion (1995): The African Continuum and Contemporary African American Women Writers, Frankfurt a.M. u.a.: Lang.

Dies. (1988): »Zwischen Aversion, Alibi und Anerkennung. Aspekte der Auseinandersetzung mit der Literatur Schwarzer Frauen«, in: Beiträge zur feministischen Theorie und Praxis 23.

Dies./Ashraf-Khan, Rukhsana Shamin (Hg.) (1994): Schwarze Frauen der Welt – Europa und Migration, Berlin: Orlanda.

Lennox, Sara (1995): »Divided Feminism: Women, Racism, and German National Identity«, in: German Studies Review 18 (3), 481-502.

Lorde, Audre (2009): I am Your Sister, Oxford/New York: Oxford University Press.

Dies. (1986): Zami. Eine Mythobiographie, Berlin: Orlanda.

Dies. (2012): »Sexism An American Disease in Blackface«, in: Piesche, ›Euer Schweigen schützt Euch nicht‹, 42-49.

Mann, Regis (2011): »Theorizing ›What Could Have Been‹: Black Feminism, Historical Memory, and the Politics of Reclamation«, in: Women's Studies, 5. August 2011, 575-599.

Mohamed, Sabine (2012): »Überlegungen zu geschlechterpolitischen Bündnissen, ihre Chancen, ihre Probleme und Totgeburten«, in: Heinrich Böll Stiftung (Hg.), Was ist der Streit-Wert?, http://streit-wert.boellblog.org/2012/01/19/sabine-mohamed/ (19.01.2012).

Dies. (2011): »Bündnisse – Ein Weg zu erfolgreicher Geschlechterpolitik? Was ist der Streit Wert?«, in: Heinrich Böll Stiftung (Hg.), Was ist der Streit Wert?, http://streit-wert.boellblog.org/2011/10/04/%e2%80%9ebuendnisse-ein-weg-zu-erfolgreicher-geschlechterpolitik-was-ist-der-streit-wert/ (14.10.2011).

Oguntoye, Katharina (2012): »Radical Cross-Currents in Black Berlin: Adefra«, Konferenz: Radical Cross-Currents in Black Berlin, Berlin: Humboldt-Universität zu Berlin.

Dies./May, Ayim/Schultz, Dagmar (Hg.) (1986): Farbe bekennen: Afro-deutsche Frauen auf den Spuren ihrer Geschichte, Berlin: Orlanda.

Opitz (Ayim), May/Oguntoye, Katharina/Schultz, Dagmar (1992): Showing Our Colors: Afro-German Women Speak out, Amherst: University of Massachusetts Press.

Piesche, Peggy (Hg.) (2012): ›Euer Schweigen schützt Euch nicht‹ Audre Lorde und die Schwarze Frauenbewegung in Deutschland, Berlin: Orlanda.

Dies. (im Druck): »Looking Forwards and Backwards. Twenty Years of the Black German Women's Movement: An Interview with three Adefra Activists«, in: Nagl, Tobias/Lennox, Sara (Hg.), New Perspectives on Afro-German History, Politics, and Culture, Amherst: University of Massachusetts Press.

Dies. (2002): »Black and German? East German Adolescents before 1989 – A Retrosepctive View of a ›Non-Existant Issue‹ in the GDR«, in: Adelson, Leslie (Hg.), The Cultural After – Life of East Germany. New Transnational Perspectives, Washington, DC: AICGS, 37-59.

Raburu, Maureen (1995): Zerrbilder, Schwarze Frauenbilder. Wahrnehmung einer weißen Gesellschaft. Fragen an die Soziale Arbeit in Deutschland, Staatliche Fachhochschule Kiel, Fachbereich Sozialwesen, unveröffentlichte Diplomarbeit.

Reed-Anderson, Paulette (2000): Rewriting the Footnotes. Berlin und die afrikanische Diaspora, Berlin: Ausländerbeauftragter des Senats.

Sargent, Lydia (1981): Women and Revolution: A Discussion of the Unhappy Marriage of Marxism and Feminism, Montréal: Black Rose Books Ltd.

Sozialwissenschaftliche Forschung und Praxis für Frauen e.V. (Hg.) (1990): »Geteilter Feminismus. Rassismus, Antisemitismus und Fremdenhaß«, in: Beiträge zur feministischen Theorie und Praxis 27.

Willbold, Gabriela (1993): »Ostdeutsch Schwarz«, in: Hügel et al.: Entfernte Verbindungen, 233-235.

BLACK SURVIVIORS OF THE HOLOCAUST (GB 1997, R: David Okuefuna, P: Shewa Moise)

»...wie und wie weit es möglich wäre, anders zu denken.« – Queerfeministische Perspektiven auf Transformation

Karen Wagels

Queere und feministische Theoriebildung und Praxis werden in diesem Beitrag an den drei aktuellen Forschungsfeldern Heteronormativität, Wissensregime und Affekte aufeinander bezogen diskutiert. Die Implikationen dieser Analyse für eine Haltung, die sich als queerfeministisch bezeichnen lässt und nach den Möglichkeiten sucht, ›anders zu denken‹[1], werden in einem Fazit herausgestellt.

›Queer‹ als Begriff und politische Selbstbezeichnung ist zunächst in den USA Ende der 1980er Jahre von so benannten *gender and sexual deviants* angeeignet worden: Im Kontext von AIDS, Homophobie und *moral panic* führte die positive Umdeutung der Diffamierung als ›anders‹ und ›sonderbar‹, ›widernatürlich‹ und ›pervers‹ zu dezentralen kollektiven Aktionen[2]. Diese wandten sich gegen die Hegemonie einer *moral majority*, indem sie deren Projektionen und Zuschreibungen aufgriffen, ihre Konstruktionsweise entlarvten und die sozialen Folgen skandalisierten. Der positive Selbstbezug auf ein übergreifendes Schimpfwort erlaubte es dabei, den Blick weg von den Betroffenen hin zu den Normsetzungen der Mehrheitsgesellschaft zu wenden. Volker Woltersdorff (2003) führt aus, wie der Begriff queer in seinen Anfängen politische Praxen vorangetrieben und neue Koalitionen

---

1 | Diesen Gedanken formulierte Michel Foucault (1986: 16) mit Bezug auf Philosophie als kritische Arbeit des Denkens an sich selbst – eine Haltung, die vielfältigen Eingang in kritische Geschlechterforschung wie auch queere Theoriebildung gefunden hat.

2 | Prominent wurden die Initiativen *Act up (AIDS Coalition To Unleasch Power)* sowie *Queer Nation*, die mit spektakulären Aktionen wie Besetzungen von Nachrichtensendern und Börse oder öffentlichen Kiss Inns auf skandalöse gesellschaftliche Umgangsweisen und Ausgrenzungen aufmerksam machten (vgl. Woltersdorff 2003).

über die Grenzen von Identitäten hinaus ermöglicht hat[3], wie er im Zuge post-strukturalistischen Denkens als *queer theory* in Akademie und Universitäten Einzug gehalten hat und schließlich wie diese kontextspezifische Bedeutung in den USA sich mit dem Transfer nach und Einsatz in Deutschland verändert hat (vgl. auch Genschel et al. 2001).

Im deutschsprachigen Raum fehlt dem Begriff queer die diffamierende Konnotation, wie sie etwa dem Attribut ›pervers‹ anhaften würde, dessen Einsatz sich aber weder in politischen Kontexten noch in akademischen Studien durchsetzen konnte. Stattdessen wurde queer zu einem schillernden Label, das mit Vielfalt und Uneindeutigkeit bis hin zu Beliebigkeit verknüpft wird. Diese im postmodernen Mainstream und neoliberalen Zeitgeist verortete Konnotation wird gerade innerhalb queerer Arbeiten durchaus problematisiert und einer kritischen Betrachtung unterzogen (vgl. Hark/Laufenberg 2013; Engel 2009; Duggan 2003; Hennessy 2000). Zugleich lässt sich diese Konnotation als zeitgemäß und erfahrungsnah interpretieren und bietet Anknüpfungspunkte, weiterhin auch im deutschsprachigen Raum kritische Forschung und Praxis unter dem Label queer zu betreiben. Zu nennen sind antisexistische und antirassistische Bündnispolitiken und Aktionsformen, die eine kritische Bezugnahme auf gesellschaftliche Kategorien und deren Dekonstruktion verbindet.[4] Auch ein dezidiert feministisches Verständnis queerer Politiken, wie es in dem Begriff queerfeministisch zum Ausdruck kommt, ist Teil queerer Aktion und soll hier einer näheren Betrachtung unterzogen werden.

In ihrer Einführung zu Queer Theory verweist Annemarie Jagose (2001) auf abgrenzende Momente zu lesbischen und schwulen Emanzipationsbewegungen, darüber hinaus aber auch auf Kontinuitäten gerade in der Theoriebildung. Im Rahmen der US-amerikanischen *lesbian and gay studies* ist es Teresa de Lauretis (1991), die queer in einem akademischen Text einsetzt und als »einen anderen Diskurshorizont, als eine andere Weise, das Sexuelle zu denken« (dies.: iv) bezeichnet. Zu großer Popularität gerade im deutschsprachigen Raum gelangt diese Perspektive durch die Arbeiten Judith Butlers: Während sie in *Das Unbehagen der Geschlechter* (1991) eine Theorie der Performativität von Geschlecht entwickelt und hier insbesondere in Auseinandersetzung mit feministischen Theoretikerinnen die Kategorie Frau als Ausgangspunkt politischen Handelns eben nicht verwirft, sondern dekonstruiert, geht es ihr in *Körper von Gewicht* (1997) vielmehr um die materielle Dimension, um die Ebene der ›Verkörperung‹ sozialer Geschlechterkonstruktionen und ihrer Brüche. Mit Bezug auf Körper, allerdings aus

---

3 | So führten etwa die innerhalb lesbisch-feministischer Zusammenhänge stattfindenden Auseinandersetzungen um Sexualität, sexuelle Praktiken und Identität – die sogenannten sex wars – zu neuen Koalitionen unter dem Label queer (vgl. Woltersdorff 2003; für eine Reflektion vgl. Rubin 1997).

4 | Vgl. etwa die seit 2007 an der Universität Bielefeld von Studierenden dezentral organisierten *Aktionstage gegen Sexismus und Homophobie*, an denen durchgehend Rassimus und rassistische Verhältnisse thematisiert werden.

einer anderen philosophischen Richtung, formulieren die australischen Theore-
tiker_innen Elizabeth Grosz (1994), Elizabeth Grosz gemeinsam mit Elsbeth Probyn (1995) sowie Moira Gatens (1996) queere Zugänge zu einem Denken von Geschlecht, Sexualität und Begehren: Während Butler von den Theorien Foucaults
und Derridas und deren Sprach- und Repräsentationskritik ausgeht, findet sich in
den Arbeiten von Grosz, Probyn und Gatens durch die Rezeption der Arbeiten von
Deleuze und Guattari ein Bezug auf die Konzeption des Affektiven bei Spinoza.[5]

An dieser Stelle kann es nicht darum gehen, die vielfältigen Entwicklungen
und Einsätze queertheoretischer Ansätze mit Bezug zu Feminismus auch nur annähernd wiederzugeben, ebenso wenig kann das Feld an Themen, Diskussionen
und Kontroversen erschöpfend dargestellt werden – hierzu sei auf die angeführte
Literatur verwiesen. Anliegen dieses Artikels ist vielmehr, ausgewählte Baustellen
aktueller queerer Theoriebildung zu benennen und in ihrer Bedeutung für die
Geschlechterforschung sowie in ihren feministischen Dimensionen auszuloten.
Ausgangspunkt der Überlegungen sind Arbeiten, die sich um das von Butler geprägte Konzept der Heteronormativität (1) bewegen. Darin geht es sowohl um die
Rekonstruktion und Mechanismen der Reproduktion einer zweigeschlechtlichen
Ordnung wie auch um das Denken und Aufspüren von Überschreitungen. Zugleich wird das Konzept der Heteronormativität hinsichtlich seiner geopolitischen
Verortung kritisch diskutiert und weiter gedacht. Als weiteres Feld kann queer als
ein Bündel von Interventionen in disziplinär verfasste Wissensregime (2) verstanden werden, die durch wirkmächtige Alltagsdiskurse wie auch Wissensproduktion
in Natur-, Geistes- und Sozialwissenschaften hervorgebracht wie auch abgesichert
sind. Aktuell wird versucht, mit Diskussionen um die *agency* von Materialität einen
neuen Blick auf implizit wertende Differenzierungen – Kultur/Natur, Mensch/
Tier, Mensch/Maschine – zu entwickeln, Dichotomisierungen herauszufordern
und Dezentrierungen respektive Verschiebungen voranzutreiben. Als dritter The-
menkomplex aktueller Forschung werden Arbeiten vorgestellt, die sich der Frage
nach Widerstand auf einer Ebene alltäglicher Praxen und materieller Affekte (3)
zuwenden. Diese vorwiegend im englischsprachigen Raum geführte Debatte tritt
an, lineare Fortschrittserzählungen des Westens, die in Subjektivierungsprozessen ihre Wirkung entfalten, zur Disposition zu stellen. In einem Fazit schließlich
werden die Implikationen eines queeren Zugangs für feministische Theorie und
Praxis diskutiert, wie sie sich in den hier vorgestellten Wissensfeldern ergeben.

HETERONORMATIVITÄT

Heteronormativität als zentrales Konzept in queertheoretischen Arbeiten bietet
eine Folie, um geschlechtliche und sexuelle Verhältnisse zu beschreiben, zu reflek-

---

5 | Bezüge in der deutschsprachigen Debatte finden sich bei Antke Engel (2009, 2002) und
Renate Lorenz (2009a, 2009b); für eine vergleichende Diskussion der Körper-Konzeptionen
bei Butler und Grosz/Probyn vgl. Cheah (1996).

tieren und zu kritisieren. Sie kann definiert werden als eine Sichtweise, die Heterosexualität und eine damit implizierte Zweigeschlechtlichkeit als ›natürlich‹ und
›normal‹ privilegiert. Diejenigen, die einer so vorgegebenen Lebensweise nicht
folgen, werden gesellschaftlich als ›abweichend‹ und ›anders‹ diskriminiert und
marginalisiert. Dieses Konzept hat Vorläufer in der lesbisch-feministischen Literatur, etwa in den Analysen von Gayle Rubin zu Geschlecht als politischer Ökonomie
(2006, engl. Orig. 1975) und ihrer radikalen Theorie der sexuellen Politik (2003,
engl. Orig. 1986) oder von Adrienne Rich, die den Begriff der ›Zwangsheterosexua-
lität‹ (1980) prägte. Als Wahrnehmungsmuster, das Alltags- und Wissenschafts-
diskurse wie auch Gesellschaft auf allen Ebenen durchzieht, reguliert es zugleich
Prozesse der Subjektivierung, wie Peter Wagenknecht so treffend formuliert:

»In der Subjekt-Konstitution erzeugt Heteronormativität den Druck, sich selbst über eine
geschlechtlich und sexuell bestimmte Identität zu verstehen, wobei die Vielfalt möglicher
Identitäten hierarchisch angeordnet ist und im Zentrum der Norm die kohärenten heterosexuellen Geschlechter Mann und Frau stehen. Zugleich reguliert Heteronormativität die
Wissensproduktion, strukturiert Diskurse, leitet politisches Handeln, bestimmt über die
Verteilung von Ressourcen und fungiert als Zuweisungsmodus in der Arbeitsteilung.« (Wagenknecht 2004: 189f.)

Das Konzept der Heteronormativität wird in theoretischen wie empirischen
Arbeiten adressiert wie auch problematisiert. So werden verschiedene Modi der
Überschreitung einer zweigeschlechtlichen Ordnung wahrgenommen und diskutiert: als Prozess der Disidentifikation (Muñoz 1999), als Strategie der VerUn-
eindeutigung (vgl. Engel 2002), als aufwändige Durchquerung (Lorenz 2009a),
als queerende Praxis von BDSM (Woltersdorff 2011; Bauer 2005) und als kollektive Möglichkeit, Geschlecht ›anders‹ lebbar zu machen (Schirmer 2010). Darüber hinaus wird das Konzept in den Kontext einer neoliberalen Ökonomie gestellt und in kritischer Weise danach gefragt, welche Räume sich derzeit für wen
öffnen und welche Kontinuitäten sich in diesem Wandel aufzeigen lassen (vgl.
Hark/Laufenberg 2013; Mesquita 2012; Raab 2011; Engel 2009). Mit kritischem
Bezug werden auch neue Begriffe entwickelt, um aktuelle Entwicklungen kritisch adressieren zu können: Lisa Duggan (2003) schlägt den Begriff der Homonormativität vor, um die Integration heteronormativer Werte in die LGBT-Kultur[6]
zu beschreiben; Jasbir K. Puar (2007) prägt den Begriff des Homonationalismus,
um die diskursive Strategie zu benennen, über die Betonung westlicher Toleranz

---

6 | LGBT benennt sexuell-geschlechtliche Positionierungen, von denen aus die heteronor-
mative Strukturierung von Gesellschaft sichtbar gemacht und kritisiert wird: Lesbian-Gay-
Bisexual-Transsexual/Transgender – erweiterbar auf LGBTIQ: Intersexual-Queer. Problematisch an diesem Akronym ist die Tendenz, niemanden ausschließen zu wollen, und zugleich
Gefahr zu laufen, die Unterschiede zwischen den Positionierungen zu nivellieren bzw. sie zu
vereinnahmen.

hinsichtlich LGBT-Rechten die Abwertung nicht-westlicher Systeme voranzutreiben; Fatima El-Tayeb (2011) verweist in *European Others* auf die Negierung von Rassismus und kolonialen Kontinuitäten im heutigen Europa und geht kulturell-subversiven Formen des Widerstands nach; Jin Haritaworn, Adi Kuntsman und Silvia Posocco (2014) greifen den von Mbembe geprägten Begriff der Necropolitics auf, um dem Zusammenwirken von *race*, Sexualität und Enteignungen in verschiedenen geopolitischen Kontexten nachzugehen; María do Mar Castro Varela, Nikita Dhawan und Antke Engel (2011) beschäftigen sich mit dem Konzept der Hegemonie, um die Frage nach dem Politischen in *queer politics* neu zu stellen, und verorten dabei ihre Heteronormativitätsanalysen im Kontext globaler Dynamiken.

WISSENSREGIME

Heteronormativität als eine Struktur, die zwei Geschlechter instituiert und in ein spezifisch hierarchisches Verhältnis setzt, nimmt in feministischen Auseinandersetzungen um Wissenschaft, disziplinäre Wissensproduktion und darin angelegte Herrschaftsverhältnisse eine zentrale Rolle ein. Feministische Theoretiker_innen stellen Fragen nach den sozialen Praktiken, in denen wissenschaftliches Wissen entsteht und anerkannt wird, nach den Subjektpositionen, die dieses Wissen hervorbringen, sowie nach Interventionen in diese Wissensregime. Anspruch ist, nicht nur die (Hetero-)Normativität eines gängigen Begriffs von Geschlecht, sondern grundlegend die Normativität in Konzepten von Natur, Materie und Körper herauszustellen und zu hinterfragen. So ist Donna Haraway (1995) mit ihrer in Bezug zu Naturwissenschaften entwickelten Methodologie einer situierten Perspektive in feministischen wie queeren Arbeiten breit rezipiert worden. Sie plädiert dafür, das Theorem der Objektivität in einem wissenschaftskritischen Impetus nicht etwa zu verwerfen, sondern es im Gegenteil in der Produktion von dezidiert partialem Wissen einzusetzen (vgl. Bauer 2006). Diese Haltung findet sich gerade auch in empirischen Arbeiten unterschiedlicher Disziplinen, die dazu beitragen, hegemoniale Perspektiven – etwa die der naturgegeben heterosexuell und hierarchisch organisierten Zweigeschlechtlichkeit – zu dezentrieren (z.B. Wagels 2013; Schirmer 2010; Fuchs 2009; Bauer/Hoenes/Woltersdorff 2007; Ebeling/Schmitz 2006).

Weiterführend wird im Bereich von Wissenschaftstheorie an posthumanistischen Konzeptionen gearbeitet, deren Anspruch es ist, herrschaftsförmige und geschlechtlich konnotierte Differenzierungen zwischen Natur und Kultur im weitesten Sinne zu dekonstruieren und transformieren (Haraway 2008; Weber 2003). In diesen Arbeiten werden Begriffe von Natur und Technik ebenso wie Körper, Materialität und Subjektivität neu ins Verhältnis gesetzt. Wie sich die Wahrnehmung von *agency* verschieben kann, zeigt etwa Karen Barad (vgl. Barad 2007, 2005), die mit Erkenntnissen der Quantenphysik ihren Ansatz einer posthumanistischen Performativität entwickelt. Zentral ist die Konzeptualisierung von Materie und Materialität, der im Rahmen ihrer Überlegungen eine eigene *agency* zugeschrieben wird. Die Arbeiten stehen im Kontext von Ansätzen, die sich als *material feminisms* (Alaimo/Hekman 2008) bündeln lassen: In Auseinandersetzung mit sozialkonstruktivistischen Theorien, zu denen die Autor_innen auch die Arbeiten Butlers zählen, wird der Anspruch formuliert, sich der Ebene von Materialität ›neu‹ zuzuwenden (vgl. Scheich/Wagels 2011).[7] Ein Bezug findet sich im deutschsprachigen Kontext in Arbeiten, die sich mit technologischen Verkörperungen, biopolitischen Dispositiven und bioethischen Debatten auseinandersetzen (vgl. Laufenberg 2012; Kalender 2011; Bath et al. 2005) auseinandersetzen. Zugleich ist in den Sozial-, Kultur- wie auch Naturwissenschaften der Versuch zu verzeichnen, Raum für Diskussion um die Materialität von Körperlichkeit zu schaffen (vgl. Mangelsdorf/Palm/Schmitz 2013; Netzwerk Körper 2012; Degele et al. 2010) sowie den bei Haraway und Barad entwickelten Differenz-Begriff in ihren jeweiligen Forschungsfeldern als dezidiert feministische resp. interdependenztheoretische Wissensproduktion einzusetzen (vgl. Bath et al. 2013; Palm 2012; Weber/Bath 2003).

AFFEKTE

Als drittes Forschungsfeld lassen sich Ansätze beschreiben, die sich mit Alltag, Arbeit und Einbindung in gegenwärtige Verhältnisse beschäftigen und darin die affektive Ebene in Subjektivierungsprozessen adressieren (Federici 2012; Ganz/Gerbig 2010). Affekte werden hier als Möglichkeit gesehen, die Ebene von Materialität und Körper neu zu denken und in die Analyse gesellschaftlicher Verhältnisse einzubeziehen.[8] Sie bieten sich an, einerseits die Ordnungsmacht und Beharrungskraft alltäglicher Praxen zu adressieren und auf der anderen Seite Bewegung und Veränderung in diesen Strukturen denkbar zu machen. Mit Bezug auf Brian Massumi etwa entwickelt Jasbir K. Puar eine Perspektive auf häusliche Gewalt, die danach fragt, »welche affektiven Bedingungen zur Entfaltung eines Ereignisraums führen« (Puar 2011: 267). Komplexe Ungleichheitsdimensionen werden auf diese Weise in lokalen Gefügen verortet und auf ihre kontextuellen Bezüge hin befragt (vgl. Gutierrez Rodriguez 2010; Caixeta 2007).

Einen offensiven Umgang mit der Kritik einer neoliberalen Kooptierung queerer Politiken fordern Beatrice Michaelis, Gabriele Dietze und Elahe Haschemi Yekani (2012), indem sie die »Potentialität queerer Interventionen« (ebd.: 186)

---

7 | Im englischsprachigen Raum gibt es eine lebhafte Debatte zu der Frage von *turns* – in diesem Falle die Kontroverse zwischen dem sogenannten *linguistic turn* und dem neu ausgerufenen *materialist turn* (vgl. van der Tuin 2011).

8 | Der hier zum Einsatz kommende Affekt-Begriff geht zurück auf die von Deleuze inspirierten Formulierungen Brian Massumis (vgl. Massumi 2002, 2010). Mit diesem Bezug wird die Logik identitärer Festlegung verlassen: Die Ebene des Affekts wird als eine über soziale Strukturierung hinaus weisende und zugleich diese reflektierbar machende Dimension konzeptualisiert.

betonen und zu erobernde Freiräume einerseits und Tendenzen der Normalisierung, Homonormativität und des Homonationalismus andererseits nicht gegeneinander ausspielen, sondern in ein produktives Spannungsverhältnis setzen. Interessant vor diesem Hintergrund sind aktuelle Diskussionen, die sich als Kritik an neoliberalen Idealen und Regimen auf deren Gegenparts konzentrieren (Halberstam 2011) und die Ideale selbst einer kritischen Relektüre unterziehen (vgl. Berlant 2011; Ahmed 2010). Mit der darin formulierten Frage nach queerer Geschichte und zukünftiger Politik werden gegenwärtige Erfolge liberaler sexueller Emanzipationsbewegungen durchweg kritisch diskutiert (vgl. Haschemi Yekani/Kilian/Michaelis 2013). Auf diese Weise erlaubt der Bezug auf queer, die ›bittersüßen‹ Implikationen gesellschaftlicher Abwertung und Ausgrenzung, wie es Heather Love (2007) formuliert, nicht in den liberalen Begriffen *gay and lesbian* aufgehen zu lassen, sondern weiterhin grundlegend kritische Perspektiven auf die sozialen Prozesse ihrer Hervorbringung zu formulieren mit dem Ziel, gesellschaftliche Verhältnisse zu transformieren.

FAZIT: ANDERS DENKEN

Feminismus im Sinne einer politischen Sensibilität für die sozialen Prozesse von Diskriminierung, Abwertung und Ausgrenzung, als Wunsch nach oder Arbeit an einer Transformation gesellschaftlicher Verhältnisse findet sich in einer queerfeministischen Haltung auf spezifische Weise wieder: Arbeiten zu Heteronormativität verweisen auf Mechanismen der Herstellung kohärenter und wechselseitig aufeinander bezogener Geschlechterpositionen und auf die damit einhergehende hierarchische und gewaltvolle Strukturierung gesellschaftlicher Verhältnisse; die Auseinandersetzung mit disziplinären Wissensregimen und ihren zentralen Konzepten macht androzentristische Vorannahmen sichtbar und arbeitet an deren Verschiebung und Dezentrierung; und aktuelle Arbeiten zu Affekten bilden eine Schnittstelle queerfeministischer Theoriebildung, indem gesellschaftliche Hierarchisierungen und Hegemonialisierungen in Subjektivierungsprozessen adressiert und kritisiert werden.

Auffallend an queerfeministischen Arbeiten ist der durchgehende Bezug auf ein produktives Machtmodell foucaultscher Prägung, was in performativen Politiken eines »performing the gap« (s_he 2003) resultiert. In kritischer Spannung hierzu stehen Arbeiten im Bereich von Transgender, Trans- und Intersexualität, deren Auseinandersetzungen mit Zweigeschlechtlichkeit und ihr Verhältnis zu queerfeministischen Ansätzen einen Grenzbereich mit Überlappungen, aber auch Unvereinbarkeiten in Analyse und Zielsetzung aufweisen (vgl. Stryker 2006). Zentral bleibt zu betonen, dass relevante Forschung aus dem politischen Feld selbst kommt. Dabei umfasst queerfeministisch nicht automatisch Fragen nach Prozessen der Rassisierung oder Klassisierung oder nach *ableism* als hegemonialer Erzählung und gewaltvoller Zurichtung (vgl. Herrera Vivar/Schirmer/ Wagels, im Druck). Vielmehr gilt es, die Arbeit an einer Dezentrierung gesellschaftlich-hegemonialer Kategorien und Vorstellungen in kritischen Perspektiven voranzutreiben.

Um den Bogen zum Anfang zu spannen und die Frage nach dem Vermögen von queer für feministische Theoriebildung und Praxis aufzugreifen, sei erneut auf kritische Reflektionen von Annemarie Jagose (2001) verwiesen:

»Stellt das angeblich geschlechtsneutrale queer im Grunde nicht doch Männlichkeit als Allgemeinheit wieder her? Scheitert queer, indem es das herrschende Geschlechterregime mißachtet, nicht auch an der Wahrnehmung der materiellen Verhältnisse der westlichen Welt am Ende des zwanzigsten Jahrhunderts? Wiederholt queer in einer Art Geschichtsvergessenheit einfach die Haltungen und Forderungen der früheren Homo-Bewegungen? Und schließt queer aufgrund seiner fast unbeschränkten AnhängerInnen-Schar auch Identifikationskategorien ein, mit denen eine Politik gemacht wird, die im Vergleich zu der lesbischer und schwuler Gruppen weniger progressiv ist?« (Dies.: 15f.)

Diese Fragen bleiben durchgehende Herausforderung für eine Haltung und Praxis, die sich als queerfeministisch bezeichnen lässt. Zugleich sollte die Zusammenschau der drei Handlungs- und Forschungsfelder zeigen, wie kritisch und anregend queer sein kann – gerade mit Bezug auf alltägliche Praxen und Relationen, auf der Ebene materieller Gefühlsregime und mit der Aufforderung, linearen Fortschrittserzählungen und hegemonialen Machbarkeitsvorstellungen etwas entgegen zu setzen. Die Bewegung besteht darin, die Grenzen nicht nur des eigenen Denkens, sondern des Seins auszutarieren – mit der Frage: Wie und wie weit ist es möglich, anders zu denken?

QUELLEN

Ahmed, Sara (2010): The Promise of Happiness, Durham/London: Duke University Press.

Alaimo, Stacy/Hekman, Susan (Hg.) (2008): Material Feminisms, Bloomington: Indiana University Press.

Barad, Karen (2007): Meeting the universe halfway. Quantum physics and the entanglement of matter and meaning, Durham/New York: Duke University Press.

Dies. (2005): »Posthumanist Performativity: Toward an Understanding of How Matter Comes to Matter«, in: Bath, Corinna et al. (Hg.), Materialität denken. Studien zur technologischen Verkörperung – Hybride Artefakte, posthumane Körper, Bielefeld: transcript, 187-215.

Bath, Corinna et al. (Hg.) (2013): Geschlechter Interferenzen. Wissensformen – Subjektivierungsweisen – Materialisierungen, Münster: LIT Verlag.

Bauer, Robin (2005): »When Gender Becomes Safe, Sane and Consensual. Gender Play as a Queer BDSM Practice«, in: Haschemi Yekani, Elahe/Michaelis, Beatrice (Hg.), Quer durch die Geisteswissenschaften. Perspektiven der Queer Theory, Berlin: Querverlag, 73-86.

Bauer, Robin (2006): »Grundlagen der Wissenschaftstheorie und Wissenschaftsforschung«, in: Ebeling, Smilla/Schmitz, Sigrid (Hg.), Geschlechterforschung und Naturwissenschaften. Einführung in ein komplexes Wechselspiel, Wiesbaden: VS Verlag für Sozialwissenschaften, 247-280.

Bauer, Robin/Hoenes, Josch/Woltersdorff, Volker (Hg.) (2007): Unbeschreiblich männlich. Heteronormativitätskritische Perspektiven, Hamburg: Männerschwarm.

Berlant, Lauren (2011): Cruel Optimism, Durham/London: Duke University Press.

Butler, Judith (1997): Körper von Gewicht, Frankfurt a.M.: Suhrkamp.

Dies. (1991): Das Unbehagen der Geschlechter, Frankfurt a.M.: Suhrkamp.

Dies. /Rubin, Gayle (1997/1994): »Sexual Traffic. Interview«, in: Weed, Elizabeth/Schor, Naomi (Hg.), Feminism Meets Queer Theory, Bloomington: Indiana University Press, 68-108.

Caixeta, Luzenir (2007): »Politiken der Vereinbarkeit verqueren oder ›...aber hier putzen und pflegen wir alle‹. Heteronormativität, Einwanderung und alte Spannungen der Reproduktion«, in: Bankosegger, Karoline/Foster, Edgar J. (Hg.), Gender in Motion. Genderdimensionen der Zukunftsgesellschaft, Wiesbaden: VS Verlag für Sozialwissenschaften, 77-91.

Castro Varela, María do Mar/Dhawan, Nikita/Engel, Antke (Hg.) (2011): Hegemony and Heteronormativity: Revisiting ›The Political‹ in Queer Politics, Farnham: Ashgate.

Cheah, Pheng (1996): »Review Essay: Mattering«, in: diacritics 26 (1), 108-139.

Degele, Nina et al. (Hg.) (2010): Gendered Bodies in Motion, Leverkusen: Budrich UniPress Ltd.

Duggan, Lisa (2003): The Twilight of Equality? Neoliberalism, Cultural Politics, and the Attack on Democracy, Boston, MA: Beacon Press.

Ebeling, Smilla/Schmitz, Sigrid (Hg.) (2006): Geschlechterforschung und Naturwissenschaften. Einführung in ein komplexes Wechselspiel, Wiesbaden: VS Verlag für Sozialwissenschaften.

El-Tayeb, Fatima (2011): European Others: Queering Ethnicity in Postnational Europe, Minneapolis: University of Minnesota Press.

Engel, Antke (2009): Bilder von Sexualität und Ökonomie. Queere kulturelle Politiken im Neoliberalismus, Bielefeld: transcript.

Dies. (2002): Wider die Eindeutigkeit. Sexualität und Geschlecht im Fokus queerer Politik der Repräsentation, Frankfurt a.M.: Campus.

Federici, Silvia et al. (2012): »Einleitung oder: Anleitung zum Aufstand aus der Küche«, in: dies. et al. (Hg.): Aufstand aus der Küche. Reproduktionsarbeit im globalen Kapitalismus und die unvollendete feministische Revolution (Kitchen Politics. Queerfeministische Interventionen, Bd. 1), Münster: edition assemblage, 6-20.

Foucault, Michel (1986): Der Gebrauch der Lüste. Sexualität und Wahrheit, 2. durchg. Aufl., Frankfurt a.M.: Suhrkamp.

Fuchs, Sabine (Hg.) (2009): Femme! radikal – queer – feminin, Berlin: Querverlag.

Ganz, Kathrin/Gerbig, Do. (2010): »Diverser leben, arbeiten und Widerstand leisten. Queerende Perspektiven auf ökonomische Praxen der Transformation«, in: arranca! – Für eine linke Strömung 41/2010, http://arranca.org/ausgabe/41/diverser-leben-arbeiten-und-widerstand-leisten (27.03.2014).

Gatens, Moira (1996): Imaginary Bodies. Ethics, Power, and Corporeality, London/New York: Routledge.

Genschel, Corinna et al. (2001): »Anschlüsse (zur dt. Ausgabe)«, in: Jagose, Annemarie (Hg.), Queer Theory: Eine Einführung, Berlin: Querverlag, 167-194.

Grosz, Elizabeth (1994): Volatile Bodies. Toward a Corporeal Feminism, Bloomington: Indiana UP.

Dies. /Probyn, Elspeth (Hg.) (1995): Sexy Bodies. The Strange Carnalities of Feminism, New York/London: Routledge.

Gutiérrez Rodríguez, Encarnación (2010): Migration, Domestic Work and Affect. A Decolonial Approach on Value and the Feminization of Labor, New York: Routledge.

Halberstam, Judith (2011): The Queer Art of Failure, Durham/London: Duke University Press.

Haschemi Yekani, Elahe/Kilian, Eveline/Michaelis, Beatrice (Hg.) (2013): Queer Futures. Reconsidering Ethics, Activism, and the Political, Farnham: Ashgate.

Haraway, Donna (2008): When Species meet, Minneapolis: University of Minnesota Press.

Dies. (1995): »Situiertes Wissen. Die Wissenschaftsfrage im Feminismus und das Privileg einer partialen Perspektive«, in: dies.(Hg.), Die Neuerfindung der Natur. Primaten, Cyborgs und Frauen, Frankfurt a.M.: Campus, 73-97.

Haritaworn, Jin/Kuntsman, Adi/Posocca, Silvia (Hg.) (2014): Queer Necropolitics, New York: Routledge.

Hark, Sabine/Laufenberg, Mike (2013): »Sexualität in der Krise. Heteronormativität im Neoliberalismus«, in: Appelt, Erna/Aulenbacher, Brigitte/Wetterer, Angelika (Hg.), Gesellschaft: Feministische Krisendiagnosen, Münster: Westfälisches Dampfboot, 227-245.

Hennessy, Rosemary (2000): Profit and Pleasure. Sexual Identities in Late Capitalism, London: Routledge.

Herrera Vivar, María Teresa/Schirmer, Uta/Wagels, Karen (Hg.) (im Druck): Wandel und Kontinuität heteronormativer Geschlechterverhältnisse (Arbeitstitel). Forum Frauen- und Geschlechterforschung. Münster: Westfälisches Dampfboot.

Jagose, Annemarie (2001): Queer Theory – Eine Einführung, Berlin: Querverlag.

Kalender, Ute (2011): Körper von Wert. Eine kritische Analyse der bioethischen Diskurse über die Stammzellforschung, Bielefeld: transcript.

Laufenberg, Mike (2012): »»Die Kraft zu fliehen‹. Überlegungen zur Queer Theory im Zeitalter der Biopolitik«, in: Sänger, Eva/Rödel, Malaika (Hg.), Biopolitik
und Geschlecht. Zur Regulierung des Lebendigen, Münster: Westfälisches
Dampfboot, 266-286.

Lauretis, Teresa de (1991): »Queer Theory: Lesbian and Gay Sexualities. An Introduction«, in: differences: A Journal of Feminist Cultural Studies 3(2), iii-xviii.

Lorenz, Renate (2009a): Aufwändige Durchquerungen. Subjektivität als sexuelle
Arbeit, Bielefeld: transcript.

Dies. (2009b): »Scham. Pervers sexuell arbeiten im Kontext neoliberaler Ökonomie«, in: AG queer studies (Hg.), Verqueerte Verhältnisse. Intersektionale, ökonomiekritische und strategische Interventionen, Hamburg: Männerschwarm, 131-147.

Love, Heather (2007): Feeling Backward. Loss and the Politics of Queer History,
Cambridge: Harvard University Press.

Mangelsdorf, Marion/Palm, Kerstin/Schmitz, Sigrid (2013): »Körper(-sprache)
– Macht – Geschlecht«, in: Freiburger Zeitschrift für Geschlechterstudien
19(2), 5-18.

Massumi, Brian (2010): Ontomacht. Kunst, Affekt und das Ereignis des Politischen, Berlin: Merve Verlag.

Ders. (2002): Parables of the Virtual. Movement, Affect, Sensation, Durham/Lon-
don: Duke University Press.

Mesquita, Sushila (2012): Ban Marriage! Ambivalenzen der Normalisierung aus
queer-feministischer Perspektive, Wien: Zaglossus.

Michaelis, Beatrice/Dietze, Gabriele/Haschemi Yekani, Elahe (2012): »Einleitung:
The Queerness of Things not Queer: Entgrenzungen – Affekte und Materiali-
täten – Interventionen«, in: feministische studien 12(2), 184-197.

Muñoz, José Esteban (1999): Disidentifications: Queers of Color and the Performance of Politics, Minneapolis: University of Minnesota Press.

Netzwerk Körper (Hg.) (2012): What Can a Body Do? Praktiken und Figurationen
des Körpers in den Kulturwissenschaften, Frankfurt a.M.: Campus.

Palm, Kerstin (2012): »Multiple Subjekte im Labor? Objektivismuskritik als Aus-
gangsbasis für interdependenztheoretische Theorie und Praxis der Naturwissenschaften«, in: dies. et al. (Hg.), Geschlecht als interdependente Theorie, 2.
durchg. Aufl., Opladen: Barbara Budrich, 141-166.

Probyn, Elsbeth (2005): Blush. Faces of Shame, Sydney: UNSW Press.

Puar, Jasbir K. (2007): Terrorist Assemblages: Homonationalism in Queer Times,
Durham/London: Duke University Press.

Ders. (2011): »Ich wär lieber eine Cyborg als eine Göttin‹. Intersektionalität, Assemblage und Affektpolitik«, in: Lorey, Isabell/Nigro, Roberto/Raunig, Gerald
(Hg.), Inventionen, Berlin: diaphanes, 253-270.

Raab, Heike (2011): Sexuelle Politiken. Die Diskurse zum Lebenspartnerschafts-
gesetz, Frankfurt a.M.: Campus.

Rich, Adrienne (1980): »Compulsory Heterosexuality and Lesbian Existence«, in: Signs: Journal of Women in Culture and Society 5, 631-660.

Rubin, Gayle (2006/engl. Orig. 1975): »Frauentausch. Zur ›politischen Ökonomie‹ von Geschlecht«, in: Dietze, Gabriele/Hark, Sabine (Hg.), Gender kontrovers. Genealogien und Grenzen einer Kategorie, Königstein i.T.: Ulrike Helmer, 69-122.

Dies. (2003/engl. Orig. 1984): »Sex denken: Anmerkungen zu einer radikalen Theorie der sexuellen Politik«, in: Kraß, Andreas (Hg.), Queer denken: Gegen die Ordnung der Sexualität, Frankfurt a.M.: Suhrkamp, 31-79.

Scheich, Elvira/Wagels, Karen (2011): »Räumlich/Körperlich: Transformative gender-Dimensionen von Natur und Materie«, in: dies. (Hg.), Körper Raum Transformation. gender-Dimensionen von Natur und Materie, Münster: Westfälisches Dampfboot, 7-30.

Schirmer, Uta (2010): Geschlecht anders gestalten. Drag Kinging, geschlechtliche Selbstverhältnisse und Wirklichkeiten, Bielefeld: transcript.

s_he (2003): »Performing the Gap. Queere Gestalten und geschlechtliche Aneignung«, in: arranca! – Für eine linke Strömung 28, http://arranca.nadir.org/arranca/article.do?id=245 (27.03.2014).

Stryker, Susan (2006): »(De)Subjugated Knowledges. An Introduction to Transgender Studies«, in: Dies./Whittle, Stephen (Hg.), The Transgender Studies Reader, New York: Routledge, 1-17.

Tuin, Iris van der (2011): »Review Essay ›New feminist materialisms‹«, in: Women's Studies International Forum 34, 271-277.

Wagels, Karen (2013): Geschlecht als Artefakt. Regulierungsweisen in Erwerbsarbeitskontexten, Bielefeld: transcript.

Wagenknecht, Peter (2004): »Heteronormativität«, in: Haug, Wolfgang Fritz (Hg.), Historisch-Kritisches Wörterbuch des Marxismus (Hegemonie bis Imperialismus, Band 6.1), Berlin: Argument, 190-206.

Weber, Jutta (2003): Umkämpfte Bedeutungen. Naturkonzepte im Zeitalter der Techno Science, Frankfurt a.M.: Campus.

Dies./Bath, Corinna (Hg.) (2003): Turbulente Körper und soziale Maschinen. Feministische Studien zur Technowissenschaftskultur, Opladen: Leske & Budrich.

Woltersdorff, Volker (2011): »The Pleasures of Compliance: Domination and Compromise Within BDSM Practice«, in: Castro Varela/Dhawan/Engel, Hegemony and Heteronormativity, Farnham: Ashgate, 169-188.

Woltersdorff, Volker alias Lore Logorrhöe (2003): »Queer Theory und Queer Politics«, in: UTOPIE kreativ 156, 914-923.

Muslimische Positionen zu Feminismus – Begriffe, Bewegungen, Methoden

Kathrin Klausing

Der Artikel wird zunächst die Entwicklung des Begriffs ›islamischer Feminismus‹ und seine Rezeption innerhalb muslimischer Aktivistinnen- und Wissenschaftlerinnenkreise analysieren. Dies beinhaltet auch einen Überblick über deutsche Netzwerke muslimischer Frauen. Im Fokus steht dann eine bestimmte Form von Aktivismus: die Auseinandersetzung mit religiösen Diskursen zu Geschlechterrollen auf Basis von Quelltexten wie dem Koran, dem *Hadith*, aber auch historischen Quellen wie Biografielexika. Die dabei zur Anwendung kommenden Methoden der Exegese und Diskurskritik sind Gegenstand weiterer Überlegungen.

EINIGE POSITIONEN ZUM BEGRIFF ›ISLAMISCHER FEMINISMUS‹

Der Begriff des Feminismus im Allgemeinen trifft unter Muslimen häufig auf eine gewisse Skepsis. Dies ist nicht nur mit – durchaus vorhandenen – frauenfeindlichen Einstellungen verbunden. Muslime – Frauen wie Männer – verbinden mit dem Begriff einen Ansatz zur Erodierung von Familienwerten, die als positiv empfunden werden. Noch viel gewichtiger ist auch die Skepsis, die den Begriff des Feminismus ausschließlich als den der (deutschen) weißen Frau wahrnimmt – ein Feminismus, der immer wieder auf stark gegenderte islamfeindliche rhetorische Bilder zurückgreift, um sich selbst zu positionieren (Yurdakul 2010: 113).

Einführend ist es notwendig, einige Definitionen des Begriffes ›islamischer Feminismus‹ innerhalb der islamwissenschaftlichen und -theologischen Literatur darzustellen, die zum Teil von muslimischen Aktivistinnen aufgegriffen und kritisch rezipiert werden. Diese Diskussionen werden auf diskursiver Ebene – auf Konferenzen, in akademischen Publikationen – geführt und stellen keine breite Bewegung muslimischer Frauen dar.

Meine Auswahl an Positionen soll nicht erschöpfend sein, wohl aber die Vielfalt der Positionen darstellen. So stellt Azza Karam Ende der 1990er Jahre fest, dass es in Ägypten eine reiche Tradition des Feminismus gibt, die bereits an die 100 Jahre alt ist. Karam macht im heutigen Ägypten drei Typen von Feminismus aus: den säkularen Feminismus, den muslimischen Feminismus und den islamistischen Feminismus. Zum Typus, den sie ›islamistische Feministinnen‹ nennt, zählt sie junge Aktivistinnen und Akademikerinnen (Karam 1998). Dies seien Islamisten, Gruppen oder Personen, die für den Islam als soziales und übergeordnetes politisches Ziel eintreten, die die Unterdrückung der erkennbar muslimischen Frau als gesellschaftliche Tatsache anerkennen und für die gesellschaftliche Teilhabe (islamistischer Frauen) innerhalb eines religiösen Bezugsrahmens auftreten. Karam sieht diese Gruppe von Feministinnen, die sich selbst nicht als solche bezeichnen, an einem Ende des Spektrums. Demgegenüber befinden sich die säkularen Feministinnen am anderen Ende, welche seit den frühen 1980er Jahren unter Bezugnahme auf die internationalen Menschenrechte und außerhalb eines religiösen Diskurses gegen die Unterdrückung und für die Befreiung von Frauen kämpfen. Zwischen diesen beiden Positionen seien die ›muslimischen Feministinnen‹ einzuordnen, die ihre Argumente ebenfalls innerhalb eines islamischen Rahmenwerks platzieren. Diese dritte Position plädiere jedoch für eine Neuinterpretation islamischer Texte. Im Gegensatz zu den »islamistischen Feministinnen« wollen sie ihre Forderungen nicht auf der Notwendigkeit einer islamischen Gesellschaft oder eines islamischen Staates basiert sehen (Karam 1998: 9-14, 29-32).

Nayereh Tohidi sieht das Aufkommen eines muslimischen oder islamischen Feminismus in den Gesellschaften des mittleren Ostens während der letzten 20 Jahre vor dem Hintergrund der islamistischen Bewegungen (vgl. Tohidi 2002:136). Diese hätten es Frauen der Mittelschicht trotz einer regressiven Agenda in Bezug auf Geschlechterfragen ermöglicht, einen Platz im sozialen, politischen und religiösen Aktivismus zu finden. Dieser Trend habe seine soziale Basis vor allem bei gut ausgebildeten Frauen der Mittelklasse in den Städten, die sich anders als ihre feministischen Vorgängerinnen mit einer säkular-liberalen oder -sozialistischen Orientierung nicht von ihrer religiösen Identität trennen wollen. Sie sähen den Islam als einen wichtigen Teil ihrer kulturellen, ethnischen oder sogar nationalen Identität. Nach Tohidis Ansicht treffe die Bezeichnung ›islamischer Feminismus‹ im Iran aus zwei verschiedenen Richtungen auf starke Einwände. Da seien zuerst einmal die konservativen Islamisten, deren Ansichten und Gefühle stark gegen den Feminismus gerichtet seien. Auf der anderen Seite seien linke Säkulare, deren Ansichten und Gefühle stark anti-islamisch geprägt sind. Beide Positionen sehen Islam und Feminismus als sich gegenseitig ausschließend an: ›Islamischer Feminismus‹ sei ein Widerspruch in sich (vgl. ebd.: 137).

Nach Margot Badran entwickelten Frauen im letzten Drittel des 20. Jahrhunderts ein feministisches Bewusstsein aus den islamistischen Bewegungen heraus. Im mittleren Osten hätten Frauen den Feminismus als eine Identität unter anderen Identitäten angenommen, so wie z.B. die als Nationalistin und Muslimin (vgl. Badran 1999: 161).[1] Erst in den frühen 1990er Jahren gebe es ein neues Wort,

---

1 | Das erste Mal tauche 1923 ein Wort für Feminismus im Arabischen auf: *Nisa'iyya*. Dieses Wort habe nach Badran zwei Bedeutungsebenen: feministisch und *women's*. Das Wort

das in Ägypten speziell für Feminismus steht: *Nisawiyya* (ebd.: 163). Frauen wandten sich zu diesem Zeitpunkt der Methode des *Ijtihad*[2] zu, um neue Wege der Interpretation und des Verständnisses vom Islam zu beschreiten. Überhaupt sei der Gebrauch des *Ijtihad* das Werkzeug schlechthin, dessen sich die islamischen Feministinnen bedienten, um neue Interpretationen des Korans zu liefern.

Eine Frage der Definitionen von dem, was unter einem islamischen oder muslimischen Feminismus zu verstehen ist, stellt sich auch anhand populärer Persönlichkeiten innerhalb muslimischer Gesellschaften. Sind etwa Frauen wie Suad Saleh oder Zaynab al-Ghazali als Feministinnen zu bezeichnen? Sie operieren selbst gewählt in einer männlich dominierten Sphäre – nämlich der der religiösen Gelehrsamkeit – ohne diese auf einer offenen Ebene herauszufordern. Beide stellen aber durch ihre öffentlichen Positionen und ihre bloße Existenz bestimmte konservative Vorstellungen von Frauen und der ihnen zugeschrieben Rollen in Frage. Zaynab al-Ghazali[3] (1917-2005) war eine bekannte Aktivistin der islamistischen Bewegungen in Ägypten. Sie verfasste unter anderem einen Korankom-

---

nisa'iyya oder *nisa'i* bezeichnet »alles, was in irgendeiner Form mit ›Frauen als Gruppe oder Gattung‹ zu tun hat. Eine Übersetzung ist somit stets nur aus dem konkreten Zusammenhang möglich.« (Bräckelmann 2004: 13, Hervorh. i. Orig.) Erst in den frühen 1990er Jahren gibt es ein neues Wort, das in Ägypten speziell für Feminismus steht: *Nisawiyya*. Die Begriffe wurden auch von den frühen Protagonistinnen der ägyptischen Frauenbewegung Anfang des 19. Jahrhunderts nur in ihrer klassischen Bedeutung als ›weiblich, Frauenangelegenheiten‹ verwendet. Die früheste Verwendung von *nisa'i* als feministisch wurde von Booth (vgl. Booth 1995: 120, Anm. 4) in einem Artikel von 1920 lokalisiert (vgl. Bräckelmann 2004: 13).

2 | *Ijtihad* bezeichnet im wörtlichen Sinn die Bemühung um ein eigenständiges Urteil zu einer (neuen) Frage des islamischen Rechts und ist ein fachsprachlicher Begriff des *fiqh* (islamische Jurisprudenz). Derjenige Gelehrte des islamischen Rechts, der diese Methode anwendet, heißt *mujtahid*. In Rechtstheorien der klassischen Zeit wurden der *Ijtihad* und seine Voraussetzungen in Bezug auf Fachkompetenzen unterschiedlich definiert. Für eine ausführliche Beschreibung und Analyse orientalistischer Fehldarstellungen siehe Lohlker (2011: 185-198).

3 | Der folgende Abschnitt basiert auf dem zweite Kapitel in der Dissertation der Autorin (Klausing 2014). Zaynab al-Ghazalis Auffassung nach konnte eine Frau am öffentlichen Leben teilnehmen, arbeiten, in die Politik gehen und öffentlich ihre Meinung kundtun, solange diese Aktivitäten nicht mit ihrer obersten Pflicht als Mutter in Konflikt stehen: Ist diese doch diejenige, die ihre Kinder als erstes in der islamischen Religion unterweist. In der Literatur wird al-Ghazali nicht zuletzt auch deswegen zumeist als widersprüchlich wahrgenommen. Einerseits predigte sie ein ›konservatives‹ Frauenbild, das Frauen dazu anhielt, ihre Pflichten als Ehefrauen, Mütter und Töchter wahrzunehmen, andererseits lebte sie selbst aber ein völlig anderes Leben. So ließ sie sich von ihrem ersten Ehemann scheiden, als dieser begann, sie in ihrem ›Kampf auf dem Weg Gottes‹ zu behindern. Ihrem zweiten Ehemann rang sie vor der Eheschließung die Bedingung ab, nicht in ihre Aktivitäten einzugreifen. Sie beschreibt ihren zweiten Mann als jemanden, der sie auf ihrem Weg unterstützt und mit dem sie eine harmonische, liebevolle und treue Ehe geführt habe (vgl. Hoffman 1985: 237).

mentar und eine Autobiografie über ihre fünf Jahre andauernde Gefängnishaft. Im Alter von 18 Jahren gründete sie die Gesellschaft muslimischer Damen. Diese Gesellschaft widmete sich später der Ausbildung weiblicher Predigerinnen, die Frauen in Moscheen und privaten Wohnungen in religiösen Angelegenheiten unterrichten sollten. Al-Ghazali generierte eine beachtlich hohe Gefolgschaft und genießt bis heute, auch nach ihrem Tod, ein hohes Maß an Popularität. Sie hielt wöchentliche Vorträge für Frauen in der Kairiner Ibn Tulun-Moschee, die jeweils bis zu 3.000 Besucherinnen hatten, zu besonderen Anlässen wie dem Fastenmonat Ramadan auch bis zu 5.000.

Suad Saleh ist eine der bekanntesten weiblichen Gelehrten der al-Azhar-Universität in Kairo, wo sie Dekanin der Frauenabteilung für islamische und arabische Studien ist. Nach einem langen Weg wurde sie 2002 die erste weibliche Abteilungsleiterin einer religiösen Azhar-Fakultät, was ihr lange mit der Begründung verwehrt worden war, dass eine Frau nicht so viel Macht über Frauen haben solle. So ist es ihr nach langen Diskussionen gestattet, sich jetzt als Leiterin der Scharia-Abteilung der Azhar-Universität für Frauen, ausschließlich mit Frauenangelegenheiten zu befassen – ein Mufti mit beschränkter Befugnis. Meistens haben etablierte Gelehrte ein sehr ablehnendes Verhältnis zum Feminismus, so auch Saleh. Er wird als etwas Westliches und somit Feindliches wahrgenommen. Theorieansätze dieser Art würden dazu beitragen, dass Forderungen von Frauen stets verdächtigt würden, mit einer versteckten westlichen Agenda zu operieren. Wichtig ist für die ägyptische Wissenschaftlerin Omaima Abou-Bakr, die seit langem mit ihrer Arbeit die ägyptischen Debatten begleitet, die Einhaltung der göttlichen Gerechtigkeit in einer gläubigen Gesellschaft für Männer wie Frauen. Auf der anderen Seite respektiert sie Persönlichkeiten wie die konservativ eingestellte Saleh und betrachtet ihre Rolle als wichtig auf dem Weg zu einer besseren Verteilung gesellschaftlicher Aufgaben zwischen den Geschlechtern und zur Akzeptanz weiblicher Autoritäten im religiösen, wissenschaftlichen und rechtlichen Bereich, d.h. traditionellen Männerdomänen.[4]

VERSUCHE EINER DEFINITION

Heba Raouf Ezzat hält es für unangebracht, den Terminus Feminismus auf Frauen im mittleren Osten anzuwenden, die sich in den vergangenen Jahrzehnten auch gegen den Willen ihrer eigenen patriarchalischen Familie der breiten islamischen Wiedererweckungsbewegung anschlossen. Diese Frauen nähmen an ökonomischen und politischen Prozessen teil und verlangten Respekt. Sie wären jedoch gleichzeitig auf das Muttersein als Wert stolz und glaubten an die Familie als soziale Institution. Gleichzeitig sähen sie sich als Hüterinnen von Kultur (vgl. Raouf Ezzat 2000: 136f.). Auch die Ausweitung des Begriffs auf alle arabischen Autorinnen der letzten 100 Jahre oder gar auf die ersten muslimischen Frauen zur

---

4 | Interview mit Omaima Abou-Bakr im August 2006.

Zeit des Propheten findet sie unpassend. Ihrer Meinung nach sollten die soziologischen und philosophischen Grenzen des westlich-feministischen Diskurses im Zentrum der Untersuchung seiner Anwendbarkeit stehen (vgl. ebd.: 137). Sie wirft Aktivistinnen des Feminismus außerdem Zusammenarbeit mit und Kritiklosigkeit an Regimes vor, die diese Zustände mit verursachen, nur damit sie gewisse gesetzliche Änderungen – die auch ihre einzige Sorge zu sein scheinen – besser durchsetzen können und nicht selber in Missgunst fallen (vgl. ebd.).

Omaima Abou-Bakr ist eine der wenigen Autorinnen, die aus einer religiösen Binnenperspektive heraus die Diskussion um die Deutung des Begriffs aufgreift und positiv deutet. Sie lehnt den Begriff islamischer Feminismus an sich nicht ab und hält ihn für nützlich. Jedoch müsse eine Haltung wie die der orientalistischen Forschung vermieden werden: nämlich die der Sachverständigen gegenüber ihren Forschungsobjekten. Sie fragt, ob die Etikettierung Teil eines Prozesses der Selbstdefinition muslimischer Frauen oder nur eine Einordnung von außen sei – nämlich von westlichen und/oder nicht-muslimischen Forschern, um muslimische Frauen zu kategorisieren (vgl. Abou-Bakr 2002: 49). Unter muslimischen Frauen führe diese Etikettierung oft zu Unbehagen. Es gebe zum Beispiel Bedenken gegen die spaltende Natur, die eine solche Bezeichnung haben könnte. Sie impliziere, dass diejenigen, die sich in ihrer Argumentation außerhalb der Bezüge auf islamische Quellen wie Koranverse, *Hadithe* etc. bewegen, auch automatisch nicht mehr zum Kreis der islamischen Feministinnen gehören.

Für viele Probleme in einer islamischen Gesellschaft soll die Herausbildung einer islamischen Sichtweise auf Genderthemen eine Antwort sein. So werden die Rechte, die der Frau durch die *Scharia* gegeben wurden, ignoriert, wie z.B. die Rechte auf Bildung, Arbeit und Wahrnehmung einer gemeinsamen Verantwortung. In ihrer Erläuterung des letzten Begriffs bezieht sie sich auf *Sure 9 Vers 71*. So versteht sie unter einer gemeinsamen Verantwortung jede geteilte gesellschaftliche Verantwortung im Gebieten des Rechten und im Untersagen des Verwerflichen. Des Weiteren führt sie das Beratschlagen als gemeinsame Aufgabe von Männern und Frauen an. Das seien dann alles Bereiche, in denen Frauen ungerechterweise die Beteiligung verweigert werde. Die Kluft zwischen den durch die *Scharia* gesicherten Rechte und der gesellschaftlichen Realität der Frau in den heutigen islamischen Gesellschaften sei riesig. Ihre Überwindung müsse durch Gesetze verwirklicht werden.

Um den Begriff des islamischen Feminismus zu einem sinnvollen Ideenzusammenhang zu gestalten, der hilft, eine bestimmte Haltung einzunehmen und eine Bewegung zu begründen, definiert Abou-Bakr ihn durch folgende Merkmale (Abou-Bakr 2001: 1ff.):

1. Muslimische Wissenschaftlerinnen und Aktivistinnen bieten mit ihrer feministischen Forschung nicht nur eine Kritik der bestehenden Koranexegese und Deutung der überlieferten Aussagen des Propheten und eine schlüssige Geschichtsinterpretation, sondern auch eine Alternative und suchen nach Lö-

sungen, die von islamischen Werten inspiriert sind. Dies geschieht, indem ein islamischer Diskurs angeboten wird, der Geschlechtergerechtigkeit thematisiert und forschungsorientiert ist. Diese islamische Perspektive entspringt einer umfassenden Weltsicht von göttlicher Gerechtigkeit, von Mitgefühl und Egalitarismus – und sie befreit von jedweder Unterwerfung unter ein anderes Wesen als Gott. Das wichtigste Argument hierbei ist, dass für islamische Feministinnen die Verteidigung der Frauenrechte Teil der Verteidigung des Islams selber ist – Verteidigung also gegen die Verfälschung seiner Prinzipien und Ideale.

2. Der islamisch-feministische Diskurs ist ein textorientierter Diskurs: Die Texte des Koran und die Lebensweise des Propheten sind der Hauptbezugsrahmen – und das besonders in seinem Umgang mit seinen Frauen, Töchtern und weiblichen Gefährtinnen. Dieser Umgang kann ihrer Meinung nach nicht überbetont werden. Weiter liegt der Fokus auf Begebenheiten der frühen islamischen Geschichte, von denen einige in ihrer Aussage sehr direkt sind und die als feministisches/oppositionelles Bewusstsein bezeichnet werden können. Damit meint Abou-Bakr Überlieferungen über Aussagen von Prophetengefährtinnen, in denen diese ihren gesellschaftlichen Status thematisieren und so neue religiöse Normen mit beeinflussen.

3. Wenn man sich auf den Koran bezieht, dann wird man auch nicht umhin können, einige problematische Interpretationen von Versen, die die Überlegenheit des Mannes über die Frau hervorhoben, noch einmal im Lichte der Mehrheit der Verse über Gleichheit und gleiche öffentliche Teilhabe von Gläubigen zu betrachten.

4. Eine weitere charakteristische Eigenschaft des islamisch-feministischen Diskurses ist etwas, das sie »turning the tables on Muslim men« nennt. Sie denkt, dass gut ausgebildete muslimische Frauen die muslimischen Männer zur Rede stellen können, inwieweit sie sich an islamische Prinzipien, Gottes Verfügungen und die Befehle des Propheten halten – als Väter, Ehemänner, Brüder und Söhne. Wie sollte also Männlichkeit zu verstehen sein innerhalb eines islamischen Referenzrahmens? Wie haben dies Koraninterpreten durch die Zeit hindurch definiert? Besonders sind hier die Verse von Interesse, die sich explizit und ausschließlich verwarnend und drohend an Männer richten, die ihre Macht über Frauen missbrauchen.

ISLAMISCHER FEMINISMUS ALS TEXTAKTIVISMUS?

In ihrer Analyse feministischer Neulesungen kommt auch Karen Bauer (Bauer 2009: 639) zu dem Schluss, dass es zwei moderne Ansätze zu beobachten gebe, die sich mit dem Themenbereich Stellung der Frau bzw. Geschlechter befassen. Der eine Ansatz sei selektiv, der andere umfassend. Nach Bauers Auffassung gingen Autorinnen, die von einer absoluten Geschlechtergleichheit im Koran ausgehen, selektiv in ihrer Auswahl von Koranstellen vor, die wiederrum als Beleg für eben diese Geschlechtergleichheit fungieren sollen. Eine umfassendere Vorgehensweise resultiere meistens in einer Anerkennung der hierarchischen Strukturen des koranischen Gebrauchs der Geschlechter. Moderne Exegeten sprächen besonders in Bezug auf Vers Q 4:34 von Gleichheit und gerechter Verteilung, würden aber oft nicht genau erklären, was sie damit meinten. Manche würden Gleichheit nur auf der spirituellen Ebene verorten und nicht in der ehelichen Beziehung. Andere wiederum würden die Gleichheit zwar auch auf die Ehe beziehen wollen, müssten dafür aber eine Neuinterpretation des Textes vornehmen oder die betreffenden Verse eben als problematisch betrachten. Bauer ist auch der Meinung, dass es eine idealistische Herangehensweise gebe, die per se davon ausgehe, dass jegliche Lesart bestimmter Verse, die eine Ungleichheit der Geschlechter zum Inhalt habe, immer von außerhalb des Korans komme und nicht durch den Korantext selbst gegeben sein könne.

Die meisten modernen feministischen Ansätze einer Neulesung aus geschlechtergerechter Perspektive, der von mir im Rahmen meiner Dissertation untersuchten koranischen Passagen befassen sich mit Auswirkungen einer durch die *qiwāma*[5] hierarchisch beschriebenen Ehebeziehung – und versuchen diese Auswirkungen umzudeuten oder auf wenige Situationen einzugrenzen. Die Voraussetzung dafür, eben die *qiwāma* als ausschließliches Recht und auch Pflicht des Ehemannes, wird nicht behandelt bzw. akzeptiert. Dieses Verständnis von *qiwāma* ist durchaus sehr gut mit dem koranischen Text zu vereinbaren, widerspricht allerdings der vielfach proklamierten Geschlechtergleichheit. Aus diesem Grund müssen sich die Neulesungen eine gewissen methodische Schwäche eingestehen, da das Ergebnis oft schon vor der Exegese feststeht, andere – nicht gewünschte – Ergebnisse von vorneherein ausgeschlossen werden, auch wenn sie nach Anwendung der im Vorhinein festgelegten textkritischen Methoden als die plausibleren und textgetreueren Ergebnisse dastehen würden.

MUSLIMISCHE FRAUEN ORGANISIEREN SICH IN DEUTSCHLAND

Muslimische Frauen in Deutschland engagieren sich innerhalb muslimischer Gemeinden, die von ganz unterschiedlichen religiösen Vorstellungen geprägt sind, was das Geschlechterverhältnis anbelangt. Dieser Bereich ist fast abwesend

---

5 | Mit *qiwāma* (unter Bezug auf Koranvers 4:34 »Die Männer sind *qawwāmūn* über die Frauen«) wird eine Ehebeziehung bezeichnet, in der der Ehemann die Verantwortung, Fürsorgepflicht oder auch Autorität für/über seine Ehefrau innehat. Das Wort *qawwāmūn* leitet sich aus dem arabischen Ausdruck für ›stehen‹ (*qāma*) ab. In Verbindung mit der im Vers verwendeten Präposition *'alā* erhält es unter anderem die Bedeutung von ›für etwas sorgen‹, ›achtgeben auf‹ oder ›etwas hüten‹. Die Fürsorge des Ehemannes über die Frau (*qiwāma*) wird von Korankommentatoren unterschiedlich begründet. Im Vers selbst sind materielle Ausgaben und ein nicht näher beschriebener Vorzug durch Gott genannt. Korankommentatoren verstehen unter den im Vers genannten materiellen Ausgaben meist die Brautgabe und den Unterhalt.

in öffentlichen Diskursen der Mehrheitsgesellschaft. Obwohl die muslimische Population in Deutschland schon in den ersten Nachkriegsjahrzehnten stark anwuchs, entstehen erst Ende der 1980er Jahre Netzwerke muslimischer Frauen. In dieser Zeit beginnen junge muslimische Frauen eine sich ändernde jedoch bejahende Identität innerhalb ihrer religiösen Gemeinden zu entwickeln. Sie beginnen die Moscheeräume für sich zu beanspruchen und setzen sich bewusst für eine Teilhabe innerhalb der Moschee- und Verbandsstrukturen ein. In diesem Zeitraum institutionalisieren sich auch die ersten Netzwerke muslimischer Frauen[6] in Deutschland (vgl. Klinkhammer 2011: 157). Dieser Trend setzt sich in den späten 1990er und 2000er Jahren fort. So notiert der erste und einzige muslimische Frauenalmanach aus dem Jahr 1996 lediglich 17 Schwesterngruppen in ganz Deutschland. Mittlerweile bietet fast jede Stadtmoschee spezielle Räume und Kurse für Frauen an (vgl. ebd.: 158). Seit den 2000er Jahren lässt sich beobachten, dass immer mehr Dachverbände und deren Unterorganisation bis hin zu den Moscheen Frauen Positionen in den Verbandsstrukturen einräumen. Die Gründe für diese Entwicklung sind zum einen dem Wunsch nach Sichtbarmachen von weiblichen Gemeindemitgliedern geschuldet. Zum anderen ist aber sicherlich die zunehmende Professionalisierung der Gemeinden und Dachverbände hier maßgebend: Ein immer größerer Anteil weiblichen Gemeindemitglieder strebt einen höheren Bildungsweg an und macht sich so vielfältiger einsetzbar innerhalb der Verbandsstrukturen. Auch bildet ein großer Teil der islamischen Moscheegemeinden in Deutschland ihr religiöses Personal wie PredigerInnen und LehrerInnen selbst aus und stellt diese in geringerem Maße auch fest an (vgl. ebd.: 157).

Ein großer Teil der Aktivitäten muslimischer Frauen findet auch außerhalb der Moscheedachverbände statt – in Frauengruppen, Vereinen zur Vernetzung und Beratungszentren von Frauen für Frauen.[7] Dies ist dann meistens innerhalb der Form des eingetragenen Vereins auf lokaler Ebene angesiedelt, um Kommunikationsplattformen für muslimische Frauen untereinander zu schaffen, aber auch um Ansprechpartner für Belange von außen zu bieten, wie den interreligiösen Dialog oder den Dialog mit der Kommune.

Muslimische Frauenorganisation regen seit dem Beginn der 1990er Jahre Debatten in Bezug auf Geschlechtergerechtigkeit innerhalb der muslimischen Ge-

---

6 | Als Beispiel sei hier *Huda – Netzwerk für muslimische Frauen e.V.* genannt, das seit 1991 eine gleichnamige Frauenzeitschrift herausbrachte und durch Kooperationen mit anderen muslimischen Einrichtungen als Forum für den Austausch diente. Der Verein wurde im Jahr 2013 aufgelöst. Zur Gründung eines Dachverbandes muslimischer Frauen bereits 1999 siehe Huda 3/99: 70-74.

7 | Die folgenden Absätze sprechen zu einem großen Teil aus empirisch nicht belegter persönlicher Erfahrung der Autorin und verschiedenen Gesprächen mit Akteurinnen muslimischer Frauenorgansationen. Besonders sei hier auf Interviews mit Hamideh Mohagheghi (Huda e.V.), Gabriele Boos-Niazy (AmF e.V.) und Luise Becker (ZiF Köln) im Frühjahr des Jahres 2012 verwiesen.

meinden an. Themen sind hier gleichberechtigter Zugang zu Moscheeräumen und den Freitagsgebeten, vermeintliche geistige Minderwertigkeit von Frauen in religiösen Kommentaren usw. (Grimm 1999: 13-21). Seit Ende der 1990er Jahre richtet sich der Aktivismus mulimischer Frauen zunehmend gegen die überproportional hohe Diskriminierung muslimischer Frauen auf dem Arbeitsmarkt (Stichwort: Kopftuchverbot), die mit den Gesetzen in der Folge des sogenannten Kopftuchurteils im Jahr 2003 eine neue Qualität erreichte.[8] Zusammenfassend kann gesagt werden, dass muslimische Frauenorganisationen wie *Huda e.V.* oder auch das *Zentrum für islamische Frauenforschung* in Köln[9] als Sprachrohre von muslimischen Frauen ihren Aktivismus in den 1990er Jahren noch auf frauenfeindliche Diskurse innerhalb der eigenen Reihen und seit den 2000er Jahren immer mehr auf diskriminatorische Praxen innerhalb der Mehrheitsgesellschaft gerichtet haben. Dies betrifft nicht nur das Kopftuchverbot für Lehrerinnen und seine Signalwirkung auf fast alle anderen Bereiche des Arbeitsmarktes, sondern auch gewalttätige Übergriffe im öffentlichen Raum[10], Diskriminierung auf dem Wohnungsmarkt und nicht zuletzt im Bildungssektor (Tosuner 2012: 26-35). Diese Anstrengungen sind die Grundlage für eine gleichberechtigte und gestärkte Teilhabe muslimischer Frauen an gesellschaftlichen Prozessen. Es bleibt zu hoffen, dass muslimischen Frauen in Zukunft wieder mehr Ressourcen zur Verfügung stehen, um ihrem kritischen Blickwinkel in die theologischen Diskurse innerhalb der muslimischen Gemeinschaften mehr Gehör zu verschaffen.

QUELLEN

Abou-Bakr, Omaima (2002): »An-Nisawiyya, qadaya al-gender wa r-ru'ya al-islamiyya«, in: Abou-Bakr, Omaima/Shukri, Shirin (Hg.), al-Mar'awal-Gender, Damaskus: Dar al-Fikr, 11-88.

Dies. (2001): »Islamic Feminism? What's in a Name?«, in: MEWS – Middle East Women Studies Review 15 (4)/16 (1), 1-4.

Aktionsbündnis muslimischer Frauen (2009): »Stellungnahme des ›Aktionsbündnisses muslimischer Frauen‹ anlässlich des Mordes an Marwa El-Sherbini«, www.muslimische-frauen.de/2009/07/stellungnahme-des-amf-anlasslich-des-mordes-an-marwa-el-sherbini (01.10.2014).

Badran, Margot (1999): »Toward Islamic Feminisms: A Look at the Middle East«, in: Afsaruddi, Asma (Hg.), Hermeneutics and Honor – Negotiating Female ›Public‹ Space in Islamic/ate Societies, Cambridge/London: Harvard University Press, 159-188.

---

8 | Siehe dazu: DMK AG »Muslimische Frau in der Gesellschaft«: Gedanken zum Urteil des Bundesverfassungsgerichts vom Oktober 2003.

9 | www.zif-koeln.de/index2.html (01.11.2014).

10 | Siehe dazu bspw. die Stellungnahme des *Aktionsbündnisses muslimischer Frauen* (2009) anlässlich des Mordes an Marwa El-Sherbini.

Bauer, Karen (2009): »The Male Is Not Like the Female (Q 3:36) – The Question of Gender Egalitarianism in the Qur'ān«, in: Religion Compass 3 (4), 637-654.

Booth, Marilyn (1995): »Exemplary Lives, Feminist Aspirations: Zaynab Fawwaz and the Arabic Biographical Tradition«, in: Journal of ArabicLiterature 26 (1-2), 120-46.

Bräckelmann, Susanne (2004): ›Wir sind die Hälfte der Welt!‹: Zaynab Fawwaz (1860-1914) und Malak Hifni Nasif (1886-1918) – zwei Publizistinnen der frühen ägyptischen Frauenbewegung, Beirut/Würzburg: Ergon.

DMK AG (2003): »›Muslimische Frau in der Gesellschaft‹: Gedanken zum Urteil des Bundesverfassungsgerichts«, Berlin, www.nafisa.de/archiv-der-ag-musli mische-frau-in-der-gesellschaft/gedanken-einer-muslimischen-frauengruppe-zum-urteil-des-bundesverfassungsgerichts (01.10.2014).

Grimm, Fatima (1999): »Teilnahme der muslimischen Frau am öffentlichen religiösen Leben«, in: Huda – Die muslimische Frauenzeitschrift 5 (4), 13-21.

Hoffman, Valerie J. (1985): »An Islamic Activist: Zaynab al-Ghazali«, in: Warnock Fernea, Elizabeth (Hg.), Women and the Family in the Middle East – New Voices of Change, Austin: University of Texas Press, 233-254.

Huda – Die muslimische Frauenzeitschrift (1999): Stellungnahme von HUDA – Netzwerk für muslimische Frauen e.V. – über die Notwendigkeit der Gründung des eMeFeF (Muslimisches Frauenforum) als Verein (3), 70-74.

Karam, Azza M. (1998): Women, Islamisms and the State: Contemporary Feminisms in Egypt, London: Macmillan Press Ltd.

Klausing, Kathrin (2014): Geschlechterrollenvorstellungen im Tafsīr, Frankfurt: Peter Lang.

Klinkhammer, Gritt (2011): »Islam, Frauen und Feminismus. Eine Verhältnisbestimmung im Kontext des Islam in Deutschland«, in: Borchard, Michael/ Ceylan, Rauf (Hg), Imame und Frauen in Moscheen im Integrationsprozess, Osnabrück: Universitätsverlag Osnabrück, 155-170.

Lohlker, Rüdiger (2011): Islamisches Recht, Stuttgart: UTB.

Raouf Ezzat, Heba (2000): »Secularism, the State and the Social Bond«, in: Esposito, John/Tamimi, Azzam (Hg.), Islam and Secularism in the Middle East, New York: New York University Press, 124-138.

Tohidi, Nayereh (2002): »Islamic Feminism: Perils and Promises«, in: MEWS – Middle East Women Studies Review 16 (3/4), 135-146.

Tosuner, Hakan (2012): »Alltagsdiskriminierung von Muslimen. Auswertung der Fragebögen aus den Jahren 2010 bis 2011«, in: Netzwerk gegen Diskriminierung von Muslimen (Hg.), Broschüre Netzwerk gegen Diskriminierung von Muslimen, Berlin, 26-35.

Yurdakul, Gökce (2010): »Governance Feminism und Rassismus: Wie führende Vertreterinnen von Immigranten die antimuslimische Diskussion in Westeuropa und Nordamerika befördern«, in: Gökce Yurdakul/Michal Bodemann (Hg.), Staatsbürgerschaft, Migration und Minderheiten – Inklusion und Ausgrenzungsstrategien im Vergleich, Wiesbaden: VS Verlag für Sozialwissenschaften, 111-126.

www.muslimische-frauen.de (24.09.2014).
www.nafisa.de (24.09.2014).
www.zif-koeln.de (24.09.2014).

Dis/Ability, Feminismus und Geschlecht

Perspektiven der Disability Studies

Heike Raab

Feministische und queere Disability Studies werden in diesem Artikel mit Blick auf die Gender Studies diskutiert. Zum besseren Verständnis der Thematik findet eine Einführung in die Grundlagen der Disability Studies statt. Außerdem wird auf die Entwicklungsgeschichte der behinderten Frauenbewegung eingegangen. Der Artikel beruht auf der Annahme, dass Intersektionalität die zentrale Verbindung zwischen Gender und Disability Studies darstellt.

VON DER MÜHSAL DER EMANZIPATION

Behinderung und Geschlecht als wechselseitiger Verweisungszusammenhang ist ein bislang eher randständiges Thema innerhalb der Gender Studies wie auch innerhalb der Disability Studies. Das heißt, die Frage inwieweit Geschlechterverhältnisse an Vorstellungen von Gesundheit und körperliche Fähigkeiten gebunden sind, wird selten diskutiert. Darüber hinaus werden Gemeinsamkeiten und wechselseitige Ausblendungen der beiden Forschungsausrichtungen überwiegend im Kontext der feministischen und/oder queeren Disability Studies[1] reflektiert und weniger in den Gender Studies.

Behinderte Frauen haben sich innerhalb der Behindertenbewegung formiert und nicht in der Frauenbewegung. Ein Grund ist beispielsweise die mangelnde Bereitschaft des politischen wie akademischen Feminismus, sich mit behinderten Frauen auseinanderzusetzen. Die mangelnde Barrierefreiheit feministischer Räume ist ein Ausdruck dieser Ignoranz.

---

1 | Der Unterschied zwischen feministischen und/oder queeren Disability Studies lässt sich wie folgt beschreiben. In den feministischen Disability Studies wird das Verhältnis von Geschlecht und Behinderung als zwei machtvolle Achsen von Differenz und Ungleichheit erforscht. Außerdem bezieht man sich auf die Gender Studies als wissenschaftlichen Referenzrahmen. In den queeren Disability Studies werden Analogien zwischen Homophobie und Behindertenfeindlichkeit verhandelt. Es wird aber auch die Frage debattiert, ob Heteronormativität ko-konstitutiv zu Behinderung ist. Als theoretischer Hintergrund fungiert die Queer Theory.

Das Aufkommen der modernen, emanzipatorischen Behindertenbewegung ermöglicht erst eine politische und wissenschaftliche Auseinandersetzung zu Geschlecht und Behinderung durch behinderte Frauen und aus einer feministischen Sicht. In den 1980er Jahren kommt es zu ersten Aktivitäten behinderter Frauen. Seit dieser Zeit organisieren sich behinderte Frauen in der sogenannten behinderten Frauenbewegung. Diese Selbstbezeichnung verweist auf die politische und wissenschaftliche Anbindung an die Behindertenbewegung.

Mit dem Aufkommen der Disability Studies als Forschungsausrichtung in den 1990er Jahren verschiebt sich die Diskussion zu Behinderung in doppelter Weise – theoretisch und inhaltlich. Einmal wird in dieser Forschungsausrichtung die Kategorie Behinderung wissenschaftlich neu gefasst (vgl. Barnes/Mercer 2010; Waldschmidt 2003; Davis 1997). In den Disability Studies wird Behinderung quer zu allen Strömungen sozial, juridisch oder kulturell erklärt. Das heißt, es kommt zu einer Abkehr vom üblichen individual-medizinischen Denken über Behinderung. Behinderung gilt nicht länger als pathologischer Defekt eines Köpers, sondern als soziokulturell bedingt. Zum anderen beansprucht diese Strömung aus der Sicht von behinderten Personen zu forschen, und nicht mehr – wie bislang üblich – Behinderung inhaltlich aus der Sicht der Mehrheitsgesellschaft zu untersuchen. Als wissenschaftlicher Ansatz gehen die Disability Studies aus dem Kontext der Behindertenbewegung hervor. Ursprünglich aus dem englischen Sprachraum stammend, sind die theoretischen Begründer der Disability Studies alle selbst behindert und haben eine akademische Ausbildung absolviert. Als Begründer der Disability Studies werden in den USA der behinderte Soziologe Irving Kenneth Zola und in England der behinderte Sozialwissenschaftler Michael Oliver identifiziert. Im deutschsprachigen Kontext sind hauptsächlich Theresia Degener, Anne Waldschmidt, Swantje Köbsell, Heike Raab oder Volker Schönwiese und das *Zentrum für Disability Studies* (ZeDiS) in Hamburg zu nennen.

Für die Gender Studies ist dieser Punkt relevant, als dass nunmehr im akademischen Feminismus vermehrt behinderte Frauen oder Queer/TransCrips das akademische Feld bestellen, bzw. verstärkt behinderte Frauen in der Wissenschaft anzutreffen sind. Als Beispiel hierfür wären für den US-amerikanischen Kontext Rosemarie Garland Thomson zu nennen, für den deutschsprachigen Bereich Anne Waldschmidt. Diesbezüglich stellen die Disability Studies eine Herausforderung für die Gender Studies dar, beispielsweise hinsichtlich potentiell reformierbarer Genderkonzepte durch behinderte Frauen in der Wissenschaft, oder durch die Analyse der Verquickung von Geschlecht und Behinderung.

Insgesamt ist für behinderte Frauen und behinderte Lesben, Schwule oder Trans-Personen eine mühsame Emanzipation in diesem Feld festzustellen. Deren Kämpfe verlaufen um die Entpathologisierung von Krankheit und Behinderung, über Diskussionen um die Verknüpfung von Behinderung mit Geschlecht bzw. Sexualität, schließlich zur Institutionalisierung der Behindertenbewegung bis hin zum eigenständigen wissenschaftlichen Ansatz der Disability Studies. In diesem Entwicklungsverlauf wirken behinderte und chronisch kranke Frauen produktiv auf den feministischen Bewegungsaktivismus und auf feministische Theoriebildung ein. Ausgehend davon soll nun ein Überblick auf Initiativen, Aktivitäten oder Positionen gegeben und darin speziell auf die behinderte Frauenbewegung eingegangen werden. Ein allgemeiner Teil, der einen grundlegenden Überblick auf die Disability Studies gibt, schließt daran an. Die verschiedenen Aspekte der feministischen und queeren Disability Studies sollen danach dargelegt und in Bezug auf gemeinsame Inhalte, verbindende Elemente oder übereinstimmende Einstellungen mit den Gender Studies erörtert werden.

VON DER PATHOLOGIE ZUR POLITIK DER BEHINDERUNG

Die moderne Behindertenbewegung in Nordamerika und Westeuropa taucht erst im Zuge der allgemeinen Liberalisierungstendenzen in den 1968ern auf (vgl. Köbsell 2012). Auch wenn sich im Vergleich eigenständige Entwicklungen abzeichnen, ist die Geschichte der modernen Behindertenbewegung im deutschsprachigen Europa ohne den Einfluss der Aktivitäten der amerikanischen und britischen Behindertenbewegung nicht zu denken. Insbesondere deren inhaltliche Ausrichtung und das Selbstverständnis prägen die deutschsprachige Behindertenbewegung. Nicht zuletzt stammt die Selbstbezeichnung der deutschsprachigen Behindertenbewegung als *Selbstbestimmt-Leben-Bewegung* direkt von der US-amerikanischen *Independent-living-Movement* (vgl. Raab 2014; Köbsell 2012).

Auftrieb und Startschuss für die deutschsprachige Behindertenbewegung gibt 1981 das *UN-Jahr der Behinderten* mit dem *Krüppeltribunal* in Dortmund (vgl. Raab 2014, 2007a; Köbsell 2012;). Das sogenannte *Krüppeltribunal* wird von behinderten Personen aus der Behindertenbewegung organisiert. Ziel ist es, die offiziellen Veranstaltungen des UN-Jahres zu nutzen, um dem Anliegen von Behinderteninitiativen Gehör zu verschaffen. Zentrale Kritik ist die Aufdeckung und Benennung von Menschenrechtsverletzungen im Sozialstaat. Die Themen sind: Menschenrechtsverletzungen in Heimen, Werkstätten für Behinderte und Psychiatrien sowie Missstände des öffentlichen Personennahverkehrs (vgl. Köbsell 2012).

Jene Ereignisse gelten als Gründungsmythos der modernen deutschsprachigen Behindertenbewegung. So findet im Anschluss an das *Krüppeltribunal* 1982 in Marburg das erste bundesweite *Krüppelfrauentreffen* statt. Der Bedarf für dieses Treffen artikuliert sich in dem Bedürfnis von Frauen aus der Behindertenbewegung, ihre spezifischen Diskriminierungs- und Gewalterfahrungen in einer Runde von behinderten Frauen zu diskutieren und zu systematisieren. Ein Erfolg der Arbeit der Krüppelfrauengruppen ist u.a., dass seit Anfang der 1980er Jahre erstmals wissenschaftliche und biografische Literatur zum Thema Frauen mit Behinderung (vgl. Ewinkel/Hermes 1985) erscheint.

1990 kommt es zum organisatorischen Zusammenschluss der Behindertenbewegung im Dachverband *Zentren für Selbstbestimmtes Leben* (ZSL). Die sich darin organisierenden *Selbstbestimmt-Leben-Zentren* haben die *Independent-Living-Bewegung* aus den USA zum Vorbild. Im Vordergrund der *Independent-Living-Bewegung* stehen Antidiskriminierung, Selbstbestimmung und Partizipation. Das heißt, es geht um gleichberechtigte Teilhabe am gesellschaftlichen Leben, was zu dieser Zeit aufgrund mangelnder Barrierefreiheit und Aussonderung von behinderten Personen in Heimen und Großeinrichtungen für die meisten kaum alltagsrelevante Wirklichkeit ist. Im Windschatten dieses Geschehens etablieren sich nicht nur die behinderten Frauenbewegungen, sondern auch Aktivitäten zum Thema Lesben und Schwule mit Behinderung (vgl. Raab 2007a), zuletzt auch zu Behinderung und Migration (vgl. Wansing 2013; Hutson 2010, 2007). 1992 wird in Deutschland das erste (hessische) Netzwerk für behinderte Frauen auf Landesebene gegründet[2] und 1995 das sogenannte *Krüppellesbennetzwerk*, sowie 1996 *Weibernetz e.V.*[3], die politische Interessenvertretung behinderter Frauen auf Bundesebene.

In allen drei deutschsprachigen Ländern haben seit dem Entstehen der Behindertenbewegung vereinzelt behinderte Frauen aus feministischer Sicht über Geschlecht und Behinderung publiziert. Außerdem mischen sie sich in die Frauenbewegung ein. Für die Schweiz ist etwa die Schriftstellerin und Aktivistin Ursula Eggli[4] zu nennen (vgl. Eggli 1977). Zentral sind der Aspekt der Selbsterfahrung und das Anliegen, die spezielle Situation von behinderten Frauen aus feministischer Sicht zu politisieren. Die Debatte um Abtreibung eines behinderten Kindes im Rahmen feministischer Forderungen nach Freigabe des gesetzlichen Verbots von Schwangerschaftsabbrüchen, aber auch die Entwertung von behinderten Frauen als sexuelle Neutren, oder sexuelle Gewalt an behinderten Frauen sowie Behindertenfeindlichkeit in der Frauenbewegung stellen wichtige Streitpunkte mit dem politischen und akademischen Feminismus dar.

Hervorzuheben sind in diesem Zusammenhang besonders die immer wieder aufflammenden innerfeministischen Auseinandersetzungen um erotische Fotoausstellungen von und mit behinderten Frauen/Lesben (vgl. Engel 1994)[5], die bis in die Gegenwart um Kritiken an Modelwettbewerben mit behinderten Frauen hineinreichen (vgl. Raab 2012)[6].

Hauptsächlich seit der Jahrtausendwende ist eine verstärkte Tendenz zu kulturellen Politiken mit queerpolitischer Schwerpunktsetzung zu beobachten. Es

---

2 | Inzwischen gibt es Netzwerke für behinderte Frauen auf Landesebene in allen 16 deutschen Bundesländern.

3 | Link zu Weibernetz siehe: www.weibernetz.de (01.02.2013).

4 | Link zu Ursula Eggli siehe: www.ursulaeggli.ch/e1/biografie.html (01.02.2013).

5 | Siehe auch die Ausstellung zu Geschlecht und Behinderung von Kassandra Ruhm: *Lieber lebendig, als normal* aus dem Jahr 2000, www.kassandra-ruhm.de (01.02.2013).

6 | Aus der Behindertenzeitschrift *PARTIZIP* (2000-2004) ist die Modelagentur *Beauties in Motion* entstanden (2005-2009). Sowohl die Zeitschrift als auch die Agentur haben Modelwettbewerbe für behinderte Frauen organisiert, zum Teil mit beachtlichem Erfolg.

macht sich zunehmend der Einfluss der Queer Theorie und der Queer Politics bemerkbar. Im Vordergrund stehen Repräsentationskritik, Körperpolitiken sowie subkulturelle Politiken, die nicht auf rechtliche Gleichstellung oder sozioökonomische Umverteilung abzielen. Eher geht es um die Veränderung von Kultur und Kritik an den Normen der Gesellschaft. Dies geschieht etwa durch alternative subkulturelle Lebensweisen in Gestalt von Wohnprojekten, oder dem Entstehen einer ›Krüppel-Subkultur‹ mit eigenständigen Theater- und Filmfestivals sowie alternativen Repräsentationen von Behinderung bzw. von behinderten Frauen durch die Behindertenbewegung und deren Printorgane.

Es gibt ebenfalls eine verstärkte Wahrnehmung von Diversität, Heterogenität und Differenz. Letzteres findet in der innerfeministischen Debatte um Differenz unter Frauen/Lesben und in der Intersektionalitätsforschung ihren Niederschlag. Hier handelt es sich um eine Diskussion über die Differenz der Differenz, jenseits von Dualitäten wie Mann/Frau. Stattdessen werden die Unterschiede zwischen Frauen behandelt. In der behinderten Frauenbewegung ist eine Öffnung hin zu Differenzen im Feld von Behinderung zu beobachten, etwa hinsichtlich des Unterschieds zwischen sichtbar behinderten und unsichtbar behinderten Frauen.

Anfang 2000 besteht bei der *Lesben-Informations-Beratungsstelle* (LIBS) in Frankfurt eine Gruppe von Lesben mit Behinderung, die mit regelmäßigen Touren durch die *LGBTIQ Subkulturen (Subtouren)* ›produktive Unruhe‹ in der nicht immer barrierefreien ›Szene‹ stiftet (vgl. Raab 2012). Zudem sorgt die bislang ungewohnte Präsenz von behinderten Frauen an diesen Orten für Gesprächsstoff. Produktiv ist daran, dass allmählich ein Umdenken in der ›Szene‹ stattfindet, indem beispielsweise vermehrt auf Barrierefreiheit und Gebärdendolmetscher bei öffentlichen Veranstaltungen geachtet wird. In Berlin existiert der Verein *SexAbility* und veranstaltet queere Party-Events zu Sexualität (vgl. Vernaldi 2010). 2007 bilden sich gleichzeitig der *Arbeitskreis mit ohne Behinderung* (AK MoB)[7] und die kritische Behindertenzeitschrift *Mondkalb*[8]. Sowohl Zeitschrift als auch Arbeitskreis orientieren sich an queeren, subkulturellen Politiken und Praxen, welche Binaritäten wie behindert/nicht-behindert, aufsprengen wollen. Entsprechend kommt es zu Bündnissen mit inhaltlich ähnlich ausgerichteten Akteuren, wie etwa aus dem LGBTIQ-Umfeld, und einer verstärkten Präsenz in diesen Kontexten. So initiiert AK MoB ein Bündnis verschiedener Gruppen, die 2013 die erste *Mad and Disability Pride*[9] Parade die in Berlin organisieren, sich *Christopher Street Day Paraden* (CSD) zum Vorbild nimmt. In Österreich sorgt ab 2009 die Wiener Gruppe *Queers on Wheels*[10] für die verstärkte Wahrnehmung von Lesben und Schwulen oder Trans-Personen mit Behinderung. Sie versuchen in ihren Aktivi-

---

7 | www.ak-mob.org (15.1.2013).

8 | http://awan.awan.de/mondkalb2/index.php?s=default (15.1.2013).

9 | www.pride-parade.de (15.1.2013).

10 | Siehe die Homepage von *Queers on Wheels*: www.univie.ac.at/unique/uniquecms/ ?p=529 (15.1.2013).

täten duale Kategorien und Binaritäten aufzuspalten. Mittels queerer Praktiken will man – buchstäblich – neue Zeichen setzen, die nicht mehr an binären[11] Begriffs- und Denkapparaten und den daraus resultierenden Praxen ansetzen. Dies geschieht einmal durch erhöhte Sichtbarkeit auf Paraden oder Demonstrationen, wie dem *CSD*, aber auch weil die Mehrfachzugehörigkeit einiger Personen von *Queers on Wheels* eine Zuordnung zu einer einzigen diskriminierten Betroffenengruppe verunmöglicht.

BEHINDERUNG IN DEN DISABILITY STUDIES

Aus dieser Gemengelage an Initiativen und Aktionen entwachsen mit der Jahrtausendwende die Disability Studies im deutschsprachigen Europa und andernorts. Die inhaltlichen Ursprünge des wissenschaftlichen Verständnisses der Disability Studies stammen vornehmlich aus den USA bzw. England. Sie entstehen dort im Kontext der Behindertenbewegung (vgl. Oliver/Barnes 2012; Watson/Roulstone/Thomas 2012; Barnes/Mercer 2010; Waldschmidt 2003, 2005). Ferner gründen sie sich, ähnlich wie die Gender Studies, als Querschnittswissenschaft. Thematischer Hauptpunkt der Disability Studies ist, die vorherrschende Lesart von Behinderung und chronischer Krankheit zu hinterfragen. Behinderung bzw. Krankheit bezeichnet in Wissenschaft und Alltag überwiegend eine persönliche Tragödie oder pathologische Devianz. Gegenüber dieser negativen Sicht zielen die Disability Studies auf ein positives Verständnis von Behinderung. Ziel ist es, Behinderung als wissenschaftliche Analysekategorie in der Wissenschaftslandschaft zu verankern. Darüber hinaus arbeiten die Disability Studies mit einem behinderungsübergreifenden Forschungsansatz und zielen auf die Vielfalt von Behinderung und Krankheit, wie etwa sichtbare und unsichtbare Behinderung. Im angelsächsischen Sprachraum gibt es Disability Studies seit den 1990er Jahren mit bemerkenswertem institutionellem Erfolg in der Hochschullandschaft. 1990 wurde an der Universität Leeds das erste Forschungsinstitut gegründet. Zehn Jahre später kann dort die *Disability Research Unit* zum interdisziplinären *Centre for Disability Studies* (CDS) erweitert werden (vgl. Barnes 2012; Goodley 2011; Waldschmidt 2009). Zudem gibt es mittlerweile internationale Fachzeitschriften und Netzwerke für Disability Studies; zu nennen ist etwa das britische *Journal of Literary & Cultural Disability Studies* am *Centre for Culture and Disability Studies* an der *Liverpool Hope University*, Großbritannien. In diesem Zusammenhang ist ferner auf das von der Europäischen Kommission geförderte *Academic Network of European Disability Experts* (ANED) zu verweisen, aus dem das *European Journal of Disability research, Journal européen de recherche sur le handicap* (ALTER) entsprungen ist (vgl. Raab 2014). Allerdings erfolgt die Beschäftigung mit der Forschungsausrichtung der Disability Studies im deutschsprachigen Europa im Vergleich zum englischsprachigen Raum mit deutlich zeitlicher Verzögerung, so entsteht

---

11 | http://anschlaege.at/feminismus/2009-2/Anschläge 11 (15.1.2013).

erst 2007 der erste Lehrstuhl für Disability Studies in Köln. Grundsätzlich haben die Disability Studies den Anspruch, eine neue Heuristik der Behinderung und Krankheit zu entwickeln. Entscheidend ist die Abkehr von einem medizinisch-biologischen Denken über Behinderung (vgl. Schneider/Waldschmidt 2007; Waldschmidt 2003). Als Wissenschaftsausrichtung basieren die ›Studien über oder zu Behinderung‹ oder ›Behinderungswissenschaft‹, so die Übersetzung aus dem Englischen, auf einem gesellschaftstheoretischen Erklärungsansatz von Behinderung (vgl. Hermes/Rohrmann 2006). Behinderung ist als Vergesellschaftungsform konzipiert, d.h. als soziales Verhältnis und Konstrukt (vgl. Raab 2014, 2007b; Waldschmidt 2003).

In gewisser Hinsicht handelt es sich bei den Disability Studies um ein ›Gegenmodell‹ zu den vorherrschenden wissenschaftlichen Diskursen, die Behinderung zumeist defizitär oder als soziales, behandlungsbedürftiges Problem darstellen (vgl. Oliver/Barnes 2012; Barnes/Mercer 2010; Waldschmidt 2005, 2003). In hegemonialen Diskursen wird die Ursache für Behinderung in einen vorgeblich defekten Körper hineinverlegt. Auf diese Weise wird Behinderung bzw. Krankheit individualisiert, naturalisiert und an einen ›anormalen‹ Körper delegiert. Dem stellen die Disability Studies ein Verständnis von Behinderung als soziales bzw. kulturelles Konstrukt gegenüber. Von zentralem wissenschaftlichem Interesse sind die soziokulturellen Prozesse des Behindert-Machens, d.h. man betont die soziokulturellen Prozesse der Benachteiligung und der Herstellung von körperlicher Differenz (vgl. Oliver/Barnes 2012; Raab 2007b). Der Fokus für die Disability Studies liegt auf einer Gesellschafts- und Kulturanalyse, die macht- und herrschaftskritisch ausgerichtet ist. Untersucht werden gesellschaftliche Differenzproduktionen, Differenzverhältnisse und Problematisierungsweisen von körperlicher Differenz. Wobei hauptsächlich im kulturellen Modell die Binarität von behindert/nicht-behindert hinterfragt wird. Als wissenschaftliche Analysekategorie gilt Behinderung hier als maßgebliches gesellschaftliches Differenzierungsprinzip. Dennoch gibt es verschiedene Definitionen zu Behinderung in den Disability Studies. Grob gesagt, verlaufen die Unterscheidungslinien zwischen sozial- und dekonstruktivistischen Definitionen, die in Verbindung mit verschiedenen Erklärungsmodellen von Behinderung stehen. Während sozialkonstruktivistische Ansätze im sogenannten sozialen Modell von Behinderung auf Benachteiligung fokussieren, zentrieren dekonstruktivistische Verfahren, im sogenannten kulturellen Modell von Behinderung, auf Stigmatisierungsprozesse.

Auf die beiden oben genannten prominentesten Erklärungsmodelle in den Disability Studies möchte ich in aller Kürze eingehen: Im sozialen Modell von Behinderung werden die strukturellen und persönlichen Barrieren einer Gesellschaft fokussiert. In England entwickelt, zentriert das soziale Modell von Behinderung (vgl. Barnes 2012: 12-24) auf sozioökonomische Strukturen, die aus einer körperlichen Beeinträchtigung eine Behinderung machen. So führt für körperbehinderte Personen mangelnde Barrierefreiheit zur Behinderung und nicht die körperliche Beeinträchtigung als solche. Entsprechend konzentriert sich die wissenschaftliche Forschung auf diejenigen sozialen Prozesse, die dazu führen, dass Menschen mit einer Beeinträchtigung zu ›Behinderten‹ und zu einer gesellschaftlichen Randgruppe gemacht werden (vgl. Priestley 2003: 28). Behinderung im sozialen Modell erklärt sich folglich aus behindernden, gesellschaftlichen Strukturen, die eine soziale Unterdrückung evozieren. Der soziale Prozess des Behindert-Machens bezeichnet hier die eigentliche Behinderung. Feministische Disability Studies, die das soziale Modell von Behinderung operationalisieren, fokussieren demnach auf Unterdrückung und Diskriminierung von behinderten Frauen. Hinsichtlich des Arbeitszusammenhanges von Behinderung und Geschlecht resultiert aus dem sozialen Modell eine Verhältnisbestimmung, die von einer doppelten Unterdrückung von behinderten Frauen ausgeht – einmal durch Geschlecht und einmal durch Behinderung (vgl. Morris 1996).

Im kulturellen Modell von Behinderung verschiebt sich neuerlich die Perspektive (vgl. Raab 2014). Behinderung ist hier das Ergebnis von Stigmatisierung und entsteht in Interaktionen, durch Vorurteile, Repräsentationen sowie in Bedeutungszuschreibungen. Unter einer kulturellen Konstruktion von Behinderung versteht man den Modus der Produktion von Differenz, mithin von körperlicher Differenz. In dieser Sicht ist Behinderung nicht als Naturtatsache zu denken. Untersuchungsgegenstand sind Problematisierungsweisen von körperlicher Differenz, eine Vorgehensweise, die Behinderung gleichermaßen ent-naturalisiert wie ent-individualisiert. Das kulturelle Modell von Behinderung bietet Anschlussstellen zu dekonstruktivistischen Perspektiven des akademischen Feminismus und zur Queer Theorie, da sich die kulturtheoretischen Ansätze in den Disability Studies an Butlers queertheoretischer Sichtweise auf Körper, Geschlecht und Sexualität orientieren (Butler 1991). Kurzum: Das soziale Modell in den Disability Studies belässt den Körper in der medizinischen Definitionshoheit und kritisiert soziokulturelle Benachteiligungsprozesse. Hingegen beanstandet das kulturelle Modell von Behinderung die Unterscheidung in behinderte und nicht-behinderte Körper als solches. Letzterer Aspekt ist wichtig für die feministischen und queeren Disability Studies, da diese sich dem Körperverständnis im kulturellen Modell anschließen.

BEHINDERUNG, HETERONORMATIVITÄT UND GESCHLECHT

Ausgehend davon soll eine Vertiefung der vorgestellten Perspektiven unter dem Aspekt der Normierung von Körpern in feministischer bzw. geschlechter(-theoretischer) Perspektive vorgenommen werden. Im Rahmen dessen werde ich mich auf die feministischen und queeren Disability Studies beziehen. Im Mittelpunkt stehen der Körper bzw. die Körpernormativität und eine Verhältnisbestimmung von Geschlecht und Behinderung.

Sowohl die Disability Studies als auch die Gender und Queer Studies sind einer Dekonstruktion von Normen und Normierungen verpflichtet. Aus dieser Perspektive werden normative Zurichtungen des Körpers und soziokulturelle

Differenzproduktionen hinterfragt. Gemeinsame Basis dieser Forschungsausrichtungen ist eine de/konstruktivistische Forschungsperspektive und die Fokussierung auf soziokulturelle Unterscheidungsweisen von Körpern. Das heißt, alle
drei Forschungsdisziplinen analysieren Vergesellschaftungsformen, die Körpernormen entlang von Behinderung, Heteronormativität und Geschlecht[12] initiieren (vgl. Raab 2012, 2007b).

In diese Richtung argumentiert ebenfalls die feministische Disability-Stu-
dies-Theoretikerin Rosemarie Garland-Thomson. Die Autorin plädiert dafür, eine
feministische Disability Theorie zu entwerfen, um Behinderung explizit aus ge-
schlechterkritischer Sicht zu erforschen (vgl. Garland-Thomson 2013, 1997). Nach
Garland-Thomson ermöglicht eine feministische Disability Theorie, Grenzen und
Begrenzungen von Definitionen darüber aufzuzeigen, wie Geschlechterbinarität
mithin körperliche Vielheit, soziokulturell verhandelt wird. Die Hinzunahme
von Behinderung in die zunehmend intersektional operierenden Gender Studies
führe dazu, realistischer erklären zu können, wie Subjekte multipel angerufen
werden, oder wie Repräsentationssysteme sich wechselseitig, intersektional beeinflussen, und wie Identitäten konstruiert werden (vgl. Garland-Thomson 2013).

Behinderung und Geschlecht durchdringen alle Aspekte der Kultur und Gesellschaft: Institutionen, deren Strukturen, soziale Positionen, kulturelle Praktiken, politische Positionen, (historische) Community-Prozesse, geteilte Erfahrungen von Verkörperung und Minorisierung. Eine feministische Disability Theorie
kann folglich genauer erklären, wie die spezifischen Kategorien ›Rasse‹, Klasse,
Alter, Geschlecht, sexuelle Orientierung etc. sich wechselseitig beeinflussen,
hervorbringen und re-artikulieren (vgl. ebd.). Nicht zuletzt ist der genannte kate-
goriale Zusammenhang bislang kaum aus der Sicht einer feministischen Disability Theorie erforscht worden. Entgegen der Annahme einer doppelten Unterdrückung behinderter Frauen im sozialen Modell konstituiert sich das kulturelle
Modell der feministischen Disability Studies demnach über eine intersektionale
Perspektive, in der von der Produktion spezifischer Soziallagen, Erfahrungen
und Subjektpositionierungen ausgegangen wird. Für Garland-Thomson vertieft,
expandiert und verändert die Verwendung von Behinderung als Analysekategorie
und als Referenzsystem der Repräsentation zudem feministische Theoriebildung
(vgl. Garland-Thomson 1997). Außerdem sind thematische Überschneidungen
mit den Gender Studies festzustellen: Krankheit, Gesundheit, Schönheit, Gene-
tik, Eugenik, Alter, Reproduktionstechnologien, Prothetik jeglicher Art, Gewalt,
Stereotypisierung, hierarchische Körpernormen usw.

Eine Weiterentwicklung und Ergänzung erfährt die von Garland-Thomson

---

12 | Auch wenn in Heteronormativität binäre Geschlechtercodierung mitgedacht ist und
damit auch mit Körpernormativität verbunden ist, möchte ich mit der Unterscheidung zwischen Gender und Heteronormativität geschlechtsspezifische Aspekte von Körpernormen
und/oder Behinderung theoriepolitisch einfangen, die nicht zwangsläufig heteronormativ
codiert sind.

geprägte feministische Disability Theorie durch die queeren Disability Studies. Für den Mitbegründer der queeren Disability Studies, Robert McRuer, sind es nämlich »compulsory abled-bodiedness« und »compulsory heterosexuality«[13] (McRuer 2006, 2002), die Behinderung als gesellschaftliche Anormalität hervorbringen und produzieren. Während Garland-Thomson die Disability Studies als erkenntnistheoretischen Gewinn für die Gender Studies ansieht, nimmt McRuer darüber hinaus die Queer Studies in den Blick und kann damit aufzeigen, dass nicht allein Geschlecht, sondern auch (normative) Sexualität in der Konstitution von Behinderung eine wichtige Rolle spielt. Beide Perspektiven zusammengenommen erfassen ein komplexes Zusammenspiel von Behinderung, Heteronormativität und Geschlecht.

In McRuers intersektionaler Analyse der Verbindungslinien zwischen Behinderung und (Hetero-)Sexualität steht – ähnlich wie bei Garland-Thomson – der Körper bzw. die Kritik an Körpernormen im Mittelpunkt. Maßgeblich ist für McRuer eine *abled-bodied-heterosexuality*-Hegemonie. Damit meint er, dass im Allgemeinen körperliche Gesundheit und Leistungsfähigkeit mit (Hetero-)Sexualität verbunden wird und in diesem Sinne eine hegemoniale Norm darstellt. Als solche entfaltet *abled-bodied-heterosexuality* (vgl. McRuer 2006; McRuer/Wilkerson/Samuels 2003) ihre Wirkkraft, indem alle körperlichen Variationen und Praxen entlang dieser soziokulturellen Norm ausgerichtet bzw. diszipliniert werden. McRuer beschreibt damit letztlich, wie über die Vorherrschaft spezifischer gesellschaftlicher Normen Behinderung als kulturelles Phänomen entsteht (vgl. McRuer 2006), und welche Rolle heteronormative Sexualität darin spielt.

Um ein vertiefendes Verständnis von Geschlecht zu erlangen, scheint es fruchtbar, feministische und queere Disability Studies für eine intersektionale Analyse zusammenzuführen. Dies soll im Folgenden besprochen werden. Intersektionalität hat seine Wurzeln in den Gender Studies und steht für Fragen zu Differenz und Ungleichheit unter Frauen. In der feministischen Debatte um Intersektionalität wird jedoch hauptsächlich der Zusammenhang von ›Rasse‹, Klasse, Geschlecht diskutiert. Heteronormativität und/oder Behinderung stehen zumeist nicht im Zentrum der Intersektionalitätsdebatte. Für die Gender Studies sind intersektionale Analysen unter Einbeziehung von Behinderung sinnvoll, weil die Rolle von Behinderung in ihrer Wechselwirkung mit Heteronormativität vorherrschende Genderkonzepte produktiv befragt. In den Gender Studies ermöglichen die Disability Studies somit ein differenzierteres Verständnis von Geschlecht. Insofern verbessern die Disability Studies die Erkenntnisse über die Funktionsweise von Geschlecht und Heteronormativität und vice versa. Intersekt-

---

13 | McRuer bezeichnet in Anlehnung an Zwangsheterosexualität *(compulsory heterosexuality)* von Rich bzw. Zwangszweigeschlechtlichkeit nach Butler »compulsory abled-bodiedness« als einen Zwang zum »Befähigt-Sein« bzw. zum »Nicht-Behindert-Sein«. In diesem Sinne lässt »compulsory abled-bodiedness« eine Lesart zu, die Zwangskörpernormativität und Zwangsfähigkeit bedeutet (McRuer 2002).

ionalität bedeutet hier einen Abschied von der Vorstellung, ein einziges stigmatisierendes Distinktionsmerkmal stehe grundsätzlich immer im Vordergrund. Vielmehr wird deutlich, wie Geschlecht, Behinderung und Heteronormativität als wechselseitige Konstitutionsprozesse am und im Körper wirken und womöglich Ungleichzeitigkeiten evozieren. Gefragt wird nach dem Zusammenspiel und der internen Abhängigkeit binärer Deutungen von körperlicher Normalität bzw. Anormalität. Der Analysefokus liegt auf den am Körper ansetzenden soziokulturellen Praktiken, Werten, Normen und Deutungen (vgl. Gugutzer/Schneider 2007; Waldschmidt 2005). An der Schnittstelle von Behinderung, Heteronormativität und Geschlecht können Körperpraktiken uneindeutig sein. Benachteiligung und Diskriminierung kann in dieser Sicht situativ verschiedene Gründe haben, in denen nicht immer Behinderung das ausschlaggebende Moment sein muss, sondern auch Geschlecht oder sexuelle Orientierung. Im Kontrast zum sozialen Modell setzt also das kulturelle Modell auf eine Abkehr vom Denken der Mehrfachunterdrückung hin zu einer Theorie der Differenz. Das heißt, ein additives Verständnis von Unterdrückung wird zugunsten der Erforschung soziokultureller Differenzierungsverfahren aufgegeben. Stattdessen werden die Wechselwirkungen zwischen Behinderung, Heteronormativität und Geschlecht als gegenseitige Hervorbringungsverhältnisse herausgearbeitet und in ihrer inkorporierenden Wirkung untersucht.

So betrachtet, deutet sich mit der Intersektionalitätsforschung am Horizont ein gemeinsamer Ansatzpunkt zwischen Gender/Queer und Disability Studies an, ohne dass die Forschungsausrichtungen ihren jeweiligen Bezugsrahmen aufgeben. Disability Studies und Gender/Queer Studies beruhen demnach auf der gemeinsamen Fokussierung von Vielfalt, Heterogenität und Unterschiedlichkeit als Motor für progressive, gesellschaftliche Veränderung und als Ursache für soziokulturelle Benachteiligung.

QUELLEN

Barnes, Colin/Mercer, Geof (2010): Exploring Disability, Cambridge/Malden: Polity Press.

Ders. (2012): »Understanding the Social Model of Disability: Past, Present and Future«, in: Watson, Nick/Roulstone, Alan/Thomas, Carol (Hg.), Routledge Handbook of Disability, New York: Taylor & Francis, 12-30.

Butler, Judith (1991): Das Unbehagen der Geschlechter, Frankfurt a.M.: Suhrkamp.

Davis, Lennard J. (1997): The Disability Studies Reader, 1. Ausg., New York: Routledge.

Eggli, Ursula (1977): Herz im Korsett, Oberhofen: Zytglogge.

Engel, Antke (1994): »Geschlecht: Behindert, Merkmal: Frau. Eine Fotoausstellung zu Erotik, Körper und Sexualität«, in: HFZ 40 (38/39).

Ewinkel, Carola/Hermes, Gisela u.a. (1985): Geschlecht: behindert, besonderes Merkmal: Frau, München: AG SPAK.

Garland-Thomson, Rosemarie (2013): »Integrating Disability, Transforming Feminist Theory«, in: Lennard J. Davis (Hg.), The Disability Studies Reader, 4. Ausg., New York: Routledge, 333-353.

Dies. (1997): »Feminist Theory, the Body, and the Disabled Figure«, in: Davis, Lennard J. (Hg.), The Disability Studies Reader, 1. Ausg., New York: Routledge, 279-295.

Goodley, Dan (2011): Disability Studies. An interdisciplinary introduction, London/ Thousand Oaks: SAGE Publications.

Gugutzer, Robert/Schneider, Werner (2007): »Der ›behinderte‹ Körper in den Disability Studies. Eine körpersoziologische Grundlegung«, in: Schneider/Waldschmidt (Hg.), Disability Studies, 31-55.

Hermes, Gisela/Rohrmann, Eckard (2006): Nichts über uns – ohne uns!: Disability Studies als neuer Ansatz emanzipatorischer und interdisziplinärer Forschung über Behinderung, Kassel: AG SPAK.

Hutson, Christiane (2010): »Mehrdimensional verletzbar. Eine schwarze Perspektive auf die Verwobenheiten zwischen Ableism und Sexismus«, in: Jacob, Jutta/Köbsell, Swantje/Wollrad, Eske (Hg.), Gendering Disability: Intersektionale Aspekte von Behinderung und Geschlecht, Bielefeld: transcript, 61-73.

Dies. (2007): »Schwarzkrank? Post/koloniale Rassifizierungen von Krankheit in Deutschland«, in: Nghi Ha, Kein/Laurè al Samarai, Nicole/Mysorekar, Sheila (Hg.), re/visionen, Münster: Unrast, 229-243.

Köbsell, Swantje (2012): Wegweiser Behindertenbewegung: Neues (Selbst)-Verständnis von Behinderung Neues (Selbst)-Verständnis von Behinderung, Kassel: AG SPAK.

McRuer, Robert (2006): Crip Theory. Cultural Signs of Queerness and Disability, New York/London: New York University Press.

Ders. (2002): »Compulsory Able-Bodiedness and Queer/Disabled Existence«, in: Snyder, Sharon L./Brueggemann, Brenda Jo/Garland Thomson, Rosemarie (Hg.), Disability Studies. Enabling The Humanities, New York: Modern Language Association of America, 88-109.

Ders./Wilkerson, Abby L./Samuels, Ellen (2003) (Hg.): »Desiring Disability: Queer Theory Meets Disability Studies (GLQ)«, in: Journal for Lesbian and Gay Studies 9 (1-2).

Morris, Jenny (1996): Encounters with Strangers: Feminism and Disability, 3. durchg. Aufl., London: The Women's Press Ltd.

Oliver, Michael/Barnes, Colin (2012): The New Politics of Disablement, Houndmills/Basingstoke/Hampshire: Palgrave Macmillan.

Priestley, Mark (2003): »Worum geht es bei den Disability Studies«, in: Waldschmidt, Kulturwissenschaftliche Perspektiven der Disability Studies, 23-37.

Raab, Heike (im Druck): Einführung in die Disability Studies, Münster: Budrich.

Dies. (2012):»Un/Sichtbarkeit von Lesben mit Behinderung«, in: 20 Jahre LIBS: neue Sicht- und Unsichtbarkeiten lesbischer und bisexueller Mädchen, Frauen und Transgender; 1992-2012, Frankfurt a.m.: LIBS, 37-38.

Dies. (2007a):»Und sie bewegen sich doch – Krüppellesben«, in: Dennert, Gabriele/Leidinger, Christiane/Rauchut, Franziska (Hg.), In Bewegung bleiben. 100 Jahre Politik, Kultur und Geschichte von Lesben, Berlin: Quer, 182-186.

Dies. (2007b):»Intersektionalität in den Disability Studies: Zur Interdependenz von Disability, Heteronormativität und Gender«, in: Schneider, Werner/Waldschmidt, Anne (Hg.), Disability Studies, Kultursoziologie und Soziologie der Behinderung, Bielefeld: transcript, 127-151.

Schneider, Werner/Waldschmidt, Anne (Hg.) (2007): Disability Studies, Kultursoziologie und Soziologie der Behinderung: Erkundungen in einem neuen Forschungsfeld, Bielefeld: transcript.

Vernaldi, Matthias (2010):»Leib und Makel – Körperbilder, Eros und Behinderung«. Vortrag im Rahmen der Ringvorlesung:»Behinderung ohne Behinderte?! Perspektiven der Disability Studies«, Universität Hamburg am 31.05.2010, www.zedis.uni-hamburg.de/www.zedis.uni-hamburg.de/wp-content/uploads/vernaldi_31052010.pdf (15.1.2013).

Waldschmidt, Anne (2009):»Disability Studies«, in: Dederich, Markus/Jantzen, Wolfgang (Hg.), Behinderung und Anerkennung. Behinderung, Bildung, Partizipation (Enzyklopädisches Handbuch der Behindertenpädagogik Bd. 2), Stuttgart: Kohlhammer, 125-133.

Dies. (2005):»Disability Studies: Individuelles, Soziales und/oder Kulturelles Modell von Behinderung?«, in: Psychologie & Gesellschaftskritik, Themenschwerpunkt ›Disability Studies‹ 29 (1), 9-31.

Dies. (Hg.) (2003): Kulturwissenschaftliche Perspektiven der Disability Studies. Tagungsdokumentation. Schriftenreihe zum selbstbestimmten Leben Behinderter, Kassel: AG SPAK.

Wansing, Gudrun (2013): Behinderung und Migration: Inklusion, Diversität, Intersektionalität, Wiesbaden: VS Verlag für Sozialwissenschaften.

Watson, Nick/Roulstone, Alan/Thomas Caro (2012): Routledge Handbook of Disability Studies, London/New York: Routledge.

www.weibernetz.de (01.02.2013).

www.ursulaeggli.ch/e1/biografie.html (01.02.2013).

www.kassandra-ruhm.de (01.02.2013).

www.ak-mob.org (15.1.2013).

www.awan.awan.de/mondkalb2/index.php?s=default (15.1.2013).

www.pride-parade.de (15.1.2013).

www.univie.ac.at/unique/uniquecms/?p=529 (15.1.2013).

www.anschlaege.at/feminismus/2009-2/ (15.1.2013).

Postkolonial-feministische Theorie

Elisabeth Fink/Johanna Leinius

Dieser Beitrag skizziert das Feld der postkolonial-feministischen Theorie und fragt aus dieser Perspektive nach den Möglichkeiten grenzüberschreitender feministischer Solidarität.
Ein besonderes Augenmerk liegt hierbei auf bisher wenig rezipierten Beiträgen aus dem
lateinamerikanischen Raum sowie dem Verhältnis dekolonialer und postkolonialer Theorie.

Postkoloniale Theorie wurde im deutschsprachigen Raum vergleichsweise spät
rezipiert, gewinnt aber gegenwärtig insbesondere in den Sozialwissenschaften
an Bedeutung.[1] Dies gilt – wenn auch in verhältnismäßig geringerem Ausmaß –
ebenso für die im Fokus unseres Artikels stehende postkolonial-feministische
Theorie. Einen ersten Impuls für die Auseinandersetzung mit den kolonialen
Kontinuitäten Deutschlands aus einer feministisch-intersektionalen Perspektive
haben Katharina Oguntoye, May Ayim und Dagmar Schultz bereits in ihrer Veröffentlichung *Farbe bekennen. Afro-deutsche Frauen auf den Spuren ihrer Geschichte*
(Oguntoye/Ayim/Schulz 1986) gegeben, in der sie alltägliche vergeschlechtlichte
Rassismuserfahrungen thematisieren und die deutsche Frauenbewegung für die
Nichtanerkennung des Zusammenhangs von Rassismus und Sexismus kritisieren. Weiterhin regten die wegbereitenden Arbeiten von Martha Mamozai (1989,
1981) eine Auseinandersetzung mit der Rolle von Frauen im deutschen Kolonialismus an, die unter anderem von Katharina Walgenbach (2005) und Anette Dietrich (2007) fortgeführt wurde. Letztere stellt durch die Analyse kolonial-rassis-
tischer Diskurse in der bürgerlichen Frauenbewegung deren Beitrag und aktive
Beteiligung am Kolonialismus heraus. Da innerhalb der deutschsprachigen Frau-

---

1 | Mittlerweile liegen zwei deutschsprachige Einführungsbücher vor (Kerner 2012; Castro
Varela/Dhawan 2005); weiterhin wurde 2008 am Fachbereich Gesellschaftswissenschaf-
ten der Goethe Universität Frankfurt a.M. die erste (zeitlich befristete) Professur für Gender
und Postkoloniale Studien an einer deutschen Hochschule eingerichtet. Zudem ist eine ver-
mehrte Rezeption postkolonialer Studien in kritischen sozialwissenschaftlichen Zeitschriften (Peripherie 120/2010; PROKLA. Zeitschrift für kritische Sozialwissenschaft 158/2010;
Fink/Ruppert 2009) oder Sammelbänden (Reuter/Karentzos 2012; Reuter/Villa 2010) zu
verzeichnen.

en- und Geschlechterforschung die Perspektive auf die erste bürgerliche Frauenbewegung bislang eher eine affirmative war, die insbesondere die Erkämpfung
des Wahlrechts und des Zugangs zu Bildung hervorgehoben hat, sind solche
Interventionen wichtige Korrekturen im Sinne einer kritischen disziplinären Reflexion.

Die späte und insgesamt zögerliche Rezeption der Pionierarbeiten aus den
1980er Jahren sowie des postkolonial-feministischen Ansatzes im Allgemeinen
wird auch darauf zurückgeführt, dass Zugänge zu Öffentlichkeit und Institutionen durch Machtverhältnisse strukturiert sind (vgl. Franzki/Aikins 2010: 22).
Weiterhin ist global betrachtet rezeptionspolitisch bedenklich, dass die im anglophonen Raum veröffentlichten postkolonial-feministischen Arbeiten in weitaus
größerem Ausmaß rezipiert werden als Veröffentlichungen aus dem franko- oder
hispanophonen Sprachraum. Um die Pluralität der postkolonial-feministischen
Perspektive hervorzuheben und Ansätze aus unterschiedlichen Sprach- und geopolitischen Räumen in einen produktiven Dialog zu bringen, möchten wir in
diesem Artikel die Beiträge lateinamerikanischer AutorInnen hervorheben und
zu den breiter rezipierten anglophonen TheoretikerInnen ins Verhältnis setzen.
Den Fokus richten wir hierbei auf die postkolonial-feministische Verhandlung
hegemonialer feministischer Theorien und Bewegungen. Hiervon ausgehend
zeigen wir auf, wie die Möglichkeiten für feministische Solidarität und Bündnis-
bildungen über kulturelle, nationalstaatliche und epistemische Grenzen hinweg
eingeschätzt wird.

Der erste Teil dieses Artikels bietet somit eine überblickshafte Einführung in
die grundlegenden Ideen und Perspektiven postkolonialer Theorie. Vor dem Hintergrund einer zunehmenden Institutionalisierung sowie Ausdifferenzierung
dieser Theorieperspektive liegt ein besonderer Schwerpunkt auf dem Verhältnis postkolonialer Studien zur dekolonialen Perspektive, die, von Lateinamerika
und den USA ausgehend, zunehmend auch in Deutschland rezipiert wird (vgl.
ebd.: 11f.; Quintero/Garbe 2013). Unsere diesbezügliche These lautet, dass trotz zu
verzeichnender Distanzierungsbemühungen gegenüber postkolonialer Theorie
(vgl. Grosfoguel 2011; Mignolo 2007) insbesondere lateinamerikanische FeministInnen, die sich kritisch-affirmativ auf die dekoloniale Perspektive beziehen, im
Begriff sind, eine gemeinsame Perspektive mit dem postkolonialen Feminismus
zu erarbeiten (vgl. Medina Martín 2013; Bidaseca 2010). Dieser gemeinsame Dis-
kussionszusammenhang wird im anschließenden Teil dargelegt und im Folgenden genutzt, um die unterschiedlichen Positionierungen dieser pluralen Perspektive gegenüber den Möglichkeiten grenzüberschreitender Solidarität zwischen
heterogenen Frauen(-Bewegungen) zu diskutieren.

THEORIEN DER (POST-)KOLONIALITÄT

Postkoloniale Theorie befasst sich mit der Untersuchung kolonialer Herrschaft
und antikolonialem Widerstand sowie den Nachwirkungen kolonialer Macht- und

Herrschaftsverhältnisse. In diesem Zusammenhang wurde immer wieder das Präfix ›post‹ in ›postkolonial‹ hinterfragt, da es nahelege, dass mit der formalen Unabhängigkeit koloniale Macht- und Ausbeutungsstrukturen ein Ende gefunden hätten (vgl. Loomba 2005: 12). Postkoloniale TheoretikerInnen weisen aber dezidiert darauf hin, dass die im Rahmen der kolonialen Beziehungen etablierten Herrschaftsdynamiken bis heute nicht an Relevanz verloren haben und sehen das ›post‹ im Gegenteil als Zeichen für das Fortwirken des Kolonialismus über die formale Unabhängigkeit hinaus. Sie verweisen hier zum Beispiel auf koloniale Kontinuitäten in Bezug auf die Weltwirtschaft, militärische Interventionen, die Entwicklungszusammenarbeit oder die Migrationspolitik (vgl. Ziai 2012).

Wichtiges Element der Analyse dieser Kontinuitäten ist dabei immer auch die Untersuchung des kolonialen Diskurses beziehungsweise seiner Transformation nach dem Ende des Kolonialismus. Wegbereiter dieser Perspektive war Edward Said, dessen Studie *Orientalism* aus dem Jahr 1978 daher auch – neben den Arbeiten von Aimé Cesaire (2000/1950) und Frantz Fanon (2001/1961) – als eines der Gründungsdokumente postkolonialer Studien bezeichnet wird (vgl. Kerner 2012; Dhawan/Castro Varela 2005; Loomba 2005; Young 2001). Hierin verdeutlicht Said den Zusammenhang von Macht und Wissen im Kolonialismus, indem er zeigt, wie die Konstruktion und Repräsentation des Orients als defizitäres ›Anderes‹ letztlich insbesondere als Gegenbild zum aufgeklärten westlichen Menschen dient und somit die Produktion eines überhöhten westlich-europäischen Selbstbildes zulässt. Nicht zuletzt zeigt er, wie das, insbesondere durch die Orientalistik produzierte Wissen, eine wichtige Bedingung für die Legitimation und Aufrechterhaltung des Imperialismus und Kolonialismus darstellte (vgl. Said 2009/1978). Said hat die geschlechtlichen Einfärbungen kolonialer Diskurse im Sinne einer Feminisierung des orientalisierten ›Anderen‹ zwar erwähnt, jedoch zeigen nachfolgende Analysen in weitaus umfassenderer Weise den zentralen Stellenwert des Zusammenspiels von ›Rasse‹- und Gender-Diskursen für die Rechtfertigung kolonialer Herrschaftsausübung im Rahmen der sogenannten Zivilisierungsmission (vgl. McClintock 1995; Stoler 1989; für den deutschen Kolonialismus vgl. Zantop 1997). In ihrem kanonischen Aufsatz »Can the Subaltern Speak?« hat Gayatri Chakravorty Spivak (1994/88) beispielsweise herausgearbeitet, dass der britische Kolonialismus in Indien unter anderem dadurch legitimiert wurde, dass »weiße Männer braune Frauen vor braunen Männern retten« (ebd.).[2] Gewaltsamer Kolonialismus wurde also durch das Argument gerechtfertigt, dass die Kolonialisierten hiervon letztlich profitierten, da ihnen Humanismus, Fortschritt und Zivilisierung gebracht würden. Andere postkoloniale TheoretikerInnen fokussieren auf die widerständigen Momente in der (post-)kolonialen Beziehung zwischen Kolonialisierten und Kolonisierenden, so hat zum

---

2 | Spivak verdeutlicht dies anhand des Beispiels vermeintlich kulturell bedingter misogyner Praxen – wie etwa der Witwenverbrennung –, die den Briten unter anderem als Rechtfertigung zur gewaltsamen Kolonisierung dienten (vgl. Spivak 1994/1988).

Beispiel Homi Bhabha (1994) Konzepte wie *Mimikry* und *Hybridität* genutzt, um die inhärente Instabilität und Ambivalenz kolonialer Herrschaft aufzuzeigen. Die Untersuchung (post-)kolonialer Diskurse und Repräsentationen hat auch Kritik hervorgerufen: Zum einen, so wird argumentiert, vernachlässige der Fokus auf Diskurse die Zentralität ökonomischer Ausbeutungsstrukturen (vgl. Dirlik 1998), zum anderen würden konkrete Ausdrucksformen antikolonialen Widerstandes ignoriert (vgl. Parry 2008/1987).[3]

Die dekoloniale Perspektive, welche diese Kritik an den postkolonialen Studien teilt und fortführt, wurde von einem Kollektiv von Forschenden entwickelt, das die Kolonisierung der Amerikas als »Ausgangspunkt eines Herrschaftsmusters ohne historische Vorbilder« (Quijano 2010: 32; Quintero/Garbe 2013: 7) sieht. Von der Weltsystemtheorie (vgl. Wallerstein 1979) ausgehend, wird dieses neuartige Herrschaftsmuster unter dem analytischen Konzept der Kolonialität gefasst: Die Forschenden argumentieren, dass sich die Moderne auf Grundlage von den und durch die im Kolonialismus entstandenen Strukturen der Macht und sozialen Hierarchisierung entwickelte. Moderne und Kolonialität sind somit als ko-konstituiert gedacht, wobei die Kolonialität, die unter anderem in Kapitalismus, Rassismus und Eurozentrismus ihren Ausdruck findet,[4] die ›dunklere Seite‹ der Moderne darstellt (vgl. Mignolo 2011).

Positionierungen, aus denen Praktiken zur Überwindung der Kolonialität entwickelt werden können, werden auf der Grenze und an den Rändern der westlichen Hegemonie verortet: Von dort kann ein Grenzdenken herausgebildet werden,[5] das die koloniale Machtmatrix in Frage zu stellen vermag. Bezugnehmend auf die Befreiungsphilosophie[6] wird das epistemische Privileg somit den ›Ande-

---

3 | Jedoch ist der Marxismus, neben Poststrukturalismus, Psychoanalyse und Feminismus, eine wichtige Basis der postkolonialen Studien. Viele Arbeiten thematisieren explizit ökonomische Ausbeutungsverhältnisse.

4 | Der peruanische Soziologe Aníbal Quijano hat diese Machtstrukturen in der Theorie der *coloniality of power* zusammengebracht, welche einen zentralen Bezugspunkt der dekolonialen Perspektive darstellt (vgl. Garbe 2013: 39-42; Escobar 2004; Quijano/Ennis 2000). Obwohl seine Theorie sich vor allem mit Rassismus und Kapitalismus als Kolonialität reproduzierende (Teil-)Systeme beschäftigt, wurde sein Ansatz mittlerweile weiterentwickelt, um auch andere Ausdrucksformen der Kolonialität, so zum Beispiel des Wissens und des Seins, zu greifen (vgl. Maldonado-Torres 2010; Walsh 2008; Lander 2000).

5 | Während die dekoloniale Perspektive das Konzept des Grenzdenkens von der Chicana-Feministin Gloria Anzaldúa übernommen hat (vgl. Anzaldúa 1987), wird Chandra Talpade Mohanty, die das Konzept des epistemischen Privilegs in ähnlicher Weise verwendet (vgl. Mohanty 2003), nicht rezipiert.

6 | Die Befreiungsphilosophie und die Befreiungstheologie verstehen die Unterdrückten als Träger eines epistemischen Privilegs: Da die Unterdrückten die Gewalt und Ungerechtigkeit des Unterdrückungsverhältnisses in ihrer konkreten historischen Situation, also am eigenen Leib, erfahren, hätten sie im besonderen Maße die Möglichkeit, die sie unterdrückenden

ren‹ der Moderne zugeschrieben (vgl. Castro-Gomez/Grosfoguel 2007: 20f.; Mignolo 2007).

Postkoloniale Studien und dekoloniale Perspektive werden, gerade von den VertreterInnen der dekolonialen Perspektive, als »thematisch und epistemisch« (Castro-Gomez/Grosfoguel 2007: 14, Übersetzung d. Verf.; vgl. Grosfoguel 2011) verschieden gesehen. Walter Mignolo, einer der bekanntesten Vertreter des dekolonialen Projekts, sieht den deutlichsten Unterschied darin, dass »[t]he experience of British India and Orientalism, in which postcolonial studies and theories are grounded, is only part of the picture, imbedded in the already existing colonial matrix« (Tlostanova/Mignolo 2012: 25).

Mignolo argumentiert weiterhin, dass die dekoloniale Perspektive durch ihren Fokus auf *Pluriversalität*, also der universellen Anerkennung epistemologischer und kosmologischer Pluralität (vgl. Mignolo 2007: 452f.), eine übergreifende Perspektive für postkoloniale Studien und andere *local histories*, die (noch) nicht mit der Moderne/Kolonialität gebrochen hätten, bieten kann. Durch einen *pluriversalen* Dialog zwischen diesen Perspektiven könne deren epistemischer Bruch mit der Moderne unterstützt werden (vgl. Tlostanova/Mignolo 2012: 57; Mignolo 2000: 92).

POSTKOLONIAL-FEMINISTISCHE KRITIK

Postkolonial-feministische Studien bilden kein einheitliches Theoriegebäude, weisen aber trotz aller Heterogenität gemeinsame Fragestellungen und Kritikperspektiven auf: Zum einen deckt postkolonial-feministische Kritik die geschlechtertheoretischen Leerstellen postkolonialer Theoriebildung auf und betont die Interdependenz von Rassismus und Sexismus als koloniales Erbe. Zum anderen wird der hegemoniale Feminismus mit seinen Ausschlüssen und kolonisierenden Universalismen konfrontiert. In diesem Kontext steht auch der Dualismus der Geschlechterbeziehungen als zentraler Bezugspunkt von feministischem Aktivismus und Theorieproduktion in der Kritik, da hierdurch Hierarchien und Machtbeziehungen zwischen Frauen unberücksichtigt blieben (vgl. Lewis/Mills 2003: 3ff.). In diesem Zusammenhang ist die Einforderung einer Reflexion über die essentialistische Konstruktion der ›Dritte-Welt-Frau‹ durch westliche FeministInnen nach wie vor ein großes Anliegen der TheoretikerInnen eines postkolonialen Feminismus (vgl. Abu-Lughod 2002; Mohanty 1988/2003; Ong 1988). Basierend auf der kritischen Abgrenzung zu universalisierenden hegemonialen Perspektiven betonen postkoloniale FeministInnen die Eigenständigkeit ihrer Analysen – insbesondere auch gegenüber postkolonialen Studien und feminis-

---

Verhältnisse zu durchschauen und zu transformieren (vgl. Dussel 1996/1977: 207). Die reflexive Kapazität der Unterdrückten ist wesentlich für den Prozess der Befreiung, der notwendigerweise die Konstitution eines neuen politischen Subjekts voraussetzt (vgl. Restrepo/Rojas 2010: 54-60).

tischer Theorie (vgl. Rajan/Park 2000: 53). Alleinstellendes Merkmal ist die inklusive Analyse von verschiedenen hierarchisierenden Kategorien sowie deren untrennbare Verknüpfungen und Wechselwirkungen, wie es das *Combahee River Collective* schon 1977 formuliert hat: »We believe that sexual politics under patriarchy is as pervasive in Black women's lives as are the politics of class and race. We also often find it difficult to separate race from class from sex oppression because in our lives they are most often experienced simultaneously.« (Combahee River Collective 1981/1977: 213)

Die Arbeiten des *Schwarzen Feminismus*, des *Chicana Feminismus*, des *feminism of color* sowie des *Dritte-Welt-Feminismus* bilden folglich das theoretische Fundament und die methodologische Orientierung der postkolonial-feministischen Kritik, welche jedoch, dem jeweiligen Kontext Rechnung tragend, heterogen ›übersetzt‹ werden. Während etwa in Deutschland die Vorarbeiten zum Zusammenhang von (Neo-)Orientalismus und Geschlecht gegenwärtig dazu dienen, antimuslimischen Rassismus und Sexismus im Rahmen der Staatsbürgerschaftsdebatte zu entlarven (vgl. Shooman 2012; Rostock/Berghahn 2008), hat in Lateinamerika die Auseinandersetzung mit *Schwarzem Feminismus* und postkolonial-feministischen Ansätzen die Debatte um den Einfluss kolonialer Kontinuitäten auf Lateinamerika und den lateinamerikanischen Feminismus bereichert (vgl. Bidaseca/Vazquez Laba 2011; Mendoza 2010). Die afro-brasilianische Feministin Sueli Carneiro thematisiert zum Beispiel die Unsichtbarmachung der Kämpfe von schwarzen Frauen in der lateinamerikanischen feministischen Wissensproduktion als Konsequenz der Dominanz der Perspektive gut situierter *Mestizo*-Frauen (vgl. Carneiro 2005: 25).[7] Die kritische Reflexion von Verwertungs- und Verwerfungsprozessen des Wissens und des Aktivismus marginalisierter Gruppen thematisiert auch die bolivianische Soziologin Silvia Rivera Cusicanqui, welche sowohl der post-, vor allem aber der dekolonialen Perspektive vorwirft, das Wissen indigener Gruppen und Intellektueller als Rohstoff für die eigene Theoriebildung an den Universitäten des globalen Nordens zu verwerten und – durch Abstraktion und fehlende Zitation der originären DenkerInnen – zu entpolitisieren (Rivera Cusicanqui 2006: 9f.).

Weiterhin untersucht postkolonial-feministische Kritik, wie der (Post-)Kolo-

---

7 | Carneiro bezieht sich hier auf den Mythos der *racial democracy*, der in Brasilien, aber auch in anderen Teilen Lateinamerikas als nationaler Diskurs den Staatenbildungsprozess legitimiert hat und der von einer abgeschlossenen Vermischung der als unterschiedliche Rassen markierten Gruppen auf den Gebieten der neuen Nationalstaaten ausgeht. Rassismus und die auf ihm beruhenden sozio-ökonomischen Ungleichheiten und Dominanzverhältnisse – sowie die Ausbeutung und Vergewaltigung von schwarzen und indigenen Frauen als Grundlage der Mestizaje – werden somit unsichtbar und unsagbar gemacht. Die indigene und schwarze Bevölkerung ist in dieser hegemonialen Ideologie in der Vergangenheit verankert, aber nicht als eigenständiges politisches Subjekt in der Gegenwart denkbar (vgl. Curiel 2007: 98; Carneiro 2005: 25).

nialismus Sexualität normiert und Heteronormativität normalisiert hat. Dies geschieht zum einen durch historische Analysen, die aufzeigen, wie Kolonien als Projektionsflächen für verbotene sexuelle Wünsche dienten sowie als »Brutstätte sexueller Devianz« (Castro Varela/Dhawan 2009: 73) galten, die es aus Sicht der Kolonialisten zu zivilisieren und regulieren galt. Zum anderen werden die heteronormativen Annahmen postkolonialer und dekolonialer Arbeiten, aber auch die kolonialisierenden Aspekte des queeren Aktivismus thematisiert. So hat zum Beispiel María Lugones untersucht, wie im dekolonialen Projekt Heterosexualität als präkoloniale Konstante normalisiert wird (vgl. Lugones 2007), während María do Mar Castro Varela und Nikita Dhawan die gleichgeschlechtliche Ehe als heterosexuelles Mimikry[8] diskutieren und die normativen Dilemmata queerer postkolonialer Politik ausloten (vgl. Castro Varela/Dhawan 2011).

Aus diesen sich überschneidenden Kritikperspektiven wird – trotz der bereits erwähnten Distanzierungsbemühungen seitens einiger VertreterInnen der dekolonialen Perspektive – das gemeinsame Anliegen des postkolonial- sowie dekolonial-feministischen Projekts deutlich: Zum einen werden Machtdynamiken in der Wissensproduktion aufgedeckt und dekonstruiert, zum anderen das Dominanzbestreben hegemonialer Feminismen und postkolonialer sowie dekolonialer Debatten kritisiert. Dabei bildet die intersektionale Analyse von Formen der Unterdrückung und Herrschaft das zentrale Merkmal.

Vor diesem Hintergrund, der eine besondere Sensibilität gegenüber Formen der Exklusion offenbart, tragen postkolonial-feministische TheoretikerInnen weiterhin zu einer Weiterentwicklung des feministischen Aktivismus bei, indem untersucht wird, wie Allianzenbildung über die Grenzen von ›Rasse‹, Klasse, Kaste, Geschlecht und Epistemologie hinweg möglich und machbar ist. Diese für den postkolonialen Feminismus zentrale Debatte wird im Folgenden genauer beleuchtet.

BORDER-CROSSINGS: DIE (UN-)MÖGLICHKEIT GRENZÜBERSCHREITENDER ALLIANZEN

Die oben geschilderte Kritik am hegemonialen feministischen Projekt legt nahe, dass postkoloniale FeministInnen grenzüberschreitende Bündnisse kaum als tragfähige Option erwägen. Dies mag insbesondere in den 1970er Jahren der Fall gewesen sein, als ein dezidierter Bruch mit jeglichen Schwesternschaftsrhetoriken zentral war (vgl. Tripp 2006; Desai 2002). Aber auch weiterhin werden große Bedenken vorgebracht (vgl. bspw. Mendoza 2002; Spivak 1996, 1994/1988). Gegenwärtig ist dennoch, insbesondere vor dem Hintergrund der zerstörerischen Dynamiken des global operierenden neoliberalen Finanzkapitalismus, überwie-

---

8 | Homi Bhabha zufolge ist Mimikry als eine notwendig unzulängliche Nachahmung der Kolonisatoren durch die Kolonialisierten zu verstehen. Der Prozess der Nachahmung wirkt zum einen herrschaftsstabilisierend, birgt zum anderen aber auch subversives Potential (vgl. Bhaba 1994: 85ff.).

gend eine Suche nach Formen der Vernetzung und Zusammenarbeit zu verzeichnen. Die hierunter am breitesten rezipierten sind strategische Essentialismen (vgl. Spivak 1993), transnationale feministische Praxen (vgl. Grewal/Kaplan 2005, 1997), antikapitalistische Praxen (vgl. Mohanty 2003) sowie transversale Politiken (vgl. Yuval-Davis 2006). Gemeinsam ist diesen Ansätzen, dass geteilte Interessen und Solidarität nicht mehr schlicht als gegeben vorausgesetzt werden, sondern deren Identifizierung und Herausbildung die erste zu bewältigende Etappe von Analyse und Praxis darstellt (vgl. Fink/Ruppert 2009). Die trotz aller kritischen Interventionen weiterhin hegemoniale Normalisierung westlicher Vorstellungen von Geschlecht und Sexualität, mit einer Perspektive auf intersektionale Differenz, die Identitätskategorien als essentialistisch und klar voneinander getrennt wahrnimmt, bildet jedoch eine Gemengelage, in der die Möglichkeiten zur Bildung nicht-kolonisierender Allianzen gering sind. Carneiro beschreibt die vereinnahmende Tendenz des bourgeoisen hegemonialen Feminismus pointiert für den lateinamerikanischen Kontinent:

»Wir [Afro-Latinas, Anm. d. Verf.] sind Teil eines Kontinents von Frauen, die jahrhundertelang als Sklavinnen das Land bearbeiteten oder in den Straßen als Verkäuferinnen und Prostituierte arbeiteten. Frauen die es nicht verstanden, als die Feministinnen sagten, dass die Frauen die Straßen erobern und arbeiten sollten.« (Carneiro 2005: 22, Übersetzung d. Verf.)

Die Unmöglichkeit von Solidarität wird vor allem in der fortdauernden Zentralität von Eurozentrismus und Rassismus für die Konstitution des westlichen Subjekts – und damit auch des Feminismus – gesehen. Die US-amerikanische Literaturwissenschaftlerin Marguerite Waller (2005) argumentiert hier, dass die Hegemonie des Logozentrismus der westlichen Metaphysik, welcher Differenz nur in binärer, notwendigerweise hierarchisch geordneter und in letzter Instanz überwindbarer Form wahrnehmen kann, den interkulturellen und interepistemischen Dialog zwischen different positionierten Frauenbewegungen verhindere. Während Waller auf die Chaos-Theorie als mögliche Metapher für ein anderes Verständnis von Differenz verweist (vgl. ebd.: 123ff.), schlägt Rivera Cusicanqui die Metapher des »chhixi« (Cusicanqui 2006: 10ff.) vor. Aus dem Aymara übernommen, verweist das Konzept des *chhixi* zunächst auf eine Farbe, die aus der gleichzeitigen Wahrnehmung gegensätzlicher Farben entsteht, die sich berühren, ohne ineinander zu fließen. Sie beschreibt sich selbst als *chhixi*, als doppelt verwurzelt, *aymara* und europäisch, vermischt/*mestizo* ohne aufgelöste Gegensätzlichkeiten (ebd.: 11). *Chhixi* beruhe auf der instabilen, sich vereinigenden, aber sich nicht gegenseitig auflösenden Koexistenz von Unvereinbarkeiten und sei somit ein produktiverer Leitfaden für Allianzenbildung ohne inhärente Dialektik.

Waller und Rivera Cusicanqui, wie ein Großteil der anderen TheoretikerInnen, sehen den feministischen Aktivismus als Ansatzpunkt ihrer Reflexionen. Theorie und Praxis sind hierbei ineinander verwoben und befruchten sich gegen-

seitig. Die Erfahrungen – Erfolge wie Enttäuschungen – aus dem transnationalen Feminismus der 1990er und 2000er Jahre haben zu einer differenzierteren
Debatte um die Potentiale von geteilter Unterdrückung als ausreichende Basis für
widerständige Allianzen geführt. In dieser wurde deutlich, dass Ausgrenzungs-
und Marginalisierungsdynamiken auch in sich als emanzipatorisch verstehende
Bewegungen thematisiert und diskutiert werden müssen (vgl. Conway 2012). Dieser Hintergrund unterstreicht die große Bedeutung postkolonial-feministischer
Interventionen für die Herausbildung tragfähiger feministischer Solidaritäten.

FAZIT: POSTKOLONIALE SOLIDARITÄTEN

Obgleich postkolonial-feministische TheoretikerInnen nunmehr seit über 40
Jahren auf das Zusammenwirken von Rassismus, Sexismus und Eurozentrismus hinweisen, ist die entsprechende Berücksichtigung in (kritischer) Theorie
und Praxis, auch im deutschsprachigen Kontext, nach wie vor gering. So zeigen
sich in hiesigen feministischen Debatten eine mangelnde intersektionale Sensibilität sowie essenzialisierende Tendenzen, welche noch immer die Zentralität
eines bestimmten – säkularen, weißen, bourgeoisen – feministischen Frauen-
bildes suggerieren. Hierbei findet eine Absolutsetzung von Feminismus statt,
die ›andere‹ Feminismen nicht als solche anerkennt sowie Themen priorisiert,
die nur von einem Teil von Frauen als dringlich erachtet werden. Postkolonial-
feministische Kritik kann die nötigen Ansätze bieten, um solche Tendenzen
aufzudecken und in Frage zu stellen. Gleichwohl muss auch in der diesbezügli-
chen Rezeption darauf geachtet werden, dass bestimmte TheoretikerInnen oder
Strömungen postkolonial-feministischer Kritik nicht universell gesetzt werden
und so die Interventionen marginalisierter Gruppen überdecken statt unterstützen (vgl. Espinosa Miñoso 2012). Rezeptions- und Legitimationspolitiken führen
auch in der postkolonialen/dekolonialen sowie feministischen Wissenschaft zu
machtvollen Auslassungen, welche diskutiert werden müssen. Eine solche »feministische Dekolonisierung« (Mohanty 2003: 17) kann sodann die Voraussetzung des Auslotens von Solidarität(en) darstellen.

QUELLEN

Abu-Lughod, Lila (2002): »Do Muslim Women Really Need Saving? Anthropo-
logical Reflections on Cultural Relativism and Its Others«, in: American An-
thropologist 104 (3), 783-790.
Anzaldúa, Gloria (1987): Borderlands/La Frontera: The New Mestiza, San Francisco: Aunt Lute.
Bidaseca, Karina (2010): Perturbando el Texto Colonial: Los Estudios (Pos)colonia-
les en América Latina, Buenos Aires: Editorial SB.
Bidaseca, Karina/Vazquez Laba, Vanesa (2011): »Feminismos y (Des) Colonialidad.
Las Voces de las Mujeres Indígenas del Sur«, in: Temas de Mujeres 7(7), 1-19.

Bhabha, Homi K. (1994): The Location of Culture, New York: Routledge.

Carneiro, Sueli (2005): »Ennegrecer al Feminismo«, in: Nouvelles Questions Féministes 24(2), 21-26.

Castro-Gomez, Santiago/Grosfoguel, Ramón (2007): »Prólogo: Giro Decolonial, Teoría Crítica y Pensamiento Heteráriquico«, in: dies. (Hg.), El Giro Decolonial: Reflexiones Para una Diversidad Epistémica más Allá del Capitalismo Global, Bogotá: Siglo del Hombre Editores, 9-24.

Castro Varela, María do Mar/Dhawan, Nikita (2005): Postkoloniale Theorie. Eine Kritische Einführung, Bielefeld: transcript.

Dies. (2011): »Normative Dilemmas and the Hegemony of Counter-Hegemony«, in: dies./Dhawan, Nikita/Engel, Antke (Hg.), Hegemony und Heteronormativity, Hampshire: Ashgate, 91-119.

Césaire, Aimé (2000/1950): Discourse on Colonialism, London/New York: Monthly Review Press.

Combahee River Collective (1981/1977): »A Black Feminist Statement«, in: Moraga, Cherríe/Anzaldúa, Gloria (Hg.), This Bridge Called My Back: Writings by Radical Women of Color, New York: Kitchen Table: Women of Color Press, 210-218.

Conway, Janet (2012): »Transnational Feminisms Building Anti-Globalization Solidarities«, in: Globalizations 9(3), 379-393.

Curiel, Ochy (2007): »Crítica Poscolonial Desde las Prácticas Políticas del Feminismo Antirracista«, in: Nómadas 26, 92-101.

Dhawan, Nikita (2009): »Gendering Post/Kolonialismus, Decolonising Gender – Feministisch-Postkoloniale Perspektiven«, in: Kurz-Scherf, Ingrid/Lepperhoff, Julia/Scheele, Alexandra (Hg.), Feminismus. Kritik und Intervention, Münster: Westfälisches Dampfboot, 64-81.

Desai, Manisha (2002): »Transnational Solidarity. Women's Agency, Structural Adjustment, and Globalization«, in: Naples, Nancy/Desai, Manisha (Hg.), Women's Activism and Globalization, New York/London: Routledge, 15-34.

Dietrich, Anette (2007): Weiße Weiblichkeiten. Konstruktionen von ›Rasse‹ und Geschlecht im Deutschen Kolonialismus, Bielefeld: transcript.

Dirlik, Arif (1998): The Postcolonial Aura: Third World Criticism in the Age of Global Capitalism, Boulder, CO: Westview Press.

Dussel, Enrique (1996/1977): Filosofía de la Liberación, México: Edicol.

Escobar, Arturo (2004): »The Latin American Modernity/Coloniality Research Program: Worlds and Knowledges Otherwise«, in: Cuadernos del CEDLA 16, 31-67.

Espinosa Miñoso, Yuderkys (2012): »Los Desafíos de las Prácticas Teórico-Políticas del Feminismo Latinoamericano en el Contexto Actual«, in: Daza, Mar/Hoetmer, Raphael/Vargas, Virginia (Hg.), Crisis y Movimientos Sociales en Nuestra América, Lima: Programa Democracia y Transformación Global, 209-223.

Fanon, Frantz (2001/1961): The Wretched of the Earth, New York: Grove Press.

Fink, Elisabeth/Ruppert, Uta (2009): »Postkoloniale Differenzen über transnationale Feminismen. Eine Debatte zu den transnationalen Perspektiven von Chandra T. Mohanty und Gayatri C. Spivak«, in: Femina Politica, Gender und (De-)Kolonisierungsprozesse 2, 64-74.

Franzki, Hannah/Aikins, Joshua Kwesi (2010): »Postkoloniale Studien und kritische Sozialwissenschaft«, in: PROKLA. Zeitschrift für kritische Sozialwissenschaft 40 (158), 9-28.

Garbe, Sebastian (2013): »Das Projekt Modernität/Kolonialität – Zum Theoretischen/Akademischen Umfeld des Konzepts der Kolonialität der Macht«, in: Quintero, Pablo/ders. (Hg.), Kolonialität der Macht. De/Koloniale Konflikte: Zwischen Theorie und Praxis, Münster: Unrast, 21-52.

Grewal, Inderpal (2005): »Postcolonial Studies and Transnational Feminist Practices«, www.social.chass.ncsu.edu/jouvert/v5i1/grewal.html (06.06.2014).

Grewal, Inderpal/Kaplan, Caren (1997): »Introduction: Transnational Feminist Practices and Questions of Postmodernity«, in: dies. (Hg.), Scattered Hegemonies. Postmodernity and Transnational Feminist Practices. Minneapolis: University of Minnesota Press, 1-37.

Grosfoguel, Ramón (2011): »Decolonizing Post-Colonial Studies and Paradigms of Political Economy: Transmodernity, Decolonial Thinking, and Global Coloniality«, in: TRANSMODERNITY: Journal of Peripheral Cultural Production of the Luso-Hispanic World 1(1), http://www.escholarship.org/uc/item/21k6t3fq (23.09.2014).

Kerner, Ina (2012): Postkoloniale Theorien zur Einführung, Hamburg: Junius.

Lander, Edgardo (Hg.) (2000): La Colonialidad del Saber: Eurocentrismo y Ciencias Sociales – Perspectivas Latinoamericanas, Buenos Aires: CLACSO.

Lewis, Reina/Mills, Sara (Hg.) (2003): Feminist Postcolonial Theory: A Reader, Edinburgh: Edinburgh University Press.

Loomba, Ania (2005): Colonialism/Postcolonialism. The New Critical Idiom, New York u.a.: Routledge.

Lugones, María (2007): »Heterosexualism and the Colonial/Modern Gender System«, in: Hypatia 22(1), 186-209.

Mamozai, Martha (1989): Schwarze Frau, Weiße Herrin. Frauenleben in den Deutschen Kolonien, Reinbek: Rowohlt.

Dies. (1981): Herrenmenschen. Frauen im Deutschen Kolonialismus, Reinbek: Rowohlt.

Maldonado-Torres, Nelson (2010): »On the Coloniality of Being: Contributions to the Development of a Concept«, in: Mignolo, Walter/Escobar, Arturo (Hg.), Globalization and the Decolonial Option, London: Routledge, 94-124.

McClintock, Anne (1995): Imperial Leather: Race, Gender, and Sexuality in the Colonial Contest, New York: Routledge.

Medina Martín, Rocío (2013): »Feminismos Periféricos, Feminismos-Otros: Una Genealogía Feminista Decolonial por Revindicar«, in: Revista Internacional de Pensamiento Político 8, 53-79.

Mendoza, Breny (2010): »La Epistemologiá del Sur, la Colonialidad del Género y el Feminismo Latinoamericano«, in: Espinosa Miñoso, Yuderkys (Hg.), Aproximaciones Críticas a las Prácticas Teórico-Políticas del Feminismo Latinoamericano, Buenos Aires: En la Frontera, 19-36.

Dies. (2002): »Transnational Feminisms in Question«, in: Feminist Theory 3(3), 313-332.

Mignolo, Walter D. (2011): The Darker Side of Western Modernity: Global Futures, Decolonial Options, Durham/London: Duke University Press.

Ders. (2000): Local Histories/Global Designs: Coloniality, Subaltern Knowledges, and Border Thinking, Princeton: Princeton University Press.

Ders. (2007): »Delinking: The Rhetoric of Modernity, the Logic of Coloniality and the Grammar of Decoloniality«, in: Cultural Studies 21(2), 449-514.

Mohanty, Chandra Talpade (2003): Feminism Without Borders. Decolonizing Theory, Practicing Solidarity, Durham/London: Duke University Press.

Dies. (1988): »Aus Westlicher Sicht: Feministische Theorie und Koloniale Diskurse«, in: beiträge zur feministischen theorie und praxis 23, 149-162.

Oguntoye, Katharina/Ayim, May/Schultz, Dagmar (1986): Farbe Bekennen: Afro-Deutsche Frauen auf den Spuren Ihrer Geschichte, Berlin: Orlanda.

Ong, Aiwha (1988): »Colonialism and Modernity. Feminist Re-Presentations of Women in Non-Western Societies«, in: Inscriptions 3 (4), 79-93.

Parry, Benita (2008/1987): »Problems in Current Theories of Colonial Discourse«, in: Ashcroft, Bill/Griffiths, Gareth/Tiffin, Helen (Hg.), The Post-Colonial Studies Reader, London/New York: Routledge, 44-50.

Peripherie (Hg.) (2010): Postkoloniale Perspektiven auf ›Entwicklung‹, Peripherie 120, Münster: Westfälisches Dampfboot.

PROKLA. Zeitschrift für kritische Sozialwissenschaft (Hg.) (2010): Postkoloniale Studien als Kritische Sozialwissenschaft 158(40), Münster: Westfälisches Dampfboot.

Quijano, Anibal (2010): »Die Paradoxien der Eurozentrierten Kolonialen Moderne«, in: PROKLA. Zeitschrift für Kritische Sozialwissenschaft 40(158), 29-48.

Quijano, Anibal/Ennis, Michael (2000): »Coloniality of Power, Eurocentrism, and Latin America«, in: Nepantla: Views from South 1(3), 533-580.

Quintero, Pablo/Garbe, Sebastian (Hg.) (2013): Kolonialität der Macht. De/Koloniale Konflikte: Zwischen Theorie und Praxis, Münster: Unrast.

Rajan, Rajeswari Sunder/Park, You-me (2000): »Postcolonial Feminism/Postcolonialism and Feminism«, in: Schwarz, Henry/Ray, Sangeeta (Hg.), A Companion to Postcolonial Studies, Malden/Oxford: Blackwell, 53-72.

Restrepo, Eduardo/Rojas, Axel (2010): Inflexión Decolonial: Fuentes, Conceptos y Cuestionamientos, Popayán: Editorial Universidad del Cauca.

Reuter, Julia/Karentzos, Alexandra (Hg.) (2012): Schlüsselwerke der Postcolonial Studies, Wiesbaden: VS Verlag für Sozialwissenschaften.

Dies./Villa, Paula-Irene (Hg.) (2010): Postkoloniale Soziologie. Empirische Befunde, Theoretische Anschlüsse, Politische Intervention, Bielefeld: transcript.

Rivera Cusicanqui, Silvia (2006): »Ch'ixinakax Utxiwa: una Reflexión Sobre Prác-
ticas y Discursos Descolonizadores«, in: Yapu, Mario (Hg.), Modernidad y
Pensamiento Descolonizador. Memoria del Seminario Internacional, La Paz:
U-PIEB, 3-16.

Rostock, Petra/Berghahn, Sabine (2008): »The Ambivalent Role of Gender in Re-
defining the German Nation«, in: Ethnicities 8, 345-264.

Said, Edward (2009/1978): Orientalismus, Frankfurt a.M.: Fischer.

Shooman, Yasemin (2012): »Vom Äußeren Feind zum Anderen im Inneren. Anti-
muslimischer Rassismus im Kontext Europäischer Migrationsgesellschaf-
ten«, in: Ha, Kien Nghi (Hg.), Asiatische Deutsche. Vietnamesische Diaspora
and Beyond, Berlin: Assoziation A, 305-320.

Spivak, Gayatri C. (1993): Outside in the Teaching Machine, New York/London:
Routledge.

Dies. (1996): »Die ›Frau‹ als Globales Theater: Beijing 1995«, in: Aithal, Vathsala
(Hg.), Vielfalt als Stärke: Beijing '95. Texte von Frauen aus dem Süden zur
Vierten Weltfrauenkonferenz, Frankfurt: epd-Entwicklungspolitik-Materia-
lien II/96, 56-59.

Dies. (1994/1988): »Can the Subaltern Speak?«, in: Williams, Patrick/Chrisman,
Laura (Hg.), Colonial Discourse and Postcolonial Theory. A Reader, New York:
Columbia University Press, 66-112.

Stoler, Ann (1989): »Making Empire Respectable: The Politics of Race and Sexual
Morality in 20th-Century Colonial Cultures«, in: American Ethnologist 16(4),
634-660.

Tlostanova, Madina/Mignolo, Walter (2012): Learning to Unlearn: Decolonial Reflections form Eurasia and the Americas, Columbus: The Ohio State University
Press.

Tripp, Ali Mari (2006): »The Evolution of Transnational Feminisms. Consensus,
Conflict, and New Dynamics«, in: Ferree, Myra Marx/dies. (Hg.), Global Femi-
nism. Transnational Women's Activism, Organizing and Human Rights, New
York/London: Routledge, 51-79.

Walgenbach, Katharina (2005): Die Weiße Frau als Trägerin Deutscher Kultur.
Koloniale Diskurse zu Geschlecht, ›Rasse‹ und Klasse im Kaiserreich, Frankfurt a.M./New York: Campus.

Waller, Marguerite (2005): »»One Voice Kills Both Our Voices‹: ›First World‹ Fe-
minism and Transcultural Feminist Engagement«, in: dies./Marcos, Sylvia
(Hg.), Dialogue and Difference: Feminisms Challenge Globalization, New
York/Houndsmills: Palgrave Macmillan, 113-142.

Wallerstein, Immanuel (1979): The Capitalist World-Economy, Cambridge: Cambridge University Press.

Walsh, Catherine (2008): »Interculturality, Plurinacionality and Decoloniality: Po-
litical-Epistemic Insurgences to Refound the State«, in: Tabula Rasa 9, 131-152.

Young, Robert (2001): Postcolonialism: An Historical Introduction, Oxford u.a.:
Blackwell.

Yuval-Davis, Nira (2006): »Human/Women's Rights and Feminist Transversal Politics«, in: Ferree, Myra Marx/Tripp, Aili Mari (Hg.), Global Feminism. Transnational Women's Activism, Organizing, and Human Rights, New York/ London: Routledge, 275-296.

Zantop, Susanne (1997): Colonial Fantasies: Conquest, Family, and Nation in Precolonial Germany, 1770-1870, Durham: Duke University Press.

Ziai, Aram (2012): »Neokoloniale Weltordnung?«, in: Aus Politik und Zeitgeschichte 62 (44-45), 23-30.

Marxismus-Feminismus – ein Projekt

Die Spannung von Marxismus und Feminismus produktiv machen

Frigga Haug

Wollte man feministisch-marxistischer Forschung und den sie betreibenden Wissenschaftlerinnen einigermaßen gerecht werden, würde allein das Literaturverzeichnis weit über hundert Seiten umfassen und immer noch hätte man Wichtiges nicht genannt, unwillentlich zum Vergessen vergangener Arbeit aus der Geschichte beigetragen. Dass Marxismus-Feminismus aus Bewegung sich herausbildet, aus Diskussionen kommt und Widersprechen ist, also ein kollektiver Prozess, der zudem immer weiter unabgeschlossen bleibt, solange die Probleme in diesem Zusammenhang nicht gelöst sind, macht die Sache noch einmal schwieriger. Ich habe mich daher entschlossen, keinen wissenschaftlichen Text mit Nachweisen, Bibliografie und Fußnoten zu schreiben, sondern einen Bericht von außen, obwohl ich zumeist selbst tief innen steckte und maßgeblich bei den einzelnen Streitpunkten beteiligt war.[1]

So selbstverständlich sich die Begriffe Marxismus und Feminismus auf den ersten Blick als historische Größen darbieten, so fragwürdig ist ihr Zusammenhang, gestiftet durch das kleine Wort ›und‹ im Titel. Beide Begriffe haben eine umstrittene Geschichte, die es zu hinterfragen gälte, bevor man sich im Zusammenschluss versucht. Damals, in den ersten Jahren der zweiten Frauenbewegung, also vor mehr als vier Jahrzehnten, war Marxismus eine nicht bezweifelte Größe, eine Orientierung, der man sich zugehörig fühlte, wenn man aus der Studentenbewegung kam, auch wenn man Marx nie gelesen hatte. Der Feminismus bildete sich ebenfalls zunächst in der Studentenbewegung heraus als Protest gegen die fortdauernde Frauenunterdrückung auch in der Bewegung selbst und als Zeichen neuen Selbstbewusstseins der aktiven Frauen. Besonders in der Bundesrepublik Deutschland mit ihrem Antikommunismus, der schärfer war als irgendwo sonst in der Welt durch ihre Teilung und also gleichzeitige Anwesenheit des Staatssozialismus, war der Druck gegen einen möglichen Zusammenschluss von Marxismus und Feminismus größer und platzierte diejenigen, die noch am Marxismus

---

1 | Man wird das hier Eingesparte nachlesen können in meinem autobiografisch gehaltenen Buch *Marxismus-Feminismus als Lernprozess*, das im Frühjahr 2015 erscheinen wird.

festhalten wollten zwischen zwei Stühle. Mit Geringschätzung bedacht als nicht wirklich feministisch von den schnell heranwachsenden Schwestern und verachtet von Vertretern der Arbeiterbewegung als nicht wirklich politisch, als überflüssig, ein kleinbürgerlicher Kindergarten. In dieser fruchtlosen Klemme entwickelte sich die kleine Pflanze eines feministischen Marxismus oder marxistischen Feminismus trotzig als Protest, als ständige Hinterfragung, als Einklagung, Leerstellen zu füllen, stets unfertig, mühsam um ein eigenes Projekt ringend.

Auf der Suche nach einer Begründung jahrtausendealter Frauenunterdrückung begann dieser marxistische Feminismus in der Frauenbewegung als so etwas wie eine forschende Aktionsgruppe. Das Studium der marxistischen Klassiker gehörte ebenso zum eigenen Selbstverständnis wie die Organisation von Aktionen, Demonstrationen, Kongressen, Hearings usw. Während die neue Frauenbewegung sich der Lektüre der Klassiker und also ihrer Anbindung an sie rasch entledigte und leichtfüßig die vielen Felder des Alltagslebens und des Kulturellen besetzte, taten sich die marxistischen Feministinnen schwer, mit den von Marx und Engels vorgefundenen Analysen ihrer Frage nach den Wurzeln der Frauenunterdrückung nah genug zu kommen. Ihre Suche war von Anfang an vielfältig und international. Die einen stellten sich die Aufgabe, das marxistische Begriffsinstrumentarium so zu erweitern, dass die Frauenfrage darin Platz hätte. Dies sollte Marxismus bereichern. Andere suchten mit marxistischem Anspruch den jungen Feminismus zu verbessern, indem sie ganze Bereiche und ihre Trennungen mit Zweifeln besetzten.[2] Wieder andere kamen in ihrer Hinterfragung marxscher Begriffsverwendung in einer Art Nahkampf zur völligen Abkehr vom Marxismus. Man findet sie also an der Grenze zwischen Marxismus und Feminismus im Moment der Grenzüberschreitung, d.h. ihres Abschieds vom Marxismus.[3]

In der Frauenbewegung war der Internationalismus von Anfang an eine enorme Stärkung, weil die Frauen einander auf Kongressen begegneten und austauschten, dies gilt insbesondere für den Marxismus-Feminismus, der im angelsächsischen Raum bis heute fruchtbare Diskussionen führt, etwa über grundlegende Begriffe und darüber, wie die Aufbruchsstimmung der 1970er Jahre wieder belebt werden könne.[4] Dies aber führte zur gleichzeitigen Engführung der Überlieferung seiner Geschichte auf die angelsächsische Version, als hätte es die anderen Länder und ihre Geschichte nie gegeben. Als in Deutschland gelernt wurde, dass feministischer Marxismus auch Sprachpolitik sein müsste, um wirklich eingreifend zu sein, weil die einzelnen sich gewissermaßen auch dann im regierungsdeutsch subaltern ausdrückten, wenn sie über eigene Gefühle und Motive sprechen wollten[5], waren die gebräuchlichen Begriffe schon allesamt eng-

---

2 | So etwa Donna Haraway früh mit ihrer Infragestellung von Geschlecht und Biologie als feste Wesenheiten (Haraway 1987).

3 | So etwa Mies 1989; Neusüß 1985/2013; Bennholdt-Thomsen 1983; Werlhof 1982.

4 | Vgl. u.a. Mojab 2014.

5 | Vgl. dazu die Einführung in die Erinnerungsarbeit in: Haug 1983.

lisch besetzt, auch im Deutschen (wie Sex und Gender), und ihnen damit der produktive Stachel eigener Erfahrung genommen.

Zunächst wurde die Kritik, wurden die Fehlermeldungen zusammengezogen in den großen Zweifel am marxschen Arbeitsbegriff. Selbst wenn man nicht die Meinung vertrat, Marx habe nur mehrwertschaffende Arbeit als produktiv bezeichnet und also überlas, dass er dies als den Standpunkt des Kapitals und als ›Pech für den Arbeiter‹ herausarbeitete, blieb doch das Unbehagen, dass in der Analyse des Kapitals praktisch nur der männliche Industriearbeiter fungiert und bei der Arbeiterklasse als revolutionärem Subjekt wiederum wesentlich von männlichen Arbeitenden die Rede ist, die einen Ernährerlohn bekommen, um Frau und Kinder (›die Ersatzmänner‹) zu unterhalten. Um die unsichtbaren Frauen ans Licht zu holen, war mehr zu tun, als eine bloße Erweiterung des Arbeitsbegriffs, dass auch Frauen darin Platz nehmen könnten mit ihren vorwiegend häuslichen Tätigkeiten. Es musste auch die Hierarchie unter den Arbeitsarten umgestürzt werden und damit zugleich die Bedeutung, die die einzelnen der jeweiligen Arbeit beimaßen, ebenso wie die gesellschaftliche Anerkennung verändert werden.

DIE HAUSARBEITSDEBATTE

Unter diesem Titel begann schon Ende der 1960er Jahre unter den marxistischen Feministinnen der westlichen Welt die Debatte um Hausarbeit. Es ging darum, Hausarbeit in politischer und gesamtgesellschaftlicher Perspektive neu zu denken. Schwerpunkt der Kritik war, unbezahlte Arbeit in Privathaushalten, insbesondere durch Ehefrauen und Mütter und diese im Verhältnis zur Reproduktion der Ware Arbeitskraft zu begreifen. Sie wurde mehr als ein Jahrzehnt immer diffiziler geführt und versickerte, ohne eine produktive Fassung der Frauenfrage erreicht zu haben. Sie ging in die Geschichte ein als *domestic labour debate*, was jede als Hausarbeitsdebatte übersetzen kann und hatte doch mit ihrer Tradierung im Englischen ihren Hauptimpetus verloren. Überliefert wurde nämlich, es sei um Lohn für Hausarbeit gegangen[6] – was leicht von konservativen Kräften aufgenommen werden konnte und bis zum Betreuungsgeld in christdemokratischen Kreisen noch 2014 aktuell ist. Eine wahrheitsliebende Geschichtsschreibung hätte indes gezeigt, dass es um eine andere Gesellschaft ging, in der die Arbeiten im häuslichen Bereich bis zur liebenden Sorge als Vorschein für eine bessere Welt aufgehoben werden sollten. So war es nicht das Ziel, die fürsorgenden Arbeiten im Haus wie insgesamt der freundliche Umgang der Menschen miteinander in die Lohnform zu überführen und zu berechnen, sondern sie nicht bloß einem Geschlecht ohne entsprechende Rechte zur Verantwortung zu überweisen, sie stattdessen von allen Mitgliedern der Gesellschaft wahrnehmen zu lassen. Ins

---

6 | Anders diskutierten schon Silvia Federici und Nicole Cox die Lohn-für-Hausarbeit-Kampagne (1976) als Kampf gegen das Lohnverhältnis, also als antikapitalistische Strategie.

Zentrum der Kritik rückten eben die bestehenden Verhältnisse, in denen nur zählt, was Geld bringt.

ZWEI HERRSCHAFTSARTEN

Patriarchat als Name für eine Gesellschaft, in der das männliche Geschlecht in allen Bereichen, in Moral, Sprache und ihren Bedeutungen, aber auch in der Regierung, in den leitenden Berufen usw. bestimmt, was für Menschen im Allgemeinen ausgesagt werden soll, aber doch nur für Männer gilt, sollte als eine Herrschaftsform entziffert werden, welche die Vernachlässigung alles Lebendigen als Voraussetzung für kapitalistischen Profit zu ihrer Grundlage hat. In dieser Weise konnte die Ökologiefrage, das Ende der Ressourcen bis zur Unbewohnbarkeit der Erde mit der Frauenfrage zusammen gedacht werden. Es konnte zugleich auch die Weise der Erkenntnisgewinnung, die Rationalität der Moderne in feministischen Zweifel gezogen werden. Diese fruchtbare Debatte ist wiederum unter englischem Namen tradiert als *dual economy debate*. Zu dieser Zeit war marxistischer Feminismus schon so gewöhnt daran, dass die zentralen Losungen auf Englisch gesprochen wurden, dass *dual economy* in einer Übersetzung etwa als Doppelwirtschaft im feministischen Diskurs nicht Fuß fasste. Vielleicht war die Diskussion auch zu abgehoben für die Losungen, die alltäglich gebraucht wurden, um unter den Frauen in Bewegung verständlich zu sein. Es ging in dieser Debatte, kurz gesprochen, um die Frage, ob Patriarchat und Kapitalismus zwei zwar verschiedene, aber ineinander verschränkte Regulierungs- und Herrschaftsformen seien, die einander je nach Bedarf abstützten, so wenn in Zeiten ökonomischer Konjunktur die berufstätige Frau zum Leitbild wird, während sie in Krisenzeiten von der zuhause bleibenden fürsorglichen Mutter abgelöst wird. Diese Auffassung hatte zum Ziel, eine allgemeine Theorie eines patriarchalen Kapitalismus zu erarbeiten. Auf der anderen Seite wurde gefragt, ob Frauenunterdrückung immer weiter tradiert werde, weil es sich bei unserer Gesellschaft um eine Koexistenz zweier historischer Gesellschaftsformationen handele, Feudalismus und Kapitalismus nebeneinander existierten und Frauen als Ungleichzeitige gewissermaßen noch in feudaler Verfügung lebten, während Männer im Kapitalismus wie Feudalherren agierten und über die Arbeitskraft und den Körper ihrer Frauen zuhause verfügen konnten, selbst wenn sie in ihrer Lohnarbeit kleine machtlose Gestalten waren.

AUCH ALS OBJEKT SUBJEKT SEIN

Im marxschen Satz, dass die Menschen ihre Geschichte selbst machen, wenn auch nicht aus freien Stücken, und in seinen Feuerbachthesen – vor allem mit ihrer Betonung der sinnlich-menschlichen Tätigkeit, Praxis, ihrer Absage an die Metaphysik – gibt es die folgenreiche Aussage, dass Selbstveränderung und Veränderung der Umstände zusammenfallen. Dies konnte endlich gelesen werden als Freilassung aus dem engen Korsett, entweder die Veränderung der Gesellschaft zu erstreiten und sich also um die Einzelnen nicht zu kümmern oder sich ums Subjektive zu kümmern und also für die Gesellschaft im Großen keine Zeit mehr zu haben. Umgekehrt gilt: Man kann die gesellschaftlichen Strukturen nicht verändern, ohne sich selbst zu verändern und man kann sich nicht ändern, wenn man die gesellschaftlichen Strukturen nicht angreift. Diese Einsichten gaben den Fragen nach der ständigen Reproduktion von Frauenunterdrückung eine selbstbewusste neue Forschungsrichtung, in denen sie selbst als Subjekte des Denkens ebenso wie der Veränderung auftauchten. Auch Frauen machen ihre Geschichte selbst. Wo nicht mit Gewalt und Zwang regiert wurde, musste die Zustimmung der Regierten eingeholt werden. Die Frage, ob Frauen nur Opfer der Verhältnisse und der Männer wären, wurde mit einem Ruck verschoben in eine vielfältige Forschungsanordnung. Statt Klageberichte anzuhäufen konnte die neue Forschungsfrage, wie Frauen an ihrer eigenen Unterdrückung als Handelnde beteiligt waren, alle in der Bewegung in die Forschung als Akteurinnen einbeziehen. Die fruchtbare zentrale These lautete, dass Frauen nicht nur unglücklich und subaltern in den Verhältnissen stecken, von Männern missbraucht und instrumentalisiert, sondern dass sie ihre eigene Unterdrückung mit produzieren. Auch sich opfern sei eine Tat. Diese These wurde international verbreitet und löste eine Forschung zur subjektiven Beteiligung an Unterwerfung aus und die Entwicklung einer sozialwissenschaftlichen Methode, die *Erinnerungsarbeit*. Die Forschungsfragen richten sich schnell auf alle Bereiche des Lebens, die Methode arbeitet sprachkritisch und bezieht den Körper als formiert ebenso ein wie die Gefühle als Triebkraft und als Lähmung. Auch dieses Projekt war ein internationales und wird bis heute praktiziert.

DIE KONSTRUKTION VON WEIBLICHKEIT

In dieser Zeit, den 1980er Jahren, hatte sich Feminismus akademisiert. Die Anstrengung im akademischen Jargon und in den Wettbewerbsregeln der Universitäten mitzuhalten, hatten Sprache und Fragen hervorgebracht, die nicht mehr den Anspruch hatten, allgemein verständlich zu sein und sich an alle Frauen zu richten, zumal schon einige Zeit ›Frau‹ als zu befreiendes Subjekt ebenso verabschiedet war wie ›Geschlecht‹ als Ausgangspunkt von Theorie. Neue Fragen nach der Konstruktion von Bedeutung von Geschlecht fanden in allgemeiner postmarxistischer Wende im universitären Rahmen Raum und Anerkennung. Sie gaben der Untersuchung von Machtgeweben im linguistischen Feld feingliedrige Werkzeuge, aber sie erschwerten es einem marxistischen Feminismus im marxschen Begriffsrahmen, die Fragen nach dem Herrschaftszusammenhang, in dem Frauen lebten, weiter zu verfolgen. Vielleicht kann man sagen, dass sie den materiellen Boden, auf dem Frauenunterdrückung funktional ist, gar nicht mehr in Rechnung stellten. In der Absage an ein allgemeines Subjekt Frau, emotional aufgeladen durch den Protest schwarzer Frauen, konnte das Bestehen auf Frauenunterdrückung als Forschungsfrage sich nur schwer behaupten. Diese Schwierigkeit wird vermehrt durch die neuerliche Absage auch an Zweigeschlechtlichkeit und seine Ersetzung durch multiple Weisen, Geschlecht zu leben und zu empfinden. Zunächst konnte die Problematik, kein Subjekt Frau mehr ansprechen zu sollen, aufgehoben werden in der Forschung nach der Produktion von Weiblichkeit, die subjektiv als nach Klasse, Ort, Kultur verschieden untersucht werden konnte.

GESCHLECHTERVERHÄLTNISSE

Die Zweifel an der Kategorie Geschlecht konnten überführt werden in die Fragen nach den Verhältnissen, in denen die Einzelnen in umstrittenen Beziehungen leben. Um die Fragen der Beziehungen der Geschlechter untereinander, ihre Konstruktion, die Durchdringung dieser Bestimmung durch alle gesellschaftlichen Bereiche zu untersuchen, empfiehlt es sich in der Tat, nicht mehr von Geschlecht, auch nicht von Gender auszugehen, sondern von Geschlechterverhältnissen. Diese als Rahmen zu setzen, in dem alle anderen Bereiche codiert sind, erwies sich nach langem Ringen als die Lösung, selbst Geschlechterverhältnisse als Produktionsverhältnisse zu begreifen und damit so dominant zu setzen, dass der Marginalisierung und dem Übersehen vom Geschlechterzusammenhang ein Ende gesetzt werden konnte, zumindest in der Theorie.[7] In der Auseinandersetzung mit marxistischer Tradition musste allerdings der Begriff der Produktionsverhältnisse aus seinem gewohnten Gebrauch geholt werden. Nicht nur die Produktion der ›Lebensmittel‹, kapitalistisch organisiert mit immer weiter entwickelten Produktivkräften, sollte einbegriffen sein, wenn von Produktionsverhältnissen die Rede war, sondern in ihnen zugleich die Produktion des Lebens, wie Marx dies ausdrückt. Die These ›Geschlechterverhältnisse sind Produktionsverhältnisse‹, welche also ausgeht von zwei Produktionen, denen des Lebens selbst, des eigenen und des der Kinder zum einen und der der Lebensmittel zum anderen, wobei letztere mit Profit organisiert werden und immer schneller und rationeller entwickelt werden, konnte in den 1990er Jahren in marxistisch-feministischer Proklamation im tradierten Marxismus nur deswegen wenig skandalisiert durchgehen, weil Marxismus im Allgemeinen nach 1989 aufgehört hatte, eine unumstrittene Burg mit Gralshütern zu sein. Er war herrenlos geworden und konnte nun produktiv und ohne nennenswerten Widerspruch auch von Feministinnen besetzt werden. Wo niemand mehr einen Anspruch auf Marxismus erhob, konnte man auch nicht als Revisionistin ausgeschlossen werden.

DER ALLGEMEINE ERKENNTNISANSPRUCH VON FEMINISMUS

Unter feministisch wurde die Einnahme eines komplizierten besonderen Standpunktes mit gleichwohl menschheitlich allgemeiner Perspektive verstanden.

---

7 | Vgl. dazu meinen Versuch im Artikel »Geschlechterverhältnisse« (Haug 2001).

»Vom feministischen Standpunkt wird die Ineinssetzung des Allgemein-menschlichen mit dem Männlichen ebenso in Frage gestellt wie ihr Pendant, die Besonderung des Weiblichen als natürlich. Gleichwohl wird aus dieser zugeschriebenen Besonderung heraus selbstbewusst eine Perspektive entworfen, die beide Geschlechter einschließt. Sie kann nur vom Besonderen her formuliert werden, eben weil das falsche Allgemeine zurückgewiesen und durch wirklich Allgemeines, welches sich erst noch herausbildet, ersetzt werden muss. In dieser Weise ist Feminismus zugleich politische Utopie und hat seinen Ort jenseitig, wie er auch im Diesseits seine Schritte setzt.« (Haug 1992: 296f.)

So schrieb ich 1992 in dem von Richard Saage herausgegebenen Band mit dem Titel: *Hat die politische Utopie eine Zukunft?* Der Satz, recht philosophisch formuliert, gibt weiterer theoretischer Arbeit und praktischer Aktion das Programm: Er orientiert auf ein Fernziel (wie Rosa Luxemburg dies ausdrückt), hat also eine Vision oder Utopie und lenkt die praktischen Schritte auf den je konkreten Punkt des Noch-nicht, zielt mithin darauf, gegen erfahrene Ungerechtigkeit alltäglich anzugehen. Man kann erkennen, dass die Formulierung aus Hegels Herr-Knecht-Dialektik gelernt hat, in der vom Standpunkt der Unteren sich einzig das, was allen gemein sein kann, herausbildet. Das marxistische Erbe, das selbst noch aus der Aufklärung zehrt, macht den marxistischen Feminismus daher unverschämter als in feministischer Bewegung üblich, weil er sich nicht mit der Hälfte zufriedengibt. Gender-Mainstreaming, Geschlechtergerechtigkeit, Quotierung werden so zu Kampfpunkten auf dem Weg der Aktionen, niemals aber selbst zum Ziel, weil es nicht darum gehen kann, genau die Hälfte in einer schlecht und ungerecht eingerichteten Gesellschaft zu erstreiten und dies dann als gerecht zu behaupten oder wie Ingrid Kurz-Scherf dies unnachahmlich ausdrückt: Es geht nicht darum, auch für Frauen einen Fensterplatz erster Klasse auf der untergehenden Titanic zu ergattern. Am Marxismus wird grundsätzlich gezweifelt, solange er Feminismus nicht einbezieht.

DIE *VIER-IN-EINEM-PERSPEKTIVE* ALS MARXISTISCH-FEMINISTISCHES PROJEKT

Aus der fruchtlosen Bemühung, die Fragen der menschlichen Reproduktion einfach in die Kritik der politischen Ökonomie einzuschreiben, ein Projekt, das unter dem Stichwort ›den Arbeitsbegriff erweitern‹ im Lohn für Hausarbeit unglücklich vereinnahmt werden konnte und im Betreuungsgeld sich auf dem Weg findet, das weibliche Geschlecht auf ewig ans Kreuz der Geschichte zu nageln, wie Ernst Bloch das ausdrückt, konnte nachhaltig gelernt werden: Es musste ein Weg gefunden werden, beide Produktionen, die des Lebens und die der Lebensmittel (im weiteren Sinn) nicht einander über- und untergeordnet, sondern zugleich und für alle gerecht auf die Gesellschaftsmitglieder verantwortlich verteilt zu denken. Die Entwicklung der Produktivkräfte der Arbeit lässt, was gesellschaftlich notwendige Arbeit ist, immer weiter schrumpfen bis zu dem Punkt, da sie nurmehr einen kleinen Teil der alltäglich notwendigen Arbeit ausmachen müsste.

Dieser Zusammenhang, der zu einer radikalen Verkürzung der Erwerbsarbeitszeit führen müsste, wenn nicht Profit und Wachstum die Triebkräfte kapitalisti-
scher Gesellschaften wären, stößt auch an anderer Stelle auf Grenzen. Das, was
wir Reproduktionsarbeit nennen, gehorcht einer anderen Logik, kann nicht immer
weiter verkürzt, automatisiert, rationalisiert, beschleunigt werden. Daher konnte
endlich die Einsicht gewonnen werden, die Bereiche nicht nach der gleichen Logik
ineinander zu arbeiten, sondern sie als menschliche Tätigkeiten nebeneinander
zu stellen, in immer noch kapitalistisch geregelte aber perspektivisch stark ver-
kürzte Zeiten das eine, in der Logik fürsorgender Hinwendung zu Mensch und
Natur ausgedehnt das andere. Die Kämpfe müssen also um Zeit gefochten werden
und ihre allgemeine Besetzung. Verfügung über Lebenszeit in der Perspektive
der kollektiven Selbstbestimmung. Der Blick auf das Zueinander, besser auf die
Über- und Unterordnung der Bereiche von Produktion und Reproduktion kann
die Geschlechterfrage und die Hartnäckigkeit der Frauenbenachteiligung in den
gesellschaftlichen Verhältnissen verorten und festhalten. Der Blick hat sich von
der Fixierung auf Erwerbsarbeit gelöst, indem auch Reproduktionsarbeit als Arbeit
diskutiert wurde. Im Zueinander der Arbeitsarten treten weitere Tätigkeiten in
den Blick, die zunächst ebenfalls als Arbeit zu bezeichnen sind, um den Skandal
ihrer weitgehenden Nichtbehandlung zu verdeutlichen. Da ist die Arbeit an sich
selbst, die Möglichkeit, alle menschlichen Fähigkeiten, die jedem Individuum innewohnen, zu entfalten und sich nicht einfach in den Konsumbereich abschieben
zu lassen, als wäre Konsument eine mögliche Individualitätsform. Die Entfaltung
eigener schöpferischer Möglichkeiten ist ein Ziel, das in der Diskussion um Frauenbenachteiligung in Arbeit und Lohn gewöhnlich nicht vorkommt. Und doch
weiß eine jede, dass die Geschichtsbücher wimmeln von den Taten und Künsten
›großer Männer‹, nicht von Frauen und wundert sich nicht genug. Und weiß auch
auf den zweiten Blick, dass die Überforderung, die durch das leicht gesprochene
›Vereinbarkeit von Beruf und Familie‹ (das sozialdemokratische Erbe in der CDU)
entsteht, auf jeden Fall dazu führt, dass an so etwas wie kreative künstlerische
Betätigung, wie Klavierspielen oder Malen, Tanzen oder Dichten, Theaterspielen
oder Singen usw., wo überall der Nutzen nicht gleich sichtbar wird, nicht einmal
zu denken ist. Stellt man die beiden Arbeitsarten nebeneinander, wird jetzt als
Skandal sichtbar, dass so viele Menschen, insbesondere weibliche, ihr Leben nicht
wirklich ausschöpfen können, ihre menschlichen Potenzen verkümmern, bevor
sie zur Entfaltung kommen.

Dass diese Bereiche getrennt wahrgenommen und ihre Grenzen geschützt
werden, dafür sorgt umfassend die einschneidende Trennung der Politik vom übrigen gesellschaftlichen Leben. Dass die Gestaltung der Gesellschaft eine eigene
arbeitsteilige Funktion ist, ein Geschäft für Spezialisten, in das sich die kleinen
Menschen nicht einmischen sollten, fällt spätestens in der Weltwirtschaftskrise
als ungeheuerliche Trennung und praktisch als Katastrophe in das Leben der Einzelnen. Die Trennung also der Ökonomie von der Politik, als hätte das Eine mit
dem Anderen nichts zu tun, ist Grundlage, dass die vielen Menschen in einer

Gesellschaft leben, für die sie unbefugt sind, deren Ungerechtigkeiten sie also passiv ertragen müssen.

Die Verhärtungen, die die Bereiche gegeneinander abdichten, sind in einem langen kulturellen Projekt im »Stellungskrieg«, wie Antonio Gramsci das ausdrückt, zu lösen. Man kann das auch so sprechen, dass die Menschen gewonnen werden müssen, sich für sich selbst einzusetzen, statt subaltern zu ertragen, dass nichts geht. Dies setzt eine lange Zeit politischer Selbst-Bildung voraus und darin zugleich Wege, auf denen sich Menschen selbst überzeugen, nicht überzeugt werden, also wirklich als Subjekte ihres Handelns, Denkens, Wollens und Fühlens auftreten, eine Lernkultur als Bewegung.

Marxistischer Feminismus ist ganz aktuell, wenn versucht werden will, diesen Kampf um die Kultur des Lebens und seine Bedeutung aufzunehmen. Die Fragen der großen Krise als eine der Akkumulation von Kapital, eine der Reproduktion, eine der Politik, eine der Ökologie drängen nach marxistisch-feministischer Diskussion, weil hier weder die Subjekte des Handelns fehlen und schon gar nicht die weibliche Zuschreibung außer Frage steht, sondern weil zugleich die Regulation der Gesellschaft im Ganzen zur Diskussion stehen muss. Beides in Einem: Bei der Frage etwa nach Geschlecht und Frauenarbeit sehen wir die eigentümliche Positionierung, die der Produktionssektor im umfassenden Sinn gegenüber dem der Reproduktion hat. Während es im letzteren idealiter, also theoretisch im weiten Sinn um das Wesentliche menschlichen Lebens, Geburt und das Großziehen von Kindern, Sorge für Behinderte und Kranke, für Alte, ja um Freundlichkeit, Liebe und Solidarität in der Welt und auch um die Wiederherstellung der Natur und unserer Lebensbedingungen geht, erscheint dieser Bereich unter kapitalistischen Verhältnissen ebenso idealiter als marginal, unwichtig, ein Störfaktor fürs Profitmachen oder als hoffentlich abnahmebereiter Konsumbereich. Über ihm bläht sich der Produktionssektor auf, in dem die Lebensmittel hergestellt und organisiert werden, und wird bestimmend. Der ›Produktions‹-Sektor wird dominant, weil in ihm Profite gemacht werden, die Ziele kapitalistischen Wirtschaftens sind. Zugleich ist kein Leben ohne Lebensmittel, insofern bilden die beiden Bereiche einen ›Trennungszusammenhang‹. Keiner kann ohne den anderen. Es gibt also keine Lösung, auf den einen oder den anderen Bereich in vorgestellter Utopie zu verzichten, wie dies annäherungsweise in subsistenztheoretischen Entwürfen angebahnt ist. Das schürzt eben diesen Zusammenhang in einen Herrschaftsknoten, der in einer umfassenden Politik in allen Bereichen zugleich und von allen zu lösen ist. Im Projekt der *Vier-in-einem-Perspektive* heißt Politik heute vom Standpunkt von Frauen, die vier Tätigkeitsbereiche zusammenzufügen, die Grenzen zwischen ihnen einzureißen, die entsprechenden Haltungen zu ändern. Das betrifft alle, also erstens die Arbeit der Erstellung der Lebensmittel im weiteren Sinn (heute in der Form der Lohn- oder Erwerbsarbeit geregelt), die zugleich den Anteil am gesellschaftlichen Reichtum sichern soll, ebenso als Menschenrecht zu behaupten, wie zweitens die Teilhabe an der Arbeit an Menschen und an Natur (heute als Reproduktionsarbeit bezeichnet), drittens die Entwicklung eigener vielfältiger Fähigkeiten als Anstrengung und als Genuss (heute als Luxus für die Oberen empfohlen) und viertens vor allem die politische Teilhabe an der Gestaltung der Gesellschaft (heute in Stellvertretung geregelt). Das Modell ist ein Eingriff ins Zeitregime der alltäglichen Lebensweise, in die Vorstellung von Gerechtigkeit, die auf die Teilung der Gesamtarbeit bezogen ist, ins Konzept der Menschenwürde, die sich auf erfülltes Leben bezieht und aufhört, eine bloß moralische Kategorie zu sein und in die Vorstellung von Demokratie, die nicht auf der Basis von bloßer Stellvertreterpolitik denkbar ist, sondern als Beteiligung aller am politischen Leben der Gesellschaft.

Vom Standpunkt des gesamten Lebens und seiner menschlichen Führung wird in der Politik um Arbeit Leitlinie die notwendige radikale Verkürzung der Erwerbsarbeitszeit für alle auf ein Viertel der aktiv zu nutzenden Zeit (nehmen wir der Einfachheit halber an, es seien sechzehn Stunden am Tag, so kann sich eine menschliche Gesellschaft als Projekt ihrer Mitglieder nicht mehr als vier Stunden in der Erwerbsarbeit leisten). Perspektivisch erledigen sich auf diese Weise Probleme von Arbeitslosigkeit mitsamt Prekariat und Leiharbeit – so gesprochen gehen alle einer Teilzeitarbeit nach, bzw. der Begriff hat aufgehört, etwas sinnvoll zu bezeichnen, und so lässt sich konzentrieren auf die Qualität der Arbeit, ihre Angemessenheit an die menschliche Verausgabung ihrer Fähigkeiten. Für die Reproduktions-Familienarbeit bedeutet dies zuallererst eine Verallgemeinerung. So wie niemand aus der Erwerbsarbeit ausgeschlossen sein kann, so auch nicht aus der Reproduktionsarbeit – alle Menschen, Männer wie Frauen können und sollen hier ihre sozialen menschlichen Fähigkeiten entwickeln.

Es ist der Sinn der *Vier-in-einem-Perspektive*, die Verknüpfung der Bereiche als notwendige Grundlage einer emanzipatorischen Politik zu fassen. In dieser tauchen die Frauen anders auf als üblich – diesmal an Schlüsselstellen. Die Perspektive kann derzeit wesentlich vom Frauenstandpunkt gesprochen werden, weil sie es sind, die den Reproduktionsbereich, also den Standpunkt des Lebens so wichtig nehmen, dass sie ihn nicht vergessen können bei der Planung des Lebens; sie sind es zugleich, die den Erwerbsarbeitsbereich nicht so wichtig nehmen, dass sie ihn allein für das Zentrum halten können; es ist dringlich, dass sie mit der Selbstaufopferung aufhören und ihre eigene Entfaltung in eigne Hände nehmen; sie müssen sich in die Politik einmischen, weil sie für die Gestaltung ihres und anderer Leben »den Staat von unten nach oben umkehren« müssen – wie Bertolt Brecht (1930/1967: 830) dies sprach.

Keiner der Bereiche sollte ohne die anderen verfolgt werden, was eine Politik und zugleich eine Lebensgestaltung anzielt, die zu leben umfassend wäre, lebendig, sinnvoll, eingreifend, und lustvoll genießend. Dies ist kein Nahziel, nicht heute und hier durchsetzbar, doch kann es als Kompass dienen für die Bestimmung von Nahzielen in der Politik, als Maßstab für Forderungen, als Orientierung von Kritik, als Hoffnung, als konkrete Utopie, die alle Menschen einbezieht und in der endlich die Entwicklung jedes einzelnen zur Voraussetzung für die Entwicklung aller werden kann.

TEILZEITARBEIT FÜR ALLE

Und wie wäre aus den romantischen Höhen solcher Perspektive in alltägliche Politik vom marxistisch-feministischen Standpunkt zu schreiten? Der Anspruch ist, dass eine jede Losung das Zeug hat, alle Bereiche einzubeziehen und dabei die einzelnen zum Nachdenken, zur Änderung ihrer Auffassungen und Gewohnheiten zu bringen und dass sie dies selber wollen könnten, also auch sogleich verständlich ist. Aus den Kämpfen um Arbeit ist die Teilzeitarbeit klar als Restposten gesellschaftlicher Verachtung bekannt. Eine Losung wie »Teilzeitarbeit für alle«, scheint zunächst dem Kabarett entsprungen. Sie muss auf empörten Widerstand der meisten treffen, vor allem derjenigen, die noch einen Vollzeitarbeitsplatz haben, auf den ihr Zeitverbrauch, die häusliche Arbeitsteilung, der Lebensstandard eingerichtet sind. Lange wurde zudem gewerkschaftlich gegen Teilzeitarbeit gekämpft – weitgehend erfolglos, sie breitet sich aus, 70 Prozent der Teilzeitarbeitsplätze haben Frauen inne. Das macht ihren Ruf noch schäbiger: Teilzeitarbeit ist Armut, gibt kaum Sicherheit und bietet schon gar keine Aufstiegsmöglichkeiten. Jeder weiß, mit so wenig Einkommen kann keine auskommen, so dass sich weitere negative Einschätzungen wie zum Beispiel die Notwendigkeit des Zuverdienens an diese billigen Jobs heften, oder gar das Ressentiment, dass Teilzeitarbeit sich jemand nur leisten kann, die zugleich andere für sich arbeiten lässt. Teilzeitarbeit scheint also auf den ersten Blick genau das zu sein, was wir nicht wollen.

Aber: »Teilzeitarbeit für alle« ist eine Stolperlosung. Sie verwandelt sich sozusagen schon beim Sprechen in Vollzeit und stiftet sogleich an, über diese nachzudenken. Der Begriff Vollzeit bläht sich bedrohlich auf, verschlingt unser Leben. Wollen wir wirklich diesen Acht-Stunden-Erwerbsarbeitstag, womöglich mit Überstunden? Ausgepowert am Abend, keine Zeit für Familie und Freunde, für Kultur und schöpferische Muße schon gar nicht für Politik? Wie wäre es, die geringe Achtung, die die Teilzeitarbeit hat, auf die Vollzeitarbeit zu verschieben? Wie wäre es, wenn man in der herkömmlichen Erwerbsarbeit nur mehr vier Stunden zubrächte und über die freigewordene Zeit anders verfügen könnte? Das Leben ist mehr als Erwerbsarbeit – ihre Bedeutung gehört abgewertet. Das Miteinander, die Aufeinander-Angewiesenheit brauchen unbedingt mehr Zeit – Zeit für Kinder, Alte, Freunde, Geliebte und für alles Lebendige um uns, das mehr und mehr verkommt.

Ein Zwischenziel könnte sein, dass sich auf jedem Vollzeitarbeitsplatz zwei Menschen die Arbeit teilen. Das erledigt sogleich das Problem der Arbeitslosigkeit. Die neuen Halbzeit-Arbeitsplätze wären am besten quotiert nach Geschlecht, das bringt die unterschiedlichen Erfahrungen humanisierend ein. Es sollen gute Arbeitsplätze sein, so zugeschnitten, dass nicht alles Schlechte auf einem Haufen landet, auf dem anderen nur das qualifizierte, herausfordernde Kreative. Und selbstverständlich muss man davon ein gutes Einkommen erzielen. Aber solche Veränderung der Arbeitsteilung braucht die Veränderung der beteiligten Personen. Die außergewöhnliche Humanisierung, die so in die Einzelarbeiten käme, setzt sich fort in der Zuständigkeit aller für alle Lebensreproduktion. Solche Menschlichkeit soll nicht nur dem weiblichen Geschlecht zukommen. Sie betrifft ebenso alle Männer, und zwar im Sinne einer Bereicherung.

Ökonomie und Politik sind in den alten Verteilungen in eine große Krise geraten. Die Einrichtung der Gesellschaft, also das, was wir Politik nennen wollen, muss von allen gelernt und gemacht werden, um die in einer Sackgasse steckende Gesellschaft mit all ihren Strukturen in eine lebendige demokratische Gemeinschaft zu verwandeln. Nachdem diese gesellschaftlich notwendigen Dinge geordnet sind, können wir daran gehen, die Träume unserer Jugend, das, was in uns schlummert, in die Wirklichkeit zu bringen und in Muße und Genuss, in Anstrengung und Freundlichkeit uns selbst als Zweck setzen.

»Teilzeitarbeit für alle« ist als Losung selbst ein Lernprozess, eine Herausforderung, die zum Nachdenken über unsere Gewohnheiten und Vorurteile anstiftet und eine Selbstveränderung in Gang setzt, die uns bewusst macht: Wir brauchen ein anderes Zeitregime für unsere Lebensweise, das wir gemeinsam erstreiten müssen. Der bekannten Forderung nach Verkürzung der Erwerbsarbeitszeit kann jeder mit Kraft und Leidenschaft zustimmen, weil wir die anderen Stunden brauchen für die Freiheit einer bewussten Verfügung über ein gemeinsames Humanisierungsprojekt. Es ist keine Herabwürdigung eines Menschen, einer Teilzeitarbeit nachzugehen, sondern die derzeit einzige Möglichkeit seiner Würdigung als Mensch.

QUELLEN

Bennholdt-Thomsen, Veronika (1983): »Zur Bestimmung der geschlechtlichen Arbeitsteilung im Kapitalismus«, in: Duve, Freimut (Hg.), Technologie und Politik 20, Reinbek: Rowohlt.

Brecht, Bertolt (1930/1967): Gesammelte Werke, Bd. IV, Frankfurt a.M.

Federici, Silvia/Cox, Nicole (1976): Counter-planning from the Kitchen: Wages for Housework, a Perspective on Capital and the Left. New York Wages for Housework Committee, Bristol/New York: Falling Wall Press.

Haraway, Donna (1987): »Geschlecht, Gender, Genre. Sexualpolitik eines Wortes«, in: Hauser, Kornelia (Hg.), Viele Orte überall ? – Feminismus in Bewegung. Festschrift für Frigga Haug, Berlin/Hamburg, 22-41.

Haug, Frigga (2001): »Geschlechterverhältnisse«, in: Haug, Wolfgang Fritz/dies./Jehle, Peter (Hg.), Historisch-kritisches Wörterbuch des Marxismus, Bd.5, 493-531, Hamburg: Argument.

Dies. (1992): »Feminismus als politische Utopie«, in: Saage, Richard (Hg.), Hat die politische Utopie eine Zukunft?, Darmstadt: Wissenschaftliche Buchgesellschaft, 251-258.

Dies. (1983): »Erinnerungsarbeit«, in: dies. (Hg.), Sexualisierung der Körper, Hamburg: Argument, 10-41.

Mies, Maria (1989): Patriarchat und Kapital. Frauen in der internationalen Arbeitsteilung, Zürich: Rotpunktverlag.

Mojab, Shahrzad (2014): Marxism and Feminism: A Conceptual Quest, Toronto: zed books.

Neusüß, Christel (1985): Die Kopfgeburten der Arbeiterbewegung oder Die Genossin Luxemburg bringt alles durcheinander, Hamburg: Rasch und Röhring (2013 wiederaufgelegt im Kröner Verlag, Stuttgart).

Werlhoff, Claudia von (1982): »Der Proletarier ist tot. Es lebe die Hausfrau«, in: dies./Mies, Maria/Bennholdt-Thomsen, Veronika (Hg.), Frauen, die letzte Kolonie. Die Zukunft der Arbeit, Bd. 4, Reinbek: Rowohlt, 113-136 (1992 wiederaufgelegt im Rotpunktverlag, Zürich).

II. Themen & Felder

Neue Medien – neuer Zugang zu Feminismen

Kübra Gümüşay/Nadia Shehadeh

In diesem Beitrag beschäftigen wir Autorinnen uns biografisch mit unseren individuellen Zugangspunkten zum Feminismus, mit Überlegungen zu der Wichtigkeit der Beachtung von Mehrfachdiskriminierungen innerhalb feministischer Ansätze und inner-feministischen Auseinandersetzungen. Dabei versuchen wir, dem Ansatz dieses Sammelbandes insofern zuträglich zu sein, als dass wir jeweils einzeln unsere eigenen Zugänge und Erklärungsmuster in einem gemeinsamen Text vorlegen.

DER TOD VOR DER GEBURT – KÜBRA GÜMÜŞAY

Ich liebte die Kunst. Ich liebte den Kunstunterricht und gehörte zu den Klassenbesten in der 10. Klasse meines Hamburger Gymnasiums – bis Frau M. kam, unsere neue Kunstlehrerin. Frau M. hatte kurze Haare, unrasierte Achselhaare und trug keinen BH, wie wir regelmäßig feststellen konnten. Einige belustigten sich, fanden das merkwürdig, die meisten aber wussten das Unausgesprochene: Frau M. war Feministin, so wie man sich eine halt vorstellt. Was ich nicht wusste: Dass sie mich, die einzige kopftuchtragende Schülerin der Klasse, nicht mochte. Das erfuhr ich aber sehr schnell und schmerzhaft, als wir unsere erste Klausur zurückerhielten.

Schon vorher fielen mir Kleinigkeiten auf. Meine Wortbeiträge schienen nicht mehr klug und interessant genug zu sein, um von ihr beachtet oder aufgenommen zu werden, meine Kunstarbeiten fanden keinen Gefallen mehr. Das alles geschah sehr subtil, ansprechen, greifen oder begreifen konnte ich das Geschehene nicht. Einen Höhepunkt erreichte unser Konflikt, als wir die ersten Klausuren zurückerhielten. Ich hatte eine Vier. Meine mit Abstand schlechteste Note in meiner gesamten Kunstunterrichtkarriere. Wir sollten das Porträt einer jungen Frau mit einem tiefen Dekolletee beschreiben, das durch das Licht noch einmal mehr betont wurde – so beschrieb ich es auch. Sie kommentierte meine Klausur sinngemäß mit den Worten, ich solle sie sich doch so kleiden lassen wie sie möchte, was ich denn gegen ein offenes Dekolleté hätte und dass ich bitte mein Weltbild nicht anderen aufdrücken solle.

Ich war baff. Aha. Wie soll man auf so einen Kommentar reagieren? Ich reagierte gar nicht. Aber ich fragte nach meiner Zeichnung, die ich zusammen mit der Klausur abgegeben hatte.

Ich hätte kein Bild abgegeben, behauptete sie. Doch!, erwiderte ich. Wir stritten. Ich stand machtlos da und beschwerte mich schließlich beim Oberstufenkoordinator. In der nächsten Woche stand sie vor meinem Tisch und sagte, im Wortlaut: »Kübra, auf unerklärliche Art und Weise ist dein Bild wieder aufgetaucht.« Und hielt mir meine neue Note hin. Eine Zwei.

Frau M. war die erste Feministin, die ich näher als solche kennenlernte. Ihr Feminismus umfasste mich nicht. In ihren Augen war ich ein unterdrücktes, unfreies und willenloses Kopftuchmädchen. In meinen Augen war sie und mit ihr der Feminismus alles das: rassistisch, islamophob und arrogant. Rassistisch, weil sie Frauen aus nicht-westlichen Kulturkreisen und Ländern jegliche Eigenständigkeit und Selbstbestimmung absprechen, wenn sie den Feminismus nicht genauso leben wollen, wie es diese Feministinnen ihnen vorschreiben. Islamophob, weil sie den Islam und Feminismus zu einem Oxymoron erklären, Muslima die Stimme nehmen und über ihre Köpfe hinweg entscheiden. Arrogant, weil es sie scheinbar kaum schert, dass sie die Intelligenz, den Verstand und die Vernunft anderer Frauen negiert.

Wenn ich heute mit alten Klassenkamerad_innen über den Unterricht von Frau M. spreche, sagen sie, die Spannung zwischen ihr und mir wäre sehr auffällig gewesen, jeder habe davon gewusst. Nur dass es damals niemand aussprach. Und ich fühlte mich alleine mit meinem Unbehagen gegenüber Frau M., alleine mit meinem Unrechtsbewusstsein. Alleine damit von einer Frauenbewegung ausgeschlossen zu sein, dessen Teil ich gerne gewesen wäre. Gegen Ungerechtigkeit und Sexismus, für Geschlechtergerechtigkeit einzutreten – das war auch mir ein Anliegen.

Und noch heute höre ich aus meinen Bekanntenkreisen, wie Frau M. an meiner alten Schule junge Mädchen mit Kopftuch schikaniert und aus dem Gymnasium rausekelt. Mit Frau M. war auch der Feminismus für mich gestorben, bevor er geboren war. Und hätte es das Internet nicht gegeben, wäre es vermutlich auch bis heute so geblieben.

DER EXKLUSIVE FEMINISMUS – KÜBRA GÜMÜŞAY

Bevor ich den inklusiven Feminismus erkläre, beschreibe ich die Grenzen und meine Kritik am exklusiven Feminismus – dem Feminismus, den ich durch Frauen wie meine Lehrerin Frau M. kennenlernte.

NICHT BEFREIT VON ISMEN

Alle Ismen – Rassismus, Feminismus & Co – sind durchsetzt von Ismen. Anti-Rassist_innen sind nicht ausgenommen vom Sexismus, Feminist_innen nicht von Antisemitismus, Anti-Antisemitismus-Aktivist_innen nicht von Islamophobie und so weiter und so fort.

Also: Feminist_innen sind nicht befreit von Rassismus, Klassismus, Homophobie oder gar von Sexismus[1]. Teil unserer Sozialisierung ist die Anpassung an eine Gesellschaft, die von diesen Ismen geprägt und durchsetzt ist – und die Reproduktion eben dieser Werte und Normen. Feministinnen, die sich für die Rechte von Frauen aller Klassen und Schichten einsetzen, sind häufig genau für jene aus sozial schwächeren Schichten nicht ansprechbar oder zugänglich. Ein bestimmter Kleidungs- und Lebensstil gehören ebenso zu den unausgesprochenen Regeln wie das Wissen um bestimmte Theorien, Namen und Worte. Dadurch wirkt der Feminismus häufig elitär und akademisch und schließt eben jene Frauen aus, für die sie angeben, sich einsetzen zu wollen.

Es ist keineswegs einfach als praktizierende muslimische Frau mit Migrationshintergrund, den Feminismus für sich zu entdecken. Auf der einen Seite stehen ein exklusiver Feminismus, der einen bestimmten Lebensstil als befreit und emanzipiert vorschreibt; einer, der Women of Color und religiöse Minderheiten ausschließt. Auf der anderen Seite steht die muslimische und migrantische Community, die den Feminismus genau so definiert: rassistisch und islamfeindlich. Dass prominente Stimmen wie *FEMEN*-Mitgründerin Alexandra Shevchenko dann Sätze wie »Das Kopftuch ist vergleichbar mit einem Konzentrationslager« (Akyol 2013) sagt oder dass Alice Schwarzer das Kopftuchverbot an Schulen fordert, erschweren den Zugang zusätzlich.

FEMINISTIN UND PRAKTIZIERENDE MUSLIMA MIT KOPFTUCH?
EIN DING DER UNMÖGLICHKEIT

Dabei kann man einem Stück Stoff kein ganzes soziales Geflecht andichten. Eine Frau, die in einem patriarchalen Haushalt lebt, in der sie zum Kopftuchtragen gezwungen worden ist, wird nicht plötzlich frei, weil man ihr das Kopftuch abzieht. Genauso ist eine Frau nicht plötzlich unterdrückt, weil sie sich entschließt eines zu tragen. Man macht es sich damit viel zu einfach. Ja, selbstverständlich gibt es Sexismus in muslimischen Kreisen und Frauen, denen ein selbstbestimmtes Leben verwehrt wird und deren Einschränkungen mit Kultur und Tradition begründet wird. Doch das trifft bei Weitem nicht auf alle Kopftuchträgerinnen oder alle Muslime zu. Vor allem aber liegt der Sexismus nicht in der Essenz der Religion begründet, sondern in dessen Auslegung, die jahrzehntelang von Männern dominiert wurde. Eine geschlechtergerechte Koranexegese ist aber nicht nur möglich, sondern wird auch seit Jahrhunderten praktiziert – wenn auch noch immer ungenügend. Aber genau diese sollte gefördert werden, statt immer wieder muslimischen Frauen grundsätzlich jegliche Selbstbestimmung abzusprechen. Unter dieser Stereotypisierung leiden jene Frauen, die sich selbstbestimmt für

---

1 | Rassismus: Diskriminierung von Menschen aufgrund von Hautfarbe oder ethnischer Herkunft; Klassismus: Diskriminierung von Menschen aufgrund sozialer Herkunft; Homophobie: Diskriminierung von Homosexuellen; Sexismus: Diskriminierung von Menschen aufgrund ihres Geschlechts.

das Kopftuch und ein Leben in der Mitte der Gesellschaft entschieden haben – ihre Intelligenz und ihre Fähigkeiten werden in Frage gestellt, ihre Selbständigkeit verleugnet, letztendlich werden sie ausgeschlossen und diskriminiert. Aber nicht nur sie sind die Leidtragenden dieser Stereotypisierung, sondern vor allem jene, die in patriarchalen Strukturen leben. Ihnen sendet der exklusive Feminismus, für die der Sexismus der Kultur und Religion inhärent ist, die Nachricht: Emanzipation? Bitte nur ohne deine Religion, ohne deine Kultur. So einem Verständnis bleibt mir nur zu entgegnen: So ein Feminismus bitte ohne mich.

DIE GEGEN-GEGENÖFFENTLICHKEIT IM NETZ: EIN NEUER FEMINISMUS – KÜBRA GÜMÜŞAY

Das Internet kann den Zugang und das Entdecken eines alternativen Feminismus erleichtern. Ein Feminismus, der selbstkritisch ist, inklusiv und sich des neuen deutschen multikulturellen Kontextes bewusst ist. Und überhaupt wird so eine innerfeministische Gegenöffentlichkeit möglich.

Der Alice-Schwarzer-Feminismus der 1970er Jahre ist mittlerweile Standardprogramm in deutschen Talkshows, er ist etabliert – im Gegensatz zum jungen, inklusiven, anti-rassistischen Feminismus in Deutschland. Erst mit #aufschrei² fand auch er einen Zugang in Mainstream-Medien und in Talkshows, gehörte aber bis dahin (und auch heute noch) nicht zum Etablissement.

Nancy Fraser kritisierte 1990, dass die sogenannten Öffentlichkeiten (nach Habermas), die medialen und sozialen Räume für Meinungsbildung und Diskussionen politischer und sozialer Prozesse, nicht allen Teilen der Gesellschaft gleichermaßen zugänglich sind. Es gebe systematische Hindernisse, »die einen tatsächlich vollwertigen und gleichberechtigten Zugang zur öfflichen Debatte verwehren« (Fraser 1990: 68). Dies betreffe besitzlose Arbeiter, Frauen, Arme sowie Angehörige von ethnischen, religiösen und nationalen Minderheiten. Feministinnen, so Fraser, entwickelten schließlich *subaltern counterpublics*, also untergeordnete Gegenöffentlichkeiten mit eigenen Veranstaltungen, Versammlungen, Medien und Diskussionen (vgl. ebd.). Heute, da der Feminismus etablierter ist, stellt sich die Frage nach dem fehlenden Zugang von Minderheiten zu den Öffentlichkeiten innerhalb des Feminismus. So entstanden im Internet *counter-counterpublics*, also Gegenöffentlichkeiten zur feministischen Gegenöffentlichkeit, digitale (und zeitgleich auch nicht-digitale) Räume für Diskussionen und Meinungsbildungsprozesse, in denen Frauen Identitäten und Interessen entwickelten und Gegendiskussionen führten, mit denen sie die dominanten feministischen Diskurse herausforderten. Diese Gegen-Gegenöffentlichkeiten wirken als Zonen,

---

2 | #*aufschrei*: Eine Gruppe von feministischen Netzaktivistinnen startete Anfang 2013 den Hashtag *aufschrei* auf Twitter, um auf Alltagssexismus aufmerksam zu machen. Tausende von *Twitter*-Nutzer_innen – aber auch die Debatte um Sexismus in der politischen Szene am Beispiel des FDP-Politikers Rainer Brüderle – brachten den Hashtag zum Erfolg, woraufhin in zahlreichen Medien das Thema monatelang intensiv diskutiert wurde.

in denen ein neues Verständnis vom Feminismus die dominante Definition erfolgreich kritisieren kann, ohne zu einem Kompromiss gezwungen zu werden. Auch können in so einer Gegen-Gegenöffentlichkeit neue Beschreibungen für soziale Realitäten wie Intersektionalität entstehen und an Bedeutung gewinnen. Den Vorteil dessen beschreibt Fraser wie folgt: »Armed with such language, we have recast our needs and identities, thereby reducing, although not eliminating, the extent of our disadvantage in official public spheres.« (Ebd.: 67)

DER LEBENSDURST DER ANDEREN – KÜBRA GÜMÜŞAY

Sexismus ist nicht nur Thema von Frauen.
Rassismus ist nicht nur Thema von Schwarzen.
Homophobie ist nicht nur Thema von Homosexuellen.
Islamophobie ist nicht nur Thema von Muslimen.
Antisemitismus ist nicht nur ein Thema von Juden.
Xenophobie ist nicht nur ein Thema der ›Fremden‹.

Anfangs beschäftigte ich mich hauptsächlich mit Islamophobie, da ich hiervon direkt betroffen war und sie als Diskriminierungsform sofort identifizieren konnte. Relativ schnell interessierte ich mich aber auch für Rassismus, Xenophobie und Antisemitismus. Dass auch der Sexismus und Homophobie mit diesen Problemen zusammenhängen, das musste ich erst lernen. Erschrocken und überrascht war ich über die fast identischen Diskriminierungs- und Ausschlussmechanismen. Die feministische Community im Netz – namentlich die Webseite *maedchenmannschaft.net* – erleichterte mir den Einstieg in den Feminismus. Offen reflektierten die Aktivist_innen ihren eigenen Status, ihre Privilegien: Die feministische Community besteht zu einem Großteil aus weißen gebildeten Akademiker_innen – damit haben sie nur einen beschränkten Einblick in die verschiedenen sozioökonomischen Schichten der Gesellschaft und laufen Gefahr, vermehrt nur die Interessen dieser intellektuellen Szene zu vertreten. Diese Gefahr machten sich die Akteure der feministischen Szene im Netz immer wieder bewusst. So entstanden Bündnisse, die die einzelnen Diskriminierungen nicht zu den Problemen der einzelnen Gruppen machten, sondern zu einem Problem der Gesamtgesellschaft.

Es brauchte Jahre, bis ich verstand: Es sind nicht Einzelpersonen, die an unserem System scheitern – es ist die Mehrheit unserer Gesellschaft, die überall in ihre Schranken verwiesen wird. Hierarchien der Schönheit, Ethnien, Kulturen, Geschlechter, des sozialen und ökonomischen Status bestimmen unser Leben. Sie bestimmen, was ›normal‹ ist. Wer ist dann noch ›normal‹? Es brauchte Jahre, bis ich verstand: In unserem Streben nach Konformität töten wir den Lebensdurst der anderen.

UNBEHAGEN ALS EINTRITTSKARTE IN DIE WELT DES FEMINISMUS — NADIA SHEHADEH

Als Kübra den Vorschlag machte, in einem gemeinsamen Text zunächst den eigenen, den persönlichen Feminismus zu skizzieren und die Geschichte des individuellen Zugangs zu ihm zu schildern, fühlte ich mich zunächst überfordert: Ging es bei dem Artikel, den wir für den vorliegenden Band verfassen wollten, nicht um eine gemeinsame Arbeit, ergo: Um einen gemeinsamen Feminismus?

Die Vorstellung, einen Text zusammen zu puzzeln, bei dem die jeweilige Schreiberin ihre Abschnitte mit dem eigenen Namen versieht, erschien mir anfangs schwerfällig, sogar kaum machbar. Später aber ging es mir auf: War diese Art des gemeinsamen Arbeitens nicht die ehrlichste, gerade wenn es um Feminismen und Diversität gehen sollte? Ein klarer Blick auf individuelle Beweggründe, auf eine kleine individuelle Feminismus-Historie, begonnen bei den jeweils eigenen Interessenslagen, die zum Zugang führten, hin zu Problemen, die mensch als individuelles Subjekt bezüglich Feminismus zu betrachten meint?

Ich selbst kann nicht genau sagen, wann genau ich Feministin wurde. Mein erster Impuls ist wohl zu sagen, dass ein feministisches Grundgefühl schon immer da gewesen ist: Dass ich mich in erster Linie immer als Mensch verstand und es mir deswegen unlogisch erschien, als Mädchen* oder als Frau* eine andere Behandlung zu erfahren. Dieses Grundverständnis war keinesfalls *post-gender*[3]-geprägt: Ich konnte ja von klein auf sehen, dass es Unterschiede gab. Dass die Arbeitsteilung zuhause geschlechtlich geprägt war. Dass ich als Schwester andere Pflichten (Tisch decken) zugewiesen bekam als meine Brüder (Rasen mähen, Auto waschen). Es waren Kleinigkeiten, haufenweise, die mich schon sehr früh überzeugten, dass es eine Art höhere Macht gab, die dafür sorgte, dass Sichtweisen unterschiedlich ausgeprägt waren, und die erschienen mir oft unsinnig bis schlichtweg ungerecht, selbst, wenn aufgrund der Unterschiede mir persönlich angenehme Dinge zugetragen wurden, wie zum Beispiel Barbie-Puppen.

Ungerechtigkeit manifestierte für mich allein schon in dem Sachverhalt, dass andere anscheinend meinten, darüber bestimmen zu können, was mich interessieren könnte, was meinen Fähigkeiten entsprach, was ich bestimmt gerne tun würde und was ich lieber lassen sollte.

Es faszinierte mich, dass es so viele ungeschriebene Gesetze gab: Dass mein Bruder einen Werkzeugkasten geschenkt bekam, den ich mir scheinbar niemals wünschen würde. Dass mir dutzende Spangen in die Haare gesteckt wurden und mein Bruder einmal angepflaumt wurde, als er mit lackierten Fingernägeln in den Kindergarten wollte. Ich wunderte mich über alles.

Dabei war ich nicht mal ein typisches ›Jungs-Mädchen‹. Ich besaß ganze Barbie-Armeen, meine bevorzugte Lieblingsfarbe war pink (und ist es bis heu-

---

3 | Postgenderismus steht für das Ignorieren oder für die Abschaffung von Geschlechterunterschieden.

te geblieben) und Fußball interessierte mich kein bisschen – Ballett faszinierte mich. Dennoch fühlte ich, dass Geschlechtlichkeit eine ganz große Macht war, die dafür sorgte, Plätze zuzuweisen, und dem immer und überall ausgeliefert zu sein, strengte mich an. Diese Macht war größer als mein Habitus, der unbezweifelt weiblich* geprägt war. Sie sorgte zudem nicht nur für Unterschiede, sondern auch für die durchgehende Abwertung von Weiblichkeit: Zum Beispiel dann, wenn ein Bruder nicht mehr die Jacke anziehen möchte, die sich die Schwester (ich) einmal geborgt hat.

Ein diffuses Unbehagen plagte mich also, eine Ohnmacht, und ich weiß gar nicht mehr, wann ich bewusst den Begriff Feminismus das erste Mal gehört habe, ich weiß nur: Dass ich seitdem, wann auch immer es gewesen ist, niemals abgestritten habe, eine Feministin zu sein.

FEMINISMUS-BUBBLES, SOLIDARITÄT UND SOLIDARISMUS — NADIA SHEHADEH

Seit etwa vier Jahren beschäftige ich mich verstärkt mit netzfeministischen Themen, Diskursen und Diskussionen, und immer wieder ist mir aufgefallen, dass Streitigkeiten um mehr ›Einheit‹ oftmals mehr Distanz als den abgezielten Zusammenhalt produziert haben. In der Beschäftigung damit, warum es zu solchen Phänomenen kommen kann, stieß ich im Laufe der Zeit auf den Solidarismus-Begriff, der für mich passgenau diverse Konfliktpotentiale innerhalb feministischer Strömungen zu beschreiben schien.

Es war also 2010, als ich dem deutschen Feminismus und dem Netzfeminismus das erste Mal bewusst breitflächiger begegnete. Vorher hatte ich hier und da Eindrücke gewonnen, zum Beispiel ab und zu die Texte der *maedchenmannschaft. net* gelesen, die Auftritte von Lady Bitch Ray im Fernsehen geguckt oder bitter über das eine oder andere Theorem von Alice Schwarzer gedacht.

Mich vom buchstäblichen ›Schmoren im eigenen Saft‹ zu befreien, gelang unintendiert erst, nachdem ich selbst mit dem Bloggen begonnen hatte und mich über kurz oder lang mit Menschen vernetzte, die mir aufgrund ihrer Veröffentlichungen sympathisch erschienen. Dem Eintauchen in eine feministische Blase im Netz ging gewissermaßen die technische Entwicklung voraus: Ohne Breitband, ohne Social Networks, ohne Internetkommunikation wäre der Anschluss an eine solch diverse Bewegung wohl nicht gelungen.

Es dauerte, bis sich mir die Differenzen der verschiedenen feministischen Strömungen im deutschsprachigen Raum erschlossen – schließlich gibt es keine einheitliche feministische Kollektivbewegung, die komplett inhaltlich übereinstimmt – ganz im Gegenteil. Das ist auch der Grund, warum es eigentlich zwingend nötig ist, stets von Feminismen und nicht von Feminismus zu sprechen: Queerfeminismus ist beispielsweise nicht mit konservativem Feminismus zu vergleichen, marxistische Feminist*innen legen den Fokus auf andere Schwerpunkte als post-strukturalistische Feminist*innen und so weiter. Dass es diese Diversität und Vielfalt feministischer Strömungen gibt, erschließt sich gerade

Themenneulingen jedoch oft nicht direkt, sondern meist erst im Prozess, wenn die ersten ›Grabenkämpfe‹ beobachtet oder miterlebt wurden.

Jede Feministin definiert anders, was die wichtigen Aufgaben des Feminismus sind. Die Heterogenität der Bewegung lebt davon, dass verschiedene Menschen ganz diverse Interessen, Ressourcen und Ideen mit einbringen. Das führt zum Beispiel auch zu der Thematisierung der Überschneidung verschiedener und zusammenhängender Faktoren: Sexismus, Rassismus, Behindertenfeindlichkeit und Klassismus als Verflechtungen zu betrachten, ist längst keine Praxis der radikalen feministischen Avantgarde mehr, sondern für viele Feministinnen ein Standard. Intersektionale Feminist*innen sorgen mittlerweile für einen wichtigen Gegendiskurs und bilden ein wichtiges Korrektiv – auch, wenn es beispielsweise um das Aufkeimen der Salonfähigkeit rassistisch-feministischen Gedankenguts geht, den zum Beispiel die *FEMEN*-Bewegung mit teilweise kulturalistisch eingefärbten Protestformen vertritt. Innerfeministische Streitereien und Diskussionen werden jedoch nicht immer begrüßt: Oftmals gibt es aus Teilen der diversen feministischen Szene Rufe nach mehr Einigkeit und Solidarität. Solidarität kann dabei gemeinhin als Haltung der Verbundenheit definiert werden, auf der die Unterstützung von Ideen, Aktivitäten und Zielen anderer fußen. Diese Verbundenheit kann aber nicht mechanisch eingefordert werden, wenn auf der Hand liegt, dass die diversen Ziele der verschiedenen Strömungen teilweise maximal differieren und auch Konfliktpotential durch den beschworenen Geist der Gemeinschaft entstehen kann – zum Beispiel, wenn Feminismen mit anderen *Ismen hantieren und diese als Nebenwiderspruch abhandeln. Deswegen möchte ich an dieser Stelle auch eher von Solidarismus-Forderungen sprechen, die immer wieder zu neuen Abgrenzungen – und nicht wie erwünscht zu mehr ›Einheit‹ – führen.

Der Ingenieur Rudolf Diesel (1903/2007), der vor etwa hundert Jahren verstarb, entwickelte seinerzeit den Begriff des »Solidarismus«: Neue soziale Bewegungen wollte er mit seinen Überlegungen schaffen – und Kapital durch neue Wege aufbauen. Ohne Gewalt und Zwang sollte das passieren – allein basierend auf Freiwilligkeit und Überzeugung, und zwar vor allem durch vorher ›berechnete‹ Vorteile. Es schwebte Diesel eine Art Volkskasse vor, in die alle einen geringen Betrag einzahlen: Das so gesammelte Geld sollte dann für Bürgschaften und Kredite an gemeinschaftliche Betriebe der Kassenmitglieder verwendet werden.

Ein idealistischer Ansatz, den manche feministischen Bewegungen ähnlich zu vertreten scheinen: Überzeugung durch Argumente, durch Debatten, durch ›Logik‹, das Beschwören des Zusammenhaltens und einer gemeinsamen Wirkkraft, mit allen Mitteln für den Zweck sind auch bekannte Durchsetzungsmittel diverser Feminismen. Allerdings ist es jedoch beim Feminismus so, dass sein Effekt sich nicht (immer) in ›geldwerten‹ Vorteilen zeigt, sondern im Optimalfall emanzipatorische Wirkkraft hat, von der strukturell unterdrückten Personen profitieren sollten. Dies funktioniert jedoch nicht, wenn für den Erfolg der einen Sache die Unterdrückung von anderen in Kauf genommen wird.

Gerade große Bewegungen – wie gegenwärtig etwa die Initiative *Pinkstinks* oder auch die bereits genannte *FEMEN*-Bewegung – beschwören immer wieder gern den Geist der ›großen Gemeinschaft‹ und den berühmt-berüchtigten Sachverhalt ›Alle wollen doch am Ende dasselbe‹. Fast meint man zu beobachten, wie Mainstreamigkeit[4] mit der Forderung nach Zusammenhalt (ohne wenn und aber) korreliert – was jedoch gerade kleinere und spezialisierte Gruppen zum Teil außen vor lässt.

Pinkstinks etwa, laut eigener Beschreibung interessiert am Abbau ›geschlechtslimitierender Rollen‹ stand zum Beispiel in der Vergangenheit wegen Feminitätsfeindlichkeit und Transphobie mehrfach in der Kritik. *Pinkstinks* konzentrieren sich primär auf die Problematik verschiedener Weiblichkeits*konstruktionen, vor allem manifestiert in der medial-bildlichen Darstellung von Mädchen* und Frauen*. Außer Acht gelassen wird dabei, dass das Zurückgreifen auf weibliche* Codes allein nicht das Kernübel einer patriarchalen Gesellschaft ist, sondern die strukturellen Probleme woanders liegen. Was ebenfalls vernachlässigt wird: Dass das Verteufeln von Doing Gender – also der Geschlechterperformance – auch fatale Folgen haben kann, etwa, wenn es um die Bewertung von Kopftüchern geht. Insofern ist nachvollziehbar, warum manche Bewegungen sich den Solidaritäts- bzw. Solidarismusforderungen verweigern: Für den Queerfeminismus ist *Pinkstinks* keine geeignete Partner*innen-Organisation, weil etwa die identitären Bedürfnisse von Transfrauen von der Initiative nicht erkannt werden, um nur ein Beispiel zu nennen. Wenn Zusammenhalt forciert werden soll, ohne dass verschiedene Bedürftigkeiten, notwendige Interessen oder auch Ausschlüsse erkannt werden, dann möchte ich an dieser Stelle also von Solidarismus sprechen, an dem vor allem große Bewegungen festzuhalten scheinen – und dieser Solidarismus schlägt dann prinzipiell auch ins Gegenteil von Solidarität um, wenn Zusammenhalt um jeden Preis und auch zum Nachteil anderer gefordert wird.

Auch die *FEMEN* sind immer wieder mit Kritik konfrontiert: Rassismus und Antisexismus wurden ihn dank entsprechender Aktionen, bei denen sie zum Beispiel nackt vor Moscheen demonstrierten oder mit Hakenkreuzen bemalt gegen Sexarbeit wetterten, schon oft vorgeworfen.

Dennoch gehören *FEMEN* und *Pinkstinks* derzeit zu den erfolgreichsten feministischen ›Produkten‹. Die Frage betreffend des Erfolgs feministischer Strömungen richtet sich vielleicht also auch danach, wann etwas den Mainstream tangiert und welche Voraussetzungen dafür nötig sind. Trend und Leidensdruck sind dabei wichtige Faktoren, aber auch, welche Vorarbeiten geleistet wurden, um die Öffentlichkeit auf bestimmte Themenfelder vorzubereiten, ob (potentielle) Bedürfnisse der breiten Masse berührt wurden, ob es prominente Pat*innen und/oder gute Netzwerke gibt, die für ›die Sache‹ genutzt werden können. Zufälle und Gelegenheitsstrukturen tun dabei ihr Übriges.

---

4 | Mainstream bedeutet so viel wie Hauptstrom und steht für einen Massengeschmack, der den kulturellen Geschmack einer großen Mehrheit widerspiegelt – im Gegensatz zu Subkulturen oder dem ästhetischen Underground. Der Mainstream ist die Folge einer Kulturdominanz.

Die Artikulationsmomente feministischer Bewegungen differieren, ebenso die Motoren, die unterschiedliche Änderungswillen befeuern. Was wie wann wo weshalb und wie konkret problematisiert wird, ist ebenfalls unterschiedlich, und verschiedene Feminismen stehen zum Teil sehr widersprüchlich, teilweise sogar befeindet zueinander.

In der soziologischen Bewegungsforschung wird Frauenbewegungen seit je-her attestiert, dass sie vor allem in einem gleichermaßen politischen, ökonomi-schen und kulturellen Problemhorizont situiert sind: Insgesamt klassifiziert das Gros der Theorien zu sozialen Bewegungen Frauenbewegungen als kulturelle Bewegungen, die nicht zum Ziel haben gesellschaftliche Veränderungen herbei-zuführen – soweit die Theorie, die bezweifelt werden kann, da auch sie oftmals in patriarchale epistemologische Systeme integriert ist und da sie auch noch keinen Blick auf die zum Teil detaillierten Forderungen feministischer Akteur*innen geworfen hat. Auch die These, dass Feminismus eher ein Mittelklassephänomen sei, kann mittlerweile in Frage gestellt werden: Im deutschen (Netz-)Feminismus etwa werden immer mehr Protagonist*innen sichtbar, die qua Biografie betroffen von Klassismus sind.

Aufgrund der absolut verschiedenen Ausprägungen der Feminismen wäre es nun jedoch insgesamt fatal, einen großen und zusammenführenden Solidaris-mus zu fordern, da die Quintessenz zwingend den Ausschluss diverser margi-nalisierter Gruppen bedeuten würde. Die Interessenslagen verschiedener Femi-nismen sind so vielfältig, dass kein Einheitsfeminismus dieser Welt in der Lage sein könnte, wirklich alle wichtigen emanzipatorischen Forderungen aller margi-nalisierten Personen zu vertreten. Insofern ist das häufige Misslingen übergrei-fender feministischer Solidarität – zum Beispiel dann, wenn er in Solidarismus umschlägt – auch kein Misserfolg, sondern vielmehr der Überlebensgarant für viele kleine Bewegungen, die im Anschluss an große Strömungen oftmals im starken Fahrwasser untergehen könnten, sich während der Reibung mit ihnen jedoch wieder sichtbarer machen können.

QUELLEN

Akyol, Cigdem (2013): »Du brauchst mich nicht zu befreien«, in: taz, www.taz. de/!115330/ (28.04.2013).

Diesel, Rudolf (1903/2007): Solidarismus. Natürliche wirtschaftliche Erlösung des Menschen, Augsburg: Maro.

Fraser, Nancy (1990): »Rethinking the Public Sphere: A Contribution to the Criti-que of Actually Existing Democracy«, in: Social Text 25/26, 56-80.

Verunsicherungsmaschinen –
Anmerkungen zu feministischer Mutterschaft

Lisa Malich

Um die weitgehende Absenz von Mutterschaft in aktuellen queerfeministischen Ansätzen zu verstehen, wird zunächst die Geschichte von Mutteridealen im Verhältnis zu feministischen Positionierungen rekapituliert. Danach geht es um mögliche Gründe für das heute verbreitete feministische Desinteresse an mütterrelevanten Themen. Abschließend wird das Blog *fuckermothers*, das sich mit feministischen Perspektiven auf Mutterschaft beschäftigt, vorgestellt.

Mutterschaft und Feminismus haben es heute nicht leicht miteinander. Mutter-Sein scheint weder ein relevantes Thema für queerfeministische Interventionen noch gehört es zu den akademischen Hot Topics. Dies korrespondiert mit einem gewissen Abbau von Solidarität für Mütter in feministischer Infrastruktur, die sich in sogenannten Einzelfällen manifestiert: Im universitären Gender-Setting wird einer schwangeren Doktorandin die zunächst versprochene Stellenverlängerung wieder entzogen. Die Konferenz zu vergeschlechtlichter Körperpolitik blendet die Existenz stillender Körper bei ihren Vortragenden aus und erwartet, dass Kinderbetreuung privat organisiert und bezahlt wird. Auch in der queerfeministischen Szene wird, wie etwa Sonja Eismann beschreibt, Mutterschaft nicht immer gern gesehen und oft als Absage an gemeinsame politische Ziele interpretiert (vgl. Eismann 2013). Dieses Verhältnis war nicht immer so schwierig. Um die aktuelle Beziehung zwischen Feminismus und Mutterschaft besser zu verstehen, möchte ich deswegen zunächst deren historische Formation betrachten, indem ich einerseits die verschiedenen geschichtlichen Mutterideale und andererseits die dazugehörigen feministischen Positionierungen skizziere. Dabei sollen drei Zeitphasen im Vordergrund stehen: erstens die Formation des modernen Muttermythos seit dem 18. Jahrhundert, an dem sich die ersten Frauenbewegungen stark orientierten; zweitens die kritische Auseinandersetzung mit Mütterlichkeit in den Frauenbewegungen ab den 1970er Jahren, die von einer allmählichen Transformation des Mutterbildes begleitet war. Drittens soll das neue Ideal der *Top Mom* erläutert werden. Als dieses sich in den 1990er Jahren herausbildete, traf es auf modifizierte Feminismen, die sich nun primär auf Themen jenseits der Mutterschaft konzentrierten. Anschließend soll, als Reaktion auf die beschriebenen Koalitionen und Konfliktlinien, die Arbeit am Blog fuckermothers thematisiert werden.

MUTTERIDEALE UND FEMINISMEN IM WANDEL

Wie verschiedene Historiografien zeigen, war der westliche Muttermythos von religiösen Vorstellungen geprägt, die schließlich im 18. und 19. Jahrhundert naturalisiert und mit dem biologischen Körper verbunden wurden. Während noch im Hochmittelalter Jungfräulichkeit und die geistige Mütterlichkeit der Nächstenliebe christliche Weiblichkeitsideale bildeten, fokussierte die protestantische Reformation zunehmend auf innerweltliche Angelegenheiten und betrachtete den Dienst am Kinde als eigentlichen Gottesdienst. Im reformatorischen Entwurf der patriarchalischen Familie blieb Frauen der direkte Weg zu Geist und Gottes Wort verschlossen, der Mann war das »Haupt des Ehekörpers, die Frau der Leib« (Vinken 2001: 122). Dieser Leib wurde, als Aufklärung und Französische Revolution die göttliche Ordnung zunehmend in Frage stellten, zum gewichtigen Argument, warum sich zwar der bürgerliche Mann, nicht aber die Frau aus der selbst gewählten Unmündigkeit befreien durfte. Verschiedene moderne Wissenschaften – von der Philosophie über die Pädagogik bis zu der sich als »weibliche Sonderanthropologie« verstehenden Gynäkologie (Honegger 1991: 6) – begründeten, warum die Mutterschaft die einzig naturgemäße Bestimmung der Frau war. Verbunden mit dem Aufstieg des Begriffs der Familie bildete sich in dieser Epoche das Konzept der polaren »Geschlechtscharaktere« (Hausen 1976: 363). Es definierte die Frau als Hüterin des Privaten, als sanftmütig, emotional und fürsorglich. Dagegen galt der Mann als zum Leben in der Öffentlichkeit prädestiniert, als rationaler, aggressiver und aktiver. Das Ideal der guten Mutter, Hausfrau und Gattin entstand und wurde von verschiedenen Weiblichkeitsentwürfen abgegrenzt. Dazu gehörte das sexualisierte und am öffentlichen Leben teilnehmende »Weltweib« (Vinken 2001: 165) ebenso wie die dekadente Adelige, die lohnarbeitende Frau sowie nationalistische oder rassistische Gegenbilder. Im Zusammenhang mit Eugenik und Rassenhygiene sollten diese Vorstellungsmuster in der anti- und pro-natalistischen Bevölkerungspolitik des Nationalsozialismus in eine neue, mörderische Qualität umschlagen: Einerseits verlieh sie Mutterkreuze und förderte die Reproduktion von Menschen, die als deutsch und vermeintlich erbgesund definiert waren, andererseits organisierte sie Massentötungen, Abtreibungen und Zwangssterilisationen (vgl. Doetz 2009). Mütterlichkeit war ein dermaßen bestimmendes Element des weiblichen Geschlechtscharakters, dass sich auch die ersten, im 19. Jahrhundert formierenden Frauenbewegungen innerhalb dieses Rahmens bewegten. Sowohl Vertreterinnen der bürgerlichen als auch der proletarischen Bewegung argumentierten mit mütterlichem Altruismus für das Frauenwahlrecht. Zudem betrachteten sie Pflegen, Helfen, Erziehen und Heilen als adäquate berufliche Tätigkeiten für Frauen (vgl. Gerhard 1990; Frevert 1986). Auch eine der radikalsten und emanzipatorischsten Vereinigungen um die Jahrhundertwende orientierte sich schon in ihrer Namensgebung an dem Konzept, nämlich der 1904 gegründete *Bund für Mutterschutz*.

Die sogenannte neue Frauenbewegung, die sich mehr als zwei Jahrzehnte nach Ende des Zweiten Weltkriegs formte, hatte kaum Kontinuitäten zu den früheren Bewegungen. Dennoch setzte sie Mutterschaft zentral – wenn auch in ambivalenter Form. Die neue Frauenbewegung entstand in Westdeutschland, wo sich autonome Frauengruppen in Abgrenzung zu männlich dominierter linker Politik bildeten. Dahingegen galten die Frauen in der DDR aufgrund des (zumindest offiziell) real existierenden Sozialismus bereits als emanzipiert. Entsprechend wurde hier das Leitbild der berufstätigen Mutter propagiert und die Bildung eines nicht-staatlichen Feminismus weitgehend verhindert, wenn sich auch ab den späten 1970er Jahren vereinzelt und abseits der Öffentlichkeit kritische Ansätze formierten (vgl. Nickel 2011). Die Gruppen der BRD konzentrierten sich aus verschiedenen Gründen auf Fragen der Familie und der Mutterrolle. Einen Faktor bildete ihre marxistische Prägung und der daraus resultierende Fokus auf Arbeit, durch den die unbezahlte weibliche Reproduktionsarbeit als Stütze des patriarchalen wie kapitalistischen Systems kritisiert wurde. Es galt, Frauen von den Verpflichtungen durch überkommene Mutterbilder zu befreien (vgl. Schrupp 2008). Mit der Kinderladen-Bewegung oder alternativen Lebensgemeinschaften sollten private Sorge-Verantwortlichkeiten gelöst und in kollektive übersetzt werden. Auch feministische Theoretikerinnen wie Simone de Beauvoir und Sulamith Firestone betrachteten die – durchaus biologisch gedachte – Determination über Mutterschaft als entscheidendes Hemmnis zur vollständigen Emanzipation (vgl. Firestone 1987, de Beauvoir 1977). Einen weiteren Aspekt stellte, neben der Kritik an Gynäkologie und Geburtshilfe, der Kampf gegen das Abtreibungsverbot dar. Dieser war grundlegend, um aus verschiedenen Gruppen eine größere Frauenbewegung mit gemeinsamen Zielen entstehen zu lassen. So forderte der erste Bundesfrauenkongress 1972 ebenso die ersatzlose Streichung des §218 wie Teilzeitarbeit und Babyjahre für Mütter und Väter. Neben diesem Egalitätsanspruch wurde Mutterschaft jedoch auch romantisch verklärt. Besonders im neo-konservativen Klima der 1980er Jahre, in dem Kind oder Karriere sich zunehmend ausschließen sollten, beriefen sich Frauen erneut auf eine neue Weiblichkeit, das Matriarchat oder eine mystifizierte natürliche Differenz (vgl. Fehlmann 2011; Frevert 1986).

In den 1970er und 1980er Jahren wandelten sich normative Mutterbilder. Das war nicht zuletzt das Resultat feministischer Kämpfe, jedoch auch Folge veränderter Wirtschaftsverhältnisse. Bestanden weiterhin traditionelle Vorstellungen fort, so kam es doch zu einer gewissen Pluralisierung anerkannter Lebensentwürfe (vgl. Thiessen/Villa 2010). Dies spiegelte sich auch in der Ratgeberliteratur für Mütter, die nun »verschiedene Wahl- und Entscheidungsmöglichkeiten« (Stoppard 1986: 7) hervorhob. Zudem verlor eine der alten Gegenfiguren ihren

Schrecken und wurde partiell in das Mutterideal integriert: die erwerbstätige Frau. Schon lange war für viele Frauen der Arbeiterklasse ihre Lohnarbeit selbstverständlich, das wurde jedoch kaum thematisiert. Nun erfuhr mütterliche Berufstätigkeit breitere gesellschaftliche Anerkennung und stieg in der bürgerlichen, akademischen Mittelschicht allmählich zum symbolischen Kapital auf – allerdings meist im Modell Teilzeit-Vollzeit und mit der fortbestehenden weiblichen Hauptverantwortlichkeit für Haushalt und Kinder.

Spätestens in den 1990er Jahren erfolgte eine weitere Integrationsbewegung in das Mutterideal. Zuvor schien Mutterschaft nicht kompatibel mit einem Leben in der Öffentlichkeit, mit der Verkörperung sexueller Lust oder weiblicher Selbstverwirklichung. Der Körper, der geboren und gestillt hatte, galt als nicht begehrenswert. Entsprechend sollten die weiblichen Schauspielerinnen, die in den früheren Jahrzehnten zu Sex-Ikonen aufgebaut wurden, keine Mütter sein – zumindest nicht in der Öffentlichkeit. Die Schauspielerin Claudia Cardinale gab beispielsweise auf Wunsch des Produzenten ihren Sohn als sehr viel jüngeren Bruder aus, um Karriere zu machen (vgl. Merli 2012). Beginnend mit der nackten und schwangeren Demi Moore, die 1991 auf dem Cover der *Vanity Fair* erschien, wurde der mütterliche Körper zum erotischen Gegenstand. Die Typen der *yummy mummy* und der *MILFs* (Mom I'd like to fuck) entstanden in den folgenden zwei Jahrzehnten. Am besten illustriert wohl Angelina Jolie das neue Ideal aus Attraktivität und öffentlichem Erfolg. Als Mutter erscheint Jolie auf Millionen von Fotos in der Klatschpresse ebenso wie in künstlerischen Verarbeitungen (vgl. Malich 2013; Reuschling 2011). Mit ihrer glücklichen Großfamilie transzendiert sie Grenzen von Privatheit und Öffentlichkeit, von Selbstverwirklichung und Aufopferung, von leiblicher und sozialer Elternschaft, von Landesgrenzen und Nationalitäten, von Sexyness, Aggressivität und Fürsorge.

Dieses im ausgehenden 20. Jahrhundert erweiterte Mutterideal hat sicherlich Vorteile, ist es doch weniger restriktiv und offener für verschiedene Lebensentwürfe als die alte Figur der guten deutschen Mutter – zumal die traditionelle Vorstellung der Hausfrau und Mutter als einzig legitimer Lebensentwurf auch heute noch von Kirchen und konservativen Parteien vertreten wird, von Papst Franziskus ebenso wie z.B. von der Publizistin und Lobbyistin Birgit Kelle. Andererseits ist die Freiheit des neuen Ideals weder grenzenlos noch ohne Preis.[1] Denn die Sexualität jener *yummy mummy* ist Teil jenes kapitalisierten ›Fleischmarktes‹, den zuletzt Laurie Penny kritisierte (vgl. Penny 2012). Um nicht Abjekt, sondern erotisches Objekt sein zu dürfen, ist der mütterliche Körper weiter von engen Normen beschnitten – dünn, meist weiß, jung, hübsch und fit muss er sein, und mit genügend Kapital ausgestattet, um sich die neusten Trends leisten zu können. Die

---

1 | Zwar integrierte das Ideal viele alte Gegenbilder, es konstituierte sich aber trotzdem in Opposition zu bestimmten Weiblichkeitssstereotypen. Hierzu zählen etwa arme und sogenannte bildungsferne Mütter (vgl. Thiessen 2008) oder Vorstellungen über »ostdeutsche Kindsmörderinnen« (Heft 2013: 305).

Erlaubnis, weiterhin erotisch attraktiv sein zu dürfen, ist an Heterosexualität und serielle Monogamie geknüpft. Dazu kommt, dass sich der Mythos der Allround-Mutter nahtlos in die Anforderungen des Neoliberalismus einreiht. Er bildet einen wesentlichen Teil jenes flexiblen Menschen, den der Soziologe Richard Sennett als Subjektentwurf des Spätkapitalismus beschreibt (vgl. Sennett 2000). Diese Menschen sind entgrenzt und anpassungsfähig, sie werden nicht mehr von festen Rollenerwartungen fixiert oder von sozialstaatlicher Sicherheit aufgefangen. Vor allem aber bildet dieses Mutterbild in seiner Kombination aus Liberalismus und neo-konservativen Frauenrollen eine Variante jener ›Top Girls‹, die gemäß Angela McRobbie wesentlich für die »postfeministische Maskerade« (McRobbie 2010: 94) sind und Erwartungen an mütterliche Perfektion intensivieren (vgl. McRobbie 2013).[2] Die neue Figur möchte ich in Anlehnung an den Begriff ›Top Girl‹ als *Top Mom* bezeichnen. Da die Gleichberechtigung innerhalb der Logik der *Top Mom* sowieso schon als erreicht gilt, herrscht allein die neoliberale Rhetorik der Wahlfreiheit vor. Das Scheitern an diesem Ideal resultiert entsprechend allein aus persönlichen (Fehl-)Entscheidungen anstatt aus struktureller Benachteiligung. So hilft der erneuerte Muttermythos unliebsame Realitäten auszublenden, etwa dass in Zeiten sinkender Reallöhne die Einverdiener-Ehe kaum mehr zu finanzieren ist und so die meisten Mütter schon aus schierer Notwendigkeit berufstätig sind – und Altersarmut und Prekarisierung dennoch drohen. Zudem ist die Gebundenheit an Kinder ein Nachteil im neoliberalen Wettbewerb um Erwerbsarbeit.[3] Ebenso geht in diesen Bildern gerne unter, dass es die wenigsten Mütter zu voller beruflicher Selbstverwirklichung oder gesellschaftlicher Macht bringen und dass diejenigen, die es schaffen, die notwendige Haus- und Familienarbeit an weniger privilegierte Frauen delegieren.

Als sich das Mutterideal der *Top Mom* in den 1990er Jahren herausbildete, waren seine Implikationen und Konsequenzen zunächst kaum Gegenstand feministischer Analyse. Denn in dieser Zeit gingen auch massive Verschiebungen innerhalb des Feminismus vor sich. Teile der Frauenbewegung waren in die Praxis gegangen, in Frauenhäuer und Beratungsstellen, wo eine gewisse Sozialarbeiterisierung drohte. Nach der deutschen Wiedervereinigung kam es zu ersten, irritierenden Treffen zwischen Ost- und West-Feministinnen. Dabei traf gerade die Kinderfrage einen neuralgischen Punkt: Während fast alle Frauen der ehemaligen DDR Kinder zu haben schienen, war es bei denen aus der BRD umgekehrt (vgl. Rohnstock 1994). Mutterschaft spaltete, anstatt zu einen. Der akademische Feminismus hatte den *linguistic turn* vollzogen und stand unter dem Zeichen

---

2 | »The idea of ›post-feminist masquerade‹ is once again useful as a way of understanding a mode of power, which installs notions of female perfectability within the field of maternity.« (McRobbie 2013: 142)

3 | In Deutschland bezogen beispielsweise im Jahresdurchschnitt 2008 von allen Alleinerziehenden mit minderjährigen Kindern rund 42 Prozent Leistungen aus der Grundsicherung durch Hartz IV (vgl. Statistisches Bundesamt 2010).

postmoderner Theorien. Politischer Aktivismus war zunehmend von queerfeministischen Interventionen geprägt. Nun waren die gängigen Vokabeln eher *doing*
statt Arbeit, Zweigeschlechtlichkeit statt Patriarchat, Materialisierung statt Ma-
terialismus, Diskurs, Dekonstruktion und Performativität statt Produktion und
Reproduktion. Die materielle Verteilungsungerechtigkeit trat zugunsten der symbolischen Anerkennungsgerechtigkeit in den Hintergrund. Innerhalb dieser Gemengelage verschwand Mutterschaft zunehmend aus dem feministischen Fokus.

DIE ABWESENHEIT DER MUTTER

Bei dem verminderten queerfeministischen Interesse an Mutterschaft mögen
verschiedene Faktoren eine Rolle gespielt haben. Ein naheliegend scheinender
und häufig genannter Grund ist, dass die vermeintlichen biologischen Tatsachen
von Schwangerschaft, Geburt und Stillen nicht zu der Annahme der Konstruiert-
heit von Körpern und der Kritik an Zweigeschlechtlichkeit passen würden (vgl.
z.B. Tomasek 2013). Bei näherer Betrachtung ist dieses Argument jedoch weniger
stichhaltig. Zum einen spricht es von einem sehr eindimensionalen Verständnis von ›Konstruktion‹ als ›nicht wirklich da‹, gegen das zentrale Ansätze der
Gender- und Queer-Theorie stets Position ergriffen. Sowohl Judith Butler (1997),
die sich gegen den diskursiven Monismus wendet und von einem Prozess der
Materialisierung ausgeht, als auch Donna Haraways (1995) Konzept des materiell-
semiotischen Akteurs oder die neuen Ansätze der *Material Feminisms* (Alaimo/
Hekman 2008) gehen nicht davon aus, dass Körper lediglich passiv sind und von
der Kultur auf vollkommen beliebige Weise geformt werden können. Vielmehr
konzipieren sie eine Aktivität des Materiellen, dessen Formationsprozess stets
mit sozialen Faktoren verflochten ist. Zum anderen bestehen spätestens ab den
1980er Jahren feministische Analysen des weiblichen reproduktiven Körpers, die
oft im medizinkritischen Rahmen der zweiten Frauenbewegung entstanden. Diese kritisieren die Naturalisierung von Mutterschaft und hätten, in modifizierter
Form, einen Anknüpfungspunkt für queerfeministische Körperstudien bilden
können (vgl. z.B. Oudshoorn 1994; Duden 1987; Martin 1987; Schütze 1986; Fischer-Homberger 1984). Wenn es also nicht die vermeintliche Wirkmächtigkeit
der Biologie war – welche Aspekte waren von Bedeutung?

Einer davon ist, dass die intensive Beschäftigung mit den Leiden der deutschen Mutter in der neuen Frauenbewegung gravierende Ausschlüsse produziert
hatte, war sie doch auf Kosten vieler anderer Positionen gegangen. Ein Großteil
der feministischen Protagonistinnen der 1970er Jahre waren weiße, akademisch
gebildete Frauen, die (auch durch den generellen Trend der Selbsterfahrung) sich
vorrangig mit Diskriminierungen beschäftigten, die sie selbst betrafen. Bezeichnend dafür ist etwa ein Handbuch, das Ende der 1970er Jahre von einem feministischen Kollektiv herausgegeben wurde (vgl. Wielopolska et al. 1978). Darin
machte sich die singuläre Perspektive und der Alleinerklärungsanspruch bereits
im Titel bemerkbar: Es hieß *Frau*. Sehr differenziert beschrieb das Buch alles,

was es als relevant für ›die Frau‹ befand, es kritisierte den Muttermythos, die männlich dominierte Medizin, Nachteile im Beruf ebenso wie »Kinder und Konsum« (ebd.: 183) und erklärte detailliert die Vorgänge von Abtreibung, Verhütung und Geburt. Die Pluralität von Frauen und multiple Unterdrückungsverhältnisse kamen kaum vor – bis auf den Punkt »Lesbisch sein« (ebd.: 185), der, indem er isoliert vom Rest auf sieben Seiten abgehandelt wurde, als Abweichung fungierte. Ebenso wenig erfolgte hier eine Reflexion eigener Standpunkte, etwa in Bezug auf Heteronormativität oder die Privilegien durch die eigene Whiteness, was zunehmend von Schwarzen Frauen (vgl. Oguntoye et al. 1986) kritisiert wurde. Der Fokus weg von Mutterschaft ab den 1990er Jahren bedeutete vor diesem Hintergrund auch eine notwendige Dezentrierung hegemonialer und intelligibler Weiblichkeit. Ansätze der Gender und Queer Studies destabilisierten Identitätskategorien und rückten gerade ausgeschlossene und marginalisierte Positionen in den Vordergrund. Unter Stichworten wie Intersektionalität und Interdependenz ging es nun auch um die Folgen von Homophobie, Rassismus, Islamophobie, Transphobie und normativer Zweigeschlechtlichkeit.

Ein weiterer Faktor für die Abkehr von Mutterschaft mag gewesen sein, dass ihr per se ein affirmativer und reaktionärer Charakter zugeschrieben wurde. Dies hatte sich bereits in der weitgehenden Ablehnung von Haus- und Familienarbeit der neuen Frauenbewegung angekündigt. Zudem waren die hehren Hoffnungen, die in den 1970er Jahren in alternative Erziehungs- und Familienstrukturen gesetzt wurden, weitgehender Resignation gewichen. Die emanzipatorischen Visionen der antiautoritären Pädagogik hatten sich wenig erfüllt. Aus den Kindern waren keine Revolutionär_innen geworden. »Kinder sind nicht links« (Stötzel et al. 2011) fasst die *Jungle World* diese immer wieder erlebte Enttäuschung zusammen und Nicole Tomasek erweitert diese Feststellung auf die Eltern: »Mit Anfang 20 mag die Elternschaft noch als Unfall gelten, spätestens mit Ende 30 flankiert sie dann den Abschied vieler Linksradikaler von der Hoffnung auf die Revolution.« (Tomasek 2013: 76) Parallel fassen viele queerfeministische Debatten Familie als heteronormative Institution, da sie auf der Vorstellung einer gegengeschlechtlichen Zweierbeziehung und biologischer Verwandtschaft basiert (vgl. Hajek 2013). In diesem Kontext entwickelte sich innerhalb der Queer Theory eine Kritik an denjenigen homosexuellen Legitimationsbewegungen, die einen bruchlosen Anschluss an traditionelle Institutionen wie die Ehe oder die bürgerliche Kernfamilie suchten. So wurde etwa gewarnt, dass Lebenspartnerschaft oder die sogenannte Homo-Ehe zu neuen Hierarchisierungen und Ausschlüssen queerer Lebensformen führen könnten (vgl. z.B. Butler 2004). Ein Extrem stellte dabei das kontroverse Buch *No Future* des Queer-Theoretikers Lee Edelman (2004) dar, der die Vorstellung des Kindes als Zukunft generell ablehnt, da sie unausweichlich soziale Ordnung und Heteronormativität stabilisiere. Er spricht sich gegen jede Form der Reproduktion beziehungsweise des »reproductive futurism« (ebd.: 4) aus (vgl. Burman/Stacey 2010). Innerhalb dieser Logiken fungiert nicht nur das Kind als Gegenteil aller widerständigen Politik, sondern indirekt auch die Figur, die symbolisch untrennbar mit ihm verbunden ist: die Mutter.

Die Abwertung der Mutter als per se konservativ hat, in Kombination mit dem neoliberalen Bild der *Top Mom*, fatale Folgen, die vor linken und queeren Kontexten nicht halt machen. Zumindest wenn sich das Mutter-Sein in einer heterosexuellen Beziehung abspielt, gilt es oft nur noch als bewusste Rückkehr in traditionelle Strukturen und als Aufgabe politischer Ideale. Pluralismus wird mit Wahlfreiheit verwechselt. Ebenso erscheinen daraus resultierende Diskriminierungen als private Probleme, die keiner politischen Solidarisierung mehr bedürfen. In der polemischen Zuspitzung kann dies folgendes bedeuten: »Sie braucht zwar die Stelle, um sich zu finanzieren, kann aber nach 16 Uhr nicht arbeiten, weil sie geschieden und alleinerziehend ist? – Wegen ihrer persönlichen Situation müssen wir ja wohl keine Nachteile in Kauf nehmen. Schließlich war sie es, die ihre Prioritäten auf Kind und Mann setzte. Soll sie sich halt einen Babysitter nehmen.« Oder: »Sie kommt nicht auf die Party, weil ihr Kind krank ist? – Die hat voll die Gehirnwäsche hinter sich, sie weiß doch eigentlich, dass Mutterliebe nur ein historisches Konstrukt ist.« Oder auch: »Du bist schwanger? Krass, ich hätte nicht gedacht, dass Du Kinder für Deutschland kriegen willst.« Väter in analogen Situationen erfahren mehr Verständnis, haben oft sogar den Gewinn der vermeintlichen Fortschrittlichkeit, wenn sie sich öffentlich zu Sorge-Arbeiten bekennen. Bei Müttern scheint das Bewusstsein für die Komplexität gesellschaftlicher Strukturen und ökonomischer Verhältnisse vergessen. Das Verwoben-Sein in multiplen Machtverhältnissen und die Amivalenz von Subjektivierungsprozessen innerhalb hegemonialer und subversiver Diskurse wird ausgeblendet, zugunsten individualisierter Schuldzuweisungen und Abgrenzungsmanöver.

DAS BLOG *FUCKERMOTHERS*

Das ist die Konstellation, innerhalb derer ich mich als Feministin zunehmend mit Mutterschaft zu beschäftigen begann und deswegen das Blog *fuckermothers* gründete. Hierbei bilden primär queere Perspektiven den Ausgangspunkt. Denn erstens ermöglichen sie eine De-Naturalisierung von Mutterschaft. Dadurch wird der Begriff der Mutter nicht mehr durch ein vermeintlich biologisches Geschlecht fixiert, sondern kann über (Sorge-)Tätigkeiten und/oder kulturelle Zuschreibungen, zu denen etwa das Mutterideal gehört, definiert werden. Zweitens lässt sich mit intersektionalen Ansätzen verstehen, dass Mutterschaft keineswegs eine homogenisierende weibliche Erfahrung ist. Während bestimmte Formen von Mutterschaft sozial erwünscht und privilegiert sind – etwa die von gut ausgebildeten, mit ökonomischen wie kulturellen Kapital ausgestatteten, able-bodied, Weißen, cis-Frauen, die ca. zwischen 25 und 35 Jahren Kinder bekommen und in einer heterosexuellen, monogamen Beziehung leben – werden andere Formen diskriminiert: zu junge oder zu alte Mütter etwa, zu arme oder zu ›behinderte‹ Mütter, Mütter ohne deutschen Pass, lesbische, queere oder Trans-Mütter. Die

Bezeichnung meines Blogs mit *fuckermothers* orientiert sich an der queeren Idee der Aneignung von Abwertung. Sie bildet den Gegenentwurf zur Beleidigung *motherfucker*, die ebenso an das alte Ideal der keuschen Mutter anschließt wie an die Konstruktion der Frau als passives Sexualobjekt. In dem Rahmen fungiert der Begriff der *fuckermothers* als utopische Figur, als imaginärer Raum für Subversion und als Angebot für reale Mütter, die jenseits hegemonialer Mythen leben.

Unter diesen Vorbedingungen geht es jedoch auch darum, an Analysen von Mutterschaft aus den Frauenbewegungen der 1970er Jahre anzuknüpfen, insbesondere in Bezug auf Arbeit und materielle Ungleichheit. Dabei soll weniger ein kohärentes theoretisches Gerüst geschaffen werden, sondern die Heterogenität und die Widersprüche, die sich aus den verschiedenen Perspektiven ergeben, in ein Spannungsverhältnis geraten. In den letzten Jahren gab es zunehmend Versuche, marxistisch orientierte und postmoderne Feminismen zu kombinieren – die Analyse von (Re-)Produktionsarbeit mit Dekonstruktion und Identitätskritik mit Ökonomiekritik zu verbinden (vgl. Federici 2013; Rudolf et al. 2013; Woltersdorff 2008). So wichtig diese Ansätze auch als Orientierungspunkte sind, so wenig lässt sich mein Blog einer dieser Richtungen zuordnen, sondern bleibt bestenfalls eine provisorische Versuchsanordnung, die verunsichern statt stabiles Wissen produzieren soll.

Trotzdem ergeben sich auch unter einer solch losen Zielvorgabe Probleme. Die erste Schwierigkeit ist sehr pragmatisch und wenig überraschend, da sie wohl viele Mütter betrifft: der Mangel an Zeit und Ressourcen. Die Wahl von Bloggen als Form des politischen Aktivismus ist als Reaktion darauf zu verstehen. Treffen in politischen Gruppen, Vorträge und Workshops erfordern meist regelmäßige Teilnahme zu festen Terminen. Sie finden abends und am Wochenende statt – also zu Zeiten, in denen Kitas und Schulen geschlossen sind und zudem der einzige Raum für die ohnehin knapp bemessene Familienbegegnung oder Freundschaftspflege ist. Bloggen ist zwar keinesfalls eine Befreiung von Druck, ist es doch gerade wegen seiner Flexibilität ein Medium der Beschleunigung, das zeitnahes Reagieren auf Phänomene verlangt. Trotzdem lässt es sich besser als andere Aktivismusformen an eigene Rhythmen anpassen und ermöglicht zugleich soziale Vernetzung. Wohl auch aus diesem Grund sind Blogs gerade unter Müttern äußerst verbreitet ebenso wie unter Feminist_innen. Dennoch gab es im April 2011, als *fuckermothers* entstand, kaum deutschsprachige Blogs, die beide Themen verbanden. Mittlerweile hat sich das Spektrum erweitert. Verschiedene Angebote wie das Mitte 2011 gegründete *Unsichtbares*, das 2013 gegründete *Me, Myself and Child* oder das im Januar 2014 online gegangene Magazin *Umstandslos* befassen sich mit feministischer Mutterschaft. Sie thematisieren etwa ungleiche Verteilung von Hausarbeit, Klassismus oder geschlechterneutrale und antirassistische Kindererziehung. Dabei wiederholt sich teilweise, was sich bereits in der zweiten Frauenbewegung zeigte: Wie bei *fuckermothers* auch haben viele dieser Autor_innen einen akademischen Hintergrund und sind entsprechend relativ privilegiert.

Dies führt zu weiteren Problemen, nämlich welche feministischen Positionen und was für politische Ziele mit Mutterschaft verknüpft werden sollen. Schließlich muss in einer Versuchsanordnung, so provisorisch sie sein mag, eine gewisse Auswahl getroffen werden. Diese Selektion gelingt nicht immer. Dann kollidieren verschiedene feministische Ansprüche ebenso wie konkurrierende und zeitgleich existierende Mutterbilder, gegen die es sich abzugrenzen gilt. Oft treten jedoch gerade im Misslingen bestimmte Fragen und Konfliktlinien deutlicher hervor.

TOP MOMS VERSUS FUCKERMOTHERS UND ANDERE WIDERSPRÜCHE

Das betrifft erstens das Spannungsverhältnis (neo-)liberaler Feminismen und intersektionaler Ansätze. Lassen sich beispielsweise Punkte wie Vereinbarkeit von Familie und Erwerbsarbeit, das Karrierehindernis der gläsernen Decke oder die Frauenquote adressieren, ohne dadurch einen »Elitefeminismus« (Mertlitsch 2013: 1) zu unterstützen? Auf welche Weise lassen sich intersektionale Positionen mitdenken und Ausschlüsse thematisieren? Kann man ebenso für die Mutter eintreten, der aufgrund sexistischer Personalpolitik berufliche Aufstiegschancen verwehrt werden, wie für die Mutter, die mit ihren Kindern abgeschoben werden soll oder die queere Mutter, deren Mutterschaft im Rechtssystem gar nicht als solche anerkannt wird? Wie lässt sich die von vielen Müttern gefühlte Zuneigung zu ihren Kindern thematisieren, zugleich aber auch für die Mütter eintreten, die sich für ein Leben getrennt von ihren Kindern entschieden haben und dadurch mit gesellschaftlichen Schuldzuweisungen konfrontiert sind? Auf welche Weise ist Solidarität möglich, wie lassen sich eigene Privilegien reflektieren ohne eine narzisstische Nabelschau zu betreiben, wie lassen sich marginalisierte Positionierungen aufzeigen ohne paternalistisch zu bevormunden?

Daran angeschlossen ist die Frage der Bewertung von Sorge-Arbeit und Erwerbsarbeit in Verbindung mit Kapitalismuskritik. Wie lässt sich der Imperativ der Karriere und das Ideal der Erwerbsarbeit problematisieren, ohne dabei das Narrativ der Rabenmutter zu stützen, das voll berufstätige Mütter stigmatisiert? Und wie lässt sich umgekehrt das alte Ideal der Hausfrau und Mutter, das von konservativen Kreisen weiter vertreten wird, angreifen, ohne Berufstätigkeit überzubewerten und dadurch das Bild der *Top Mom* zu stabilisieren? Ist es tatsächlich besser, im Niedriglohnsektor ausgebeutet zu werden oder als Manager_in humane Ressourcen zu organisieren, als sich um Kinder zu kümmern? Wie lässt sich die so oft abgewertete und gering geschätzte Sorge- und Hausarbeit Wert schätzen, ohne sie dadurch als Liebesarbeit zu idealisieren? Braucht es eine »Care-Revolution« (Winkler 2011: 45), bieten Modelle wie die Vier-in-einem-Perspektive (vgl. Haug 2008) oder die auf 32 Wochenstunde reduzierte Vollzeitarbeit (vgl. Allmendinger/Woellert 2014) mögliche Auswege – oder müssen wir auf die Abschaffung des Kapitalismus warten?

Der dritte Punkt betrifft die Frage des Geschlechtskörpers und die Strategie der De-Essentialisierung. Auf welche Weise kann mit vermeintlich natürlichen

Akteuren wie Hormonen, Gebärmüttern und Muttermilch umgegangen werden? Wie lässt sich eine neue Medizinkritik formulieren, die Vorsorgeuntersuchungen und Pränataldiagnostik problematisiert ohne dabei in bloße Technikfeindlichkeit oder Romantizismen zu verfallen? Auf welche Weise kann man solidarisch mit Hebammen sein, deren wichtige Arbeit eklatant unterbezahlt ist – zugleich aber ihren oft essentialisierenden Begriff von Weiblichkeit kritisieren? Wie lässt sich die Erfahrung von Schwangerschaft fassen, ohne das Narrativ der biologischen Familie zu stabilisieren und nicht-leibliche Mutterschaft zu prekarisieren? Ist es überhaupt möglich, den Begriff ›Mutter‹ von fixen Identitätskategorien und Naturalisierungen zu lösen? Wäre die Bezeichnung ›Eltern‹ (vgl. Eismann 2013) hierfür nicht doch die bessere, geschlechtsneutralere Variante?

Diese Konfliktlinien begleiten *fuckermothers* seit seinem Bestehen. Auf einige der Fragen gab die Arbeit am Blog zumindest provisorische Antworten, die wiederum jedoch neue Fragen aufwarfen. In erster Linie erweist sich somit mein Blog *fuckermothers* als Maschine der konstruktiven Verunsicherung, die das manchmal paradoxe Ziel verfolgt, Mutterschaft wieder stärker ins Zentrum feministischer Debatten zu rücken. Diese Maschine will die Mutter gerade nicht als feste Gestalt re-installieren, sondern primär das vorherrschende Mutterbild zur Diskussion stellen, um für seine faktische Pluralität eine stärkere Solidarisierung zu erreichen.

QUELLEN

Alaimo, Stacy/Hekman, Susan (Hg.) (2008): Material Feminisms, Bloomington: Indiana University Press.

Allmendinger, Jutta/Woellert, Franziska (2014): »Wir brauchen eine höhere Geschlechtergerechtigkeit im Arbeitsmarkt genauso wie innerhalb von Haushalten und Familien«, Interview, www.berlin-institut.org/publikationen/interviews/jutta-allmendinger.html (31.03.2014).

Beauvoir, Simone de (1977): Das andere Geschlecht. Sitte und Sexus der Frau, Reinbek: Rowohlt.

Böckmann, Lukas/Mecklenbrauck, Annika (Hg.) (2013): The Mamas and the Papas. Reproduktion, Pop & widerspenstige Verhältnisse, Mainz: Ventil.

Burman, Erica/Stacey, Jackie (2010): »The Child and Childhood in Feminist Theory«, in: Feminist Theory 11(3), 227-240.

Butler, Judith (1997): Körper von Gewicht, Frankfurt a.M.: Suhrkamp.

Dies. (2004): »Is Kinship Always Already Heterosexual?«, in: dies., Undoing Gender, New York: Routledge, 102-130.

Doetz, Susanne (2009): »Zwangssterilisierung. Das Gesetz zur Verhütung erbkranken Nachwuchses und seine praktische Anwendung«, in: Jüdisches Museum Berlin (Hg.), Tödliche Medizin. Rassenwahn im Nationalsozialismus, Göttingen: Wallstein, 34-43.

Duden, Barbara (1987): Geschichte unter der Haut. Ein Eisenacher Arzt und seine Patientinnen um 1730, Stuttgart: Klett-Cotta.

Edelman, Lee (2004): No Future. Queer Theory and the Death Drive, Durham: Duke University Press.

Eismann, Sonja (2013): »Was fangen wir nur mit diesen schwangeren Körpern und nervigen Kindern an? Warum es so schwer fällt, queer-feministisch über das Kinderkriegen nachzudenken«, in: Böckmann/Mecklenbrauck, The Mamas and the Papas, 61-72.

Federici, Silvia (2013): Aufstand aus der Küche. Reproduktionsarbeit im globalen Kapitalismus und die unvollendete feministische Revolution, Münster: edition assemblage.

Fehlmann, Meret (2011): Die Rede vom Matriarchat. Zur Gebrauchsgeschichte eines Arguments, Zürich: Chronos.

Firestone, Shulamith (1987): Frauenbefreiung und sexuelle Revolution. Die Frau in der Gesellschaft, Frankfurt a.M.: Fischer.

Fischer-Homberger, Esther (1984): Krankheit Frau. Zur Geschichte der Einbildungen, Darmstadt: Luchterhand.

Frevert, Ute (1986): Frauen-Geschichte. Zwischen bürgerlicher Verbesserung und neuer Weiblichkeit, Frankfurt a.M.: Suhrkamp.

Gerhard, Ute (1990): Unerhört. Die Geschichte der deutschen Frauenbewegung, Reinbek: Rowohlt.

Hajek, Katharina (2013): »Familienduell. Von der politischen Regulierung und den Kämpfen um Familie«, in: PROKLA. Zeitschrift für kritische Sozialwissenschaft, 43 (4), 519-537.

Haraway, Donna (1995): »Situiertes Wissen. Die Wissenschaftsfrage im Feminismus und das Privileg einer partialen Perspektive«, in: Hammer, Carmen/ Stieß, Immanuel (Hg.), Die Neuerfindung der Natur. Primaten, Cyborgs und Frauen, Frankfurt a.M.: Campus, 73-97.

Haug, Frigga (2008): Die Vier-in-einem-Perspektive. Politik von Frauen für eine neue Linke, Hamburg: Argument.

Hausen, Karin (1976): »Die Polarisierung der ›Geschlechtscharaktere‹. Eine Spiegelung der Dissoziation von Erwerbs- und Familienleben«, in: Conze, Werner (Hg.), Sozialgeschichte der Familie in der Neuzeit Europas. Neue Forschungen, Stuttgart: Klett, 363-393.

Heft, Kathleen (2013): »Kindsmord als Phänomen Ostdeutschlands? – Eine Analyse medialer Diskursverschiebungen«, in: Lee, Hyunseon/Maurer Queipo, Isabel (Hg.), Mörderinnen. Künstlerische und mediale Inszenierungen weiblicher Verbrechen, Bielefeld: transcript, 305-327.

Honegger, Claudia (1991): Die Ordnung der Geschlechter. Die Wissenschaften vom Menschen und das Weib 1750-1850, Frankfurt a.M.: Campus.

Malich, Lisa (2013): »Who's Your Mommy Now? Nationalmütter, Fuckermothers und die Geschichte des Muttermythos«, in: Böckmann/Mecklenbrauck, The Mamas and the Papas, 17-33.

Martin, Emily (1987): The Woman in the Body. A Cultural Analysis of Reproduction, Boston: Bacon.

McRobbie, Angela (2010): Top Girls. Feminismus und der Aufstieg des neoliberalen Geschlechterregimes, Wiesbaden: VS Verlag für Sozialwissenschaften.

Dies. (2013): »Feminism and the New ›Mediated‹ Maternalism: Human Capital at Home«, in: Feministische Studien 1, 136-143.

Mertlitsch, Kirstin (2013): »Karriere, Klasse, Konkurrenz«, in: an.schläge 9, http://anschlaege.at/feminismus/2013/08/karriere-klasse-konkurrenz (31.03.2014).

Nickel, Hildegard Maria (2011): »Grenzen überschreiten – Pflöcke schlagen! Zur Institutionalisierung der (ostdeutschen) Frauenforschung an der Humboldt-Universität zu Berlin«, in: Binder, Beate et al. (Hg.), Travelling Gender Studies. Grenzüberschreitende Wissens- und Institutionentransfers, Münster: Westfälisches Dampfboot, 22-37.

Oguntoye, Katharina/Ayim, May/Schultz, Dagmar (Hg.) (1986): Farbe bekennen. Afro-deutsche Frauen auf den Spuren ihrer Geschichte, Berlin: Orlanda.

Oudshoorn, Nelly (1994): Beyond the Natural Body. An Archeology of Sex Hormones, New York: Routledge.

Penny, Laurie (2012): Fleischmarkt. Weibliche Körper im Kapitalismus, Hamburg: Nautilus.

Reuschling, Felicita (2011): »Beyond Re/Production of Motherhood? Einleitung«, in: dies./Kunstraum Kreuzberg/Bethanien (Hg.), Beyond Re/Production of Motherhood?, Berlin: Revolver Publishing, 7-12.

Dies./Kunstraum Kreuzberg/Bethanien (Hg.) (2011): Beyond Re/Production of motherhood?, Berlin: Revolver Publishing.

Rohnstock, Katrin (Hg.) (1994): Stiefschwestern. Was Ost-Frauen und West-Frauen voneinander denken, Frankfurt a.M.: Fischer.

Rudolf, Christine et al. (Hg.) (2013): Schneewittchen rechnet ab. Feministische Ökonomie für anderes Leben, Arbeiten und Produzieren, Hamburg: VSA.

Schrupp, Antje (2008): »Abschied von der ›guten‹ Mutter. Gedanken zum Thema Mutterschaft und weibliche Freiheit«, in: Forum Sexualaufklärung und Familienplanung 3, 3-6.

Schütze, Yvonne (1986): Die gute Mutter. Zur Geschichte des normativen Musters ›Mutterliebe‹, Bielefeld: B. Kleine.

Sennett, Richard (2000): Der flexible Mensch. Die Kultur des neuen Kapitalismus, München: btb.

Statistisches Bundesamt (Hg.) (2010): Alleinerziehende in Deutschland. Ergebnisse des Mikrozensus 2009, Wiesbaden.

Stötzel, Regina et al. (2011): »Die linke Brut«, in: Jungle World (11) 34, http://jungle-world.com/artikel/2011/34/43844.html (31.03.2014).

Stoppard, Miriam (1986): Das große Ravensburger Buch der Schwangerschaft. Ein Ratgeber für werdende Mütter und Väter, Ravensburg: Ravensburger.

Thiessen, Barbara (2008): »Auslaufmodell Hausfrau oder traditionelle Mütterlichkeit in neuem Gewand? Mütter in Medien und Alltag«, in: Forum Sexualaufklärung und Familienplanung 3, 7-10.

Thiessen, Barbara/Villa, Paula-Irene (2010): »Entweder – oder? Mutterschaft zwischen Fundamentalismen und vielschichtigen Praxen«, in: Querrelles 11(2),
www.querelles-net.de/index.php/qn/article/view/875/872 (31.03.2014).

Tomasek, Nicole (2013): »Eltern, Kinder und die radikale Linke«, in: Böckmann/
Mecklenbrauck, The Mamas and the Papas, 73-81.

Vinken, Barbara (2001): Die deutsche Mutter. Der lange Schatten eines Mythos,
München: Piper.

Wielopolska, Brita et al. (Hg.) (1978): Frau. Ein Handbuch über Sexualität, Verhütung und Abtreibung, Schwangerschaft und Geburt, Klimakterium und Alter,
München: Frauenbuchverlag.

Winkler, Gabriele (2011): »Care Work als Ausgangspunkt politischen Handelns«,
in: Reuschling/Kunstraum Kreuzberg/Bethanien, Beyond Re/Production of
motherhood?, 40-46.

Woltersdorff, Volker (2008): »Queer und Hartz IV. Überlegungen zum Zusammenhang von Arbeit, Ökonomie, Sexualität und Geschlecht im Neoliberalismus«, in: Degele, Nina (Hg.), Einführung Gender/Queer Studies, München:
Fink (UTB), 181-193.

http://aufzehenspitzen.wordpress.com
http://beyondbabymamas.com
http://bluemilk.wordpress.com
http://drmutti.wordpress.com
http://feministmum.wordpress.com
http://gemeinsameltern.blogsport.de
http://gluecklichscheitern.wordpress.com
http://memyselfandchild.wordpress.com
http://mymilkspilt.wordpress.com
www.rainbowfamilynews.de
http://umstandslos.com
http://unsichtbares.wordpress.com

Was ist Feministische Ökonomie?

Über strategisches Schweigen, blinde Flecken und Utopien

Bettina Haidinger/Käthe Knittler

Die vorherrschenden Wirtschaftstheorien und -politiken sowie wesentliche ökonomische Kennzahlen werden gerne als geschlechtsneutral präsentiert. Hinter diesen Konzepten und Zahlen werden jedoch geschlechtsspezifische Ungleichheiten, Herrschafts- und Ausbeutungsstrukturen verdeckt. Die Feministische Ökonomie setzt dem Mainstream-Kanon der Wirtschaftstheorie und -politik Kritik, Analyse und Utopien entgegen. Diese messen dem Geschlechterverhältnis eine wesentliche Bedeutung für das Funktionieren und das Versagen (in) der Ökonomie bei und werden in diesem Beitrag vorgestellt.[1]

Stumm, taub und blind war und ist die ›Main-/Malestream‹-Wirtschaftswissenschaft gegenüber dem Geschlechterverhältnis in der Ökonomie. 1994 erschien ein Dauerbrenner der Feministischen Ökonomie: *The Strategic Silence* von Isabella Bakker. Der Titel des Buches versinnbildlicht das Schweigen über Geschlechterverhältnisse in der Ökonomie als ein strategisches. Dieses ist nicht zufällig oder neutral, sondern es dient dem ökonomischen Machterhalt bestimmter gesellschaftlicher Gruppen.

Das strategische Schweigen beinhaltet das Nicht-Sprechen über jene Wirtschaftsbereiche, die am stärksten von geschlechtsspezifischer und sexueller Arbeitsteilung geprägt sind: nämlich die Haushaltsökonomie und unbezahlte Versorgungsarbeit, die als außerökonomisch betrachtet werden. Da sie sich oftmals jenseits monetärer Größen bewegen, fallen sie aus dem traditionellen Analyserahmen dessen, was heute vorgibt, das Funktionieren der Wirtschaft zu erklären, heraus. Mit dem Schweigen verschwinden auch die Macht- und Ausbeutungsstrukturen in diesem unbenannten Bereich.

›Blinde Flecken‹ der Ökonomie ist eine häufig gebrauchte Phrase zur Beschreibung des Untersuchungsgegenstandes der Feministischen Ökonomie. Ergründet werden sollen all jene von der ›Main-/Malestream‹-Wirtschaftswissenschaft aus-

---

1 | Der vorliegende Beitrag beruht auf ausgewählten Kapiteln aus dem Buch *Feministische Ökonomie. Eine Einführung*, das 2014 von den Autorinnen veröffentlicht wurde.

geblendeten Bereiche ökonomischer Zusammenhänge: Es gilt, den unbezahlten Teil der Ökonomie – sei es in Form von Haus- oder Subsistenzarbeit – sichtbar zu machen und diesen als wesentlichen Wertschöpfungsprozess zu bewerten. Es geht darum, die spezifische Situation von Frauen am Arbeitsmarkt als Arbeitnehmerinnen oder Unternehmerinnen ins Blickfeld zu bekommen und um die Aufdeckung der Geschlechterblindheit in ökonomischen Prozessen.

Vielfältige Ausrichtungen und kontroverse Debatten kennzeichnen die Feministische Ökonomie.[2] Denn sie tritt mit unterschiedlichen Projekten und Aspirationen an und bewegt sich auf zumindest vier Ebenen: 1. Sie übt Kritik an vorherrschenden Wirtschaftstheorien; 2. sie vertieft wirtschaftstheoretische Auseinandersetzungen um das Geschlechterverhältnis sowie die unbezahlte Arbeit und erweitert damit das Feld der Ökonomie selbst; 3. sie analysiert und kritisiert wirtschaftliche Verhältnisse; 4. last but not least geht es ihr um grundlegende Kritik am Kapitalismus sowie um den »Umsturz der Gesellschaft« (Dalla Costa 1978).

Die Vielfältigkeit betrifft auch das den Analysen und Praktiken zugrunde liegende Verständnis von Feminismus und die Frage, welcher ökonomischen Schule sich feministische ÖkonomInnen zuordnen. Sie analysieren Geschlechterverhältnisse aus einer differenz- oder gleichheitsfeministischen Perspektive, aus dem Blickwinkel der Queer Theory oder einem materialistischen Blickwinkel. Feministische Ökonominnen sind beispielsweise Marxistinnen, Keynesianerinnen/Post-Keynesianerinnen oder Neoklassikerinnen. Sie beschäftigen sich mit Ökonomie auf einer mikro- oder makroökonomischen Analyseebene. Selbstverständlich bezeichnen sich auch nicht alle Frauen, die als Ökonominnen tätig sind, als Feministinnen oder feministische Ökonominnen, auch wenn sie an der genaueren Betrachtung von geschlechtsspezifischer Diskriminierung oder ökonomischen Zusammenhängen aus einem geschlechtsspezifischen Blickwinkel interessiert sind.

ENTSTEHUNG UND ENTWICKLUNG DER FEMINISTISCHEN ÖKONOMIE

Entstanden ist die Feministische Ökonomie aus der Frauenbewegung der 1970er Jahre, in der sich Debatten und Aktionen um die Bewertung von Arbeit, um die Unterwerfung von Frauen in der Haushaltsökonomie, um die Zuweisung bestimmter Tätigkeiten an Frauen zuspitzten. Mit dem Rückenwind der Bewegung wurden Themen der Arbeits-, Produktions- und Haushaltsgestaltung öffentlich und aus einem feministischen Blickwinkel verhandelt und es wurde gegen Diskriminierung, Ausbeutung und Unterdrückung angekämpft. Eine Auseinandersetzung, die bis heute andauert und schon lange vorher begonnen hat: Die Feministische Ökonomie hat Wurzeln, die bis ins frühe 19. Jahrhundert und vereinzelt sicherlich noch weiter zurück reichen. Schon damals legten die Pionierinnen der Feministischen Ökonomie den Finger auf Problematiken des Geschlechterverhältnisses in der Ökonomie.

---

2 | Einen Überblick in deutscher Sprache bieten Hoppe (2002) oder Bauhardt/Çaglar (2010).

PIONIERINNEN DER NATIONALÖKONOMIE

Das strategische Schweigen betraf und betrifft nicht nur den Inhalt der Wirtschaftswissenschaften, sondern auch und in besonderem Maße die erste Generation von Frauen, die sich mit der Geschlechterfrage in der Nationalökonomie auseinandersetzte (vgl. Pujol 1998). Die Pionierinnen der Volkswirtschaft waren oftmals Autodidaktinnen und lassen sich an den Schnittstellen von Frauenbewegung, ArbeiterInnenbewegung, Literatur und politischer Ökonomie finden. Die Theoriegeschichte der Ökonomie in den aktuellen Lehrbüchern der Volkswirtschaftslehre kennt die Namen der Ökonominnen nicht, ihre Beiträge verschwanden im Laufe der männerzentrierten Geschichtsschreibung. Das mag einerseits mit ihren Arbeitsschwerpunkten und dem Fokus ihrer Forschung und Publikationstätigkeit zu tun gehabt haben. Am Schnittpunkt Politik und ökonomische Theorie forschten beispielsweise Emmy Freundlich, Adelheid Popp oder Käthe Leichter, die im Kontext der Gewerkschafts- und ArbeiterInnenbewegung und der Ersten Frauenbewegung aktiv waren. Jane Marcet und Harriet Martineau in Großbritannien oder Charlotte Perkis Gilman (2000/1910,1994/1898) in den USA machten Fragen der Ökonomie unter anderem auch mit Hilfe fiktionaler Darstellungen oder populärwissenschaftlicher Abhandlungen zugänglich. Andererseits erschienen manche der Werke der im 19. Jahrhundert aktiven Ökonominnen unter Pseudonymen oder unter den Namen ihrer Ehemänner. Manchmal wurde ihr Beitrag zu gemeinsamen Publikationen über lange Zeit ignoriert oder verschwiegen, wie etwa im Fall von Harriet Taylor Mill. Sie war eine der führenden Intellektuellen der ersten Frauenbewegung und, wie mittlerweile umfangreiche feministische Forschung belegt, Koautorin – gemeinsam mit John Stuart Mill – von *The principals of political Economy* (1848), dem volkswirtschaftlichem Standardwerk des 19. Jahrhunderts.

Schließlich bedeuteten der Nationalsozialismus und Faschismus auch für die Disziplin der Ökonomie eine Zäsur: Viele aufstrebende Wissenschaftlerinnen etwa rund um die Österreichische Schule der Nationalökonomie oder des Austromarxismus wurden als Jüdinnen und/oder aufgrund ihrer politischen Einstellung vertrieben und ermordet. Die Rezeption ihrer wissenschaftlichen Ideen in Österreich wurde doppelt ausgelöscht: Als Frauen standen sie im Schatten einer männlich dominierten Disziplin und als Jüdinnen waren sie im Post-Nationalsozialismus unerwünscht.

DIE INSTITUTIONALISIERUNG DER FEMINISTISCHEN ÖKONOMIE – EIN ERFOLG?

Nach rund hundert Jahren Frauenstudium gibt es mittlerweile in vielen Studienfächern mehr Absolventinnen als Absolventen. Die Volkswirtschaft zählt zu jenen universitären Disziplinen, in denen der Männeranteil nach wie vor überwiegt und die gläserne Decke nur langsam brüchig wird: Je höher die Position, umso niedriger der Frauenanteil. Wesentlich schwieriger als das Zählen von Köpfen nach Geschlecht ist ein Befund darüber, wie die Lehrinhalte gestaltet sind. Jeden-falls stehen diese in keinem direkten Zusammenhang mit dem Anteil von Frauen und Männern am Lehrpersonal. In wie vielen der Lehrveranstaltungen werden feministische und geschlechterkritische Inhalte vermittelt? Wie viele Lehrveran-staltungen zur Feministischen Ökonomie gibt es? Hierzu fehlen uns die Zahlen, aber nicht die Worte: Ein Blick in die Vorlesungsverzeichnisse verdeutlicht einen traurigen Zustand.

Um diesem Umstand Abhilfe zu schaffen, wurde beispielsweise im Jahr 1991 die *International Association for Feminist Economics* (IAFFE) gegründet. Seit 1994 erscheint die Zeitschrift *Feminist Economics*. Neben Austausch und Vernetzung setzt sich die IAFFE zum Ziel, das Forschungsfeld der Feministischen Ökonomie in einem stark männlich geprägten Umfeld durchzusetzen und Publikationsmög-lichkeiten – die ›Währung‹ für wissenschaftliche Karrieren – für Themen, die von anderen Zeitschriften abgelehnt werden, zu schaffen. Gerade im englischsprachi-gen Raum gibt es eine viel stärkere Verankerung der Feministischen Ökonomie als in anderen Ländern. Das zeigt sich nicht nur am Sitz der IAFFE in den USA, sondern auch an den einschlägigen Referenzwerken, die zu Feministischer Ökono-mie erschienen sind: 1994 Isabella Bakkers *Strategic Silence*, 1995 *Out of the Margin* als erste Publikation einer IAFFE-Konferenz herausgegeben von Edith Kuiper und Jolande Sap oder der 2003 von Drucilla K. Barker und Edith Kuiper herausgegebene Sammelband *Toward a Feminist Philosophy of Economics.*

ZUM STAND DER FEMINISTISCHEN ÖKONOMIE HEUTE

Die Feministische Ökonomie umfasst ein breites Themenspektrum, ist aber im Kanon der ökonomischen Theorien nach wie vor marginalisiert. Ihr Bereich er-streckt sich von Formeln mit großem I – damit ist die Weiterentwicklung mathe-matischer Modelle etwa im Rahmen der Neoklassik gemeint –, über Auseinan-dersetzungen mit der Care-Ökonomie, die Rolle des Geschlechterverhältnisses für die Ressourcenallokation in Haushalten bis hin zu Ansätzen in der Makro-ökonomie und Außenwirtschaftslehre. Letztere beschäftigen sich in jüngster Zeit mit den Auswirkungen von Veränderungen makroökonomischer Größen wie Inflation, Währungsaufwertungen und -abwertungen oder Zahlungsbilanzströ-men auf das Geschlechterverhältnis (vgl. Bauhardt/Çaglar 2010; Gutiérrez 2004). Neben diesen neuen thematischen Eroberungen können aber auch ›Klassiker‹ konkreter Themenfelder der Feministischen Ökonomie benannt werden. Dazu zählen unter anderem:

• die Arbeitsbewertung rund um bezahlte und unbezahlte Arbeit
• die Arbeitsmarktforschung mit den Teilgebieten der Diskriminierung, der ho-rizontalen und vertikalen Segregation, der Entwicklung der Frauenerwerbstä-tigkeit über die Zeit, über den Lebenszyklus und im internationalen Vergleich
• Wohlfahrtsstaatsanalysen und Vergleiche von Wohlfahrtssystemen

- historische Beiträge von Frauen zur Theorieproduktion sowie die wissenschaftstheoretische Auseinandersetzung mit Ökonomie
- die Rolle der Frauen im Wirtschafts- und Arbeitsleben vergangener Epochen
- Debatten um den adäquaten Einsatz von quantitativen und qualitativen Forschungsmethoden aus feministischer Sichtweise
- Gender Budgeting (vgl. Beigewum 2002) – ein Analyseinstrumentarium zur geschlechtergerechten Evaluierung von öffentlichen Budgetprozessen

Insgesamt ist festzustellen, dass die Feministische Ökonomie seit der Zweiten Frauenbewegung an Breite gewonnen und an Radikalität verloren hat. Als Beispiel sei die Hausarbeit angeführt: Heute wird die geschlechtliche Arbeitsteilung in Haushalt und Markt vermessen und untersucht, aber nicht (unbedingt) in Frage gestellt. Dieses Mainstreaming ist natürlich auch gewissermaßen dem Erfolg der feministischen Ökonomie zuzuschreiben, die sich in ökonomische Debatten nachhaltig einmischen konnte, deren Forschungen vom Male-Stream der Ökonomie ernst(er) genommen wurden und die sich als Teildisziplin institutionalisieren konnte.

DIE ROTEN FÄDEN IN DER AUSEINANDERSETZUNG MIT ÖKONOMIE AUS FEMINISTISCHER PERSPEKTIVE

In der Bearbeitung der Themenfelder der Feministischen Ökonomie lassen sich mehrere rote Fäden ausmachen, die immer wieder als wesentliche Determinanten für die geschlechtsspezifisch unterschiedliche ökonomische Situation von Männern und Frauen auftauchen. Wir greifen in diesem Überblickstext fünf davon auf, die wir als zentral für feministische Debatten um Ökonomie erachten: die Auseinandersetzung mit Lohnarbeit und unbezahlter Arbeit, die Methodenfrage in der ökonomischen Disziplin, Debatten rund um die Konzeption von Geschlecht, ökonomische Krisenanalysen aus feministischer Perspektive und utopische Ausblicke.

DAUERBRENNER HAUS- UND REPRODUKTIONSARBEIT

Schon im 19. Jahrhundert bildete die familiäre Haushaltsproduktion einen zentralen Betrachtungsgegenstand der Pionierinnen der Nationalökonomie. Dabei wurde unter anderem um die Produktivität von Hausarbeit gestritten und Überlegungen angestellt, ob und warum nicht Hausarbeit bewertet werden sollte. Eine tiefgreifende Auseinandersetzung um den Wert bzw. die Bedeutung von Hausarbeit fand in den marxistisch-feministischen Debatten der 1970er und 1980er Jahren statt. Als Auslöser der sogenannten Hausarbeitsdebatte galt Dalla Costas *Die Frau und der Umsturz der Gesellschaft* von 1973/1978. Frauenbewegungsorientiert wurde patriarchats- und kapitalismuskritisch die Zuweisung von unbezahlter Hausarbeit an Frauen schlichtweg abgelehnt. Die Hausarbeitsdebatte schärfte das Verständnis der

Kategorien von Hausarbeit und Lohnarbeit und deren Zusammenwirken im Kapitalismus. Zentrale Begrifflichkeiten der marxschen Kritik der politischen Ökonomie – unter anderem der Mehrwerts- und der Arbeitsbegriff selbst – wurden unter die feministische Lupe genommen, kritisiert, erweitert und erneuert. Theoretisch galt es, die Unterdrückung der Frau neu zu begreifen. Nicht nur die Lohnarbeit, sondern auch die Hausarbeit basiert auf Ausbeutung und gemeinsam bilden sie die Grundlage der kapitalistischen Produktionsweise. Für die marxistische Theorie (und nicht nur für diese) stellte die Debatte eine enorme Bereicherung dar. Später verloren die Diskussionen um die Begrifflichkeiten selbst und um die politische Praxis, die wir selbst mittragen und mitbestimmen, im Rahmen der feministisch-ökonomischen Auseinandersetzungen an Bedeutung. Gleichzeitig verlagerte sich der Ort der feministischen Wissensproduktion. War diese zuvor stark in die Bewegung und in kollektive Austauschprozesse eingebettet, so fand sie zunehmend an Universitäten statt. Mit der Konzentration der feministischen Auseinandersetzungen auf die Universitäten und auf andere Institutionen setzte eine zunehmende Akademisierung der Diskussionen und Institutionalisierung der Forderungen ein. Zugleich verlor die Auseinandersetzung mit dem Themenfeld der Reproduktionsarbeit an Radikalität. Jene Aspekte, die mit einem Begehren nach Befreiung und einem Ende von Unterdrückung und Ausbeutung einhergehen, sind zumindest (weit) in den Hintergrund getreten. Die Inhalte nach der Lohn-für-Hausarbeit-Debatte jedoch und die Feststellung, dass der gesamte Bereich der unbezahlten Arbeit eine zentrale wirtschaftliche Analyseebene darstellt, konnten sich in der Folge als Interessengegenstand der Feministischen Ökonomie etablieren.

Beispielsweise hat die unbezahlte Haus- und Subsistenzarbeit durch ihre Bewertung und Miteinbeziehung in die volkswirtschaftliche Gesamtrechnung Einzug in eines der makroökonomischen Kernthemen gefunden. Seit den 1980er Jahren gibt es vermehrt Bestrebungen, unter anderem maßgeblich beeinflusst durch das Buch *If Women Counted* von Marilyn Waring (1988), das Bruttoinlandsprodukt um die unbezahlte Haus- und Reproduktionsarbeit zu erweitern. Mittlerweile sind derartige Bestrebungen in die Berechnungen von einigen internationalen Organisationen wie z.B. der OECD aufgenommen worden. Zeitbudgetstudien oder Zeiterhebungen, die Auskunft über das unbezahlte Arbeitsvolumen eines Landes und die Grundlage zur Berechnung eines um die unbezahlte Arbeit erweiterten Bruttoinlandsproduktes liefern, wurden mittlerweile in rund hundert Ländern zumindest einmal durchgeführt.[3]

In der theoretischen wie in der politischen Auseinandersetzung jedoch hat es nach der Hausarbeitsdebatte im deutschsprachigen Raum eine lange Pause gegeben, in der sich kaum mit dem Thema Reproduktionsarbeit beschäftigt wurde. Irgendwie wirkte es altmodisch und schon zu oft durchgekaut, sich systematische Gedanken über bezahlte und unbezahlte Arbeit im Haushalt zu machen. Erst als

---

3 | Ein Überblick über sämtliche Zeitbudgetstudien findet sich auf der Homepage des *Center for Time Use Research* (vgl. www.2009.timeuse.org/information/studies/).

der Sektor unter den Vorzeichen neuer (internationaler) Machtverhältnisse an Dynamik zulegte und Fürsorgearbeit in zunehmendem Maße bezahlt abgewickelt wurde, rückte der schlafende Riese als »Care-Ökonomie« wieder ins Zentrum feministisch-ökonomischer und politischer Diskussionen.

ERWERBSARBEIT UND ARBEITSMARKT

Neben der Rolle unbezahlter Reproduktionsarbeit waren und sind Arbeitsmarkt und Erwerbsarbeit zentrale Themenbereiche der Feministischen Ökonomie. Die Arbeitsmarktpartizipation von Frauen ist für mikro- und makroökonomische Fragestellungen sowie wirtschaftspolitische Konzepte von Bedeutung: Warum und wo arbeiten Frauen (nicht)? Welche Rolle spielt der öffentliche Sektor für die Erwerbsbeteiligung von Frauen? Welche Auswirkungen haben neoliberale wirtschaftspolitische Rezepte auf die Positionierung von Frauen am Arbeitsmarkt?

Um der »persönlichen Dienstbarkeit« (Haug 2013: 90) in der Familie zu entkommen, wurde der Befreiung der Frau durch die Lohnarbeit in unterschiedlichen – sowohl liberal als auch sozialistisch geprägten – Traditionen der Feministischen Ökonomie besonderes Gewicht beigemessen (Barker 2005: 2197f.). Die Erhöhung der Frauenerwerbstätigkeit wird somit von verschiedenen Seiten als erstrebenswertes Ziel formuliert. Sie impliziert finanzielle Unabhängigkeit vom Ehejoch und von staatlicher Fürsorge. Gleichzeitig wird die kollektive Organisation von Betreuungsarbeit beispielsweise im Rahmen des Ausbaus öffentlicher Kinderbetreuungseinrichtungen ausschließlich unter dem Ziel der Erhöhung der Frauenerwerbsbeschäftigung diskutiert – und das in zwei Richtungen: Einerseits erhöht sich das Gesamtarbeitskräftepotential, das dem Arbeitsmarkt zur Verfügung steht, und damit potentiell das Wirtschaftswachstum. Andererseits werden neue Frauenarbeitsplätze geschaffen. Denn: besser flexibilisiert und bezahlt im Job, als unsichtbare, ungeregelte und unbezahlte Arbeit zu Hause zu verrichten.

In dieser Forderung nach gleichberechtigter Teilnahme am Arbeitsmarkt überschneiden sich neoliberale Ansprüche an den Arbeitsmarkt mit frauenpolitischen Zielformulierungen. Nancy Fraser (2009) stellt zur Debatte, ob sich in dieser Überschneidung gar eine unheilige Allianz zwischen feministischen Kritikpunkten (etwa am Familienlohn oder am Paternalismus des fordistischen Wohlfahrtsstaates) und der Ideologie des aufkommenden Neoliberalismus in den 1970er Jahren abzeichnet. Somit verbleibt die Fragestellung, ob die Gleichstellung zwischen Männern und Frauen damit enden soll, dass alle unter prekarisierten Arbeitsbedingungen einer Erwerbsarbeit nachgehen müssen?

METHODE UND ÖKONOMISCHE KENNZAHLEN ALS POLITISCHES FELD

Die Welt der Zahlen und der ökonomischen Modellbildung ist ein politisch umkämpftes Feld. Im Zuge der aktuellen Wirtschaftskrise gerieten orthodoxe ökonometrische Modelle ob ihrer Unzulänglichkeit, die Krise vorherzusagen bzw.

adäquat zu fassen, auch innerhalb des Mainstreams zunehmend in die Kritik. Unter feministischen Ökonominnen wurde bereits seit langem eine breit angelegte Debatte über methodische Problematiken geführt (vgl. Nelson 2001): Inwiefern können ökonometrische Modelle für feministische Fragestellungen übernommen werden? Braucht es aus feministischer Perspektive komplett neue Methoden oder können bestehende Methoden um feministische Belange adaptiert und erweitert werden? Ist eine breitere Methodenvielfalt unerlässlich?

Das Verhältnis der Feministischen Ökonomie zu Zahlen, Statistiken und einer mathematisierten Ökonomie bewegt sich unabhängig vom Thema, also vom Arbeitsmarkt bis hin zu makroökonomischen Kennzahlen, in einem Spannungsverhältnis, das durch folgende Eckpunkte charakterisiert ist:

- Zahlen und Statistiken aufgeschlüsselt nach Geschlecht (gendersensible Statistik) sind notwendige Voraussetzungen für feministische Analysen. Neben qualitativen sind quantitative Analysen über die ökonomische Situation unerlässlich, um die Lebensverhältnisse von Frauen adäquat zu erfassen. Ohne diese Zahlen bleiben wesentliche Bereiche der Lebensrealität von Frauen unsichtbar.
- Zahlen sind notwendig als Beweis gegenüber Leugnern geschlechtsspezifischer Ungleichheiten.
- Ein empirischer Beleg für bestehende Ungleichheiten verbleibt ein schwaches Argument, wenn es keine soziale Bewegung bzw. keine Frauenbewegung gibt, die für deren Veränderung kämpft. Zahlen und Fakten sind bestenfalls eine notwendige, aber keinesfalls eine hinreichende Bedingung für gesellschaftliche Veränderungen. Frei nach dem Motto: Eine Blume macht noch keinen Frühling, eine Zahl macht noch keine Revolution. Abhängigkeits-, Macht- und Ausbeutungsstrukturen sind komplex und lassen sich nicht mittels Zahlen auf einfache Fakten reduzieren. Das Patriarchat ist keine auf Zahlen basierende Formel. Um diese Zusammenhänge darzustellen, können Zahlen lediglich ein Hilfsmittel sein.
- Viele für Frauen relevante Lebensverhältnisse lassen sich durch Zahlen nicht adäquat fassen. Sie entziehen sich der Statistik und ökonometrischen Modellen. Keine einzige feministische Fragestellung lässt sich auf rein quantitative Aspekte reduzieren.
- Die zunehmende Mathematisierung der Ökonomie mit immer komplexeren Berechnungsmodellen (Ökonometrie) hat teilweise zur Folge, dass Fragestellungen und abgeleitete Analysen inhaltsleer werden und die Machtverhältnisse, in die Zahlen eingebettet sind, aus dem Blick geraten. Dieser Umstand ist zwar keinesfalls ausschließlich auf die Komplexität der Methoden zurückzuführen, kann aber dadurch befördert werden.

Kurz zusammengefasst bedeutet dies: Geschlechtssensible Daten sind notwendig und können emanzipativ nutzbar gemacht werden. Gleichzeitig müssen ökonomische Analysen in ihrer Mainstreampraxis als Herrschaftsinstrument kritisiert werden. Wie sich feministische ÖkonomInnen in diesem Spannungsbogen positionieren, fällt je nach politischer und theoretischer Sichtweise unterschiedlich aus. Jedenfalls gilt es aus der Perspektive der Feministischen Ökonomie auch folgende Fragen zu behandeln: Wer hat die Definitionsmacht über die Konstruktion wirtschaftlicher Kennzahlen und deren Benennung? Welche bzw. wessen Interessen werden damit bedient und durchgesetzt? Feministische Ökonomiekritik ist somit nicht nur Kritik an der gegenwärtigen ökonomischen Forschungspraxis, sondern auch weiter gefasste Theorie- und Gesellschaftskritik.

DIE KONZEPTION VON GESCHLECHT

Geschlecht und Geschlechterverhältnisse werden auf verschiedenen Analyseebenen der Ökonomie und vor dem Hintergrund unterschiedlicher Interpretationen der Kategorie Geschlecht debattiert. Die Feministische Ökonomie arbeitet sich als kritische und gleichzeitig praxisrelevante Wissenschaft nicht nur an den herrschenden Theoriebildungen der Ökonomie ab, sondern entwickelt auch über den Status quo hinausgehend Utopien für eine geschlechtergerechte Ökonomie (vgl. Federici 2012). Beides sind Unterfangen mit hohen Ansprüchen: Es geht um fundamentale Kritik an der herrschenden globalen Wirtschafts- und Geschlechterordnung sowie an den Grundsätzen und Zwecken von (Wirtschafts-) Wissenschaft. Aus dem Doppelbestreben nach Kritik an bestehenden Verhältnissen und Utopie einer egalitären Gesellschaft entsteht das Dilemma, einerseits ungleiche reale Voraussetzungen ökonomischen und sozialen Handelns sichtbar zu machen, das heißt anzuerkennen und zu kritisieren. Dabei besteht die Gefahr, Positionen von Frauen oder MigrantInnen oder Lesben zu manifestieren bzw. die Komplexität von sozialen Verhältnissen, in denen Menschen leben, herunterzuspielen. Umverteilung passiert dann auf Grundlage von Identitätspolitik. Andererseits sollen kategorisierende Annahmen in Bezug auf Geschlecht, Klasse, Sexualität oder Herkunft hinterfragt und überwunden werden (vgl. Boudry/ Kuster/Lorenz 2000). Dem konstruktivistischen Feminismus ist es zu verdanken, »das illusionäre Moment feministischer Identitätspolitik« (Becker-Schmidt/ Knapp 2007: 93) zu verdeutlichen, indem er den performativen Charakter von Geschlechtsidentität ins Zentrum feministischer Theorie und Praxis rückte. Aber wo bleibt bei der Dementierung jeglicher kollektiver Zuschreibungen die Kritik an einer von Geschlechterverhältnissen dominierten ungleichen Arbeitsteilung und politischen Ökonomie?

Drucilla Barker macht in einem Versuch der Versöhnung zwischen materialistischen und postmodern-konstruktivistischen feministischen Ökonominnen die praktikable Unterscheidung zwischen Gender als konzeptioneller und als empirischer Kategorie: Gender als konzeptionelle Kategorie befasst sich mit den symbolischen und konzeptionellen Systemen, mit denen Männlichkeit und Weiblichkeit assoziiert werden, in denen Geschlechterverhältnisse entstehen und weiterbestehen

(Barker, 2005: 2195f.). Als empirische Kategorie geht es darum, die Beziehungen zwischen Frauen und Männern in Bezug auf die geschlechtsspezifische Arbeitsteilung, die Verteilung von Ressourcen und Einkommen zu analysieren. Hier ist das Geschlechterverhältnis Träger von gesellschaftlichen Strukturen und zentral für den Einschluss und Ausschluss von Frauen und Männern in gesellschaftliche Institutionen. Wenn die Unterscheidung in Männer und Frauen als empirische Kategorien aufgelöst würde, bestünde keine Möglichkeit mehr, strukturelle Unterschiede zwischen ihnen zu beschreiben und sie blieben unter dem Deckmantel des strategischen Schweigens, hinter dem sich bestehende Macht- und Ausbeutungsmechanismen verstecken können. Die Auswertung von Statistiken nach dem Geschlecht macht Unterschiede zwischen Männern und Frauen sichtbar. Wir wollen wissen, wie hoch die Pensionsleistungen aus der Sozialversicherung an Frauen und Männern, an Migrantinnen und Migranten sind. Zugleich werden damit möglicherweise soziale Kategorien reproduziert.

Als spezifisches Problem der Ökonomie kommt hinzu, dass nicht nur Entscheidungen von Individuen sozial uneingebettet und unhinterfragt erörtert werden, sondern auch der scheinbar geschlechtslose Haushalt als ›wirtschaftende‹ Einheit erfasst wird. Der Haushalt dient in der ökonomischen Forschung und in statistischen Erhebungen oftmals als Blackbox, in der unbezahlte Frauenarbeit und geschlechtsspezifische Ungleichheiten unerkannt verschwinden. Aus diesen Annahmen ergeben sich beispielsweise folgende feministisch inspirierte Fragen: Welche Implikationen für die geschlechtsspezifische Verteilung von Arbeit, Zeit und Geld ergeben sich, wenn das Einkommen eines Haushalts oder die Einkommen von Individuen als Grundlage von Steuereinhebungen herangezogen werden? Wie verändert sich der Haushalt als geschlechtsspezifisch strukturierter Raum der Reproduktion und Produktion als Folge internationaler Arbeitsteilung?

WIRTSCHAFTSKRISEN

Wirtschaftskrisen sind im Allgemeinen und die Europa betreffende Finanz- und Wirtschaftskrise im Besonderen als Kontinuum ökonomischer Prozesse zu verstehen. Die Krisenhaftigkeit ist dem kapitalistischen System immanent. Aus einer feministisch-ökonomischen Sichtweise wird dabei unter anderem folgenden Fragen nachgegangen: Welche Rolle spielt unbezahlte (Frauen-)Arbeit, um Krisen zu überstehen? Inwiefern kommt es zu einem Wandel der Geschlechterverhältnisse? Welche Alternativen der wirtschaftlichen Organisation können dem herrschenden patriarchal strukturierten Wirtschaftssystem entgegensetzt werden? Wir befinden uns in einer Epoche, in der neoliberal inspirierte Wirtschaftspolitik und restriktive Fiskalpolitik durchgesetzt und umgesetzt werden. Die neoliberale Krisenpolitik fordert in alter Tradition Deregulierung und Privatisierung. Diese waren bereits inklusive einer restriktiven Geldpolitik die zentralen Rezepturen von Strukturanpassungsprogrammen, die vom Internationalen Währungsfonds und der Weltbank Ländern des Globalen Südens auferlegt wurden. Im Zuge der Schul-

denkrise der 1980er Jahre wurden zumindest 75 Entwicklungsländer Strukturanpassungsprogrammen unterzogen. Die Stehformulierungen, mit denen diese
Maßnahmen als notwendig beworben werden, sind anlassbezogen immer wieder
>innovativ<: >Erhöhung der Wettbewerbsfähigkeit<, >Modernisierung der öffentli-
chen Verwaltung< und >fiskalpolitische Nachhaltigkeit< sind aktuelle Beispiele.
Neu – zumindest für das krisengeschüttelte Europa – ist das Ausmaß, in dem
Angriffe auf die Rechte von ArbeitnehmerInnen inklusive der Tarifautonomie
von Gewerkschaften erfolgen. Die Konsequenzen der gegenwärtigen Konsolidie-
rungspakete und der Strukturanpassungsprogramme sind vielfältig. Sie führten
und führen aber jedenfalls zu massiven Verschiebungen zwischen Markt, Staat
und privaten Haushalten und somit zu Verschiebungen zwischen bezahlter und
unbezahlter Arbeit. Diese Prozesse sind einer der zentralen Punkte feministischer Krisenanalysen.

Stillschweigend wurde und wird davon ausgegangen, dass Auswirkungen
von makroökonomischer Politik (etwa von Lohnsenkungen und dramatischen
Senkungen der öffentlichen Ausgaben unter anderem im Gesundheits- und So-
zialbereich) auf gesellschaftliche Stabilität ignoriert werden können. Denn die gesellschaftliche Reproduktion wird unabhängig von den herrschenden makroökonomischen Regeln ohnehin weiter funktionieren – und Frauen werden den Ausfall
öffentlicher gesellschaftlicher und reproduktiver Dienstleistungen kompensieren.
Christa Schlager und Elisabeth Klatzer sprechen in diesem Zusammenhang von
der »Auslagerung der Stabilisierungsfunktion von Wirtschaftspolitik« (Klatzer/
Schlager 2012: 30). Die Kosten der Austeritätspolitik werden auf dem Rücken der
Frauen privatisiert und auf die Küche abgewälzt (vgl. Elson 2002). Bereits über
die Weltwirtschaftskrise der 1930er Jahre konstatierte Käthe Leichter, Sozialistin,
Widerstandskämpferin und eine der ersten feministischen Ökonominnen in Österreich:»Überall zeigt es sich, dass gerade Frauen Konjunkturschwankungen am
stärksten und raschesten zu fühlen bekommen.« (Leichter 1997/1930: 433). Sei es,
weil sie selbst (als erste) arbeitslos werden und/oder zusätzlich arbeitslos geworde-
ne Familienmitglieder zu versorgen haben:»Die große Familie ist heute weit öfter
Belastung als Rückhalt für die arbeitende Frau.« (Leichter 1932: 76) Dalla Costa
sprach in den 1970er Jahren von der krisenstabilisierenden Funktion von Haushalten, die einkommenslose Familienmitglieder weiter versorgt. Diese familiäre
Absicherung wirkt sozialen Revolten der Arbeitslosen entgegen und ist somit sta-
bilisierend für das System:»Die Frauen sind im Haushalt nützlich, nicht nur weil
sie die Hausarbeit ohne Lohn und ohne zu streiken verrichten, sondern weil sie die
Familienmitglieder, die durch die Wirtschaftskrisen periodisch arbeitslos werden,
immer wieder im Haushalt aufnehmen.« (Dalla Costa 1978: 40)

UTOPIEN

Die Geschichte der Protest- und Widerstandsformen von Frauen sowie ihrer Utopien ist bunt und vielfältig. Sie reicht von unterschiedlichen Ansätzen zur Kollek-

tivierung von Hausarbeit, landesweiten Frauenstreiks, über Gebärstreiks gegen den Krieg und Lächelstreiks gegen den Alltagssexismus bis hin zu kommunistischen Gesellschaftsentwürfen. Frauen wie Harriet Taylor Mill ließen sich von der Idee des bedingungslosen Grundeinkommens des Frühsozialisten Charles Fourier und seiner utopischen Produktions- und Wohngenossenschaft des *Phalanastère* inspirieren. Charlotte Perkins Gilman schrieb 1915 in ihrem utopischen Roman *Herland* von einem technologisch hochentwickelten Land ohne Männer, in dem Frauen gleichberechtigt leben und alle Güter und Dienstleistungen in kommunalem Besitz sind. Beim *Einküchenhaus*, das für kurze Zeit im Wien der 1920er Jahre bestand und in anderen Städten Nachahmung fand, bekamen alle Bewohnerinnen über Aufzüge das in der Zentralküche des Hauses zubereitete Essen in ihre Wohnungen geliefert. Das *Hull House* der Settlementbewegung, gegründet Ende des 19. Jahrhunderts in Chicago, bestand über 100 Jahre und glich in seiner Funktion einem Nachbarschafts- und Kulturzentrum. Über die kollektiv organisierte Essensausgabe erfüllte es starke reproduktive Funktionen. Das Gratisfrühstück für Schulkinder spielte eine wesentliche Rolle im Organisierungsprozess der *Black Panther Party* im Rahmen des *Civil Rights Movement* in den 1960er Jahren in den USA. Unter dem Motto »Wenn Frau will, steht alles still« streikten 1991 eine halbe Million Schweizerinnen; 1975 folgten über 90 Prozent der Frauen Islands dem Aufruf »Einen Tag freizunehmen, um die Bedeutung der von ihnen verrichteten Arbeit zu demonstrieren« (Thorleifsdóttir 1994: 35). Durchaus unterschiedlich sind diese Beispiele in ihrer politischen Intention und Reichweite. Was sie jedoch eint, ist die Zentralität der Reproduktionsarbeit für ihre Auseinandersetzungen: Einerseits wurde die Sphäre der Reproduktion selbst als Quelle und Mittel des Protests genutzt; andererseits wurden kollektive Organisationsformen der Reproduktionsarbeit gefunden, die die individualisierte Frauenarbeit ersetzten sollten.

Im Zuge der gegenwärtigen Wirtschaftskrise verstärkten sich Diskussionen um alternative Wirtschafts- und Gesellschaftsprojekte. Auf drei Ansätze sei im Zuge dieses Schlussabschnitts hingewiesen: Im bedingungslosen Grundeinkommen für alle (vgl. Reitter 2012) – alle BewohnerInnen eines Landes bekommen ohne jegliche Bedarfsprüfung einen monatlichen Geldbetrag, der zumindest existenzsichernd ist – wird die finanzielle Absicherung in den Vordergrund gestellt. Die 4-in-1-Perspektive (vgl. Haug 2008, und in diesem Band) stellt die Verteilung von Arbeit und die Organisierung einer Politik von unten in den Fokus gesellschaftlicher Veränderung. Commons, vom englischen *common* für gemeinsam, auf Deutsch oft auch verkürzt als Gemeingut bezeichnet, verweist auf eine soziale Praxis der kollektiven Nutzung und Erzeugung von Ressourcen, Gütern und Dienstleistungen (vgl. Exner/Kratzwald 2012). Allen dreien geht es um die Wiederaneignung von Zeit. Fragen der geschlechtsspezifischen Arbeitsteilung und demokratisch antipatriarchaler Entscheidungsstrukturen bleiben vor allem bei den Modellen des Grundeinkommens und der Commons offen. Aus feministischer Perspektive stellen diese beiden Ansätze kein umfassendes Konzept, aber wichtige möglicherweise zu kombinierende Bausteine für eine feministische Utopie dar. Nicht theoretische Entwürfe, sondern die Praxis der (Frauen-)Bewegungen wird letztlich zeigen, ob und in welcher Form diese Utopien tatsächlich zur Verwirklichung drängen.

QUELLEN

Bakker, Isabella (Hg.) (1994): The Strategic Silence. Gender and Economic Policy, London: Zed Books.

Barker, Drucilla (2005): »Beyond Women and Economics: Rereading ›Women's Work‹«, in: Signs 30(4), 2189-2209.

Dies./Kuiper, Edith (Hg.) (2003): Toward a Feminist Philosophy of Economics, London/NewYork: Routledge.

Bauhardt, Christine/Çaglar, Gülay (Hg.) (2010): Gender and Economics. Feministische Kritik der politischen Ökonomie, Wiesbaden: VS Verlag für Sozialwissenschaften.

Becker-Schmidt, Regina/Knapp, Gudrun-Axeli (2007): Feministische Theorien zur Einführung, Hamburg: Junius.

BEIGEWUM (Hg.) (2002): Frauen Macht Budget, Wien: Mandelbaum.

Boudry, Pauline/Kuster, Brigitta/Lorenz, Renate (Hg.) (2000): Reproduktionskonten fälschen!, Berlin: b_books.

Dalla Costa, Mariarosa (1978): »Die Frau und der Umsturz der Gesellschaft«, in: dies., Mariarosa/James, Selma (Hg.), Die Macht der Frau und der Umsturz der Gesellschaft, Berlin: Merve, 27-67.

Elson, Diane (2002): »International Financial Architecture: A View from the Kitchen«, www.eclac.org/mujer/curso/elson1.pdf (22.06.2014).

Exner, Andreas/Kratzwald, Brigitte (2012): Solidarische Ökonomie & Commons, Wien: Mandelbaum.

Federici, Silvia (2012): Aufstand aus der Küche. Reproduktionsarbeit im globalen Kapitalismus und die unvollendete feministische Revolution, Münster: Edition Assemblage.

Fraser, Nancy (2009): »Feminism, Capitalism, and the Cunning of History«, in: New Left Review 56, 97-117.

Gilman Perkins, Charlotte (1994/1898): Women and Economics. A study of the economic relation between women and man, Amherst: Prometheus Books.

Dies. (1998/1915): Herland, Mineola: Dover Publications.

Dies. (2000/1910): »Eine unnatürliche Tochter«, in: Boudry, Pauline/Kuster, Brigitta/Lorenz, Renate (Hg.) (2000): Reproduktionskonten fälschen!, Berlin: b_books, 98-107.

Gutiérrez, Martha (2004) (Hg.): Macro-Economics: Making Gender Matter, London/New York: Zed Books.

Haidinger, Bettina/Knittler, Käthe (2014): Feministische Ökonomie, Wien: Mandelbaum.

Haug, Frigga (2008): Die 4-in-1 Perspektive, Berlin: Argument.

Dies. (2013):»Das Care-Syndrom. Ohne Geschichte hat die Frauenbewegung keine Perspektive«, in: Widerspruch 62, 81-92.

Hoppe, Hella (2002): Feministische Ökonomik: Gender in Wirtschaftstheorien und ihren Methoden, Berlin: Edition Sigma.

Klatzer, Elisabeth/Schlager, Christa (2012):»Genderdimensionen der neuen EU Economic Governance: maskuline Steuerungsmechanismen und feminisierte Kosten- und Risikoabwälzung«, in: Kurswechsel 1, 23-36.

Kuiper, Edith/Sap, Jolande (1995): Out of the Margin. Feminist Perspectives on Economics, London/New York: Routledge.

Leichter, Käthe (1932): So Leben Wir ... 1.320 Industriearbeiterinnen berichten über ihr Leben, Wien: Arbeit und Wirtschaft.

Dies. (1997/1930):»Die Entwicklung der Frauenarbeit nach dem Krieg«, in: Steiner, Herbert (Hg.), Käthe Leichter. Leben, Werk und Sterben einer österreichischen Sozialdemokratin, Wien: Ibera und Molden, 429-443.

Nelson, Julie A. (2001):»Economic Methodology and Feminist Critiques«, in: Journal of Economic Methodology 8(1), 93-97.

Pujol, Michéle (1998): Feminism and Anti-Feminism in Early Economic Thought, Cheltenham/Massachusetts: Edward Elgar.

Reitter, Karl (2012): Bedingungsloses Grundeinkommen, Wien: Mandelbaum.

Thorleifsdóttir, Thorhildur (1994):»Der ›Freie Tag‹ der Frauen von Island 1975«, in: Beiträge zur feministischen Theorie und Praxis 36, 35-43.

Waring, Marilyn (1988): If Women Counted: A New Feminist Economics, San Francisco: Harper & Row.

www.2009.timeuse.org/information/studies/ (29.07.2014).

Weibliche Körper als Ressource

Von der Selbstermächtigung zur Selbstoptimierung

Sonja Eismann

Während gegenwärtige feministische Bewegungen davon ausgehen, dass ihre Vorgänge-rinnen aus den 1970er Jahren mit einem vermeintlich erdigen Weiblichkeitsbegriff keinen Bezug zu den Normierungen der heutigen Schönheitsregime gehabt hätten, lassen sich bei genauerer Betrachtung unfreiwillige Traditionslinien herauskristallisieren, die die kritische Reflexion aktueller Praxen anregen könnten.

Die prüfende Beschäftigung mit dem weiblichen Körper hat mittlerweile ende-mische Ausmaße angenommen: Frauenfitness-Zeitschriften wie *Shape* kennen nur ein einziges Thema – das des Schlankseins –, in seriösen Tageszeitungen schwadronieren Schönheitschirurgen von der »Patientinnenzufriedenheit nach Eingriffen in der Intimzone« (Berendsen 2014: 58), also nach kosmetischen Vagi-nalstraffungen und Labienverkleinerungen, und 9-jährige Mädchen fühlen sich fett, wenn sie mit den strichförmigen Monster-High-Dolls spielen. In Fernseh-formaten wie DER BACHELOR, GERMANY'S NEXT TOP MODEL oder auch DEUTSCH-LAND SUCHT DEN SUPERSTAR ist es in erster Linie der Körper der teilnehmenden Frauen, der in den typischen Casting-Situationen auf seine Attraktivität und da-mit Gewinntauglichkeit hin getestet wird: Ob wie bei Model-Shows scheinheilig (und selbstverständlich sadistisch-voyeuristisch) Pseudofähigkeiten wie das rich-tige Posieren mit Taranteln auf dem nackten Körper abgefragt werden, ob wie bei der skandalumwitterten dänischen Talkshow BLACHMAN zwei bekleidete Männer über die Vorzüge und Nachteile nackt vor ihnen stehender, schweigender Frauen ›philosophieren‹ oder ob wie beim brasilianischen TV-Spektakel MISS BUMBUM, bei dem der schönste weibliche Hintern gekürt wird, mehr oder weniger ohne Umschweife die Physis als solche benotet wird, die Botschaft bezüglich der Be-wert- und Verwertbarkeit von Frauenkörpern ist überall dieselbe.

In Boulevardmagazinen widmen sich seitenlange Strecken den Erfolgen und Verfehlungen femininer Starkörper, die mal für ihre Sixpacks, also sichtbaren Bauchmuskeln, trotz mehrfacher Schwangerschaft gelobt werden, dann wieder für zu viel oder zu wenig Körperfett gescholten oder ob sichtbarer Cellulite-Dellen lächerlich gemacht werden. Die Widersprüchlichkeit dieser beinahe unerfüllbaren Anforderungen nimmt an vielen Stellen den Charakter eines Double Bind an: Sei dünn, aber nicht zu dünn. Zeige sexy Rundungen, aber sei auf keinen Fall fett. Sei fit und durchtrainiert, aber sei kein muskelbepacktes ›Mannweib‹. Sehe stets jugendlich und mädchenhaft aus, aber lass dich nicht mit zu viel Botox im Gesicht erwischen. Sei in der Schwangerschaft mütterlich und unbeschreiblich weiblich, wenige Tage nach der Entbindung aber wieder rank und schlank. Pseudobesorgte Kommentare zu Fotos von offensichtlich abgemagerten Schauspielerinnen wie auch hämische Gifteleien gegen Madonnas Sehnigkeit oder Beyoncés Trainiertheit (man denke an die zahllosen Internet Memes nach deren *SuperBowl*-Auftritt 2013, bei denen sie als Bodybuilderinnen-hafter ›She Hulk‹ durch den Cyberspace geisterte), legen die Perfidie dieser Disziplinierungen zwar offen, stoßen aber dennoch keinen breiten Widerstand gegen diese Zumutungen an. Denn die im Gefolge von Foucault so hinreichend beschriebenen Selbstregierungstechniken sowie vermeintliche Empowerment-Strategien nach dem Motto »Auch Aufrichten ist Zurichten« (Bröckling 2007: 213f.) haben dazu geführt, dass die Ideologie der ständigen Selbstverbesserung dem (weiblichen) Körper immer schon eingeschrieben ist: In Zeiten, in denen offiziell Gleichberechtigung zwischen den Geschlechtern herrscht, kann es eigentlich, so die offizielle Denkrichtung, keinen Sexismus und somit auch keinen Zwang mehr geben, den eng gesteckten Weiblichkeitsnormen entsprechen zu müssen. Was früher als gesellschaftliche Verordnung extern lokalisiert und damit auch – zumindest stellenweise – bekämpfbar wurde, hat sich nun nach innen verlagert und ist damit Teil des eigenen Wünschens, der eigenen Identität geworden.

Geradezu exemplarisch lässt sich diese Entwicklung an Musikvideos wie WORK B**CH (2013) von Britney Spears oder POUR IT UP (2013) von Rihanna ablesen. Hier sind die Außen- und die Innenperspektive, das Subjekt und das Objekt, Herrscher und Beherrschte auf paradoxale Weise in einer einzigen Bühnenpersona verschmolzen: der aktive, dominante ›Außen‹-Blick, der weibliches Körpermaterial nach seiner Pfeife tanzen lässt, ob in der Gym oder im Stripclub, sowie der sich unterwerfende, passive ›Innen‹-Blick, der sich diesen Anforderungen an perfekt geformte, erotisch geöffnete Frauenkörper willig anheimgibt. Britney Spears feuert halbnackte junge Frauen mit knallender Peitsche genau so zum Arbeiten an sich selbst an, wie sie es auch von ihrem eigenen, ebenso ausgestellten Körper erwartet, um all der besungenen *Bugattis* und *Maseratis* würdig zu werden. Rihanna huldigt auf einer Art Thron im Stripclub dem Geld, das die sich (für sie?) an Dancing Poles windenden Stripperinnen erwirtschaften, und macht sich gleichzeitig mit nach unten hängendem Kopf und zuckenden Kopulationsbewegungen selbst zur Dienerin dieser Form von Kapital.

Aber nicht nur die Körperlichkeit an sich steht auf dem Prüfstein, sondern auch die Moral der Sexiness. Karrieren wie die von Miley Cyrus, die paradigmatisch für die marktwirtschaftliche Progression vom zuckersüßen Kinderstar zur ›Slutty Sex Bomb‹ stehen, beweisen durch das immense mediale Echo, das solche Wandlungen von weiblichen Stars immer wieder hervorrufen (man denke auch an Britney Spears), dass es nicht richtig gemacht werden kann: Einerseits stürzen sich die Medien begeistert auf diese sensationelle Wandlung, die den ökonomisch wichtigen Sprung vom Kinder- ins Erwachsensortiment markieren soll, andererseits wird die exzessive (Selbst-)Sexualisierung als peinliche Aufmerksamkeitsgeilheit denunziert. TV-Formate wie das britische SNOG MARRY AVOID legen die moralische Dimension dieses Double Bind in seiner ganzen Ambivalenz offen: In einem ›Makeunder‹ werden übersexualisiert gestylte, als ›trashig‹ gebrandmarkte Frauen in eine ›natürliche Schönheit‹ verwandelt, die selbstverständlich genauso konstruiert ist und ebenso durch Schmink- und Kleidungstricks hervorgerufen wird. Als Gradmesser für den Erfolg als attraktive Frau fungieren Kommentare männlicher Passanten, die aufgrund eines Fotos der Kandidatin entscheiden müssen, ob sie diese Frau gerne küssen, heiraten oder meiden würden. Einerseits ist die Botschaft an die teilnehmenden Frauen und die ZuseherInnen ganz klar – der Marktwert von Frauen bemisst sich daran, ob es ihnen durch ihre körperliche Attraktivität gelingt, Männer sexuell zu interessieren, oder, am allerbesten, ein Leben lang an sich zu binden – andererseits durchkreuzt diese Message auf verwirrende Weise jene, mit denen (junge) Frauen auf allen anderen (Fernseh-)Kanälen bombardiert werden, nämlich die, dauerhaft möglichst sexy und sexuell zu sein. Wer zu offensiv sexy ist, ist kein Heiratsmaterial und scheitert in dem Teil der Weiblichkeitsperformance, der darin besteht, durch Eheschließung in den lebenslangen Besitz eines Mannes überzugehen.

Dass sich eine aktuelle feministische Kritik mit diesen Zurichtungen, die zwar auch Männer als stets verbesserbare neoliberale Subjekte anrufen, diese jedoch nicht in erster Linie zu dekorativen, formbaren, immer in Relation zu Männern stehenden Körpergefäßen degradieren, auseinandersetzen muss, liegt auf der Hand. Doch wird die obsessive Beschäftigung mit dem weiblichen Körper durch die Bemühungen, den vermeintlich falschen oder schlechten Repräsentationen vermeintlich richtige bzw. bessere entgegenzusetzen, nicht eher gespiegelt als gebrochen? Ich möchte argumentieren, dass es, analog zur Institutionalisierung klassischer Forderungen der Zweiten Welle der Frauenbewegung nach ökonomischer Unabhängigkeit, die heute als Erneuerungsgehilfinnen entsolidarisierter, postfordistischer Arbeitsverhältnisse instrumentalisiert werden, auch Selbstermächtigungsstrategien bezüglich weiblicher Körper waren, die sich heute auf paradoxe Weise gegen die Frauen gewendet haben. So erinnert Maria Wirth an die Ausgangssituation in den 1960/70er Jahren:

»Das wichtigste Anliegen der Neuen Frauenbewegung war es, aufzuzeigen, dass auch das Private politisch ist, und darauf hinzuweisen, dass Ungleichheiten zwischen Mann und Frau der Ausdruck eines tief verwurzelten, alle Bereiche des gesellschaftlichen Lebens (Familien, Rollenzuschreibungen, Sexualität) umfassenden Herrschaftssystems sind. Der Zugriff auf den weiblichen Körper wurde als wesentlicher Teil der Frauenunterdrückung gesehen. Gewalt gegen Frauen, die Kontrolle über ihre Gebärfähigkeit, Pornographie und die Vermarktung des weiblichen Körpers in der Werbung wurden thematisiert.« (Wirth 2008)

Eines der zentralen Werke dieser Neuen Frauenbewegung, die im angloameri-
kanischen Sprachgebrauch meist Second Wave genannt wird, war das Frauen-
gesundheitsbuch *Our Bodies, Ourselves* (1971) vom Boston Women's Health Book
Collective (BWHBC), das Kathy Davis, die Autorin des Buches *The Making of Our
Bodies, Ourselves*, eine »Second Wave feminist success story« (Davis 2007: 19)
nennt. In ihrer Besprechung des Buches von Davis schreibt Rebecca Walker über
diese Erfolgsgeschichte: »Written by women in the early throes of the feminist
movement of the '70s, *Our Bodies, Ourselves* began as a pamphlet encouraging women to, among other things, examine their vaginas and discover their clitorises.«
(Walker 2008) Das Geheimrezept des Buches charakterisiert sie wie folgt:

»*Our Bodies, Ourselves* remained perpetually open to and shaped by feedback from rea-
ders. At key junctures, the collective expanded to include women of different orientations
and backgrounds, who entered the text as respected cocreators. The result was a populist
and exponentially inclusive masterwork, a seven-hundred-page guide that shaped at least
one generation's view of female sexuality and reproductive health.« (Ebd.)

Doch was im Vorwort der ersten Ausgabe dieser Bibel der feministischen Selbstermächtigung steht, die Frauen ihre geächteten und entfremdeten Körper endlich
näher bringen wollte, entfaltet im Projektionsraum heutiger Diskurse eine fast
unheimliche Resonanz: Auf die selbst gestellte Frage »What are our bodies?« antworten die Herausgeberinnen: »First, they *are* us. We do not inhabit them – we *are*
them.« (BWHBC 1970: 9, Hervorh. i. Orig.) In ihrem Buch *Bodies of Knowledge.
Sexuality, Reproduction, and Women's Health in the Second Wave* beschreibt Wendy
Kline, wie die im Bereich der Frauengesundheit engagierten Aktivistinnen der
1970er Jahre ein sogenanntes Denken durch den Körper einforderten: »Thinking *through* the body, rather than around it, remained a neglected yet central
component of female empowerment.« (Kline 2010: 2, Hervorh. i. Orig.) Auch die
von Kline zitierte lesbische Dichterin Adrienne Rich »believed that a new generation of women would come to view our physicality as a resource, rather than a
destiny« (ebd.: 3). Rich verlangte volle Kontrolle der Frauen über ihre Körper, was
im Einklang mit der damaligen Idee des »converting our physicality into both
knowledge and power« (ebd.) stand. Was als feministische Wiederaneignung des
vom Patriarchat/Staat instrumentalisierten Frauenkörpers gedacht war, lässt ge-
spenstische Parallelen zu gegenwärtigen Denk- und Redeweisen vom heutigen
Frauenkörper als selbstbestimmt gestaltbarem Material sichtbar werden, der
zwar ultimativ formbar, aber immer essentialistisch gegendert ist – denn die Vermarktbarkeit von Körpern ist immer an ihre geschlechtliche Hypereindeutigkeit
geknüpft. Die Vorstellung, dass Mädchen und Frauen ihre Körper *sind*, die im
Kontext der Zweiten Welle nicht als Limitierung, sondern als machtvolle Strategie gedacht war, die der Verächtlichmachung des schwachen Geschlechts mit
all seinen tabuisierten Körperfunktionen ein ›weises, weibliches Körperdenken‹
entgegensetzen wollte, ist heute in erschreckender Weise omnipräsent, von den

bereits zitierten Casting-Shows bis zu reglementierenden Mutterdiskursen, in denen Frauen nur noch als Andockstelle für möglichst unkontaminierte Super-biomuttermilch figurieren. Der Schlachtruf »Biology is not Destiny« hat sich jedoch solcherart bewahrheitet, dass bereits ganz junge Mädchen zwar das Ge-fühl haben, nur über ihren Körper wahrgenommen zu werden und als Körper einen Wert in der Gesellschaft zu haben, aber nicht einfach damit festzustecken, sondern die Möglichkeit bzw. den Zwang zu seiner dauernden Gestaltung bzw. Verbesserung stets präsent zu haben. Wenn Adrienne Rich 1976 in *Of Woman Born: Motherhood as Experience and Institution* davon spricht, ihre Geschlechts-genossinnen müssten ihre Körper statt als Schicksal, als Ressource wahrnehmen, entstehen heute wohl weniger als damals Bilder von freudig menstruierenden und furchtlos gebärenden Frauen, sondern dann resoniert dieser Vorstoß kalt dis-ziplinierend mit der Verpflichtung von Frauen zur dauernden Selbstoptimierung. Dies bestätigt auch Paula-Irene Villa, wenn sie in einem Interview über den *body turn* in den Geistes-, Kultur- und Sozialwissenschaften spricht und dabei bezüg-lich der Gestaltbarkeit des geschlechtlichen Körpers festhält: »Der Körper wird also vor allem in Hinsicht auf das diskutiert, was man heute ›Biopolitik‹ nennt. Das heißt, was ehemals emanzipatorische Selbstermächtigung war – den Körper in die eigene Hand zu nehmen –, das wird heute zunehmend zu einem Gebot der Optimierung.« (Roedig: 2010, Hervorh. i. Orig.)

Zur Reflexion eigener feministischer Praxen heute gilt es also zunächst ein-mal, diese unfreiwilligen Traditionslinien zu erkennen, statt weiter am Bild eines strikt anti-lookistischen Mutter-Erde-Feminismus der 1960/70er Jahre weiter zu zeichnen, dem es mit dem selbstgewählten Glamour der Third Wave und nach-folgenden feministischen Generationen entgegenzutreten hieße. Aber auch die eigenen (Gegen-)Strategien bezüglich Körperdisziplinierungen sollten mit den Erfahrungen der Vorgängerinnen abgeglichen werden. Statt reflexhaft mit Kör-perstrategien auf Körperdisziplinierungen zu reagieren, wäre es möglicherweise produktiver, die Diskursebenen zu verschieben. So wie *FEMEN* zur Kritik an der Vermarktung perfekter weißer Frauenkörper nichts anderes in Stellung bringen als ebensolche Körper, was ja bereits hinlänglich diskutiert wurde, so bestätigen auch visuell widerständigere Aktionen wie z.B. *#feministselfies* wiederum nur die Zentralität der Abbildbarkeit des Frauenkörpers in unserer Gesellschaft (vgl. Mc-Carthy 2013). Auch wenn die Idee, dass mit diesen endlich Bilder von Frauen, die quasi nirgends zirkulieren bzw. aufgrund bestehender Schönheitsstandards von Medien und Werbung zensiert werden, sichtbar werden und so ein stärken-des Gefühl von Gemeinschaft entsteht (z.B. für Women of Colour, dicke oder ältere Frauen), das individuell – glücklicherweise – als extrem empowernd erfah-ren wird, so ändern diese Abbilder jedoch nichts daran, dass die Wertigkeit von Frauen anhand ihrer Körper bemessen wird. An der öffentlichen Diskussion zur Verhüllung islamischer Frauen lässt sich, ungeachtet ihrer religiösen, patriarcha-len oder kolonialen Implikationen, hervorragend ablesen, dass es heute nicht sein darf, dass sich der weibliche Körper seiner geschlechtlichen Plastizität und damit auch seiner Vermarktbarkeit verweigert. So schreibt der französische Philosoph Alain Badiou in seinem Traktat *Hijab* bezüglich der französischen Anti-Kopftuch-Schulgesetzgebung: »The law on the hijab is a pure capitalist law. It orders femininity to be exposed. In other words, having the female body circulate according to the market paradigm is obligatory. For teenagers, i.e. the teeming center of the entire subjective universe, the law bans any holding back.« (Badiou 2004)

Natürlich sind alle Frauen, ob mit oder ohne Kopftuch, in der einen oder anderen Weise zwangsläufig in den kapitalistischen »Fleischmarkt«, den Laurie Penny in ihrem gleichnamigen Buch (2012) so beißend beschreibt, impliziert. Daher ist es mehr als nachvollziehbar, dass sie den fremdgesteuerten, normierenden Repräsentationen eigene, freiere entgegensetzen wollen – sei es durch *Fat Activism*, *PorYes*-Ästhetiken oder Slutwalks, um nur einige Beispiele zu nennen. Doch damit bleiben sie immer noch dem marktwirtschaftlichen Paradigma der Repräsentierbarkeit weiblicher, queerer, trans, inter etc. Körper verhaftet. Ist es jedoch nicht mitunter produktiver, sich der Bildproduktion zu verweigern, indem feministische Themen anders verhandelt oder gewichtet werden? Indem diese Problematiken z.B. durch ihre ökonomischen oder auch Care-Aspekte gedacht werden statt andersherum, und ohne dass dabei die Körper des Feminismus negiert werden? Denn wenn der weibliche Körper auch nur kurz aus dem Schlachtfeld seiner Repräsentierbarkeit gezogen wird, laufen die Projektionen augenblicklich ins Leere. Und was sich mit dieser Leere alles Fantastisches anfangen ließe!

QUELLEN

Badiou, Alain (2004): »Behind the Scarfed Law, There is Fear«, in: Islam Online Net (März 2004), www.lacan.com/islbad.htm (05.04.2014).

Berendsen, Eva (2014): »Das genormte Geschlecht«, in: Frankfurter Allgemeine Zeitung, 09.03.2014, 58.

Boston Women's Health Book Collective (BWHBC) (Hg.) (1970): A Course, (1. durchg. Aufl. von Our Bodies, Ourselves), Boston: New England Free Press.

Bröckling, Ulrich (2007): Das unternehmerische Selbst. Soziologie einer Subjektivierungsform, Frankfurt a.M.: Suhrkamp.

Davis, Kathy (2007): The Making of Our Bodies, Ourselves. How Feminism Travels Across Borders, Durham/London: Duke University Press.

Kline, Wendy (2010): Bodies of Knowledge. Sexuality, Reproduction, and Women's Health in the Second Wave, London: University of Chicago Press.

McCarty, Amy (2013): »FeministSelfie Reinforces Why Selfies are Empowering«, www.bustle.com/articles/9421-feministselfie-reinforces-why-selfies-are-empowering (05.04.2014).

Penny, Laurie (2012): Fleischmarkt, Hamburg: Edition Nautilus.

Rich, Adrienne (1976): Of Woman Born: Motherhood as Experience and Institution, London/New York: Norton, http://ressourcesfeministes.files.wordpress*f*.

com/2012/01/of-women-born-motherhood-as-experience-and-institution.pdf (05.04.2014).

Roedig, Andrea (2010):»Das Geschlecht ist komplex«, in: Tagesspiegel 1/2010, www.tagesspiegel.de/wissen/interview-das-geschlecht-ist-komplex/1670754. html?_FORMAT=PRINT&_FRAME=33 (05.04.2014).

Walker, Rebecca (2008): »Revisionist History«, in: Bookforum (Dez/Jan 2008), www.bookforum.com/inprint/014_04/1418 (05.04.2014).

Wirth, Maria (2008): »Das ›Private ist politisch‹ – Die Zweite Frauenbewegung und die Frage des Schwangerschaftsabbruchs«, www.demokratiezentrum. org/fileadmin/media/pdf/info_frauenbewegeung.pdf (05.04.2014).

Die eine hilft der anderen — Transnationaler Feminismus auf dem Care-Arbeitsmarkt

Janina Glaeser

Dieser Beitrag untersucht Ansatzpunkte transnationaler feministischer Solidarität im (Re-) Produktionsbereich. Es wird empirisches Material aus biografisch-narrativen Interviews mit jungen Migrantinnen, die in französischen und deutschen Privathaushalten Kleinkinder betreuen, analysiert. Hieraus werden dann feministische Schulterschlüsse von inländischen Müttern und migrantischen Care-Arbeiterinnen beleuchtet. Die Autorin erkennt in deren Arbeitsteilung ein sich verstärkendes Potential, eine transnationale Solidarisierung zu ermöglichen, die in der Aufwertung des vergeschlechtlichten Care-Sektors ihren Ausdruck findet. Dabei wird die These vertreten, dass die Chancen eines Nationen übergreifenden, feministisch orientierten (Re-)Produktionsarbeitsmarkts in der Aneignung von Care-Arbeit als Quelle ökonomischen Gewinns und in der rechtlichen Anerkennung als Erwerbstätigkeit liegen.

Feministische Interessen beziehungsweise Fortschritte in den Belangen von Frauen sind mindestens seit der Ersten Frauenbewegung in den westlichen Ländern des Nordens ein Politikum geworden. Ihre Forderung, die Gesellschaft insgesamt in Verantwortung zu nehmen, bleibt bis heute essentiell. Seit den Protesten der Zweiten Frauenbewegung in den 1960er und 1970er Jahren haben sich nicht nur die Finanzmärkte in zunehmendem Maße globalisiert, auch das Leben der Menschen ist transnationaler geworden. Das heißt, die Lebenswege von Individuen aus unterschiedlichen Nationalstaaten kreuzen sich häufiger und bewegen sich innerhalb von Netzwerken, die Herkunfts- und Ankunftsland miteinander verbinden: »Transmigrants are immigrants whose daily lives depend on multiple and constant interconnections across international borders and whose public identities are configured in relationship to more than one nation-state.« (Glick Schiller/Basch/Szanton Blanc 1997: 96) Migrantinnen und Migranten bewegen sich daher nicht von einem geschlossenen Nationalstaat in den anderen, sondern kommunizieren und bewegen sich in transnationalen Räumen. Dieser Wandel muss heute aufgegriffen und einer aktualisierten Betrachtung unterzogen werden. Es bleibt zu ergründen, wie ein solidarischer transnationaler Feminismus in einer globalisierten Welt umgesetzt werden kann. Ein transnationaler Feminismus könnte beispielsweise entstehen, wenn Frauen aus unterschiedlichen Ländern, die zudem noch unterschiedliche Interessen verfolgen, eine gemeinsame Strategie zu ihrem jeweiligen Vorteil entwickeln. Es geht in diesem Aufsatz nicht darum, die verschiedenen Positionen im Rahmen der Debatte um transnationale feministische Solidarität darzustellen und zu diskutieren. Vielmehr soll diese Begrifflichkeit zeigen, dass die unterschiedlichen Rollen innerhalb des Care-Regimes in ihrem Antagonismus (divergierende Klassenzugehörigkeit, Staatsbürgerschaftsrechte, Ethnizität) zum jeweiligen ökonomischen Nutzen der Beteiligten führen und trotz der Gegensätze ein emanzipatives Potential haben. Im Mittelpunkt dieses Beitrags stehen feministische Schulterschlüsse, die im Zuge der »Transnationalisierung der sozialen Welt«[1] gewinnbringend für alle beteiligten Frauen sein können. Ein feministischer Schulterschluss ist daher als Moment zu definieren, in dem sich beispielsweise transnationale Migrantinnen und inländische Arbeitgeberhaushalte in einer Situation konstituieren, die sich über existierende Ungleichheitsmechanismen und Herrschaftsverhältnisse hinwegsetzt.

Die (Re-)Produktionsvorsorge[2] bleibt Dreh- und Angelpunkt feministischer Kritik. Vor diesem Hintergrund wird die Problematik eines transnationalen Feminismus anhand der Rolle junger migrantischer Frauen aufgegriffen, welche in Privathaushalten in Frankreich und Deutschland als Au Pair (Klein-)Kinder betreuen.[3] Das Au Pair wird hierbei als Teil des Care-Sektors verstanden, den Migrantinnen als

---

1 | Das Konzept des Transnationalismus stellt in Frage, dass Nationalstaat und Nationalgesellschaft ineinander verschachtelt seien wie ›Container‹. Ludger Pries schreibt hierzu: »Im ›Mittelpunkt‹ steht dabei die These, dass sich die mit dem Aufstieg der bürgerlichen Gesellschaft verbundene doppelt exklusive Verschachtelung von Sozialraum und Flächenraum, die im Konzept von Nationalstaat und Nationalgesellschaft ihren ›Kulminationspunkt‹ fand, in einem beachtlichen Ausmaß relativiert.« (Pries 2008: 79, Hervorh. i. Orig.)

2 | Reproduktion bedeutet auch immer Produktion menschlichen Lebens, was typografisch durch die vorgestellte Klammer ausgedrückt wird. Zur besonderen Erklärung folgendes Zitat: »Was im Konzept von Care in der gesamten Debatte immer wieder benannt wird, jedoch untertheoretisiert bleibt, ist die Tatsache, dass Care-Arbeit nicht nur die soziale Einbettung von Produktion darstellt, nicht nur ein *Teil* des sozialen Lebens ist, sondern dass diese Tätigkeit selbst außerordentlich zentrale gesellschaftliche Produktion ist, nämlich Produktion der *Form* des gesellschaftlichen Lebens selbst, die immer Reproduktion ist (Hearn 1987: 58). Um diese bedeutende Erkenntnis festzuhalten, bleibt der Begriff der Reproduktion neben dem von Care unverzichtbar. Es ist zu fragen, was mit dieser reproduktiven Form gesellschaftlichen Lebens geschieht, wenn sie sich immer wieder unter der Bedingung kapitalistischer Waren-Produktion vollzieht.« (Apitzsch/Schmidbauer 2010: 12f., Hervorh. i. Orig.)

3 | Als Au Pair (dt.: zu gleichen Teilen) werden Mädchen oder Jungen bezeichnet, die im Austausch von Kost und Logis im Haushalt der Gasteltern Betreuungshilfen leisten.

Erwerbsarbeitsbereich nutzen.[4] Deren Handeln wird wiederum in Bezug zur Rolle der erwerbstätigen Mütter gesetzt. Mit Hilfe empirischen Materials aus biografisch-narrativen Interviews können die Möglichkeiten solidarischen Handelns anhand von Rekonstruktionen konkreter Alltagssituationen betrachtet werden. Exemplarisch wurden die Länder Frankreich und Deutschland ausgewählt, da in diesen Kernstaaten eines ›starken Europas‹ Haushalts- und Sorgetätigkeiten (folgend als Care-Arbeit bezeichnet) von inländischen Frauen an Frauen aus anderen Nationalstaaten weitergereicht werden. Aufgrund der Flexibilisierung und Pluralisierung der Lebens- und Arbeitsformen auf der Seite der Arbeitgeber_innenhaushalte (unverheiratete oder gleichgeschlechtliche Elternpaare, Alleinerziehende, Zwei-Karrieren-Haushalte, Wohngemeinschaften auch im Alter usw.) und des ökonomischen Lohngefälles auf der Seite der Arbeitnehmerinnen ist diese Verlagerung oft als einseitiger Prozess interpretiert worden. Demzufolge verwirkliche sich die ›westliche‹ Frau zu Lasten der migrantischen Care-Arbeiterin (vgl. Scrinzi 2004; Ouali 2003; Hochschild 2001; Parreñas 2001; Anderson 2000; Manceau 1999). Ein Feminismus, der dieses Ungleichgewicht überwinden will, kann nicht bei der Skandalisierung dieser Verhältnisse stehen bleiben. Vielmehr muss er zeigen, wie Dynamik in diesem Missverhältnis zu Veränderungen führt. In diesem Beitrag wird daher das Augenmerk auf jene Momente gelegt, welche Perspektiven transnationaler feministischer Solidarität erzeugen können. Es bleibt zunächst festzuhalten, dass Arbeitgeberin und Arbeitnehmerin ein Abkommen über eine der feminisiertesten Sphären überhaupt treffen: den Privathaushalt. In Form einer Arbeitsteilung zumeist zwischen Frauen, so die These dieses Beitrags, entwickeln sich neue Ansatzpunkte weiblicher Solidarität. Eine partnerschaftliche Umverteilung von Care-Arbeit auf männliche Partner bleibt allerdings aus. Dennoch, so stellt Saskia Sassen in ihren Überlegungen zu einer feministischen Analyse der globalen Wirtschaft in Bezug auf die wachsende Feminisierung von Geschäftstätigkeiten entlang ethnischer Grenzen fest: »Frauen erreichen mehr persönliche Autonomie und Unabhängigkeit, während Männer an Boden verlieren.« (Sassen 1998: 208) Dass sich diese Einschätzung auch auf das Verhältnis eines transnationalen Feminismus übertragen lässt, zum Beispiel in Form einer gegenseitigen Bereicherung aller in die moderne Arbeitsteilung Involvierten, zeigt sich in der Analyse des empirischen Materials: Sowohl Arbeitgeberin als auch Arbeitnehmerin nutzen die Überführung des Care-Defizits in entlohnte Care-Arbeit für einen Qualitätsgewinn von (Re-)Produktions- bzw. Erwerbsarbeit und somit für die allgemeine Gestaltung von Lebens- und Arbeitszeit. Wie sich zeigen wird, spielt auch die Rolle der postindustriellen Wohlfahrtsstaaten mit ihren entsprechenden Institutionen und politischen Regularien eine bedeutende Rolle (vgl. Fraser 2001: 69).

---

4 | Der Begriff ›Care‹ ist dem Englischen entlehnt und soll Tätigkeiten der Haushalts- und Sorgearbeit in einem Wort zusammenfassen.

VOM ZEITMANGEL ERWERBSTÄTIGER MÜTTER ZUR LÖSUNGSSTRATEGIE AU PAIR

In diesem Essay wird die Verquickung der Lebenswelten zweier Akteurinnen analysiert. Auf der einen Seite wird das Augenmerk auf die französische beziehungsweise deutsche erwerbstätige Mutter gelegt. Typischerweise erzielt sie ihren ökonomischen Gewinn durch eine Arbeit, die nicht mit haushaltsnahen oder sorgenden Tätigkeiten in Verbindung steht. Ob sie in einer partnerschaftlichen Beziehung lebt oder nicht, sie steuert ihre Erträge dem Familieneinkommen bei. Tatsächlich haben diese Formen der Familien- und Erwerbskonstellation zugenommen.[5] Frauen wenden heute aufgrund ihrer Berufstätigkeit weniger Zeit für familienbezogene Tätigkeiten auf, als dies noch in der bürgerlichen Kleinfamilie des 20. Jahrhunderts der Fall war. Zugleich wird Zeit zu einer wertvollen Ressource: »Frauen empfinden die Notwendigkeit, Zeit zu sparen, stärker und erliegen daher auch eher den Verlockungen durch Güter und Dienstleistungen einer expandierenden ›Zeitindustrie‹. Sie sind die eigentlichen Zeitkäuferinnen.« (Hochschild 2006: 251, Hervorh. i. Orig.) Durch das Outsourcing von Haushalts- und Erziehungsarbeit gewinnt die ›Zeitkäuferin‹ neben einem Berufsleben Quality Time: Zeiteinheiten, in denen sie sich voll und ganz ihrem Nachwuchs widmen kann. Das andere Augenmerk dieser Analyse liegt auf der Migrantin, welche auf jene Nachfrage reagiert. Sie ist meist weiblich und kommt aus einem Land, in welchem das Gehalt einer gewöhnlichen Erwerbsarbeit weit unter dem Gehalt einer Care-Tätigkeit in Frankreich oder Deutschland liegt. In Deutschland beispielsweise kamen unter anderem 2012 sehr viele überwiegend weibliche Au Pairs aus der ehemaligen Sowjetunion, davon etwa 15 Prozent aus Georgien, 15 Prozent aus der Ukraine, 13 Prozent aus Russland (vgl. Walter-Bolhöfer 2012: 7). Diese Au-Pair-Mädchen oder -Jungen werden oft als kulturell interessierte Reisende beschrieben, die nach ihrem einjährigen Aufenthalt in ihre Herkunftsorte zurückkehren. Tatsächlich kommen sie oft mit dem Ziel, eine langfristige Migration zu realisieren: »Das einjährige Au-Pair-Visum ist eines der wenigen offenen Tore in den Westen, in das Migrantinnen – man könnte fast denken bewusst – hinein kanalisiert werden, ganz egal aus welchen Gründen sie nach Westeuropa wollen.« (Hess 2002: 108) Als Fremde übernehmen sie innerhalb der Gastfamilien jene intimen Tätigkeiten, welche traditionell der inländischen erwerbstätigen Mutter zugewiesen waren. Anhand empirischer Fälle sollen nun exemplarisch die Positionen von jungen Au Pairs in der Kindertagespflege in Frankreich und Deutschland dargestellt werden. Ihre Erzählungen geben nicht nur interessante Aufschlüsse über eigene Positionen, sondern auch über das Verhältnis zu den jeweiligen Arbeitgeberinnen. Im Fo-

---

5 | Die Erwerbstätigenquote der 20- bis 64-jährigen Frauen lag 2012 im EU-Durchschnitt bei 62,4 Prozent (in Frankreich bei 65 Prozent, in Deutschland bei 71,5 Prozent) – im Vergleich zum Jahr 1992 bedeutet dies für Frankreich eine Steigerung um 8,7 Prozent, für Deutschland um 13,7 Prozent (vgl. Eurostat 2012).

kus steht dabei das ›(Ent-)Spannungsfeld‹ feministischer Solidarität, welches von der Intersektion verschiedener Dimensionen und diskursiver Praxen geprägt wird.

EMANZIPATIVE POTENTIALE DER TRANSNATIONALEN ARBEITSTEILUNG ZWISCHEN FRAUEN

Die 25-jährige Osteuropäerin Sonja, welche vor einigen Jahren aus einem Land außerhalb der Europäischen Union (EU) zunächst als Au Pair nach Deutschland gekommen ist, beschreibt ihren Alltag in der Gastfamilie folgendermaßen:

»Ja, und dann, als ich, also als ich zu Hause war, also an diesen drei Tagen, da musste ich, also offiziell, ehm musst mein Tag damit anfangen, dass ich so gegen eh Mittag eh Mittagessen kochen musste. Damit die Kinder, wenn sie aus der Schule sind, ja, sofort was Warmes essen müssen und dann mich mit der Kleinen beschäftigen. Entweder gingen wir zu welchen Aktivitäten, oder wir machten die Hausaufgaben. Und dann spielten wir, sowas in der Art. [...] Ja, und aber es war auch so eh dann musste ich noch die=das Zimmer von den kleinen Mädchen und das Wohnzimmer und die Küche immer sauber lassen. So gegen sieben, wenn der Vater nach Hause kommt, die Mutter ist ja immer ein wenig später gekommen. Dass es auch sauber bleibt. [...] Ja, wenn sie zu Hause sind, ja, dann werfen sie schon ein Auge auf das Kind. Sie brauchen kein Au Pair. Das Au Pair kann ja rausgehen, Spaß haben.«

Offensichtlich übernimmt Sonja jene Care-Tätigkeiten ihrer Gastmutter, welche der Großteil der Mütter im Zuge der Etablierung von Mehrverdiener-Haushalten zurückgelassen hat. Sonjas Gastmutter arbeitet lediglich halbtags, um das Care-Defizit in ihrer Familie zu verringern – im Übrigen ein generalisierbares Spezifikum deutscher Mütter.[6] Sie hat jedoch immer noch Betreuungslücken. Daher schlüpft Sonja in die Rolle der Mutter, wenn diese abwesend ist. Sie übernimmt diese Rolle nur und dies strikt, wenn die Mutter zur Erwerbsarbeit außer Haus ist. Die Rolle des Vaters als hauptsächlicher Familienernährer, der kaum Haushalts- und Sorgetätigkeiten leistet, bleibt derweil unberührt. Gleichzeitig muss Sonja sich an den Stundenplan der Gastfamilie halten und lebt permanent in der Sphäre der Familie. Ein wesentlicher Hinweis, welcher bereits auf die Beziehung zwischen erwerbstätigen Müttern und Au Pairs deutet, zeigt sich im Gebrauch der öffentlich-institutionellen Sprache.[7] Au Pairs werden offiziell und a priori von den Institutionen sowohl als Kinder als auch als Erwachsene angerufen. Dies zeigt sich an Bezeichnungen wie ›Gast-Mutter‹ oder ›Gast-Eltern‹ bei gleichzeitiger, und des-

---

6 | Die Teilzeitquote erwerbstätiger Mütter liegt in Deutschland bei 70 Prozent (2010), in Frankreich bei 34,9 Prozent (2008) (vgl. Destatis 2012; Insee 2008).

7 | Geschichte, und im Folgenden die Auffassung der Staaten, haben sich in ihr abgelagert. Schon 1958 schrieb Theodor W. Adorno in seinen Noten zur Literatur: »In den Satzzeichen hat Geschichte sich sedimentiert, und sie ist es weit eher als Bedeutung oder grammatische Funktion, die aus jedem, erstarrt und mit leisem Schauder, herausblickt.« (Adorno 1958: 163)

halb paradoxer, Nutzung des Wortes ›Gast-Kind‹. Auch ihr Einkommen unterliegt einer merkwürdigen Verniedlichung: es wird als ›Taschengeld‹ bezeichnet. Diese aus feministischem Blickwinkel nicht unwesentliche Paradoxie des Outsourcings von Mutterschaft offenbart eine durchaus ambivalente Beziehung. Einerseits reduziert diese Form der Entlohnung Sonjas Arbeit auf eine Gratifikation von Seiten der Gasteltern. Andererseits darf nicht übersehen werden, dass unter der Facette von bezahlter Erwerbsarbeit versus unbezahlter Heimarbeit auf der einen Seite und bezahlter Erwerbsarbeit als Care-Arbeit auf der andern Seite eine entscheidende feministische Perspektive liegt: Care-Arbeit wird wirtschaftlich. Gewissermaßen führt die migrantische Care-Arbeiterin der inländischen Mutter vor, dass Haushalts- und Sorgetätigkeiten von Frauen als Quelle ökonomischen Gewinns neu angeeignet werden können. Dies wiederum kann letztlich, wenn also beide Teile über Erwerbsarbeit ökonomisch unabhängig werden, in einem feministischen Schulterschluss kumulieren. Beide Parteien finden sich dann in einer Situation wieder, in der sie die degradierten Care-Arbeiten als Aufwertung erfahren können.

Auch die 25-jährige Maleika kam innerhalb der letzten Jahre von einem Nicht-EU-Land in Osteuropa nach Frankreich, um als Au Pair zu arbeiten. Zu ihrer Gastmutter hat Maleika eine starke emotionale Bindung aufgebaut. Auch das neugeborene Kind wird in diese Beziehung inkludiert. Maleika erzählt:

»Schlussendlich macht das ungefähr in der Woche – ich arbeite nicht mehr als im Programm vorgesehen ist. Das macht 25, 30 Stunden in der Woche, voilà. Also komme ich nicht über dieses Limit. Also eh gibt es drei Tage, an denen ich sehr beschäftigt bin und zwei Tage in der Woche wo ich – sie geben mir oft Tage in der Woche, an denen ich ganz frei bin und außerdem das Wochenende. Also, eh, es geht. Wir haben ... wir haben diese Arbeit so gemacht und das stellt alle zufrieden. Voilà, darum geht's im Grunde.«

Im Gegensatz zu Sonja sind Maleikas Arbeitsstunden klar über einen Vertrag definiert, welcher vom französischen Staat überprüft wird. Frankreich hat das Europaabkommen über Au-Pair-Beschäftige schon 1971 ratifiziert (vgl. European Parliament 2011: 24). In Deutschland gibt es keine staatlich vorgegebenen Regelungen, sondern oft privat und über Vermittlungsstellen ausgefertigte Verträge. Die im Abkommen vereinbarte durchschnittliche Stundenzahl der Beschäftigung findet in der Familienplanung im Hinblick auf Maleika ihren Ausdruck. Offensichtlich schließt Maleika die Care-Lücken ihrer Gastmutter auf eine Art und Weise, die ihr selbst, aber auch den zeitlichen Interessen ihrer Gastmutter, entgegenkommen. Bei genauerer Analyse fällt jedoch auf, dass die Trennung von Arbeits- und Freizeitverhältnissen komplizierter wird. Die emotionale Bindung zur Mutter und den Kindern macht es Maleika schwer, die Vertragsinhalte genau einzuhalten. Maleika hat Spaß an ihrer Arbeit und auch daran, Teil der Familie zu sein. Wieder bleibt der Vater außerhalb des Familienlebens – er erscheint lediglich als eine Randfigur. Maleikas Fall offenbart an dieser Stelle eine kulturelle Komponente. Die Arbeitszeiten verschwimmen mit der Freizeit innerhalb der Familie. Das Projekt ›Gastfamilie‹ wird zum Projekt ›Familie‹. Innerhalb dieses Arrangements sind weibliche Identitätspositionen und Wünsche nach Zugehörigkeit auf privater Ebene eng mit emotionalen Zusatzleistungen verbunden. Diese kumulieren außerdem in der Situation des live-in, das heißt in alltäglicher Anwesenheit und Abhängigkeit zur räumlichen Sphäre.

Bemerkenswerterweise hat diese Art des Arrangements jedoch durchaus seine Vorteile. Für das Au Pair eröffnet sich die Möglichkeit, zunächst für ein Jahr, legalisiert in die EU einzureisen und Kost sowie Logis zu erhalten. Innerhalb dieses Jahres kann sie die jeweilige Landessprache erwerben. Dies wiederum fungiert als Türöffner. Das Alter des Au Pairs aus nicht EU-Ländern ist in Frankreich offiziell auf 18-30 Jahre, in Deutschland auf 18-27 begrenzt (vgl. Conseil de l'Europe 2014; Bundesagentur für Arbeit 2013). Daher befinden sich die jungen Frauen in der Regel in einer Lebensphase, in welcher die institutionelle Ausbildung ihrer Fähigkeiten für den sozialen und ökonomischen Aufstieg in der Herkunfts- als auch Aufnahmegesellschaft bedeutend ist. Frankreich und Deutschland bieten für Migrant_innen mit Abitur, welches allerdings erst anerkannt werden muss, vergleichsweise kostengünstige Studienmöglichkeiten. Viele der ›jungen Reisenden‹ integrieren diese Privilegien eines modernen Wohlfahrtsstaats in ihre Migrationsstrategien. Für das Wohlfahrtsregime wiederum bietet sich hieraus in Form eines Brain Gain ein Reservoir an gut ausgebildeten Menschen, welches das Gastland volkswirtschaftlich nutzen kann. Neben dem Mehrwert, den das Au Pair schafft, indem es für den Fortbestand der kommenden inländischen Generation sorgt, hilft es ebenso, einen Bedarf an Fachkräften zu decken. Aus dieser Perspektive scheint es vielversprechend, die Leben erhaltende Arbeitsteilung zwischen Gastmutter und Au Pair in gesicherte Verhältnisse zu überführen. Trotz prekärer Rahmenbedingungen, unter denen das Au Pair arbeitet und in denen die Konstruktion des Familienlebens neu ausgehandelt wird, können hieraus Potentiale für einen möglichen transnationalen Feminismus gezogen werden.

AU PAIR ALS SPRUNGBRETT IN EINE SELBSTBESTIMMTE ZUKUNFT

Nach ihrer Zeit als Au Pair arbeitet Sonja weiterhin im Bereich der Kleinkindbetreuung. Nebenbei beginnt sie ein Hochschulstudium in Deutschland. Den Wechsel von der Au-Pair-Tätigkeit zur Kindertagespflege in Halbzeit erlebt sie als Autonomiegewinn:

»Ne die haben mir zwar angeboten, da kann man in die Familie bleiben weiter als Au P- also, ja, als Au Pair. Aber du bist nicht, ja, auf dem Papier mehr Au Pair. Das, ja, du wohnst da, ja und passt auf die Kinder auf. Das ist, ja, was anderes. Ja, die haben mir zwar angeboten da zu bleiben, aber ich= ich wollt es-. Es war sehr schön und wir haben uns prima verstanden. Aber ja, ich wollte schon was Eigenes haben. Ja. Wie gesagt, ich konnte meine eigene Wohnung haben, mein eigenes Leben haben. Ja und einfach kommen und gehen. Ja wie gesagt, zur Arbeit wann ja wann ich habe feste Zeiten.«

Für Sonja steht eine autonome Lebensführung im Vordergrund. Hier zeigt sich das Dilemma, dass viele migrantische Betreuungskräfte diese Tätigkeit nur vorübergehend ausführen. Im Fall des Au Pairs ist dieser Zeitraum sogar rechtlich auf ein Jahr in Deutschland begrenzt, in Frankreich kann um ein halbes Jahr verlängert werden. Nach Beendigung des Au-Pair-Jahres von Sonja wird die Gastfamilie wieder mit einem größeren Care-Defizit konfrontiert. Daraus ergibt sich der Wunsch der Familie, die eingespielte Betreuungskraft auch auf irregulärer Basis beizubehalten. Die zustande gekommene Arbeitsteilung, in der bereits Potentiale eines transnationalen Feminismus identifiziert werden konnten, löst sich zum Nachteil der Arbeitgeberin wieder auf. Nachdem Sonja die Unabhängigkeit vom eigenen Elternhaus durch den Au-Pair-Aufenthalt realisieren konnte, erfolgt nun eine Emanzipation von den Gasteltern beziehungsweise der Gastmutter. In der Folge reagiert Sonja erneut auf eine Nachfrage des deutschen Care-Marktes. Diesmal übernimmt sie auf privater Ebene stundenweise bezahlte Betreuungsaufgaben. Rechtlich ist diese Tätigkeit illegalisiert[8], der Ertrag reicht jedoch wenigstens, um ihren Lebensunterhalt zu finanzieren. Bereits jetzt verweist ihre Studienwahl auf eine Orientierung an Berufen außerhalb des Care-Bereichs. Während das zunächst erfolgreiche Outsourcing von Care-Arbeit auf halbem Wege stecken bleibt, orientiert Sonja ihren Erfolg an klassisch renommierten Berufen der inländischen Gesellschaft.

Heute leben Sonja und Maleika weiterhin in den EU-Ländern Frankreich und Deutschland. Sie haben dort kein unbefristetes Bleiberecht, obwohl ihr Status über das Studium legalisiert ist. Ihr regulärer Aufenthalt ist gesichert, weil sie den Sprachtest der Hochschulen bestanden haben und die eigenständige Sicherung des Lebensunterhaltes nachweisen konnten. Trotz Hürden auf migrationspolitischer Seite sind beide auf dem Weg, eine langfristige Migration zu realisieren. Die Zeit, in der sie mit Au-Pair-Visum bei Inländerinnen Familienarbeiten leisteten, half ihnen bei der Umsetzung dieses Projekts.

CARE-ARBEIT ERMÄCHTIGEND AUSGESOURCT

Sobald Frauen, vor allem jene in den industrialisierten Ländern, zunehmend an den männlich geprägten Lebenswegen erwerbstätiger Vollzeit-Karrieren teilhaben, verlagert sich (Re-)Produktionsarbeit auf Menschen außerhalb der Familie. Erwerbstätige Frauen der inländischen Gesellschaft erleben über Lohnarbeit einen Autonomiegewinn. Für eine gelingende Kombination von Erwerbsarbeit und Familie benötigen sie jedoch Entscheidungsfreiheit darüber, wann und wie sie ihre Arbeitskraft zwischen Erwerbsarbeit und Familie aufteilen. Hierzu könnte eine gelingende transnationale Verschiebung der Care-Arbeit beitragen. Trotz unterschiedlicher Interessen erleben junge Migrantinnen ebenfalls einen Autonomie-

---

8 | Der Begriff ›illegalisiert‹ weist im Gegensatz zu ›illegal‹ darauf hin, dass eine irreguläre Lebenssituation erst gesellschaftlich hergestellt wird.

gewinn durch die Aneignung von weiblich konnotierter Care-Arbeit als Erwerbsarbeit. Über diese miteinander vermittelbaren Interessen können zum Beispiel
Au Pairs ihre Migrationsstrategien und ökonomisch-kulturellen Zukunftsaspira-
tionen eher verwirklichen. Umso zukunftsträchtiger der Aufenthalt der jungen
Migrantinnen und ihre Tätigkeit im Care-Bereich sind, desto langfristiger profitieren auch die inländischen Mütter von dieser Arbeitsteilung. Entscheidend bleiben
neben der Gefahr der Ausbeutung daher die Entlohnung und ein positives Erleben
von Arbeit, also eine positive Identifikation als Care-Arbeiterin. Ein zukunftsträchtiger transnationaler Feminismus liegt daher in der ökonomischen und rechtlichen Aufwertung des vergeschlechtlichten Sektors der Haushalts- und Sorgetätigkeiten, womit der avisierte feministische Schulterschluss eingelöst werden könnte.
In Folge dieser miteinander vermittelbaren Interessen könnte sich daher auch
eine Solidarität unter Frauen entwickeln: Beide beanspruchen ihren Platz in der
Gesellschaft. Die eine ermöglicht der anderen erwerbstätig zu werden, indem sie
selbst erwerbstätig wird. Care-Arbeit als ermächtigende Essenz der Reproduktion
von Familie und Gesellschaft darf innerhalb der feministischen Zielsetzungen bei
einer Arbeitsteilung meist unterschiedlich situierter Frauen nicht in eine Neben-
rolle verschoben werden.

Erst wenn Care-Tätigkeit als gesellschaftlich notwendige Ressource anerkannt
und entsprechend gewürdigt wird, könnte sie auch für Care-Arbeiterinnen von
größerem langfristigerem Interesse sein. Eine Grundlage im Sinne des transnationalen Feminismus liegt daher in der Umsetzung besserer ökonomisch abgesi-
cherter Care-Arbeitsplätze. Ein zukunftsträchtiges Modell kann durchaus auch in
einer langfristigen Anerkennung der migrantischen Arbeitskraft zum Beispiel als
staatliche Care-Arbeiterin liegen. Wie bei inländischen Care-Arbeiterinnen wäre
der volkswirtschaftliche Nutzen durch Steuereinnahmen größer. Wo die rechtlichen und ökonomischen Anreize für den Beruf ›Care‹ gering bleiben, orientieren sich Menschen jedoch an anderen Berufsfeldern. Alternde Gesellschaften wie
Frankreich und Deutschland bekommen dann langfristig ein schwer zu lösendes
Problem. Bereits heute verkehrt sich in Ansätzen das Outsourcing der Pflege-
arbeit von pflegebedürftigen Älteren im Inland in ein Outsourcing der Alten in
Pflegeheime ins Ausland. Die zunehmende Auslagerung der Care-Arbeit muss
aufgrund des wachsenden Care-Drucks unter Etablierung ausreichender Arbeits-
standards und angemessener Bezahlung erfolgen, die vor allem durch den Staat
sichergestellt werden. Hierin liegt der Kern eines transnationalen Feminismus,
an dessen Oberfläche feministische Schulterschlüsse zustande kommen können.
Die vielbeklagte Emanzipation der westlichen Frau zu Lasten der migrantischen
Care-Arbeiterin kann sich folglich in einen beiderseitigen Gewinn verkehren.
Die inländische Arbeiterin – hat sie Kinder oder zum Beispiel pflegebedürftige
Eltern – kann ebenfalls entscheiden, ob und in welchem Umfang sie ihre Fähig-
keiten auf dem Arbeitsmarkt investiert. Bisher sind vor allem jene Paare oder
Frauen privilegiert, die auch finanziell in der Lage sind, für eine Care-Hilfe auf-
zukommen.

Die Potentiale einer erfolgreichen Arbeitsteilung mit einem möglichen feministischen transnationalen Schulterschluss dürfen jedoch nicht über ein anderes
Phänomen hinwegtäuschen: die Position ›Mann‹ in Familie und Gesellschaft. Der
feministische Schulterschluss, wie er in diesem Aufsatz entworfen wird, nützt vor
allem Frauen. Scheinbar grenzt dieser Schulterschluss die Männer aus dem (Re-)
Produktionsbereich aus. Ihre Rolle verschwindet aus dem Diskurs, anstatt Teil
des Emanzipationsprozesses zu werden. Nancy Frasers Forderung nach einem
neuen, postindustriellen Wohlfahrtsstaat, welcher den radikal neuen Bedingungen von Arbeit und Reproduktion entsprechen solle, verbindet jene mit einer gemeinsamen ›weiblichen‹ Stoßrichtung: »Der Schlüssel zur Verwirklichung der
vollen Gleichheit der Geschlechter in einem postindustriellen Wohlfahrtsstaat
liegt also darin, die gegenwärtigen Lebensmuster von Frauen zum Standard und
zur Norm für alle zu machen.« (Fraser 2001: 101)

Es bleibt jedoch abzuwarten, ob die vollständige Emanzipation der in der Gesellschaft existierenden Geschlechter durch eine Exklusion des Mannes gefährdet
wird. Es ist zu beobachten, dass Männer infolge der hohen Scheidungsraten, der
daraus folgenden Familienkonstellationen und der Abwesenheit aufgrund von
Erwerbsarbeit aus dem Familienleben weitgehend verschwinden. Dies könnte
perspektivisch auch zu einem Bedeutungsverlust der Männer in der gesellschaftlichen Reproduktion führen. Es bleibt also offen, ob Männer genügend Anreize
darin finden, Teil des Familienlebens beziehungsweise der gesellschaftlichen Reproduktion zu sein. Bei der staatlichen Daseinsfürsorge für die Gesamtgesellschaft gilt es daher entsprechende Regularien zu diskutieren. Beispiele könnten
die Umwandlung des Ehegattensplittings in ein Familiensplitting, die Aufwertung der (Re-)Produktionsarbeit durch eine stärkere Honorierung im Rentenver-
sicherungssystem oder eine angemessene Vergütung durch staatliche und private
Institutionen sein. Je stärker die ökonomische Bedeutung der Care-Arbeit Anerkennung findet, desto eher verliert die geschlechtliche Konnotation der (Re-)
Produktionsarbeit an Bedeutung.

QUELLEN

Adorno, Theodor W. (1958): »Satzzeichen«, in: ders. (Hg.), Noten zur Literatur
(Bd.1), Berlin u.a.: Suhrkamp, 161-172.

Anderson, Bridget (2000): Doing the Dirty Work? The Global Politics of Domestic
Labour, London/New York: Zed Books.

Apitzsch, Ursula/Schmidbaur, Marianne (2010): »Care und Reproduktion. Einleitung«, in: dies. (Hg.), Care und Migration. Die Ent-Sorgung menschlicher Reproduktionsarbeit entlang von Geschlechter- und Armutsgrenzen, Opladen/
Farmington Hills: Barbara Budrich, 11-22.

Bundesagentur für Arbeit (2013): »Au pair bei deutschen Familien«, in: Zentrale
Auslands- und Fachvermittlung, www.au-pair-agenturen.de/pdf/Au-pair-bei-
dt-Gastfamilien.pdf (04.06.2014).

Conseil de l'Europe (2014): »Accord européen sur le placement au pair«, in: Rapport explicatif 68, http://conventions.coe.int/Treaty/fr/Reports/Html/068.htm (04.06.2014).

Destatis (2012): Vereinbarkeit von Familie und Beruf. Ergebnisse des Mikrozensus 2010, Wiesbaden: Statistisches Bundesamt, Wirtschaft und Statistik.

European Parliament (2011): Abused Domestic Workers in Europe: The Case of Au Pairs, www.europarl.europa.eu/document/activities/cont/201110/20111020 ATT29946/20111020ATT29946EN.pdf (04.06.2014).

Eurostat (2012): Erwerbstätigenquote nach Geschlecht, http://epp.eurostat. ec.europa.eu/tgm/refreshTableAction.do?tab=table&plugin=1&pcode=t2020 _10&language=de (04.06.2014).

Fraser, Nancy (2001): Die halbierte Gerechtigkeit. Schlüsselbegriffe des postindustriellen Sozialstaats, Frankfurt a.M.: Suhrkamp.

Glick Schiller, Nina/Basch, Lina/Szanton Blanc, Cristina (1997): »From Immigrant to Transmigrant: Theorizing Transnational Migration«, in: Pries, Ludger (Hg.), Transnationale Migration, Soziale Welt, Sonderband 12, Baden-Baden: Nomos, 121-139.

Hess, Sabine (2002): »Au Pairs als informalisierte Hausarbeiterinnen – Flexibilisierung und Ethnisierung der Versorgungsarbeiten«, in: Gather, Claudia/ Geissler, Birgit/Rerrich, Maria S. (Hg.), Weltmarkt Privathaushalt. Bezahlte Haushaltsarbeit im globalen Wandel, Münster: Westfälisches Dampfboot, 103-119.

Hochschild, Arlie Russel (2006): Keine Zeit. Wenn die Firma zum Zuhause wird und zu Hause nur Arbeit wartet, Wiesbaden: VS Verlag für Sozialwissenschaften.

Dies. (2001): »Globale Betreuungsketten und emotionaler Mehrwert«, in: Hutton, Will/Giddens, Anthony (Hg.), Die Zukunft des globalen Kapitalismus, Frankfurt a.M.: Campus, 157-176.

Insee (2008): Enquêtes annuelles de recensement 2004 à 2007, in: N 1171, janvier, www.insee.fr/fr/ffc/ipweb/ip1171/ip1171.pdf (04.06.2014).

Manceau, Céline (1999): L'esclavage domestique des mineurs en France, Paris: CCEM.

Ouali, Noria (2003): »Mondialisation et migrations féminines internationales: l'esclavage au cœur de la modernité«, in: Cahiers du CEDREF 10, 110-114.

Parreñas, Rhacel Salazar (2001): Servants of Globalization. Women, Migration and Domestic Work, Stanford, CA: Stanford University Press.

Pries, Ludger (2008): »Zum Verhältnis von Sozialraum und Flächenraum«, in: ders. (Hg.), Die Transnationalisierung der sozialen Welt. Sozialräume jenseits von Nationalgesellschaften, Frankfurt a.M.: Suhrkamp, 77-117.

Sassen, Saskia (1998): »Überlegungen zu einer feministischen Analyse der globalen Wirtschaft«, in: PROKLA. Zeitschrift für kritische Sozialwissenschaft 110 (28), 199-216.

Scrinzi, Francesca (2004): »Ma culture dans laquelle elle travaille. Les migrantes dans les services domestiques en Italie et en France«, in: Cahiers du CEDREF 12, 137-162.

Walter-Bolhöfer, Cordula (2012): Konjunkturumfrage 2012: Au-pairs in Deutschland und weltweit. Entwicklungen und Trends im deutschen Au-pair-Wesen, Neunkirchen-Seelscheid: Calypso.

Geschlecht Macht Recht

Feministische Rechtswissenschaft gestern und heute

Maria Wersig

Feministische Kritik in Rechtswissenschaft und -praxis bearbeitet viele Themenfelder und Rechtsgebiete. Gemeinsamer Ausgangspunkt war die fehlende Berücksichtigung von weiblichen Lebensrealitäten in Gesetzen und Rechtsprechung und die Kritik an vermeintlich ›objektiven‹ juristischen Standards. Feministische Rechtswissenschaft heute ist in bestehenden Institutionen ›angekommen‹ und etabliert sich mit Einschränkungen auch als Ausbildungsgebiet an Universitäten. Die Ansatzpunkte und Themen sind vielfältig; queere, intersektionale und anti-rassistische Ansätze werden einbezogen. Der Beitrag stellt anhand exemplarischer Debatten aktuelle Herausforderungen und Dilemmata dar, wie beispielsweise die Debatte über die rechtliche Regulierung von Prostitution, Reproduktionstechnologien oder die Frage, ob es die Kategorie Geschlecht im Recht überhaupt noch braucht.

›Feministische Rechtswissenschaft‹ – bereits der Begriff ist eine Provokation in einem Fach, das sich gern als neutral und objektiv versteht. Die Thematisierung der »Frauenfrage« (Foljanty/Lembke 2012: 21) im Recht in Deutschland hat eine lange Geschichte und die feministische Rechtswissenschaft kann heute auf Erfolge zurückblicken und einen gewissen Grad der Institutionalisierung an Universitäten feiern. Im Jahr 2014 begeht der *Feministische Juristinnentag*[1] das 40. Jubiläum in Leipzig. Zu dieser aus der autonomen Frauenbewegung entstandenen Veranstaltung treffen sich seit 1978 Wissenschaftlerinnen und Praktikerinnen. Feministische Juristinnen sind vertreten am Bundesverfassungsgericht, am prominentesten durch die Verfassungsrichterin und Professorin Susanne Baer. Als Institution betreibt auch der 1948 gegründete *Deutsche Juristinnenbund*[2] gleichstellungsorientierte Lobbyarbeit in vielen Themenbereichen und setzt sich für Rechtsreformen wie zum Beispiel die Einführung einer Frauenquote in der Privatwirtschaft und die Abschaffung des Ehegattensplittings ein. Des Weiteren

---

1 | Siehe www.feministischer-juristinnentag.de
2 | Siehe www.djb.de

gibt es Lehrstühle[3], eine feministische Rechtszeitschrift[4] und ein Studienbuch *Feministische Rechtswissenschaft*[5] in zweiter Auflage (ebd.).

Was ist das Feministische an der feministischen Rechtswissenschaft? Die Zugänge zu diesem Thema sind so vielfältig wie die feministischen Ansätze. Zwei Aspekte treten jedoch bei der Auseinandersetzung mit der Geschlechterfrage immer wieder auf: Auf der einen Seite ging und geht es darum, Rechte von Frauen durchzusetzen und ihre gesellschaftliche Position durch Recht bzw. im Recht zu verbessern. Auf der anderen Seite geht es darum, Recht als Instrument zur Aufrechterhaltung des Status quo der Geschlechterverhältnisse zu analysieren und Gegenvorschläge zu entwickeln. Während es am Anfang um Themen wie Rechte in Ehe und Familie, Frauenwahlrecht und den Zugang zu den juristischen Berufen ging, stehen heute strukturelle Benachteiligungen in Gesellschaft und Recht, intersektionale Analysen von Rechtswirkungen und die Frage im Raum, wofür es die Kategorie Geschlecht im Recht überhaupt noch braucht.

Dieser Beitrag blickt zunächst zurück auf Inhalte der feministischen Rechtswissenschaft. Anschließend werden ausgewählte aktuelle Debatten zu den Themen Sozialpolitik, Reproduktion, Regulierung der Prostitution und den Umgang mit der Kategorie Geschlecht dargestellt. Gleichzeitig wird ein Überblick über wichtige Literatur der feministischen Rechtswissenschaft gegeben, wobei angesichts der Fülle des Themas der Anspruch auf Vollständigkeit nicht besteht, aber subjektiv ausgewählte Hinweise zum Weiterlesen angeboten werden.

RÜCKBLICK – DIE FRAUENFRAGE IM RECHT

Die Frauenfrage im Recht hat eine lange Tradition und Auseinandersetzungen um Frauenrechte gab es seit Bestehen einer Rechtsordnung (vgl. Wapler 2012: 33-42; Gerhard 1997). In Deutschland war das Inkrafttreten des Bürgerlichen Gesetzbuchs (BGB) um 1900 ein wichtiges Ereignis für die Frauenrechtsbewegung, weil das Bürgerliche Gesetzbuch mit seinem patriarchalen Familienrecht die Rechtlosigkeit von Frauen für die Zukunft festschrieb und dem Ehemann Vormachtstellung in der Familie einräumte – Regelungen[6], die bis in die 1950er Jahre bestehen blieben. Ende des 19. Jahrhunderts entbrannte außerdem der Kampf um

---

3 | Siehe Liste der Lehrenden und Forschenden zum Thema: www.legal-gender-studies. de/lehre-forschung

4 | Siehe www.streit-fem.de

5 | Siehe www.feministisches-studienbuch.de

6 | So legte das BGB eine rechtliche Vormachtstellung des Ehemannes fest – ihm stand die Entscheidung in allen das gemeinschaftliche Leben betreffenden Angelegenheiten, insbesondere Wohnung und Wohnort zu. Zwar galt die Ehefrau als prinzipiell rechtsgeschäftsfähig (also in der Lage, Verträge in eigener Sache zu schließen), der Ehemann hatte aber diverse Interventionsrechte. Ein weiteres Beispiel für die klar definierten Geschlechterrollen war das Recht und die Pflicht der Frau zur Leitung des gemeinschaftlichen Hauswesens.

den Zugang zu den juristischen Berufen für Frauen – zunächst war das Studium
der Rechtswissenschaft nur im Ausland möglich und auch nach Öffnung der Fakultäten in Deutschland waren der Zugang zum juristischen Staatsexamen und
dem juristischen Vorbereitungsdienst nicht automatisch möglich (vgl. Röwekamp
2005). Der im Jahr 1914 gegründete *Deutsche Juristinnen-Verein* erkämpfte die Zu-
lassung von Frauen zu den juristischen Berufen, musste aber nach der Macht-
ergreifung Hitlers seine Arbeit einstellen. Nachdem im Grundgesetz der Art. 3
Abs. 2 Grundgesetz gleiche Rechte für Frauen und Männer trotz Widerständen
in der parlamentarischen Versammlung festgeschrieben worden waren (Böttcher
1990), ging es in den 1950er Jahren zunächst um die formale Umsetzung dieses
Anspruchs im einfachen Recht.[7] Dieser Weg war weit. Zunächst blieb der Gesetz-
geber untätig und behielt das Familienrecht mit seinen benachteiligenden Regelungen für Frauen bei. Noch das Gleichberechtigungsgesetz von 1957 enthielt mit
dem sogenannten Stichentscheid[8] eine Regelung, die dem Vater bei Meinungs-
verschiedenheiten ein letztes Wort zubilligte. Das Bundesverfassungsgericht
kippte diese Regelung im Jahr 1957[9]. Die Frage, ob formale Gleichberechtigung
ausreicht und was tatsächliche Gleichheit darüber hinaus erfordert, beschäftigt
das Bundesverfassungsgericht seit den 1950er Jahren[10] bis heute. Während es
zunächst darum ging, formale Gleichheit umzusetzen, steht heute das Verbot
der faktischen Benachteiligung bzw. mittelbaren Diskriminierung im Zentrum,
wenn scheinbar neutral formulierte Regelungen unterschiedliche Auswirkungen
auf Frauen und Männer aufgrund von Unterschieden in der Lebensrealität oder
sozialer Geschlechterrollen haben.

Rechtskämpfe der zweiten Frauenbewegung in der Bundesrepublik entzün-
deten sich unter anderem am restriktiven Abtreibungsrecht und den patriarchalen Regelungen des Strafrechts zu Sexualdelikten, die Vergewaltigung in der Ehe
nicht unter Strafe stellten. In dieser Zeit entstand auch der *Feministische Juristinnentag*, der 1978 als Jurafrauentreffen von Rechtsanwältinnen, Referendarinnen
und den in Anwältinnenbüros beschäftigten ›Bürofrauen‹ gegründet wurde, um
Strategien zur Durchsetzung von Frauenrechten gemeinsam zu entwickeln.

Im Folgenden werden aktuell kontroverse Themen der feministischen Rechtswissenschaft dargestellt. Eine Vielzahl weiterer Themen beschäftigte die feministische Rechtswissenschaft seitdem, die ein kurzer Überblickstext nicht dar-

---

7 | Also zum Beispiel um ein Familienrecht, das dem Grundsatz der Gleichberechtigung ent-
sprach.

8 | §1628 des Bürgerlichen Gesetzbuchs sah vor, dass in Erziehungsfragen der Vater das
letzte Wort habe, und §1629 bestimmte, dass die Vertretung des minderjährigen Kindes
allein ihm zustehe.

9 | Vgl. zur Rolle der ersten Richterin am Bundesverfassungsgericht bei dieser Entschei-
dung van Rahden 2005.

10 | Vgl. zum Grundrecht auf Gleichberechtigung Sacksofsky 1996; zum rechtspolitischen
Fortschritt Berghahn 2011.

stellen kann. Inzwischen sind neben der Kategorie Geschlecht weitere Kategorien stärker in den Fokus gerückt, anhand derer Macht und Herrschaft ausgeübt und gesellschaftlich relevante Ungleichheiten erzeugt werden. Feministische Rechtswissenschaft setzt sich heute ebenso auseinander mit der Bedeutung des sozialen Hintergrundes, von Behinderungen, sexueller Orientierung, Alter und Diskriminierungen aufgrund rassistischer Zuschreibungen.

AKTUELLE THEMEN DER FEMINISTISCHEN RECHTWISSENSCHAFT

In den nächsten Abschnitten werden aktuelle Themen dargestellt, die von feministischen Rechtswissenschaftler*innen derzeit diskutiert werden. Alle angeschnittenen Fragestellungen sind solche, auf die es keine eindeutige Antwort oder *den* feministischen Standpunkt gibt, zum Teil sind diese Themen auch hochumstritten. Ziel der Darstellung ist es, einige Facetten der Vielfalt der Debatten der feministischen Rechtswissenschaft zu illustrieren – Sozialpolitik, Reproduktion, Regulierung von Prostitution und den Umgang mit der Kategorie Geschlecht.

ZWISCHEN ERNÄHRERMODELL UND ›ADULT-WORKER-MODEL‹ – NEUE WEGE IM SOZIALSTAAT

Feministische Kritik an den bestehenden Systemen der sozialen Sicherung steht heute vor großen Herausforderungen. Das traditionelle bundesdeutsche Wohlfahrtsstaatsmodell des männlichen Familienernährers befindet sich in der Lebenswirklichkeit auf dem Rückzug. Gleichzeitig sind auch rechtliche Leitbilder im Wandel: Die Unterhaltsrechtsreform aus dem Jahr 2008 hat den nachehelichen Unterhalt auch nach langjährigen Ehen zur Ausnahme und die finanzielle Eigenständigkeit nach der Scheidung zum rechtlichen Regelfall gemacht. Mit dem 2007 eingeführten Elterngeld sollen kurze Erwerbspausen abgesichert und mit dem ab August 2013 geltenden Rechtsanspruch auf Kinderbetreuung ab dem vollendeten ersten Lebensjahr eines Kindes die Vereinbarkeit von Beruf und Familie stärker gefördert werden. Prekäre Beschäftigung ist auf dem Vormarsch und während auf der einen Seite Eigenverantwortung und Aktivierung im Mittelpunkt stehen, ist Subsidiarität und das Verwiesenwerden auf die Solidarität in der Partnerschaft ein immer selbstverständlicheres sozialpolitisches Instrument. Dies trifft Frauen in besonderem Maße, weil sie (durch ihre schlechtere Erwerbsintegration und niedrigeren Einkommen) häufiger einen Partner haben, der noch anrechenbares Einkommen hat. Ernähren Frauen die Familie, tun sie das zu prekäreren Bedingungen als Männer (vgl. Klenner/Menke/Pfahl 2012). Einstandspflichten im Sozialrecht haben also eine klare Geschlechterdimension, diese wurden durch diverse Reformen im Sozialgesetzbuch II noch ausgeweitet – zum Beispiel auf die Kinder des nichtehelichen Partners/der nichtehelichen Partnerin in der Bedarfsgemeinschaft (vgl. Berghahn/Wersig 2012). Die von der Ehe abgeleitete (also statusbasierte) soziale Absicherung der unbezahlten Arbeit durch

Ehegattenmitversicherung, Witwenrente und steuerliche Entlastungen durch das Ehegattensplitting bleibt dabei weiter bestehen. Eine Diskussion darüber, wie tätigkeitsbasierte, individuelle Sorgearbeit sozialrechtlich besser abgesichert werden kann, wird bisher noch nicht systematisch geführt.

Einen Weg für Reformen weist das Sachverständigengutachten zum Ersten Gleichstellungsbericht der Bundesregierung[11], dessen Vorschläge aber bisher kaum aufgegriffen wurden. Queerfeministische Kritik an diesem Ansatz stellte fest, dass das Gutachten sehr stark der heteronormativen Matrix verhaftet sei und auch in seiner Betonung der Lebensverlaufsperspektive die Pluralität der Gesellschaft nicht berücksichtige (Günther/Freudenschuss 2012: 21). Diese Kritik verkennt meines Erachtens, dass eine grundlegende Reform mit dem Ziel der individuellen Existenzsicherung im Lebensverlauf gerade auch den Menschen neue Möglichkeiten eröffnet, die sich im traditionellen Rechtspaket Ehe nicht wiederfinden und neue Formen der selbstgewählten Solidarität und/oder Familie leben.

Inwieweit es unter den derzeitigen Bedingungen gelingen kann, soziales Recht nicht nur als *adult-worker-model* zu denken, das Sorgearbeit vollkommen ausblendet und neue Ungleichheiten schafft, ist eine berechtigte Frage. Aktuelle Entwicklungen gehen in eine andere Richtung, Sorgearbeit wird zunehmend (beispielsweise im Unterhaltsrecht) als etwas verstanden, das zumindest nebenbei erledigt werden kann, neben einer Vollzeit- bzw. langen Teilzeitstelle und keiner gesonderten Absicherung mehr bedarf. Innerhalb des bestehenden Systems zu denken und zu handeln, stellt auch emanzipatorische Ziele vor ein Dilemma: Es gelingt zwar, das Ehegattensplitting für gleichgeschlechtliche Paare zu erkämpfen und eine langjährige Ungleichbehandlung zu beseitigen (vgl. Wersig 2013: 65ff.), aber bestehendes Recht wir dadurch auch in seinem Fortbestand gefestigt und von Neuem legitimiert, weil die Regelungen der Ehe für neue Gruppen die Norm bilden und keine emanzipatorischen Alternativen entwickelt werden.

DIE REGULIERUNG VON REPRODUKTIONSTECHNOLOGIEN

Die Frage nach Reformbedarf im Recht, das zum Teil Entwicklungen in der sozialen Wirklichkeit noch nicht nachvollzogen hat, stellt sich nicht nur in der Sozialpolitik. Im Bereich der Regulierung von Reproduktionstechnologien zeigt sich, dass es auf die aufgeworfene Frage des technisch Machbaren und dessen Auswirkungen auf individuelle Entscheidungen über Reproduktion keine einfachen Antworten gibt. Die medizinisch assistierte Reproduktion kann heute vieles technisch möglich machen. Nicht alle haben aber Zugang zu den gleichen Behandlungsmethoden, weil das geltende Recht und ärztliche Standesregeln den Fokus auf die heterosexuelle Kleinfamilie legen. Eine alleinstehende Frau hat zum Beispiel keinen Zugang zu Methoden der künstlichen Befruchtung und muss im Ausland Spendersamen und Behandlung kaufen, dies gilt ebenso für gleichgeschlechtliche

---

11 | BT-Drs. 17/6240.

Paare. Neben diesen Fragen der Gleichbehandlung sind im Kontext der Debatte über die rechtliche Regulierung von Reproduktionstechniken aber auch die Grenzen des Machbaren ein Thema. Sollte es alles, was technisch möglich ist, auch geben? Wo liegen die Grenzen zwischen einem Gewinn an Autonomie und Selbstbestimmung für Frauen, und neuen Zwängen durch Bevölkerungspolitik, gesellschaftlichen Anschauungen über weibliche Lebensentwürfe und dem Zwang zum möglichst perfekten Kind, der eventuell mit dem Mythos der technischen Machbarkeit einhergeht? Untersuchungsmethoden, die mögliche Krankheiten und Behinderungen schon im Mutterleib aufspüren, setzen Frauen unter Druck; die Präimplantationstechnologie ermöglicht die Auswahl des gewünschten Embryos bereits vor der Befruchtung, ist aber nur mit Einschränkungen erlaubt (vgl. Wersig 2012: 205ff.). Muss der Staat an dieser Stelle nicht auch eingreifen, um der Gefahr einer Tauglichkeitsprüfung vor der Menschwerdung einen Riegel vorzuschieben (vgl. Sacksofsky 2003)? Gibt es das Recht auf ein nichtbehindertes Kind? Neben diesen wichtigen Fragen wird immer deutlicher, dass auf dem Markt der Reproduktionstechnik gut zu verdienen ist. Kinderwunschpraxen bieten beispielsweise sogenanntes Social Freezing – das Einfrieren von Eizellen bis zu einem Zeitpunkt im späteren Leben, wenn die Schwangerschaft gewünscht aber auf ›natürlichem Wege‹ vielleicht nur noch schwer möglich ist. Ein weiteres kontrovers diskutiertes Thema ist die Embryonenspende – nach künstlichen Befruchtungen sind Embryos nicht gebraucht worden, die eine andere Frau als eigenes Kind austragen könnte. Beides geschieht nicht im rechtsfreien Raum, denn das Embryonenschutzgesetz trifft Regelungen zum Umgang mit Embryonen und dem Gebrauch von Techniken der künstlichen Befruchtung.

Noch einen Schritt weiter in rechtliche Grauzonen trifft man auf das Thema ›Leihmutterschaft‹. Leihmutterschaft ist in Deutschland nach dem Embryonenschutzgesetz verboten. Ein solcher Vertrag gilt als sittenwidrig (also unwirksam) und die Mutter des Kindes ist stets die Frau, die es geboren hat (vgl. §1591 BGB). In anderen Ländern ist die Rechtslage anders und auch Menschen aus Deutschland greifen im Ausland auf die Dienstleistung der Leihmutterschaft zurück. Diese Fälle werden dann justizbekannt, wenn beispielsweise die Einwanderung des Kindes wegen der fehlenden rechtlichen Elternschaft der Auftraggeber und damit der fehlenden deutschen Staatsbürgerschaft nicht möglich ist.[12] Insofern existiert bereits ein Reproduktionstourismus in Ländern mit einem liberaleren Reproduktionsrecht, was für Deutschland die Frage aufwirft, wie mit solchen Fällen umzugehen ist. Die feministische Debatte über das Thema setzt sich nicht nur mit den Facetten von Autonomie und Fremdbestimmung auseinander, sondern bezieht

---

12 | Verwaltungsgericht Köln, Urteil vom 13.11.2013, Aktenzeichen 10 K 2043/12. In der Entscheidung wurde festgestellt, dass das Kind einer Leihmutter und eines deutschen Samenspenders die deutsche Staatsbürgerschaft nicht durch Geburt erworben habe, da dieses rechtlich nicht von diesem abstamme, sondern vom Ehemann der Leihmutter nach indischem Recht.

auch die Probleme der internationalen Verflechtung und der sozialen und ökonomischen Bedingungen von Reproduktionsentscheidungen in die Analyse ein.

VERBOTEN ODER BERUF? DIE REGULIERUNG VON PROSTITUTION

Im Jahr 2001 wurde während der rot-grünen Regierungszeit das Prostitutionsgesetz beschlossen, es trat zum 1. Januar 2002 in Kraft. Sexuelle Dienstleistungen sollten dem juristischen Stigma der Sittenwidrigkeit entzogen werden. Weil Prostitution nach der herrschenden Auffassung in der Rechtswissenschaft dem ›Anstandsgefühl aller billig und gerecht Denkenden‹ widersprach, galt sie als sittenwidrig und ein Vertrag zwischen Prostituierten und Freiern war gemäß §138 BGB nichtig. Diese Rechtslage und die starke Beschränkung der Prostitution durch das Ordnungsrecht stelle Prostituierte weitgehend rechtlos. Das sollte sich durch das Prostitutionsgesetz ändern – ein Vertrag über sexuelle Dienstleistungen sollte ein Vertrag wie andere sein, mit Einklagbarkeit des Entgeltes, was vorher nicht möglich war, und Ansprüchen auf Kranken-, Arbeitslosen- und Rentenversicherung. Strafrechtliche Konsequenzen für Bordellbetreiber (›Kuppelei‹) sollten entfallen (vgl. von Galen 2004). Wer andere Menschen zur Prostitution zwingt oder Prostituierte ausbeutet, macht sich allerdings weiterhin strafbar (vgl. Schmidt 2012: 228ff.). Es ist also zu trennen zwischen Prostitution als freiwilliger Tätigkeit und den Opfern von Menschenhandel, sexueller Arbeitsausbeutung und Vergewaltigung. Diese Trennung wird in der Debatte aber nicht immer aufrechterhalten – im Jahr 2013 rief die Zeitschrift *Emma* zu einer generellen Abschaffung der Prostitution als Angriff auf die Menschenwürde bzw. der Bestrafung von Freiern nach schwedischem Vorbild auf.[13] In Schweden ist der Kauf sexueller Dienstleistungen strafbar, außerdem wurde jede Form der Förderung der Prostitution unter Strafe gestellt. In Frankreich befindet sich gegenwärtig ein ähnliches Gesetz, das den Sexkauf mit Bußgeld belegt, im parlamentarischen Verfahren. Im Zuge dieser medienwirksamen Positionierungen und Entwicklungen wird nun auch in Deutschland das Thema Prostitution wieder kontrovers diskutiert, alle Parteien und viele Verbände wie *terre des femmes*, Organisationen von Sexarbeiterinnen sowie die Bundesländer positionieren sich mit Vorschlägen für rechtliche Reformen. Rechtlicher Regulierungsbedarf zurück zu einer Sittenwidrigkeit der Prostitution wird zwar von den wenigsten gesehen. Inwieweit Prostitution ein Beruf wie jeder andere ist und welche Lücken die Rechtslage aufweist, ist aber darüber hinaus ein Thema. Sexarbeiterinnen kritisieren, dass sie in vielen Bereichen immer noch in Rechtsunsicherheit agieren, zum Beispiel aufgrund des Bauordnungsrechts in vielen Gegenden schwer an Gewerberäume kommen, weil beispielsweise der Jugendschutz in Wohngegenden gegen Bordelle ins Feld geführt wird. Eine Evaluation des Prostitutionsgesetzes zeigt, dass wesentliche Ziele des Gesetzes, wie die sozialversicherungsrechtliche Absicherung und die De-

---

13 | www.emma.de/thema/der-appell-gegen-prostitution-111249 (21.03.2014).

finition von Mindeststandards im Berufsfeld Prostitution, nicht erreicht wurden
(vgl. BMFSFJ 2007). Das Gesetz wurde auch nicht in die relevanten Regelungen
des Gewerberechts, Steuer- und Arbeitsrechts sowie des Polizei- und Ordnungs-
rechts implementiert (vgl. ebd.; Lembke 2013).Vor allem für Migrantinnen, die
ohne Aufenthaltstitel in Deutschland Prostitution ausüben, hat das Prostitutionsgesetz keine Verbesserungen bewirkt. Politisch diskutiert werden nun aber auch
wieder die Einführung verpflichtender Gesundheitsuntersuchungen für Prostituierte, die 2001 abgeschafft wurden und stigmatisierend statt präventiv wirken;
sowie die Einführung einer Mindestaltersgrenze für Prostituierte von 21 Jahren.
Im Koalitionsvertrag von 2013 wird angekündigt, gegen Freier von Zwangsprosti-
tuierten vorgehen zu wollen. Wie das konkret aussehen soll und ob das Strafrecht
dafür das wirksame Mittel ist, wird sich zeigen. Sollte eine Strafnorm geschaffen werden, wird diese sich voraussichtlich auf reine Symbolpolitik beschränken,
denn für eine Strafbarkeit müsste der Freier nachweislich wissen oder vermuten,
dass es sich um ein Opfer von Zwangsprostitution handelt. Es könnte sich sogar
negativ auswirken, wenn Freier aus Angst vor Strafverfolgung die Polizei über
Verdachtsfälle von Zwangsprostitution oder Gewalt nicht informieren. Die Ziele der aktuellen rechtspolitischen Vorschläge der Parteien und Verbände gehen
in verschiedene Richtungen – genereller Schutz von Frauen (und Männern) vor
einer Tätigkeit, die als schlecht für sie angesehen wird, Regulierung von Mindeststandards in der Branche bis hin zur Bekämpfung von Menschenhandel und
sexueller Arbeitsausbeutung. Inwieweit Recht weiter zu einer Entstigmatisierung
der Prostitution beitragen kann und wie diese Tätigkeit im Sinne von Mindeststandards der Beschäftigung wie z.B. Arbeitsschutz und angemessener Entlohnung reguliert werden kann, steht aktuell nicht mehr im Mittelpunkt der Debatte.
Das ist schade, wenn eine grundsätzliche Ablehnung von Prostitution als Verstoß
gegen die Menschenwürde und das Ziel der Überwindung dieser Tätigkeit dazu
führen, dass die Realität ihrer Ausübung sogar noch verschlechtert. In diese Richtung geht auch die Diskussion in Europa: Frankreich will das schwedische Modell einführen, der Ausschuss für die Rechte der Frau und die Gleichstellung der
Geschlechter des Europaparlaments hat im Januar 2014 einen Beschluss gefasst,
der unter anderem die Prostitution als Verstoß gegen die Menschenwürde bezeichnet und einen europaweiten Übergang zum nordischen Modell fordert. Die
feministische Juristin Ulrike Lembke fordert in einem aktuellen Beitrag über die
bundesdeutsche Debatte, dass »Gewaltschutz, Menschenwürde und Autonomie
nicht gegeneinander ausgespielt werden sollten« (Lembke 2013). Inwieweit dies
aktuell rechtspolitisch gelingen kann, ist derzeit offen.

RECHT OHNE GESCHLECHT? EINE FEMINISTISCHE DEBATTE IN THEORIE UND PRAXIS

Recht nimmt Zuschreibungen und Kategorisierungen vor und verwendet in
diesem Zusammenhang auch die Kategorie Geschlecht – zum Beispiel bei der
Feststellung des Art. 3 Abs. 2 Satz 1 des Grundgesetzes »Frauen und Männer

sind gleichberechtigt«. Sowohl die Existenz von zwei Geschlechtern wird vom Recht vorausgesetzt (vgl. Adamietz 2011) als auch Bezug genommen auf soziale Geschlechterrollen, wie beispielsweise im Familienrecht. Die soziale Konstruktion der Kategorie Geschlecht wird also auch mit Mitteln des Rechts betrieben (Schmidt 2012: 83). Ein Verzicht auf die rechtliche Kategorie Geschlecht könnte ein Beitrag dazu sein, diskriminierende Zuschreibungen zu verhindern. Sie macht aber die Abbildung gesellschaftlicher Realitäten und die rechtliche Bekämpfung existierender Nachteile unmöglich – ein Frauenförderrecht ohne eine Anknüpfung an Geschlecht beispielsweise ist kaum denkbar. Eine ähnliche Debatte existiert auch für die Kategorie ›Rasse‹ und andere Diskriminierungskategorien im deutschen Recht (vgl. Liebscher et al. 2012). Das Rechtssubjekt ›Frau‹ stellt auch die feministische Rechtswissenschaft vor das feministische Dilemma, wenn die Identitätskonstruktionen zu Ausschlüssen führen (Butler 1995: 37). Wie Anja Schmidt in *Feministische Rechtswissenschaft. Ein Studienbuch* darlegt, ist das Recht »ein Konstruktions- und Ausschlussmittel par excellence« (Schmidt 2012: 84). Die Auseinandersetzung mit diesen Fragen und die kritische Sicht auf die vorgenommenen Unterscheidungen und unterstellten Rechtssubjekte bzw. Gruppen ist notwendig. Das Aufdecken dieser Mechanismen der Konstruktion von Subjektidentitäten darf aber nicht dazu führen, dass Rechtskritik unmöglich wird, weil angestrebt wird, darauf völlig zu verzichten (ebd. 85).

Es handelt sich bei den dargestellten Fragen nicht nur um eine theoretische Debatte, sie sorgt auch für Konflikte. Auf dem *38. Feministischen Juristinnentag* (FJT) im Jahr 2012 in Bremen wurde diskutiert, ob die Veranstaltung – bisher nur zugänglich für Menschen, die sich als Frauen fühlen – auch für Transmänner und Queer People geöffnet werden sollte (vgl. Boos/Günther 2012). Eine entsprechende Resolution scheiterte im Plenum. Das Thema wurde auf dem *39. Feministischen Juristinnentag* im Jahr 2013 erneut kontrovers diskutiert und mündete in dem Beschluss: »Der FJT ist offen für alle Frauen, alle, die sich als Frauen fühlen und alle, die sich keinem der herkömmlichen Geschlechter zuordnen können oder wollen.« (vgl. www.feministischer-juristinnentag.de/Resolutionen.html [21.03.2014]). Ein Zugang für Männer wird weiterhin nicht erfolgen. Ein Grund dafür ist, dass der *Feministische Juristinnentag* für viele weiter ein Schutzraum sein soll, wo ohne Männer diskutiert wird. Außerdem wird befürchtet, dass die Männer, die eine Teilnahme anstreben, zum Beispiel antifeministische Männer- bzw. Väterrechtler, nicht an einem gemeinsamen Diskurs über Gleichberechtigung, sondern eher an Störungen der Veranstaltung interessiert sind. Da einige der jahrelangen Teilnehmerinnen aufgrund ihrer beruflichen Tätigkeiten auf schwarzen Listen und Watchblogs im Internet zu finden sind, ist diese Befürchtung auch nicht ganz abwegig bzw. aus der Luft gegriffen.

Die unterschiedlichen Vorstellungen zum Umgang mit der Kategorie Geschlecht und das Dilemma zwischen Identitätspolitik und Überwindung bzw. Dekonstruktion der gesellschaftlichen Bedeutung von Geschlecht bleibt ein Grundkonflikt, der nach meiner Beobachtung auch ein Generationenkonflikt des *Feministischen Juristinnentages* ist. Auf der einen Seite besteht von Seiten der Teilnehmerinnen, die seit Jahrzehnten als Anwältin oder Aktivistin für ›Frauenrechte‹ streiten, das Bedürfnis, dies auch weiter zu tun und sich thematisch in entsprechenden Workshops und Arbeitsgemeinschaften zusammenzufinden. Auf der anderen Seite wird die »positive Bezugnahme auf ein identitätsstiftendes Merkmal (z.B. ›eine Frau‹ zu sein) [...] [als] Ausschluss derjenigen, die dieses Merkmal nicht teilen sollen, und andererseits die Normierung derjenigen, die es teilen sollen« (Boos/Günther 2012: 167, Hervorh. i. Orig.) gesehen. Im Jahr 2014 debattierte die Inhaltsgruppe des *Feministischen Juristinnentages* dieses Thema anhand der Verwendung der ›*-Lösung‹ einer geschlechtergerechten Sprache im Programm. Eine durchgehende Verwendung des *, so eine Befürchtung, werde bestimmte Gruppen langjähriger Teilnehmerinnen nicht ansprechen oder thematisch Verwirrung stiften, wenn eine Podiumsdiskussion über die Rechte von Arbeiterinnen in Privathaushalten umbenannt würde in Arbeiter*innen in Privathaushalten. Würde ein Verzicht auf das generische Femininum an dieser Stelle nicht verschleiern, dass die breite Masse der in Privathaushalten tätigen Menschen sich als weiblich definieren? Dagegen wurde der Anspruch formuliert, bereits sprachlich Offenheit zu signalisieren und möglichst keine Ausschlüsse zu produzieren, also Trans*, Queer und Intersex nicht hinter der Schablone der heteronormativen Zweigeschlechtlichkeit zu verstecken. Dieser Anspruch lässt sich natürlich nicht nur durch Sprache einlösen – ein Workshop über Gewalt gegen Frauen müsste sich, wenn die ›*-Lösung‹ ernstgemeint ist, auch mit Gewalt gegen Menschen, die sich in der Logik der Zweigeschlechtlichkeit nicht verorten können oder wollen, befassen. Beide Seiten dieses Dilemmas stehen sich weiterhin auf dem *Feministischen Juristinnentag* relativ unvereinbar gegenüber. Hilfreich dabei könnte mehr Verständnis für die jeweiligen Standpunkte und ihre Vorteile sein. Feministinnen, denen die Identität Frau als Teil ihrer politischen Anliegen wichtig ist, könnten zum Beispiel anerkennen, dass der Beitrag der queerfeministischen Strömung nicht nur Theorie ist, sondern tatsächlich gelebt und im Alltag umgesetzt wird (vgl. Lantzsch/Bretz 2013). Diese wiederum sollten anerkennen, dass die Rechtskämpfe um Frauenrechte eine wesentliche Voraussetzung für das heute Erreichte waren und es immer noch eine Berechtigung haben kann, Benachteiligungen auch anhand der Kategorie Geschlecht zu analysieren und zu bekämpfen. Eine Lösung dieses feministischen Dilemmas[14] ist ohnehin nicht in Sicht. Die Auseinandersetzung muss jeweils themenbezogen durch Reflexion der eigenen Standpunkte, Annahmen und Ziele erfolgen. Eine Diskussion ohne gegenseitige Vorwürfe und mehr Akzeptanz des anderen Standpunktes wäre sicherlich der innerfeministischen Solidarität zuträglich.

---

14 | Vgl. zu Umgangsweisen damit Elsuni 2009.

FAZIT

Die feministische Rechtswissenschaft debattiert ihre Themen nicht separat, sie ist Teil der interdisziplinären Frauen- und Geschlechterforschung und der feministischen Debatten. Sie ist auch angewiesen auf diesen interdisziplinären Diskurs, denn die gesellschaftliche Wirklichkeit und die Wechselwirkungen von Recht und Geschlechterverhältnissen sind häufig notwendiger Teil der Analysen feministischer Rechtswissenschaftler*innen. Insofern gibt es auch hier nicht *den* Feminismus oder *die* feministische Rechtswissenschaft, sondern ein breites Spektrum an Themen, Perspektiven und Standpunkten. Diese Vielfalt ist, bei allen Gegensätzen und Kontroversen, eine Stärke in einem Fach, in dem die Fragen nach Herrschaft, Benachteiligungen und ihrer Überwindung immer noch nicht selbstverständlicher Teil des Curriculums sind. Feministische Rechtswissenschaft ist aber nicht dem Elfenbeinturm verhaftet, die rechtspolitische Praxis ist ebenso wichtig. Das kann anwaltliche Tätigkeit sein, aber auch die Auseinandersetzung mit konkreten rechtspolitischen Vorhaben, wie sie der *Feministische Juristinnentag* mit seinen Plenumsbeschlüssen und der *Deutsche Juristinnenbund* mit seiner kontinuierlichen Arbeit durch Stellungnahmen zu Gesetzgebungsvorhaben und Verfahren beim Bundesverfassungsgericht betreiben, ermöglicht Einflussnahme auf Entscheidungsprozesse und die Chance auf konkrete Verbesserungen der Rechtslage.

QUELLEN

Adamietz, Laura (2011): Geschlecht als Erwartung. Das Geschlechtsdiskriminierungsverbot als Recht gegen Diskriminierung wegen der sexuellen Orientierung und der Geschlechtsidentität, Baden-Baden: Nomos.

Berghahn, Sabine (2011): »Der Ritt auf der Schnecke – Rechtliche Gleichstellung in der Bundesrepublik«, www.fuberlin.de/sites/gpo/pol_sys/gleichstellung/Der_Ritt_auf_der_Schnecke/Ritt-Schnecke-Vollstaendig.pdf?1361541637 (09.05.2014).

Berghahn, Sabine/Wersig, Maria (Hg.) (2012): Gesicherte Existenz? Gleichberechtigung und männliches Ernährermodell in Deutschland, Baden-Baden: Nomos.

BMFSFJ (Hg.) (2007): Untersuchung Auswirkungen des Prostitutionsgesetzes. Abschlussbericht, Berlin, www.bmfsfj.de/doku/Publikationen/prostitutionsgesetz/pdf/gesamt.pdf (21.03.2014).

Boos, Lea/Günther, Katharina (2012), »Gender Trouble beim FJT. Ein Bericht vom 38. Feministischen Juristinnentag«, in: Forum Recht 12, 166-167.

Böttcher, Barbara (1990): Das Recht auf Gleichheit und Differenz. Elilsabeth Selbert und der Kampf der Frauen um Art. 3 II Grundgesetz, Münster: Westfälisches Dampfboot.

Butler, Judith (1995): »Kontingente Grundlagen: Der Feminismus und die Frage der Postmoderne«, in: Benhabib, Seyla et al. (Hg.), Der Streit um Differenz. Feminismus und Postmoderne in der Gegenwart, Frankfurt a.M.: Fischer, 31-58.

Elsuni, Sarah (2009): »Zur ReProduktion von Machtverhältnisse durch juridische Kategorisierungen am Beispiel ›Geschlecht‹«, in: Behmenberg, Lena et al. (Hg.), Wissenschaf(f)t Geschlecht: Machtverhältnisse und feministische Wissensproduktion, Frankfurt a.M.: Ulrike Helmer, 133-147.

Foljanty, Lena/Lembke, Ulrike (2012): Feministische Rechtswissenschaft. Ein Studienbuch, 2. Aufl., Baden-Baden: Nomos.

Gerhard, Ute (Hg.) (1997): Frauen in der Geschichte des Rechts. Von der Frühen Neuzeit bis zur Gegenwart, München: C.H. Beck.

Günter, Jana/Freudenschuss, Magda (2012): »Erster Gleichstellungsbericht Expertise zum Gutachten der Sachverständigenkommission«, http://www.gwi-boell.de/sites/default/files/assets/gwi-boell.de/images/downloads/femi nistische_Expertise_Gleichstellungsbericht.pdf (11/2012).

Klenner, Christina/Menke, Katrin/Pfahl, Svenja (2012): Flexible Familienernährerinnen. Moderne Geschlechterarrangements oder prekäre Konstellationen?, Opladen: Barbara Budrich.

Lantzsch, Nadine/Bretz, Leah (2013): Queer_Feminismus. Label und Lebensrealität, Münster: Unrast.

Lembke, Ulrike (2013): »Mindestlohn für Sexarbeiter*innen! Die derzeitige Debatte um Abschaffung oder Regulierung von Prostitution stellt immer noch nicht die wesentlichen Fragen«, www.juwiss.de/117-2013/#more-6915 (26.11.2013).

Liebscher, Doris et al. (2012): »Wege aus der Essentialismusfalle: Überlegungen zu einem postkategorialen Antidiskriminierungsrecht«, in: Kritische Justiz 45, 204-218.

Röwekamp, Marion (2005): Juristinnen. Lexikon zu Leben und Werk, Baden-Baden: Nomos.

Sacksofsky, Ute (1996): Das Grundrecht auf Gleichberechtigung. Eine rechtsdogmatische Untersuchung zu Artikel 3 Absatz 2 des Grundgesetzes, 2. durchg. Aufl., Baden-Baden: Nomos.

Dies. (2003): »Präimplantationsdiagnostik und Grundgesetz«, in: Kritische Justiz 35, 274-292.

Schmidt, Anja (2012): »Geschlecht, Sexualität und Lebensweisen«, in: Foljanty/Lembke, Feministische Rechtswissenschaft, 213-233.

van Rahden, Till (2005): »Demokratie und väterliche Autorität Das Karlsruher ›Stichentscheid‹-Urteil von 1959 in der politischen Kultur der frühen Bundesrepublik«, in: Zeithistorische Forschungen, www.zeithistorische-forschungen.de/16126041-Rahden-2-2005 (17.06.2014).

von Galen, Margarete Gräfin (2004): Rechtsfragen der Prostitution. Das Prostitutionsgesetz und seine Auswirkungen, München: C.H. Beck.

Wapler, Friederike (2012): »Frauen in der Geschichte des Rechts«, in: Foljanty/ Lembke, Feministische Rechtswissenschaft, 33-51.

Wersig, Maria (2012): »Reproduktion zwischen ›Lebensschutz‹, Selbstbestimmung und Technologie«, in: Foljanty/Lembke, Feministische Rechtswissenschaft, 197-212.

Wersig, Maria (2013): Der lange Schatten der Hausfrauenehe. Zur Reformresistenz des Ehegattensplittings, Opladen: Barbara Budrich.

www.djb.de

www.emma.de/thema/der-appell-gegen-prostitution-111249 (21.03.2014).

www.feministischer-juristinnentag.de/

www.feministischer-juristinnentag.de/Resolutionen.html (21.03.2014).

www.feministisches-studienbuch.de/

www.streit-fem.de/

Selbstbestimmung und medizinische Machbarkeit

Eva Schindele

Frauen erhoffen sich durch die Medizin in ihrer Selbstbestimmung gestärkt zu werden. Doch der medizinische Risikoblick degradiert sie zum Mangelwesen, schwächt ihre Selbstkompetenz und zwingt sie in neue Abhängigkeiten.[1]

EINLEITUNG

Als 1966 die Deutschlehrerin uns Mädchen kurz vor dem Realschulabschluss nach unseren Zukunftsvisionen fragte, antworteten die meisten: einen netten Mann kennenlernen, Kinder bekommen, eine wollte als Krankenschwester nach Indien gehen. Ich antwortete ein bisschen keck: Ich wolle mich selber verwirklichen. Abgesehen davon, dass unsere Lehrerin mit dieser damals ›revolutionären‹ Frage den Raum öffnete, überhaupt über unsere Vorstellungen und Sehnsüchte nachzudenken war meine Antwort – im Nachhinein betrachtet – ziemlich verwunderlich. Denn schließlich wussten Mädchen damals, was von ihnen gesellschaftlich erwartet wurde, für welche Rolle die ›Natur‹ sie geschaffen hat, nämlich als Hausfrau und Mutter für das Familienglück zu sorgen und vielleicht noch ein wenig nebenher dazu zu verdienen. Falls der Ehemann es erlaubte.

Aber was verstand ich damals unter Selbstverwirklichung? Es war ein Abgrenzen von der vorgegebenen Rolle, neugierig sein auf die Welt, selber schauen wollen, was an Möglichkeiten in einer so schlummert: Abitur machen, studieren, in die weite Welt gehen – was damals erst einmal hieß: in die nächst größere Stadt. Aber ich wusste genau, was diese Selbstverwirklichung stören könnte, hatte ich doch erlebt, wie eine ältere Mitschülerin von der Schule geworfen wurde, weil sie schwanger war. Eine Schande und das Ende aller Hoffnungen auf ein eigenes Stück Leben.

Selbstverwirklichung war für mich ein Sehnsuchtswort. Es stand für Aufbruch, Freiheit im Denken und Handeln. Selbstbestimmung war dafür die Voraussetzung. Beide Begriffe waren Mitte der 1960er Jahre noch kaum in der Öffentlichkeit präsent. Erst in den 1970er Jahren wurde die Selbstbestimmung zur

---

1 | Herzlichen Dank an Margret Heider, Prof. Dr. Ute Gerhard und Dr. Ute Sonntag für die wertvollen Anregungen.

Leitidee der autonomen Frauenbewegung. Sie war von Anfang an eng mit dem eigenen Körper und seinen reproduktiven Möglichkeiten verknüpft und entzündete sich am Abtreibungsverbot, das inzwischen unter bestimmten Bedingungen aufgehoben ist. Seit dieser Zeit hat die ›Selbstbestimmung‹ zumindest in unserer Gesellschaft einen neoliberalen Bedeutungswandel erlebt, der der weiteren Individualisierung und Entsolidarisierung Vorschub geleistet hat.

Selbstverwirklichung hat für junge Frauen heute einen bitteren Beigeschmack. Es schmeckt weniger nach Freiheit als nach Zwang. Sie suchen nach Orientierung in Zeiten, wo selbst das Geschlecht unter der Idee der tausend Geschlechter zerrinnt. Der Körper selbst ist zum Projekt geworden, das gestaltet werden kann und auch sollte. GesundheitsexpertInnen verschiedenster Couleur definieren neue Maßstäbe und geben die Richtung an. Alles scheint möglich, machbar zu sein (vgl. Schindele/Schindele 2011a). Vorausgesetzt sie arbeiten hart an sich, so wie es zum Beispiel die Mädchen in der TV-Show GERMANY'S NEXT TOPMODEL vormachen. Selbstverwirklichung heißt heute auch, sich von den Anderen abzusetzen, besonders und vielleicht auch besser zu sein. Und sie beinhaltet Selbstkontrolle, vor allem des Körpers, der mit Diäten und Sport schön und fit gehalten werden soll. Dabei ist heute oft schön, was als gesund gilt und umgekehrt.

In meinen Ausführungen will ich aufzeigen, wie eng in der feministischen Diskussion die Selbstbestimmung an die Verfügbarkeit des Körpers geknüpft war und ist. Ich beschreibe, welch wichtige Rolle die Medizin spielt, den weiblichen Körper für gesellschaftliche Anforderungen ›passend‹ zu machen. Die biomedizinischen Machbarkeiten der letzten Jahrzehnte betreffen vor allem Frauen. Unter dem Label der weiblichen Selbstbestimmung werden neue ethische Grenzen definiert. Frauen wirken dabei aktiv mit. Entscheidungsfreiheit und Selbstsorge wurden so zum Werbeslogan für medizinische Dienstleistungen.

DEUTUNGSHOHEIT ÜBER DEN KÖRPER ERLANGEN

Der Begriff der Selbstbestimmung, so wie ihn die Frauenbewegung der 1970er Jahre verwandte, entwickelte sich aus dem Protest gegen den Zwang zum Kinderkriegen und die Festlegung der Frauen auf die Mutterschaft. Die Kernforderung war die Abschaffung des §218. Frauen wollten die Möglichkeit haben, eine ungewollte Schwangerschaft straffrei und mit guter medizinischer Versorgung abzubrechen. »Mein Bauch gehört mir« war der griffige Slogan dieser Bürgerinnenbewegung, die gegen staatliche Bevormundung kämpfte, sich aber auch aus der persönlichen und ökonomischen Abhängigkeit der Ehe und Kleinfamilie lösen wollte (vgl. Gerhard 2009). Wenige Jahre später erreichte das berühmte ›Aufklärungsbuch‹ der Bostoner Feministinnen *Our Bodies, Ourselves* deutsche Frauenkreise. Darin wurden Frauen über ihren eigenen Körper informiert und ermutigt, sich selbst ein Bild vom Körperinnern zu machen, die Vielfalt von Vulva und Gebärmutterhals zu bestaunen und sich damit auch ihres inneren Geschlechts zu bemächtigen, das bis dato dem Partner oder der oft wenig respektvollen Beurteilung durch die männliche Gynäkologie vorbehalten blieb. Es ging damals um nichts weniger, als die Deutungshoheit über den eigenen Körper zu erlangen. Der Körper stand also von Anfang an im Mittelpunkt der Autonomen Frauenbewegung. Frauen bemächtigten sich ihrer Biologie, um die wirkmächtige Ideologie, die Sigmund Freud in dem Satz ›Biologie ist ihr Schicksal‹ zusammengefasst hatte, zu entmachten. Schließlich wurden über Jahrhunderte gesellschaftliche Zweitrangigkeit und ökonomische Abhängigkeit mit der weiblichen ›Natur‹ begründet. Diese ›Natur‹ wollten Feministinnen erst einmal abschütteln in der Hoffnung, so als gleichberechtigte Menschen wahr und ernst genommen zu werden.

Aber dafür mussten sie diesen ›Naturkörper‹ von sich wegrücken, ihn von außen betrachten. Sie wollten nicht mehr auf den Körper reduziert sein, sondern über ihren Körper verfügen, damit nicht über sie verfügt wird. Heute beziehen sich Frauen auf dieses Körperverständnis, um ihre Optimierungswünsche, sei es durch Schönheitsoperationen oder mit Hilfe der Fortpflanzungsmedizin, zu rechtfertigen oder gar einzufordern. »Mein Bauch gehört mir« impliziert, jedenfalls potentiell, den Nachsatz »und ich mache damit, was ich will«, schreibt die Soziologin Paula-Irena Villa (Villa 2008: 258).

VON DER SELBSTVERWIRKLICHUNG ZUM SELBSTMANAGEMENT

Die Idee der Frauenbewegung lag im ›Wir‹, in der Suche nach der ›Schwester‹, in der Frau sich spiegeln konnte, um eine eigene Identität fernab von den gesellschaftlichen Rollenerwartungen zu entwickeln. Diese Vorstellung war zwar brüchig, denn sie leugnete jede Verschiedenheit, aber sie war trotzdem die Basis für Selbsterfahrungsgruppen und einer Vielzahl von Projekten wie Frauenhäusern, Frauencafés oder Frauengesundheitszentren.

In den letzten 20 Jahren ist dieses ›Wir‹, vielleicht auch im Streben nach Selbstbestimmung und Autonomie, verlorengegangen. Jede kämpft für sich alleine, oft ohne die Lebensbedingungen und die weiterhin bestehenden einschränkenden Rollenerwartungen und gesellschaftliche Anforderungen zu thematisieren. Frauen wollen – jede für sich – der medial konstruierten ›Idealfrau‹ genügen, indem sie den eigenen Körper manipulieren, um ihn ›passend‹ zu machen. Der Körper wird dabei zu einem Rohstoff, den man nicht nur modellieren, sondern vernünftigerweise auch kontrollieren sollte. Schließlich geht vom Körper eine ständige Gefährdung aus, die die Autonomie der einzelnen Frau in Frage stellen könnte und deshalb ›vernünftigerweise‹ vorsorglich abgewehrt werden sollte. Für diese Aufgabe fühlt sich die Medizin zuständig, die unter dem Etikett der Vorsorge ihre diversen Dienstleistungen verkauft. Dass sie vorher vielfach erst Ängste schürt, um dann die verunsicherten Patientinnen in ihrer Praxis wieder zu beruhigen, gehört dabei zum Geschäftsmodell. Frauen glauben fürsorglich und verantwortungsbewusst mit sich umzugehen, wenn sie sich regelmäßig durchchecken lassen und übersehen, dass die Medizin selbst die Autonomie und

Selbstkompetenz untergraben kann, vor allem dann, wenn Diagnostik und Therapien angeboten werden, die mehr schaden als nutzen, ohne dass die Patientin
darüber vorher aufgeklärt worden ist.

Die enge Verknüpfung von Selbstbestimmung und Körper ist ein Denkmuster,
das alle möglichen Therapien, angefangen von Laborbefruchtung, Eizellspende,
Pränataldiagnostik bis zur Schönheitsoperation, rechtfertigt und auch als gut und
richtig erscheinen lässt. Befeuert wurde diese Vorstellung durch die Antibabypil-
le, die Frauen einerseits freier in ihren Lebensentwürfen machte und andererseits
ihre Selbstwahrnehmung grundlegend veränderte: Sie hat eine Tür geöffnet für
die Vorstellung, dass der weibliche Körper chemisch optimiert und manipuliert
werden kann und hat die Gynäkologie zum Emanzipationshelfer erhoben. Die
Pille hat die Reproduktion, also Verhütung, Zeugung und Schwangerschaft und
damit den weiblichen Körper in den kapitalistischen Wertschöpfungsprozess mit-
einbezogen, sprich Pharmaindustrie und Medizin verdienen gut an den Frauen.
»Die Gewöhnung an die Pille hat symbolische Pionierarbeit geleistet«, schreibt
die Historikerin Barbara Duden (Duden 1996: 76). Ihre Botschaft beherrscht bis
heute das Leben von Frauen (aber auch von Männern) mehr als Frauen damals in
den 1960er Jahren, als die Pille eingeführt wurde, ahnen konnten.

ANTIBABYPILLE BRICHT TABUS

1961 brachte die deutsche Pharmafirma *Schering* die Pille unter dem Namen *Anovlar* in Westdeutschland und Westeuropa auf den Markt. Die Verhütungspille
war ein völlig neuartiges Medikament, denn sie half nicht, Krankheiten zu heilen,
sondern manipulierte die Physiologie gesunder Frauen, indem sie hormonell eine
Schwangerschaft vortäuschte und damit das Heranreifen von Eizellen verhinderte.
Dieser Wirkmechanismus ist bis heute gleich geblieben, doch damals fragte man
sich in der Konzernleitung von *Schering*: Darf man das oder ist es Körperverletzung? Auch wusste man noch sehr wenig über die Langzeitfolgen der Pille (vgl.
Asbell 1996; Sieg 1996).

Die Verhütungspille war anfangs kein Verkaufsschlager. Sie wurde restriktiv
nur verheirateten Frauen mit mindestens zwei Kindern verordnet. Und auch die
Frauen fragten sie keineswegs massenhaft nach. Die vorübergehende Unfrucht-
barmachung durch eine Tablette war vielen unheimlich. Außerdem entsprach es
nicht den moralischen Vorstellungen dieser Zeit, mit einem Arzt über so etwas
Privates wie Sexualität und Empfängnisverhütung zu sprechen.

Dies änderte sich Ende der 1960er Jahre radikal. Der kulturelle Aufbruch,
der nicht zuletzt durch die Möglichkeit der hormonellen Schwangerschaftsver-
hütung befördert wurde, veränderte die Moralvorstellungen in der Bevölkerung
– allen voran der Frauen. Die Pille machte sie unabhängiger vom Mann und seinen Verhütungskünsten. Denn bis dato lag die Verantwortung bei den Männern:
Präservativ oder Aufpassen, sprich ›coitus interruptus‹ war eine ziemlich ner-
venaufreibende Abhängigkeit vom Liebespartner. Jetzt konnten Frauen selbst das

Geschehen in die Hand nehmen, zu Handelnden werden. Die Pille spaltete Sex und Empfängnis und befreite Frauen von der Bedrohung ungewollt, schwanger zu werden, gab ihnen das Gefühl, über ihren Körper und damit über ihr Leben ›verfügen‹ zu können. Dies drückt sich auch in den Verkaufszahlen aus: 1966 schlucken knapp 3 Prozent der Frauen die Pille, fünf Jahre später, also 1971, verhüten schon 25 Prozent mit Hilfe chemischer Kontrazeptiva. Heute schlucken 72 Prozent der 20- bis 29-Jährigen die Pille und 55 Prozent der 20- bis 44-Jährigen (vgl. BZgA 2011).

Inzwischen haben Frauen die Verantwortung für die Verhütung weitgehend übernommen. Gerade junge Frauen wollen mit der Pille nicht nur einer Schwangerschaft vorbeugen, sondern sie glauben der Werbung der Hormonhersteller, die ihnen schönere Haare und Haut verspricht. Außerdem wollen sie den Zeitpunkt der Monatsblutung besser kontrollieren oder sie ganz ausfallen lassen, indem sie auf die künstliche Pillenpause verzichten. Das Schlucken der Pille gehöre inzwischen zum Erwachsenwerden, sagt die 26-jährige Sozialpädagogin Isabel Schindele in einem Vortrag, den sie auf einer Tagung zum Generationendialog gehalten hat (vgl. Schindele/Schindele 2012). Und weiter:

»Mit 16 Jahren ging ich das erste Mal zur Frauenärztin, um mir die Pille verschreiben zu lassen. Zu dem Zeitpunkt war ich zwar nicht in einer festen Partnerschaft oder hatte jemanden in Aussicht, aber meine Freundinnen und ich hatten zuvor gemeinsam beschlossen, dass wir die Pille einnehmen möchten. Für uns war es ein Schritt in Richtung Erwachsensein. Auch hatten wir gehört, dass die Einnahme der Pille zu pickelfreier Haut, größeren Brüsten und glänzenderen Haaren verhelfen soll. Wir genossen das Ritual der Pilleneinnahme. Es ist 19 Uhr. Wir sitzen zusammen und plötzlich klingeln fünf Handywecker gleichzeitig. Wir alle greifen zu unserer Geldbörse, um die Pille gemeinschaftlich einzunehmen. Der ›Pillenalarm‹ war für uns mehr als die Erinnerung an die Einnahme eines Medikaments, es war ein Ritual, das uns tagtäglich mit Stolz erfüllte. Wir waren auf dem Weg, richtige Frauen zu werden. Das erste Rezept für die Pille in der Hand zu halten, hatte für uns mehr Bedeutung als die erste Monatsblutung.« (Ebd.)

Die Pille macht die Verhütung zu einer medizinischen Aufgabe und die gesunde Frau zur Patientin, die das gesundheitliche Risiko für eine Dauermedikation trägt. Dies erfordert eine regelmäßige ärztliche Kontrolle. FrauenärztInnen haben schon deshalb wenig Interesse, Alternativen zur hormonellen Kontrazeption wie zum Beispiel das Diaphragma anzubieten.

Parallel zum Wunsch der Frau nach gesellschaftlicher Teilhabe lief der Aufstieg der Gynäkologie. Die Pille läutete den Trend ein, indem sie die gesunde Frau in die Praxis lockte, die sich dann auch noch gleich jährlich auf Gebärmutterhalskrebs durchchecken lassen sollte. Auch in der Schwangerschaft und in den Wechseljahren sind Frauen Dauerpatientinnen in der gynäkologischen Praxis. Diese guten Gewinnaussichten drücken sich auch in der steigenden Zahl der gynäkologischen Praxen aus. Laut Statistik der Bundesärztekammer verdreifachten sie sich zwischen 1966 und 1989 von 2.113 auf 6.453 Praxen. 2013 waren 9.798 GynäkologInnen niedergelassen (vgl. Bundesärztekammer 2014). Sie gehören damit zu den häufigsten ambulant tätigen FachärztInnen.

Die Pille hat den Frauen Selbstbestimmung versprochen und im Gegenzug medizinische Kontrolle notwendig und hoffähig gemacht, die sich inzwischen auf das gesamte Frauenleben ausbreitet. Im gynäkologischen Sprechzimmer findet eine merkwürdige Enteignung statt: Die Frau verliert das Gespür für sich selbst und überantwortet sich den Vermessungen der Medizin, die sie als richtungsweisend erlebt. Die körperliche Erfahrung, das Bauchgefühl droht verloren zu gehen, was Frauen in ihrer Kompetenz schwächen kann.

FORTPFLANZUNGSMEDIZIN ALS SOZIALTECHNOLOGIE

Gefeiert wurde die Pille als eine Möglichkeit, Sex und Fortpflanzung voneinander zu trennen. Ihre Botschaft: Frauen können ihre Kinder selbstbestimmt und verantwortungsbewusst planen, wenn sie in ihr Leben passen und nicht mehr Karriere und Berufstätigkeit stören. Inzwischen erleben Frauen, dass sie ihre Fruchtbarkeit zwar ziemlich perfekt ausknipsen, aber nicht so einfach und jederzeit wieder anknipsen können. Spätestens dann wird ihnen schmerzlich bewusst, wie brüchig das Konzept der Selbstbestimmung und Autonomie ist. »Eine Kränkung, die ich kaum ausgehalten habe«, sagte mir eine 40-jährige Dozentin, die nach mehreren Laborbefruchtungsversuchen wegen einer Eizellspende nach Spanien gefahren ist.

Ob und wann Frauen und ihre Partner sich für Kinder entscheiden, hat viel mit ihren Lebensbedingungen zu tun. Erst seit wenigen Jahren wird überhaupt von der Politik realisiert, dass Kinderkriegen nicht nur eine Privatangelegenheit ist, sondern auch von gesellschaftlichen Rahmenbedingungen, wie Kindergärten, Ganztagsschulen, aber auch flexiblen Arbeitszeiten für beide Partner und einem Einkommen, von dem die Familie leben kann, abhängt. Gerade zwischen 25 und 40 befinden sich viele Frauen und Männer in der ›Rushhour‹ des Lebens, in der sie mit Ausbildung, Beruf, Geldverdienen so ausgelastet sind, dass kein Raum für Kinder bleibt. Viele schieben das Kinderkriegen deshalb immer weiter auf. Die Versprechen der Fortpflanzungsmedizin als möglicher technischer Ausweg begünstigen diese Tendenz noch weiter.

Das Durchschnittsalter der Frauen bei der Geburt des ersten Kindes liegt laut statistischem Bundesamt bei 29 Jahren (vgl. Statistisches Bundesamt 2013) und der Kinderwunsch wird bei vielen, allen voran Akademikerinnen, erst ab Mitte 30 virulent (vgl. Stöbel-Richter/Berth/Hinz 2006). Diese Haltung mag sozial opportun sein, biologisch sinnvoll ist sie nicht, denn die Fruchtbarkeit von Frauen und übrigens auch von Männern geht in dieser Phase steil nach unten. So können zwischen einer gewollten und einer ungewollten Kinderlosigkeit oft nur wenige Monate liegen.

Aber anstatt auf die Barrikaden zu gehen und bessere Bedingungen für das Kinderkriegen auch in jüngerem Alter zu erkämpfen, richten ungewollt kinderlose Paare ihre Hoffnung schnell auf die Fortpflanzungsmedizin, die dafür sorgt, dass die gesellschaftlichen Versäumnisse technologisch und individuell ausgebügelt werden. 2005 waren 55,6 Prozent der Kinderwunschpatientinnen 40 Jahre und älter (vgl. Revermann/Hüsing 2010). Die Paare überschätzen dabei die Behandlungserfolge um ein Vielfaches (vgl. Stöbel-Richter/Geue/Borkenhagen 2012): Die Chance, ein Kind zu bekommen, liegt pro Behandlungszyklus im Durchschnitt bei 15 Prozent, bei 40-jährigen Frauen sinkt sie unter 3 Prozent. Mehr als die Hälfte der Paare geht trotz mehrmaliger Befruchtungsversuche ohne Kind nach Hause.

Trotzdem boomen die Kinderwunschpraxen, obwohl seit 2004 die Paare einen Teil der teuren Therapie selbst bezahlen müssen. 2012 führten 120 Kinderwunschzentren 72.000 Zyklen durch, das sind fast zehn Mal so viele wie es 1990 waren. Von 1996 bis 2012 – also in 16 Jahren – wurden über 1,2 Millionen Behandlungen durchgeführt und etwa 190.000 Kinder geboren (vgl. Deutsches IVF-Register 2012).

Spätestens in der Kinderwunschpraxis endet die Selbstbestimmung. Die Zeugung als intimer Akt zweier Menschen wird im reproduktionsmedizinischen Alltag zum eng getakteten Teamwork. Das stellt die Paarbeziehung auf eine harte Probe. Doch körperlich und seelisch ertragen müssen in erster Linie Frauen die Behandlung, die nicht nur sehr unangenehm, sondern auch gesundheitlich riskant sein kann. »Ich schieße sie hormonell auf den Mond und wenn sie Pech haben, machen sie eine Bruchlandung«, sagt ein Reproduktionsmediziner im Interview (Schindele 2003). Seitdem die Medizin eine Therapie anzubieten hat, gilt ungewollte Kinderlosigkeit als Krankheit. Doch durch die Behandlung können Frauen erst richtig krank werden: Kinderwunschpatientinnen klagen über starke Kopf- oder Bauchschmerzen, schlechtes Allgemeinbefinden und Blutungen. Die Hormonstimulation, die den Körper dazu bringen soll mehrere Eizellen heranreifen zu lassen, kann zur Zystenbildung an den Eierstöcken und schlimmstenfalls zu einer Überstimulation der Eierstöcke mit Wassereinlagerungen und Herzversagen führen. Die Schwangerschaften verlaufen komplizierter und die Frauen werden häufiger mit einem Kaiserschnitt entbunden. Langzeitfolgen wie das Risiko von Eierstockkrebs werden diskutiert, sind bisher aber noch nicht ausreichend wissenschaftlich untersucht. Hochwertige Studien zeigen auch, dass die mit Hilfe der In-vitro-Fertilisation (kurz IVF) entstandenen Kinder mehr gesundheitliche Probleme haben (vgl. Kamphuis/Bhattacharya/van der Veen 2014).

Auf diesen körperlichen und seelischen Stress reagiert jede fünfte Kinderwunschpatientin während und nach der Behandlung mit länger andauernden Depressionen bis hin zur Arbeitsunfähigkeit (vgl. Stöbel-Richter/Sender/Brähler 2013). Die Sprachwissenschaftlerin Magda Telus hat die Auswirkungen der Therapie bei sich und anderen Kinderwunschpatientinnen beobachtet:

»Es entwickelt sich so ein Sog. Die Behandlung ist schrittweise aufgebaut [...] Für die Behandelten bedeutet das, dass die Repromedizin scheinbar immer noch etwas auf Lager hat und so über die Misserfolge hinwegtrösten will. Es entwickelt sich so ein Druck, immer invasivere Verfahren auszuprobieren, denn man hat ja schon etwas investiert; man hat ja schon etwas riskiert – also steigt in der Regel die Bereitschaft, noch mehr auf sich zu nehmen und die Reproduktionsmediziner winken dann immer mit dem Kind, mit dem Argument: Ja, das ist noch zu wenig, da müssen wir mehr stimulieren oder ein Verfahren der nächsten Stufe ausprobieren. Dieser syntagmatische Aufbau ist ein Grund dafür, warum der Ausstieg in der Regel so schwierig ist. Man beobachtet, dass der Kinderwunsch sich während der Behandlung steigert und Frauen zu immer mehr Risiken bereit sind.« (Telus 2003, 2001)

Trotz aller Versprechen stößt mit zunehmendem Alter der Frau die künstliche Befruchtung an die Grenzen der weiblichen Biologie. So suchen Frauen den Ausweg in der Eizellspende.

FREMDE EIZELLEN

Da Ende 30, Anfang 40 die eigenen Eizellen oft erschöpft sind und somit auch der Erfolg der Laborbefruchtung gegen Null geht, hoffen manche Frauen, dann doch noch mit den Eizellen junger Frauen schwanger zu werden. Da die Eizellspende in Deutschland nicht erlaubt ist, reisen sie in ihrer Not nach Spanien, Tschechien oder Polen, um Eizellen einer fremden Frau einzukaufen. Vor allem ärmere Frauen verkaufen dort aus Geldnot oder, um ihr Studium zu finanzieren, ihre Eizellen vorwiegend an die reicheren Mitteleuropäerinnen, die durchschnittlich 6.000 bis 10.000 Euro für einen Befruchtungsversuch bezahlen (vgl. Schindele/Zimmermann 2007). Davon profitieren tun nicht die Eizellspenderinnen. Da der Handel mit Ei- oder Samenzellen innerhalb der EU nicht erlaubt ist, bekommen sie nur eine Aufwandsentschädigung, die zwischen 300 und 1.000 Euro liegt. Dafür übernehmen sie den gesundheitlich riskanten Teil der Laborbefruchtung wie die hormonelle Stimulation, die möglichst viele Eizellen in einem Zyklus heranreifen lässt, und die Entnahme der Eizellen in Narkose. Gut daran verdienen tun dagegen die zahlreichen Kinderwunschzentren, die ihren Zeugungsservice mit Hilfe des Internets weltweit vermarkten. Die Anonymität der Spenderin gehört dabei zum Geschäftsmodell. Öffentlich reden die Kinderwunschzentren gerne vom Altruismus der Spenderinnen, die mit ihren Eizellen unfruchtbaren Frauen helfen wollen, zu einem Kind zu kommen. Dies hören viele ungewollt Kinderlose gerne. Dass sie die Armut von anderen Frauen ausnutzen, um mit deren Körpersubstanzen die eigenen Kinderwünsche zu erfüllen, wird zum Teil aggressiv abgewehrt. Diese Erfahrung musste ich bei meinen Recherchen über die Situation der Eizellspenderinnen in Osteuropa und Spanien machen (vgl. ebd.). Nicht selten verleugnen Frauen die Bedeutung der anonymen Dritten, wie das folgende Zitat aus einem Internetforum zeigt:

»Vor ein paar Tagen hatte ich die ›Vision‹, dass es fast ist wie einen Kuchen backen. Man nimmt Eier (haha), Zucker und Mehl und es ist ja egal, ob man die Zutaten im Plus oder bei Kaiser's gekauft hat. Wichtig ist die Energie und Liebe, die man in das Kuchenbacken steckt, um daraus einen schönen Teig zu machen«. (www.eizellspende.de, Hervorh. i. Orig.)

Das sehen allerdings die aus fremden Ei- und Samenzellen entstandenen Kinder oft anders. Sie nennen sich selbst ›Spenderkinder‹.

DAS WISSEN UM DIE GENETISCHEN WURZELN

Die Spenderkinder haben sich inzwischen weltweit vernetzt, suchen über das Internet ihre Geschwister oder ErzeugerInnen und pochen auf ihr Recht, die eigenen genetischen Wurzeln zu kennen. Zum ersten Mal wurde übrigens 2013 einer jungen Frau, die mit Hilfe einer Samenspende gezeugt worden ist, von einem deutschen Gericht das Recht auf Kenntnis der eigenen Abstammung zugesprochen. Überhaupt hat ein Teil der Spenderkinder nur wenig Verständnis für die Geheimniskrämerei der Eltern, wie der Vortrag der 33-jährigen Juristin Stina, wie sie sich selbst nennt, zeigt:

»Kinder werden oft nur als Ziel und Ergebnis der Wunscherfüllung wahrgenommen. Dementsprechend werben die meisten Reproduktionskliniken mit niedlichen lachenden Babys. Zu diesem Zeitpunkt ist das Kind als Ziel präsent, nicht aber der erwachsene Mensch, der es einmal wird, mit eigenen Wünschen und Bedürfnisse. Wir möchten daher Eltern, Ärzte und Spender dafür sensibilisieren, dass das Wissen um die genetische Abstammung wichtiger Teil der Identität von uns Spenderkindern ist – genau wie bei Adoptierten. Eltern möchten wir dazu ermutigen, ihre Kinder früh über ihre Entstehung durch eine Samenspende aufzuklären.« (www.spenderkinder.de/vortrag-auf-dem-symposium-in-erlangen-ein-recht-auf-identitaet)

Die Reproduktionsmedizin verspricht, biologische Beschränkungen zu umgehen und bietet medizinische Lösungen für sozialpolitische und gesellschaftliche Dilemmata an. Der Chemiker Carl Djerassi, der an der Entwicklung der Pille maßgeblich beteiligt war, geht noch einen Schritt weiter. Er schlug vor, dass Frauen mit Anfang 20 Eierkonten anlegen sollen – auf die sie dann nach ihrer Karriere zurückgreifen können. Erst dann könnten sich Frauen wirklich emanzipieren. Wieder also sollen Frauen ihren Körper optimieren, um gesellschaftlich gleichberechtigt zu sein.

Bislang scheiterte Djerassis Vorschlag an der technischen Möglichkeit, Eizellen in Eis aufzubewahren. Mittlerweile hat sich die Kryokonservierung, so der Fachbegriff für das Schockgefrieren, verbessert und erste deutsche Kinderwunschzentren rühren die Werbetrommel für das *Social Egg Freezing* als Hilfestellung für eine entspanntere weibliche Biografie (www.kinderwunschzentrum-an-der-oper.de/diagnose-behandlung/social-freezing.html).

Übrigens warnen inzwischen selbst ExpertInnen vor einem solchen Menschenexperiment. Schließlich weiß heute niemand, ob in 20 Jahren die aufgetauten Eizellen noch taugen und welche Folgen das für die daraus entstehenden Kinder haben könnte.

KAUM MEHR IN ›GUTER HOFFNUNG‹

In den 1980/90er Jahren forderten schwangere Frauen und Mütter eine andere Geburtshilfe ein, die die Gebärende und ihr Kind in den Mittelpunkt stellt. Ihre Verbündeten waren die Hebammen, die seit jeher an der Seite der Gebärenden standen und Fachfrauen für den natürlichen Ablauf einer Geburt sind. Nach dem Zweiten Weltkrieg waren sie in Deutschland mehr und mehr marginalisiert worden. Ab Mitte der 1980er Jahre gründeten Hebammen Geburtshäuser, ließen sich in freien Praxen nieder und etablierten die außerklinische Geburtshilfe. Doch von diesem Aufbruch ist heute nicht mehr viel übrig geblieben. 2014 kämpfen freiberufliche Hebammen um ihre finanzielle Existenz. Gleichzeitig wird es für schwangere Frauen immer schwieriger, eine Hebamme zu finden, die sie während der Schwangerschaft, unter und nach der Geburt betreut.

Vom Aufbruch in den 1980er Jahren sind in den Kreißsälen nicht viel mehr als bunte Vorhänge und vereinzelte Badewannen übriggeblieben. Ansonsten ist die Geburtshilfe inzwischen auf Effizienz ausgerichtet und hoch technisiert. Sie behandelt jede Schwangerschaft und Geburt von vornherein als Notfall mit dem Ergebnis, dass inzwischen 75 Prozent der Frauen als Risikoschwangere gelten, jede vierte Geburt medikamentös eingeleitet wird und fast ein Drittel der Frauen mit einem Kaiserschnitt entbinden (vgl. AQUA 2013) – zum Teil bereits Wochen vor dem errechneten Geburtstermin – übrigens zum Schaden der Kinder. Die deutsche Schwangerenvorsorge behauptet, häufig besonders gute geburtshilfliche Ergebnisse zu zeigen. »Das ist so nicht bewiesen«, so die Ärztin und *Maternal-Care*-Expertin Beate Schücking. »In den Ländern wie Skandinavien oder den Niederlande, in denen die normale Schwangerenvorsorge und Geburtshilfe ausschließlich in Hebammenhänden liegt, werden genauso gute oder sogar bessere Ergebnisse erzielt – mit geringerem Aufwand und größerer Zufriedenheit der Mütter.« (Schindele 2011b)

Wie konnte es soweit kommen? Die neun Monate der Schwangerschaft sind eine große Herausforderung für Frauen, die gewohnt sind, effizient und kontrollierend mit ihrem Körper umzugehen. Mit ihrem Kind wächst der Bauch – ganz ohne eigenes Zutun. Manche Schwangere ängstigt das. Sie fürchten, ihre Kontrolle und Autonomie zu verlieren, und wollen diese wieder mit dem Besuch in der gynäkologischen Praxis zurückerlangen. Ein Trugschluss, denn die Medizin hat ein eigenes Wertesystem, das sich vor allem am Risiko und an der Krankheit orientiert. Sie versteht dagegen wenig von physiologischen Prozessen. Das ist einer der Gründe, warum sie jede Schwangerschaft und Geburt zum Risiko erklärt und diese engmaschiger (technischer) Kontrolle bedürfen, obwohl laut Weltgesundheitsorganisation (vgl. WHO 1994) das nur auf etwa 5-10 Prozent zutrifft.

In Deutschland organisiert der Mutterpass die Schwangerschaft. Darin sind eine Vielzahl von medizinischen Tests und Untersuchungen vorgesehen, die den Schwangerschaftsverlauf kontrollieren, aber auch die Gesundheit des Ungeborenen durchchecken, oft ohne dass eine Therapie zur Verfügung steht. Sie produzieren eine Vielzahl von falschen Diagnosen, die die Frauen in Angst und Schrecken versetzen können und nicht selten eine Spirale weiterer Untersuchungen nach sich ziehen. Beispiel Ultraschall: Schwangere werden in Deutschland neben Österreich am häufigsten geschallt, was auch an der Verkaufspolitik deutscher Weltfirmen wie *Siemens* liegt, die diese Geräte produzieren (vgl. Erikson, im Druck). Begeistert beobachten Schwangere das Geschehen auf dem Monitor und verwechseln die durch Schallwellen technisch produzierte Abbildung mit ihrem realen Kind. Der Ultraschall macht sie abhängig von ExpertInnen, die das Gerät bedienen und das Bild interpretieren. Mit allen negativen Begleiterscheinungen, zum Beispiel häufigen Fehlalarmen. Trotzdem zweifeln die Schwangeren weder am Können der ÄrztInnen noch an der Verlässlichkeit der Technik, sondern an sich selbst, fand die US-amerikanische Medizinethnologin Susan Erikson, die in einem Forschungsprojekt die deutsche Schwangerenvorsorge studierte:

»In einer Klinik, in der ich meine Forschungen betrieb, wurden mit Ultraschall 24 Prozent der Kinder als zu klein diagnostiziert. Nach der Geburt zeigte sich dann, dass alle Kinder gesund waren. Doch niemand in der Klinik störten diese falschen Voraussagen. Dabei hatte dieser Befund einen negativen Einfluss auf die schwangeren Frauen. Sie waren geängstigt und gestresst und hatten das Gefühl, ihr Körper sei nicht imstande, ein normal großes Kind zu produzieren«. (Erikson 2014)

Dieser medizinische Risikoblick verändert das Erleben der Schwangeren, prägt ihre Gefühle zum Kind und erschwert auch die Familienbildung. Viele Schwangere haben ihre ›gute Hoffnung‹ verloren und die Zuversicht, dass sie es schon schaffen werden. Sie nehmen sich dadurch auch die Erfahrung weiblicher Stärke, aus eigener Kraft ein Kind zu gebären.

Erstaunlich, dass schwangere Frauen nicht gegen diese medizinische Gängelung protestieren, obwohl doch bei vielen Tests der Nachweis fehlt, dass sie sinnvoll sind und zu einem besseren ›Outcome‹ führen. Aber Schwangere glauben an die Konstruktion der Schwangerschaft als Risiko. Sie begrüßen die häufigen Untersuchungen sogar als ein Ritual, das ihnen in den neun Monaten Halt und Struktur gibt und von dem sie glauben, dass es dafür sorgt, dass ihr Kind gesund auf die Welt kommt. Sie machen ihr eigenes Befinden von den medizinischen Messdaten abhängig und suchen ständig die Bestätigung der Gynäkologen und Gynäkologinnen, dass ›alles in Ordnung‹ ist.

Wie eine Technik Normen innerhalb weniger Jahre verschieben kann, zeigt die Pränataldiagnostik, die inzwischen zur Routine in fast jeder Schwangerschaft geworden ist und unter dem Etikett der Selbstbestimmung verkauft wird. Sie ist zur Bewältigungsstrategie für Ängste und Ambivalenzen geworden, die heute mit dem Kinderkriegen generell verbunden sind. Die Mutter von Lisa hat es so ausgedrückt: »Ich bin doch schon mit meiner gesunden Lisa behindert, wie erst, wenn ich ein behindertes Kind bekomme.« Doch diese Sorgen haben in der gynäkologischen Praxis wenig Platz. Schließlich wird dort das medizinische Risiko

>Schwangerschaft< behandelt, das soziale Risiko >Kind< ist dagegen kein Thema (vgl. Schindele 2001).

Die Pränataldiagnostik wird unter dem Etikett der Selbstbestimmung und Selbstverantwortung >verkauft<. Werdende Eltern, die sich selbstbestimmt gegen Ultraschall, Ersttrimester-Screening oder Fruchtwasseruntersuchung entscheiden, sind dann auch schuld, wenn ihr Kind mit einer Behinderung zur Welt kommt. Verschwiegen wird, dass die Diagnostik meist nur verdächtige Ungeborene aufspüren, aber nicht heilen kann. Das heißt, der Abbruch der Schwangerschaft wird stillschweigend vorausgesetzt und Paare entscheiden sich auch meist dazu. Behinderte Kinder sind nicht mehr länger schicksalshaft, die der Solidarität der Gesellschaft bedürfen, sondern sie sind von den Frauen quasi selbst verschuldet. So erwächst aus der Selbstbestimmung und der angeblichen Erweiterung des Handlungsspielraums eine neue Pflicht zum gesunden Kind, die nicht nur die einzelne Frau/das einzelne Paar trifft, sondern die ethischen Grenzen der vorgeburtlichen Selektion weiter hinausschiebt.

WUNSCH NACH KONTROLLE

Frauen, die krank sind, müssen optimal medizinisch versorgt werden – keine Frage. Die Gendermedizin, die sich um die biologischen Unterschiede zwischen Mann und Frau kümmert, hat dazu wichtige Beiträge geleistet. So weiß man inzwischen, dass ein Herzinfarkt bei Frauen eher Übelkeit und Bauchschmerzen verursacht, während Männer über Schmerzen im Brustkorb klagen. Ebenso, dass Frauen einen anderen Stoffwechsel haben und deshalb Medikamente wie Betablocker oder Schmerzmittel anders wirken. Doch das reicht nicht. Es muss auch um die strukturelle Änderung des Gesundheitssystems gehen, in dem Gesundheit als Ware gehandelt wird.

Frauen achten mehr als Männer auf sich und ihre Gesundheit. Diese Selbstsorge ist einerseits gut, macht sie aber auch anfälliger für die medizinischen und pharmazeutischen Angebote. Sie gehen viel häufiger als Männer in die ärztliche Praxis, obwohl sie objektiv gesünder sind und im Schnitt fünf Jahre länger als Männer leben. Gesundheit und Krankheit hängen eben nicht nur von Messwerten oder medizinischen Diagnosen ab, sondern auch von der subjektiven Wahrnehmung und Bewertung von Symptomen. Und an dem Punkt treffen sich das Risikokonzept der Medizin und der gesellschaftlich >anerzogene< Defizitblick der Frauen. Sie lernen schon früh, dass irgendetwas an ihnen nicht >richtig< ist oder sie nicht genügen. In der Folge sehen sie sich ein Leben lang unter dem Vorzeichen des Defizits und mit der Sorge, irgendetwas könnte nicht in Ordnung sein. An diesem Punkt wünschen sie sich die Kontrolle und Bestätigung durch die Medizin. Doch die nutzt diese Minderwertigkeitsgefühle oft zu ihrem eigenen monetären Vorteil aus und macht den Frauen ihre Dienstleistungen mit Begriffen wie Selbstfürsorge oder Selbstverantwortung schmackhaft, Worte, die zu Werbefloskeln verkommen sind.

MEDIKALISIERUNG NATÜRLICHER LEBENSPHASEN

Beispiel ist die jahrzehntelange Propaganda für die Hormontherapie, die Frauen mit Eintritt in die Wechseljahre ein bedrohliches und deshalb behandlungsbedürftiges Hormondefizit andichtete. Gleichzeitig versprach sie den Erhalt der Jugendlichkeit durch die Östrogengaben. Das wirkte. Im Jahr 2000 schluckten in Deutschland die Hälfte der Frauen zwischen 50 und 60 Jahren Hormone. Zwei Jahre später erfuhren betroffene Frauen aus den Medien vom vorzeitigen Abbruch einer großangelegten US-amerikanischen Studie zur Wirksamkeit der Hormontherapie. Die sogenannte *WHI-Studie* wies nach, dass die Therapie mehr schadet als nutzt. (vgl. IQWiG 2013; Women's Health Initiative 2002) Viele FrauenärztInnen, unterstützt durch die Pharmaindustrie, propagierten trotzdem weiterhin die Hormontherapie, denn schließlich lohnt es sich, gesunde Frauen als Dauerpatientinnen zu haben.

Frauen lernen schon im Teenageralter, dass medizinische Kontrollen zum Frausein dazugehören. Mit dem Wunsch nach einem Pillenrezept lassen sich Frauen halbjährlich die Unterleibsorgane durchchecken und sich bestätigen, dass alles normal ist – solange bis etwas Auffälliges gefunden wird. Dies kann bei der jährlichen ›Vorsorge‹, die nach Veränderungen am Gebärmutterhals sucht, ziemlich schnell passieren. Der PAP-Abstrich ist ungenau, verfehlt einerseits Auffälligkeiten und registriert andrerseits harmlose Veränderungen, die in vielen Fällen von selbst wieder verschwinden. Trotzdem wird häufig ohne weitere diagnostische Abklärung das verdächtigte Gewebe vorsorglich mit einem Kegelschnitt (Fachbegriff: Konisation) entfernt. Diese Behandlung kann zu Unfruchtbarkeit oder Fehlgeburten führen. In Deutschland wird der PAP-Abstrich ab dem 20. Lebensjahr empfohlen, eine Beratung ist verpflichtend, wenn Frau nicht eine höhere finanzielle Beteiligung riskieren will, falls sie später an Gebärmutterhalskrebs erkranken sollte. Andere Länder screenen viel seltener – ohne dass Frauen deshalb häufiger an Gebärmutterhalskrebs erkranken oder gar sterben. Obwohl die Problematik der gynäkologischen Vorsorge bekannt ist, stemmen sich deutsche FrauenärztInnen gegen eine andere Praxis, weil sie Einkommenseinbußen befürchten. Dass sie damit Frauen durch Fehldiagnosen und unnötige Operationen schaden, nehmen sie billigend in Kauf. Ein schlechtes Gewissen haben sie anscheinend deshalb nicht.

Anders die Frauen. Sie plagen schlechtes Gewissen und Schuldgefühle, wenn sie die von GesundheitsexpertInnen als vernünftig empfohlenen Untersuchungen oder Therapien nicht annehmen. Dabei ist Skepsis angebracht, denn viele der Früherkennungs- und Präventionsangebote nutzen nur Wenigen und schaden Vielen (vgl. Mühlhauser 2011b). Darüber müssen Frauen ausgewogen und verständlich informiert werden, um sich selbstbestimmt für oder gegen eine medizinische Maßnahme entscheiden zu können. Doch bislang seien die meisten Informationen an Patientinnen »interessengeleitet, überredend und irreführend«, schreibt die Gesundheitswissenschaftlerin und Ärztin Ingrid Mühlhauser.

»Sie zielen auf Gehorsam und wollen die Therapietreue erhöhen.« (Mühlhauser 2011a: 199) Bis auf wenige, unter anderem vom *Nationalen Netzwerk Frauen und Gesundheit* initiierte Entscheidungshilfen (vgl. Nationales Netzwerk 2011/2013) fehlen wissenschaftlich fundierte und unabhängige Informationen. Dafür überschwemmt eine Vielzahl von interessengeleiteten Mitteilungen das Netz, zum Teil sogar auf den Seiten der Selbsthilfegruppen publiziert (vgl. Schubert 2007). Erst auf den zweiten Blick wird für die Nutzerin erkennbar, dass die Urheber Pharmafirmen, Medizingerätehersteller oder einzelne Ärztegruppen sind. Mitunter gründen Pharmafirmen sogar Selbsthilfegruppen zu Krankheiten, die sie vorher erfunden haben (vgl. Moynihan/Henry 2006). Vorher machen sie in ihren *Disease-Awareness*-Programmen auf angebliche Leiden aufmerksam und wecken dann unter der Überschrift ›Selbstbestimmung‹ neue Bedürfnisse, um so ihre Arzneimittel oder medizinischen Dienstleistungen besser verkaufen zu können. Prominente Beispiele waren Kampagnen zur angeblichen Hormonmangelkrankheit verursacht durch die Wechseljahre und zur weiblichen Sexualstörung (*female sexual dysfunction*) (vgl. Tiefer 2006).

Damit Frauen über medizinische Angebote entscheiden können, müssen sie fundierte und unabhängige Informationen einfordern. Dies ist eine Voraussetzung für Selbstkompetenz. Aber das reicht nicht aus. Auch der ehemals emanzipative Begriff der Selbstbestimmung, der sich gegen Bevormundung richtete und eng mit dem Körper verknüpft war, muss neu überdacht werden. Wie ich gezeigt habe, hat er in den vergangenen 30 Jahren eine neoliberale Metamorphose durchgemacht und dadurch nicht nur an politischer Wirkkraft verloren, sondern die Vereinzelung sogar weiter vorangetrieben. Schließlich hat das Versprechen der Selbstbestimmung der Medizin erst ermöglicht, so tief in das Frauenleben vorzudringen und natürliche Lebensphasen als Risiko umzuinterpretieren und Frauen als potentielle Risikoträgerinnen zu schwächen. Frauen haben aber auch der Medizin diesen Platz eingeräumt, weil sie Orientierung suchen und ihre eigenen Emanzipations- und Optimierungswünsche an sie delegieren. Mit ihrer Hilfe hoffen sie auf private Lösungen für gesellschaftliche Probleme. »War für Frauen früher das Geschlecht schicksalsbestimmend, ist es heute nicht das Recht, sondern die Nötigung zur Selbstbestimmung. Man könnte auch soweit gehen zu sagen: Die Zumutung eines autonomen Lebens, in dem die menschliche existentielle Abhängigkeit immer nur als Schwäche gedacht werden kann.« (Baureithel 2014: 53)

Soweit wie meine Kollegin Ulrike Baureithel möchte ich nicht gehen. Aber Selbstbestimmung ist heute zumindest in unserer Gesellschaft kein widerständiger Begriff mehr. Es ist an der Zeit zu reflektieren, wo und was wir wollen sollen, was also von der ›selbstbestimmten‹ Frau gesellschaftlich erwartet wird. Wir müssen uns wieder ins Verhältnis zum ›Wir‹ setzen und den Wert individueller Freiheit auf der Folie der Solidarität diskutieren.

QUELLEN

Asbell, Bernard (1996): Die Pille und wie sie die Welt veränderte, München: Kunstmann.

AQUA – Institut für angewandte Qualitätsförderung und Forschung im Gesundheitswesen GmbH (2013): Geburtshilfe Qualitätsindikatoren, Göttingen: AQUA-Institut.

Baureithel, Ulrike (2014):»Ambivalente Kampfzone«, in: Gen-ethischer Informationsdienst (GID) 222, 8-9.

Bundesärztekammer (2014): Ärztestatistik 2013.

BZgA – Bundeszentrale für gesundheitliche Aufklärung (2011): Verhütungsverhalten Erwachsener – Ergebnisse der Repräsentativbefragung, Köln: Welpdruck/Wieh.

Deutsches IVF-Register 2012, Journal für Reproduktionsmedizin und Endokrinologie 10, Sonderheft 2/2013.

Duden, Barbara (1996): Von der Pille und unserem Zustand, in: Staupe, Gisela/ Vieth, Lisa (Hg.), Die Pille – Von der Lust und von der Liebe, Berlin: Rowohlt.

Erikson, Susan L. (im Druck): Reproducing Expertise: The Obstetrical Credibility Business in Germany.

Dies. (2014b), in: Schindele, Eva, Von der Geburt bis zum Tod im Griff der Medizin? HR – Funkkolleg vom 29.3.2014, http://funkkolleg-gesundheit.de/themen/ 19-von-der-geburt-bis-zum-tod-im-griff-der-medizin/ (14.07.14).

Gerhard, Ute (2009): Frauenbewegung und Feminismus. Eine Geschichte seit 1789, München: C.H. Beck.

Moynihan, Ray/Henry, David (2006):»The Fight against Disease Mongering: Generating Knowledge for Action«, in: PloSMed 3 (4), 191.

Kamphuis, Esme et al. (2014):»Are we overusing IVF?«, in: BMJ 348, 252.

Mühlhauser, Ingrid (2011a):»Das benevolente Patriarchat in der Medizin«, in: Girst, Friederike (Hg), Herrschaftszeiten! Vom Leben unter Männern, Köln: Dumont.

Dies. (2011b):»Vorsorge und Früherkennung – Präventionshandeln zwischen gesellschaftlicher Verpflichtung und individueller Selbstbestimmung«, in: Hensen, Peter (Hg.), Die gesunde Gesellschaft – Sozioökonomische Perspektiven und sozialethische Herausforderungen, Wiesbaden: VS Verlag für Sozialwissenschaften, 235-253.

Nationales Netzwerk Frauen und Gesundheit (Hg.) in Kooperation mit der Technikerkasse (2013):»Brustkrebsfrüherkennung – Informationen zur Mammografie. Eine Entscheidungshilfe«, www.nationales-netzwerk-frauengesundheit. de/downloads/BrustkrebsFrueh_Internet.pdf (17.06.2014).

Nationales Netzwerk Frauen und Gesundheit (Hg.) in Kooperation mit der Barmer-GEK (2011):»Früherkennung von Gebärmutterhalskrebs HPV-Impfung, Informationen und Erfahrungen – Eine Entscheidungshilfe«, www.nationales-netzwerk-frauengesundheit.de/downloads/60197_Frueherkennung-GEK_0112. pdf (17.06.2014).

Revermann, Christoph/Hüsing, Bärbel (2010): »Fortpflanzungsmedizin – Rahmenbedingungen, wissenschaftlich-technische Entwicklungen und Folgen«, TAB-Arbeitsbericht Nr. 139, Berlin, http://www.tab-beim-bundestag.de/de/pdf/ publikationen/berichte/TAB-Arbeitsbericht-ab139.pdf (18.09.2014).

Schindele, Eva (1995): Schwangerschaft – Zwischen guter Hoffnung und medizinischem Risiko, Hamburg: Rasch und Röhrig.

Dies./Schindele, Isabel (2012): »Wie die Pille die Selbstwahrnehmung verändert – persönliche Erfahrungen und philosophische Überlegungen. Mutter und Tochter im Dialog. Vortrag auf der Tagung des Arbeitskreises Frauen in Medizin, Psychotherapie und Gesellschaft (AKF) vom 03./04.11.2012«, http://www. akf-info.de/fileadmin/publikationen/jahrestagungen/jt_2012/6_Schindele. pdf (18.09.2014).

Dies./dies. (2011a): »Fast nackt – Was junge Frauen mit ihrem Körper demonstrieren«, in: SWR 2, Hörfunkfeature (15.11.2011).

Dies. (2011b): »Keine gute Hoffnung mehr? Schwangerenvorsorge wird zum Risikoscreening«, in: WDR 5, Erstausstrahlung (02.02.2011).

Dies./Zimmermann, Imke (2007): »Rohstoff für das Mutterglück«, in: Die Zeit 18.01.2007.

Dies. (2003): »Im Labyrinth der Fortpflanzungsmedizin«, in: Nordwestradio: Hörfunkfeature, Erstausstrahlung, (16.03.2003).

Dies. (2001): »Weibliche Lebensentwürfe im Kontext von Fortpflanzungsmedizin und Pränataldiagnostik«, in: Graumann, Sigrid (Hg.), Die Genkontroverse, Freiburg: Herder, 52-66.

Dies. (2000): »Zur Kulturgeschichte der Pille«, in: WDR 3, Zeitzeichen, (18.08. 2000).

Schubert, Kirsten (2007): »Einfluss des pharmazeutisch-industriellen Komplexes auf die Selbsthilfe«, in: Netzwerk Frauen/Mädchen und Gesundheit Niedersachsen, Rundbrief 23, 29.

Sieg, Sabine (1996): »Anovlar – die erste europäische Pille«, in: Staupe, Gisela/ Vieth, Lisa (Hg.), Die Pille – Von der Lust und von der Liebe, Berlin: Rowolth, 131-144.

Statistisches Bundesamt (Hg.) (2013): Datenreport 2013 – Ein Sozialbericht für die Bundesrepublik Deutschland, Bonn, https://www.destatis.de/DE/Publika tionen/Datenreport/Downloads/Datenreport2013.pdf?__blob=publicationFile (18.09.2014).

Stöbel-Richter et al. (2013): »Psychologische Beratung und Psychotherapie bei ungewollter Kinderlosigkeit«, in: Psychotherapie, Psychosomatik, Medizinische Psychologie, 63 (9-10), 200-414.

Stöbel-Richter, Yve (2012): »What do you know about Reproductive Medicine, Results of a German Representative Survey«, in: PLoSone 7(12), 50113.

Stöbel-Richter, Yve/Berth, Hendrik/Hinz, Andreas (2006): »Kinderwunsch in der Paarinteraktion: Determinanten, Kommunikation und Zusammenhang mit Rollenerwartungen«, in: Hinz, Andreas/Decker, Oliver (Hg), Gesundheit im gesellschaftlichen Wandel, Gießen: Psychosozial-Verlag, 47-60.

Telus, Magda (2003): »Interview«, in: Schindele, Eva (Hg.), Im Labyrinth der Fortpflanzungsmedizin – Erfahrungen, Risiken, Tabubrüche. Radio Bremen, Feature, Erstausstrahlung 28.03.2003.

Dies. (2001): »Zwischen Trauma und Tabu«, in: Deutsches Ärzteblatt 98 (51-52), 3430-3435.

Tiefer, Leonore (2006): »Female Sexual Dysfunction: A Case Study of Disease Mongering and Activist Resistance«, in: PloS Med 3 (4), 178.

Villa, Paula-Irene (2008): »Habe den Mut, dich deines Körpers zu bedienen! Thesen zur Körperarbeit in der Gegenwart zwischen Selbstermächtigung und Selbstunterwerfung«, in: dies. (Hg.), Schön normal, Manipulationen am Körper als Technologien des Selbst, Bielefeld: Trikont, 245-272.

WHI – Writing Group for the Women's Health Initiative Investigators (2002): »Risks and Benefits of Estrogen Plus Progesterin in Healthy Postmenopausal Women. Principal Results From Women's Health Initiative Randomized Controlled Trial«, in: JAMA 288, 321-333.

WHO – World Health Organization (1994): »Maternal Health and Safe Motherhood Programme«, in: Lancet 343, 1399-1404.

www. eizellspende.de (September 2005).

www.kinderwunschzentrum-an-der-oper.de/diagnose-behandlung/social-free zing.html (Februar 2014).

www.spenderkinder.de/vortrag-auf-dem-symposium-in-erlangen-ein-recht-auf-identitaet (Januar 2014).

IQWiG – Institut für Wirtschaftlichkeit und Qualität im Gesundheitswesen (2014): Wechseljahre: www.gesundheitsinformation.de/wechseljahre.201.56.de.html (Januar 2014).

rape revisited

Die Tiefengrammatik der sexuellen Gewalt

Mithu M. Sanyal

Vergewaltigung ist nicht nur das am meisten gegenderte Verbrechen, sondern auch das Verbrechen, das uns am meisten gendert. Das bedeutet, dass wir nicht neutral über Vergewaltigung sprechen, sondern immer Geschlechtervorstellungen mit einbringen und – da Sprache Realität nicht nur beschreibt, sondern auch herstellt – dies umgekehrt Effekte auf die Art hat, wie wir ›Männlichkeit‹ und ›Weiblichkeit‹ wahrnehmen.

»NEIN HEISST NEIN!«

2010 machte der Schriftsteller und Schauspieler Stephen Fry, der in England ebenso wie die Kronjuwelen und Stonehenge als nationales Kulturgut gilt, Schlagzeilen, weil er dem Magazin *Attitude* erklärte: »Frauen interessieren sich nicht wirklich für Sex. Das ist nur der Preis, den sie für eine Beziehung bezahlen.«[1] (Fry 2010) Dass er das nicht wirklich so gesagt hatte, machte nichts, da die Debatte da bereits von allen Medien aufgegriffen worden war. »The Science of Women and Sex: Is Stephen Fry right after all?« (Connor 2010), titelte der *Independent* und führte aus: »Männer liegen, was ihre Neigung zu Promiskuität angeht, zwischen Gorillas und Schimpansen. Wir können das an der relativen Größe der Hoden erkennen: erst Gorillas (ein wenig sexuell freizügig, kleine Hoden), dann Männer und schließlich Schimpansen (sehr freizügig, sehr große Hoden).« (Connor 2010) Darüber kann man lachen – oder die Zeitung zerreißen, je nach Temperament. doch ist diese Vorstellung von ständig wollenden Männern und ständig nicht wollenden Frauen keineswegs auf Artikel über Prominente beschränkt. Sie wird auch in der Form perpetuiert, wie wir Aufklärung verstehen, nämlich in der Regel als eine Variante von »Nein heißt nein!«. Und noch immer gehört die Warnung vor Vergewaltigung zu den frühesten Informationen, die Mädchen über Sex erhalten – als wäre weibliche Sexualität eine Quelle von Gefahr anstelle von Genuss. Laut Bundeskriminalamt haben Jungen und Männer ein mehr als 150 Prozent höheres

---

1 | Alle Übersetzungen aus dem Englischen in diesem Artikel: Mithu M. Sanyal.

Risiko, Opfer von Gewaltverbrechen zu werden. Und je brutaler das Verbrechen, desto eher ist das Opfer männlich. Warum warnen wir also nicht unsere männlichen Kinder davor, das Haus zu verlassen, weil die Welt dort draußen für zarte Geschöpfe wie sie zu gefährlich ist? Die Antwort lautet: Weil rund 90 Prozent der Täter ebenfalls männlich sind und rund 90 Prozent der Opfer von Vergewaltigungen weiblich. Diese Ausführung ist ebenso einleuchtend wie irreführend. Sie erklärt weder, warum wir uns unverhältnismäßig weniger um unsere Söhne sorgen – schließlich ist Gewalt auch dann schrecklich, wenn es dabei nicht um Sex geht – noch, warum bei Vergewaltigung andere Regeln gelten als in nahezu jedem anderen Bereich.

§177 StGB – Historisches und Aktuelles

In Deutschland war bis 1997 laut Beschreibung derjenige ein Vergewaltiger, der »mit Gewalt oder durch Drohung mit gegenwärtiger Gefahr für Leib oder Leben eine Frauensperson zur Duldung des außerehelichen Beischlafs nöthigt«, so der §177 des Reichsstrafgesetzbuches von 1871, der bis auf das Dehnungs-H in das deutsche Strafgesetzbuch übernommen wurde, erst als Verbrechen gegen die Sittlichkeit, 1974 immerhin als Verbrechen gegen die sexuelle Selbstbestimmung. De jure und in der allgemeinen Auffassung konnten demnach nur Frauen vergewaltigt werden und nur Männer Vergewaltiger sein, weil es dabei zum Beischlaf kam, das hieß zur Penetration, was aber nur außerhalb der Ehe ein Problem war. Die gefeierte Strafgesetzänderung des §177 von 1997 erkannte die Existenz der Vergewaltigung in der Ehe an, stellte nicht nur Penetration, sondern auch ähnliche sexuelle Handlungen unter Strafe und machte aus einer ›Frauensperson‹ eine ›Person‹. Damit wurden zum ersten Mal Männer als Opfer von sexualisierter Gewalt denkbar. All das bedeutet keineswegs, dass Männer die eigentlichen Opfer von Vergewaltigungen sind, sondern dass unsere Vorstellungen von sexueller Gewalt – wenig überraschend – auf Vorstellungen von sexuellen (Geschlechter-) Identitäten basieren, die über die Jahrhunderte kolportiert wurden.

Sexing the Difference

Zur Ehrenrettung von »Nein heißt nein!« muss man natürlich erwähnen, dass ›Nein‹ lange Zeit keineswegs ›Nein‹ hieß, sondern schlicht ›Ich bin weiblich‹. Im psychiatrisch-medizinischen Diskurs des 19. Jahrhunderts waren männliche Gewalt und weibliches Sträuben integraler Teil der Konstruktion von ›normaler‹ Sexualität. »Wenn eine Frau geistig normal entwickelt und zivilisiert ist, ist ihr Begehren gering« (Krafft-Ebing 1886: 13), bezeugte der Begründer der Sexualwissenschaft Richard von Krafft-Ebing. Charles Darwin führte aus, Frauen seien nun einmal sexuell kleinlaut und unterwürfig, weshalb er es unangemessen fand, wenn sie sich aktiv an der Wahl ihrer Sexualpartner beteiligten. Und Sigmund Freud definierte direkt den kompletten Sexualtrieb in seiner aktiven Form als

männlich und in seiner passiven als weiblich. Da Frauen vermeintlich kein eigenes sexuelles Begehren hatten, galt es als die Aufgabe des galanten Mannes, sie zu
überwältigen. Und die Frauen – die zwar nicht selber wollten, aber doch wollten,
dass er wollte – stachelten den sexuellen Drang des Mannes durch ihre scheinbare
Abwehr an, wie der Jurist Max Thal aufklärte:»(M)anch eine stammelt noch ein
abwehrendes, rührend tiefes: ›Nicht doch!‹ wenn schon alles vorüber ist.« (Thal
1904: 11f.) Die Begründung für dieses Sträuben wurde in der Evolutionstheorie
gefunden. Der Sexualforscher Havelock Ellis führte aus:»Die Keuschheit der
Frauen – die in ihrer ursprünglichen Form aus der physischen Abwehr der sexuellen Übergriffe Mannes bestand – half der natürlichen Selektion, indem sie
die wichtigste Eigenschaft des Mannes auf die Probe stellte: seine Kraft.« (Ellis
1910: 30) Wo für Männer das Überleben des Stärksten galt, schien es für Frauen
das Überleben der Schwächsten zu sein.

Sexuelles Verhalten, das diesem Bild nicht entsprach, wurde als krank angesehen. In der Sprache der Psychoanalyse bedeutete das: als pervers. Gleichzeitig
wurden diese Perversionen mit dem Beginn des 20. Jahrhunderts zum normalen
Bestandteil der weiblichen Psyche deklariert. Die Analytikerin Helene Deutsch,
die in den 1940er und 1950er Jahren als Spezialistin für die *Psychologie der Frau*
– so der Titel ihres einflussreichsten Werkes – galt, erklärte das mit dem weiblichen Masochismus, der ihrer Meinung nach nicht eine Spielart, sondern die
Voraussetzung für die Sexualität der Frau war. Deutsch zufolge war die Vagina
komplett passiv und konnte nur durch die brutale Penetration des Penis erregt
werden. Das Resultat wäre jedoch keine Vervollständigung, sondern eine Verletzung der physischen Integrität der Frau. Erotischer Genuss blieb für Frauen letztlich nicht natürlich (vgl. Deutsch 1943). Alle diese Vorstellungen über weibliche
Sexualität stellte die neue Frauenbewegung radikal in Frage – bis auf die Frage
der sexuellen Gewalt.

GEGEN UNSEREN WILLEN

1974 erschien die erste Kulturgeschichte der Vergewaltigung *Gegen unseren Willen*
von Susan Brownmiller. Als eines der ersten Bücher der zweiten Welle der Frauenbewegung, die vom Mainstream nicht nur akzeptiert, sondern förmlich gefeiert wurden, löste es eine breite Debatte aus, in deren Folge die Rechtsprechung
zuerst in Amerika und daraufhin in zahlreichen weiteren Ländern geändert wurde. Dass das Buch derartige Auswirkungen hatte, lag daran, dass es nicht nur die
Geschichte eines Verbrechens erzählte, sondern am Beispiel der Vergewaltigung
eine Analyse der herrschenden Gesellschaftsordnung lieferte. Nach Brownmiller
war Vergewaltigung Ursprung und Urszene des Patriarchats. Entsprechend beginnt sie mit der Urgeschichte und spekuliert detailliert:

»In der gewalttätigen Welt der primitiven Menschen hatte eine Frau irgendwo einmal die
Zukunftsvision ihres Rechts auf eigene körperliche Integrität, und ich sehe sie vor mir, wie

sie wie der Teufel darum kämpfte. Urplötzlich war ihr klar geworden, dass dieses spezielle Exemplar eines behaarten Zweibeiners nicht gerade der Homo sapiens war, mit dem sie sich gern zusammen getan hätte, und so war sie es vielleicht, und nicht ein Mann, die den ersten Stein aufnahm und ihn warf. Wie verblüfft muss er gewesen sein, und welch ein unerwarteter Kampf muss dann stattgefunden haben.« (Brownmiller 1985: 22)

Ebenso unerwartet schließt Brownmiller eine Seite später, dass die Urfrau diesen hypothetischen Kampf wegen ihrer Genitalien nicht gewinnen konnte: »Es ist dem Bauplan der Geschlechtsorgane, um den man nicht herumkommt, zuzuschreiben, dass der Mann der natürliche Verfolger des Weibes war und die Frau seine natürliche Beute.« (Ebd.:23) Damit beantwortete sie die Gretchenfrage des Feminismus: »Wie hat das alles angefangen?« (Mitchell 1974: 364) Entsprechend spielt in zahlreichen theoretischen und literarischen Texten der 1970er und 1980er Jahre die Erfahrung von sexueller Gewalt eine essentielle Rolle. Die Amerikanistin Maria Lauret nennt diese Bücher »feminists fictions of subjectivity« (Lauret 1994: 100), oder expliziter: Geschichten darüber, »wie ich eine Feministin wurde« (ebd.).

MEDIEN

Eine Entwicklung, die sich nicht auf den Printbereich beschränkt. Das erste Strafverfahren, das jemals live im amerikanischen Fernsehen übertragen wurde – und zwar über Monate hinweg täglich auf CNN – war ein Vergewaltigungsprozess: *Big Dan's Rape Case*. Dabei handelt es sich bei dem großen Dan nicht um eine euphemistische Beschreibung des Täters, sondern um eine Kneipe in New Bedford, Massachussets. Dort wurde am 6. März 1983 eine Frau von einer Gruppe Männern auf dem Billardtisch vergewaltigt, während die anderen Kneipenbesucher zuschauten und die Täter anfeuerten. Der Prozess galt als Triumph des Feminismus, weil er das erste Gerichtsverfahren in einem Vergewaltigungsfall war, das sich explizit auf Argumente der Frauenbewegung bezog. Als die Täter zu Höchststrafen verurteilt wurden, jubelte die Presse: Endlich hätten auch Richter eingesehen, dass eine Frau keine Jungfrau sein müsse, um das Recht zu haben, nicht vergewaltigt zu werden. Aber die Realität sah anders aus: »Sie sollte als das am schlechtesten behandelte Vergewaltigungsopfer der Dekade in die Geschichte eingehen« (Benedict 1992: 142), protestierte die Publizistin Helen Benedict. Der Hintergrund war, dass zwar vier der potentiell sechs Vergewaltiger verurteilt wurden, das Gesetz aber keine Handhabe für die grölenden Augenzeugen hatte, die in den Augen der Öffentlichkeit bald mehr Schuld trugen als die Täter selbst, so dass die Berichterstattung rasch rassistische Züge annahm und sich auf die portugiesische Herkunft der Täter konzentrierte. Die Aussage war klar: Die Anderen hatten das Verbrechen begangen und es – noch weitaus schlimmer – im Akt des Beobachtens autorisiert. Die portugiesische Community von New Bedford fühlte sich bald, als wäre sie und nicht die Frau vergewaltigt worden, und wandte sich gegen das Opfer (vgl. Chancer

1987: 248f.). Nach dem Prozess floh die 22-Jährige aus der Stadt, wurde die Angst, ihre ehemaligen Nachbarn und Bekannten könnten ihr folgten, um sich an ihr zu rächen, jedoch nie los. Ein Freund schilderte: »Sie hatte solche Angst, dass sie ihr folgen und sie umbringen würden, dass sie, wenn sie Auto fuhr, den Blick nicht vom Rückspiegel lösen konnte.« (Benedict 1992: 141) Drei Jahre später kam sie bei einem selbstverschuldeten Autounfall ums Leben.

Dass der Fall und sein tragisches Ende anders erinnert werden, liegt daran, dass er 1988 noch einmal filmisch inszeniert wurde – nur dieses Mal mit einem deutlich anderem Ausgang: in dem Kinofilm THE ACCUSED (ANGEKLAGT). Der Film mit Starbesetzung, Jodie Foster in der Rolle des Opfers und Kelly McGillis als ihre Anwältin, ist das wahrscheinlich bekannteste Hollywoodwerk über eine Vergewaltigung. Die berüchtigte Vergewaltigungsszene, auf einem Flipperautomaten anstelle des Billardtischs, löste bereits im Vorfeld Kontroversen aus. Die Zuschauer strömten in Scharen in die Kinos, um sich ein eigenes Bild zu machen, und Foster wurde mit einem *Oscar* sowie einem *Golden Globe* ausgezeichnet. Das zentrale Thema des Filmes ist, wie der Filmcharakter Sarah ihre Wahrheit aussprechen und damit in das Gesetz einschreiben kann. Trotz dieser dramatischen Zuspitzung ist der kathartische Höhepunkt keineswegs Sarahs eigene Schilderung vor Gericht, sondern die eines männlichen Zeugen, der schließlich gegen seine Geschlechtsgenossen aussagt. Erst als *er* die Tat beschreibt, wird die bis dahin ausgesparte Vergewaltigungsszene eingeblendet: Die Wahrheit ist zu sehen und damit auch zu glauben. Die Filmwissenschaftlerin Janet Walker bezeichnet dieses Verfahren als »trauma cinema« (Walker 2001: 214): Werke über Erlebnisse aus der Vergangenheit, die in der Regel mit Hilfe von Rückblenden erzählt werden, analog jener Flashbacks, die wir mit Traumata assoziieren. In den 1980er Jahren dominierte die Vorstellung, dass traumatische Situationen vom Unterbewussten tatsächlich wie von einer Filmkamera festgehalten und später in Flashbacks abgespielt würden – und zwar genau so wie sie stattgefunden haben. Die scheinbar objektive Rückblende in ANGEKLAGT bewegte sich in dieser Vorstellungswelt. Dadurch erlebt Sarah ihr Trauma noch einmal, dieses Mal jedoch zusammen mit dem versammelten Gericht, das daraufhin ihre Unschuld anerkennt und ihr durch die Verurteilung der Täter ihre Ehre zurückgibt.

An den Reaktionen auf den *Big Dan's Rape Case* lässt sich das angespannte Verhältnis zwischen den Geschlechtern in den 1980er Jahren ablesen. In einem Artikel für *Ms* rang die spätere Journalismusprofessorin Mary Kay Blakeley damit, dass ihre eigenen Söhne eines Tages unter den jubelnden Zuschauern einer Vergewaltigung sein könnten. Sie adressiert ihren Text an die »34 Prozent der Männer, die sexuelle Gewalt gegen Frauen abgestoßend finden« (Blakely 1983: 51). Abgesehen von der Frage, woher Blakeley ihre Zahlen nahm, ist vor allem die durchdringende Bedrohung bemerkenswert, die im historischen Rückblick wie ein Szenario aus einem totalitären Regime wirkt, in dem Eltern nicht einmal ihren Kindern trauen können, wenn diese männlich sind. ANGEKLAGT war das cineastische Manifest dieser Haltung. Die Filmkritikerin Penny Ashbrook lobte, der Film käme »beeindruckend nahe an eine Umsetzung von Susan Brownmillers berühmter Erklärung heran, dass Vergewaltigung nicht mehr und nicht weniger ist als eine Methode bewußter systematischer Einschüchterung, durch die alle Männer alle Frauen in permanenter Angst halten« (Ashbrook 1989: 38). Damit ist Vergewaltigung jedoch nicht nur der Ursprungsmythos des Patriarchats, sondern auch der der zweiten Welle der amerikanischen Frauenbewegung. Für die Frauenrechtlerinnen des 19. Jahrhunderts etwa hatte die Frage der sexuellen Gewalt nur eine marginale Rolle gespielt (vgl. Dubois/Gordon 189: 32). Den Rang der »zentralen weiblichen Angst« (ebd.) nahm, zumindest in den bürgerlichen Teilen der Frauenbewegung, die Prostitution ein. Doch klangen die Argumentationsstrukturen überraschend ähnlich, wenn es darum ging, die männliche Lust zu stoppen und die Ehre der Frauen rein zu halten (vgl. Plummer 1997: 64).

EHRE UND EHRLICHKEIT

Bereits die relevanteste deutsche Strafrechtsquelle für die frühe Neuzeit, die *Peinliche Halsgerichtsordnung Kaiser Karls V. Constitutio Criminalis Carolina* von 1532 hatte einen Vergewaltiger als einen »übelthetter« definiert, der »vnuerleumbten ehefrawen, witwenn oder jungkfrawen, mit gewalt vnd wider jren willen, jr jungkfrewlich oder frewlich ehr neme« (Straff der nottzucht: Art. 119). Um einen Notnunftprozess zu gewinnen, musste vor Gericht nicht nur der Übergriff des »übelthetters« (ebd.) bewiesen, sondern vor allem der Beweis der weiblichen Ehre erbracht werden: Ein diffiziles Unterfangen, bei dem nicht nur der Leumund der Klägerin aufs Genaueste überprüft wurde, sondern auch, inwieweit sie den angemessenen Schmerz ob ihrer verlorenen Ehre an den Tag legte. Ab dem 18. Jahrhundert verlagerte sich das juristische Augenmerk auf den von der Frau geleisteten Widerstand: Je mehr sich eine Frau gewehrt hatte, desto größer musste ihre Geschlechtsehre gewesen sein. Außerdem musste sie diesen Widerstand die ganze Zeit über aufrecht gehalten haben, schließlich hätte ihre Erregung ja noch später einsetzen können, nachdem ihr ›natürlicher‹ sexueller Widerwillen überwunden sei (vgl. Hommen 2003: 119-136). Christine Künzel umreißt die Ambivalenz des aktuellen §177 des Strafgesetzbuches folgendermaßen:

»[D]ie strafrechtliche Einordnung der ›Straftaten gegen die sexuelle Selbstbestimmung‹ zwischen ›Straftaten gegen den Personenstand, die Ehe und die Familie‹ und ›Beleidigung‹ verweisen noch auf die historische Entwicklung, [...] indem das Delikt nicht der Kategorie der klassischen Gewaltdelikte (Mord, Körperverletzung, Raub) zugeordnet, sondern das durch das Verbrechen entstandene Unrecht zwischen der Verletzung einer sozialen (familialen) Ordnung und dem einer ›Ehrverletzung‹ (Verleumdung usw.) verortet wird.« (Künzel 2003: 11, Hervorh. i. Orig.)

Zwar taucht das Wort Ehre darin nicht mehr explizit auf, doch geistert es noch immer durch den Diskurs der Glaubwürdigkeitsbegutachtung: Wird einer Frau vor Gericht geglaubt, ist sie *ehr*lich. Nur vor diesem Hintergrund ist die Forderung von schwedischen AktivistInnen nachvollziehbar, die Unschuldsvermutung zu kippen, damit potentielle Vergewaltiger vor Gericht ihre Unschuld beweisen müssen (vgl. Valenti: 2010). Obwohl dabei demokratische Errungenschaften und Bürgerrechte mit dem Badewasser ausgegossen werden, und der Nutzen fragwürdig ist (vgl. Lembke: 2011). Damit sollen eben jene Zuschreibungen umgekehrt werden, so dass nun die Ehre des Mannes, der der Vergewaltigung angeklagt ist, in Frage gestellt werde und nicht die der Klägerin.

DAS VERBRECHEN, DAS SCHLIMMER IST ALS DER TOD

Wenn wir an Vergewaltigung denken, entstehen Bilder, die maßgeblich auf die tugendhafte Lucretia der römischen Mythologie zurückgehen. Die berühmten Gemälde von Botticelli, Cranach, Dürer und Rembrandt zeigen entweder den Vergewaltiger mit einem Dolch an Lucretias Brust oder Lucretia, wie sie sich nach dem Verbrechen selbst einen Dolch ins Herz stößt.[2] Dass Lucretia den Freitod wählte, galt im antiken Rom als heroische Tat, weil sie durch den erzwungenen Geschlechtsakt ihre Ehre verloren hatte. Weibliche Ehre wurde im Körper verortet – im Gegensatz zur männlichen Ehre, die im öffentlichen Raum wie beispielsweise dem Schlachtfeld verhandelt wurde. Entsprechend hatten nur Frauen etwas, das ihnen durch eine Vergewaltigung geraubt werden konnte. Und die einzige Möglichkeit, diese Ehre zurück zu erlangen war, den geschändeten Körpers hinter sich zu lassen. Mit dem beginnenden Christentum wurde das jedoch zu einem Problem. Zwar blieb das Konzept der Geschlechtsehre konstant, doch galt Selbstmord nun als Sünde. Augustinus deutete im 5. Jahrhundert folgenreich, dass Lucretia entweder mit ihrem Selbstmord eine Unschuldige ums Leben gebracht oder nachträglich Lust verspürt und damit ihre Keuschheit verloren habe. Dass sich eine vergewaltigte Frau wünschte zu sterben, fand Augustinus zwar durchaus natürlich, sie durfte es nur nicht mehr umsetzen. Im besten Fall siechte sie dahin und starb ohne eigenes Zutun. Wenn sie das nicht tat, musste sie mit ihrem gesamten weiteren Leben beweisen, dass sie nicht doch nachträglich unkeusch geworden war, also das Geschehen genossen hatte. Vorzugsweise bezeugte sie Unschuld, indem sie ins Kloster ging. Denn es gab keine Rückkehr zum Status quo. Der Lebensweg der Frau war unterbrochen und zwar unwiederbringlich (vgl. Dane 2005: 49ff.).

ÜBERLEBEN

Auch heute wird noch immer ein entsprechender Bruch mit der Lebenssituation erwartet, wenn auch mit anderen Begründungen. Naomi Wolf erklärt in ihrem Buch *Vagina*: »Durch eine Vergewaltigung wird der Körper einer Frau umstruk-

---

2 | Nur das Weib des Potiphar, das Josef in der Bibel fälschlich der Vergewaltigung bezichtigt, nachdem er sie sexuell zurückgewiesen hatte, ist annähernd prominent.

turiert, möglicherweise sogar für den Rest ihres Lebens, und zwar insofern, als Angst, eine höhere Empfindsamkeit gegen Stress und eine sie begleitende Risikoaversion direkt in das neuronale Netz eingeschrieben werden.« (Wolf 2013: 123) Eine Vergewaltigung mag nicht mehr wie für die viktorianische Gesellschaft ein Schicksal sein, das schlimmer ist als der Tod, doch sie ist auch heute immer noch ein Schicksal, das die Betroffenen entmündigt – und zwar ad infinitum. »Obwohl jeder Fall unterschiedlich ist, akzeptieren wir nur eine Reaktion von Vergewaltigungsopfern: den totalen Zusammenbruch« (Veselka 2006: 56), kritisiert Vanessa Veselka in dem amerikanischen Popfeminismus-Magazin *Bitch*, und sie schreibt weiter: »Unsere Kultur erklärt Mädchen von der Wiege an, dass eine Vergewaltigung das Schlimmste ist, was ihnen passieren kann, Aber legen wir sie nicht damit gleichzeitig darauf fest, sich zerstört zu fühlen?« (Ebd.)

Nachdem die Schriftstellerin Virginie Despentes beim Trampen vergewaltigt worden war, bekam sie den geballten Druck ihres entsetzten Umfeldes zu spüren, als sie sich danach weiterhin frei im öffentlichen Raum bewegen wollte. Despentes schlussfolgert: »Eine Vergewaltigung hat als ein traumatisches Ereignis Spuren zu hinterlassen, die man möglichst sichtbar und dekorativ zur Schau trägt: Angst vor Männern, Angst vor Dunkelheit, Angst vor Unabhängigkeit.« (Despentes 2009: 43) In den Medien werden uns Frauen vorgeführt, die in Folge einer Vergewaltigung eine Esssucht entwickeln, das Haus nicht mehr verlassen oder zu psychopathischen Mörderinnen werden. Eine mediale Darstellung von Personen, die das traumatische Erlebnis überwinden, ist nicht nur so selten, dass es schmerzlich an Rollenmodellen mangelt, sie ist zudem stets dem Verdacht ausgesetzt, Vergewaltigungen zu verharmlosen. Zugleich erschweren wir mit dieser gesellschaftlichen Haltung Heilung, indem wir nur eine Vergewaltigungserzählung zulassen und nur eine Wahrheit.

WANN IST EINE FRAU EINE FRAU?

Es gibt einen berühmten FAWLTY-TOWERS-Sketch, in dem eine alte Frau versehentlich mit einer Leiche in einen Schrank gesperrt wird und sofort befürchtet, der Tote könne ihr ihre Keuschheit rauben, schließlich sei ein Mann ein Mann. Wenn ich bei Workshops diesen Sketch zeige und frage, was daran so lustig ist, halten sich beide Antworten die Waage, einerseits die Tatsache, dass der Mann bereits tot ist, und andererseits die Unattraktivität der alten Frau, nach dem Motto: Wer will die schon vergewaltigen? Vergewaltigung scheint gleichzeitig das Schlimmste, was einer Frau zustoßen kann, und die Messlatte für ihre Attraktivität zu sein. »Vergewaltigung ist der Fluch der Schönheit« (Corbin 1992: 7), schreibt Alain Corbin in seinem gleichnamigen Buch über *Die sexuelle Gewalt in der Geschichte*. Und tatsächlich wird weibliche Schönheit auch anhand dessen konstruiert, wie »vergewaltigbar« (Dane 2005: 82) eine Frau ist – ohne bereits vergewaltigt worden zu sein (vgl. ebd.). Als Folge dessen werden Frauen, die ihre Verletzlichkeit nicht als wunderschöne Wunde ausstellen, desexualisiert. Umgekehrt werden Männer, die sich selbst nicht als Jäger und die Frauen nicht als Beute betrachten, nicht als echte Männer wahrgenommen. Entsprechend nehmen Frauen die Rolle des Sexobjekts an, um sexuell attraktiv zu sein, ebenso wie Männer die des sexuellen Aggressors, weil natürlich auch sie sexuell anziehend sein wollen. Die Folge davon ist, dass diese Rollen nicht nur gespielt, sondern verinnerlicht werden.

DIE GRAMMATIK DER GEWALT

In den vier Jahrzehnten seit dem Erscheinen von *Gegen unseren Willen* ist Susan Brownmiller oft dafür kritisiert worden, dass sie ihre historische Analyse mit einer Fiktion einleitet (vgl. Hartmann/Ross 1978: 932) und Rassismen – wie den lüsternen schwarzen Mann, der es auf die weiße Reinheit abgesehen hat – unreflektiert perpetuiert (vgl. Davis 1982; hooks 1982). Was jedoch kaum hervorgehoben wird, weil es nach wie vor ein zentraler Aspekt von Vergewaltigungserzählungen ist, ist Brownmillers Beschreibung der »Entdeckung des Mannes, dass seine Genitalien als Waffe zu gebrauchen sind« (Brownmiller 1985: 22), die sie als »Triumph seiner Männlichkeit« (ebd.) beurteilt. Die Professorin für englische Literatur Sharon Marcus zeigt in ihrem Essay »Fighting Bodies, Fighting Words«, wie Penisse in unseren kulturellen Vorstellungen zu allmächtige Waffen werden, die nichts anderes wollen, als in den verletzlichen inneren Raum einer Frau einzudringen, der ungeschützt diesem Angriff ausgeliefert ist (vgl. Marcus 2002). Eine erstaunliche Argumentation angesichts der Tatsache, dass männliche Genitalien keinesfalls die ganze Zeit drohend aufgerichtet stehen, sondern fragil den Gezeiten der Erektionen ausgeliefert sind – und fragiler sind als weibliche Genitalien, wenn man beispielsweise an die Hoden denkt. Trotzdem lernen Frauen, dass sie mit dem Damoklesschwert der Vergewaltigung über dem Kopf leben müssen, während Männer ihr Schwert zwischen den Beinen tragen. Täter-Sein definiert Männlichkeit und Opfer-Sein Weiblichkeit. Marcus nennt die Regeln und Strukturen, die Menschen ihren Positionen in diesen Erzählungen zuweisen, die »gegenderte Grammatik der Gewalt« (ebd.: 173).

WANN IST EIN MANN EIN MANN

Vergewaltigung kommt von der Wurzel ›walten‹. Im Neuhochdeutschen wird ›walten‹ nahezu nur als Reim auf ›schalten‹ gebraucht und bedeutet ›Macht über etwas haben‹, mit dem Unterton, dass man über Mittel und Wege verfügt, diese Macht auch auszuüben. Wir wissen inzwischen um das Problem, dass Frauen in unserer Gesellschaft als Objekte und Männer als Subjekte von Gewalt konstruiert werden. Noch perfider ist, dass Frauen als Subjekte von Angst dargestellt werden und Männer als Objekte von Angst: Eine Frau (Subjekt) hat Angst vor einem Mann (Objekt). Marcus formuliert diese gesellschaftlich konstruierte Relationalität wie folgt: »Sogar in Situationen, in denen die Wahrscheinlichkeit, Opfer eines Gewaltverbrechens zu werden für Männer empirisch deutlich höher ist als für

Frauen, zeigen sie weniger Angst und neigen dazu, diese Angst auf die Sorge um ihre Mütter, Schwestern, Frauen zu projizieren.« (Ebd.: 177) Bisher war Konsens, dass das für Männer ausschließlich von Vorteil sei. Erst in den letzten Jahren begannen Feministen wie Jackson Katz, Michael Kimmel und Don McPherson die Frage zur Diskussion zu stellen, ob die Identität als vermeintlicher Täter tatsächlich so erstrebenswert sei. Es wir zunehmend fraglich, ob es sich für einen Mann vielleicht auch nicht so gut anfühlt, wenn die Frau vor ihm nachts die Straßenseite wechselt, oder wenn jede noch so unverbindliche Bemerkung als sexuelle Avance verstanden wird, obwohl die Intention eine andere war. »Ein großer Teil der Rethorik, die benutzt wird, um Sexismus zu beschreiben und zu analysieren, steckt in dem Konzept des ›unilateralen Sexismus‹ fest – also in dem Glauben, dass Männer die Unterdrücker und Frauen die Unterdrückten sind – und das war's.« (Serano 2008: 227, Hervorh. i. Orig.) So konstatiert es Julia Serano, die in einem männlichen Körper lebte, bevor sie eine Frau wurde, und dadurch eine doppelte Perspektive auf die Welt der zwischengeschlechtlichen Interaktionen hat. Für Serano ist Sexismus keine isolierte Handlung, sondern eine Struktur mit Auswirkungen auf alle Geschlechter, an deren Wurzel sie die Jäger-Beute-Geisteshaltung identifiziert: »Feministinnen haben großartige Arbeit geleistet, indem sie die Auswirkungen des Objekt/Beute-Stereotyps auf Frauen untersucht und Alternativen eröffnet haben. Eine vergleichbare Untersuchung, wie sich das Aggressor/Jäger Stereotyp auf Männer auswirkt, steht jedoch noch aus.« (Ebd.: 232)

Männer, die Opfer von sexualisierter Gewalt werden, stoßen auf massive Abwehr, weil sie das Konzept von Männlichkeit = Täterschaft bedrohen. Ein Beispiel dafür ist die Rezeption der literarischen Vergewaltigung von Thomas Edward Lawrence, besser bekannt unter dem Namen Lawrence von Arabien. Diese Szene ist hauptsächlich deswegen so herausragend, weil sie die nahezu einzig bekannte Schilderung der Vergewaltigung eines Mannes ist. Und obwohl es sich dabei um die Schlüsselszene seines autobiografischen Kriegsberichts *Die sieben Säulen der Weisheit* (Lawrence 2009) handelt, wird sie wie ein Gespenst, das unsichtbar anwesend ist ohne anwesend zu sein, kaum wahrgenommen – es sei denn, es werden gerade sogenannte neue Forschungsergebnisse veröffentlicht, die erneut zu beweisen meinen, dass diese Vergewaltigung, die nicht sein darf, auch tatsächlich nie stattgefunden hat (vgl. Krischer 2006).

Vergewaltigung gendert uns, indem sie uns beibringt, wie wir uns unserem Geschlecht entsprechend zu verhalten haben, wie die Geschlechter zueinander stehen, und wie viele Geschlechter es gibt, nämlich zwei: Täter und Opfer. Dazu braucht es noch nicht einmal zwei Geschlechter. An frauenfreien Orte, wie z.B. Männergefängnissen, gibt es überdurchschnittlich viele Vergewaltigungen. Die Vergewaltiger machen die Vergewaltigten einfach zu sozialen Frauen, indem sie ihnen weibliche Namen wie *Whores, Bitches* oder *Old Ladies* geben und eine scharfe Trennung ziehen zwischen den vergewaltigenden Männern und den Anderen. Der ehemalige Häftling Donald Tucker erklärt, dass Vergewaltigung ein Bestandteil der gesamten Macht- und Kontrollstruktur im Gefängnis ist und sich von der legalen Kontrolle nur durch die besonders gewalttätige Art und Weise unterscheidet (vgl. Tucker 1982).

»JA HEISST JA!«

»Vergewaltigung ist ein Ergebnis des gesellschaftlichen Ortes und nicht von Individuen. Wir wollen nicht unmittelbar von Situationen sprechen, um die Konnotation zu vermeiden, dass es lediglich auf eine günstige Gelegenheit zur Ausübung sexualisierter Gewalt ankommt. Vielmehr meinen wir den institutionellen Zusammenhang, der die Praxis der Vergewaltigung nicht nur zulässt, sondern sogar fördert.« (Smaus 2003: 234)

So schlussfolgert die Soziologin Gerlinda Smaus. Mit anderen Worten: Je totaler eine Institution ist, desto höher die Zahl der Vergewaltigungen. Je rigider die Geschlechterrollen, desto mehr Sexismus bis hin zur physischen sexuellen Gewalt. Das enthebt das Individuum zwar nicht der Verantwortung, verlagert den Fokus jedoch auf die gesellschaftliche Organisationsform. Entsprechend gibt es Gesellschaftsformen, in denen Vergewaltigung so gut wie nicht vorkommt bis hin zu hoch gewalttätigen Gesellschaften mit einer hohen Rate an sexualisierten Verbrechen. Die Anthropologin Peggy Reeves Sanday nennt diese *rape-free* versus *rape-prone societies* und kommt zu dem Schluss, dass Gesellschaften umso weniger Vergewaltigungen aufweisen je egalitärer sie sind und je größer die Partizipationsmöglichkeiten aller sind: »Der Wert, der gegenseitigem Respekt im Alltag zugemessen wird, lässt sich auf die sexuellen Beziehungen übertragen.« (Sanday 2003: 337) Die schlechte Nachricht ist zwar, dass sich das Vergewaltigungsproblem nicht durch schärfere Gesetze lösen lassen wird. Die Gute ist allerdings ist, dass nahezu alle Maßnahmen, die unsere gesamte Gesellschaft (geschlechter-) gerechter machen, ein direktes Vergewaltigungspräventionspotential haben.

QUELLEN

Ashbrook, Penny (1989): »Rape on Screen«, in: SpareRib 4/1989, 37-39.

Benedict, Helen (1992): Virgin or Vamp. How the Press Covers Sex Crimes, Oxford/New York: Oxford University Press.

Blakely, Mary Kay (1983): »New Bedford Gang Rape. Who Were the Men?«, in: Ms, Juli 1983, 50-53.

Brownmiller, Susan (1985): Gegen unseren Willen, Frankfurt a.M.: Rowohlt.

Chancer, Lynn S. (1987): »The ›Before and After‹ of a Group Rape«, in: Gender & Society, 1(3), 239-260.

Connor, Steve (2010): »The Science of Women and Sex. Is Stephen Fry Right After All?«, in: Independent 11/2010, www.independent.co.uk/news/science/the-science-of-women-and-sex-is-stephen-fry-right-after-all-2122625.html (14.04.2014).

Corbin, Alain (1992): Die sexuelle Gewalt in der Geschichte, Berlin: Wagenbach.

Dane, Gesa (2005): Zeter und Mordio. Vergewaltigung in Literatur und Recht, Göttingen: Wallstein.

Dies. (2003): »Frauenraub – Entehrung – Notzucht«, in: Künzel, Unzucht – Notzucht – Vergewaltigung, 89-98.

Davis, Angela (1982): Woman, Race and Class, London: Vintage Books.

Despentes, Virginie (2009): King Kong Theorie, Berlin: Berlin.

Deutsch, Helene (1943): Psychology of Women, Vol.1, Boston/New York: Grune & Stratton.

Dubois, Ellen Carol/Gordon, Linda (1989): »Seeking Ecstasy on the Battlefield. Danger and Pleasure in Nineteenth-century Feminist Sexual Thought«, in: Vance, Carole S. (Hg.), Pleasure and Danger. Exploring Female Sexuality, London: Pandora, 31-49.

Ellis, Havelock (1910): Psychology of Sex, Vol.3, Philadelphia: F.A. Davis Co.

Fry, Stephen (2010): »Inside the Unique World of Stephen Fry«, Interview, Attitude Magazine 11/2010, http://fuckyeahstephenfry.tumblr.com/post/13067714958 (14.04.2014).

Hartmann, Heidi/Ross, Ellen (1978): »Comment on ›On Writing the History of Rape‹«, in: Signs. Journal of Womens in Culture and Society 3, 931-935.

Hommen, Tanja (2003): »Sie hat sich nicht im Geringsten gewehrt. Zur Kontinuität kultureller Deutungsmuster sexueller Gewalt seit dem Kaiserreich«, in: Künzel, Unzucht – Notzucht – Vergewaltigung, 119-136.

hooks, bell (1982): Ain't I a Woman. Black Women and Feminism, London: Pluto Press.

Krafft-Ebing, Richard von (1886): Psychopathia Sexualis, Stuttgart: Verlag Ferdinand Enke.

Krischer, Markus (2006): »Die Phantasien des Lawrence von Arabien«, in: Focus, 02.08.2006, www.focus.de/wissen/mensch/lawrence_von_arabien/geschichte_aid_23329.html (14.4.2014).

Künzel, Christine (Hg.) (2003): Unzucht – Notzucht – Vergewaltigung. Definitionen und Deutungen sexueller Gewalt von der Aufklärung bis heute, Frankfurt a.M.: Campus.

Lauret, Maria (1994): Liberating Literature. Feminist Fiction in America, London/New York: Routledge.

Lawrence, Thomas Edward (2009): Die sieben Säulen der Weisheit. Lawrence von Arabien, Berlin: List.

Lembke, Ulrike (2011): »Der derzeitige Zustand ist nicht hinnehmbar«, in: Missy Magazine, Blog 23.09.2011, http://missy-magazine.de/2011/09/23/der-derzeitige-zustand-ist-nicht-hinnehmbar-interview-zum-umgang-des-strafrechts-mit-sexualisierter-gewalt (01.04.2014).

Marcus, Sharon (2002): »Fighting Bodies, Fighting Words«, in: L-Mui, Constance/Murphy, Julien S. (Hg.), Gender Struggles. Practical Approaches to Contemporary Feminism, Lanham u.a.: Rowman & Littlefield, 166-185.

Mitchell, Juliet (1974): Psychoanalysis and Feminism, Middlesex: Penguin.

Plummer, Ken (1997): Telling Sexual Stories. Power, Change and Social Worlds, London/New York: Routledge.

Sanday, Peggy Reeves (2003): »Rape-Free versus Rape-Prone: How Culture Makes a Difference«, in: Travis, Cheryl Brown (Hg.), EvolutionGenderRape, Cambridge u.a.: MIT Press, 337-362.

Serano, Julia (2008): »Why Nice Guys Finish Last«, in: Friedman, Jaclyn/Valenti, Jessica (Hg.), Yes Means Yes! Visions of Female Sexual Power and a World without Rape, Berkeley: Seal Press, 227-240.

Smaus, Gerlinda (2003): »Vergewaltigung von Männern durch Männer«, in: Künzel, Unzucht – Notzucht – Vergewaltigung, 221-242.

Strafgesetzbuch (StGB) §177: »Straf der nottzucht: Art. 119«, in: Peinliche Halsgerichtsordnung Kaiser Karls V. Constitutio Criminalis Carolina (1532), www.smixx.de/ra/Links_F-R/Constitutio_Criminalis_Carolina_1532.pdf (14.4.2014).

Thal, Max (1904): Sexuelle Moral. Ein Versuch der Lösung des Problems der geschlechtlichen, insbesondere der sogenannten Doppelten Moral, Breslau: Koebner.

Tucker, Donald (1982): »A Punks's Song. View from the Inside«, in: Scacco Jr., Anthony M. (Hg.), Male Rape. A Casebook of Sexual Aggressions (AMS Studies in Modern Society, Political and Social Issues 15), New York: AMS Press, www. williamapercy.com/wiki/images/A_Punk%27s_Song.pdf (14.04.2014).

Valenti, Jessica (2010): »What the Assange Case Reveals about Rape in America«, in: Washington Post, 10.12.2010, www.washingtonpost.com/wp-dyn/content/article/2010/12/10/AR2010121002571.html (14.04.2014).

Veselka, Vanessa (2006): »The Collapsible Woman. Cultural Responses to Rape and Sexual Abuse«, in: Jervis, Lisa/Zeisler, Andi (Hg.), BITCHfest. Ten Years of Cultural Criticism from the Pages of Bitch Magazine, New York: Farrar/Straus/Giroux, 56-61.

Walker, Janet (2001): »Trauma Cinema. False Memories and True Experience«, in: Screen, 42 (2), 211-216.

Wolf, Naomi (2013): Vagina. Eine Geschichte der Weiblichkeit, Reinbek: Rowohlt.

THE ACCUSED (USA 1988, R: Jonathan Kaplan)
FAWLTY TOWERS: THE KIPPER AND THE CORPSE (GB 1979, Produktion: BBC)

(Wie) Kann sich feministische Mädchenarbeit heute noch auf ›Mädchen‹ beziehen?

Ein Küchengespräch

Autor_innengruppe aus Marburg

Das diesem Text zugrundeliegende Gespräch fand am 24. Oktober 2013 in der Wohnküche von Susanne Maurer statt. Den Anlass dafür bildete eine Anfrage zur Wiederveröffentlichung eines Textes aus dem Jahr 2002[1]. Beteiligt haben sich feministisch interessierte und engagierte Kolleginnen aus verschiedenen Generationen[2]. Nicht alle kannten sich vorher, aber alle haben in irgendeiner Weise mit der Universität Marburg zu tun (z.b. als – ehemalige – Studierende, Lehrbeauftragte, Doktorandinnen). Rahmen und Bezeichnung der gemeinsamen Reflexion als ›Küchengespräch‹ ist im Übrigen eine bewusste Zitation oder auch Anknüpfung an feministische Praktiken des Consciousness-Raising, der kollektiven Erkenntnis- und auch Textproduktion.

Susanne: Ich habe euch alle eingeladen, um mit euch über die Frage zu diskutieren, was unter den heutigen theoretischen und politischen Vorzeichen ›Feministische Mädchenarbeit‹ bedeuten könnte. Ob wir noch von ›Mädchen‹ sprechen können, was das heißt angesichts der Kritik an Kategorien, der Vervielfältigung der Perspektiven, angesichts von Critical Whiteness, Diversity, Heterogenität, Intersektionalität? Mich interessiert dabei auch, welche konkreten feministischen Erfahrungen wir dabei produktiv machen können. Denn ich finde, man muss genügend respektlos gegenüber der Geschichte feministischer Praxis sein, sie aber dennoch respektieren. Mir geht es dabei um ein Bewusstsein von der Geschichte der Fragen und Konflikte, um eine würdigende, aber auch kritische Überlieferungskultur in Bezug auf feministische und andere soziale Strömungen. Ich hat-

---

1 | Gemeint ist der Text von Susanne Maurer (2002).

2 | Teilgenommen haben Denise Bergold-Caldwell, Wiebke Dierkes, emg_Kreszentia, Helga Krüger-Kirn, Susanne Maurer, Jasmin Scholle, Laura Stumpp und Bettina Wuttig. Die Tonaufzeichnung des Gesprächs wurde von Meret Guizetti verschriftlicht; aus 50 Seiten Transkript wurde schließlich dieser Beitrag.

te euch im Vorfeld einen etwas älteren Text von mir zukommen lassen, von dem wir uns abstoßen könnten – wir können aber auch ganz unabhängig davon zur übergreifenden Frage nachdenken.

Helga: Mir ist zu deinem Text ein Artikel in einer der letzten *Emma*-Ausgaben eingefallen, der auch mit Erfahrungen aus meinem letzten Seminar »Psychoanalyse und Subjekt« korrespondiert: Dass die Erfahrungen, die Frauen machen, anscheinend nicht mehr in den Blick genommen werden (können), weil sie von vorneherein als ›weiblich‹ diskreditiert werden. Kann also z.B. vom ›weiblichen Körper‹ gesprochen werden, oder ist ›weiblich‹ nur noch eine Zuschreibung, die einengt und ›naturalisiert‹? Du schreibst ja auch, dass wir ein Bewusstsein dafür brauchen, inwiefern Begriffe wie ›weiblich‹ auf die Kategorie ›Frau‹ verweisen und damit in einem Diskurs- und Machtverhältnis gedacht werden müssen. Dass wir aber trotzdem von ›Frauen‹ oder ›weiblichen Erfahrungen‹ sprechen können müssen, weil wir in diesen Differenzen von ›männlich-weiblich‹ weiterhin denken und leben. In meinem Seminar hat das zu einem hochemotionalen Spannungsfeld geführt: Während bei etlichen Teilnehmer_innen ein Alltagsverständnis von ›Weiblichkeit‹ vorherrschte, in dem heterosexuelle Unterschiede als ›natürlich‹ und nicht im Kontext einer heterosexuellen und heteronormativen Matrix gedacht werden, lehnten andere aus der Gruppe sogar eine geschlechtlich differenzierende Begrifflichkeit ab, weil sie in ihren Augen das Denken der Zweigeschlechtlichkeit reproduziert. Diese Position wurde mit Verweis auf die Schriften von Judith Butler begründet. In meinen Augen handelt es sich hier um eine ganz spezifische Butler-Rezeption, an der sich paradigmatisch die Problematik des Transfers von akademischen Erkenntnissen in ein Alltagsbewusstsein zeigt.

Susanne: Da ist wahrscheinlich auch so etwas Konflikthaftes, wenn es um ›Geschlecht‹ geht – wenn man es aus der Harmlosigkeit und Selbstverständlichkeit und Naturalisierung rausholt, dann wird etwas Konflikthaftes deutlich. Mein Text entstand ja gerade in Auseinandersetzung mit Dekonstruktion und Poststrukturalismus, auch mit den Schriften von Judith Butler, von daher fand ich es ganz gut zu sagen, ›das ist eine politische Kategorie‹, was ja auch Butler selbst damals formulierte (vgl. Butler 1995). Eine politische Kategorie, die man einerseits braucht, aber andererseits nicht unhinterfragt benutzen kann. Die immer irgendwie auch als Politikum reflektiert werden muss – was in den letzten Jahren ja sehr stark eingebracht wird durch die ganzen Queer- und Trans-Szenen und auch von Menschen, die sich noch daneben verorten. Es gibt viel Uneinigkeit darüber, wie mit diesen machtvollen Begriffen umzugehen ist.

Wiebke: Im Kontext unserer Praxis feministischer Mädchenarbeit hatte ich immer den Eindruck: Wenn man die Mädchen nach ihren Erfahrungshorizonten fragt und ihnen Raum zur Verfügung stellt, dass sie dann ›Mädchen-Sein‹ als politische Kategorie entdecken, weil diese gemeinsame Erfahrung der Diskriminierung im Alltag besteht – z.b. dass sie im Vergleich mit ihren Brüdern weniger Bewegungsspielraum haben. Ganz viele alltagspraktische Erfahrungen, in denen sie als ›Mädchen‹ adressiert werden, verbinden sie, egal welche Unterschiede sie sonst auch trennen mögen. Das erfahren sie aber erst in den Gesprächen untereinander. In dem Moment wird es auch für die Mädchen selbst ein Politikum, und sie entwickeln Forderungen nach Veränderung der Situation. Das ist ein wichtiger Punkt, der Mädchenarbeit auch immer wieder ausmacht. Ich bin dafür, Räume zu schaffen für das Sprechen über Mädchenalltag.

Susanne: Auch mit erwachsenen Frauen haben wir immer wieder festgestellt, dass Heterogenität und Verschiedenheit und eine unterschiedliche Betroffenheit von verschiedenen Machtgefügen das Eine sind (also: Welche Optionen, Subjektpositionen, Ressourcen stehen Menschen in verschiedenen spezifischen Lebenssituationen und Lebenslagen zur Verfügung?) – wenn sich aber so ein gemeinsamer, sozusagen ein ›dritter‹ Raum entwickelt über pädagogische oder politische Settings, dass dann das Verbindende wie auch das Verschiedene zum Tragen kommt. Oder andersrum: Erst wenn ein solcher Raum geschaffen ist, kann die Verschiedenheit im ›Binnenraum‹ der politischen Kategorien und Zuschreibungen zum Vorschein kommen. Dabei ist es etwas ganz anderes, von ›verbindenden Elementen‹ zu sprechen, wie Wiebke das formuliert hat, als von einer ›gleichen Betroffenheit‹. Die Frage ist dann doch viel präziser, nämlich: Wer erlebt es wie genau, z.B. in einer bestimmten Geschlechterkonstellation oder -relation ungleich zu sein, mehr tun zu müssen, anders gesehen zu werden, weniger zu dürfen, als Objekt betrachtet zu werden, das eingeschätzt und bewertet wird. Hier gibt es schon so eine Art ›Wieder-Erkennen‹, weil die Erfahrung ein Stück weit korrespondiert. Wir müssen nach Worten suchen, die das Ganze feiner und differenzierter zum Ausdruck bringen, um dem Sog der Homogenisierung innerhalb der Kategorien zu widerstehen. Nach einer Sprache dafür suchen, Begriffe finden, auch sehen: Dafür passt es, woanders aber nicht.

EMG: Eine Ebene (oder auch Funktion) von Homogenisierung ist ja die Verdeckung – es wird also nicht nur willkürlich etwas zusammengefasst, sondern es werden ganz bestimmte Wahrnehmungen priorisiert, Anderes verschwindet aus dem dominanten Blick.

Bettina: Ich spreche jetzt mal aus der Perspektive therapeutischer Praxis, nicht aus der Sozialarbeit heraus. Was mir da auffällt: Es ist anscheinend sehr einfach, verbindende Elemente anzusprechen für erwachsene Frauen[*3]. Da wird sehr schnell ein gemeinsames ›Wir‹ konstruiert: ›Bei uns Frauen ist es so und so‹. Dennoch gibt es eine relativ große Abwehr, wenn das Wort ›Macht‹ ins Spiel kommt. Was

---

3 | Der von den Einzelnen unterschiedlich gehandhabte oder bevorzugte (schrift-)sprachliche Umgang mit den Bezeichnungen wird im Text bewusst beibehalten.

bedeutet es denn z.B., wenn eine Klientin erlebt: Die Trennung von der Freundin wird von der Familie nicht als schmerzhaft anerkannt, niemand trauert mit ihr um diese verlorene Liebe – als ihr Freund sie damals verließ hingegen schon. Das zeigt doch, dass eine heteronormative Perspektive in diesen Beziehungen gegenwärtig ist. Wenn ich das aber als Deutungsfolie anbiete, kommt oft ein großer Widerstand. Als wäre es zu unverblümt, wenn die These kommt: Es geht um Macht. Und ich habe den Verdacht, dass das – gerade jetzt, unter postfordistischen, neoliberalen Vorzeichen – einen ganz schmerzhaften Bezug kriegt, vor dem Hintergrund eines Modernisierungsdiskurses wie: ›Alle sind gleich.‹ Dann von Macht zu sprechen ist unerhört, verboten, es wird schmerzhaft und traumatisch – und muss abgewehrt werden. Wie kann man dieses Schmerzhafte einfangen?

Helga: Ich hab' da eine andere, auf den ersten Blick sehr gegenteilige Erfahrung bezüglich einer kollektiven Perspektivierung. Ich benutze in den psychotherapeutischen Behandlungen für diesen Kontext nicht den Begriff ›Macht‹. Ich glaube, das hat auch was mit Begriffen und dem Zeitpunkt zu tun. Ich erlebe es nämlich genau anders herum: Wenn ich meinen Klientinnen für ihre subjektiven Erfahrungen und Traumatisierungen eine soziokulturelle Perspektive anbiete, dann fühlen sie sich entlastet und haben dieses Verbundenheitsmoment, von dem du ja auch gesprochen hast. Und es ist mir auch ganz wichtig, die Erfahrungen der Frauen zu kollektivieren, nicht zu individualisieren, denn wenn das gelingt, kommen sie von selber auf so eine politisierte Ebene. Dann fragen sie sich oft selbst: ›Was hat das mit meinen sozialen Hintergründen, Arbeitsverhältnissen und so weiter zu tun?‹ Ganz ähnlich, wie Wiebke es für die Mädchen beschrieben hat.

Laura: Ich glaube auch, das hat mit Begrifflichkeiten, auch mit Selbstverständnissen zu tun, die Menschen von sich haben möchten – wer möchte sich schon gerne als machtlos empfinden oder von außen angetragen bekommen: ›Möglicherweise bist du machtlos ...‹

Bettina: Wobei die Wahrnehmung von Machtunterschieden nicht gleich Machtlosigkeit bedeutet.

Wiebke: Ja, in einer Reflexion wie jetzt. Aber wenn du damit konfrontiert wirst, das zum ersten Mal hörst, kann es vielleicht assoziativ mit Unterdrückung und Ohnmacht zusammengebracht werden. Es kann was anstoßen, im Hinblick auf genau solche schmerzhaften Erfahrungen, die resultieren aus strukturellen Ungleichheiten, und dann ist es auch wichtig, davon zu sprechen. Aber es ist eben auch sehr schmerzvoll, sich damit zu beschäftigen. Und genau da ist feministische Mädchenarbeit dran, diesen schmerzhaften Erfahrungen Raum zu geben. Ohne die Mädchen dabei in diese Opferposition zu bringen. Ein Problem in den letzten Jahren war, so sehe ich das jedenfalls, dass in der Mädchenarbeit gerne auch Bilder produziert werden (wollen) von starken Mädchen, die alles schaffen.

Das erinnert dann irgendwie auch an den Alphamädchen-Diskurs (vgl. hierzu auch Kagerbauer/Lormes 2014). Einerseits möchte man Mädchen stärken, ihnen neue Möglichkeiten eröffnen, und gleichzeitig verschließt man wieder etwas – versäumt, über Verletzungen zu sprechen. Gerade das müsste im Rahmen von Feminismus und Mädchenarbeit besprechbar werden.

Jasmin: Mein Beitrag geht jetzt wieder in eine andere Richtung. Als du das vorhin sagtest, Betti, mit dieser schwierigen Thematisierung von Machtunterschieden, dachte ich: Da kann ja sogleich auch das Gefühl entstehen, eine müsse sich aus der Solidarität – z.B. mit einem Partner oder der eigenen Familie – verabschieden. Und da kommt wieder Intersektionalität ins Spiel: Für wen ist eine solche Entsolidarisierung denn überhaupt möglich? Das hat damals ja auch das Combahee River Collective (1977) angemerkt, indem sie sagten: Für uns als Schwarze Frauen ist es nicht möglich, in so eine Distanz zu unseren Männern zu gehen. Denn wir kämpfen nicht nur gegen Sexismus, sondern auch gegen Rassismus.

Susanne: Mir fällt auf, dass immer wieder eine Tendenz greift, die Geschlechterverhältnisse sehr personalisiert zu denken. Als müsse eine sich – wenn sie Sexismus kritisiert – von den konkreten Menschen des ›anderen Geschlechts‹ distanzieren. Dabei geht es darum, sich von einem bestimmten Verhältnis an ungleichen Möglichkeiten zu distanzieren, ohne die Verbindung und Beziehung und Liebe preiszugeben zum konkreten Menschen. Ich erinnere mich gut, wie es eine Zeit lang sehr brisant war als (›weiße‹) Feministin eine Liebesbeziehung zu einem Mann zu leben und gleichzeitig Mitglied einer feministischen Gruppe zu sein – da gab es anscheinend eine Loyalitätskonkurrenz. Das war immer ein Hin und Her zwischen Makro- und Mikroebene, zwischen politökonomischen, historischen Betrachtungen und dem, was Tag für Tag gelebt wurde. Dabei ist schon interessant zu überlegen, wo deine Energie und Zuwendung hingeht, Stunde für Stunde, Tag für Tag. Aber letztlich geht es ja nicht unbedingt darum – z.B. im Kontext feministischer Mädchenarbeit – die Möglichkeit der Freundschaft zu einem Jungen in Frage zu stellen, sondern anzuschauen: Was können Mädchen in der Gesellschaft gerade tun und wofür werden sie eher bestraft?

Helga: Ich würde trotzdem nochmal gern bei der Frage von Macht und Ohnmacht nachhaken, denn solange frau sich nicht als wirkmächtig, als handlungsmächtig erleben kann, kann sie, glaube ich, auch nicht über politische Machtkategorien nachdenken. Das ist für mich auch der Balanceakt in der Mädchenarbeit, auf den Wiebke hingewiesen hat. Und hier ist ja auch Angela McRobbie (2010) total interessant, wenn sie anhand von postkolonialer, postmoderner Kritik analysiert, was da genau mit dem neoliberalen Diskurs verknüpft wird. Wie genau hier die feministische Erkenntnis eingemeindet wird, und das Ganze sich dann pseudokritisch, pseudodemokratisch – also demokratisch und gleichzeitig differenzorientiert – präsentiert und unter der Hand diese heteronormativen Kategorien bleiben. Diese Metaebene finde ich absolut wichtig, das ist es dann, was meines Erachtens die Verknüpfung sein könnte zu Macht, wo es, wie du, Betti, ja auch sagst, so kritisch wird.

Wiebke: Die Rede vom Verdeckungszusammenhang (vgl. Bitzan 1996) meint ja genau das: Wenn ich mit der Annahme aufwachse, mir steht alles offen, ich kann politisch aktiv sein, alles erleben und dann merke, OK, vielleicht ist es doch nicht alles so glatt, weil man plötzlich an ähnliche Grenzen kommt wie die Frauen früherer Generationen – und daran dann nicht zu verzweifeln und einen Umgang damit zu finden, das geht ja nur, wenn es auch Möglichkeiten gibt, darüber zu sprechen.

Bettina: Es gab neulich diese Talkshow GÜNTHER JAUCH zum Thema Jugendgewalt und ›No Go Areas‹[4], die in meinen Augen ganz deutlich zeigt, wie eine ›weibliche Perspektive‹ direkt abgebügelt wird, zur unsagbaren Perspektive wird. Einzige Frau in der Runde war Petra Peterich, Sozialarbeiterin, die dann von Günther Jauch gefragt wurde, wie man mit den ›gefährlichen Jungs‹ denn umgehen solle, und sie fängt an, eine Perspektive weiblicher Sozialisation einzubringen. Die Körpersprache der anwesenden Männer ging von ›Augenrollen‹ bis zu ›am Schlips rummachen‹ mit so einer ungeduldigen Geste, ›Ach, das schon wieder ...‹, bis Jauch unterbricht und sagt:»Das, was Sie jetzt sagen, hilft zumindest der einen Hälfte der Menschheit ja auch nicht unbedingt. Gerade weil wir nochmal über ›No Go Areas‹ reden ...« Und ich fand interessant, wie hier eine weiße männliche* Perspektive universalisiert wird und etwa die Perspektive von People of Colour bzw. Frauen* sich dabei ganz anders darstellt. Diese Perspektive aber verbal und nonverbal aktiv dethematisiert wird.

Laura: Das passt ganz gut zu der Abwehr, wenn es um Macht und Machtunterschiede geht. Ich weiß nicht, wie weit ›Generation‹ da eine Rolle spielt. Ich bin in einem Umfeld aufgewachsen, für das selbstverständlich war: ›Inzwischen sind alle gleichgestellt, früher war alles schlimm, Frauen durften nicht wählen und mussten zuhause bleiben, heute ist das nicht mehr so.‹ Und dann aber implizit die Botschaft auch rüberkam: ›Die Gesellschaft ist auf Leistung ausgerichtet, aber auch Chancengleichheit, wenn du dich anstrengst, kannst du es auch.‹ Mädchen haben sich ihren Klassenkameraden gleichrangig gefühlt. Und wenn du dann kommst und sagst ›Du bist ja immer noch benachteiligt‹, das passt mit dem Selbst- und Welt- und Gesellschaftsbild nicht zusammen, das muss ja in Einklang gebracht werden, dann ist doch die Frage: Welchen Vorteil bringt es mir, den Gedanken zuzulassen? Zunächst heißt das ja, dass ich von meiner handlungsfähigen Position (auf der ich ja gerne wäre) erst mal abgerückt werde.

---

4 | Sendung TATORT U-BAHNHOF – MACHTLOS GEGEN JUGENDGEWALT am 08.09.2013, ARD.

Susanne: Ich werde abgerückt davon, das ist eine interessante Formulierung.

Denise: Laura, Du hast gerade von Leistungsgesellschaft, in der wir leben, gesprochen. Ich hatte gerade eine Hausarbeit zu begutachten, da fand ich es ganz schwierig, weil dort im Vordergrund die positive Konnotation ›Wir sind alle Frauen‹ stand, die sozusagen biologisch festgeschrieben war, und dann wurde das mit dieser Genderkompetenz- und Gendermainstreaming-Politik in einer bestimmten Art und Weise geschlechtlich vermarktet. Und das fand ich eigentlich ziemlich schlimm, weil es eine entgegengesetzte Logik ist zu dem, was feministisch denkende Menschen als Ideen eingebracht haben – nämlich auch eine andere Perspektive auf Kapitalismus anzustrengen. Das kam mir jetzt nochmal als Gefahr: Wenn ich in der Mädchenarbeit nicht auch noch an andere Schwierigkeiten in der Lebensrealität anknüpfe, dass dann so eine Reproduktion der Verhältnisse über die geschlechtliche Zuschreibung im Sinne einer Vermarktung entsteht.

Bettina: Meinst Du das im Sinne einer optimalen Inszenierung von Differenz?

Denise: Ja, das trifft es vielleicht ganz gut. Eine Kollegin hat neulich erzählt: Wenn es z.B. darum geht, Naturwissenschaftlerinnen für Frauen-Mentoring-Programme zu gewinnen, dann muss das anscheinend eine machen, die das alltägliche Doing Gender voll drauf hat – sie muss schick sein, überzeugend deutlich machen, dass sie auch eine Frau ist, sonst scheint das Thema zu sehr mit kritischen, unerwünschten Implikationen behaftet. Das geht dann eher in die Richtung Geschlecht zu (über-)dramatisieren – z.B. über Kleidung, die ›typisch weiblich‹ ist und die auch die entsprechende Farbe hat.

EMG: Ich habe mich vorhin auch gefragt, ob der Schmerz, der mit dem Ansprechen von Macht in den Geschlechterverhältnissen verbunden sein kann, auch durch das Angebot entsteht, eben nur als eine bestimmte Art von Frau glücklich zu werden. Ich habe zum Beispiel so im Alter von zehn Empowerment-Tage für Mädchen erlebt, und bin auch sehr dankbar dafür. Auch in solchen Kontexten gab es dieses Rollenangebot der starken Frau, aber später über die Jahre hinweg habe ich so etwas oft auch als eine bestimmte Botschaft erlebt, die vom neoliberalen Feminismus angeeignet wurde: Es musste dann eben ›wirklich‹ als ›Frau‹, also mit einer ganz bestimmten Performance sein. Es war das Rollenbild einer ›kapitalistischen Frau‹ da (leistungsfähig, kompetent, kann sich gut vermarkten, inszeniert eine bestimmte Art von Weiblichkeit). Und dadurch wird heute vielleicht auch die Idee ›Feminismus‹ besetzt – was außerhalb dessen existiert oder irgendwie dazwischen ist, geht nicht: Eine (im kapitalistischen Verständnis von Leistung) nicht-leistende selbstbewusste Frau zu sein, wird gesellschaftlich weiterhin negativ sanktioniert.

Und es ist schwer, das mit eigenen Erfahrungen von Unterdrückung, Unterlegenheit – vor allem als Kind, wo das ›Sich-Wehren‹ im Sinne von stark sein, sich verteidigen, aktiv sein, eventuell von den Erwachsenen ja sanktioniert wird – zusammen zu bringen. Anders als dieses Bild der starken, kapitalistisch erfolgreich performenden Frau zu sein, das geht anscheinend immer noch nicht, ohne unangenehm aufzufallen. Es sind oft Kleinigkeiten – da gibt es das Angebot starke Positionen einzunehmen, also z.B. Naturwissenschaftlerin zu sein, aber dann bitte auch wirklich als eine bestimmte Repräsentation der Idee von Frau – wie in diesem Clip der EU *Science – it's a girl thing* von dem Laura sprach[5] – innerhalb eines neuen Rollenbildes, aber eben immer noch mit relativ wenig Alternativen: ›gut‹ aussehend, einer bestimmten Vorstellung von ›weiblich‹ entsprechend aussehend, in Richtung des heterosexuell-männlichen Blicks sexualisiert, männliche Positionen nicht herausfordernd. Alles andere ist dann schon mit einer Abwertung verbunden. Wenn die Botschaft immer ist: ›Ihr könnt alles schaffen‹, vielleicht wird es dann noch viel schmerzhafter, Erfahrungen anzusprechen, die in anderen Bereichen liegen, wenn es etwa um sexualisierte Gewalt geht, weil das angeblich im ›privaten‹ Bereich liegt und das Bild des ›starken Mädchens‹, wenn es überhaupt akzeptiert wird, sich in dieser Logik eher auf das Performen im ›öffentlichen‹ Raum bezieht – so dass Gewalterfahrungen in den neoliberalen feministischen Diskursen kaum thematisiert werden.

Susanne: So um das Jahr 2000 herum gab es einmal eine generationsübergreifende Gesprächsrunde in Tübingen, da ging es um das Buch *Unser Körper, unser Leben – Our Bodies, Ourselves* des feministischen Frauengesundheitskollektivs in Boston (Davis 2007). Dieses Buch, das als Projekt von einem Ort ausging, wurde in viele Kontexte hinein übersetzt – im wahrsten Sinne des Wortes – und wird bis heute immer wieder neu herausgegeben, zuletzt 2011. Kathy Davis hat damals ein Forschungsprojekt dazu gemacht, zusammen mit Elisabeth Yupanqui-Werner, einer früheren Studentin von mir. Dabei ging es gerade um die Geschichte dieses Buches, mit dieser ganzen Übersetzungspraxis und um all die Fragen zu Generationen, Klassismus, Rassismus innerhalb des Feminismus: Wie stellt sich das eigentlich anhand eines der ältesten noch existierenden Projekte der Neuen Frauenbewegung konkret dar? Und die Haupterkenntnis in dem generationsübergreifenden Gespräch, das wir in Tübingen dazu veranstaltet haben – für mich ein wirkliches Aha-Erlebnis – war, dass die beteiligten jüngeren Frauen sagten, dass sie solche Fragen (zu Körper, Sexualität, Verhütung, Schwangerschaft und Geburt) gar nicht mehr öffentlich stellen – und auch nicht untereinander besprechen – könnten, weil von ihnen erwartet würde, dass sie ›immer alles schon wüssten‹.

EMG: Heute gibt es in Frankfurt das *SchLAu*-Projekt. Die gehen an Schulen und versuchen, gesellschaftlich marginalisierte Themen sichtbar zu machen, in die-

---

5 | Der EU-Clip *Science – it's a girl thing*, ist glücklicherweise oftmals parodiert worden, hier jedoch das Original: www.youtube.com/watch?v=g032MPrSjFA, (11.10.2014).

sem Fall besonders Homophobie. Überhaupt ist für mich eine offene Frage, inwieweit durch den Begriff ›Mädchen‹* (also Menschen, die sich selbst als Mädchen definieren, von der Gesellschaft als Mädchen definiert werden und als solche Diskriminierungserfahrungen machen), selbst mit ›Sternchen‹ (*), eine Verdeckung von Diskriminierungserfahrungen von Leuten passiert, die keine cis-Männer[6] sind. Wenn wir insgesamt von sexistischer Diskriminierung sprechen wollen, müssen wir ja auch Menschen mitdenken, die durch die Kategorie ›Mädchen‹ nicht erfasst sind oder sich so nicht bezeichnen wollen, aber durch ihre Nicht-Zugehörigkeit zu hegemonialer Männlichkeit ebenfalls diskriminiert werden. Mit anderen Worten: Wie sieht der Einbezug von FLTI* (FrauenLesbenTransInter*) bzw. LGBQ (Lesbian, gay, bi, queer) aus, wenn der Begriff ›Mädchen‹ einfach so verwendet wird, als (einzige) Entsprechung von ›... macht Sexismuserfahrung‹? In manchen Kollektiven wird jetzt mit dem Begriff Transfeminismus gearbeitet. Ich hab das unter anderem als eine Kritik daran verstanden, dass der Begriff ›Frau‹ nicht ausreicht, um Unterdrückungserfahrungen im Patriarchat und in Bezug auf Heterosexismus zu beschreiben und eigene Identitäten zu benennen.

Denise: Ich glaube, dass es wichtig ist, gerade auch in der Mädchenarbeit eine bestimmte Positionierung zu vergegenwärtigen ohne sich damit festzuschreiben: Es geht dabei doch immer auch um Befreiung, also darum: Ich muss nicht diesen Erwartungen (an Mädchen*) entsprechen und wenn ich diese Erwartungen brechen kann, dann kann ich auch die damit verbundene Dichotomie aufbrechen. Damit würde ich noch einmal Bezug auf das am Anfang Gesagte nehmen und Mädchen*arbeit eher von gemeinsamen Erfahrungen aus denken wollen.

Jasmin: Ich nehm' das mal zum Ausgangspunkt, um über Privilegien nachzudenken, sozusagen in Positionierungen mit mehr oder weniger Privilegien zu denken, ›Weißsein‹ ist da eine privilegiertere Positionierung, ›Männlichkeit‹ auch. Es gibt Forschung dazu, warum sich weiße Männer in den USA gegen ›affirmative action‹, also Gleichstellungspolitik sträuben. Das ist sehr spannend, denn dabei wurde auch ganz klar herausgearbeitet, was eine ›männliche Anrufung‹ ist – also: Was müssen diese Männer eigentlich erfüllen, was wird als ›Männliches‹ erwartet. Welche Ängste sind z.B. damit verbunden, wenn eine ›Schwarze lesbische

---

6 | Vgl. zum Verständnis dieses Begriffs: »A cisgender person is someone who identifies as they gender/sex they were assigned at birth. For example, your birth certificate says female, and you identify as a female woman. The colloquial use of cisgender‹ suggests that it is the opposite of transgender. If you're not trans*, then you're cis (abbreviated form of cisgender). This is not entirely true, because there are people who transition (eg. take hormones, identify as a different gender than what they were assigned with at birth, surgeries etc.) who do not identify as trans* or transgender.« (http://queerdictionary.tumblr.com/post/9264228131/cisgender-adj, 02.03.2014).

Frau‹ in den Betrieb kommt und den Job genauso gut macht, was heißt das für die ›weiße Männlichkeit‹?

Wiebke: Ohne das relativieren zu wollen, aber für mich hat das auch mit Klasse zu tun, damit, dass es eine wahnsinnige Angst vor sozialem Abstieg gibt. Das zeigt sich ja z.b. darin, welche Begriffe auf Menschen angewandt werden, die erwerbslos sind oder arm.

Denise: Rassismus funktioniert ja auch manchmal über die Interdependenz in Zusammenhang mit Abstiegsängsten, jedenfalls ist es möglich, diesen Zusammenhang herauszustellen. Schwarz sein wird mit Arm sein verbunden, das ist sozusagen der Triggerpunkt, der das ganze System ermöglicht und vorantreibt. Ich muss in dieser Logik Leistung in einer bestimmten Art und Weise performen, um mich zu etablieren und den Machterhalt zu sichern.

Susanne: Sexismus, Rassismus – das ist eine ganz alte Auseinandersetzung: Was ist die tiefgreifende Erfahrung, die Menschen mit Rassismus machen? Das Combahee River Collective hat in den 1970er Jahren ja sehr konkret Verhältnisse und Erfahrungen beschrieben, die sich auf eine ganz bestimmte politische Situation beziehen, wo es dann auch ganz bestimmte Schwierigkeiten gibt – da wird es nämlich sehr konkret, und auch sehr existentiell.

Bettina: In deinem Text zur »Doppelspur der Kritik« fragst du: »Wessen und welche Art von Erfahrung zählt?« (Maurer 2012: 305). Das war für mich ein ganz starker Satz. Also sich zu fragen: Welche Erfahrungen höre ich nicht, was zählt für mich nicht, fällt wie ein Chip durch meinen Fahrkartenautomat durch. Wo es ja nicht darum geht, wie etwas gemeint ist, sondern dass es faktisch passiert, dass ich bestimmte Erfahrungen einfach nicht wahrnehme.

EMG: Ich meinte vorhin, dass dadurch, dass eine Sache genannt wird, während eine andere nicht genannt wird, also eine bestimmte Wahrnehmung (und Erfahrung) vorherrscht und nur eins fokussiert wird, dass damit auf jeden Fall etwas anderes verdrängt wird – und im Ergebnis ist es eben wirkmächtig, egal, wie es gemeint ist. Genau so kommt es zu einem Machtungleichgewicht oder auch zu einem Ungleichgewicht an Beachtung und Respekt. Es ist ja auch ein Ausdruck von Macht, etwas nicht begreifen können zu müssen, weil das einfach funktioniert. Weil es für mich einfach nicht existentiell ist, herauszufinden, was da gerade passiert, wenn Macht im Spiel ist, weil mich die jetzige Verteilung von Macht nicht stört.

Susanne: Ich merke gerade, dass ich damit in meiner Hochschulpraxis auf eine spezifische Art und Weise umgehe. So versuche ich immer möglichst vieles gleichzeitig anzusprechen (und damit auch symbolisch präsent zu machen), um nicht nur ›das Eine‹ als dominante Repräsentation im Raum stehen zu lassen.

Das sieht dann z.B. so aus, dass ich wie nebenbei erwähne, dass es da ja auch noch andere Möglichkeiten, Sichtweisen, Erfahrungen gibt, die in der zunächst genannten nicht aufgehen, ihr womöglich sogar diametral entgegenstehen. Ich schätze die Öffentlichkeit der Lehrveranstaltungen als Raum, wo Dinge in Erscheinung treten können, ohne dass sich die anderen dazu direkt positionieren müssen. Sie können aber durch entsprechende Hinweise erfahren: Aha, das gibt es also auch, und können das mit sich und ihren Erfahrungen oder Gedanken verbinden, ohne diese gleich öffentlich artikulieren zu müssen. So dass Menschen sich ein Stück weit auch schützen können, wenn sie dadurch konflikthaft und schmerzlich berührt werden.

Denise: Ich würde gerne daran anknüpfen, was uns in den Seminaren und Workshops der Anti-Bias-Arbeit begegnet. In den Workshops wäre das etwa ein bestimmtes Thema, das in der gemeinsamen Arbeit aufgetaucht ist, so dass wir dann anbieten können, was wir dazu denken. Wir machen dann deutlich, dass es immer verschiedene Machtkonstellationen gibt, die alle auf uns wirken und in die wir auch alle irgendwie eingebettet sind, und trotzdem sagen wir: Das ist unsere Meinung, wir sind mit einem bestimmten Standpunkt hier, den bieten wir euch an – damit könnt ihr jetzt was machen.

Wiebke: Ich hab mich jetzt gerade aus meiner eigenen Erfahrung heraus nochmal mit der Frage der (Selbst-)Positionierung beschäftigt, weil Positionierung ja auch nichts Statisches ist. Es kann sich eben auch situativ verändern, auf welche Art ich eine Positionierung gestalte. Ich kann dazulernen, mir z.B. bewusst machen, dass das, was von mir als weiße Frau erwartet wird, für mich erst spürbar wird, wenn ich es in der Kontrastierung erlebe.

EMG: Also, das Phänomen, dass ich zum Beispiel eigene kulturelle Normen voraussetze, vielleicht auch ohne das selbst bewusst zu haben und vor allem ohne sie zu benennen und dadurch angreifbar und nicht mehr ›allgemeingültig‹ zu machen – das kann eine Herausforderung für weiße Feministinnen, sein, sich dem zu stellen. Darauf ist von Frauen* of Colour auch schon vielfach hingewiesen worden, und natürlich ist es für mich als weiße Frau* erstmal unangenehm zu hören, aber es ist ein Glück, wenn das passiert. Es ist ja auch ein Luxus, etwas nicht begreifen können zu müssen, das will ich nochmal betonen.

Susanne: Und ich wollte nochmal auf Jasmins Hinweis auf den Text über weiße Männer und ihre Privilegien zurückkommen. Das ist ja eigentlich verrückt: Wenn andere (Frauen, Schwarze, Lesben, Schwule ...) plötzlich da sind, wo sie vorher nicht waren und etwas genauso gut können und die entsprechenden Rechte bzw. eine Beteiligung beanspruchen, die es bisher nicht gab, heißt das für mich als Privilegierte denn automatisch, dass ich weniger wert bin, dass ich ausgeschlossen werde, dass ich ganz viel verliere? Das trifft doch nur im Rahmen eines bestimmten Denkmusters zu. Also klar, geht es um materielle Ressourcen und Umverteilung. Aber eigentlich ist das auch eine bestimmte Vorstellung von: ›Damit ich gut sein kann, musst du schlecht sein.‹ Das Interessante für mich ist: Kriegt man da diesen Dreh hin, zum Beispiel im Kontext von Critical Whiteness, oder auch im Kontext einer Auseinandersetzung wie in der kritischen Männlichkeitsforschung? Oder im Pädagogischen, in konkreter Praxis und in sozialen Beziehungen, so dass dieser Dreh in der Perspektive möglich ist, dass das eine nicht notwendigerweise das andere bedingt, dieses ›Es gibt nur: Du oben, ich unten‹. Wobei: Das Konflikthafte darin soll natürlich nicht einfach harmonistisch umgedreht und damit wiederum verdeckt werden.

Wiebke: Ich gehe jetzt noch einmal auf die strukturelle Ebene zurück, wo Rassismus ja durchaus die Funktion hat, bestimmte Arbeitsmarktstrukturen aufrechtzuerhalten und das ist ja auch von (privilegierten) Interessen genauso gewollt, dass bestimmte Arbeitsmarktstrukturen rassistisch strukturiert sind (und bleiben!). Wir müssen einfach darüber reden, was es heißt, in einer auf diese Weise funktionierenden kapitalistischen Gesellschaft ›Mädchen‹ zu sein. Ich mach das mal am Beispiel von Berufsorientierung deutlich. Es kann ja nicht darum gehen, dazu zu motivieren, auch in ›High Heels‹ zur Physikerin zu werden! Es muss doch darum gehen zu fragen: Wie ist das hier eigentlich genau und warum ist dieser Markt so und so strukturiert? Wir müssen dahin, über Verortungen in kapitalistischen Humanzuschreibungen zu reden, auf die strukturelle ökonomische Ebene Bezug zu nehmen. Vielleicht muss die Mädchenarbeit stärker auf solche Felder gehen und etwas weiter weg von den sozialen Nahräumen – ich meine damit natürlich kein Ausspielen der beiden Bereiche gegeneinander.

Susanne: Was du beschreibst, ist für mich wirklich aufschlussreich: Das sich hin- und hergerissen Fühlen zwischen der alltäglichen Erfahrung, die wir ernst nehmen und der wir Raum geben wollen, in der wir das Gesellschaftliche ja auch erkennen. Und dennoch sehen: Aha, vielleicht gibt es da ja auch eine Art Falle, und es bleibt letztlich beim Kreisen um sich selbst. Genau das ist ja eine Frage, auch im Pädagogischen: Was genau schau ich jetzt eigentlich an, und was mache ich auf welche Weise zum Thema? Mit welchen Mädchen und in welchen Situationen?

Denise: Ich wollte daran anknüpfen. Vielleicht müsste die Erkenntnis wieder geschärft werden, dass das Private politisch ist – die Verbindung hergestellt werden, wie sich das Politische in meinen Körper einschreibt, aber das ist ein sehr komplexes Thema. Wir versuchen das in der Anti-Bias-Arbeit ein bisschen anzureißen. Da finde ich die Verbindung ganz schön, weil ich da auch merke – OK, es werden gesellschaftliche Bilder erzeugt, die kriege ich auch am eigenen Leib mit, dann kann ich das nicht mehr so gut aufteilen zwischen privat und gesellschaftlich-politisch.

Jasmin: Es steht ja immer noch die Frage im Raum, für wen es überhaupt möglich und hilfreich ist das Private politisch werden zu lassen bzw. für wen das Private vielmehr einen ›Schutzraum‹ darstellt vor weiteren gesellschaftlich wirksamen Machtverhältnissen (vgl. hooks 1989).

Wiebke: Ich wollte gerne nochmal den Punkt der Platzanweisung ansprechen und den Punkt, für wen was vorgesehen ist.

Denise: Das hat auch damit zu tun: Wie werde ich wahrgenommen, in welcher Rolle werde ich wahrgenommen oder gesehen? Das wurde mir auch bei meinem Vortrag (zur Sexualisierung von Women of Colour) neulich klar, denn da entstand im Publikum die Frage: Warum präsentieren sich Frauen denn selbst auf diese Weise sexualisiert in der Öffentlichkeit? Zunächst wusste ich nicht, was ich dazu sagen sollte. Doch dann hab ich versucht, dieses Phänomen über die Idee der Selbstpositionierung und das Bedürfnis gesehen zu werden zu rahmen. Ich habe dabei erkannt, dass es auch darum geht: Wer wird wie von wem angesehen und welcher Möglichkeitsraum entsteht dadurch? Ich spreche damit von einem weißen Blick, der exotische Performances sucht, die vermeintlich (so wird jedenfalls geglaubt) bei Women of Colour zu finden sind.

Susanne: Wenn ich nur so gesehen werden kann, dann mache ich es eben um gesehen zu werden, weil es nur so geht.

Denise: Mir war es vorher selbst gar nicht so klar, aber das stimmt, glaube ich.

Susanne: Unsichtbar sein im Angleichen an die vorherrschende Umgebung, oder geschlechtslos werden ohne wirklich geschlechtslos werden zu können. Gesehen werden, indem ich das akzeptable, mögliche Bild von mir zeige.

Laura: Ich gehe noch einmal auf die Erschütterung der Privilegierten ein. Wenn man mit der Erkenntnis der eigenen privilegierten Positionierung konfrontiert wird, dann oft so, dass das – sehr individualisiert – mit Schuld verknüpft wird. Es überrascht dich aus dem Nichts und du sagst dir dann entweder: Du bist jetzt schuld daran, dass du diese privilegierte Position hast, oder: Du solltest dich hier eigentlich benachteiligt fühlen, wenn du auf der nicht-privilegierten Seite stehst.

EMG: Wenn ich mir meiner Privilegierung bewusst werde, so kann die Tatsache, so vieles vorher nicht gesehen zu haben und sich auf einmal neu verorten zu müssen, auch als sehr schmerzhaft wahrgenommen werden. Und andersherum: Die eigene Diskriminierung auf einmal zu benennen, bedeutet auch, im Rückblick auf die eigene Lebensgeschichte, eine Serie von Ereignissen auf einmal systematisch miteinander verknüpft zu sehen. Das kann erleichternd sein, befreiend, aber es kann auch sehr schmerzhaft sein, zu sehen: Es ist Ausdruck von (struktureller, symbolischer) Gewalt, auch wenn es ›nur‹ um Blicke geht.

Susanne: Dieses Schuldthema finde ich ganz interessant. Das haben wir vorher auch im Zusammenhang mit Ohnmacht thematisiert. Wenn mir nahegelegt wird: ›Ich habe versagt, es lag an mir‹ – dann gehört ja auch der Aspekt dazu, dass ich das Gefühl haben kann, ›Gut, es liegt an mir, es könnte also auch anders sein‹. In dem Moment, in dem ich es stark auf systematische, strukturelle Verhältnisse zurückführe, ist es einerseits eine Entlastung, aber gleichzeitig auch eine andere, neue Belastung für mich, nämlich insofern, als meine Situation nicht mehr so leicht beeinflussbar ist und meine Wahlmöglichkeit scheint fast nicht mehr zu existieren. Und dann kann ein Moment einsetzen von ›sich nicht mehr verantwortlich fühlen‹, von Resignation. Zumindest solange dieses Empfinden nicht wieder in einem bestimmten, auch öffentlichen Raum artikuliert werden kann, neu angeschaut werden kann, so dass verschiedene Erfahrungen und Ideen neu verknüpft werden können und damit etwas in Bewegung kommt, was vorher festgefahren schien.

Denise: Für mich war diese Erfahrung, gerade in Deutschland, mitzubekommen und zu denken: ›Ich spinne gar nicht. Dieser Rassismus existiert.‹ – das fand ich so befreiend, zu merken, ›das hat nichts mit mir als Schwarze Frau zu tun und ich bin nicht dafür verantwortlich‹. Ich kann durchaus überlegen, was gibt es für mich für Möglichkeiten, dagegen anzugehen – die ja manchmal auch recht anstrengend sind – aber allein erst mal zu wissen: ›Das ist jetzt wirklich gerade Rassismus‹, das fand ich für mich total befreiend – denn jetzt kann ich über andere Sachen nachdenken.

Susanne: Im Seminarkontext habe ich festgestellt, dass es besser sein kann, so – persönlich wie politisch – brisante Themen wie das Geschlechterverhältnis, oder auch die Angst vor sozialem Abstieg in einer kapitalistischen Gesellschaft, oder die eigene Verstrickung in rassistische Verhältnisse, über einen ›dritten Ort‹ anzugehen, und das scheint mir auch für die feministische Mädchenarbeit, wie immer sie sich heute akzentuieren mag, von Bedeutung zu sein. Damit meine ich z.B. einen historischen Zugang, oder auch den Zugang über Bücher oder Filme, also Literatur und Kunst. Dort werden diese Themen ja durchaus konkret und auch in Bezug auf die zwischenmenschliche Dimension verhandelt und dargestellt, aber es wirkt nicht so ›unmittelbar‹. Da findet dann schon so ein Rückübersetzungsprozess (in die eigene Erfahrung, die eigene Positionierung) statt, aber der muss nicht direkt artikuliert werden. Was daraus wird, ist dann zunächst mal offen – also keine Garantie, dass dabei das pädagogisch oder politisch Erwünschte entsteht. Doch was mir Anlass zur Hoffnung gibt, ist die Erfahrung, dass auf diesem Weg oft mehr Reflexion, mehr Differenzierung, mehr Positionswechsel und Perspektivwechsel möglich wird. Die Leute verschanzen sich nicht so, weil sie nicht direkt dazu aufgefordert werden, aus dem Wahrgenommenen und Bearbeiteten persönliche Konsequenzen in Bezug auf ihr Verhalten und ihr Denken zu ziehen. So können sie sich frei(er) fühlen, sich selbst zu entscheiden, auch zu einem von ihnen selber gewählten Zeitpunkt.

Denise: Was ich jetzt auch spannend fand an so einem ›dritten Moment‹ – das kann ja zum Beispiel auch die Herstellung eines Bildes sein – dafür brauche ich ja auch einen bestimmten Raum, der Möglichkeiten schafft, und das ist nicht da, wo es eine Leistungs- und Bewertungslogik gibt. Der ›dritte Raum‹ muss selbst schon relativ frei sein.

Susanne: Ein Extraort, eine Extrazeit – und auch über die Methoden kann nochmal eine Extraebene geschaffen werden. Wie ein Handwerkszeug – als Möglichkeit etwas abzulösen, auseinanderzunehmen, aber auch in die Hand zu nehmen und damit selbst etwas zu kreieren.

Wiebke: Und es gibt damit eben auch so eine Legitimität in der Auseinandersetzung, denn über die Methode folgt die Beschäftigung mit dem Thema z.B. einem bestimmten Ablauf, dann stellt man auch nicht immer wieder die Frage: Ist das jetzt legitim oder nicht, sondern arbeitet einfach mal daran.

Denise: Darüber funktioniert ja auch die Anti-Bias-Arbeit, über spezifische Methoden, die das Thema teilweise auch körperlich erfahrbar machen. Es gibt z.B. so eine Positionierungsübung, die heißt ›Ein Schritt nach vorne‹, und damit können alle auch körperlich erfahren, was Intersektionalität bedeutet – wie sie über die (Nicht-)Ausstattung mit bestimmten Privilegien gesellschaftlich positioniert werden.

EMG: Hier wird genau diese Frage aufgegriffen, also: Was machen die gesellschaftlichen Machtverhältnisse mit den Menschen im Raum, welches gelebte Leben ist da? – und das dann wahrzunehmen, ohne es unbedingt gleich theoretisch einordnen zu müssen. Da steht eine Anerkennung von Realitäten (also im Plural!) im Vordergrund.

Susanne: Wenn wir vor dem Hintergrund unseres Gesprächs den Blick nochmal zurück auf unsere Ausgangsfrage richten, dann steht doch immer noch im Raum: Kann nach wie vor von und über ›Mädchen‹ gesprochen werden? Beziehungsweise was müssen wir mitdenken, wenn wir im Kontext der Jugendhilfe (oder der Pädagogik allgemein) von ›Mädchen‹ sprechen?

Laura: Mir ist hier das ›verbindende Element‹ nochmal wichtig, von dem Wiebke am Anfang gesprochen hat. Weil ich schon der Meinung bin, dass es solche verbindenden Elemente in der Situation und im Alltag von Mädchen gibt, dass die verschiedenen Mädchen dies aber ganz unterschiedlich (als relevant) erfahren.

Irgendwie hatte ich die ganze Zeit vor meinem inneren Auge den Schriftzug mit dem Sternchen (Mädchen*), um zum Ausdruck zu bringen: Die Vorstellung von Mädchen ist eine Konstruktion, aber durchaus auch wirkmächtig.

EMG: Ich wäre dafür, so wie Denise es vorhin auch, glaube ich, gesagt hat, den Begriff mehr an Diskriminierungserfahrungen (unter anderem durch Sexismus, Homophobie, Transphobie, Rassismus) und Selbstdefinitionen fest zu machen. Und kritischer darauf zu achten: Wo produziert Mädchen*arbeit selbst Rassismuserfahrung? Es gibt Träger für Mädchenarbeit, bei denen es für die Teilnehmenden Fragebögen gibt, in denen die Menschen zwar wählen können, ob sie ›Mädchen‹, ›Junge‹ oder ›ich fühle mich weder als Junge noch als Mädchen‹ ankreuzen, der also Wert auf eine kritische Haltung legt, was ›Gender‹ angeht, aber in der nächsten Zeile wird dann, wie es mir vorkommt, kontextlos, nach dem Geburtsland der Eltern gefragt, und die Mitarbeiter_innen werden – in einem anderen Fragebogen – gebeten zu schätzen, wie viele Kinder mit ›Migrationshintergrund‹ in einer Gruppe sind. Und was mit ›Migrationshintergrund‹ gemeint ist, bzw. wie und warum das eingeschätzt werden soll, wird nicht erklärt.

Jasmin: Ich finde es wichtig, ›Weiblichkeit‹ wie ›Männlichkeit‹ mit Blick auf die jeweiligen Zuschreibungen zu thematisieren und den Schmerz, der mit diesen Zuschreibungen auch auf männlich positionierter Seite verbunden ist, ebenfalls anzuerkennen. Das heißt für mich nicht, die konkreten Machtverhältnisse in Abrede zu stellen, sondern das System als ein ganzes zu betrachten, weil ich – u.a. mit Paolo Freire (1971) – davon ausgehe, dass Unterdrücker wie Unterdrückte in Unterdrückungssysteme eingeschlossen sind.

Denise: Vielleicht ist hier wieder das mit dem vorher angesprochenen ›dritten Raum‹ stark zu machen. Das beschreibt auch Paul Mecheril (vgl.z.B.Broden/ Mecheril 2010) in einer rassismuskritischen Perspektive. Einen Raum sozusagen auch dafür erst mal zu befreien. Und dann fände ich es noch wichtig, was Betti einmal meinte, als sie sagte, man müsse das Nicht-Vorgegebene in der Mädchenarbeit stark machen, sozusagen den Möglichkeitsraum dafür zu eröffnen und das vielleicht gerade an ganz unterschiedlichen Erfahrungen von ›Mädchen‹ aufzuhängen. Um von da aus dann tatsächlich stärker wieder auf so eine kollektive Ebene zu kommen, wie es ja auch Wiebke betont hat.

Wiebke: Ich finde den offenen Möglichkeitsraum in der Mädchenarbeit deshalb auch so wichtig, weil Soziale Arbeit im Kapitalismus eigentlich immer irgendein Ziel verfolgt, und dabei oftmals selbst Strukturen reproduziert, in denen Menschen unter Druck gesetzt sind, etwas ›zu erreichen‹, ›produktiv‹ zu sein, Zeit ›nicht zu verschwenden‹, sondern sie irgendeinem definierten Zweck zu widmen. Hier könnte Mädchenarbeit ein Ort der bewussten Abkehr sein und stattdessen das (gedankliche) Umherschweifen ermöglichen.

EMG: Ich versuche zu lernen, in meine Perspektive eben auch Frauen (oder Mädchen) einzuschließen, die nicht dieselben Privilegien haben wie ich, oder zumindest zu merken, wenn ich das nicht gemacht habe und darauf ansprechbar zu sein. Das heißt aber – und da wird es eben wieder brisant – dass damit auch Menschen eingeschlossen werden, die sich nicht als Frau (oder Mädchen) definieren und einkategorisieren (lassen) wollen, die aber trotzdem Diskriminierungserfahrungen im Kontext einer spezifischen Geschlechterordnung machen. Dann wäre der Begriff ›Mädchen‹, und ›Mädchenarbeit‹ wirklich nicht weit genug, weil damit nicht alle, die von Diskriminierungserfahrungen, wenn es um Sexismus geht, betroffen sind, unbedingt erfasst werden. Die Arbeit wäre dann vielleicht eher die Grenzverschiebung von Handlungsmöglichkeiten.

Denise: Wenn es um eine queere Perspektive auch in der Mädchenarbeit geht, dann fällt mir Jeanette Windheuser ein, die über Bilder mit Mädchen erarbeitet, wie die sich selber geschlechtlich sehen (vgl. Windheuser 2013). Das fand ich sehr spannend, wie die sich da geschlechtlich verorten. Die eine meinte z.B. zu einem Foto von sich: »Das ist ja schon mädchenhafter, da bin ich ja sehr grazil.« Und Jeanette Windheuser fragte dann: »Was heißt denn grazil, was bedeutet das denn für dich?« Und es war interessant, wie wirkmächtig eine solche Vorstellung von ›mädchenhaft bedeutet grazil‹ war. Gleichzeitig hat dieses methodische Vorgehen in der Studie die Mädchen mit Spaß dazu gebracht, über Geschlecht nachzudenken.

Wiebke: Etwas Ähnliches haben wir auch gemacht, in einem Medienseminar, und auch mit Bildbearbeitung nachgearbeitet, so zu der Frage: Was für Bilder werden uns denn von Mädchen gezeigt?, und sich selbst dann auch wirklich mal so darzustellen. Es ist immer witzig, wie viel Spaß das macht, andere Positionen auszuprobieren.

Susanne: Ich habe vor kurzem zum ersten Mal ein dezidiertes Sexismus-Seminar angeboten, nachdem ich verschiedene Erfahrungen ausgewertet habe mit Gender-Seminaren. Ich dachte, wenn Du das Ganze unter dem Label ›Gender‹ anbietest, kommst du nicht wirklich zum Punkt – also geh ich jetzt einfach mittenrein in die Thematik und nenne es ›Sexismus‹, denn darum geht es mir ja letztlich.

Laura: Das fand ich als Teilnehmerin übrigens sehr inspirierend.

Susanne: Und ich hatte tatsächlich das Gefühl, dass die Leute, die extrem verschieden vorgebildet waren und ganz unterschiedliche politische und lebensgeschichtliche Vorerfahrungen hatten, auch verschiedene Haltungen und Interessen, dass alle sich darauf irgendwie beziehen konnten. Ich frage mich, ob das auch noch ein wichtiger Punkt wäre, quasi ›den Stier bei den Hörnern packen‹, also genau da den Begriff einsetzen und genau da hinschauen, wo wir das Problem ausmachen. Dass wir am gesellschaftlichen Verhältnis direkt ansetzen und was das – sehr wirkmächtig – mit dem Leben von Menschen macht.

Wiebke: Ich würde das absolut unterstreichen, diese Erfahrung mache ich auch in der Mädchenarbeit. Wir haben irgendwann wieder angefangen, alles ›feministisch‹ zu nennen. Das war gut so, denn selbst für Menschen, die sich für Feminismus begeistern, war Mädchenarbeit irgendwann ›out‹. Damit wurde nur noch irgendwie weichgespülte, geschlechtersensible pädagogische Arbeit assoziiert. Und in dem Moment, in dem wir es bewusst wieder als feministische Arbeit betitelten, haben wir viele Leute überhaupt erst wieder ansprechen können.

Bettina: Ich möchte euch abschließend noch was von Kierkegaard vorlesen: »Wenn einer ohnmächtig wird, dann ruft man nach Wasser, Eau de Cologne, Hoffmannstropfen, aber wenn einer verzweifeln will, dann heißt es, schaff Möglichkeiten, schaff Möglichkeiten, Möglichkeit ist das einzig Erlösende; eine Möglichkeit, dann atmet der Verzweifelte wieder, er lebt auf; denn ohne Möglichkeiten kann ein Mensch gleichsam keine Luft kriegen.« (Kierkegaard 1984, zit.n. Guggenheimer 2013: 89)

QUELLEN

Bitzan, Maria (1996): »Geschlechterhierarchie als kollektiver Realitätsverlust. Zum Verhältnis von Allltagstheorie und Feminismus«, in: Grunwald, Klaus et al. (Hg.), Alltag, Nichtalltägliches und die Lebenswelt, Weinheim/München: Juventa, 29-37.

Broden, Anne/Mecheril, Paul (2010) (Hg.): Rassismus bildet. Bildungswissenschaftliche Beiträge zu Normalisierung und Subjektivierung in der Migrationsgesellschaft, Bielefeld: transcript.

Butler, Judith (1995): Körper von Gewicht. Die diskursiven Grenzen des Geschlechts, Berlin: Berlin Verlag.

Combahee River Collective (1977): »A Black Feminist Statement, April 1977«, circuitous.org/scraps/combahee.html, (17.6.2014).

Davis, Kathy (2007): The Making of Our Bodies, Ourselves: How Feminism Travels Across Borders, Durham: Duke University Press (siehe auch www.ourbodiesourselves.org).

Freire, Paolo (1971): Pädagogik der Unterdrückten, Stuttgart/Berlin: Kreuz-Verlag.

Guggenheimer, Jakob (2013): »Trauernde Identifizierungen. Queere Interventionen in Erinnerungspraktiken«, in: ders. et al. (Hg.): When we were gender ...«. Geschlechter erinnern und vergessen. Analysen von Geschlecht und Gedächtnis in den Gender Studies, Queer-Theorien und feministischen Politiken, Bielefeld: transcript, 89-103.

hooks, bell (1989): Talking Back: Thinking Feminist, Thinking Black, Cambridge, MA: South End Press.

Kagerbauer, Linda/Lormes, Nicole (2014): »Relevanzen intersektionaler, feministischer konfliktorientierter Mädchenarbeit und Mädchenpolitik. Spannungs-
felder, Anschlussstellen und Verdeckungen intersektionaler Differenzkatego-
rien im Kontext neoliberaler Diskursstrategien«, in: Langsdorff, Nicole von
(Hg.), Intersektionalität und Jugendhilfe, Opladen: Budrich UniPress, 184-211.
Maurer, Susanne (2012): »›Doppelspur der Kritik‹ – Feministisch inspirierte Per-
spektiven und Reflexionen zum Projekt einer ›Kritischen Sozialen Arbeit‹«,
in: Anhorn, Roland et al. (Hg.), Kritik der Sozialen Arbeit – kritische Soziale
Arbeit, Wiesbaden: VS Verlag für Sozialwissenschaften, 299-325.
Dies. (2002): »Geschlecht: Mädchen«, in: Schröer, Wolfgang/Struck, Norbert/
Wolff, Mechthild (Hg.), Handbuch der Kinder- und Jugendhilfe, Weinheim:
Juventa, 311-324.
McRobbie, Angela (2010): Top Girls. Feminismus und der Aufstieg des neolibe-
ralen Geschlechterregimes, Wiesbaden: VS Verlag für Sozialwissenschaften.
Windheuser, Jeannette (2013): »Die Kategorie Geschlecht in der stationären Ju-
gendhilfe«, in: Kleinau, Elke/Rendtorff, Barbara (Hg.), Differenz, Diversität
und Heterogenität in erziehungswissenschaftlichen Diskursen, Opladen:
Budrich UniPress, 139-153.

EU-Clip »Science – it´s a girl thing«, www.youtube.com/watch?v=g032MPrSjFA
(08.07.14).
http://queerdictionary.tumblr.com/post/9264228131/cisgender-adj (02.03.2014).
TATORT U-BAHNHOF – MACHTLOS GEGEN JUGENDGEWALT, Günther Jauch am 8.9.
2013, ARD.

III. Ausdruck & Formen

Frauenhäuser im Aufbruch

Claudia Schöning-Kalender

Als vor über 30 Jahren die ersten Frauenhäuser entstanden, war es ein großes Verdienst der Frauenbewegung, dass häusliche Gewalt gegen Frauen nicht länger als Privatsache gehandelt werden konnte. Um die Frauen zu schützen, die sich aus der Gewaltsituation befreien wollten, war die Anonymität der Frauenhäuser oberstes Gebot, Männer hatten keinen Zutritt, es galt die uneingeschränkte Parteilichkeit für die Frau. Seither hat sich jedoch viel geändert, neue Beratungs- und Unterstützungsansätze sollen die Frauen in ihren Handlungs- und Entscheidungsmöglichkeiten stärken, nicht zuletzt auch im Hinblick auf die häufig mitbetroffenen Kinder. Der Beitrag zeigt diese Entwicklung auf und thematisiert die zentralen, auch strittigen Punkte in dieser Entwicklung wie die Parteilichkeit, die Einbeziehung von Männern in die Beratungsarbeit, der veränderte Umgang mit Anonymität.

FRAUENHAUSGRÜNDUNGEN

Im Bericht der Bundesregierung liest sich die Entstehungsgeschichte der Frauenhäuser in Deutschland folgendermaßen:

»So war die Gründung des ersten deutschen Frauenhauses in Berlin mit finanzieller Unterstützung des Bundes im Jahr 1976 ein Meilenstein in der Entwicklung einer geschlechtergerechten Politik zum Schutz von Frauen vor Gewalt und eine wegweisende Entscheidung für den Aufbau von Hilfsangeboten mit eigener Fachlichkeit, die an der Lebenslage gewaltbetroffener Frauen orientiert sind. Mit zahlreichen weiteren Maßnahmen und modellhaften Projekten, die später Teil der Regelversorgung geworden sind, hat die Bundesregierung die Entwicklung, die Professionalisierung und den Ausbau der Hilfen für gewaltbetroffene Frauen und deren Kinder seitdem aktiv vorangetrieben.« (BMFSFJ 2012: 5)

Diese Darstellung entspricht weitgehend den Fakten, denn das erste Frauenhaus wurde in der Tat 1976 in Berlin als Modellprojekt mit Mitteln des Bundes eröffnet. Die Darstellung lässt jedoch zugleich nichts mehr erahnen von den jahrelangen politischen Kämpfen im Kontext der zweiten deutschen Frauenbewegung, die das Thema ›Gewalt gegen Frauen in der Ehe‹ auf ihre feministischen Fahnen geschrieben hatte. Die Flucht- und Schutzhäuser für Frauen wurden von Feministinnen erstritten gegen den Widerstand großer Teile der Bevölkerung, die es ablehnten, Gewalt in der Familie öffentlich zu thematisieren. So konnte beispielsweise in der Auseinandersetzung der politischen Fraktionen im Mannheimer Gemeinderat ein Frauenhaus durch einen autonomen Träger nur unter der Bedingung eingerichtet werden, dass zeitgleich ein Mutter-Kind-Haus der Caritas eröffnet wurde.

Wohlfahrtsverbände und Kirchen nahmen sich sehr schnell der Frauenhausarbeit an, nachdem einmal ein gesellschaftlicher Minimalkonsens darüber hergestellt war, dass Frauen geholfen werden musste, die den Mut aufbrachten aus einer häuslichen Gewaltsituation auszubrechen. Während für die Einen das Selbstbestimmungsrecht der Frauen im Mittelpunkt stand und steht, waren die Anderen vornehmlich um Versöhnung und Erhalt der Familie bemüht. Sicher hat es hier über Jahrzehnte in der praktischen Arbeit eine Annäherung gegeben, so existieren beide Einrichtungen in Mannheim bis heute in friedlicher Koexistenz und Kooperation.

Erst durch die Frauenbewegung wurde das Thema Gewalt in der Beziehung in der Bundesrepublik Deutschland öffentlich, der Slogan »Das Private ist politisch« begleitete den Kampf um Gleichberechtigung der Geschlechter. In diesem Kampf nahm die Frauenhausbewegung einen besonderen Platz ein. Schließlich thematisierte sie Gewalt in der Familie, also in der Institution der jungen Bundesrepublik Deutschland, die durch das Grundgesetz ganz besonders geschützt wurde und wird. Ehe und Familie, die Organisation und der Alltag des privaten Lebens, galten für staatliche Instanzen als unantastbar. So war auch körperliche Züchtigung von Kindern ein noch weithin akzeptiertes Erziehungsinstrument.

Dass im Rahmen dieser geschützten ›Keimzelle‹ des Staates, in den eigenen vier Wänden und hinter der verschlossenen Tür Gewalt gegen Frauen geschah, wollte die längste Zeit niemand wirklich wissen, mehr noch: Selbst wo sie nicht zu verheimlichen war, wurde sie als Teil der Geschlechterordnung als durchaus legitim betrachtet. Schließlich war Frauen erst seit wenigen Jahren die volle Geschäftsfähigkeit zuerkannt, und es dauerte ein weiteres Jahr, bis Frauen ab Juli 1977 nach dem Bürgerlichen Gesetzbuch auch ohne ausdrückliche Erlaubnis des Ehemannes eine Arbeit außer Haus aufnehmen durften. Die öffentliche Meinung legte ein aktives Handeln staatlicher Instanzen gegen häusliche Gewalt keineswegs nahe. Es war vielmehr der massive Druck der Frauenbewegung und damit der Kampf um das Selbstbestimmungsrecht von Frauen als einem Menschenrecht, das den Staat zum Handeln zwang. Sicherlich wurde dies durch eine sozialliberale Regierung erleichtert, die gesellschaftlichen Veränderungen offener gegenüberstand als andere zeitgenössische Parteien und vermutlich auch als große Teile der Bevölkerung.

Die Arbeit der Frauenhäuser befand sich dabei von Anbeginn in einem Dilemma, das bis heute anhält. Als praktische Umsetzung feministischer Ideale verstanden und verstehen sie sich (zu Recht) als Errungenschaft und Erfolg der Frauenbewegung und ist damit auch dieser Bewegung in ihrem Handeln verpflichtet. Dies drückt sich bis heute aus in dem Leitbild einer parteilich feministischen Arbeit für die gewaltbetroffenen Frauen und ihre Kinder.[1] Zugleich war und ist die Arbeit mit den von Beziehungsgewalt betroffenen Frauen und ihren Kindern soziale Arbeit, es ist ein Sich-Kümmern, es ist Schutz und Hilfe für die Opfer männlicher Gewalt. Damit ist diese Arbeit, so sehr sie auch dem emanzipatorischen feministischen Impetus verhaftet ist, zugleich auch klassische Frauenarbeit im Rahmen geschlechtsspezifischer Arbeitsteilung. Es ist die ›Care‹-Arbeit, die Sorge für Andere, die Frauen aufgrund ihrer vermeintlich natürlichen Disposition, sich um andere, vorzugsweise Mann, Kinder und Eltern zu kümmern, geschlechtsspezifisch zugeschrieben wird. Dieses Dilemma zwischen der als typisch weiblich wahrgenommenen ›Sorge‹ für Andere und der feministisch bewegten Motivation, festgefahrene Geschlechterstereotype und damit auch Machtverhältnisse aufzubrechen, begleitet die Frauenhausarbeit und die Auseinandersetzungen darüber bis heute.

Dabei hat sich die Gesellschaft in den fast vier Jahrzehnten seit der ersten Frauenhausgründung in Deutschland grundlegend verändert. Häusliche Gewalt ist heute in Deutschland kein Tabuthema mehr. Sie ist weitgehend gesellschaftlich geächtet, Vergewaltigung in der Ehe ist ein Straftatbestand, es gibt ein Gewaltschutzgesetz, das die Wegweisung des gewalttätigen Partners aus der gemeinsamen Wohnung ermöglicht, und Stalking steht ebenfalls unter Strafe. Es macht den Eindruck, als lasse das gesellschaftliche Selbstverständnis Gewalt gegen Frauen heute nicht mehr zu. Doch die Frauenhäuser sind nach wie vor voll belegt. Häusliche Gewalt geschieht weiterhin Tag für Tag, sie geschieht in der engsten persönlichen Beziehung, das bedeutet, sie geschieht dort, wo der Mensch am verletzlichsten und am abhängigsten ist, und sie funktioniert nach wie vor im Kontext gesellschaftlicher Ungleichheit von Männern und Frauen, patriarchaler Machtausübung und Machtansprüche.

SICH VERÄNDERNDE VERHÄLTNISSE UND BEDÜRFNISSE

Alltag im Frauenhaus bedeutet heute nach wie vor zahllose Behördenkontakte, seitenweise Anträge ausfüllen, Unterbringung der Kinder im Kindergarten und in der Schule organisieren, auf einem angespannten Wohnungsmarkt bei der Wohnungssuche unterstützen, ständige Ein- und Auszüge begleiten usw. Vieles hat sich verändert seit der Gründung der ersten Frauenhäuser in Deutschland vor mehr als drei Jahrzehnten, ein zentrales Anliegen ist jedoch dasselbe geblieben:

---

1 | Der Bundesverband der Frauenberatungsstellen und Frauennotrufe (*bff – Frauen gegen Gewalt e.V.*) hat diesbezüglich Ethikrichtlinien erstellt, die für die Beratung und Unterstützung von Gewalt betroffener Frauen verbindlich sind (vgl. www.frauen-gegen-gewalt.de/ethikrichtlinien.html).

Das Frauenhaus soll Frauen und deren Kindern, die von häuslicher Gewalt betroffen sind, Schutz und Zuflucht bieten, und es soll die Frauen stärken in ihren
Möglichkeiten, für sich und ihre Kinder ein Leben ohne Beziehungsgewalt zu
entwickeln.

Wie die Gesellschaft, so haben sich auch die Frauen verändert, die ein Frauenhaus für sich und häufig auch für ihre Kinder als Zuflucht wählen. Der Anteil zu-
gewanderter Frauen hat zugenommen. Dabei handelt es sich sowohl um Frauen
aus Migrantenfamilien als auch um zugewanderte Partnerinnen deutscher Männer. Letzteres soll an dieser Stelle nicht unerwähnt bleiben, denn die Konjunktur
des Frauenkaufs aus Südostasien in den 1980er Jahren und aus Russland und
Osteuropa in den 1990er Jahren bis heute hinterlässt hier deutliche Spuren in
den Frauenhäusern. Seinerzeit wurden Frauen per Annonce und im 100er Paket
angepriesen als ›lieb, anschmiegsam und treu‹, was die Abnehmer und späteren
Ehemänner aber offensichtlich nicht immer davon abhielt, dies auch mit Hilfe
von Gewalt einzufordern (vgl. Tübinger Projektgruppe Frauenhandel 1989).

Der Anteil an Frauen mit multiplen und schwer wiegenden Problemlagen,
auch Frauen mit Behinderungen, die Schutz und Hilfe im Frauenhaus suchen,
hat ebenfalls deutlich zugenommen. Nicht zuletzt hat sich auch die Sozialgesetz-
gebung in einer Weise geändert, die für Frauen auf der Flucht vor häuslicher Gewalt einschneidende Folgen hat. Seit der Einführung des Sozialgesetzbuches II
im Jahre 2005 werden die Schutzsuchenden automatisch zu »Arbeitsuchenden«,
weil sie in der Regel, zumindest vorübergehend, ihren Unterhalt durch Arbeits-
losengeld II finanzieren müssen. Nach wie vor gibt es jedoch keinen Rechtsanspruch für von Gewalt betroffene Frauen und deren Kinder auf Schutz und Zuflucht sowie Beratung und Unterstützung unabhängig von Einkommen, Wohnort
und Aufenthaltsstatus. Der ländliche Raum ist deutlich unterversorgt, für Frauen
mit unsicherem Aufenthaltsstatus oder Studentinnen wird der Frauenhausaufenthalt nicht finanziert, und auch eine Frau mit eigenem Einkommen kann sich
einen Frauenhausaufenthalt in der Regel nicht leisten. Eine verlässliche, bundesweit einheitliche Finanzierung ist auch in dem von SPD und CDU/CSU im Dezember 2013 vorgelegten Koalitionsvertrag nicht vorgesehen. Von der Implemen-
tierung bundesweiter Standards für die notwendige Ausstattung und fachliche
Arbeit der Frauenhäuser und damit von einem verlässlich finanzierten, bedarfs-
gerechten und barrierefreien Unterstützungssystem sind wir weit entfernt.

Die Veränderung der Frauenhäuser selbst über die Jahrzehnte kommt in verschiedenen Aspekten zum Ausdruck, dies gilt sowohl für die Ebene der praktischen Arbeit als auch für das Selbstverständnis der einzelnen Häuser. In den
Anfängen war die parteilich feministische Hilfe zur Selbsthilfe insbesondere
in den autonomen Häusern verbunden mit dem Anspruch an die Zuflucht suchenden Frauen, den Alltag im Frauenhaus aktiv mitzugestalten. Dieser Ansatz
ist inzwischen einer hohen Professionalisierung gewichen. Das ist positiv zu
bewerten und wird auch dem Bedarf der Schutz und Hilfe suchenden Frauen
gerecht. Damit wurden diese jedoch auch zu Klientinnen. Das gilt für alle Häu-

ser, unabhängig davon, ob es autonome oder kirchliche bzw. den Wohlfahrtsverbänden zugeordnete Häuser sind. Die Parteilichkeit allerdings ist nach wie vor ein heftig diskutiertes Thema, daran scheiden sich auch aktuell die Geister bzw. die Glaubenssätze der Frauenhäuser und Frauenberatungsstellen. Die *Zentrale Informationsstelle der autonomen Frauenhäuser* (ZIF) definiert sich selbst als das »Sprachrohr« der autonomen Frauenhäuser auf bundespolitischer Ebene, sie hat ein »feministisches Selbstverständnis und arbeitet parteilich für Frauen« (ZIF o.J.). Ähnlich beschreibt der *bff – Frauen gegen Gewalt e.V.* die Grundhaltung in seinen Ethikrichtlinien:

»Die Frauennotrufe und Frauenberatungsstellen verfolgen einen parteilich-feministischen und gesellschaftskritischen Arbeitsansatz, der Gewalt gegen Frauen als Ausdruck ungleich verteilter sozialer, ökonomischer, rechtlicher sowie politischer Ressourcen und Entwicklungschancen zum Nachteil von Frauen ansieht« (bff o.J.).

Diese Grundhaltung sehen die Verbände und viele ihrer Mitgliedsorganisationen durch neuere systemische Ansätze in der Beratungsarbeit gefährdet bzw. außer Kraft gesetzt, entsprechend heftig ist die Ablehnung. Dies gilt umso mehr dort, wo auch ein möglicher Einbezug der Täter in die Beratungsarbeit diskutiert wird.

Viele der Veränderungen in der Frauenhausarbeit vollziehen sich automatisch und ungeplant im Kontext gesellschaftlicher Veränderungen, sie folgen aus der konkreten Erfahrung der Arbeit im Frauenhaus ebenso wie aus der Weiterentwicklung des gesellschaftlichen Diskurses. Nicht zuletzt gehören sowohl die Hilfesuchenden als auch die Mitarbeiterinnen einer neuen Generation an. Am eindrücklichsten ist die Veränderung sicher im Bereich der Kommunikation: Als ich vor etwa zehn Jahren meine Tätigkeit als Geschäftsführerin im Mannheimer Frauenhaus begann, gab es im Haus einen Münzfernsprecher, von dem aus die Frauen ihre Kommunikation nach außen, insbesondere auch mit Ämtern und Behörden führen konnten. Die Telefone in den Wohnungen waren ausschließlich für die hausinterne Kommunikation freigeschaltet. Heute verfügen alle Frauen und Kinder zumindest über Mobiltelefone. Sie sind im Internet unterwegs und kommunizieren in sozialen Netzwerken. Das beeinflusst die Befindlichkeit der Frauen und Kinder ganz massiv, denn sie bleiben ihrer Welt außerhalb des Frauenhauses viel stärker verhaftet als dies vorher der Fall war. Und es wirft neue Fragen auf in Bezug auf die Sicherheit und Anonymität.

KONZEPTIONELLE KONFLIKTLINIEN

Nach wie vor ist es vielen Frauenhäusern ein großes Anliegen, nicht nur ›soziale Dienstleisterinnen‹ zu sein, sondern gesellschaftspolitisch zu wirken. Einen sehr weitreichenden Ansatz vertritt hier Rosa Logar, die Vorsitzende des *Vereins autonomer österreichischer Frauenhäuser* und Mitbegründerin des ersten Frauenhauses in Österreich (1978) mit der Aussage: »Fraueneinrichtungen sollen in Zukunft in der Täterarbeit eine federführende Rolle einnehmen und ihre Angebote für Frauen, die sich entscheiden, mit dem gewalttätigen Partner weiter zusammenzuleben, erweitern.« (Logar 2009: 17) Hier positioniert sich Logar auch deutlich gegen die Grundhaltung der oben zitierten deutschen Dachverbände bff und ZIF. Sie begründet ihre Haltung folgendermaßen:

»Männergewalt an Frauen und ihren Kindern kann nicht beendet werden, indem die Erwartung auf Veränderung bei den Opfern verortet wird. Das verstärkt nur den Druck auf die Opfer. Es ist dringend notwendig, Veränderungsdruck bei den Tätern zu erzeugen, der noch weitgehend fehlt.« (Ebd.: 16)

Logar zufolge erhalten Frauen, die sich dafür entscheiden, mit dem Täter weiter zusammenzuleben, wenig bis keine Unterstützung von den Fraueneinrichtungen. Bitten der Frauen, doch einmal mit dem Mann zu reden, würden zurückgewiesen »mit dem Hinweis, dafür seien wir nicht zuständig« (ebd.: 16). Hierin sieht sie einen Konflikt zwischen dem Anspruch im Interesse der Frauen zu arbeiten, und andererseits der Ablehnung gegenüber dem Anliegen der Frauen, ihnen dabei zu helfen, das gewalttätige Verhalten des Mannes zu stoppen:

»Wir erwarten – unbewusst, denn unser Prinzip ist natürlich die Entscheidungsfreiheit der Frau –, dass Frauen sich vom gewalttätigen Partner trennen, und stellen unsere Hilfe ein, wenn sie dies nicht tun. Dabei blenden wir aus, dass ja auch die Trennung nicht das Ende der Gewalt ist, sondern eine sehr gefährliche Zeit, und dass die Schutzmaßnahmen oft nicht ausreichen – Frauen bleiben also auch während der Trennung mit der Gefahr weiterer Gewalt allein. Täter werden kaum daran gehindert, Gewalt auszuüben. Weiter wird mit dieser Haltung ignoriert, dass Frauen ein Recht haben, weiter mit dem Partner zusammenzuleben *und* keine Gewalt zu erleben. Unser Ziel darf also nicht sein, die Beziehung zu beenden, sondern die Gewalt zu beenden.« (Ebd.: 16f., Hervorh. i. Orig.)

Logar trifft hier den Nerv der Auseinandersetzung zwischen den unterschiedlichen Ausrichtungen der Frauenhäuser und Frauenunterstützungseinrichtungen. Auch frauenpolitisch engagierte Wissenschaftlerinnen sind maßgeblich an dieser Auseinandersetzung beteiligt. Margrit Brückner, Soziologin, Frauenforscherin und wissenschaftliche Begleiterin der Frauenhausarbeit aus frühesten Zeiten, positionierte sich vor wenigen Jahren noch ganz eindeutig für

»das grundlegende Prinzip, dass in Frauenhäusern nur Frauen arbeiten und auch nur Frauen Zugang haben, da angesichts männlicher Gewalterfahrungen das Prinzip ›Frauen helfen Frauen‹ zum einen vertrauensfördernd und angstmindernd wirkt, zum andern die Selbstorganisation von Frauen auf weibliche Stärke verweist und helfen kann, Gefühle ohnmächtigen Ausgeliefertseins zu überwinden« (Brückner 2008: 14).

Die Position ist zwar nachvollziehbar im Kontext der von Brückner referierten professionellen Arbeitsprinzipien Ganzheitlichkeit, Parteilichkeit, Betroffenheit, sie spiegelt jedoch die Praxis der Frauenhäuser in Deutschland (und Österreich) schon lange nur noch eingeschränkt wider. So beschäftigt der *Mannheimer Frauenhaus e.V.* seit fast zehn Jahren männliche Honorarkräfte im Kinderbereich, zunächst nur für die Arbeit mit Jungen, inzwischen werden von ihnen jedoch, in der Regel im gemischten Team, Mädchen und Jungen betreut. Diese Praxis hat sich als sehr entlastend erwiesen, denn die Mädchen und Jungen erleben hier ein Stück gewaltfreie gesellschaftliche Normalität und haben die Möglichkeit, ein unmittelbar mit Gewalterfahrung verknüpftes Männerbild zu korrigieren.

Ähnlich dezidiert ablehnend äußert sich Barbara Kavemann, ebenfalls ausgewiesene Frauenforscherin mit zahlreichen Untersuchungen und Veröffentlichungen zur Frauenunterstützungsarbeit, zu der Frage des Einbezugs der Täter in die Beratungsarbeit. In ihrer Stellungnahme zu einem Gutachten, das die Arbeit der Thüringer Frauenhäuser evaluiert, beruft sie sich auf Aufgaben und Zielsetzungen der Frauenhäuser, wie sie in bundesweiter Zusammenarbeit entwickelt worden seien. Danach sind Frauenhäuser:

»Kriseneinrichtungen für Frauen, die der Gewalt in der Partnerschaft ausgesetzt sind bzw. waren. Sie bieten Schutz in Situationen akuter Bedrohung und Beratung beim Abklären von Fragen der Sicherheit von Frauen und ihren Kindern und den folgenden Schritten für ein Leben in Sicherheit. Es ist nicht Auftrag der Frauenhäuser, Paare im Konflikt zu beraten und zu begleiten.« (Kavemann 2008: 8f.)

Es ist diese apodiktische Haltung, die aus der Praxis der Frauenhäuser heraus zunehmend in Frage gestellt wird. Allerdings haben sich beide, Kavemann wie Brückner, an anderer Stelle auch sehr viel offener gegenüber systemischer Beratungsarbeit, und das bedeutet nicht zuletzt den Einbezug von Männern und unter Umständen auch Tätern, und einem differenzierten Begriff von Parteilichkeit geäußert (vgl. Brückner 1996: 46).

Etwa ein Drittel der Frauen gehen nach dem Aufenthalt im Frauenhaus in die gewaltgeprägte Beziehung zurück, daran hat sich über Jahrzehnte kaum etwas geändert. Zu den Aufgaben, die die Frauenhäuser in ihren Leitlinien beschreiben, gehört in der Regel auch der selbst gestellte Auftrag, die Schutz und Hilfe suchenden Frauen in ihrem Selbstvertrauen und Selbstwertgefühl zu stärken. Häufig ist das Anliegen der Frauen trotz Gewalterfahrung nicht die Beendigung der Beziehung, sondern die Beendigung der Gewalt, nicht zuletzt auch mit Blick auf die Kinder. Ohnehin sind sie gezwungen in Fragen des Umgangs und der zukünftigen Kommunikation, das Gespräch mit dem gewalttätigen Partner zu suchen. Ganz richtig stellte Logar deshalb fest, dass Frauen, die sich entscheiden mit dem Täter weiter zusammenzuleben, von den Fraueneinrichtungen wenig Unterstützung erhalten, die überwiegende Erwartung ist nach wie vor, dass sie sich trennen. Entsprechend schlecht sind die Frauen, wenn sie das Frauenhaus verlassen, auf diese Situation vorbereitet. Die Erfahrung der Mitarbeiterinnen zeigt, dass es im Einzelfall durchaus sinnvoll ist, den Kontakt bereits aus dem Frauenhaus heraus und damit begleitet herzustellen.

NEUE KONZEPTIONELLE WEGE

Damit stellt sich die Frage nach der fortgesetzten Gültigkeit des bisher zentralen Prinzips der Frauenhausarbeit: der Parteilichkeit. Ist sie noch aufrechtzuerhalten, wenn der Täter und, im Rahmen eines systemischen Ansatzes, zunehmend auch wichtige Bezugspersonen der Frauen und ihre Kinder in die Beratung mit einbezogen werden? Im Rahmen des systemischen Ansatzes ist in der Regel von Allparteilichkeit die Rede. Hier ist jedoch genau zu differenzieren: Die Frau kommt ins Frauenhaus in einer akuten Krisensituation. Sie hat Gewalt erfahren, körperliche, psychische, seelische Gewalt, oft über lange Zeit, Täter ist der Ehemann oder Lebenspartner. Kinder sind ebenfalls betroffen als Opfer bzw. Zeugen der Gewalt. Häufig kommt es nicht zur Anzeige, d.h. die Gewalt wird nicht geahndet außer durch den Weggang der Frau und den Entzug der Kinder. Die Frau ohne Kinder kann für sich selbst einen Weg suchen und finden, ohne den Kontakt wieder aufzunehmen. Dagegen spricht allerdings die Tatsache, dass es häufig lange dauert, bis sie sich überhaupt zu diesem Schritt ins Frauenhaus entscheidet. Das bedeutet, die nach wie vor vorhandene emotionale Bindung steht diesem Schritt unter Umständen entgegen. Sind Kinder involviert und/oder soll das Zusammenleben fortgesetzt werden, muss es jedoch zwangsläufig zu einer Verständigung kommen. Dies hebt die Parteilichkeit für die Frau als Opfer der Gewalt nicht auf, und es hebt auch nicht den grundsätzlichen Geschlechterkonflikt im Machtgefüge der Gesellschaft auf. Doch in der Beratungssituation und in der Klärung der Gewaltdynamik mit dem Ziel, diese zu unterbrechen, bedeutet es, die Position beider Seiten anzuhören und anzunehmen. Hier, und nur hier, ist Allparteilichkeit gefragt. Und schließlich kann Parteilichkeit für die Frau nicht bedeuten, sie nur solange zu unterstützen, wie sie beabsichtigt, sich vom Täter zu trennen. Das ist keine Parteilichkeit für die Frau, sondern Parteilichkeit für die eigene ethisch-moralische und politische Position. Nun geht es nicht um eine neue Heilslehre in der Frauenhausarbeit, sondern darum, aus den langjährigen Erfahrungen in der Frauenhausarbeit ohne Scheuklappen Konsequenzen für die zukünftige Arbeit im Hinblick darauf zu ziehen, was für die betroffenen Frauen das Beste ist. Was dieses ›Beste‹ für sie ist, entscheidet letztlich jede Frau selbst, ebenso den Weg, den sie gehen will, um dies zu erreichen. Die Beratung unterstützt, stärkt, begleitet.

In diesem Sinne begeben sich Frauenhäuser heute zunehmend auf den Weg, die Konzepte ihrer Beratungsarbeit, aber auch das Wohnangebot im Frauenhaus kritisch zu evaluieren und weiterzuentwickeln. Verstärkt wurde die Debatte in der Fachöffentlichkeit durch das holländische Modell *Oranje Huis*, das vor einigen Jahren als Modellprojekt mit wissenschaftlicher Begleitung installiert wurde und seit etwa zwei Jahren zum Regelangebot des Frauenhausträgers *Blijff Group* gehört. Für die konzeptionelle Weiterentwicklung der Frauenhausarbeit in Deutschland ist das Modell *Oranje Huis*, »ein Frauenhaus im neuen Stil« (Pabst 2012: 13), wie es die Verantwortlichen in einem Flugblatt und in ihrem Internetauftritt selbst bezeichnen, ein wichtiger Impulsgeber. Es bietet klare Antworten und Angebote in nahezu allen Bereichen, die in der Diskussion der Frauenhausarbeit in Deutschland thematisiert werden. Dazu gehören insbesondere die Themen Parteilichkeit, Einbezug von Männern in die Beratungsarbeit, aber auch als Mitarbeiter, und die Frage der Anonymität. Ziel ist es in jedem Falle, die Gewalt zu beenden und die Frau in ihrer freien Entscheidungsfindung zu stützen und zu stärken.

Zu den zentralen Elementen von Sicherheit für die Frauen, die (zum großen Teil mit ihren Kindern) Schutz im Frauenhaus suchen, zählt seit der Einrichtung der ersten Frauenhäuser die Anonymität. Die Adresse sollte nicht bekannt sein: Frauen, die Schutz in einem Frauenhaus suchten, sollten nicht gefunden werden können. Nach über dreißig Jahren muss dieser Aspekt der Herstellung von Sicherheit neu und kritisch bewertet werden. Für Frauenhäuser, die seit ihrer Gründung am selben Ort sind, ist es nahezu unmöglich, die Anonymität zu bewahren. Taxifahrer, Ärzte, Polizisten, Müllabfuhr, die Kinder in der Schule, Meldebehörden, die Frauen selbst – die Auskunftsquellen sind breit gestreut, wenn es jemand darauf anlegt, die Adresse des Frauenhauses in Erfahrung zu bringen. Zudem sorgen neue Kommunikationsformen wie die sozialen Netzwerke im Internet unter Umständen dafür, dass Frauen im Frauenhaus heute – gewollt oder ungewollt – ihren Aufenthaltsort preisgeben. Für die Herstellung der objektiven Sicherheit ist die Anonymität heute deshalb nur noch sehr eingeschränkt als geeignetes Mittel zu bewerten. Dennoch spielt Anonymität auch weiterhin durchaus eine Rolle in Bezug auf das subjektive Empfinden der Schutz suchenden Frauen. Und für die Frauen, die akut in Gefahr sind, ist die Anonymität eine Grundvoraussetzung. Die in diesen Fällen notwendige strikte Anonymität kann heute jedoch in den wenigsten Frauenhäusern noch gewährleistet werden.

Das Modell *Oranje Huis* reagiert gezielt auf diese unterschiedlichen Voraussetzungen. Am Beginn des Frauenhausaufenthaltes steht unmittelbar und zwingend ein Risikoscreening, womit festgestellt werden kann, ob eine Frau hochgeschützt, das heißt anonym und geheim untergebracht werden muss (im Ampelsystem rot), oder ob sie zu der großen Gruppe der Frauen gehört, die Gewalt erfahren haben, in der Regel auch über einen längeren Zeitraum, die aber nicht akut verfolgt und an Leib und Leben gefährdet sind (im Ampelprinzip orange, daher der Name *Oranje Huis*). Für diese Frauen und ihre Kinder ist es wichtig, dass erkennbare Sicherheitsvorkehrungen getroffen sind, Anonymität ist aber nicht zwingend notwendig. Zu diesen erkennbaren Sicherheitsvorkehrungen gehört beispielsweise eine Eingangsschleuse und ein Tag und Nacht besetzter Empfang, so dass der Zugang zum Haus jederzeit kontrolliert ist, außerdem eine Überwachungskamera und der direkte Draht zur Polizei. Der Zugang zum Haus dürfte damit effektiver gesichert sein als bei vielen Häusern, die sich derzeitig auf die Anonymität als Schutz verlassen.

Für die Aufgabe der Anonymität in diesem vertretbaren Bereich spricht auch, dass damit die Thematik der Beziehungsgewalt wieder mehr in den öffentlichen Diskurs gerückt werden kann. Mit dem Slogan »Das Private ist politisch« waren die Feministinnen in den 1970er Jahren deshalb angetreten, weil seinerzeit die Meinung vorherrschte, dass es niemanden etwas angeht, was hinter den eigenen vier Wänden passiert. Das bedeutete einen massiven Druck für die Frauen, die häusliche Gewalt erlitten, denn mit der Öffentlichmachung dieser Gewalt begingen sie auch eine Art Geheimnisverrat an der eigenen Familie. Es dauerte lange, bis die allgemeine öffentliche Akzeptanz für die Notwendigkeit von Frauenhäusern erlangt werden konnte. Jetzt sind wir an einem Punkt, an dem kaum jemand die Notwendigkeit und Nützlichkeit von Frauenhäusern anzweifelt, dazu gehört aber auch, dass sie selbstverständlich ›geheim‹ sind. Es hat also, genau genommen, eine Verschiebung der ›Privatheit‹ stattgefunden: Häusliche Gewalt stößt nicht mehr auf breite Akzeptanz in der Gesellschaft, aber die Folgen bleiben weiterhin verborgen im anonymen Frauenhaus. Dies kann mit der Aufgabe der Anonymität des Frauenhauses verändert werden, was politisch sinnvoll und notwendig erscheint. Allerdings sollten anonyme Frauenhäuser auch weiterhin erhalten bleiben, denn nicht immer entspricht das subjektive Sicherheitsempfinden der Frauen den objektiv vorhandenen Sicherheitsmaßnahmen. Und nicht jede Frau, die häusliche Gewalt erfahren hat, ist bereit und in der Lage, dies auch durch ihre Flucht in ein sichtbares und bekanntes Haus öffentlich zu machen.

Ein weiteres zentrales Element des *Oranje Huis*-Konzeptes ist der systemische Beratungsansatz. Dieser gilt grundsätzlich und sehr weitreichend. Dazu gehört beispielsweise, dass der gewalttätige Partner unmittelbar nach dem Risikoscreening (und dem Ergebnis orange oder grün) informiert wird über den Aufenthaltsort seiner Partnerin und der Kinder. Motivation für dieses Vorgehen ist die Absicht, damit einer möglichen Eskalation von Gewalt(-Bereitschaft) auf Seiten des Mannes vorzubeugen. Außerdem wird dem Mann mit Zustimmung der Frau das Gespräch angeboten. Damit ist zum einen die Klärung ggf. des Umgangs mit den Kindern und auch die Klärung der weiteren Verständigung beabsichtigt. Ein nicht geringer Anteil der hilfesuchenden Frauen sucht nach Wegen, die Gewalt zu beenden, nicht jedoch zwangsläufig die Beziehung. Und solange Kinder im Spiel sind, müssen Frau und Mann als Eltern zwangsläufig einen Weg der Verständigung finden, denn Eltern bleiben sie. Mit dieser Einladung zum Gespräch an die gewalttätigen Partner rückt auch hier das hochsensible Thema Parteilichkeit wieder in den Fokus.

Zweifellos wird im Modell des *Oranje Huis* den Kindern und ihrem Schicksal ganz besondere Aufmerksamkeit gewidmet, ganz sicher mehr als in den Anfängen der autonomen Frauenhäuser, als es zunächst um den Schutz der Frau und um ihr Recht auf körperliche und psychische Unversehrtheit auch in ihrem privaten Umfeld ging. Erst die Erfahrung, dass eben wenige Frauen ohne Kinder ins Frauenhaus kommen, und auch aufgrund der Erkenntnis, dass Kinder aus Gewaltfamilien als Erwachsene tendenziell wieder zu Opfern und Tätern werden, schärfte den Blick für das Schicksal der Kinder. Im Modell und in der Praxis des *Oranje Huis* nimmt die Arbeit mit den Kindern einen breiten Raum ein, hierfür wurde ein eigenes Konzept zur Bewältigung der Gewalterfahrung entwickelt. »Kinder sind bei uns Klienten«, so die Aussage von Ingeborg Schenkels, Team-Managerin der *Blijf Groep*, in einem Fachgespräch. Gewalt sei ein dynamischer Prozess und betreffe nicht nur die Eltern, sondern die gesamte Familie. Aus diesem Grund werden im ›Frauenhaus in neuem Stil‹ die Kinder nicht nur betreut, sondern mit in die Beratung einbezogen. Sie sollen lernen, über ihre Gewalterfahrung zu sprechen, sei es in Gruppensitzungen mit anderen Kindern oder im Familiengespräch.

Die Grundlage für diese Herangehensweise ist der Blick auf die Gewaltdynamik in der Beziehung, in die die Kinder ebenso wie die von Gewalt betroffenen Mütter involviert sind. Bei der Aufarbeitung dieser Dynamik der gesellschaftlichen und individuellen Geschichte der Gewalterfahrungen in den betroffenen Familien wird die Frau mit in der Verantwortung gesehen, diese Dynamik zu durchbrechen. Darüber hinaus können zur Unterstützung der Frau und zur Entwicklung und Stabilisierung ihrer Handlungs- und Entscheidungsmöglichkeiten weitere Bezugspersonen aus dem sozialen Umfeld der Familie einbezogen werden.

ZUKUNFTSPERSPEKTIVE

So unterschiedlich die Konzepte und die Praxen der Frauenhäuser in Deutschland sind, so wenig gibt es eine eindeutige Antwort auf die Frage der Übertragbarkeit des Modells *Oranje Huis*. Die Trägerlandschaft ist so vielfältig wie die Geschichte der einzelnen Häuser, so dass die Akzeptanz der Angebote und Antworten, die das Modell *Oranje Huis* für die Zukunft der Frauenhäuser vorlegt, von grundsätzlich ablehnend bis hin zu dem Wunsch reicht, dieses Modell auch in Deutschland zu implementieren. Völlig unstrittig ist allerdings die Frage der räumlichen Ausstattung und Gestaltung. So verfügt das Haus über abgeschlossene Wohneinheiten für die Bewohnerinnen und deren Kinder, eine separate Kinderbetreuung sowie Gemeinschaftsräume. Bei der Planung des Frauenhauses wurde bewusst darauf geachtet, den Beratungs- und Wohnbereich auch räumlich voneinander zu trennen. Hier geht es nicht nur um eine wertschätzende Unterbringung und Versorgung, sondern auch um eine Entlastung in der Krisensituation und damit Unterstützung der Beratungsarbeit. Die Umsetzungsmöglichkeiten für ein solches räumliches Konzept finden ihre Grenzen allerdings in den verfügbaren Ressourcen.

Es ist zu erwarten, dass sich in den kommenden Jahren einige Frauenhäuser in Deutschland auf den Weg machen werden, nicht immer als Kopie des *Oranje Huis*-Modells, aber doch in Orientierung an seinen Grundideen. Diese Weiterentwicklung findet statt vor dem Hintergrund, dass häusliche Gewalt nach wie vor eine Dimension, eine von vielen Formen von Gewalt gegen Frauen ist, wie sie tagtäglich und weltweit verübt wird. Deshalb bleibt das politische Engagement für Geschlechtergerechtigkeit und für ein Ende von Gewalt an Frauen, weil sie Frauen sind, auch in dieser Weiterentwicklung der Frauenhausarbeit ein elementarer Bestandteil des Selbstverständnisses und der konkreten Arbeit der Frauenhäuser. Diese Parteilichkeit bleibt auch dort bestehen, wo in der psychosozialen Beratungsarbeit mit der gewaltbetroffenen Frau im Rahmen eines systemischen Ansatzes je nach Beratungssetting eine professionelle Allparteilichkeit gefordert ist.

QUELLEN

BMFSFJ (2012): »Bericht der Bundesregierung zur Situation der Frauenhäuser, Fachberatungsstellen und anderer Unterstützungsangebote für gewaltbetroffene Frauen und deren Kinder«, Deutscher Bundestag, 17. Wahlperiode, Drucksache 17/10500, http://www.bmfsfj.de/RedaktionBMFSFJ/Broschuerenstelle/Pdf-Anlagen/Bericht-der-Bundesregierung-zur-Situation-der-Frauenh_C3_A4user,property=pdf,bereich=bmfsfj,sprache=de,rwb=true.pdf (12.04.2014).

Brückner, Margrit (1996): Von feministischen Gewissheiten zu neuen Suchbewegungen, Opladen: Leske u. Budrich.

Dies. (2008): »Stellungnahme von Prof. Dr. Margrit Brückner.« Professionelle Arbeitsprinzipien und methodische Ansätze Sozialer Arbeit in Frauenhäusern, in: Newsletter Frauenhauskoordinierung 3, 11-14.

Kavemann, Barbara (2008): »Stellungnahme von Prof. Dr. Barbara Kavemann«, in: Newsletter Frauenhauskoordinierung 3, 8-10.

Logar, Rosa (2009): »Praxis der staatlichen Interventionen bei häuslicher Gewalt im europäischen Vergleich«, in: Newsletter Frauenhauskoordinierung 1, 9-18.

Pabst, Franziska (2012): »Oranje Huis – Ein Frauenhaus im neuen Stil«, in: Newsletter Frauenhauskoordinierung 1, 13-16.

Tübinger Projektgruppe Frauenhandel (1989): Frauenhandel in Deutschland, Bonn: Dietz.

www.autonome-frauenhaeuser-zif.de (12.04.2014).

www.frauen-gegen-gewalt.de (12.04.2014).

Was wir wollen. Autonomer feministischer Freiraum an der Universität Bielefeld

Autorinnen*kollektiv des FemRef der Universität Bielefeld

Dieser Text soll einen Eindruck davon vermitteln, wie feministisch motivierte Auseinandersetzungen an der Universität Bielefeld zum Ausdruck kommen, welche Formen diese Auseinandersetzungen annehmen können und warum es nach wie vor eine Notwendigkeit für feministische Intervention an Hochschulen gibt. Beispielhaft wird dies an der Entwicklung des feministischen Referats der Universität Bielefeld diskutiert.

Wir haben lange überlegt, welche inhaltliche Ausrichtung sich für diesen Beitrag eignet. Als Aktive aus dem *Internationalen Autonomen Feministischen Referat für FrauenLesbenTrans**[1] (FemRef) der Universität Bielefeld lag es für uns auf der Hand, den Schwerpunkt des Textes auf das FemRef als politischen Raum und auf diejenigen, die ihn nutzen und genutzt haben, zu legen. Allerdings hat Feminismus an der Universität vielfältige Erscheinungsformen. Bei den Diskussionen darüber, welche zusätzlichen Aspekte wir fokussieren wollen, ergab sich eine lange Liste: z.B. die allgemeine Lage von FrauenLesbenTrans*Referaten an Universitäten in Deutschland, andere Formen der Selbstorganisation von feministischen Student*innen, wie Frauen*Cafés, Frauen*Seminare oder feministische Veranstaltungsreihen, Geschlechterbilder und feministische Themen in der Wissenschaft, der Studiengang Gender Studies, den es auch in Bielefeld gibt, oder andere

---

1 | Wir schreiben Begriffe wie Trans*, Frauen*, Männer*, weiblich* etc. mit einem Sternchen. Damit möchten wir deutlich machen, dass Geschlecht sozial konstruiert wird. Menschen werden anhand von körperlichen Merkmalen in binäre Kategorien, also entweder ›Mann‹ oder ›Frau‹, eingeteilt. Dadurch wird die Existenz von Personen, die sich keiner der beiden Kategorien zuordnen können oder wollen, ignoriert. Außerdem wird impliziert, alle Frauen* hätten natürlicherweise gewisse Eigenschaften gemein. Wir verwenden das Sternchen, weil es aus politischen Gründen teilweise notwendig ist, sich auf diese sozialen Konstrukte zu beziehen, da sie direkte Auswirkungen auf das Leben derjenigen haben, denen bestimmte Eigenschaften zugeschrieben werden.

institutionalisierte Formen von Feminismus, wie Gleichstellungsbeauftragte und -kommissionen. Die Aufzählung ließe sich fortführen. Einzelne Aspekte gegenwärtiger Erscheinungsformen feministischer Konzepte aufzugreifen, schien uns sehr beliebig. Wir entschieden uns daher, in die Vergangenheit zu schauen, um die Gegenwart zu verstehen. Wir stellten uns also grob die Frage, wie und aus welchen Beweggründen das FemRef entstand und was seitdem passiert ist.

Aus unserer partiellen Perspektive[2] stellen wir die folgenden Fragen: Unter welchen hochschulpolitischen Bedingungen wurde das FemRef erkämpft? Welche Themen waren für die Akteur*innen des FemRef in den letzten 36 Jahren von Bedeutung und welche Formen hatten die Auseinandersetzungen? Wir verstehen diese Fragestellung als eine kritische Betrachtung, die dreierlei will: Rekonstruktion und Re_Interpretation der Vergangenheit und Dekonstruktion der Gegenwart im feministischen Referat an der Universität Bielefeld. Dazu begaben wir uns auf eine historische Spurensuche in den archivierten Dokumenten des FemRefs. Dies ist der Versuch, die sich Ende der 1970er Jahre formierende feministische Öffentlichkeit an der Universität Bielefeld in ihrem gesellschaftlichen Kontext zu begreifen, sie auf heute und auf uns zu beziehen. Hier standen wir vor der Herausforderung, das zeitgenössische Verständnis von Emanzipation zu würdigen und gleichzeitig kritisch zu betrachten. Am Beispiel des FemRefs lässt sich zeigen, dass die Einflussnahme auf das Geschlechterverhältnis in der studentischen Selbstverwaltung über die Autonomieforderung eine Transformation der vorhandenen Machtstrukturen zur Folge hatte. Diese Transformation lässt sich einerseits als Institutionalisierung feministischer Ideen betrachten, andererseits aber eben auch als Herausbildung von Strukturen mit emanzipatorischem Potential. Emanzipation verstehen wir im Anschluss an Maria do Mar Castro Varela als Befreiung und Transformation, welche sich innerhalb von Macht- und Herrschaftsgefügen vollzieht (vgl. Castro Varela 2003).

Emanzipatorische Strukturbildungsprozesse sind jedoch nicht ohne Blick auf Ein- und Ausschlüsse zu beschreiben. Wir sind uns darüber bewusst, dass es in der feministischen Theorie und Praxis immer wieder Grenzverschiebungen und Perspektivenwechsel gibt. Wir kennen Erzählungen aus separatistischen Zeiten[3],

---

2 | Um deutlich zu machen, vor welchem Hintergrund wir diesen Text schreiben, erfolgt an dieser Stelle eine Selbstpositionierung der Autorinnen: Wenn hier in der ersten Person Plural geschrieben wird, es also ein aktives WIR gibt, dann ist gleichzeitig klar, dass dieses WIR, so groß es auch klingen mag, eine bestimmte Perspektive ist. Wir sind ›weiße‹ Cis-Frauen* unterschiedlicher sexueller Orientierung aus der mittleren bis unteren sozioökonomischen Schicht, die mit dem Privileg des Hochschulzugangs ausgestattet sind. Damit sprechen wir nicht für alle Aktiven im FemRef Bielefeld.

3 | Seperatismus meint hier die Schaffung von feministischen Organisations- und Entscheidungsstrukturen, aus denen Männer* konsequent ausgeschlossen waren.

von einer starken Lesbenbewegung und von Vorwürfen gegen Heteradominanz[4]. Wir kennen die Debatten zur Trans*öffnung und stecken in Auseinandersetzungen mit Rassismus, Klassismus[5] und Ableismus[6]. Vor diesem Hintergrund versuchen wir auf unserer Spurensuche auch das zu lesen, was nicht geschrieben wurde und auch das zu sehen, was sich nicht institutionalisieren ließ, »[d]enn jedes Sprechen produziert Schweigen« (ebd.: 107).

WAS WOLLTEN SIE? — DIE FEMINISTISCHEN ANFÄNGE AN DER UNIVERSITÄT BIELEFELD

Mitte der 1970er Jahre entstanden an Universitäten in der BRD die ersten Frauenreferate, 1978 das Frauenreferat der Universität Bielefeld. Das FemRef an der Universität Bielefeld als physischer politischer Raum war und ist das Ergebnis feministischer Kämpfe Ende der 1970er Jahre. Zu diesem Zeitpunkt führten Frauen* schon lange Kämpfe auf sozialer, wirtschaftlicher und politischer Ebene, stritten aber, angesichts gängiger sexistischer Zuschreibungen, noch immer um die Hälfte von Allem (vgl. Autonomes Frauen- und Lesbenreferat 1982a). Aus den alten Unterlagen, hauptsächlich Flyer und Selbstdarstellungen, geht hervor, dass es vor allem die Bildungsungerechtigkeit in der BRD war, die in den siebziger Jahren zu Protesten anregte. Die Studentinnen* forderten Gleichbehandlung und Gleichstellung innerhalb der Seminare, der Fachschaften, des *Allgemeinen Studierendenausschusses* (AStA) und anderen hochschulpolitischen Gremien. Sie kritisierten die Einstellung vieler Professoren und Kommilitonen, die nach wie vor der Ansicht waren, die Frau* gehöre hinter den Herd und nicht in den Hörsaal.

Im Nachhinein wird für uns deutlich, dass die Reform des Hochschulrahmengesetzes 1978, die stark die Interessen des Wirtschaftssektors widerspiegelte, der Zündfunke für den Widerstand gegen die patriarchalen Strukturen an der Universität Bielefeld war. Studierende sollten durch ›Regelstudienzeit mit Zwangsexmatrikulierung‹ möglichst schnell auf den Arbeitsmarkt gedrängt werden. In dieser Situation bildeten die Studentinnen* kleinere Diskussionsgruppen. Vor allem Studentinnen* mit Kind/ern befanden sich im Nachteil. Die Aktiven forderten Krippenplätze, Mensaessen für Kinder und kostenloses Babysitting. Weitere Ziele waren die Einrichtung einer speziellen Studienberatung mit dem Schwerpunkt der Probleme, denen sich Studentinnen* während des Studiums ausgesetzt sahen, sowie die kritische Auseinandersetzung mit ›Frauen als Gegenstand der Wissenschaft‹, die in den fakultätsinternen Lehrplänen berücksichtigt werden

---

4 | Dieser Begriff soll auf die Kritik an der Dominanz heterosexuell orientierter Frauen* gegenüber Lesben und Trans* innerhalb der Frauenbewegungen verweisen.

5 | Klassismus bezeichnet die Diskriminierung und Stereotypisierung entlang sozialer ökonomischer Gruppenzugehörigkeit und -prägung (vgl. Gender Institut Bremen [b]).

6 | Ableismus oder Ableism bezeichnet eine Diskriminierungspraxis gegenüber Menschen, denen körperliche und/oder geistigen ›Behinderungen‹ und/oder Einschränkungen zugeschrieben werden (vgl. Gender Institut Bremen [a]).

sollte. Zudem wurde überlegt, wie die Situation von Frauen* in den Seminaren geändert werden könne. Laut den Erfahrungsberichten der Studentinnen* kamen sie dort selten zu Wort, und taten sie es doch, so wurde kaum auf ihre Beiträge eingegangen. Um diesem Verhalten der Lehrenden und Kommiliton*innen entgegenzuwirken, stellten die Studentinnen* innerhalb von Lerngruppen Redesituationen nach. Sie erlangten auf diese Weise ein Bewusstsein für unterdrückende Verhaltensweisen und erprobten gleichzeitig das Sprechen vor Gruppen, frei nach dem Motto: »Nicht resignieren, sondern aktiv werden.«[7]

Die ab 1977 in Flugblättern öffentlich beworbenen Frauentreffen lassen sich zeitlich in die zweite Frauenbewegung in der BRD einordnen. Diese Organisierung ist der Ausdruck feministischer Kritik an der Wissensproduktion einer kapitalistischen Gesellschaft und ihres heteronormativ geprägten Bildungsideals. In diesem Verständnis von Bildung waren feministische Perspektiven gewaltsam ausgeschlossen.

Um sich in hochschulpolitische Angelegenheiten wirkungsvoll einmischen zu können, orientierten sich die Studentinnen* an dem Vorbild bereits aktiver Referate an anderen Universitäten, beispielsweise am *Frauen*Referat* der Universität Hamburg. So wurde auch in Bielefeld die Legitimation der fast ausschließlich durch Männer* besetzten Gremien der (Verfassten) Studierendenschaft inklusive des AStA (Männer-AStA genannt[8]) öffentlich in Frage gestellt – mit Erfolg: Im Wintersemester 1977/78 konnte im Studierendenparlament der Beschluss für die Gründung eines Frauenreferates durchgesetzt werden, so dass es ab dem Sommersemester 1978 an der Universität Bielefeld das *AStA-Frauenreferat* gab. Dessen Notwendigkeit wurde in der ersten Ausgabe der *AStA Frauen-Info* vom 24.10.1978 wie folgt verdeutlicht:

»Ausgehend davon, dass Frauen unverzichtbar für den Kampf um demokratischen Fortschritt sind, die demokratische Bewegung aber auch unverzichtbar für die Forderungen der Frauen ist, und ausgehend davon, dass die Forderungen der Frauen nur durch eine Veränderung der objektiven Situation durchgesetzt werden können, die gesellschaftlich bedingt ist, kann Frauenarbeit nicht isoliert geleistet werden, sondern muss im Rahmen der demokratischen Organisation und der Selbstverwaltungsorgane geleistet werden.

Für uns heißt das konkret, dass die Probleme und die Benachteiligung der Studentenschaft, d.h. in einem AStA-Frauenreferat angegangen werden müssen. Die AStA-Frauenreferentin hat dabei die Aufgabe, sich dafür einzusetzen, dass die besonderen Interessen der Studentinnen Bestandteil der Organe der Verfassten Studentenschaft werden. Frauenpolitik muss Sache des AStA, der Fachschaften und aller studentischen Interessensvertretungsorgane sein.«

---

7 | So der Titel eines Flugblattes zum *Frauentag* im Rahmen der *Demokratischen Gegenhochschule* vom *Allgemeinen Studentenausschuss* (1977).

8 | Siehe auch hier: Autonomes Frauen- und Lesbenreferat 1982b.

Vier Jahre später wurde in der Frauenvollversammlung der Beschluss gefasst, den Autonomiestatus des Frauenreferats in der Satzung der Verfassten Studierendenschaft festzuschreiben. Kernpunkte waren dabei die selbstbestimmte inhaltliche Ausrichtung und unabhängige Finanzmittelverwaltung sowie die Möglichkeit, gegen patriarchales Verhalten seitens der Studierendenvertretung zu votieren. Der autonome Status sichert bis in die Gegenwart die unabhängige Existenz des FemRefs und die autonome Finanzmittelverwaltung.

Das Autonomieprinzip in der Frauenbewegung bedeutete die Ablehnung von Politiken, die sich an männlichen* Werten orientieren, d.h. Frauen* als minderwertig betrachten und sie im Sinne der patriarchalen Gesellschaft funktionalisieren, z.B. als Gebärende. Das Ziel war es, Wertmaßstäbe in Anlehnung an die Erfahrungen derjenigen Subjekte zu entwickeln, die in einer sexistisch strukturierten Gesellschaft als weiblich* kategorisiert und zu Objekten degradiert werden. Autonome Frauenpolitik beinhaltete demnach eine Kritik an der traditionellen Frauenrolle und forderte nicht-patriarchale Lebens- und Organisationsformen ein, in denen Frauen* Verantwortung übernehmen und Entscheidungen treffen.[9] Es ging also weder nur um Gleichstellung, auch wenn dies ein wichtiger Schritt und Erfolg (schon der ersten Frauenbewegungen) war; noch ging es nur um Differenz, auch wenn dies sicher im Interesse der Einen* oder Anderen* lag. Die Forderung nach Autonomie war vielmehr gleichbedeutend mit der Forderung nach Selbstbestimmung und stand für den Wunsch nach einer Befreiung aller Frauen* von Unterdrückung, Ausbeutung und Herrschaft. Diese Forderung ermöglichte es den politisch aktiven Studentinnen* an der Universität Bielefeld, zumindest im Rahmen der studentischen Selbstverwaltung, feministische Themen auf die hochschulpolitische Agenda zu setzen.

In den Anfangsjahren wurde das befreiende Moment in der Bezeichnung als ›Frauen‹ und ›Studentinnen‹ gesehen. Im Zentrum der Kritik stand die patriarchale Struktur der Gesellschaft, die Frauen* gegenüber Männern* herabsetzt, diskriminiert und unsichtbar macht. Ziel feministischer Politik war es, sich eben als »Frau« sichtbar, hörbar und lesbar zu machen. Die anfängliche Name *AStA-FrauenReferat* wurde 1982, vier Jahre nach der Gründung, in die Bezeichnung *autonomes frauen und lesbenreferat* umformuliert. Diese Bezeichnung (auch in der häufig anzutreffenden Schreibweise FrauenLesben) spiegelt die Auseinandersetzungen um Heteronormativität wider. Das Referat war ein wichtiger Ort für Lesben und lesbisch-feministische Politik in der studentischen Selbstverwaltung. 1992 kam es zur Benennung in *Internationales autonomes Frauen- und Lesbenreferat*. Den Zusatz ›International‹ gab sich das Referat als politisches Statement und als Ergebnis der Diskussionen um Rassismus und die eurozentristische Haltung in der feministischen Bewegung. Aus Logbüchern (Übergabebücher der Bürodienste) und den

---

9 | Erst 1976 wurde das Eherechtsreformgesetz erlassen. Bis dahin war es gesetzlich geregelt, dass der Mann* im Rahmen des Einverdienermodells für den Unterhalt der Familie zu sorgen hatte. Ihm oblagen rechtliche Entscheidungen.

Erzählungen Ehemaliger ist zu erfahren, dass Schwarze FrauenLesben das Referat 1994 für sich als Raum eingefordert und übernommen haben. Dieser Schritt erfolgte aus einer Kritik an der ›weißen‹ Ausrichtung des Referates. So wurde kritisiert, dass ›weiße‹ Studentinnen* in ihren Diskussionsrunden und der Öffentlichkeitsarbeit gegen Sexismus die Ausschlusskategorie ›Race‹ nicht berücksichtigen und teilweise selbst rassistische Stereotype reproduzieren. In der Folge wurde das Referat einige Jahre lang von überwiegend Schwarzen FrauenLesben und einer ›weißen‹ organisiert. Sie stellten feministische Politik aus Schwarzer und antirassistischer Perspektive ins Zentrum ihrer politischen Arbeit.

In den Jahren 2001 und 2002 wurde kontrovers über ›transgender‹, die Konstruktion von Geschlecht und die Trans*Öffnung des Referates diskutiert. So gab es einerseits den Wunsch, im FemRef gemeinsam mit Trans*Personen Politik zu machen. Andererseits wurde befürchtet, mit der Öffnung einen Schutzraum preiszugeben. Das Ergebnis der Diskussionen war schließlich die Öffnung des FemRefs für Trans*Personen im Jahr 2002 und eine Weiterentwicklung der Bezeichnung in *Internationales Autonomes Feministisches Referat für FrauenLesben-Trans**. Dieser Name wurde bis heute beibehalten. Die Frage allerdings, welche Personen angesprochen und welche ausgeschlossen werden (sollen), stellt sich immer wieder.

An diesem holzschnittartigen Abriss der Entwicklung der FemRef-Bezeichnung bildet sich nicht nur die vielfältige inhaltliche Schwerpunktsetzung der aktiven Studentinnen* ab. Vielmehr lässt sich darüber die Einsicht gewinnen, dass es kein Monopol ›weißer‹, heterosexueller, mittelständischer Studentinnen* auf den Feminismus gibt. Wir finden diese Feststellung auch bei der feministischen Wissenschaftskritikerin Donna Haraway (1995) und schließen uns ihr an: »Der feministische Traum einer gemeinsamen Sprache ist, wie alle Träume von einer perfekten, wahren Sprache, des perfekten getreuen Benennens der Erfahrung, ein totalisierender und imperialistischer Traum.« (Ebd.: 61)

WARUM BRAUCHT ES HEUTE NOCH FEMINISTISCHE RÄUME UND INTERVENTIONEN AN UNIVERSITÄTEN?

Die Universität ist historisch, aber auch in der Gegenwart ein männlich* geprägter Raum. Es stimmt zwar, dass inzwischen genau so viele, wenn nicht mehr Frauen* als Männer* studieren. In Bielefeld waren im Wintersemester 2011/12 von 18.546 Studierenden 56,2 Prozent weiblich* (Universität Bielefeld 2012: 16). Doch wenn man sich die Zahlen der einzelnen Fakultäten ansieht, ergibt sich ein anderes Bild. In den Gesundheitswissenschaften machen Frauen* 77,4 Prozent, an der Technischen Fakultät gerade einmal 28,5 Prozent aus, was deutlich die immer noch bestehenden Geschlechterbilder aufzeigt (ebd.). Und obwohl in Bielefeld auch immerhin 41,5 Prozent der Promovierenden und 49,6 Prozent des wissenschaftlichen Personals Frauen* sind, liegt der Anteil von Professorinnen* nur bei 23 Prozent der gesamten Professuren (Universität Bielefeld 2013: 14f.).

Auch die Studentische Selbstverwaltung ist männlich* dominiert. Von 28 stimmberechtigten Mitgliedern des 40. *Studierendenparlaments* sind dem Namen nach zu urteilen gerade einmal neun Frauen*, im AStA sind es vier von fünfzehn Personen. All diese Zahlen machen deutlich, dass es immer noch Barrieren gibt, die Frauen* daran hindern, in ihren Berufen und politischen Aktivitäten wichtige Positionen zu besetzen und sich Gehör zu verschaffen. Dies gilt für die Universität genauso wie für andere Räume. Gleichzeitig ergibt sich die Notwendigkeit feministischer Intervention auch daraus, dass die Universität ein Raum ist, in dem Personen immer wieder von Sexismus, sexualisierter Gewalt und jeglichen anderen Formen von Diskriminierung betroffen sind. Universitäten sind darüber hinaus Institutionen, die auf viele Arten Einfluss auf eine Gesellschaft nehmen. Zum einen findet hier Forschung statt, deren Ergebnisse oft unkritisch als Wahrheit akzeptiert werden und das Wissen einer Gesellschaft prägen, ohne dass der Einfluss von z.B. Vorstellungen der Forschenden von Geschlecht hinterfragt wird. Das Wissen, das hier produziert und weitergegeben wird, ist bis auf wenige Ausnahmen geprägt von einem binären, biologistischen Verständnis von Geschlecht und blind gegen Macht- und Unterdrückungsstrukturen wie (heteronormativem) Sexismus, Rassismus, Klassismus und Ableismus. Dadurch spielen Universitäten eine große Rolle bei der (Re-)Produktion von Geschlechterbildern und strukturellen Ungleichheiten, wie dem Lohnunterschied zwischen Männern* und Frauen*. Dies ist besonders bedeutend, da hier Menschen ausgebildet werden, die später oft einflussreiche Positionen innerhalb der Gesellschaft besetzen können (Lehrer*innen, Ärzt*innen, Jurist*innen, Betriebswirt*innen, Pädagog*innen, Politiker*innen etc.).

Dies sind nur einige Beispiele, die die problematischen Zustände an Universitäten aufzeigen. Sie sollten aber genügen, um die Idee zu widerlegen, Universitäten seien als Hort der Weisheit und des Fortschritts nach jahrzehntelangen Debatten um Feminismus und der Einrichtung von Gleichstellungsbeauftragten mittlerweile so sensibilisiert, dass es keinen Bedarf an feministischen Interventionen mehr gäbe.

DAS FEMREF* ALS FREIRAUM

Die Bezeichnung ›Freiraum‹ legt nahe, dass es sich hierbei um einen Raum handelt, der frei sein soll von Strukturen, die außerhalb dieses Raums existieren. Bei einem feministischen Freiraum geht es explizit darum, dass Widerstand geleistet wird gegen Sexismus, Heteronormativität, Homo- und Trans*phobie, die unsere Gesellschaft prägen. In vielen Freiräumen besteht außerdem explizit oder implizit der Anspruch, auch andere -ismen mitzudenken und den Raum frei von z.B. Rassismus, Ableismus und Klassismus zu gestalten.

Natürlich kann ein Raum nicht wirklich ›frei‹ sein von unterdrückenden und diskriminierenden Strukturen, die in der Gesellschaft bestehen. Selbst wenn wir annehmen, dass der Raum an sich in seiner Gestaltung und Zugänglichkeit frei davon wäre, bringen die Nutzer*innen die verschiedenen Formen von Diskriminierung und Unterdrückung mit in den Raum, da wir alle in einer solcherart gestrickten Gesellschaft leben, und Strukturen und Vorurteile verinnerlicht haben (vgl. Affront 2011).

Jedoch verweist das FemRef als Freiraum allein durch seine Existenz auf sexistische Strukturen, und bietet Nutzer*innen und Besucher*innen Möglichkeiten der Bewusstwerdung und Auseinandersetzung. Dazu gehört beispielsweise ein bewusster Umgang mit Sprache, Gruppendynamiken und Hierarchien, die Bereitschaft, sich mit eigenen Vorurteilen und Privilegien auseinanderzusetzen und das Schaffen von Möglichkeiten, Kritik zu üben und darauf einzugehen.

Der Raum steht also nicht außerhalb der Gesellschaft, sondern ist eine Nische innerhalb dieser, in der andere Perspektiven ausprobiert, aufgezeigt und gelebt werden können. Inwieweit dies gelingt, hängt dabei auch stark von den Nutzer*innen des Raumes ab. Dabei spielen Fragen eine große Rolle wie: Welche Ziele werden mit der Schaffung und Nutzung des Raumes verfolgt? Welche Personen nutzen den Raum überhaupt, welche fühlen sich hier sicher, wohl und willkommen, welche werden ausgeschlossen und unsichtbar gemacht?

Für das Verständnis von Freiräumen ist es wichtig zu beachten, dass quasi alle öffentlichen Räume männlich* dominiert sind, da die Gesellschaft an sich (hetero-)sexistisch strukturiert ist. Die Herstellung feministischer Freiräume geschieht daher einerseits durch den Ausschluss von Cis-Männern*, andererseits durch ihre Benennung als z.B. FrauenLesbenTrans*Räume. Durch diese Kennzeichnung wird sichtbar gemacht, dass andere Räume eben nicht ›neutral‹, sondern männlich* geprägt sind. Auf einer ganz grundlegenden und symbolischen Ebene machen sie so zunächst einmal durch ihre bloße Existenz darauf aufmerksam, dass es bezogen auf die Kategorie Geschlecht Menschen gibt, die sich als Trans*, lesbisch, queer, Frau* positionieren.

Mit der Schaffung und Nutzung des FemRefs geht es um ganz konkrete Handlungsmöglichkeiten. Feministische Freiräume brechen mit einem sexistischen Normalzustand und ermöglichen den Austausch von FrauenLesbenTrans* untereinander. Damit einher geht auch eine Reflexion von Kommunikationsmustern. Plötzlich können Stimmen gehört werden, die außerhalb dieser Räume untergehen, es können Erfahrungen ausgetauscht, neue, eigene Positionen entwickelt und eingenommen werden, Bündnisse und gemeinsame Aktionen entstehen. Es wird ein Stück Freiheit geschaffen, indem gewisse Dinge nicht erst erklärt und diskutiert werden müssen und es darum nicht nötig ist, sich für feministische Positionen zu rechtfertigen. Dies bedeutet auch, dass diese Räume als *safer spaces* den Nutzer*innen relativen Schutz vor sexistischen und heteronormativen Strukturen bieten, und Solidarität und Unterstützung von durch Sexismus Betroffenen ermöglicht werden.

Für die praktische Arbeit innerhalb des Raumes ist es zentral, dass alle anfallenden Aufgaben, wie beispielsweise die Organisation von Öffnungszeiten oder die Planung von Veranstaltungen, von den FrauenLesbenTrans* selbst übernommen werden. Geschlechtliche Arbeitsteilung wird damit aufgebrochen. Es bieten sich so Möglichkeiten, sich neue Fähigkeiten anzueignen und neue Rollen innerhalb einer (politischen) Gruppe auszuprobieren. Die Räume sind damit gleichzeitig Zeichen für und Möglichkeit zur Selbstbehauptung und Autonomie von FrauenLesbenTrans*.

Fragt man die unterschiedlichen Generationen, die im FemRef aktiv waren, so sind die Motivationen vielfältig und doch ähnlich: Aktiv werden, sich einsetzen gegen das, was als soziale Missstände wahrgenommen wird, und das gemeinsam mit anderen Frauen*. Doch gab es auch im jeweiligen Zeitkontext spezifische Ziele, die durch die Mitarbeit im FemRef erreicht werden sollten. In den 1990er Jahren war eine Motivation beispielsweise feministisch-lesbische Politik zu betreiben. Diesen Antrieb findet man auch heute noch als Begründung, um sich im Referat einzusetzen. Andere Gründe sind etwa der Einsatz für Frauen*, Mädchen* und Geflüchtete. Viele ehemalige Aktive loben die kontroversen Diskussionen und den Meinungsaustausch, der sich entfaltete.

Aber auch außerhalb des Referats fanden lebhafte Diskussionen statt. Das FemRef ist lokal und regional vernetzt und pflegt diverse Kooperationen mit weiteren linken, feministischen Gruppierungen, Organisationen und Initiativen, die ähnliche Anliegen vertreten. Der Wunsch gemeinsam einen Beitrag zu gesellschaftlicher Veränderung zu leisten, ist bei jeder Kooperation zentral. Durch die Vernetzung und Zusammenlegung von Ressourcen kann dieses Ziel leichter anvisiert und erreicht werden, und der Austausch untereinander eröffnet immer wieder neue Perspektiven. Partner*innen dieser Zusammenarbeit waren und sind beispielsweise das *Anaconda*, das Frauen*-Cafe der Universität Bielefeld, das *ArbeiterInnen-Jugend-Zentrum Bielefeld*, *Akzent_in*, ein Zusammenschluss von Personen aus autonomen* feministischen* antifaschistischen* linksradikalen Zusammenhängen, das *Autonome Schwulenreferat*, das *Internationale Bildungszentrum*, der *Internationale Studierendenrat* und viele weitere.

WAS WOLLEN SIE NOCH?[10]

Diese Frage ist eine Provokation. Sie fragt weder nach Standpunkten, Differenzen oder Semiotik theoretischer und/oder praktischer feministischer Ausdrucksformen, sondern schlicht danach, ob es überhaupt noch einen Anlass für Feminismus, für feministische Theorie und Praxis gibt. Sie versucht außerdem den Vorwurf der Maßlosigkeit gegen Feministinnen* in Anschlag zu bringen, indem sie suggeriert, ›die‹ hätten schon total viel. Denn die brennendere Fragen sind doch eher: ›Was haben die?‹ Und wir fragen weiter: Wie hängt das, ›was die haben‹, mit

---

10 | »Was wollen sie noch?« ist der Titel einer Bilderserie von Angela Dwyer. Die Bilderserie wurde in der 30. Jubiläumsausgabe der *feministischen studien* abgedruckt. Die Ausgabe fragt »Was ist und wozu heute noch feministische Theorie?«

der Frage zusammen, ob wir die Pluralisierung des Feminismus erleben oder ob wir von Feminismen sprechen?

Für die Universität Bielefeld lässt sich feststellen, dass es immerhin eine Gleichstellungsbeauftragte gibt. Im Gegensatz zum deren Handlungsspielraum eröffnet das FemRef durch die autonomen Strukturen die Möglichkeit, feministische Auseinandersetzungen in einen gesamtgesellschaftlichen Kontext einzuordnen und so etwa die Gleichstellungspolitik als reformistisch zu entlarven. Denn obwohl formal alles geregelt scheint, warten wir schon ewig auf Post-Gender-Zeiten. Deswegen bekämpft eine wohl oder übel die anhaltende Übersetzung des Geschlechterverhältnisses in soziale Hierarchien und fragt sich zugleich, welche Implikationen die biologistisch begründete Herstellung des Geschlechtssystems auf feministischen Widerstand hat. Wir wissen darauf keine eindeutige Antwort.

Wir wissen aber, was wir wollen: Heute in der Universität einen Rahmen schaffen, in dem sich FrauenLesbenTrans* in ihrer Unterschiedlichkeit möglichst ungehindert austauschen und aktiv einbringen können mit ihren Erfahrungen, Wünschen, Ideen und Utopien. Wir wollen uns solidarisch zeigen mit FrauenLesbenTrans* in unterschiedlichen Kontexten und Lebensrealitäten. Wir wollen vorhandenes Wissen zugänglich machen, verbreiten und erweitern durch Diskussionen miteinander, Bereitstellen von Literatur oder der Organisierung und Unterstützung von Veranstaltungen, Vorträgen, Filmen etc. Themen, die uns dabei besonders wichtig sind, sind Antisexismus, Antirassismus, Queer Politics, NS-Geschichte und Gedenken und feministischer Widerstand im internationalen Kontext.

In unserem Verständnis bleibt das Hauptanliegen von Feminismus die Befreiung aller von Unterdrückung und Ausbeutung. Dieses Anliegen hat einen universellen Charakter und doch, das konnten wir in diesem Beitrag zeigen, sind sowohl die abzuleitenden Fragestellungen als auch die genutzten Strategien vielfältig. Die Entwicklungsgeschichte des Namens des FemRefs etwa lässt sich als Hinweis auf eine Dynamik lesen, die zwischen Akteur*innen im Feminismus besteht, welche von unterschiedlichen Positionen aus gesellschaftliche Zustände analysieren und unterschiedliche Strategien für emanzipatorische Transformationsprozesse in der Gesellschaft entwickeln. Dieser Dynamik können feministische Referate an der Universität Raum bieten.

QUELLEN

Affront (2011): »Freie Räume? Autonome FrauenLesbenTrans-Organisierung«, in: Affront (Hg.), Darum Feminismus! Diskussionen und Praxen, Münster: Unrast, 54-65.

Allgemeiner Studentenausschuss (1977): »Nicht resignieren, sondern aktiv werden«, Bielefeld (Flugblatt vom 24.05.1977).

Autonomes Frauen- und Lesbenreferat der Universität Bielefeld (1982a): »Skandal im ASTA oder das 4000DM Theater«, in: Tarantel #7, 4-6.

Autonomes Frauen- und Lesbenreferat der Universität Bielefeld (1982b): »Ein neuer Anfang???«, in: Tarantel #7, 12-13.

Castro Varela, Maria do Mar (2003): »Vom Sinn des Herum-Irrens. Emanzipation und Dekonstruktion«, in: Koppert, Claudia/Selders, Beate (Hg.), Hand aufs dekonstruierte Herz. Verständigungsversuche in Zeiten der politisch-theoretischen Selbstabschaffung von Frauen, Königstein/Taunus: Ulrike Helmer, 91-115.

Dwyer, Angela (2013): »Was wollen sie noch?«, in: feministischen studien, Zeitschrift für interdisziplinäre Frauen und Geschlechterforschung: Was wollen sie noch? – Was ist und wozu heute noch feministische Theorie, hg. v. Sabine Hark, 1(31), Stuttgart: Lucius&Lucius Verlag.

Gender Institut Bremen (a): www.genderinstitut-bremen.de/glossar/ableismus.html (17.02.2014).

Gender Institut Bremen (b): www.genderinstitut-bremen.de/glossar/klassismus.html (17.02.2014).

Haraway, Donna (1995): Die Neuerfindung der Natur. Primaten, Cyborgs und Frauen, Frankfurt a.M./New York: Campus.

Universität Bielefeld (2013): Dokumentation über die Umsetzung des Gleichstellungskonzepts der Universität Bielefeld zur Bewerbung im Professorinnenprogramm II, Bielefeld.

Universität Bielefeld (2012): Daten. 2012. Statistisches Jahrbuch. Materialien zur Planung, Bielefeld.

Ich bin drüber weg

Bernadette LaHengst

Ich bin die Schönheit und die Subversion,
Ich bin Erotik und die Reproduktion,
Ich bin der Sex als eine Maschine
Und die Romantik im Getriebe.

Ich bin die Freiheit einer neuen Idee,
Ich bin ein Teil von einer Liebesarmee,
Ich bin der Alltag in schillerndem Grau
Und die Erfüllung in jeder Frau.

ICH BIN DRÜBER WEG. ICH BIN DRÜBER, ICH BIN WEG!

Ich bin die Wut auf das System,
Der Motor zur Lösung des Problems,
Der Kompromiss und die Diplomatie
Und das Museum meiner Biografie.

Ich bin die Werbung für Weiblichkeit
Und die Verkörperung von Zeit,
Das Ur-Vertrauen und die Intuition
Seit 800.000 Jahren schon.

ICH BIN DRÜBER WEG. ICH BIN DRÜBER, ICH BIN WEG!

Ich hab das ganze All bewohnt,
Den Mars, die Venus und den Mond,
Ich hab die Sonne angestrahlt,
Und ich werde immer noch schlecht bezahlt.

Ich hab alle Krisen überlebt,
Jeden Kummer, jeden Kitsch und jeden Krieg,
Und jede versuchte Emanzipation,
Darüber kann ich lachen, ja, das hatte ich schon.

Ich bin am Ende mit meiner Geduld,
Denn von Anfang an war ich an allem schuld,
An der sexuellen Rebellion
Und am Untergang der Zivilisation.

ICH BIN DRÜBER WEG. ICH BIN DRÜBER, ICH BIN WEG!

Rolling Role Models

Bernadette LaHengst

Die Prinzessin erlösen,
Und in der Sonne dösen,
Mein Versprechen einlösen,
Körpergrenzen auflösen.

Für die Guten und die Bösen,
die in unsrer Mutters Schößen,
mit den Schwänzen und den Mösen,
Körpergrenzen auflösen.

ROLE MODELS,
ROLLING ROLE MODELS.

WE ARE THE QUEER GENERATION,
AND I FEEL FINE!

Alles wollen und nichts müssen,
Ohne Angst sich zu entblößen,
Und mit sehnsüchtigen Küssen
Körpergrenzen auflösen.

Neue Bilder auslösen,
Als Zwischenwelten Wesen
unsere Zukunft einlösen,
Körpergrenzen auflösen.

ROLE MODELS,
ROLLING ROLE MODELS.

WE ARE THE QUEER GENERATION,
AND I FEEL FINE!

(Songtexte aus dem Album *Integrier mich, Baby* [2012], erschienen bei *Trikont*,
Text & Musik: Bernadette Hengst, verlegt bei *Tod's & Fred's Musikverlag*.)

Brot und Rosen — *Fashion Victims* allerorten!

Magdalena Freudenschuss/Elke Gaugele/Dagmar Venohr

Ausgehend von der solidarischen Tradition der Textilindustrie, die eng mit historischen Selbstermächtigungsstrategien von Frauen und daraus sich entwickelnden Feminismen verbunden ist, sollen im folgenden Gespräch *Brot und Rosen* im übertragenen Sinne als modewissenschaftliche Positionen angedacht werden: ›Brot‹ als materialistischer Ansatz, als Kritik der textilen Produktionsbedingungen und ›Rosen‹ als kulturwissenschaftlicher Ansatz, als Kritik des modischen Konsumverhaltens. Ist es möglich, anhand der kritischen Reflexion des komplexen Systems der Mode praktikable Ansätze globaler feministischer Solidarität zu entwickeln?

»Brot und Rosen« forderten die streikenden Textilarbeiterinnen Anfang des 20. Jahrhunderts in den USA und weiten Teilen der westlichen Welt. Nicht mehr nur arbeiten, um zu überleben, sondern auch Bildung, Kultur und soziale Anerkennung reklamierten die Frauen damals für sich (vgl. Schrom Dye 1984). Die in den Fabriken arbeitende Basis der sonst überwiegend bürgerlichen Sufragetten sangen die Parolen[1] und bewirkten viel. Diesem grundlegenden gesellschaftlichen Aufbegehren vieler Frauen aus beiden sozialen Schichten verdanken wir heute viele unserer freiheitlichen Rechte und die fortschreitenden Forderungen nach Gleichstellung von Frauen in allen Bereichen ›westlicher‹ Gesellschaften.

Seit langem schon beschäftigen wir uns in vielen Kulturanalysen, so auch in der Modewissenschaft, überwiegend mit den ›Rosen‹: der (Um-)Deutung der kulturellen Zeichen der Mode, der Konstruktion von Frauenkörpern durch die inszenierte Darstellung in den Medien der Mode, den Strategien möglicher feministischer Selbstermächtigung durch andere Formen der Ästhetisierung des Alltags etc. Spätestens seit der Schließung der meisten textilwirtschaftlichen Produktionsstätten in den westlichen Industriestaaten in der zweiten Hälfte des

---

1 | Ursprünglich aus einer Rede der amerikanischen Gewerkschafterin Rose Schneiderman von 1911 und kurz darauf als Titelzeile eines Gedichts von James Oppenheim wurde »Brot und Rosen« ab 1912 mit ebendiesem Gedichttext zum Streiklied der Textilarbeiterinnen. Heute ist es fester, wenn auch nicht so populärer Bestandteil des Liederrepertoires der internationalen Gewerkschaftsbewegung.

20. Jahrhunderts spielen hier die Forderungen nach ›Brot‹ nur noch eine untergeordnete Rolle. So ist auch in der modewissenschaftlichen Reflexion die materialistische Perspektive auf das Gesamtphänomen Mode weniger stark vertreten. In unserer westlich-weißen Wahrnehmungsperspektive sind heute zunehmend die sogenannten Pink-Collar-Berufe[2] in den Fokus des feministischen Forderungenkatalogs des Arbeitskampfes gerückt (vgl. z.B. die Care-Debatte).

Wollen wir aber hinsichtlich der modewissenschaftlichen Wirksamkeit der Analyseansätze wirklich etwas verändern, müssen wir auch Vergeschlechtlichungen im Kontext weltweiter Textilwirtschaft und somit auch die Blue-Collars (wieder) in den Blick nehmen. Ihre massiven ›Brot‹-Problematiken müssen wesentlicher Teil einer aktuellen, wirksamen feministischen Modewissenschaft sein, sind sie doch nicht zuletzt auch wesentlicher Teil des eigentlichen Produkts: der von uns konsumierten Modekleidung. Diese Modekleidung entsteht meist unter menschenunwürdigen Bedingungen, ist pestizidbelastet, oft schlecht verarbeitet, hat eine katastrophale CO_2-Bilanz, ist billig zu haben – ein schnelllebiger Wegwerfartikel: *Fast Fashion!* Die toten Textilarbeiterinnen aus Bangladesch haben nur für eine kurze Zeit die Nachrichten beherrscht und die Gemüter erregt, obwohl alle von uns einen Schnipsel mit diesem Herkunftsland im Shirt auf dem Buckel tragen.[3] Sind sie die einzigen Opfer des weltweiten Modemarktes? Wo finden sich die Fronten heute, wogegen lohnt es sich aufzubegehren und warum? Wie verlaufen die Gräben, wer leidet woran und was können wir tun? Kann eine feministische Grundüberzeugung die dringende Solidarisierung über alle anderen Differenzen hinweg ermöglichen?

Wir, Elke Gaugele, Magdalena Freudenschuss und Dagmar Venohr, haben uns am 6. März 2014 in Berlin zu dem im Folgenden aufgezeichneten Gespräch getroffen, zwei Tage vor dem diesjährigen *Frauen*kampftag*, um sowohl den Fokus auf die Ursprünge der Bewegung zu lenken und die Brot-und-Rosen-Thematik ins Heute zu übertragen als auch anhand des modewissenschaftlichen und feministischen Grundlagentexts »Bridging the *Gap*. Feminismus, Mode und Konsum« (1999) von Angela McRobbie zu fragen, was wir heute machen können, sein lassen sollten oder immer noch nicht geschafft haben zu tun.

---

2 | Neben Blue-Collars, der Bezeichnung für die traditionellen Handwerks- und Industrieberufe, und den White-Collar-Berufen, den Bürojobs, stehen Pink-Collars für die überwiegend durch Frauen besetzten sozialen Dienstleistungsberufe, die meist unterbezahlten Pflege- und Betreuungsjobs; aber auch Reinigungskräfte und Verkäuferinnen sind meist darunter zu subsumieren.

3 | In Gedenken an die Verunglückten des Fabrikunglücks im Jahr 2013 in Bangladesch fand am 24. April 2014 erstmals der *Fashion Revolution Day* statt: Wir waren aufgefordert, unsere Kleidung auf links gedreht zu tragen, um anhand der Etiketten sichtbar zu machen, wer sie produziert hat (vgl. www.fashionrevolution.org).

BROT UND ROSEN – ZWEI FORDERUNGEN, ÜBERTRAGEN IN DIE HEUTIGE MODEWISSENSCHAFT

Elke: Dagmar, du hast ja eingangs geschrieben, dass der materialistische Ansatz heute viel zu kurz kommt, und daraufhin habe ich mir erst einmal notiert, dass ich das eigentlich nicht so sehe. Man denke nur an *No Logo* von Naomi Klein (2001), die Bücher von *Südwind*[4], der *Clean Clothes Campaign*[5] (*CCC*), zu *Mode und Ethik* (Tseelon 2014), oder das antikapitalistische *Book of Fashion* (Hoskins 2014). Aber die bekanntesten deutschsprachigen modewissenschaftlichen Publikationen des letzten Jahres sind allerdings beste Beispiele für deine Eingangsthese und somit ein aktueller Beleg, dass bestimmte Themen in der deutschen Modewissenschaft tatsächlich nach wie vor viel zu kurz kommen, denn der von dir anvisierte Ansatz war wieder einmal nicht vertreten.

Dagmar: Ja, das findet insgesamt viel zu wenig statt. Und nimmt man sich heute den mehr als fünfzehn Jahre alten Text von Angela McRobbie nochmals vor, dann finden sich ihre Forderungen, ihr Sechs-Punkte-Plan[6] für eine feministische Modebetrachtung bislang kaum beachtet und schon gar nicht erfüllt. Es gibt zwar immer wieder Versuche, die aber nicht in dem Ausmaß, wie sie es ja schon damals zu recht einforderte, zielführend sind. Wir halten uns immer noch überwiegend auf der symbolischen Ebene auf, eine dezidiert feministische Modewissenschaft sehe ich so leider auch noch nicht, und die wissenschaftliche Betrachtung der Ökonomie der Mode wird nach wie vor vernachlässigt.

Elke: Aber nicht nur, ich bin der Meinung, dass es durchaus andere aktuelle Ansätze gibt, über Ökonomien und deren Arbeitsbedingungen zu schreiben, z.B. *The Aesthetic Economy of Fashion* (2009) von der Britin Joanne Entwistle. Das ist eine Studie, die noch mal andere Ebenen des Modehandelns[7] betrachtet, nämlich z.B. die Models und auch die Einkäuferinnen. Sie untersucht hier auch andere komplexe Ebenen, nicht nur die symbolische.

Magdalena: In der Arbeitssoziologie, in der feministischen politischen Ökonomie wird natürlich schon dazu gearbeitet. Die materialistische Seite, wie du sie nennst, die gibt es definitiv, aber die wichtigen Fragen sind: Wie kommen diese

---

4 | Vgl. www.saubere-kleidung.de (25.06.2014).

5 | Vgl. www.cleanclothes.org (25.06.2014).

6 | Ihre Forderungen beziehen sich auf folgende sechs Faktoren des Modesystems: 1. Manufaktur und Produktion, 2. Design, 3. Einzelhandel und Vertrieb, 4. Lehre und Ausbildung, 5. Modezeitschriften und -medien, 6. Praktiken des Konsums (vgl. McRobbie 1999: 216).

7 | Ein rezeptionstheoretisches Konzept von Mode, das ihre Konstitution auf Seiten der menschlichen Handlungsfähigkeit im Umgang mit Kleidung verortet: Mode ist das, was wir mit Kleidung machen (vgl. Venohr 2008, 2010).

beiden Seiten und damit auch die verschiedenen Forschungsansätze zusammen, und wo berühren oder verzahnen sie sich?

Elke: Genau, und da gibt es auch noch den schwedischen Kollegen Patrik Aspers aus der Soziologie, der zur Globalisierung von Märkten anhand der Mode geforscht hat. Er hat eine interessante ethnografische Arbeit zur Modefotografie als visuelle Ökonomie geschrieben (vgl. Aspers 2006) und eine metaökonomische Kapitalismuskritik und -analyse des Marktsystems Mode. Das Buch heißt *Orderly Fashion. A Sociology of Markets* (Aspers 2010).

Dagmar: Wenn wir das nun als Einstieg dafür nehmen, was es im wissenschaftlichen Feld überhaupt so gibt, d.h. welche Bereiche und Aspekte einer Ökonomie der Mode es bislang ins Blickfeld der wissenschaftlichen Betrachtungen geschafft haben, dann ist das ja erst einmal die eine Seite. Die andere ist für mich die Seite der Produktion, z.B. die der TextilarbeiterInnen. Gibt es auf Seiten der ArbeiterInnen konkrete Bewegungen oder Aktionen, die Missstände aufzeigen? Wenn ja, kommt das auf der anderen Seite der Betrachtung, der wissenschaftlichen Ebene überhaupt an? Was gibt es hier wie dort für (Aktions-)Formen, um auf mögliche Missstände aufmerksam zu machen? Gibt es eine Verknüpfung von diesen beiden Seiten, um zu erkennen, wo feministisches Denken überhaupt handlungsfähig ist und einen konkreten Ausdruck findet, letztlich auch einen modewissenschaftlichen? Die Publikationen, die du zuvor angeführt hast, sind ja nicht aus Deutschland, und viele sind nicht mehr auf dem aktuellen Stand.

Magdalena: Wobei es ja auch von der *CCC* und von Südwind immer wieder neue Informationen und Publikationen gibt, beispielsweise zum Segment von Outdoor-Bekleidung oder zur *Asia-Floor-Wage*-Kampagne[8], die ihre Forderungen ja auch mit entsprechenden Informationen zu Arbeitsbedingungen und Entlohnungsstrukturen verbinden.

Elke: Und gleichzeitig haben die Blogs ja auch große Teile der aktuellen Berichterstattung übernommen. Also wenn ich jetzt hinsichtlich der Arbeitsbedingungen weltweit informiert sein will, dann gehe ich einfach auf die Website von *Labour Watch*[9].

Dagmar: Oder ich schaue bei *Terre des Femmes*[10], da finden sich ja auch umfassende Informationen.

---

8 | Siehe www.asiafloorwage.org (25.06.2014).
9 | Siehe www.labourwatch.com (25.06.2014).
10 | Siehe www.frauenrechte.de (25.06.2014).

Magdalena: Ja, die sind ja auch eine der deutschen Mitträgerorganisationen der CCC, der *Kampagne für Saubere Kleidung*, wie sie in Deutschland heißt. – Ich bin ja keine Modewissenschaftlerin, sondern komme aus der arbeitssoziologischen Ecke, und da ist dieser materialistische Ansatz sehr handfest und grundsätzlich vorhanden. Aber in der feministischen Theorie und Praxis insgesamt ist das ja ein Strang, der erst jetzt wieder stärker wird, wie auch das Schwerpunktheft der *Femina Politica* zu feministischer Ökonomiekritik zeigt (vgl. Femina Politica 1/2013). Es gibt wieder ein stärkeres Darauf-Achten, wo die materialistischen Bezüge sind. Und auch in der politischen Ökonomie wird das immer stärker diskutiert, dort wo die politische Ökonomie insgesamt wieder mehr Raum kriegt.

Dagmar: Und gibt es da wirklich auch schon auf der Modeproduktionsebene aktuelle Untersuchungen z.B. zu den Arbeitsbedingungen der TextilarbeiterInnen?

Magdalena: Also ich kenne dazu meist das, was im Umfeld der *CCC* dazu passiert und herausgebracht wird z.B. zu den Stichworten *fatal fashion* oder *deadly denim*. Also es gibt da schon Leute, die dazu oder in dem Kontext promovieren. Da stellt sich aber wieder die Frage, inwieweit das auch feministische Ansätze jenseits dessen sind, dass erneut festgestellt wird, über 90 Prozent der Beschäftigten seien Frauen, was ja so noch keine feministische Perspektive sein kann.

Dagmar: Und was denkst du, warum das von uns, den Modewissenschaftlerinnen, nicht den gebührenden Rahmen bekommt? Denn in der modewissenschaftlichen Praxis und Theoriearbeit ist feministische Ökonomiekritik ja viel zu marginal vertreten.

Elke: Ja, warum das so ist, habe ich mir für meine eigene Arbeit auch schon überlegt ... Ein wichtiger Punkt ist immer die Globalisierung. Ich würde sehr gern sofort vor Ort forschen, schließlich habe ich gerade jetzt ja auch diesen Aufsatz über *ethical fashion* geschrieben (vgl. Gaugele 2014); hier war für mich die feministische Kritik Spivaks (2004) an den neokolonialen Strukturen der Globalisierung sehr wichtig. Diese lässt sich beispielsweise an der Produktion der Kollektion von Vivienne Westwood in Afrika nachvollziehen. Außerdem habe ich danach auf zufällige Weise eine US-amerikanische Kollegin kennengelernt, die jetzt quasi Labour-Watch macht in den Betrieben der *UN-Ethical-Fashion-Initiative* in Afrika. Aber für mich stellt die große räumliche Entfernung auch ein großes Handicap dar, weil diese globale Spaltung auch ganz praktisch zu einer Spaltung im Forschungsalltag führt.

Magdalena: Ein anderer wichtiger Punkt ist auch, dass sehr oft die Forschung, die im globalen Süden stattfindet, nicht im Fokus unserer Wahrnehmung landet, obwohl es unter Umständen auch Arbeiten zu den aktuellen Arbeitsbedingungen gibt, z.B. wie die Produktionssysteme wachsen oder die lokale Textilproduktion sich verändert. Unser Wissenssystem ist so strukturiert, dass da immer noch der Nord-Süd-Bruch zwischen Wissenschaftswelten zum Tragen kommt: der Globale Norden, der davon nichts wahrnimmt oder keine Kanäle öffnet, um auch Arbeiten aus dem Globalen Süden zu rezipieren.

Dagmar: Ja, einerseits ist unser Wissenschaftssystem so strukturiert, andererseits ist mir bei meinen Recherchen ein sehr interessanter Aufsatz von Nancy Schrom Dye (1984) begegnet und zwar in dem Buch *Listen der Ohnmacht* (Honegger/Heintz 1984). Es geht darin um die Frauen-Gewerkschaftsliga *WTUL* am Anfang des 20. Jahrhunderts in New York zur Zeit des ersten großen Textilarbeiterinnen-Aufstandes. Sie beschreibt dort ganz dezidiert die Krux der bürgerlichen Frauen, die versuchen, sich mit den Arbeiterinnen zu solidarisieren, sich ihnen aber gleichzeitig immer in einer Welfare-Haltung zuwenden, um gleichzeitig ihr Sprachrohr zu sein. Und sie zeigt, dass es nicht funktioniert hat, dass es zu keinen wirklich langfristig tragbaren Verbindungen gekommen ist, weil es einfach diese gravierenden Klassenunterschiede gab. Da lebten diese Frauen doch noch vis-à-vis zusammen in einer Stadt, weil Produktion und großbürgerliches Leben noch räumlich dicht beisammen stattfanden, und dennoch konnte der Brückenschlag nicht gelingen. Und heutzutage ist die gesamte Textilproduktion ausgelagert, befindet sich in komplett anderen Kulturkreisen, nicht mehr vor der eigenen Haustür, der eigenen Stadt. Ich denke, auch deshalb ist dieser Gap noch größer geworden, ist es noch schwieriger geworden, ihn zu überbrücken.

Magdalena: Aber ist das alles tatsächlich so weit weg? Ich würde schon sagen, dass durch die digitalen Technologien die Nähe doch gleichzeitig auch wieder vorhanden ist. Wir wissen alle, dass in der Textilproduktion die Arbeitsbedingungen katastrophal sind. Das wissen mittlerweile längst auch Kinder und Jugendliche, mit denen ich in Schulen Workshops zum Thema mache. Als ich vor 15 Jahren mit Workshops anfing, war die Empörung noch groß. Da war das noch ein Aha-Effekt, sich damit auseinanderzusetzen, wie unsere Klamotten eigentlich hergestellt werden und wo das überhaupt passiert. Dieses Wie und Wo ist aber mittlerweile Allgemeinwissen, es gibt dazu Fernsehsendungen, Videoclips, all das ist über Internetkampagnen präsent. *Green fashion* ist mittlerweile ja auch schon eine Werbeschiene aller möglichen Konzerne. Also das ist nicht mehr das Problem. Es ist zwar geografisch weit weg, aber das Wissen darüber ist im Rahmen der öffentlichen Wahrnehmung relativ nah. Ich habe vielmehr den Eindruck, dass sich Wissen nicht mehr mit Empörung verknüpft. Das Konsumieren hat seine eigene Dynamik, und vielleicht ist das auch einer der Gründe, weshalb diese zwei Ebenen bzw. Dimensionen von Anerkennung und Umverteilung, wie Nancy Fraser (2005) diese pointiert formuliert hat, sowohl in der Wissenschaft als auch in der Praxis vorhanden sind, aber selten zusammenkommen. Konsum ist einer der zentralen Säulen von Kapitalismus, so dass es einen Bruch bedeuten würde, sich systematisch mit dessen anderer Seite, den Arbeitsbedingungen, auseinanderzusetzen und vor allem zu hinterfragen, welche Rolle unsere eigene Involviertheit und Verantwortung eigentlich spielt und nicht nur zu fragen und zu bedauern, wie arm ›die Anderen‹ sind.

FEMINISMUS UND IDENTIFIKATION — SOLIDARISCH MIT WEM?

Dagmar: Das ist der Punkt, auf den ich gedanklich abziele: Wie ›arm‹ sind die anderen eigentlich? Es ist einerseits die Frage nach Identifikation, d.h. wenn ich mich für andere Frauen stark machen und wirklich einsetzen will, inwieweit muss ich dann Bedürfnisse und Lebenswelten der anderen wirklich nachvollziehen und verstehen können? Das ist in dem eben angeführten Aufsatz als ein wesentlicher Grund des Bruchs beschrieben worden: Die Frauen konnten sich aufgrund ihrer sozialen Unterschiede und der daraus resultierenden differierenden Identifikationsebenen langfristig nicht solidarisieren.[11] Das ist ein sehr spannender Aspekt, der auch bei McRobbie schon auftauchte (vgl. McRobbie 1999: 212ff.). Es geht darum, dass wir Frauen mit unserer westlich-weißen Perspektive den anderen Frauen so etwas wie Konsumleidenschaft, Selbstdarstellung über Mode, diese ganzen spielerischen Dinge, die wir so ausgiebig in unseren symbolischen Artefakten untersucht haben, erst einmal gar nicht zutrauen. Wir fokussieren dann nur die Arbeitsbedingungen, sehen nur wie ›arm‹ diese Frauen sind, nehmen nur die Brot-Perspektive ein. Wenn wir aber nur das Eine sehen und das Andere ausblenden, kann es nicht zu einer wirklichen Identifikation kommen. Und das betrifft auch unser Handeln: Wir müssen uns fragen, ob es sinnvoll ist z.B. ein Label zu boykottieren, das den sozialen Standards nicht gerecht wird, wenn dadurch andere ihren überlebenswichtigen Broterwerb verlieren. Es sind so viele globale Verflechtungen, die in diesem Zusammenhang in den Blick kommen. Versteht ihr, worauf ich hinaus will? – Wir kennen so wenig die Lebenswirklichkeiten der vielen anderen Frauen, als dass wir uns einerseits identifizieren und andererseits sagen könnten, welche Bedürfnisse stehen an erster, zweiter, dritter Stelle. Und darin liegt für mich eine sehr große Schwierigkeit der Verknüpfung dieser Ebenen.

Elke: Das ist für mich aber auch eine Frage der Forschung oder der Haltung: Ich kann die Bedürfnisse natürlich am besten verstehen, wenn ich Feldforschung vor Ort machen kann, wenn ich als Ethnografin hingehen und da arbeiten kann. In der Anthologie, die wir gerade herausgeben, ist auch der Beitrag von Maiken Kloser[12], einer Wiener Designerin und Studierenden, die eben aufgrund dieses

---

11 | Daraus ergab sich vor allem die Problematik, wie sich die unterschiedlichen Frauen der Sache selbst, dem Arbeitskampf, zuwandten. Es blieb die Frage offen, ob nun der Kampf um die Rechte der Frau oder der Kampf um die Verbesserung der Arbeitsbedingungen im Allgemeinen an erster Stelle stand: »Waren Arbeiterinnen nun unterdrückt, weil sie Arbeiterinnen oder weil sie Frauen waren?« (Schrom Dye 1984: 307)

12 | Siehe http://maikendomenica.blogspot.de (25.06.2014).

Anspruchs für ein Jahr nach Bangladesch gegangen ist und dort in einem Textilbetrieb als Designerin gearbeitet hat. Sie hat dort sehr gute Kontakte und hält auch weiterhin die Verbindung. Ihre Freundinnen dort bitten, von Europa als Modeproduzentinnen und Textilarbeiterinnen nicht hängen gelassen zu werden.

Dagmar: Und das ist in dem Band ein einzelner Erfahrungsbericht? Oder hat sie auch versucht, das Erlebte empirisch zu erfassen?

Elke: Sie hat für *Südwind* ein Interview gegeben und auch einen Pressebericht geschrieben und jetzt auch einen Artikel für unser Buch (vgl. Kloser 2012). Es war für sie eine politische und eine persönliche Erfahrung. Leider wollte sie ihre Diplomarbeit nicht darüber schreiben, also blieb es bei drei Artikeln, was ich sehr schade finde. Aber ich bin sehr froh, dass ihr Text nun bei uns erscheint, damit eben diese Perspektive auch mit drin ist, was ganz wichtig ist.

Magdalena: Für mich steckt dahinter insbesondere die Frage nach Solidarität und wie Solidarität funktioniert. Und ich weiß nicht, ob dieses Wissen wirklich so viel hergibt. Es bringt uns sicher näher, und wir können mehr verstehen, wenn wir da mehr erfahren, aber gleichzeitig denke ich, dass es hier vielmehr um Herrschaftsfragen geht und um die Frage, wie unbequem es für uns wäre, sich tatsächlich zu solidarisieren: Wir, WissenschaftlerInnen und KonsumentInnen im Globalen Norden, müssten dabei auf jenes System schauen, in dem wir eine zentrale Rolle für die Aufrechterhaltung ungerechter Verhältnisse spielen. Es ist ja nicht so, dass wir draußen stehen, beobachten, was vor sich geht und die Brot- und Rosen-Forderungen irgendwie gegeneinander abwägen. Sie sind ja vielmehr unmittelbar miteinander verzahnt und nicht zwei Seiten oder Pole: Konsumieren ist ein struktureller Bestandteil von kapitalistischen Strukturen, und Ausbeutung ist es auch. Das Bild von Weiblichkeit, das den Transmissionsriemen darstellt, um Konsum irgendwie am Laufen zu halten, ist ebenfalls einer dieser strukturellen Bausteine. Wir sind unmittelbar immer Teil dieses Systems und in diesem Fall auf der Seite der Privilegierten, jener Seite, die aus der Ausbeutung ihren Profit zieht.

Dagmar: Zielst Du damit dann auch auf eine mögliche Macht der KonsumentInnen ab?

Magdalena: Da ist vielleicht ein solches Moment, aber noch grundlegender zweifle ich daran, ob es ausreicht nach Identifikationsmöglichkeiten zu suchen, diese einzufordern ...

Elke: ... und Vernetzungsmöglichkeiten. Ich kann mich nur solidarisieren, also wirklich solidarisieren oder auf ein Gegenüber einlassen, das ich auch kenne. Das heißt dann: Ich muss mich engagieren, wenn ich vernetzt bin.

Magdalena: Und gleichzeitig muss ich mich selbst in Frage stellen. Ich muss meine eigenen Positionen als ›Weiße‹, im Globalen Norden positionierte Akademikerin, die einiges an Konsummöglichkeiten hat, in Frage stellen, wenn ich wirklich hinterfragen will, wie dieses System funktioniert und warum dieses System globale Ausbeutung zur Grundlage hat. Wenn sich wirklich etwas ändern soll, muss etwas anderes geschehen als immer wieder nur neue Formen von Abkommen, *codes of conducts*, neueste Moden, wie man das Beschlossene schön verpackt, zu erfinden. Bislang bedeuteten viele Initiativen im Endeffekt für die Arbeiterinnen die gleiche Malaise. Ich kann mich nicht nur solidarisieren und sagen, die Arbeitsbedingungen für die Textilarbeiterinnen in Bangladesch müssen besser werden, ohne dass ich bereit bin, auch hier im Globalen Norden, in meinen Lebenswelten strukturell etwas zu verändern. Aber dann gerät unsere Position ins Wanken, und von da an wird es schwierig.

Elke: Aber unsere Position kommt doch immer ins Wanken, oder muss ins Wanken kommen, sonst können wir als Wissenschaftlerinnen keine gute Arbeit machen. Wir müssen uns immer in Beziehung sehen zu den Kategorien.

MODE UND MORAL: ETHICAL FASHION – KOLONIALE MODESTRATEGIEN IN ZEITEN DES POSTKOLONIALISMUS

Dagmar: Ein Stichwort war gerade, dass dann im Umgang mit den Diskrepanzen der Textilwirtschaft wieder nur etwas kommt, was die ›neueste Mode‹ sein wird. Und das ist ja etwas, was du gerade untersuchst, Elke. Du analysierst gerade diesen neuen Trend, den *ethical turn* in der Modebranche. Das ist ein vielschichtiges Phänomen und umfasst Aspekte wie Nachhaltigkeit, Sozialstandards, CO_2-Bilanzen etc. von Kleidungsstücken. Modekleidung bekommt dadurch einen ethischen Impetus, der in verschiedenste Richtungen führt und immer moralisch aufgeladen ist. Dieser *ethical turn* zielt darauf ab, dass ich mich als Konsumentin über die ethischen Ansprüche und moralischen Ingredienzien dieser Mode mit dem jeweiligen Kleidungsstück und letztlich vielleicht auch mit den ProduzentInnen identifizieren kann. Hat das eine greifbare Substanz und Wirksamkeit, oder ist das auch wieder nur eine sogenannte ›neueste Mode‹?

Elke: Für mich ist das nicht nur eine Mode, sondern eine strukturelle Frage, und die liegt in dem, was du gerade beschrieben hast. Zum einen ist im Westen das Bewusstsein für faire soziale ökonomische Arbeitsbedingungen und für eine ökologische textile Produktionskette gestiegen. Zum anderen geschieht dies erneut in Form einer klassenspezifischen Annäherung und Solidarisierung innerhalb des Rahmens der kapitalistischen Ökonomie. Und da kommt es zu sehr interessanten historischen Parallelen zur ersten Frauenbewegung Anfang des 20. Jahrhunderts, über die wir vorher schon gesprochen haben: z.B. wenn Vivienne Westwood erklärt, sie würde jetzt Frauen irgendwo in Kenia emanzipieren und die

Welt durch Mode retten. Diese merkwürdige Krux, die jetzt in dieser Phase der Globalisierung wieder auftritt, finde ich auch so spannend daran.

Magdalena: Feminismus wird da auch wieder in einer schon an vielen Stellen kritisierten Form reproduziert, einer sich mit Rassismus verzahnenden Variante, als wüssten wir weißen Feministinnen, was Emanzipation heißt, und als müssten wir jetzt diese Emanzipation exportieren.

Elke: Gayatri Chakravorty Spivak nennt dies Sozialdarwinismus bzw. »the burden of the fittest« (Spivak 2004: 539). Als Exportmodell des Globalen Nordens wird ›Frauenemanzipation‹ auch zu einem ökonomischen Ding. Und ich finde es sehr, sehr spannend zu fragen, warum das gerade jetzt passiert. Es ist dann nämlich nicht nur eine Mode, sondern vielmehr die Gesellschaft selbst, die in irgendeiner Form nach Veränderung ringt. Ich beobachte einen Umschlag vom ästhetischen Paradigma hin zu einer Kapitalismuskritik, die sich auch wieder sozialen Fragen zuwendet (vgl. Boltanski/Chiapello 2003). Die Adaption von Sozialkritik in die Modeproduktion und das kapitalistische System selbst sind dafür wichtige Indikatoren, die zu bizarren Konstellationen führen, wie z.b. dass ein Modelabel sich *misericorida*[13] (auf Deutsch: Barmherzigkeit) nennt, oder eben auch bei *Vivienne Westwood*[14] oder *honest by*[15].

Magdalena: Ein wesentliches Problem sehe ich darin, dass genau dieses Infragestellen der eigenen Rolle im Kapitalismus nicht systematisch geschieht, sondern in einer Form, die mögliche und vorhandene Kritik irgendwie einarbeitet und im Prinzip dadurch auch noch neue Märkte schafft.

Dagmar: Ich sehe diese scheinbare Veränderung der Ideale zudem als eine symbolische Umformulierung. Das Wesentliche der Kleidung als Ware, dem eigentlichen Produkt, das da hin und her wabert zwischen Produktion und Konsument, ist ihr symbolischer Mehrwert: die ethische Verantwortung.

Elke: Gut, der wird ja auch noch produziert, das sind ja ganz viele Ökonomien. Wir haben ja nicht nur die reine Textilproduktion, sondern auch all die anderen visuellen, ästhetischen und biopolitischen Ökonomien der Mode mit ihren jeweiligen Kapitalsorten.

Dagmar: Ja, und dieser plakative Feminismus, der da auch mitschwingt, steckt genau in diesem symbolischen Mehrwert. Der wird z.B. durch die Geschichte aufgeladen, dass Vivienne Westwood sich mit den kenianischen Frauen abbilden

---

13 | Siehe www.unique-nature.com/shop/brands/misericordia (25.06.2014).
14 | Siehe http://climaterevolution.co.uk/wp (25.06.2014).
15 | Siehe www.honestby.com/en/page/16/about.html (25.06.2014).

lässt, der wird kolportiert in diesen so produzierten Kleidungsstücken. Und das trag ich dann an mir, und dann habe ich mich also solidarisiert?

Elke: Ja genau, dann bist Du ein besserer Mensch ...

Magdalena: ... durch meinen Konsum und bleibe nichtsdestotrotz eine brave Konsumentin im kapitalistischen System. Also ich breche oder verändere damit eigentlich gar nichts, füge mich vielmehr nahtlos ein. Zudem wiederhole ich auch noch imperiale, rassistische Strukturen, weil ich mich in dem System gleichzeitig auch noch als weiße Westeuropäerin abgrenzen kann. Hier greift wiederum das Distinktionspotential der Mode und wird darüber hinaus als Herrschaftsmechanismus deutlich.

Dagmar: Ja, ich habe meine Bedürfnisse erfüllt, bin meinen Begehrnissen gefolgt, habe Spaß daran, habe es total gemütlich und bequem und kann da bleiben, wo ich bin. – Genau das ist für mich überhaupt nicht die Form von Solidarisierung, die ich mir vorstelle. Da habe ich ja letztlich nichts gemacht, nicht einmal mehr gedacht, weil an erster Stelle alle meine Bedürfnisse befriedigt worden sind, und dann bin ich letztendlich nur noch träge und konsumgesättigt. Dann denke ich nicht mehr an die produzierenden Frauen irgendwo. Wo sie sind, ist auch schon völlig irrelevant. Wichtig ist nur noch dieses hübsche, hippe, gestickte Muster auf der Bluse, das nun auch keine andere kulturelle Relevanz mehr hat.

Magdalena: Der *ethical turn* addiert so zum Distinktionsspiel nur noch eine weitere Ebene: Ich kann mich nun auch noch über das ethische Konsumieren abgrenzen.

Elke: Das finde ich nun sehr interessant, dass wir damit dann auf der einen Seite zu einer neuen Luxusdefinition kommen.[16] In die andere Richtung gibt es die weitreichende Kritik dazu, etwa von der feministischen Modewissenschaftlerin Reina Lewis, die sagt, dass die Subalternen so auch zu einem Fetisch der Modekritik werden (vgl. Lewis 2004).

Dagmar: Das ist aber auch empörend, wie Westwood die Handarbeiterinnen in Afrika mit ihrem eigenen Kultur- und Körperschmuck ausstellt.

Magdalena: Eine solche Praxis bleibt ganz unmittelbar in der kolonialen Tradition verhaftet.

Elke: Deswegen interessiert mich das ja auch so: Diese Form des Ausstellens ist wirklich neo-kolonial, früh- und spätkapitalistisch zugleich. Westwood ist natür-

---

16 | Vgl. »Giving Back is the New Luxury«, www.fashion4development.com/about (25.06. 2014).

lich intelligent, sie kennt alle diese Debatten und spielt damit. Sie inszeniert sich dann selbst als Händlerin oder als Touristin und stellt sich so auch selbst in verschiedenen Rollen aus. Es ist nicht so ganz einfach, aber es erscheint trotz der gesamten Dekonstruktion und der stylischen Rollenspiele als das, was es negiert: nämlich als White Charity!

Dagmar: Und es wird diesen Frauen an dieser Stelle etwas genommen, es ist entblößend.

Magdalena: Das ist ja auch ein wesentlicher Teil der kolonialen Tradition: Es geht um Ökonomisierung und Inwertsetzung von Wissen, Können oder in diesem Fall handwerklicher Kunst.

Dagmar: Es wird ihnen auch die individuelle kulturelle Ausdrucksmöglichkeit genommen. Denn die Handwerkskunst, die ja ökonomisiert wird, ist zumindest ja traditionell der individuelle, persönliche Ausdruck jeder einzelnen Frau, einzelne Familienverbünde haben eigene Muster. Ihnen wird durch die Veräußerung etwas ganz Genuines genommen, eine bestimmte Form von Persönlichkeit und Individualität, die sie in ihrem sozialen Umfeld haben.

Magdalena: Und nun wird diese Form der Ökonomisierung von Kultur draufgeschrieben als zusätzliches Moment von Wertschöpfung. Das ist eine weitere Dimension in einem Feld, das eigentlich schon lange durch Globalisierung geprägt ist. Die Textilwirtschaft basiert schon sehr lange auf globalem Handel, Produktionsketten und geteilten Produktionsschritten.

Elke: Und makaber ist, dass das auch innerhalb des Systems als Gegenstrategie propagiert wird: Kenia wird im Gegensatz zu den hochtechnisierten Sweat-Shop-Ländern wie Bangladesch als ethischer grüner Markt inszeniert. Auch weil davon ausgegangen wird, dass sich das Land niemals zu einer hochtechnisierten Produktionsstätte entwickeln lässt.

Magdalena: Dies geschieht zusätzlich vor dem Hintergrund, dass durch den globalen Altkleiderhandel viele lokale Textilmärkte und -produktionen zerstört worden sind. Was an Altkleidung im Globalen Norden anfällt, wird im Globalen Süden weiter vermarktet, so dass lokale ProduzentInnen von Kleidung unter Druck geraten.

Elke: Und danach wurde beispielsweise die UN-Initiative *Fashion4Development*[17] gegründet, ein globales Netzwerk von Einzelpersonen, Medien und Konzernen

---

17 | »The mission is to harness the power of the fashion and beauty industries and implement creative strategies for sustainable economic growth, wellness and independence of communities worldwide and the preservation of culture through the expression of fashion.

aus allen Bereichen der Mode- und Textilwirtschaft, mit dem entwicklungspolitischen Ziel, das textile Handwerk und die DesignerInnen vor Ort zu stärken. *Homecoming* ist ein ernstes Thema für ModedesignerInnen. Buki Akib, eine Designerin aus London, die gerade wieder nach Lagos zurückgegangen ist, hat zu diesem Schritt eine Kollektion gemacht, die auch als Beitrag in dem Buch *Do It with Others – Gemeinsam Anders Tun*, vertreten ist, das wir gerade herausgeben (vgl. Gaugele/Muriale/Sircar [im Druck]).

Dagmar: Ist innerhalb dieser systemischen Verstrickungen ein solidarisierender Schulterschluss über die Produktions- und Vertriebsketten hinweg überhaupt möglich? Und welche Aktionsformen wären denkbar?

Magdalena: Es ist ein Kampffeld, und es bedarf wirklich dringend intersektionaler Perspektiven. Solidarität und Feminismus lassen sich nicht entkoppeln vom Nachdenken über Kapitalismus und Rassismus. Sinnvoll wird das Nachdenken über Solidarisierungen erst innerhalb einer intersektionalen Herrschaftskritik. Es gibt ja viele feministische Ansatzpunkte wie z.B. über den Körper, um zumindest immer wieder gute Ideen zu entwickeln, wie so etwas funktionieren kann. Den einen Hebelpunkt gibt es aber nicht.

GENDER UND QUEER IN DER MODE – FEMINISTISCHE TRADITIONSLINIEN

Dagmar: Elke, wir haben bisher kaum auf deutschsprachige Forschungen Bezug genommen, gibt es denn eine Feministische Modewissenschaft in Deutschland, die sich dieser Themen annimmt?

Elke: Sonja Eismann zum Beispiel gibt ja nicht nur die Zeitschrift *Missy Magazine* mit heraus, in dem es oft um eine modejournalistische Aufarbeitung feministischer Themen, sondern lehrt auch in Basel und Bremen und hat vor kurzem die Modetext-Sammlung *absolute: Fashion* (Eismann 2012) herausgegeben, in der sie auch einen Fokus auf die Produktionsbedingungen legt.

Magdalena: Denkst du da an einen spezifisch materialistischen, oder grundsätzlich feministischen Ansatz? Sicherlich gibt es doch über die Kritik am Körper auch eine feministische Forschung in der Modewissenschaft?

Elke: Wir haben in der deutschsprachigen akademischen Auseinandersetzung mit Mode einfach eine grundsätzlich andere Wissenschaftstradition als z.B. in der britischen Modewissenschaft. Bei uns finden sich überwiegend Lehrstühle aus

---

Its guiding principles are the 4E's: Educate, Empower, Enhance, and Enrich. F4D's tag line is ›Giving Back is the New Luxury‹ Fashion 4 Development's message is being received with open arms around the world.« (www.fashion4development.com/about)

dem Bereich der Literaturwissenschaften, der Romanistik, der Kunstgeschichte, sehr wenige aus der Soziologie und dann eben ein paar aus der Kulturanthropologie und Ethnografie. Wenn eine Akademisierung des Themas stattfindet, dann meistens in diesen Fächern. Mode ist hier immer nur eine Teildisziplin, ein Nebenfach. Denn um eine Professur zu bekommen, braucht man ja ein viel breiteres Profil. Die Spezialisierung auf Mode wird als Engführung angesehen und negativ ausgelegt. Umgekehrt ist es hingegen in den textilen Lehramtsfächern: Da ist zwar eine wissenschaftliche Auseinandersetzung gewünscht, aber teilweise auch nicht wirklich möglich, weil strukturell Didaktik und Schulpraxis als viel wichtiger angesehen werden. Darüber hinaus wird das Fach im Zuge staatlicher Bildungspolitik an Schulen wie Hochschulen abgeschafft oder zwangsfusioniert. Zusammengefasst steht das gesamte modewissenschaftliche Feld in Deutschland wie auch in Österreich unter großem, strukturellem Druck.

Dagmar: Und es ist eine doppelte Krux, weil es *die* Modewissenschaft als solche ja auch noch nicht in Deutschland gibt, einschlägige Fashion Institutes wie z.B. in den USA oder Schweden haben wir leider noch nicht. Die Privat-, Kunst- und Fachhochschulen sind ja im Grunde (noch) nicht wissenschaftlich, nur langsam wird auch dort Modetheorie häufiger gelehrt. Und wir haben auch nicht die akademische Tradition der Cultural Studies, wo man so was wie Mode- und Kleidungsforschung hätte früher bündeln können. Als Begründung dafür, warum das Feld so rar bearbeitet ist, sehe ich vor allem folgende Schwierigkeiten. Wir Modewissenschaftlerinnen arbeiten uns an drei Fronten ab: 1. an diesem spezifisch deutschen akademischen Ideal, dieser Tradition, die gegen alles Modische und Oberflächliche wettert, 2. an der Tatsache, dass es sich insgesamt um eine junge Forschungsrichtung handelt, die ein grundlegend fächerübergreifendes Phänomen zum Gegenstand hat, und 3. am feministischen Anspruch selbst, den es zu definieren gilt.

Elke: Doch ist gerade die Arbeit an der Kunsthochschule, wo es auf die Schnittstellen von Theorie und künstlerisch-gestalterischer Praxis ankommt, in der Mode sehr spannend. So ist zum z.B. bei uns in Wien das Thema Gender im künstlerischen Lehramt einer der zentralsten Punkte im Curriculum. Das können wir auch aus den 1990ern Jahren lernen: Durch die gekonnte Vermittlung ästhetischer Praxen lässt sich repräsentationspolitisch viel mehr verändern als durch reine Theorie. Darin liegt ein ganz enormes Potential, und deswegen ist diese Form künstlerischer queerfeministischer Praxis für uns auch sehr wichtig.

Dagmar: Das sehe ich ganz genauso. Und an dieser Stelle möchte ich gern nochmal McRobbie einbringen, die ganz dezidiert gefordert hat, dass insbesondere auch die Ausbildung von DesignerInnen der Ansatzpunkt ist, wo man noch mal genau schauen kann und muss (vgl. McRobbie 1999: 218f.). Elke, du bist jetzt auch schon die neue Generation, die an einem relevanten Hebel sitzt und etwas bewirken kann. Das ist eine große Chance, du kannst jetzt endlich mitgestalten.

Elke: Ja, bei uns an der Akademie habe ich gemeinsam mit anderen KollegInnen im Rahmen unserer Möglichkeiten für die Ausbildung auch schon viel bewirkt. Queerfeministische Positionen sind bei uns im Studiengang innerhalb der künstlerischen Modepraxis der Schwerpunkt, daran arbeiten u.a. Jakob Lena Knebl, Markus Hausleitner und Edwina Hörl. Jakob Lena Knebl[18] hat aktuell gerade sehr interessante Lehrmaterialien mit künstlerischen Arbeiten und Texten gegen Homo- und Transphobie für den Textil- und Kunstunterricht herausgegeben (vgl. Knebl 2014).

Dagmar: Eine Chance auf Verzahnung von Theorie und Praxis liegt demnach auf den neuen Professuren, aber auch insgesamt bei den Fach- und Kunsthochschulen. In Frankfurt an der Universität haben wir Verena Kuni[19] für die Kunstpädagogik, die ja auch feministisch engagiert und sehr umtriebig ist.

Elke: Wir nennen es kulturelle Praxis: alle Formen von Aktionen, bei denen sich Theorie und Praxis verzahnen. Auch durch die Umwandlung der Kunsthochschulen zu Kunstuniversitäten im Zuge des Bologna-Prozesses sind dort junge WissenschaftlerInnen hineingekommen. Diese Institute waren vorher sehr Kunst dominiert, und durch die Öffnung zu einem breiteren kulturwissenschaftlichen Verständnis von Alltags- und Populärkultur sind Leute wie Verena oder ich für die Kunstpädagogik überhaupt erst angefragt worden.

Magdalena: Über eine solche Dynamik erscheinen mir dann ja auch gesellschaftspolitische Themenbereiche viel stärker vertreten zu sein.

Elke: Ja genau, das ist unser grundsätzlicher Schwerpunkt, weil es eben eine pädagogische und künstlerisch-kulturelle Ausbildung ist. Das begrüßen auch die KollegInnen und Studierenden aus der Praxis, auch ihnen geht es nicht nur darum, Modedesign zu lehren oder nur zu lernen, wie man ein schönes Kleid näht. Gerade die Verbindung mit den Fragen nach Geschlechterkonstruktionen und gesellschaftspolitischen Fragen ist wirklich das Erste, das Allererste im Studium und das Wichtigste. Dieser Themenbereich und vor allem Fragen nach möglichen kulturellen Aktionsformen werden mittlerweile bei uns durchdekliniert in Theorie und Praxis.

Magdalena: Dass die Geschlechterfrage zentral ist, war auch meine Vorstellung von den Modewissenschaften, deswegen verwundert mich auch, dass du, Dag-

---

18 | Siehe www.jakoblenaknebl.com/sws.html (25.06.2014).

19 | Siehe www.kuni.org/v (25.06.2014).

mar, eingangs meintest, dass dies so ganz und gar nicht gegeben sei. Oder habe ich dich da missverstanden?

Dagmar: Meines Erachtens fehlt es noch im breiten Feld. Die Modewissenschaft insgesamt ist ein sehr enges Fachgebiet – ganz zu Unrecht, da das Phänomen Mode weltweit ein kulturelles Massenphänomen ist. Eigentlich ließe sich darüber sehr viel verbinden. Was Elke gerade beschrieben hat sind wirklich die neueren Stellen. Alles, was sich als fachspezifische Traditionslinie beschreiben lässt, ist auch sehr jung. Vieles reicht tatsächlich zurück in die geisteswissenschaftliche, insbesondere literaturwissenschaftliche Ecke. In den Anfängen, den 1980er Jahren, haben alle in ihrem Feld geforscht, es gab wenige Querverbindungen zwischen den akademischen Disziplinen.

Elke: Du denkst gerade an Heide Nixdorf in Dortmund, oder? Sie hat 1992 den ersten Studiengang in diesem Sinne gegründet und war Universitätsprofessorin für *Kulturgeschichte des Textilen* in den Studiengängen *Vergleichende Textilwissenschaft* (M.A.) und *Textilgestaltung* (Lehramt).[20] Gabriele Mentges macht in Dortmund seit vielen Jahren brillante Modeforschung und auch Gudrun König, Heide Nixdorfs Nachfolgerin.

Dagmar: Ja, von Heide Nixdorff kam auch die erste wichtige Publikation zu dem Thema *Das textile Medium als Phänomen der Grenze – Begrenzung – Entgrenzung* (1998). Es war und ist immer noch sehr mühsam, sich mit diesen Themen zu etablieren. Es gibt kaum Gelder, und es ist wirklich schwer, Projekte zu realisieren.

Magdalena: Aus feministischer Sicht liegt aber letztlich in der Mode eine wichtige Schnittstelle, weil hier die Arbeitsfragen mit Identitätsfragen zusammengebunden werden und dadurch das Überlappen oder Ineinandergreifen von Patriarchat, Kapitalismus, Imperialismus sehr präsent ist.

Elke: Feministische Studien waren ein wichtiger Impuls für die Akademisierung des Themas ›Mode und Textiles‹, dafür, dass bestimmte Institute überhaupt gegründet wurden. In Deutschland sind die universitären Institute wie in Dortmund und Köln aus den pädagogischen Hochschulen entstanden. Damals hatten einige Frauen Professuren inne, die sehr stark feministisch motiviert waren, wie z.B. Marita Bombek[21] in Köln, bei der ich dann gearbeitet habe, oder beispielswei-

---

20 | Der Magister-Studiengang *Vergleichende Textilwissenschaft (kulturgeschichtlich)* der TU Dortmund wurde zum Wintersemester 2004/2005 eingestellt.

21 | Siehe www.gewebewerk.silvia-klara-breitwieser.cultd.de/bombek (25.06.2014).

se auch Karen Ellwanger[22], die in Oldenburg lehrt. Also ich würde das nicht ne-
gieren, sondern im Gegenteil sagen: Es ist sehr viel an feministischen Positionen
in die universitären Strukturen hineingegangen. Die Frage ist: Was kommt raus?
Wie geht es den KollegInnen dort? Und: Warum versackt vieles – vielleicht auch
die Solidarisierung – immer wieder irgendwo?

Magdalena: Das ist wirklich eine grundsätzliche Frage für feministische Wissenschaft.

Dagmar: Hast Du eine Idee, woran das liegt? Es ist ja tatsächlich eine wichtige
Feststellung, dass die Bemerkbarkeit dieser ganzen Prozesse und Ergebnisse sehr
gering ist. Weil es nicht populär genug ist, versackt es dann ja auch in der eigenen
Identifikationslinie als Feministin einer Generation.

Magdalena: Ja, feministische Wissensproduktion ist immer ein Terrain von
Kämpfen, nicht zuletzt innerhalb des akademischen Systems.

Dagmar: Und warum kämpft dann jede Generation erneut wieder für sich und
erstarkt sich nicht durch den bereits geführten Kampf oder erringt durch die Errungenschaften der Vorgängerinnen eine bessere Position? Es ist so, als würden
wir immer wieder neu beginnen, so als würde das Erreichte an den Menschen
selbst hängen, und wenn diese verschwinden, fangen wir wieder von vorne an.

Magdalena: Andererseits gibt es ja jetzt auch so was wie die Gender Studies. Also
es gibt schon gewisse Formen der Institutionalisierung, die dann zwar auch immer wieder zur Disposition stehen, aber sie sind da. Sie sind errungen worden,
und sie sind da. Natürlich sind sie dann im Gesamtsystem dennoch marginalisiert und haben zu kämpfen, wie ihr das ja für die Modewissenschaft gerade
beschrieben habt. Und es sind vielleicht auch diejenigen Lehrangebote und For-
schungsprojekte, die dann schnell wieder wegfallen oder wegrationalisiert werden, aber trotzdem sind sie existent. Ich denke, es ist ein langsamer Weg. Und
natürlich gibt es immer Rückschläge, aber ich sehe es nicht so pessimistisch, dass
immer alle das Rad neu erfinden.

Elke: Ich sehe das auch eher positiv. Bei uns an der Akademie der Bildenden Künste Wien sind die Gender Studies ganz fest verankert. Die KollegInnen haben sehr
gekämpft und kämpfen auch immer noch – ganz großartig! Und ich bin da jetzt
auch gern dabei. Es ist wirklich gelungen, eine Tradition weiter zu schreiben und
curricular zu verankern.

---

22 | Siehe   www.uni-oldenburg.de/materiellekultur/das-institut/lehrende/prof-dr-karen-
ellwanger (25.06.2014).

Magdalena: Ich finde es spannend zu fragen, ob diese Kämpfe um die Institutionalisierung feministischer Perspektiven mit denen vergleichbar sind, die jetzt wieder um feministische Alltagspraxen geführt werden z.b. im Rahmen einer Initiative wie *pinkstinks*[23]. Denn da werden Debatten wieder aufgenommen, die es so auch schon mal gab, aber die feministischen Traditionslinien werden zumindest nicht aktiv mobilisiert. Es entsteht der Eindruck, als habe man da das Rad neu erfunden, oder gibt es dort Verschiebungen? Wie seht ihr als Modewissenschaftlerinnen diesen Umgang mit Mode und ihrer Kritik?

Dagmar: Ich stelle mir diese Frage auch im Zusammenhang mit der Frage nach Solidarisierungspotentialen in ganz viele verschiedene Richtungen, räumlich wie zeitlich: Kann ich mich mit der feministischen Tradition identifizieren, und inwieweit können das junge Frauen heute? Ich höre immer wieder, dass gerade junge Studentinnen allein schon bei dem Wort ›Feminismus‹ die Krätze kriegen und sich überhaupt nicht mehr identifizieren können. Viele kommen mit der klischeebeladenen Traditionslinie nicht klar – da ist ein Bruch. Deshalb sind heute ganz andere Aktionsformen gefragt, um sich zu solidarisieren. Es müssen dann solche Aktionen sein wie von *pinkstinks* oder den Slutwalks[24], damit eine junge Generation aus sich heraus etwas Neues machen kann. Dabei kann sie nämlich alles Vorherige ausblenden, womit sie sich nicht identifizieren mag, obwohl es große Parallelen gibt. Elke, was machst du für Erfahrungen mit deinen Studentinnen?

Elke: Bei uns sehe ich ein ganz großes Identifikationspotential mit Queerfeminismus – das ist ja auch eher das, was wir vertreten – viel stärker als einen old-school Feminismus-Feminismus.

Dagmar: Entsprechend haben wir es als Herausgeberinnen dieses Bandes ja auch vermieden von Wellen zu sprechen: Wir wollen Feminismus nicht immer in der Rückbindung denken, sondern den Ist-Zustand in seiner Vielfältigkeit betrachten.

Elke: *Third Wave*, wie er von den Amerikanerinnen ausformuliert und vorgedacht wird, da herrscht auch bei uns eher ein bisschen differenzfeministisches Unbehagen, wenn wir das diskutieren. Und bei Queerfeminismus findet sich ein sehr hoher Identifikationsgrad.

Dagmar: Es ist spannend, dass wir in diesen Wellen so gar nicht denken mögen. Sonja Eismann hatte in ihrem Vortrag auf der *Wissenschaftlerinnen Werkstatt 2013* auf den *Third-Wave*-Feminismus Bezug genommen, und auch das Auditorium

---

23 | Siehe http//:pinkstinks.de/wir (25.06.2014).
24 | Die Slutwalks sind überwiegend regional organisiert. Ein guter Überblick über die deutsche Szene findet sich hier: http//:slutwalkberlin.de/links (25.06.2014).

dort hatte Schwierigkeiten mit diesem Wellen-Begriff, der ja vor allem aus dem Amerikanischen kommt. Ich denke, wir hingen lange Zeit im begrifflichen Denken über Feminismus noch an der Müttergeneration der Alt-68er fest, haben das aber längst überschritten, sind in diesem *Welcome-to-Plurality*-Denken der Feminismen gelandet und fühlen uns hier fein ausdifferenziert am wohlsten.

FEMINISTISCHE MODE UND WEIBLICHER KÖRPER

Dagmar: Gibt es denn so etwas wie eine feministische Mode, also eine Mode im äußeren vestimentären Erscheinungsbild oder markante modische Anzeichen, die sich zu unterschiedlichen Zeiten den Feministinnen und den Feminismen des heutigen pluralen Feldes zuschreiben ließen? Habt ihr von dem T-Shirt mit der Zeichnung einer menstruierenden Vulva eines amerikanischen Künstlerkollektivs gehört, das *American Apparel* produziert hat? Es stellt gespreizte Beine dar, eine rosa Vulva voller Schamhaare, die von Blut leicht rot gefärbt erscheint und von einer Hand aufgespreizt wird – alles mit zarter, fast zittriger schwarzer Linie auf weißem Shirt umrissen und sehr reduziert in der Art der Zeichnung. Es hat einen Wahnsinns-Hype und äußerst konträre Diskussion im Internet darum gegeben. *American Apparel* kennt ihr ja wahrscheinlich als Label, die sind sehr angesagt, sozial engagiert in ihren Produktionen, produzieren seit 2002 *sweatshop-free*, kommen aus Los Angeles ...

Magdalena: ...und machen Werbung mit sexistischen Darstellungen und provozieren aktuell mit Porno-Posen.

Dagmar: Ja, nachdem sie gerade einen weiteren Skandal provoziert haben, indem sie knappe Slips und Hemdchen auf Schaufensterpuppen präsentierten, bei denen die Körperbehaarung übertrieben herausguckte. – Aber dieses T-Shirt nun wurde in der Diskussion auch als ein Reclaim der Darstellungsmöglichkeiten des weiblichen Körpers in seinen natürlichen Funktionen gehandelt. Was denkt Ihr darüber? Ist so etwas dann eine feministische Aktionsform, die uns etwas bringt?

Magdalena: Bewegt sich das auf der Ebene von Mode als Kleidung, oder auf der Ebene von Kleidung als Plakat, als Plakatierfläche, auf der ich eine politische Botschaft transportiere, über die ich dann vielleicht auch noch streiten kann?

Dagmar: Das eine schließt das andere nicht aus, beides ist Teil des Systems Mode. Es ist komplett darin verankert, auf allen Ebenen, zudem es von *American Apparel* weltweit vertrieben wird.

Magdalena: Dann muss ich aber sagen: Es ist auf jeden Fall auch eine Kapitalisierung von Feminismus und feministischen Anliegen durch ein Massenprodukt. Zu klären ist, in welchen Kontext es interveniert, welche Debatten so ein

T-Shirt herausfordert, welche Art von Gesellschaftsbild anvisiert wird, damit es als Provokation gelingt. Diese plakative Darstellung weiblicher Körperlichkeit ist ja so auch nichts Neues für feministische Debatten. Geht es um ein aktualisiertes Menstruationstabu?

Dagmar: Ja, auf jeden Fall ist das ein Kontext, in den es interveniert. Und es ist vor allem der Versuch einer Renaturalisierung des weiblichen Körpers und seiner weiblichen Funktionen, weil es gerade in den visuellen Modemedien durch die ganzen Retuschen mit Photoshop, die fehlenden Falten und Haare kaum mehr ›echte‹ Frauen gibt. Es sind viel eher die Schamhaare auf dem T-Shirt als das Menstruationsblut, die Aufsehen erregen, wenn ich an den Trend der Intim-Rasur denke.

Magdalena: Wenn wir es auf der Ebene weiblicher Körper und Sexualitäten betrachten, ist es auch wieder eine spannende Intervention. Dann verweist es eher darauf, wie stark Mode mit feministischen Aktionsformen verzahnt ist. Aber es ist hinsichtlich der materiellen Ebene nicht unbedingt konsequent durchgehalten, dazu stehen die Produktionsbedingungen, die gesamte Unternehmenspolitik, auch hinsichtlich der Werbung allgemein, bei *American Apparel* auf dem feministischen Prüfstand, vor allem kapitalismuskritisch ist das in dem Sinne ja gar nicht.

Elke: Mich erinnert es daran, was Wally Salner von *_fabrics interseason*[25] im Interview für das *craftista!*-Buch (Critical Crafting Circle 2011), in dem es auch um Mode, Handarbeit und feministische Politiken geht, gesagt hat. Sie ist der Meinung, »es lässt sich derzeit eher mit unrasierten Achselhaaren Politik machen als mit Hosen« (Gaugele 2011: 140). Gegen die gesellschaftliche und kulturelle Ebene der Körpernormierung anzugehen ist jetzt wesentlich politischer als bestimmte Klamotten zu tragen.

Magdalena: Wobei sich Körpernormierung an sich mit Mode ja durchaus verträgt, Mode ist doch immer schon eine spezifische Form von Körpernormierung.

Elke: Ja, das ist natürlich beides verzahnt. Der Körper selbst ist zunehmend auch zur Mode geworden. Hierzu sind aktuell Positionen sehr spannend, die Queer- und Fat-Activism verschränken (vgl. White 2013; Solovay/Rothblum 2009).

Dagmar: Ich hänge da immer noch dem Buch *Mythos Schönheit* von Naomi Wolf (1993) an, aber auch die letzten Publikationen zu dem Thema, wie *Fleischmarkt* von Laurie Penny (2012) und auch *Top Girls* von Angela McRobbie (2010) zielen

---

25 | Siehe www.fabrics.at (25.06.2014).

darauf ab. Die Gestaltung des weiblichen Körpers nach modischen Aspekten ist natürlich sehr reglementierend.

Magdalena: Gleichzeitig sehe ich den Körper auch wieder als eine spannende Schnittstelle, um die Solidaritätsfrage zu stellen, weil die Verletzbarkeit von Körpern ja auch für Arbeiterinnen eine Rolle spielt, wenn auch auf einer qualitativ anderen Ebene. Sie setzen ihren Körper und ihre körperliche Arbeitskraft ein, die gefährdet ist und verletzt wird. In unserer grundlegenden Verletzbarkeit (vgl. Freudenschuss 2011), gerade auch auf Ebene des Körpers liegt meines Erachtens ein wichtiger Denkraum für eine feministische Perspektive auf Mode und Modeindustrie, die verschiedene Subjektpositionen und Problemdimensionen miteinander verkettet.

Dagmar: Das habe ich sehr suggestiv und impulsiv gesetzt mit der Formulierung der *Fashion Victims*, da steckt für mich nämlich genau das drin. Die Idee des Opfers habe ich assoziativ an die *Fleischmarkt*-Lektüre gebunden. Ich meine damit die wirklich körperlichen Markationen der Mode, die Markierungen, die wir als Frauen über die letzten zwanzig Jahre durchlebt und durchlitten haben, das Thema Magersucht insbesondere. Die Magermodels sind dann ein Spiegel der gesellschaftlichen und kulturellen Repressionen, darin habe ich den Begriff der *Fashion Victims* für mich verortet. Und das berührt auch die Frage nach der Unversehrtheit von Körpern, die Frage danach, was mir gehört und was schützenswert ist, was ich brauche und was ich eigentlich bin. Diese Fragen sind für jede Frau wichtig.

Magdalena: Wobei ich da vorsichtig wäre mit der Idee des Opfers, weil diese die Handlungsfähigkeit von Subjekten zumindest in den Hintergrund rückt, wenn nicht ganz negiert. Mir geht es mit Blick auf Verletzbarkeiten vielmehr um die Inwertsetzung von Körpern an sich. Es geht um das Recht auf körperliche Unversehrtheit, um das sich gemeinsam vielleicht auch kämpfen lässt. Wobei natürlich die Inwertsetzung des Körpers und was der Körper im Kontext des Arbeitsprozesses und der Produktion bedeutet, schon noch mal was anderes ist als die Zurichtung des ›modischen‹ Subjekts. Es handelt sich um eine andere Art von Verletzbarkeit, die viel weniger gestaltbar ist. Wenn ich in einem Textilbetrieb arbeite, dann sind meine Handlungsmöglichkeiten wesentlich andere, als wenn ich in einem mehr oder weniger gut situierten europäischen Kontext agieren kann. Hier habe ich immer noch die andere Rolle als Konsumentin, ich bin in einer machtvolleren Position.

Elke: Gut, aber auch in Bangladesch haben Frauen eine Rolle als Konsumentinnen. Das ist schon eine wichtige Verschränkung, nur der Rahmen ist ein wesentlich anderer.

Dagmar: Das Bedürfnis, sich weiblich zu fühlen und ausdrücken wollen und auch das Konsumangebot, das einem zunehmend stärker feminisiert um die Ohren geschlagen wird, begegnet allen Frauen. Ein wichtiger Faktor ist die Zeit: Wir haben hier in unserer Lebenswelt viel mehr Freizeit, um uns darum zu scheren, unterliegen nicht in der Form diesen Brotzwängen. Aber ich denke, die Wünsche und Begehrnisse, die dort wie hier geweckt werden, sind sehr ähnlich.

Magdalena: Da habt ihr natürlich Recht. Die Einseitigkeit meines Beispiels unterstreicht insofern nochmal, wie wichtig es ist, die Verhältnisse aus intersektionaler Perspektive zu analysieren, also beispielsweise geopolitische Positionierung und Klasse gemeinsam im Blick zu haben. Gleichzeitig wird deutlich, wie sehr wir selbst in globale Ungleichheitsverhältnisse eingebunden sind: Nicht nur in unserem Modehandeln, sondern auch in unserer wissenschaftlichen Praxis ist eine kritische Selbstreflexion der eigenen Privilegien unverzichtbar – und gelingt nicht immer. Feministische Mode muss, das weitergedacht, also immer in Auseinandersetzung mit Gesellschaft entstehen.

Elke: Ich denke da an Amelia Bloomers oder auch Coco Chanel: Feministische Mode verhält sich immer in Analogie zur feministischen Theorie oder Utopie, auch historisch gesehen. Und schaut man auf heutige, auch queerfeministische Tendenzen, dann sehe ich eigentlich die Utopie von einer *share economy*.

ALTERNATIVE ÖKONOMIEN DER MODE – KREATIVES PREKARIAT

Dagmar: Mode ist ein grundkapitalistisches Funktionssystem, wenn man die Basis oder das Konsumverhalten verändern will, hat man es bereits ausgehebelt.

Magdalena: Ja, aber das Soziale, die Anerkennungsebene ist damit ja noch nicht ausgehebelt. Ich glaube nicht, dass die Wirtschaft sich über solche Ansätze verändern wird, also nur weil jetzt annähernd alle Unterschiede transparent sind, werden die Arbeitsbedingungen noch nicht besser. Wissen dazu wäre genug in der Welt, auch in der Konsum-Welt, aber das In-Kauf-Nehmen des Leidens anderer funktioniert recht gut. Es ist vergleichbar mit dem, was Judith Butler in *Raster des Krieges* (2010) im Kontext von Kriegen ausbuchstabiert, wenn sie sagt, es werden Menschen in einer Form zu ›Anderen‹ gemacht, dass das Leiden dieser Anderen nicht wirklich wahrgenommen wird, obwohl es präsent ist. Wenn wir das auf die Textilwirtschaft übertragen, dann wissen wir alle, dass die Arbeitsbedingungen furchtbar sind, und dennoch können wir es im Rahmen unserer Aufmerksamkeitsökonomie abkoppeln, indem wir die Anderen zwar wahrnehmen, aber nicht in einem relationalen Verhältnis zu uns sehen. Transparenz heißt nicht, dass etwas besser wird.

Elke: Neben den Potentialen, die in den sozialen Bewegungen des DIY (Do It Yourself!) und DIWO (Do It With Others!) stecken, mit denen ich mich schon lange beschäftige, ist mir vor Kurzem ein EU-Projekt begegnet, dass ich für sehr aufschlussreich und zukunftsweisend halte: eine Kooperation dreier Fächer (Textiltechnologie, Politikwissenschaften, Wirtschaftswissenschaften) und Länder (Slowenien, Italien, Dänemark). Es handelt sich um ein *open-wear*-Modeprojekt, in dem es um eine grundsätzliche Modekritik geht und um das Nachdenken über das Kollektive an sich. Sie haben dazu ein Manifest verfasst, in dem es z.B. heißt: »Street Fashion doesn't exist. The poor have style and the rich have fashion!«[26] Die Utopie, die darin proklamiert wird, umfasst Ideen des DIY und des DIWO und versucht über das Netz anhand von Tutorials, eine Plattform zur Verfügung zu stellen, die es allen ermöglichen soll, Mode selbst und in Zusammenarbeit mit anderen (z.B. DesignerInnen) herzustellen. Das wäre ja kein Ende der Mode, nur das einer kapitalistisch getriebenen Mode.

Magdalena: Auf der Herstellungsebene, aber auch auf der Ebene der KonsumentInnen? Wenn ich das richtig verstehe, werden die Produktions- und Konsumptionsebene vielleicht ein wenig aufgebrochen. Und es bleibt immer noch das Moment von Mode als Schicht des Körpers, als Möglichkeit der Distinktion oder der Zugehörigkeit.

Elke: Das *open-wear*-Projekt hat genau das weitergedacht: Produktion wird von ihnen zunächst einmal als Produktion von Gemeinschaft und kollektiven Werten verstanden. Das Feld der politischen Ökonomie so weiter zu denken, das ist es, was mich daran interessiert, ich finde das als nicht-kapitalistisches Forschungsprojekt total spannend.

Dagmar: Genau das ist es, was ich mir beim DIY auch immer wieder vor Augen halte oder was mich erfreut: Jedes Kleidungsstück, das individuell von einem Menschen in unserem Kulturkreis liebevoll gestaltet wurde und dann noch über Blogs mit vielen anderen geteilt wird, ist auf jeden Fall ein Gewinn, wenn wir es mit einem Einkauf bei z.B. *H&M* vergleichen. So banal!

Magdalena: Wobei auch die Stoffe irgendwo herkommen.

Dagmar: Die Materialbeschaffung ist im ganzen DIY-Feld immer eine große Frage und wird stark reflektiert, zertifizierte Stoffe und Recycling sind da mögliche Antworten. Aber mir ging es jetzt wirklich um das Machen als solches. Meiner Meinung nach macht das ganz viel mit uns Menschen, wenn wir plötzlich so agieren. In Deutschland beobachten wir seit zehn Jahren diesen Trend und in den letzten fünf Jahren ist er explodiert, ein Boom in der breiten Bevölkerung.

---

26 | Siehe www.fashion4development.com/about (25.06.2014).

Magdalena: Aber dann stellt sich für mich die Frage: Ist das Selbermachen allein schon politisch? Und: An welchem Punkt wird es feministisch?

Dagmar: Es ist meiner Meinung nach nicht an sich feministisch, weil es zu wenig von feministischen Standpunkten aus reflektiert wird, im Mainstream gar nicht. Es gibt dieses Feld, das bearbeitest du ja auch, Elke, mit dem Buch *Craftista!*, das gibt einen aktuellen Stand, die historische Entwicklung wieder. Aber es ist, wenn man es auf das derzeitige, mittlerweile kulturelle Massenphänomen des DIY bezieht, verschwindend wenig. Es sind zu wenig Menschen, die sich wirklich substantiell feministisch damit auseinandersetzen (vgl. Parker 1996).

Elke: Aber es ist, wie du es sagst: Jedes T-Shirt, das selbst gefertigt wurde, hat dennoch einen Mehrwert gegenüber einem anderen, industriell gefertigten.

Dagmar: Ja, es hat diesen anderen Mehrwert. Es ist etwas, das ich ›mache‹. Es ist auch verbunden mit einer haptischen, handwerklichen Tätigkeit. Ich habe vor ein paar Tagen ein Interview mit Wolfgang Joop gehört, in dem es auch darum ging, dass viele Jahre lang in den einschlägigen textilen Ausbildungen viel zu wenig Gewicht auf die handwerkliche Ausbildung gelegt wurde. Er sagte bezüglich des Selbstbildes der ModedesignerInnen, dass es lange Jahre en vogue gewesen sei, nicht mit Nadel und Faden umgehen zu können, da man sich lieber als KünstlerIn definierte. Im ganzen Bereich der Mode sind so Selbstläufer entstanden, die nichts mehr mit der eigentlichen Substanz zu tun haben. Und wenn es da jetzt vielleicht eine Wiederbelebung gibt, finde ich das sehr spannend. Dass jetzt endlich wieder so viele Menschen etwas mit den Händen tun, ist als reine Feststellung schon wertvoll.

Elke: Und es ist sozial sehr ambivalent, diese ganze Nadelarbeit hat ja auch einen wahnsinnig disziplinarischen Hintergrund, historisch wie auch aktuell, ich kenne diesen Kampf auch aus der Ausbildung, wo die Nadelfraktion gegen die Künstlerfraktion wettert; natürlich ist Handwerk sehr wichtig, aber nicht im Sinne einer Disziplinierungstechnik.

Dagmar: Das stimmt. Was ich nämlich auch beobachte, ist, dass viele Frauen der DIY-Szene versuchen, ihre Produkte über Plattformen wie z.B. *dawanda* oder Handarbeitsmärkte zu verkaufen. Viele machen sich während der Familiengründungsphase in diesem Kreativbereich selbständig, aber nur sehr, sehr wenige verdienen damit genügend Geld. Viele der Frauen binden so ihre kreative Energie und bekommen letztlich viel zu wenig Anerkennung.

Magdalena: Das ist auch wieder gekoppelt an dieses neoliberale Bild des kreativen Selbst, das für alles eigenverantwortlich ist, an die Kultivierung der Kreativität, des Selbstausdrucks, die dann natürlich ökonomisiert werden muss.

Dagmar: Ja, und es ist eben komplett selbstausbeuterisch, wenn ich mir anschaue für was für einen geringen Preis die selbstgefertigten Produkte angeboten werden. Da errechne ich manchmal Stundenlöhne von ein bis zwei Euro. Und dennoch werden verhältnismäßig nur sehr wenige Produkte überhaupt verkauft. Das frustriert mich dann auch persönlich, da ich viele dieser Frauen kenne: Das sind oft sehr gut ausgebildete Akademikerinnen in der ersten Babypause, die ihre kostbare Zeit damit verbringen.

Magdalena: Das Internet suggeriert dabei einen großen, quasi unerschöpflichen Markt, eine potentielle Offenheit.

Elke: Ja, gut, aber kriegen wir beim Texte-Schreiben mehr?

Magdalena: Nicht unbedingt. Wenn es um Kreativität geht, sind materielle und geistige Arbeit sehr nah beieinander. Gleichzeitig wird ihr prekärer Charakter durchaus sehr unterschiedlich gewertet. Im öffentlichen Diskurs wird die Prekarität der einen von der Prekarität der zweiten und dritten jeweils sorgfältig voneinander abgekoppelt (vgl. Freudenschuss 2013).

Elke: Mir ist es außerdem wichtig zu betonen, dass weit mehr Identifikationsmöglichkeiten mit der Produktionsebene nötig sind als der alleinige Schulterschluss mit den Textilarbeiterinnen. Mir geht es darüber hinaus auch um meine Design-Kolleginnen, die total verschuldet sind, die Privatinsolvenz anmelden müssen, weil Mode insgesamt ein ganz, ganz teures Geschäft ist. Es ist wichtig, innerhalb der textilen Kette so viele Ebenen wie möglich mit zu berücksichtigen: von den ästhetischen Ökonomien bis hin zum Baumwollanbau und zu den ErntehelferInnen. Ich denke auch, den einen großen Umschwung wird es nicht geben, aber an manchen Stellen sind kleine Schritte im Gange. Ich habe auch keine Lust mehr den x-ten Aufsatz zu schreiben und anhand von Klamotten nur Kapitalismuskritik oder Kulturanalysen hoch und runter zu deklinieren. Ich wünsche mir mehr Kooperationen, die Lust darauf haben, Mode als ein nicht-kapitalistisches Forschungsfeld zu erkunden mit Blick auf alternative, *commons based* Ökonomien und das Bilden von tragfähigen Beziehungen, die Mut haben Experimente zu wagen, Mode zu commonifzieren: Es ist wichtig, stärker von der Gemeinschaft her zu denken und weniger Konsum zu produzieren.

EPILOG: WAS TRAGEN WIR HEUTE?

Dagmar: Früher hatten wir die lila Latzhose, die Befreiung vom BH, wieder andere trugen den schwarzen Rollkragenpullover. Gibt es so etwas heute auch: vestimentäre Insignien feministisch agierender und denkender Menschen?

Elke: Gerade gibt es so eine schöne Undercut-Frisur. Die Haare sind an der Seite sehr kurz geschnitten, vorne etwas länger und dann oben sufragettenmäßig hochgesteckt. Das zitiert einen Sufragettenlook und gleichzeitig so einen punkig, new-wavigen Look. Das ist ein aktueller queerfeministischer Style, eine Boysfrisur, die feministisch adaptiert ist.

Magdalena: Ich denke, im heutigen Erscheinungsbild der Moden kommen politische Kämpfe und Konfliktlinien ebenso unmittelbar zum Ausdruck wie die Pluralität von Feminismen. So eignen sich viele Frauen beispielsweise auch demonstrativ kurze, den eigenen Körper exponierende Kleider selbstbewusst an.

Dagmar: Ja, es geht uns allen um das Recht, so sein und erscheinen zu dürfen, wie es uns beliebt, also auch um das Recht auf einen weiblich inszenierten Körper. Deshalb sind ja z.B. auch die *Slut Walks* so wichtig: Sie stehen konkret für die Unantastbarkeit aller Frauen.

QUELLEN

Aspers, Patrick (2010): Orderly Fashion. A Sociology of Markets, Princeton: University Press.

Ders. (2006): Markets in Fashion. A Phenomenological Approach, London: Routledge.

Akib, Buki (im Druck):»Homecoming«, in: Gaugele/Muriale/Sircar, Do It With Others.

Boltanski, Luc/Chiapello, Ève (2003): Der neue Geist des Kapitalismus, Konstanz: UVK.

Dies. (1999): Le nouvel Ésprit du Capitalisme, Paris: Editions Gallimard.

Bombek, Marita (2005): Kleidung der Vernunft. Die Vorgeschichte bürgerlicher Präsentation und Repräsentation in der Kleidung, Münster: Lit.

Butler, Judith (2010): Raster des Krieges, Frankfurt a.M./New York: Campus.

Critical Crafting Circle (Hg.) (2011): Craftista! Handarbeit als Aktivismus, Mainz: Ventil.

Eismann, Sonja (Hg.) (2012): absolute: Fashion, Freiburg: Orange Press.

Ellwanger, Karen (1994): Bekleidung im Modernisierungsprozeß 1870-1930. Frauen, Mode, Mobilität, Dissertation: Universität Dortmund.

Fraser, Nancy (2005):»Frauen, denkt ökonomisch!«, in: Die Tageszeitung, 07.04.2005.

Freudenschuss, Magdalena (2013): Prekär ist wer? Der Prekarisierungsdiskurs als Arena sozialer Kämpfe, Münster: Westfälisches Dampfboot.

Dies. (2011):»Wider die Verletzbarkeit. Der printmediale Prekarisierungsdiskurs als Abwehrstrategie«, in: feministische studien 29 (2), 217-231.

Dies./Scheele, Alexandra (Hg.) (2013):»Für das Politische in der Politischen Ökonomie«, in: Femina Politica. Zeitschrift für feministische Politikwissenschaft 22 (1).

Gaugele, Elke (2011): »Mustererkennung. Wally Salner von ___fabrics interseason antwortet auf Fragen von Elke Gaugele«, in: Critical Crafting Circle, Craftista!, 141-145.

Dies./Muriale, Sabina/Sircar, Ruby (Hg.) (im Druck): Do It With Others – Gemeinsam Anders Tun. Ein Lese- und Werkbuch zu Moden, Styles und Postkolonialismus, Weinheim: Beltz.

Dies. (Hg.) (2014): Aesthetic Politics in Fashion, Berlin/New York: Sternberg.

Haehnel, Birgit et al. (Hg.) (2014): »Anziehen! Transkulturelle Moden«, in: Querformat. Zeitschrift für Zeitgenössisches, Kunst, Populärkultur 6, Bielefeld: transcript.

Helwerth, Ulrike (1995): »Schwestern, zur Sonne, zur Gleichheit. Zur Geschichte des 8. März«, in: Unabhängiger Frauenverband Berlin et al. (Hg.), Frauen-StreikTag 8. März 1994. Reflexionen/Impressionen, Berlin: UFV.

Honegger, Claudia/Heintz, Bettina (1984) (Hg.): Listen der Ohnmacht. Zur Sozialgeschichte weiblicher Widerstandsformen, Frankfurt a.M.: Syndikat/EVA.

Hoskins, Tansy E. (2014): Stitched Up. The Anti-Capitalist Book of Fashion, London: Pluto Press.

Klein, Naomi (2001): No Logo! Der Kampf der Global Players, München: Riemann.

Kloser, Maiken (2012): »Ein Thema, das mich nicht mehr loslässt«, in: Weltverbesserin. Magazin für faire Arbeitsbedingungen weltweit 12(1), 12-13, www. cleanclothes.at/media/common/uploads/download/ausgabe-12012/weltverbesserIn_1_2012.pdf (16.06.2014).

Knebl, Jakob Lena (2014): Orientierungen, Identitäten und Kunst, Wien: KÖR (Kunst im öffentlichen Raum GmbH)/WASt (Wiener Antidiskriminierungsstelle für gleichgeschlechtliche und transgender Lebensweisen).

Lewis, Reina (2004): Rethinking Orientalism. Women, Travel and the Ottoman Harem, London: I.B. Tauris/New York: Rutgers.

McRobbie, Angela (2010): Top Girls. Feminismus und der Aufstieg des neoliberalen Geschlechterregimes, Wiesbaden: VS Verlag für Sozialwissenschaften.

Dies. (1999): »Bridging the *Gap*. Feminismus, Mode und Konsum«, in: Engelmann, Jan (Hg.), Die kleinen Unterschiede. Der Cultural Studies-Reader, Frankfurt a.M./New York: Campus, 202-220.

Musiolek, Bettina et al. (Hg.) (1999): Gezähmte Mode-Multis. Verhaltenskodices: Ein Modell zur Durchsetzung von Arbeitsrechten? Eine kritische Bilanz, Frankfurt a.M.: Brandes& Apsel.

Dies. et al. (Hg.) (1998): Ich bin chic und du musst schuften. Frauenarbeit für das globale Geschäft mit der Mode, Frankfurt a.M.: Brandes & Apsel.

Nixdorf, Heide (Hg.) (1998): Das textile Medium als Phänomen der Grenze – Begrenzung – Entgrenzung, Berlin: Reimer.

Parker, Rozsika (1996): The Subversive Stitch. Embroidery and the Making of the Feminine, London/New York: I.B. Tauris.

Penny, Laurie (2012): Fleischmarkt. Weibliche Körper im Kapitalismus, Hamburg: Nautilus.

Solovay, Sondra/Rothblum, Esther (Hg.) (2009): The Fat Studies Reader, New York: University Press.

Schrom Dye, Nancy (1984): »Gleichheit, Freiheit, Schwesterlichkeit? Der Versuch eines klassenübergreifenden Bündnisses in einer New Yorker Frauengewerkschaft«, in: Honegger/Heintz, Listen der Ohnmacht, 302-322.

Spivak, Gayatri Chakravorty (2004): »Righting Wrongs«, in: The South Atlantic Quarterly 103 (2/3), Duke: University Press, 523-581.

Tseelon, Efrat (Hg.) (2014): Fashion and Ethics. Critical Studies in Fashion and Beauty, Bd.2, Bristol: Intellect.

Venohr, Dagmar (2010): medium macht mode. Zur Ikonotextualität der Modezeitschrift, Bielefeld: transcript.

Dies. (2008): »Modehandeln zwischen Bild und Text – Zur Ikonotextualität der Mode in der Zeitschrift«, in: Image. Zeitschrift für interdisziplinäre Bildwissenschaft 4 (8), www.bildwissenschaft.org/journal (25.06.2014).

White, Francis Ray (2013): »No Fat Future? The Uses of Anti-Social Queer Theory for Fat Activism«, in: Michaelis, Beatrice/Haschemi Yekani, Elahe/Kilian, Eveline (Hg.), Queer Futures. Reconsidering Normativity, Activism and the Political, Ashgate: Aldershot, 21-36.

Wolf, Naomi (1993): Der Mythos Schönheit, Reinbek: Rowohlt.

www.asiafloorwage.org (25.06.2014).

www.cleanclothes.org (25.06.2014).

http://climaterevolution.co.uk/wp (25.06.2014).

www.fabrics.at (25.06.2014).

www.fashion4development.com/about (25.06.2014).

www.fashionrevolution.org (25.06.2014).

www.frauenrechte.de (25.06.2014).

www.gewebewerk.silvia-klara-breitwieser.cultd.de/bombek (25.06.2014).

www.honestby.com/en/page/16/about.html (25.06.2014).

www.jakoblenaknebl.com/sws.html (25.06.2014).

www.kuni.org/v (25.06.2014).

www.labourwatch.com (25.06.2014).

http://maikendomenica.blogspot.de (25.06.2014).

http://pinkstinks.de/wir (25.06.2014).

www.saubere-kleidung.de (25.06.2014).

http://slutwalkberlin.de/links (25.06.2014).

www.suedwind-institut.de (25.06.2014).

www.uni-oldenburg.de/materiellekultur/das-institut/lehrende/prof-dr-karen-ellwanger (25.06.2014).

www.unique-nature.com/shop/brands/misericordia (25.06.2014).

wendo – Weg der Frauen*

Aktuelle Chancen und Grenzen feministischer Selbstbehauptung und Selbstverteidigung

Beatrice Osdrowski

wendo (auch Wen Do oder Wendo) ist ein feministisches Selbstbehauptungs- und Selbstverteidigungstraining, das Frauen*[1] zu einem selbstbestimmten Leben ermächtigt. Angesichts der aktuellen Sexismus-Debatte geht dieser Beitrag der Frage nach, welche gesellschaftlich relevanten Chancen und Grenzen wendo birgt. Dafür stelle ich das wendo-Konzept vor, demonstriere beispielhaft die Arbeits- und Wirkungsweise von wendo und formuliere abschließend Lösungsmöglichkeiten, Handlungsoptionen und Forderungen, die auf eine Veränderung unserer Gesellschaft hin zur Vision von Gewaltfreiheit zielen.

Zahlreiche Ereignisse der letzten drei bis vier Jahre haben Sexismus und sexualisierte Gewalt gegen Mädchen* und Frauen* in den Mittelpunkt des öffentlichen (Medien-)Interesses gerückt: Der Prozess gegen Jörg Kachelmann (2010-2011),[2] die sogenannte Brüderle-Affäre (2013), Berichte über z.T. brutale Vergewaltigungen in Indien (2012), in der Türkei (2012), in Dubai (2013). Prominente haben eigene Erfahrungen sexualisierter Gewalt offen gelegt. So beschreibt etwa Pola Kinski in ihrem autobiografischen Buch *Kindermund* (2013) die sexualisierte, emotionale und physische Gewalt durch ihren Vater, den Schauspieler Klaus Kinski. Und im Oktober 2013 bekennt Madonna, dass sie mit 19 Jahren in New York unter Waffengewalt vergewaltigt worden ist.

---

1 | Das Sternchen zeigt an, dass hiermit nicht nur Cisfrauen (und -mädchen) gemeint sind, sondern ebenso Transfrauen (und -mädchen), bei denen Körpergeschlecht und Geschlechtsidentität nicht übereinstimmen.

2 | Im Kontext des Kachelmann-Prozesses äußerte der ehemalige Berliner Generalstaatsanwalt Hansjürgen Karge angesichts der aktuellen Gesetzgebung: »Wenn ich eine Tochter hätte, würde ich ihr nach einer Vergewaltigung nicht raten, diese anzuzeigen.« (zit.n. Pawlak 2010).

Die in diesem Kontext entstandene gesellschaftliche Sexismus-Debatte fand nicht hinter verschlossenen Türen, sondern in aller Öffentlichkeit statt: im Internet, bei *Twitter* und *Facebook*, im öffentlich-rechtlichen Fernsehen, in den Printmedien und nicht zuletzt auf der Straße: 2011 und 2012 demonstrierten Menschen beim Berliner Slutwalk gegen Sexismus, sexualisierte Gewalt, *slut-shaming*, Betroffenenbeschuldigungen, Vergewaltigungsmythen und ihre Verharmlosungen (vgl. www.slutwalkberlin.de). Am 14. Februar 2013 erhoben sich im Rahmen der Flashmob-Aktion *One Billion Rising* weltweit mehr als eine Milliarde Menschen, um gegen Gewalt an Mädchen* und Frauen* zu tanzen und zu protestieren. 2014 wurde diese Aktion mit dem Themenschwerpunkt Justice/Gerechtigkeit fortgesetzt (vgl. www.onebillionrisingforjustice.de).

Gerade das Web 2.0 ermöglicht einen breiten Austausch von Mädchen* und Frauen*, die alltäglich mit Sexismus und/oder sexualisierter Gewalt konfrontiert werden: Auf *www.berlin.ihollaback.org* und *www.dresden.ihollaback.org* berichten Frauen* von Übergriffen und benennen die Orte des Geschehens.[3] Unter *#ichhabnichtangezeigt* haben die Initiatorinnen 2012 via *Facebook* und *Twitter* innerhalb von sechs Wochen 1.105 Statements gesammelt, warum Frauen* und Männer* ihnen widerfahrene sexualisierte Gewalt nicht angezeigt haben (vgl. www.ichhabnichtangezeigt.wordpress.com[4]). Und seit über einem Jahr geht ein *#aufschrei* durch unser Land: Anne Wizorek hat am Tage der sogenannten Brüderle-Affäre eine *Twitter*-Seite als virtuellen Möglichkeitsraum eröffnet, sexuelle Übergriffe zu benennen. Innerhalb von etwa 30 Minuten gingen die ersten 100 Tweets ein! Am 17. Februar 2014 widmet die *Bundeszentrale für Politische Bildung* eine gesamte Ausgabe der Zeitschrift *Aus Politik und Zeitgeschichte* dem Thema Sexismus.

Die dargestellten Ereignisse, Debatten und Aktionen machen allesamt deutlich, dass Frauen* strukturellen Sexismus[5] und Gewalt im Geschlechterverhältnis nicht länger hinnehmen. Diese Entwicklung macht Mut, eine zentrale und weltweite Ungerechtigkeit gegen mehr als die Hälfte der Menschheit endlich zu beenden: Sexismus und sexualisierte Gewalt. Denn die öffentliche Wahrnehmung und Diskussion ist hoffentlich (nur) ein erster Schritt auf dem Weg in eine gleichberechtigte und gewaltfreie Gesellschaft weltweit. Mädchen* und Frauen*, die in ihrem Leben sexualisierte Übergriffe und/oder Gewalt erfahren haben, erkennen, dass sie damit nicht alleine sind, dass es sich nicht um ihr individuelles Problem handelt, sondern dass es vielen Mädchen* und Frauen* ähnlich ergangen ist und dass Sexismus in unserer patriarchalischen Gesellschaft geduldet und strukturell ermöglicht wird.

Ich selbst habe im Laufe meines 42-jährigen Lebens mehrfach Sexismus und sexualisierte Gewalt erlebt. Von sexistischen Bemerkungen (»Jede Frau will ver-

---

3 | Ähnlich, aber ohne Ortsbindung: www.alltagssexismus.de.

4 | Hier haben die Initiatorinnen eine überaus interessante und aussagekräftige Auswertung der Aktion eingestellt.

5 | Mit ›strukturell‹ ist gemeint, dass Sexismus den Strukturen unserer Gesellschaft – ihren unausgesprochenen Regeln ebenso wie ihren Gesetzen – inhärent ist.

gewaltigt werden!«) und Witzen über ungewollte Berührungen, Exhibitionismus, Vergewaltigungsandrohungen bis hin zu einem Vergewaltigungsversuch mit 16 Jahren, den ich mittels körperlicher Gegenwehr abzuwehren vermochte. Nachdem ich mit 22 Jahren erstmals die Chance nutzte, an einem wendo-Kurs teilzunehmen – ich bin in der DDR ohne wendo aufgewachsen –, habe ich mich anschließend für eine Ausbildung zur wendo-Trainerin entschieden.[6] Seit 1996 arbeite ich nebenberuflich als selbstständige wendo-Trainerin, um Mädchen* und Frauen* präventiv gegen sexualisierte Gewalt und Sexismus zu stärken. In den letzten 18 Jahren habe ich mehr als 100 wendo-Kurse geleitet, etwa ein Drittel davon für Mädchen* und zwei Drittel für Frauen*. Insgesamt haben mehr als 280 Mädchen* und 430 Frauen* an meinen wendo-Kursen teilgenommen.

Dennoch beschäftigt mich als wendo-Trainerin immer wieder neu die Frage, was wendo wirklich bewirken kann. Stärkt wendo die Frauen*, um die Gesellschaft zu verändern, respektive zu verbessern? Oder stärkt wendo zwar die Frauen*, stützt aber paradoxerweise das herrschende patriarchalische Gesellschaftssystem, indem wendo die Frauen* ermutigt und ermächtigt, die Verantwortung für ihre persönliche Sicherheit und Unversehrtheit selbst zu tragen, obwohl dies eine Aufgabe der Gesellschaft ist?

Meine These lautet: wendo ist auf der individuellen Ebene, also die einzelne Frau* betreffend, durchaus und unbedingt sinnvoll, weil wendo Frauen* ermutigt und ermächtigt, ein selbstbestimmtes Leben zu führen. Die Rahmenbedingungen – damit meine ich die patriarchalische Gesellschaft und den ihr eingeschriebenen strukturellen Sexismus sowie das ihr inhärente Machtgefälle zwischen den Geschlechtern – werden durch wendo zwar bewusst gemacht und kritisiert, aber nicht verändert.

Im Folgenden werde ich das Konzept sowie die Arbeits- und Wirkungsweise wendo vorstellen, um in einem zweiten Schritt Chancen und Grenzen von wendo zu diskutieren und schließlich mögliche Lösungsansätze und Handlungsoptionen für die Zukunft aufzuzeigen.

WENDO – FEMINISTISCHE SELBSTBEHAUPTUNG UND SELBSTVERTEIDIGUNG

wendo ist ein Konzept feministischen Selbstbehauptungs- und Selbstverteidigungstrainings für Mädchen* und Frauen*.[7] wendo-Trainerinnen vertreten in ihren Kursen einen mädchen*- und frauen*parteilichen Standpunkt, der sich u.a. in einer thematisch fokussierten feministischen Gesellschaftsanalyse und -kritik

---

6 | Ich habe meine wendo-Ausbildung in den Jahren 1995-1996 in einer Ausbildungsgruppe bei Susanne Hellwig (Darmstadt) absolviert.

7 | Vgl. Osdrowski 2008, dort stelle ich Konzept und Inhalte von wendo ausführlich vor. Neben wendo existieren weitere feministische Trainingskonzepte, z.B. *Jede Frau/jedes Mädchen kann sich wehren* (Sunny Graff/Regina Speulta) und *Shury Ryu* (Lydia Lang und Ute Pemöller).

sowie in einer feministischen, Frauen* und Mädchen* wertschätzenden Sprache manifestiert. wendo gelangt in der Zeit der sogenannten Zweiten Frauenbewegung der 1970er und 1980er Jahre aus Kanada nach West-Deutschland und entwickelt sich im Kontext autonomer und alternativer Bildungsbewegungen als Hilfe-zur-Selbsthilfe-Konzept.[8] Seitdem wird das Konzept im Zusammenwirken der miteinander vernetzten Trainerinnen beständig weiterentwickelt, wobei insbesondere aktuelle Ergebnisse der feministischen und/oder Genderforschung, neue Gesetze, gesellschaftliche Veränderungen sowie neue Erkenntnisse in Bezug auf Gewalttaten und Gewalttäter sowie deren Strategien Berücksichtigung finden.[9] Ziel dieser Weiterentwicklung des Grundkonzepts ist es einerseits, an die aktuelle Lage und die aktuellen Bedürfnisse der Teilnehmerinnen* anzuknüpfen, und andererseits, möglichst effektive und zeitgemäße Handlungsoptionen und Techniken zu vermitteln.[10]

wendo zielt auf Prävention und Empowerment, d.h. auf eine ganzheitliche Stärkung der teilnehmenden Frauen*, sich zu einem selbstbestimmten Leben zu ermächtigen und auch in als bedrohlich wahrgenommenen Situationen handlungsfähig zu bleiben.[11] Die Teilnehmerinnen*, die als Expertinnen* für sich selbst anerkannt und wertgeschätzt werden, erhalten in wendo die Möglichkeit, das eigene Handlungspotential zu erkennen, zu erweitern und praktisch auszuprobieren. Damit wird die Handlungsfähigkeit der Frauen* gestärkt. Empowerment schließt auch Übungen zur Steigerung des Selbstwertgefühls und Selbstbewusstseins der Frauen* ein, denn nur diejenige, welche sich selbst wertschätzt, wird auch für ihre seelische und körperliche Unversehrtheit eintreten und gegebenenfalls kämpfen. wendo ermutigt Frauen*, die ›Opferrolle‹[12] zu verlassen, Verantwortung für sich selbst zu übernehmen, und selbst für die eigene Sicherheit zu sorgen. wendo befähigt die Teilnehmerinnen*, mögliche Konfliktsituationen, Übergriffe und/oder Gewaltsituationen frühzeitig zu erkennen und in einer solchen Situation im Sinne der eigenen Unversehrtheit zu handeln. Es zielt also darauf, die Lebensqualität von Frauen* zu verbessern und Frauen* zu

---

8 | D.h. die Ausbildungen zur wendo-Trainerin finden autonom – im Sinne von nicht-institutionalisiert – statt, und der Zertifikatsabschluss ist nicht staatlich anerkannt.

9 | Beispielsweise aktuelle Studien zu Gewalt gegen Frauen*, zu erfolgreichem Gegenwehrverhalten und/oder erfolgreicher Prävention sexualisierter Gewalt.

10 | Ein wichtiges bundesweites Netzwerk ist der BV FeSt – *Bundesfachverband für Feministische Selbstbehauptung und Selbstverteidigung e.V.*, dem auch ich angehöre.

11 | Ganzheitlich meint auf der körperlichen, seelischen, emotionalen und geistigen Ebene.

12 | Die Anführungszeichen verdeutlichen, dass ich mich für einen sprachkritischen Umgang mit diesem Begriff einsetze. Meiner Wahrnehmung nach wachsen Mädchen in unserer Gesellschaft ungewollt und unbewusst in eine gesellschaftlich zugewiesene ›Opferrolle‹ hinein, aus der es als erwachsene Frau* bewusst und emanzipiert herauszutreten gilt. Die Anführungszeichen zeigen auch, dass Frauen* diese Rolle nicht von sich aus annehmen, sondern sie ihnen von außen zugewiesen wird.

ermächtigen, die eigene Lebensfreude und -lust zurückzugewinnen bzw. zu erweitern. Dazu gehört auch, dass wir im Kurs Schuldzuweisungen und Schuldgefühle für erfahrene Gewalt auf Seiten der Frau* grundsätzlich hinterfragen.[13]

Meine eigenen Erfahrungen und das Feedback ehemaliger Kursteilnehmerinnen* bestätigen den Erfolg von wendo: Weder ich selbst noch eine der Teilnehmerinnen* kam nach dem wendo-Kurs in die Lage, sich körperlich verteidigen zu müssen. Übergriffe konnten viel schneller als solche wahrgenommen und somit frühzeitig und mit ›geringem‹ Aufwand abgewehrt bzw. vermieden werden.

DIE ARBEITS- UND WIRKUNGSWEISE VON WENDO

Zum Einstieg in meine wendo-Kurse nutze ich die Methode des *Gewaltbarometers*[14], um die zentralen wendo-Themen Gewalt, Gewalt im Geschlechterverhältnis und Hintergründe von Gewalt gemeinsam mit den Teilnehmerinnen zu erarbeiten. Dafür diskutieren die Teilnehmerinnen* in Kleingruppen darüber, wie sich Gewalt für sie äußert, wo Gewalt beginnt und wo sie endet – d.h. welche die schlimmste, heftigste Form von Gewalt für sie darstellt. Dabei sollen die Frauen* sowohl eigene Erfahrungen berücksichtigen als auch Erfahrungen von Freund*innen, Gewaltszenen aus Kino und Fernsehen sowie Formen von Gewalt, vor denen sie sich fürchten, ohne sie erlebt zu haben. Einige konkrete Situationen hält jede Gruppe auf Moderationskarten fest, die auf einer Skala von 0 (keine Gewalt) bis 100 (massive Gewalt) positioniert werden. Gemeinsam besprechen wir die einzelnen Situationen und erhalten so einen Überblick über den Umfang und die verschiedenen Formen von Gewalt in unserer Gesellschaft.[15]

In der begleitenden Diskussion wird unter anderem deutlich, dass Gewalt in ihrem Ausmaß stets subjektiv wahrgenommen und bewertet wird, d.h. dass nur die von Gewalt betroffene Person darüber auskunftsfähig ist, in welchem Maße sie sich in einer Gewaltsituation bedroht fühlt bzw. gefühlt hat. In der weiteren Diskussion abstrahieren wir von den konkreten Situationen auf verschiedene Formen von Gewalt und versuchen diese so präzise wie möglich zu beschreiben bzw. zu definieren: körperliche Gewalt, verbale Gewalt, psychische Gewalt, emotionale

---

13 | Die Verantwortung für das Erleiden von Gewalt liegt niemals bei der/dem Betroffenen. Schuld und Verantwortung trägt immer der Täter!

14 | Im Folgenden beziehe ich mich auf wendo-Frauen*kurse. wendo-Kurse für Mädchen* sind altersgerecht konzipiert und weichen insofern teilweise von den hier vorgestellten Übungen ab. Das *Gewaltbarometer* ist keine wendo-spezifische Übung. Ich nutze sie, um die zentralen wendo-Themen Gewalt, Gewalt im Geschlechterverhältnis und Hintergründe von Gewalt gemeinsam mit den Teilnehmerinnen zu erarbeiten.

15 | Je nach Teilnehmerinnen ist das Barometer mehr oder weniger vollständig, es kommt auch gar nicht auf Vollständigkeit an. Falls notwendig, ergänze ich jedoch wichtige Situationen bzw. Formen von Gewalt im Geschlechterverhältnis, wie bspw. Stalking, K.o.-Tropfen, Vergewaltigung.

Gewalt, Sexismus, Rassismus, sexualisierte Gewalt, soziale Gewalt, ökonomische Gewalt, strukturelle Gewalt[16]. Im Zentrum jeder dieser Gewaltformen, die sehr oft in den unterschiedlichsten Kombinationen miteinander verquickt werden, steht das Bedürfnis des Täters/der Täter[17] nach Macht und Kontrolle (vgl. hierzu das *Rad der Gewalt* in Osdrowski 2008). Schließlich stelle ich die Frage danach, wer Gewalt ausübt und wer von Gewalt betroffen ist,[18] und gelange gemeinsam mit den Teilnehmerinnen* zu der Fragestellung: Ist die patriarchalische Gesellschaft Ursache von Gewalt gegen Frauen* und Mädchen* und befördert sie diese gar? Damit sind wir – ausgehend von den individuellen Gewaltsituationen – auf der gesellschaftlichen Ebene angelangt und erhalten eine Ahnung der Zusammenhänge zwischen patriarchalischer Gesellschaft und individuellen Gewalterfahrungen.[19]

Vor dem Hintergrund des Gewaltbarometers fordere ich die Teilnehmerinnen* anschließend auf, die ›Opferrolle‹ zu verlassen und gemeinsam zu überlegen, welche Handlungsmöglichkeiten Frauen* in Gewaltsituationen haben. Dieser Perspektivwechsel zielt darauf, die Frauen* zu ermächtigen, Gewalt nicht länger hinzunehmen oder zu akzeptieren, sondern sich dagegen zu wehren.

Die gemeinsam erarbeiteten Handlungsoptionen umfassen ein möglichst breites Spektrum, damit eine Frau* in einer als bedrohlich wahrgenommenen Situation auf mehrere Handlungs- und Lösungsmöglichkeiten zurückgreifen und in der jeweiligen Situation entsprechend reagieren kann. Wichtige Handlungsmöglichkeiten werden im wendo-Kurs gelehrt, ausprobiert und geübt, damit die Teilnehmerinnen selbst erleben und erfahren können, über welche Kräfte und Fähigkeiten sie verfügen. In diesem praktischen Teil des Kurses ist Zeit und Raum für Wahrnehmungsübungen, Übungen zu einer selbstbewussten und selbstsicheren Körpersprache sowie Übungen dazu, Grenzüberschreitungen wahrzu-

---

16 | Strukturelle Gewalt meint die durch vermeintlich gewachsene, gesellschaftliche und/oder traditionelle Strukturen verübte Gewalt gegen Frauen*, beispielsweise die Entgeltungleichheit zwischen Frauen* und Männern*. Auch Vergewaltigungsmythen (z.B. dass Frauen* durch Kleidung oder Verhalten eine Vergewaltigung provozieren) lassen sich der strukturellen Gewalt zuordnen, denn sie suggerieren vergewaltigten Frauen*, dass sie selbst Schuld daran haben, Opfer einer Vergewaltigung geworden zu sein, und schränken von vornherein die Bewegungsfreiheit vieler Frauen* ein.

17 | Ich verwende hier ausschließlich die männliche Form für Täter, da Studien immer wieder belegen, dass Gewalt gegen Frauen* hauptsächlich von Männern ausgeht: »Konstellationen, in denen Männer Opfer und Frauen Täterinnen sind, sind ernst zu nehmen, aber vergleichsweise selten.« (Diehl/Rees/Bohner 2014: 24)

18 | Dazu erhalten die Teilnehmerinnen* Informationen, Zahlen und Fakten aus aktuellen Studien, wie z.B. Müller 2004.

19 | Auf diesem Gebiet steht allerdings empirische Forschung noch immer aus: »Das Problem der Gewalt im Geschlechterverhältnis ist in seiner gesellschaftlichen Dimension noch nicht ausreichend erforscht.« (Kavemann 2001: 12)

nehmen, zu benennen und zu stoppen. Die Frauen* üben, wie sie wirkungsvoll »Nein!« sagen, wo und wie sie sich Hilfe bzw. Unterstützung holen können. Und schließlich gehören das Erlernen und Trainieren von Selbstverteidigungstechniken zum wendo-Kurs.

CHANCEN UND GRENZEN VON WENDO

Halten wir fest, dass wendo die Teilnehmerinnen bei ihren eigenen/persönlichen Erfahrungen abholt, Zusammenhänge und Hintergründe von Gewalt im Geschlechterverhältnis aufzeigt sowie Handlungsoptionen gemeinsam erarbeitet und ausprobiert, damit die Frauen* in Zukunft in als bedrohlich wahrgenommenen Situationen im Sinne ihrer Unversehrtheit handeln können. Das heißt, wir gehen in wendo von der individuellen Ebene der Frauen* aus, unternehmen einen theoretischen Exkurs in die gesellschaftliche Dimension von Gewalt im Geschlechterverhältnis und arbeiten schließlich methodisch und technisch wieder im individuellen Bereich, indem die Teilnehmerinnen* lernen, wie sie sich selbst behaupten und verteidigen können.

Die Chancen von wendo liegen damit eindeutig im individuellen Bereich: Die Teilnehmerinnen* werden in ihrer eigenen Wahrnehmungsfähigkeit, in ihrer mentalen, psychischen und körperlichen Kraft sowie in ihrer Handlungsfähigkeit ge- und bestärkt. Sie erhalten Anregungen, Impulse sowie konkrete Handlungsmöglichkeiten, Tricks und Techniken, um selbst für ihre Sicherheit und ihre Unversehrtheit zu sorgen. Die Entscheidung und die Verantwortung, diese Anregungen und Impulse im eigenen Leben umzusetzen und die Handlungsmöglichkeiten, Tricks und/oder Techniken in einer als bedrohlich wahrgenommenen Situation einzusetzen, bleiben bei der Frau*. Wenn wir wendo-Kurse als einen Teil des vernetzten Wirkens unterschiedlicher Frauen*initiativen gegen Gewalt an Frauen* betrachten, so haben sie innerhalb der letzten 40 Jahre auch zu gesellschaftlichen Veränderungen beigetragen: Gewalt im Geschlechterverhältnis wurde sichtbar gemacht, Vergewaltigung in der Ehe gilt seit 1997 als Straftat, ein eigenes Stalking-Gesetz wurde erlassen, die Paragrafen zur Vergewaltigung verändert, die Förderung von Frauen*häusern ausgebaut.[20]

Die Grenzen von wendo sind vordergründig auf der gesellschaftlichen Ebene angesiedelt: Die Stärkung und Ermächtigung einzelner Frauen* gegen Gewalt ist nicht ausreichend, um die der Gesellschaft eingeschriebene strukturelle Gewalt, wie z.B. Entgeltungleichheit oder ungleiche Karrieremöglichkeiten, zu beenden. Dieses Limit wird noch dadurch verstärkt, dass wendo nicht für alle Mädchen* und Frauen* zugänglich ist. Jede Teilnehmerin muss einen wendo-Kurs selbst bezahlen, denn es gibt – abgesehen von wenigen Ausnahmen im Kinder- und Jugendbereich – keine öffentliche Förderung dafür. Auch Krankenkassen erkennen

---

20 | Ich nehme hier darauf Bezug, dass zahlreiche wendo-Trainerinnen in lokalen, regionalen und überregionalen Netzwerken gegen Gewalt an Mädchen* und Frauen* engagiert sind.

wendo nicht (mehr) als Gesundheits-Prävention an. wendo-Trainerinnen werden ebenfalls nicht gesellschaftlich gefördert bzw. unterstützt, sondern müssen auf eigene Rechnung arbeiten. Somit können wendo-Kurse niemals alle Frauen* erreichen bzw. für alle Frauen* zugänglich sein, denn die Teilnahmegebühr für einen Kurs beträgt in der Regel zwischen 70 und 100 Euro.

LÖSUNGSANSÄTZE, HANDLUNGSOPTIONEN UND FORDERUNGEN

Der hier am Beispiel des *Gewaltbarometers* aufgezeigte Teil eines wendo-Kurses erreicht im Kleinen genau die Wirkung, die *#aufschrei* in einem viel größeren Umfang erreicht hat: Frauen* schweigen nicht länger, sondern sagen bzw. schreiben, dass ihnen Gewalt widerfahren ist. Dieser zentrale Aspekt von wendo ist durch *#aufschrei* öffentlich wahrnehmbar und wirksam geworden und hat damit die gesellschaftliche Öffentlichkeit geentert. Deshalb macht die zu Beginn des Artikels aufgezeigte aktuelle Entwicklung einer öffentlichen Wahrnehmung und Diskussion von (strukturellem) Sexismus und Gewalt im Geschlechterverhältnis Hoffnung auf eine breite Solidarisierung und Verbündung von Frauen* mit dem Ziel der Veränderung – hin zu einer Gesellschaft, in der Frauen* und Männer* ohne Gewalt zusammenleben. Um diese Vision einer gewaltfreien Gesellschaft zu erreichen, sind Gesellschaft und Staat in der Verantwortung, Artikel 3 des Grundgesetzes endgültig umzusetzen: »Niemand darf auf Grund von Geschlecht, Abstammung, Rasse, Sprache, Heimat und Herkunft, Glauben, religiösen oder politischen Anschauungen benachteiligt oder bevorzugt werden. Niemand darf auf Grund von Behinderung benachteiligt werden.«[21] Dazu ist es notwendig, dass der Staat dafür sorgt, dass wendo bzw. feministische Selbstbehauptung und Selbstverteidigung Teil der Lehrpläne wird und auch im Erwachsenenalter für jede Frau* jederzeit und auch als Wiederholung oder Auffrischung kostenlos zugänglich ist. Jedes Mädchen* und jede Frau* hat das Recht auf wendo respektive feministische Selbstbehauptung und Selbstverteidigung!

Der Weg in eine gewaltfreie Gesellschaft führt weiter zwingend über Gesetze und Gesetzesänderungen. So muss das Gesetz zu Vergewaltigung (§177 StGB) – wie aktuell von *Terre des Femmes* gefordert – dringend zugunsten der Rechte der betroffenen Frau* verändert und um den Rechtsanspruch auf psychosoziale Prozessbegleitung für Betroffene sexualisierter Gewalt ergänzt werden.[22] Auch die Verjährungsfristen bei sexualisierter Gewalt in der Kindheit müssen aufgehoben

---

21 | Ich zitiere hier die geschlechtergerecht verfasste Version des Grundgesetzes von Gabi Stummer und Kolleginnen (vgl. Stummer 2013).

22 | Vgl. die Unterschriftenaktion »Vergewaltigung – Schluss mit der Straflosigkeit!« von *Terre des Femmes* (vgl. http://www.frauenrechte.de/online/index.php/themen-und-aktionen/haeusliche-und-sexualisierte-gewalt/aktuelles/1336-unterschriftenaktion-vergewaltigung-schluss-mit-der-strafloigkeit).

werden.[23] In beiden Fällen geht es darum, die Rechte der Betroffenen zu stärken und die Täter zur Verantwortung zu ziehen.

Die Verantwortung für die Überwindung der gesellschaftlich konstituierten Gewalt im Geschlechterverhältnis obliegt der Gesellschaft und nicht dem Individuum. Hierfür bedarf es eines gesamtgesellschaftlichen Präventionskonzeptes, das Strukturen schafft, die männliche Täter früher und stärker zur Verantwortung ziehen und potentielle weibliche Betroffene besser stärken, schützen und unterstützen. Um die Übernahme dieser Verantwortung durch Staat und Gesellschaft einzufordern, bietet das Internet neue Möglichkeiten der Solidarisierung und Vernetzung, der politisch wirksamen Einforderung von Rechten und/oder Gesetzesänderungen (Online-Petitionen) sowie der Aufklärung und Wissensvermittlung. Auch wendo und feministische Selbstbehauptung und Selbstverteidigung können einen Beitrag leisten: Eine größere und stärkere Lobby ist durch den Zusammenschluss von wendo-Trainerinnen und gemeinsame Petitionen via Web 2.0 und/oder Aktionen auf der Straße denkbar und machbar, um das Recht jedes Mädchens* und jeder Frau* auf wendo und feministische Selbstbehauptung und Selbstverteidigung einzufordern.

Das positive Schlusswort mit Blick auf meine Eingangsthese lautet: Die ersten Schritte sind getan! Das Schweigen wurde gebrochen und damit »der patriarchale Deal der vorherigen Generation[en], dass Frauen die Welt offen steht, solange sie über Sexismus schweigen, [...] aufgekündigt« (Meßmer 2014: 7). Jetzt muss weiter gemeinsam und öffentlich gehandelt werden, um die Selbstbestimmung der Frau* und ihr Recht auf Unversehrtheit in unserer Gesellschaft endgültig durchzusetzen: Handlungsoptionen gegen Gewalt lassen sich nicht nur in geschlossenen Räumen ausprobieren – vielmehr sollte auch dieser Part von wendo Teil der öffentlichen Protestbewegung werden. Statt Tai Chi lasst uns Selbstverteidigung in Parks und auf Straßen üben! Machen wir Einkaufszentren zu feministischen Übungszentren und öffentliche Verkehrsmittel zu Orten der Aufklärung und Wissensvermittlung.

Ist das (nur) eine Vision? Stell dir vor, jede Frau* setzt sich aktiv und unerschrocken, weil durch entsprechende Gesetze gestärkt, für ihr Recht auf Unversehrtheit ein – gegenüber Männern* und Frauen*, im privaten, im beruflichen und im öffentlichen Bereich, weltweit! Das ist eine Vision.

Und dann stell dir vor, keine Frau* sieht sich veranlasst, ihre Unversehrtheit zu schützen, weil diese ein von allen Menschen weltweit anerkanntes Gut ist! Das ist eine andere Vision. Beginnen wir, unsere Visionen zu leben! wendo kann und wird einen wichtigen Beitrag dazu leisten.

---

23 | Hierfür tritt z.B. das *netzwerkB – Netzwerk Betroffener von sexualisierter Gewalt e.V.* ein (vgl. www.netzwerkb.org).

QUELLEN

Bundeszentrale für Politische Bildung (2014): APuZ. Aus Politik und Zeitgeschichte 64 (8), Berlin.

Diehl, Charlotte/Rees, Jonas/Bohner, Gerd (2014): »Die Sexismus-Debatte im Spiegel wissenschaftlicher Erkenntnisse«, in: APuZ 64 (8), 22-28.

Kavemann, Barbara (2001): »Entwicklung der Diskussion über Gewalt im Geschlechterverhältnis – Historische Verschiebungen, neue Schwerpunkte, neue Verknüpfungen«, www.wibig.uni-osnabrueck.de/download/ASFH.doc (24.06. 2014).

Meßmer, Anna-Katharina (2014): »Aufschrei«, in: APuZ 64 (8), 3-8.

Müller, Ursula (2004): Lebenssituation, Sicherheit und Gesundheit von Frauen in Deutschland. Eine repräsentative Untersuchung zu Gewalt gegen Frauen in Deutschland, Berlin: Bundesministerium für Familie, Senioren, Frauen und Jugend.

Osdrowski, Beatrice (2008): »Feministische Selbstbehauptung und Selbstverteidigung/wendo: Ausgangssituation – Konzept – Inhalte«, www.wendointhuerin gen.de/Artikel_wendo.pdf (24.06.2014).

Pawlak, Carin (2010): »Vergewaltigung? Besser nicht anzeigen«, in: Focus, 02.08.2010, http://www.focus.de/kultur/kino_tv/focus-fernsehclub/anne-will-vergewaltigung-besser-nicht-anzeigen_aid_536235.html (02.08.2010).

Stummer, Gabi (2013): »Geschlechtergerechtes Grundgesetz«, https://sites.google.com/site/geschlechtergerechtesgg/ (24.06.2014).

Terre de Femmes (2014): »Unterschriftenaktion ›Vergewaltigung – Schluss mit der Straflosigkeit‹«, http://www.frauenrechte.de/online/index.php/themen-und-aktionen/haeusliche-und-sexualisierte-gewalt/aktuelles/1336-unter schriftenaktion-vergewaltigung-schluss-mit-der-straflosigkeit (08.10.2014).

www.alltagssexismus.de
www.berlin.ihollaback.org
www.ichhabnichtangezeigt.wordpress.com
www.netzwerkb.org
www.onebillionrisingforjustice.de
www.slutwalkberlin.de

Revolution im Puppenstaat

Sandra Grether/Kerstin Grether

Revolution im Puppenstaat:
Damen übernehmen den Astronauten-Part.

Sagt uns nicht: »Seid mal etwas leiser!«
Heute zerschneiden wir Barbies neue Kleider,
Die Mission Riot Girl macht weiter.

Wir sind immer noch Freaks,
Aber wir sind nicht mehr allein.
Die Welt ist voller Menschenfresser.
Stell dir nicht auch noch selbst ein Bein!

Indie-Hero kämpft gegen Size-Zero:
99-46-84

WIR SIND DIE FREUNDINNEN DER NACHT
WIR FEIERN BIS ES KRACHT.
WIR HABEN SO MANCHEM SCHON
DAS HÖREN UND SEHEN BEIGEBRACHT!
WIR OPFERN UNSERE KREATIVITÄT
NICHT EURER EWIGEN DIÄT!
BEWAFFNET MIT KEYS, DRUMS UND FENDER:
»OUR LOVE IS SWEET, OUR LOVE IS GENDER!«

Schönheitsindustrie konstruiert unwirkliche Frauen,
Will uns das Fett vom Herzmuskel klauen.
Sadismus ist das Tüpfelchen auf eurem i.
Über euch selber lachen könnt ihr nie.
Dabei seid *ihr* doch die Nullen aus der Werbeindustrie!

Ihr kündet von Liebe, ihr kündet von Licht,
Aber in euren Designer-Kriegsgebieten
Kann man gar nicht lieben!

WIR SIND DIE FREUNDINNEN DER NACHT
WIR FEIERN BIS ES KRACHT.
WIR HABEN SO MANCHEM SCHON
DAS HÖREN UND SEHEN BEIGEBRACHT!
WIR OPFERN UNSERE KREATIVITÄT

NICHT EURER EWIGEN DIÄT!
BEWAFFNET MIT KEYS, DRUMS UND FENDER:
»OUR LOVE IS SWEET, SO LOVE ME GENDER!«

Unsere Space-Trips sind legendär.
No Sex-Objects, only Sex-Subjects
in unserm Sternenmeer.
No Iron Irony, wir wollen mehr!
BEWAFFNET MIT KEYS, DRUMS UND FENDER:
»OUR LOVE IS SWEET, SO LOVE ME GENDER!«

Kommando Rock'n-Roll-Alien:
Wer ficken will muss freundlich sein!

(Aktionstext für die Demonstration gegen das *Barbies Dreamhouse* in Berlin am 13.05.2013.)

JA, ICH WILL'S, ABER NICHT VON DIR!

Sandra Grether/Kerstin Grether

Meine Strumpfhose ist blickdicht.
Mein Körper sagt: »Fick Dich!«
Ich will deinen Blick nicht.
Ich will auch keinen Schluck aus deinem Bier.
Dies ist kein Spiel!
Mein kurzer Rock hat nichts zu tun mit dir.

Glaubst du vielleicht, es macht mich an,
Mit einem wildfremden Mann
Nachts um vier hier an der Tram zu steh'n?
Nur weil du sagst, du findest mich schön?
Tja, nicht mein Problem!

Ja, ich will's, aber nicht von dir!
Das ist mein Körper,
Und der gehört mir
Mein Körper ist mein Klavier, und
Meine Lover such ich mir
Immer noch selber aus.
Wenn du'n Spielverderber bist,
Dann bleib doch du zuhaus‹!

Bin ich ein Hund? Oder
Warum pfeifst du mir hinterher,
Wenn ich die Straße überquer.
Macht es dir Freude, wenn so scharfe Bräute
Aus Angst vor dir zusammenzucken,
Weil du sie »Geile Zuckerpuppen« nennst?
Und das, wo du sie nicht mal kennst?

Du hast das Männchen-Programm aufgefahren
Wie vor abertausend Jahren!
Redest dich raus mit deinen Vorfahren,
Aber das ist nicht mein Cup of Beer.

Ja, ich will's, aber nicht von Dir!
Das ist mein Körper,
Und der gehört mir
Mein Körper ist mein Klavier, und

MEINE LOVER SUCH ICH MIR
IMMER NOCH SELBER AUS.
WENN DU DAS NÄCHSTE MAL BETRUNKEN BIST,
DANN BLEIB' DOCH ZUHAUS'!

Ich schrei's die Straße runter,
Ich schrei' es in den Wald:
Das ist nicht cool,
Das tut nicht gut,
Das ist kein Spaß.
Das ist Gewalt!!!

(Punk-Gedicht, vorgetragen auf der Demonstration *Troublemaking* vor dem *Springer*-Gebäude im Rahmen von *One Billion Rising* in Berlin am 14.02.2013 und auf dem *Frauen*kampftag 2014* in Berlin am 08.03.2014.)

Frauengesundheit in eigener Hand

40 Jahre *Feministisches Frauen-Gesundheits-Zentrum e.V. Berlin*

Cornelia Burgert/Martina Schröder/Petra Bentz/Monika Fränznick[1]

Das *Feministische-Frauen-Gesundheits-Zentrum e.V. Berlin* (FFGZ) wurde 1974 gegründet und ist damit das erste Frauen-Gesundheits-Zentrum Deutschlands, entstanden aus der Frauengesundheitsbewegung. Im Folgenden wird das *Feministische-Frauen-Gesundheits-Zentrum e.V. Berlin* vorgestellt. Beleuchtet werden die gesellschaftlichen Hintergründe, die zu seiner Gründung führten, wie sich das FFGZ heute verortet, welche Arbeit es leistet und welche Zielgruppen es besonders im Fokus hat.

EINLEITUNG

Das FFGZ versteht sich von Anfang an als eine feministische Einrichtung, die nicht nur für die Selbstbestimmung von Frauen eintritt, sondern auch für das Ende aller Formen von Sexismus, Rassismus, Homophobie, Gewalt und patriarchaler gesellschaftlicher Strukturen. Es arbeitet parteilich für Frauen und setzt sich für eine qualitätsgesicherte und frauengerechte Gesundheitsförderung, gesundheitliche Prävention und für eine strukturelle Verbesserung der gesundheitlichen Versorgung von Frauen ein. Besonders im Fokus stehen Migrantinnen, gewaltbetroffene und erwerbslose Frauen. Heute steht das FFGZ für eine hohe Kompetenz in Frauengesundheitsfragen, für verständliche, ganzheitliche und unabhängige Gesundheitsinformation und ist aus dem Gesundheitsversorgungssystem nicht mehr wegzudenken.

Im vorliegenden Text werden die gesellschaftlichen Hintergründe, die zu seiner Gründung führten, ebenso beleuchtet wie die heutige Verortung des FFGZ, seine Arbeit und die anvisierten Zielgruppen – ihre spezifischen Interessen und Bedarfe sowie zielgruppenspezifische Angebote des FFGZ. Die Unabhängigkeit von Interessen der Pharmaindustrie und des Medizinbetriebs, die Parteilichkeit für Frauen und die Brücke zur Selbsthilfe als zentrale Merkmale, die sich durch

---

1 | Seit 1995 sind Petra Bentz, Cornelia Burgert und Martina Schröder als Leitungsteam gemeinsam verantwortlich für die Arbeit des FFGZ.

die Arbeit des FFGZ über die Jahrzehnte ziehen, werden aufgegriffen. Thematisiert werden auch die Grundbegriffe, die für das Verständnis des FFGZ zentral sind: das feministische Selbstverständnis und die Selbstbestimmung.

Das FFGZ – wofür es steht

Das *Feministische-Frauen-Gesundheits-Zentrum e.V. Berlin* wurde 1974 gegründet und war das erste Frauen-Gesundheits-Zentrum Deutschlands. Die Gründerinnen gehörten der Frauengesundheits- und Frauenbewegung an, die Anfang der 1970er Jahre mit vielen anderen für die Straffreiheit des Schwangerschaftsabbruchs (Strafgesetzbuch [StGB] §218) in der Bundesrepublik kämpften.

Unabhängigkeit von Interessen der Pharmaindustrie und des Medizinbetriebs, Parteilichkeit für Frauen und die Brücke zur Selbsthilfe sind zentrale Merkmale, die sich durch die Arbeit des FFGZ über die Jahrzehnte ziehen. Gesundheitsinformation und ihre Qualität waren wichtige Themen der Frauengesundheitsbewegung, als deren Teil sich das FFGZ Berlin immer sah. Sie hat die politische Diskussion über die Praxis gesundheitlicher Versorgung, insbesondere für Frauen, angestoßen und das Wissen darum, dass Gesundheit und Krankheit geschlechtsspezifisch und ganzheitlich zu verstehen sind. Frauen als Expertinnen für sich selbst zu sehen, ihre Erfahrungen ernst zu nehmen und ihnen die Möglichkeit zu geben, Wissen über gesundheitliche Belange zu erwerben und unter Behandlungsmöglichkeiten zu wählen, wurde von Beginn an eingefordert. Zur Erinnerung: In den 1970er Jahren waren 85 Prozent der GynäkologInnen Männer, die glaubten, die Bedingungen für Frauen als Patientinnen in der Gynäkologie diktieren zu können. *Clio*, die Zeitschrift des FFGZ Berlin, legt darüber beredt Zeugnis ab. *Clio* (76/2013), »Gynäkologie im 21. Jahrhundert – hat sich für Frauen etwas verbessert?«, greift dieses Thema auf und zeichnet den Weg der letzten Jahrzehnte nach.

Das interdisziplinäre Team des FFGZ setzt sich aus vier festen Mitarbeiterinnen und zwei Honorarkräften zusammen, die inhaltlich und konzeptionell arbeiten. Wir sind drei Diplom-Pädagoginnen, eine Diplom-Sozialpädagogin, eine Diplom-Politologin, eine Biologin und Apothekerin. Darüber hinaus gibt es vier weitere Honorarkräfte für bestimmte Angebote, zwei Bürokräfte und eine Ehrenamtliche.

Konkret setzen wir uns für die gesundheitlichen Belange von Frauen und für die Verbesserung ihrer gesundheitlichen Situation ein, unter Einbeziehung ihrer sozialen Lage, ihres kulturellen Hintergrundes, ihrer sexuellen Orientierung und etwaiger körperlicher Behinderungen sowie Lernschwierigkeiten. Unsere Arbeit basiert auf der Erkenntnis, dass Gesundheit und Krankheit geschlechtsspezifisch geprägt sind. Wir wollen Frauen in ihrer Kompetenz für ihre eigene Gesundheit stärken, dafür bieten wir Informationen und Orientierung in einem immer komplexer werdenden Gesundheitssystem. Mit Beratungen, Vorträgen, Kursen und Veröffentlichungen ermöglichen wir Frauen, informierte und aufgeklärte Entscheidungen bezüglich ihrer Gesundheit zu treffen, und eröffnen Handlungsmöglichkeiten sowie Hilfe zur Selbsthilfe.

Die Anfänge waren geprägt von Kursen zu Selbsterfahrung, Themen wie Menstruation, Zyklus, Schwangerschaftsabbruch, unschädliche Verhütung, vaginale Selbstuntersuchung und der Austausch mit anderen Frauen zu gesundheitlichen Fragen standen im Vordergrund. Zunehmend wurde Missbrauch und Gewalt gegen Mädchen und Frauen ein wichtiges Thema und bald wurde klar, welche enormen gesundheitlichen Auswirkungen und Langzeitfolgen diese haben. Im Lauf der 1980er entstanden in der Bundesrepublik weitere Frauengesundheitszentren und es gibt einen *Bundesverband der Frauengesundheitszentren*.[2]

Von Anfang an begleitete die politische Auseinandersetzung um unnötige Operationen – Beispiel Gebärmutterentfernung und Medikalisierung, Beispiel Hormontherapie in den Wechseljahren – die Arbeit des FFGZ. Die *Studie an Erwachsenen in Deutschland* (DEGS1) des *Robert Koch-Instituts* belegt 2013 das Beispiel Gebärmutterentfernung mit repräsentativen Daten (Prütz et al. 2013). Sie legt nicht nur dar, dass zu häufig hysterektomiert wird, sondern auch zu radikal (bei jeder fünften Frau kommt noch eine Eierstockentfernung hinzu). Ebenso zeigen sich Einflüsse des Sozialstatus: Frauen mit niedrigem Sozialstatus bekommen fast doppelt so häufig die Gebärmutter entfernt (vgl. ebd.).

Was die Hormontherapie für Frauen in den Wechseljahren betraf, wurde eine normale weibliche Lebensphase kurzerhand pathologisiert und millionenfach Hormone weltweit verordnet. Zwei Jahrzehnte später wurde endgültig klar, dass dies ein medizinischer Langzeitversuch war, zu Lasten der Gesundheit von Frauen (WHI 2002).

Auch heute noch gibt es Schulungen, Kurse und Workshops, in denen neben Informationsvermittlung der Austausch untereinander eine wichtige Rolle spielt. Frauen fragen gezielt bei uns an, um eine Orientierung in ihren Fragen und in ihrem weiteren Umgang damit zu erhalten, vermittelt oft über Kolleginnen, Freundinnen, Ärztinnen etc. Viele Frauen nutzen das FFGZ seit Jahrzehnten, so wächst die Klientel auch der Älteren über 60. Themen rund ums Älterwerden spielen dabei eine Rolle. Doch auch in Zeiten des Internets und der Sozialen Medien sind Frauen, auch gerade junge, auf der Suche nach ganzheitlichen, auf sie zugeschnittenen Gesundheitsinformationen. Viele Frauen sind inzwischen sensibilisiert und kritisch, was ein Zuviel an Eingriffen oder Hormonverordnungen in der Gynäkologie und Medizin allgemein betrifft.

Um eine qualitätsgesicherte und frauengerechte Gesundheitsförderung, gesundheitliche Prävention und eine strukturelle Verbesserung der gesundheitlichen Versorgung von Frauen zu erreichen, versuchen wir, Einfluss auf Gesundheitsthemen zu nehmen. Dafür engagieren wir uns auf gesundheitspolitischer Ebene und sind in diversen Fach-Gremien tätig: Wir sind Teil des *Netzwerks Frauengesundheit Berlin* und vielfältig vernetzt mit Gesundheitseinrichtungen, mit ÄrztInnen und Heilpraktikerinnen. Um möglichst viele Frauen zu erreichen, haben wir eine über Jahrzehnte gewachsene Kooperation mit unterschiedlichsten

---

2 | Weitere Informationen dazu sind zugänglich unter www.frauengesundheitszentrum.de.

Einrichtungen in Berlin aufgebaut. Dazu gehören Migrantinnen-, Selbsthilfe-, Fraueneinrichtungen, Stadtteilzentren, Nachbarschaftshäuser, Familienzentren etc. In den Infoveranstaltungen und Kursen vor Ort geht es immer auch neben dem Empowerment von Frauen um die Sensibilisierung der Einrichtungen für ein geschlechtsspezifisches Verständnis von Gesundheit und Krankheit. Dies ist auch heute noch keine Selbstverständlichkeit.

Der Einfluss der Medizin allgemein und insbesondere der Gynäkologie auf Frauen hat in den letzten Jahrzehnten zugenommen, es gibt aber keinen Raum für Fragen und eine ›informierte Entscheidung‹. Nicht zuletzt dank Frauenbewegung und Frauengesundheitsbewegung können viele Frauen heute zwar freier über ihren Körper, ihre Lebensplanung und ihre Sexualität bestimmen, müssen sich aber gleichzeitig mit vielen medizinischen ›Interventionen‹ auseinandersetzen. Dafür benötigen sie möglichst unabhängige und verständliche Informationen.

Das FFGZ ist ein gemeinnütziger Verein und wird seit 1983 vom Land Berlin gefördert, darüber hinaus finanziert es sich aus Eigenmitteln und Spenden. Doch trotz der anerkannten Arbeit besteht nach wie vor eine chronische Unterfinanzierung. Wir sind Mitglied im *Paritätischen Wohlfahrtsverband Landesverband Berlin e.V.*, im *Netzwerk Frauengesundheit Berlin*, im *Arbeitskreis Frauengesundheit und Gesundheit Berlin e.V.* (AKF®) und im *Bundesverband der Frauengesundheitszentren e.V.* Unsere Arbeit wird gewürdigt. Im Jahr des 40-jährigen Jubiläums 2014 erhielt das Team des FFGZ Berlin den *Berliner Frauenpreis für sein besonderes frauenpolitisches Engagement und* wurde ausgezeichnet für den Einsatz für die Rechte und Interessen von Frauen im Bereich Frauengesundheit. Der Preis wurde anlässlich des *Internationalen Frauentags* von der Senatorin *für Arbeit, Integration und Frauen,* Dilek Kolat, verliehen.

WARUM FEMINISTISCH?

Das Berliner Frauen-Gesundheits-Zentrum verstand sich von Anfang an als eine feministische Einrichtung, die nicht nur für die Selbstbestimmung von Frauen eintritt, sondern auch für das Ende aller Formen von Sexismus, Rassismus, Homophobie, Gewalt und patriarchaler gesellschaftlicher Strukturen. Ziel war und ist es, die strukturelle Unterdrückung und Ausbeutung von Frauen zu benennen und aufzuheben. Es galt damals wie heute, Frauen sichtbar zu machen, nicht als hilflose Opfer, sondern als aktiv Handelnde, die gesellschaftliche Teilhabe und Gleichstellung fordern. Politische Einmischung, Kritik bestehender Machtverhältnisse in der Gesellschaft und im Gesundheitswesen, insbesondere in der Gynäkologie, ein geschlechtsspezifisches Gesundheitsverständnis und das Verständnis, dass sich die gesellschaftliche Position von Frauen, die strukturelle und sexuelle Gewalt gegen sie und ihre soziale Lage auf ihre Gesundheit auswirken, sind Eckpunkte des Selbstverständnisses: »Das Private ist politisch.« Immer geht es auch um die Unterschiedlichkeit von Frauen, um unterschiedliche Lebensphasen, Lebensentwürfe und Lebensbedingungen. Sie bedingen die Gesundheit von Frauen und müssen in ihrer gesundheitlichen Versorgung berücksichtigt werden.

Ganz bewusst wurde und wird immer noch diese politische Ausrichtung über den Namen öffentlich gemacht. Dies führt zu unterschiedlichen Reaktionen. Frauen, MultiplikatorInnen oder Medien wenden sich an das FFGZ, um ein Anliegen oder ein Thema aus feministischer Sicht bewerten zu lassen. Viele schätzen auch einfach die professionelle Dienstleistung, grundlegende und ganzheitliche Informationen zu frauengesundheitsspezifischen Fragen zu bekommen, um sich besser im Dschungel der Gesundheitsinformationen zurechtzufinden.

Doch es gibt nach wie vor auch Vorbehalte und Vorurteile, die sich im jahrzehntealten Klischee der lila Latzhose und der Frauen, die gegen Männer sind, äußern, und die uns deutlich werden, wenn Frauen oder Einrichtungen den Kontakt mit uns meiden, weil sie nichts mit Feministinnen zu tun haben wollen oder die sich in einer Skepsis im Erstkontakt ausdrückt (wobei sich die Personen dann öffnen, wenn sie verstehen, was wir unter Feminismus verstehen). Unser Ziel und auch Verständnis feministischer Arbeit ist die Veränderung bzw. Verbesserung der Lebenssituation von Frauen als auch der Strukturen, die Frauen noch heute benachteiligen, denn individuelle Gesundheit wird geprägt von den gesellschaftlichen Strukturen, in denen Frauen (und Männer) leben. Die Erkenntnisse dazu wurden von der Frauengesundheitsbewegung, den Frauengesundheitszentren und der Frauengesundheitsforschung geliefert.

Mit einer feministischen Einrichtung verbinden viele eine dogmatische Haltung oder sie sind skeptisch, was sie von einer solchen zu erwarten haben. Aufgelöst werden die Vorbehalte in der Regel, wenn Frauen positive Erfahrungen mit dem FFGZ machen. Allgemein geschätzt werden entgegengebrachter Respekt, Orientierung und der Faktor Zeit in einer immer hektischeren Welt.

In Projektvorstellungen mit Gruppen aus Gesundheits- oder Sozialberufen oder politisch Interessierten, vor allem auch jungen Frauen, treffen wir oft auf Unverständnis, da wir ›nur‹ für Frauen arbeiten oder ›feministisch‹ als überholt bezeichnet wird. Die inhaltliche Diskussion macht dann schnell klar, dass wir uns für gesellschaftliche Themen einsetzen, die aktuell sind und deren Bewertungen oft geteilt werden.

Das Selbstverständnis der Nutzerinnen des FFGZ ist sehr unterschiedlich, von feministisch-frauenbewegt bis hin zu unpolitisch oder auch skeptisch. Manche kommen wahrscheinlich das erste Mal mit feministischen Einschätzungen und Positionen in Berührung, für andere ist das das Motiv der Kontaktaufnahme. Was für die meisten den Ausschlag gibt, ist die anerkannte Kompetenz des FFGZ in Frauengesundheitsfragen.

Selbstbestimmung — was wir darunter verstehen

Die zentralen Interessen der Frauengesundheitsbewegung waren, die Macht von Experten und den daraus abgeleiteten Anspruch auf die Kontrolle über die Körper von Frauen in Frage zu stellen. Das Motto »Frauengesundheit in eigener Hand« war die Parole gegen die Definitionsmacht der Medizin und für die Selbstbestimmung der Frauen. Selbstbestimmung über den eigenen Körper (»Mein Bauch gehört mir«), die eigene Sexualität und damit auch über verschiedenste Gesundheitsaspekte war und ist das Ziel der Frauengesundheitsbewegung und des FFGZ. Wissen, Empowerment und Beteiligung seitens der Frauen sind dafür unerlässlich.

Heute ist Selbstbestimmung wesentlich verwässerter, da sich unterschiedlichste Akteure dieses Begriffs bedienen. So ist sie auch ein wesentliches Element in Strategien neoliberaler Ökonomisierung und Individualisierung geworden. Die ursprüngliche Bedeutung des Begriffs Selbstbestimmung hat sich vom gemeinsamen politischen Ziel hin zur individualisierten Bedürfniserfüllung entwickelt. Selbstbestimmung ist damit nicht zu trennen von Normen eines ›gesunden‹, ›effizienten‹ und ›präventiven‹ Körper- und Verhaltensmanagements. Dies lässt sich gut in der Gynäkologie beobachten. Ob es um die Einnahme von Hormonen, die Einwilligung zu einer Hysterektomie oder zu einer Hormonbehandlung bei Fertilitätsstörungen oder um Pränataldiagnostik geht, vermeintlich geschieht all dies unter dem Aspekt der Selbstbestimmung der Frau. Hier ist der Begriff zur vermeintlichen Wahlmöglichkeit verkommen, um das (eigene) Geschäft anzukurbeln.

Publikationen des FFGZ Berlin

Die erste Publikation war 1975 das *Hexengeflüster* (Ewert et al. 1975), das schnell zu einem Bestseller wurde. Themen wie Sexualität, Vaginalinfektionen, Schwangerschaftsabbruch wurden aus Frauenperspektive aufgegriffen, damals ein Novum. Im Jahr 1976 folgte die Zeitschrift *clio*[3] – damals mit der Unterzeile *eine periodische Schrift zur Selbsthilfe*, heute *Die Zeitschrift für Frauengesundheit*. Das Konzept von *clio* – die Vermittlung frauengesundheitsspezifischer Informationen, der kritische Blick auf medizinische Entwicklungen und Hilfe zur Selbsthilfe – mit Fachfrauen, die ihre Expertise zu Frauengesundheit aus Wissenschaft, Praxis, Gesundheitsberatung und -selbsthilfe, Medizin und Naturheilkunde ehrenamtlich zur Verfügung stellen, ist bis heute im deutschsprachigen Raum einmalig. In ihr finden sich Wissen und Erfahrungen aus vier Jahrzehnten Arbeit.

In *clio* 77 (FFGZ Berlin 2013b), haben wir das Thema »Psychische Belastungen von Frauen heute – Ursachen, Hintergründe und Bewältigungsstrategien«

---

3 | Das FFGZ Berlin gibt seit 1976 *clio - Die Zeitschrift für Frauengesundheit* heraus (zwei Ausgaben im Jahr, Mai und November).

aufgegriffen. Frauen stehen aus verschiedenen Gründen stärker unter Druck als Männer, zum einen aufgrund der wieder zunehmenden traditionellen Geschlechterverhältnisse und Rollenerwartungen. Zum anderen haben sie nach wie vor ein wesentlich höheres Risiko, Gewalt – sexuelle, häusliche und strukturelle – und Diskriminierung sowie Ungleichbehandlung z.B. im Arbeitsleben zu erleben. Dies hat (gesundheitliche) Auswirkungen. Die *Studie zur Gesundheit Erwachsener in Deutschland* (DEGS1) des *Robert-Koch-Instituts* aus dem Jahr 2013 (Prütz et al. 2013) belegt, dass nicht nur die psychischen Belastungen und Erkrankungen allgemein steigen, sondern auch in Bezug auf Alter, Geschlecht ›weiblich‹ und einem niedrigen sozioökonomischen Status. Diagnosen wie Depression, Angsterkrankungen und Schmerzen sind doppelt so häufig bei Frauen verglichen mit Männern, alleinerziehende Frauen sind stark psychisch belastet, Frauen im mittleren Lebensalter haben vermehrt Burnout-Fehltage am Arbeitsplatz und Frauen bekommen zwei- bis dreimal mehr Psychopharmaka als Männer verordnet. In *clio* 77 (FFGZ Berlin 2013b) werden vor dem Hintergrund weiblicher Lebensrealitäten (feministische) Ansätze beleuchtet, die Frauen darin unterstützen, adäquate Umgangsmöglichkeiten zu entwickeln und gesundheitlichen Belastungen, Störungen und Erkrankungen zu begegnen. Diese Entwicklung haben wir auch in unserer konkreten Arbeit aufgegriffen, indem wir Frauen vermehrt Angebote zur Stressreduktion, um Kraft zu schöpfen, im Umgang mit Stimmungstiefs und Erschöpfung anbieten.

Auch die Broschüren *Wechseljahre – Praktische Begleitung für diese Lebensphase* (FFGZ Berlin 2012a), *Endometriose verstehen – Meinen Weg gehen* (FFGZ Berlin 2012c), *Schilddrüse – kleines Organ mit großer Wirkung* (FFGZ Berlin 2012b) vermitteln Frauen unabhängige, aktuelle und kritische Gesundheitsinformationen, die gerade heute in Zeiten des Internets eine Orientierung geben können.

DIE NUTZERINNEN DES FFGZ

Schon immer sprach das FFGZ alle Frauen jeglicher sexueller Orientierung an. In den Anfängen nutzten hauptsächlich junge Frauen das FFGZ, die selbst frauenbewegt waren, schließlich ging ja die Gründung des FFGZ aus der Frauenbewegung hervor. Gern wurden sie von den FFGZ-Mitarbeiterinnen als ›Studentin mit der *Courage* unter dem Arm‹[4] bezeichnet. Dies hat sich über die Jahrzehnte verändert. Die Nutzerinnen sind heute viel unterschiedlicher, bezogen auf Alter, Herkunft, (Aus-)Bildung und soziale Lage. Gesundheitsfragen gehen einfach alle an. So kommen die einen selbst ins Zentrum, die anderen nehmen teil an unseren Angeboten vor Ort in ganz Berlin. Gesundheitsfragen sind häufig auch sensible Fragen, die die Intimsphäre jeder Einzelnen berühren, so versteht es sich von selbst, dass sich die Angebote nach wie vor explizit an Frauen richten. Hier finden sie einen geschützten Rahmen.

---

4 | Eine damalige Frauenzeitschrift, die als Alternative zu *Emma* galt.

Da erwiesenermaßen Gesundheit und Krankheit abhängig sind von der sozialen Lage und wir in der Arbeit immer wieder erleben, wie schwierig es ist, an adäquate Informationen zu kommen, bieten wir seit vielen Jahren darüber hinaus spezielle Angebote an. Spezifische Zielgruppen werden heute dem Thema Soziale Chancenungleichheit zugeordnet. Dazu gehören Migrantinnen, erwerbslose Frauen, ältere und gewaltbetroffene Frauen, also Zielgruppen, die spezifischen Benachteiligungen und damit größeren Gesundheitsrisiken ausgesetzt sind. Für die drei genannten Zielgruppen bieten wir spezifische Konzepte an, um ihre Gesundheitschancen zu verbessern. Zum einen entwickelten wir das Konzept »Älter werden und Gesundheit – die Patientinnenschulung für ältere, sozial benachteiligte Frauen bzw. Migrantinnen«. Im Zentrum steht das Empowerment für Frauen. Die Patientinnenschulung wurde 2007 vom *Koordinationsverbund Gesundheitsförderung bei sozial Benachteiligten* als Beispiel guter Praxis und 2009 vom *Forum Gesundheitsziele Deutschland* ausgezeichnet.

Auch die gesundheitlichen Folgen sexueller Gewalt bilden bereits seit mehr als 20 Jahren einen Schwerpunkt der Arbeit des FFGZ. Das Ziel ist, Defizite öffentlich zu machen, auf eine bessere Versorgung und damit auf eine bessere gesundheitliche Situation gewaltbetroffener Frauen hinzuwirken und Frauen gezielt zu unterstützen. Darüber hinaus entwickelten wir ein Angebot für erwerbslose Frauen. Entsprechend unseres feministischen Ansatzes sollen Frauen darin unterstützt werden, ihr Wohlbefinden und ihre gesundheitliche Situation selbst und selbstbestimmt zu fördern. Die einzelnen Zielgruppen werden im Folgenden genauer beleuchtet.

MIGRANTINNEN UND GESUNDHEITSFÖRDERUNG

Seit Ende der 1980er Jahre bietet das FFGZ Veranstaltungen und Kurse für Migrantinnen an. Meistens finden diese in Kooperation mit Treffpunkten und Beratungsstellen für Migrantinnen statt. Wir haben dort hauptsächlich mit den älteren Frauen und den jungen Müttern zu tun, viele aus dem türkischen oder arabischen Sprachraum. Viele dieser Frauen haben nur geringe Deutschkenntnisse und eine rudimentäre Schuldbildung, etliche sind Analphabetinnen. Bildungsdefizite wirken sich oft auch in der zweiten oder sogar dritten Migrationsgeneration aus. Viele von ihnen leben in prekären Lebensverhältnissen.

Migrantinnen erleben aufgrund der spezifischen Lebens- und Arbeitsbedingungen oft früher und häufiger schwerwiegende gesundheitliche Beeinträchtigungen als die Mehrheitsbevölkerung. Schlechte Wohn- und Arbeitsverhältnisse, gesellschaftliche Isolation und eine ausländerfeindliche Umgebung sind eindeutige Krankheitsursachen. Armut führt bekanntermaßen zu einem schlechteren Gesundheitsstatus und häufiger zu chronischen Erkrankungen.

Wenn Migrantinnen und Flüchtlingsfrauen erkranken, werden sie mit einem Gesundheitssystem konfrontiert, das an den Bedürfnissen der deutschen Bevölkerung orientiert ist. Es ist schwierig, sich in diesem System mit seinen fremden

Krankheitsbildern und einem anderen Körperverständnis zurechtzufinden. Die Informationen zu Angeboten des Gesundheitswesens, zur Prävention und zum Umgang mit Beschwerden sowie zur Nachsorge nach Krankheiten und Operationen erreichen sozial benachteiligte Frauen meist nicht. Auch das notwendige Wissen zum Verständnis der Diagnosen und der Wirkungen vorgeschlagener Therapien und Medikamente fehlt meist weitgehend. Zudem gibt es auf der Seite der Behandelnden häufig eklatante Vermittlungs- und Sprachbarrieren, die eine richtige Diagnosestellung, Beratung und Behandlung erschweren. Viele Krankheiten werden nicht als solche erkannt, sondern als psychische oder psychosomatische Beschwerden eingeordnet, die mit Medikamenten, häufig mit Psychopharmaka, behandelt werden.

Vor allem bei gynäkologischen Beschwerden stehen Migrantinnen nicht selten einem uninformierten oder unsensiblen Gesundheitspersonal gegenüber. Ihre durch kulturelle Traditionen geprägten Körperbilder und ihr Krankheitsverständnis werden negiert und ihre Werte und Gebote häufig nicht berücksichtigt. Hinzu kommt bei vielen Migrantinnen ein großes Informationsdefizit über den Körper und seine Abläufe, wie z.b. sehr geringe Kenntnisse über den Menstruationszyklus, Veränderungen in den Wechseljahren, Verhütung oder Schwangerwerden.

Hier setzen wir an: Der Kurs »Älterwerden und Gesundheit – Die Patientinnenschulung« bezieht sich vorrangig auf den Umgang mit gesundheitlichen Beschwerden bzw. die eigenen Möglichkeiten zur Verbesserung der Gesundheit und wendet sich an Frauen 45 plus. In einem 10-wöchigen Kurs – jede Woche ein Termin – sprechen wir mit den Frauen über ihre vorrangigsten Beschwerden. In der Zeit der Wechseljahre machen sich Belastungen bemerkbar, viele werden dann chronisch. Die Frauen haben Rückenprobleme, Schilddrüsenerkrankungen, Diabetes, Bluthochdruck, Schlafstörungen, Depressionen und Probleme mit Blase und Beckenboden. Und sie nehmen viele Medikamente. Sie brauchen mehr Informationen über die normalen körperlichen und seelischen Veränderungen beim Älterwerden und mehr Möglichkeiten, damit gut umzugehen. Wir setzen an ihren Erfahrungen und ihren Ressourcen an. Es gibt von unserer Seite einen gut verständlichen Input zu verschiedenen Themen, umsetzbare Tipps zur Ernährung, bewährte Heilmittel und Anwendungen der Naturheilkunde – die von den Frauen im Gespräch mit eigenem Wissen und eigenen Erfahrungen bereichert werden. Verschiedene Kulturen haben eben auch verschiedene, sehr bereichernde Möglichkeiten! Auch die Bewegung kommt nicht zu kurz, in jeder Einheit gibt es Dehnungs-, Lockerungs- und Entspannungsübungen, die die Frauen zu Hause für sich anwenden können und die meistens mit viel Begeisterung angenommen werden.

Ein besonders wichtiges Modul ist das Thema Medikamente. Immer wieder erschreckend ist, wie viele Frauen eine große Anzahl von Medikamenten einnehmen, verschrieben von unterschiedlichen ÄrztInnen, ohne dass Wechselwirkungen oder auch die Sinnhaftigkeit geprüft werden. Eine Mitarbeiterin des FFGZ, die auch Apothekerin ist, geht mit den Frauen deren Medikamentenliste durch und bespricht grundsätzliche Fragen im Umgang mit Medikamenten. Auch das deutsche Gesundheitssystem ist teilweise schwer zu begreifen. Folgende Fragen werden besprochen: Welche Rechte habe ich als Patientin und was kommt im Krankenhaus auf mich zu? Wie muss ich vorgehen, um in der ärztlichen Sprechstunde, trotz Sprachproblemen, genügend Gehör zu finden und befriedigende Antworten zu erhalten? Soll ich Krebsfrüherkennungsuntersuchungen nutzen und welche Möglichkeiten der Rehabilitation gibt es? Und von Gesundheitssport auf Rezept hat noch kaum eine gehört.

Insgesamt ein toller Kurs: Die Frauen nehmen viel für ihren Alltag mit, fühlen sich gestärkt, mit neuen Handlungsmöglichkeiten und neuen Ideen für ihre Gesundheit und die ihrer Familie. Zu jeder Einheit bekommen sie ein ausführliches Merkblatt mit allen wichtigen Informationen in Deutsch und in ihrer Muttersprache, um auch später etwas in der Hand zu haben. Häufig wird das Interesse an Gesundheitsthemen geweckt und die Einrichtungen fragen uns für weitere Gesundheitsveranstaltungen an, die auch die Möglichkeit bieten, mit den Frauen über die stattgefundenen Veränderungen in ihrem Gesundheitsverhalten zu sprechen.

DAS ANGEBOT FÜR FRAUEN, DIE VON GESUNDHEITLICHEN FOLGEN SEXUELLER GEWALT BETROFFEN SIND

Gewalt gegen Frauen ist auch heute noch das Thema, das am deutlichsten die bestehenden Machtverhältnisse in der Gesellschaft enttarnt und die Notwendigkeit feministischer Interventionen belegt. Dieser Schwerpunkt der Arbeit wurde Anfang der 1990er Jahre aufgebaut, nachdem Frauen in Beratungen und Gruppen immer wieder ihre körperlichen, gesundheitlichen und sexuellen Probleme in Zusammenhang zu ihrer Gewalterfahrung brachten und die mangelnde Unterstützung des Gesundheitsversorgungssystems beklagten. Der Austausch mit Fachfrauen der Beratungsstellen zu sexueller Gewalt bestätigte uns darin, dass es einen großen Bedarf an Unterstützung im Bereich Körper und Gesundheit gibt und dass das Gesundheitssystem das Thema Sexuelle Gewalt und deren Folgen ignorierte.

Das Angebot umfasst die Unterstützung der betroffenen Frauen durch Information, Beratung und Gruppenarbeit. In Informationsveranstaltungen informieren wir Betroffene und Multiplikatorinnen über aktuelle Erkenntnisse bezüglich der Auswirkungen von Gewalt auf die Gesundheit. Oft bietet das Thema Gesundheit einen ersten Zugang zur Aufarbeitung der Gewalterfahrungen, wenn Frauen bisher nicht darüber sprechen konnten. Die Frauen erreichen das FFGZ auch über ihre ÄrztInnen, die unsere Informationen erhalten und weitergeben.

Viele Frauen haben sich vom Gesundheitssystem abgewandt, da sie keine Unterstützung bekommen haben oder retraumatisiert wurden. In unseren Beratungen steht die Situation der Frauen im Mittelpunkt. Gemeinsam werden Strategien entwickelt, um die notwendige Versorgung wieder in Anspruch zu nehmen. Um eine Verbesserung der Versorgung für die Frauen im Gesundheitsbereich zu ermöglichen, wurden Adressenlisten für Gynäkologinnen, Allgemeinmedizinerinnen und Zahnärztinnen sowie Traumatherapeutinnen erstellt, die für das Thema sensibilisiert werden konnten.

Im Mittelpunkt des Angebots stehen Kurse für betroffene Frauen. Durch den Austausch der Frauen über ihre gesundheitliche Situation im Laufe ihres Lebens wird deutlich, welche Auswirkungen die Gewalterfahrungen haben können. Es wird als Entlastung erlebt, dass sich diese bei vielen Frauen wiederfinden und als Folgen der Gewalt zu sehen sind. Die praktischen Übungen stärken den Körper und helfen, ihn in den Heilungsprozess einzubinden. Durch das Empowerment werden sich Frauen ihrer Ressourcen wieder stärker bewusst und darin unterstützt, diese mehr für sich zu nutzen. Dem Konzept des FFGZ folgend veröffentlichen wir in unserer Zeitschrift *clio* Artikel zu diesem Thema wie auch zu Aktionen zum 25. November, dem *Internationalen Aktionstag gegen Gewalt an Frauen und Mädchen.*

Mit Gründung des *Netzwerks Frauengesundheit Berlin* haben wir diesen Schwerpunkt ab 2000 verstärkt gemeinsam mit anderen Projekten in die Politik und das Gesundheitssystem hineingetragen. Es wurden Fachgespräche zur Verbesserung der gesundheitlichen Versorgung, Informationskampagnen und Diskussionsrunden mit den politisch Verantwortlichen durchgeführt, die die Bedarfe deutlich gemacht haben und zu ersten Verbesserungen führten. Nach wie vor gibt es jedoch große Defizite in der Versorgung und keine systematische Aus- und Fortbildung für die Gesundheitsberufe. Die hierarchischen Strukturen im Gesundheitssystem und der Selbstverwaltung, die immer noch im Wesentlichen von Männern bestimmt werden, machen es besonders schwer, hier Veränderungen herbeizuführen.

DAS GESUNDHEITSANGEBOT FÜR ERWERBSLOSE FRAUEN

Arbeitslosigkeit macht krank – zu diesem Fazit kamen viele Studien, die die Situation erwerbsloser Menschen um die Jahrtausendwende beleuchteten. Empirische Daten zeigten: Mehr Krankheitstage, mehr Arzt- bzw. Ärztinnenbesuche, mehr Krankenhausaufenthalte, ein schlechteres subjektives Gesundheitsempfinden – insbesondere bei Frauen. Doch was folgte aus diesem Zusammenhang von Erwerbslosigkeit und gesundheitlicher Situation jenseits einer wissenschaftlichen und politischen Diskussion? Was bedeutet die Erwerbslosigkeit für Frauen und ihre Gesundheit? Wie kann Gesundheitsprävention konkret für diese Frauen aussehen?

Das FFGZ beschloss, ein Angebot für erwerbslose Frauen in dieser prekären, offensichtlich krankmachenden Lebenssituation zu entwickeln. Entsprechend unseres feministischen Ansatzes wollten wir die Frauen unterstützen, ihr Wohlbefinden und ihre gesundheitliche Situation selbst und selbstbestimmt zu fördern. Ihnen sollte Raum gegeben werden, die eigene Situation zu beleuchten, Neues auszuprobieren sowie Handlungsmöglichkeiten und Ressourcen zu entdecken. Mit Informationen und der Möglichkeit, verschiedene Techniken kennenzulernen, wollten wir einen Kurs gestalten, der unseren frauenspezifischen Ansatz der gesundheitlichen Selbsthilfe lebendig umsetzt. Wir fragten uns daher: Wie können wir im Sinne von Empowerment erwerbslose Frauen unterstützen, ihre gesundheitliche Situation aus eigener Kraft zu verbessern? Mit dieser Frage starteten wir 2005 das Projekt zur gesundheitlichen Situation erwerbsloser Frauen. Wir sprachen mit Zuständigen in Institutionen, in denen erwerbslose Frauen ein- und ausgehen: Frauenzentren, Beschäftigungsgesellschaften, Nachbarschaftseinrichtungen, Arbeitsloseninitiativen. Und natürlich sprachen wir mit erwerbslosen Frauen. Schnell zeigte sich, dass die Beschwerden viel mit (Mehrfach-)Belastung und Stress zu tun haben. Genannt wurden immer wieder: depressive Symptome, Erschöpfungszustände, Antriebsschwäche, geringe Belastbarkeit, Immunschwäche, Rückenprobleme, Magen-Darm-Störungen, Nervosität, Konzentrationsschwäche etc.

Auf dieser Basis entwickelten wir das Konzept für unseren Gesundheitskurs für erwerbslose Frauen. Der erste Kurs fand 2006 statt und seither folgen regelmäßig weitere. Bis Ende 2013 waren es 73 an der Zahl mit insgesamt circa 600 Teilnehmerinnen. Der Kurs, der drei Termine umfasst, ist eine Mischung aus kurzen theoretischen Inputs, Austausch, praktischen Übungen und Informationen über kostengünstige, gesundheitsfördernde Angebote sowie andere Unterstützungsangebote in Berlin:

Die kurzen Inputs zeigen den Zusammenhang zwischen Belastungssituation und Einschränkung des Wohlbefindens auf. Es geht um den Kontext gesundheitlicher Beschwerden – immer mit der Zielrichtung: Wie kann die Einzelne aktiv werden, was kann sie selber tun, um ihr Wohlbefinden in dieser schwierigen Lebenssituation zu fördern? Im Austausch bringen die Frauen ihre Erfahrungen ein, unterstützen sich gegenseitig und geben sich ein Feedback. Für manche ist es das erste Mal, dass sie so über ihre Situation reden und Verständnis finden. Umso wichtiger, da sich viele in ihrer Erwerbslosigkeit isoliert und als Einzelkämpferin angesichts schwieriger Umstände, Druck und Anforderungen erleben.

Mit den Körper- und Mentalübungen lernen die Teilnehmerinnen Möglichkeiten kennen, um ihrem tagtäglichen ›Hamsterrad‹, dem ›Gedankenkarussel‹, der inneren Unruhe oder den Stimmungstiefs entgegenzuwirken. Zugleich erleben die Frauen diese als entspannend und druckabbauend. Die alltagstauglichen Übungen machen den Kurs so ein Stück weit zu einem Ort der Regeneration und des Wohlbefindens. Und sie können einfach und sofort in den Alltag integriert werden. Weitere Einzel-, Paar- und Kleingruppenübungen bieten den Frauen Raum für Selbstreflexion sowie neue Erfahrungen und Ideen für ihre konkrete Situation. Damit die Erfahrungen, Erkenntnisse und die Motivation aus dem auf drei mal drei Stunden begrenzten Kurs nicht ›verpuffen‹, haben wir eine Sammlung weiterführender kostengünstiger Angebote in Berlin angelegt. Sie ermöglicht den Teilnehmerinnen einen Überblick über Einrichtungen in Berlin, in denen sie weiterhin und vor allem ihrem Budget entsprechend aktiv bleiben können, um ihr Wohlbefinden zu verbessern.

In all den Jahren hat sich der Kurs immer wieder verändert: Angefangen beim Titel, der mittlerweile *Wohlbefinden stärken*. *Ein Gesundheitsangebot für erwerbslose Frauen* lautet, über die Inhalte – bei denen sich der Schwerpunkt Richtung praktische Erfahrungen verschoben hat – bis hin zu einem veränderten, sprich längerem, Zeitrahmen. Gleich geblieben ist unser feministischer Ansatz: Parteilich für Frauen stellen wir ihre spezifische Situation und ihren Bedarf in den Mittelpunkt. Dabei ermöglicht der Praxisbezug den Teilnehmerinnen, gemeinsam ihr persönliches Wohlbefinden zu fördern und ›gesunde‹ Lösungen und Perspektiven für sich zu entdecken. Die im Kurs gewonnenen Erkenntnisse und Erfahrungen motivieren und zeigen Ansatzpunkte, um der häufig erlebten Ohnmacht und Isolation zu begegnen. Unsere Kursteilnehmerinnen erleben so Selbstwirksamkeit und entdecken Möglichkeiten, für sich und das eigene Wohlbefinden aktiv zu werden. Dies bedeutet, Handlungsoptionen für ihren Alltag mit vielerlei Belastungen zurückzugewinnen.

Was wir von den Kursteilnehmerinnen erfahren und lernen, versuchen wir im Gegenzug – sozusagen als ihr Sprachrohr – immer wieder in die politische Diskussion einzubringen und dort für deren geschlechtsspezifische Situation zu sensibilisieren. So initiierten wir mit Unterstützung der *Landesvereinigung Gesundheit Berlin-Brandenburg e.V.* ein Fachgespräch zum Thema *Erwerbslose Frauen und Gesundheit*. Zum ersten Mal kamen VertreterInnen aus so unterschiedlichen Bereichen wie Frauenprojekten, Gesundheitsprojekten, Jobcentern, Arbeitsagenturen, Beschäftigungsträgern und Beratungseinrichtungen für Erwerbslose zusammen. Erfahrungen wurden zusammengetragen, Ideen entwickelt und die AkteurInnen lernten die anderen Angebote kennen. Der sich offenbarende Bedarf an Vernetzung führte zu regelmäßigen Treffen zum Thema *Erwerbslose Frauen und Gesundheit*. Zur gesundheitspolitischen Seite unserer Arbeit zählen ferner Beiträge auf Tagungen, Veröffentlichungen, Zusammenarbeit mit Medien. Mit ihnen soll auf die gesundheitlichen Auswirkungen der Erwerbslosigkeit aufmerksam gemacht werden.

FAZIT

Das FFGZ Berlin hat sich über 40 Jahre für Frauengesundheit eingesetzt und immer wieder als Vorreiterin aktuelle Problemlagen aufgegriffen wie z.B. Lesben und Kinderwunsch, die Gesundheitssituation älterer Frauen oder von Müttern mit Migrationshintergrund oder erwerbslosen Frauen und Angebote entwickelt.

Es gibt problematische Entwicklungen im Gesundheitssystem, die sich vor allem aus ökonomischen Gründen ergeben und auf Kosten von Frauen und ihrer Gesundheit gehen. So sind z.B. die Zahlen der Gebärmutterentfernungen wieder gestiegen, Kaiserschnitte nehmen rasant zu, Frauen werden zwar weniger Hormone in den Wechseljahren, dafür im hohen Maß Psychopharmaka verordnet. Die gesundheitliche und therapeutische Versorgung gewaltbetroffener Frauen hat sich kaum verbessert. Prävention und Gesundheitsförderung, vor allem für sozial Benachteiligte, von denen ein Großteil Frauen und ihre Kinder sind, werden in ihrer Bedeutung von der Politik nicht erkannt und entsprechend gefördert.

So bedarf es weiterhin einer Arbeit, die Frauen und ihre Gesundheit mit allem, was dazu gehört, in den Fokus stellt.

QUELLEN

Ewert, Christiane/Karsten, Gaby/Schultz, Dagmar (1975): Hexengeflüster. Frauen greifen zur Selbsthilfe, Berlin (West): Frauenselbstverlag.

FFGZ Berlin (2013a): Gynäkologie im 21. Jahrhundert – hat sich für Frauen etwas verbessert?, Themenheft, clio 76.

FFGZ Berlin (2013b): Psychische Belastungen von Frauen heute – Ursachen, Hintergründe und Bewältigungsstrategien, Themenheft, clio 77.

FFGZ Berlin (2012a): Wechseljahre – praktische Begleitung für diese Lebensphase, Broschüre, Berlin: FFGZ e.V.

FFGZ Berlin (2012b): Schilddrüse – kleines Organ mit großer Wirkung, Broschüre, Berlin: FFGZ e.V.

FFGZ Berlin (2012c): Endometriose verstehen – Meinen Weg gehen, Broschüre, Berlin: FFGZ e.V.

Prütz, F. et al. (2013): »Prävalenz von Hysterektomien bei Frauen im Alter von 18 bis 79 Jahren«, in: Studie zur Gesundheit Erwachsener in Deutschland – Ergebnisse aus der ersten Erhebungswelle (DEGS1), Bundesgesundheitsblatt 56 (5/6), 716-722, http://edoc.rki.de/oa/articles/rebLpzQ3JZs2E/PDF/252VO5xTs5I. pdf (18.09.2014).

WHI – Writing Group for the Women's Health Initiative (2002): »Risks and Benefits of Estrogen Plus Progesterone in Healthy Postmenopausal Women. Principal Results From Women's Health Initiative Randomized Controlled Trial«, in: JAMA 288, 321-333.

www.frauengesundheitszentren.de (21.04.2014).

Was ist ein Feministischer Film?

Ula Stöckl

Der Fokus im feministischen Film richtet sich auf die Gender- und Machtfrage. Das kann auf vielfältige Weise, mit unterschiedlichen Querverbindungen (intersektional) und auch in die Konsumkultur integriert erfolgen. Und er lässt sich von allen Geschlechtern realisieren, was angesichts der Bedeutung des Massenmediums Kino für Frauen wesentlich ist.

FRAUENFILM

Wann fingen wir an, von einem feministischen Film zu sprechen, sprachen wir nicht erst vom Frauenfilm? Und war das ein Film von Frauen, einer, in dem Frauen vorkamen oder ein Film für Frauen, also für ein weibliches Publikum mit entsprechenden Themen? Die Fragen und Unterscheidungen sind aktuell. Wird doch in Schweden gerade der *Bechdel-Test I* angewandt, um Sexismus und eine Unterrepräsentanz von Frauen im Kino aufzuzeigen (vgl. Bechdel 2008). Der Test wurde 1985 von der US-amerikanischen Cartoonistin Alison Bechdel entwickelt und stellt drei Fragen: 1. Kommt in dem Film mehr als eine Frau vor, und haben sie einen Namen?; 2. Sprechen die Frauen miteinander?; 3. Reden die Frauen miteinander über etwas anderes als Männer? Treffen diese Kriterien zu, handelt es sich nicht um einen feministischen Film, dazu bedarf es noch weiterer Kriterien, sondern – so sollte man annehmen – um einen ganz normalen Film von heute. Treffen die Kriterien nicht zu, handelt es sich klar um einen ›Männerfilm‹. Kritisiert wird seit Beginn der Frauenbewegung an der Darstellung von Frauen im Film, ob sie überhaupt ernst genommen werden oder noch immer für die gleichen Stereotype oder gar reaktionären Frauenbilder herhalten müssen. Ziel der genannten Aktion ist es, mehr weibliche Geschichten und weibliche Perspektiven im Kino zu zeigen, denn diese sind erstaunlicherweise immer noch mangelhaft vertreten.[1] Obwohl mittlerweile Frauen in allen gesellschaftlichen Bereichen des

---

1 | Eine Untersuchung des *Centre for the Study of Women in Television and Film* zeigt, dass Frauen in Filmen generell immer noch unterrepräsentiert sind (vgl. Hemmes 2013). Vgl. auch den Aufruf auf der Berlinale 2014 »Get yourself connected« aufgrund von rückläufiger Zahlen des Frauenanteils der Top 250 Filme: von 1998 bis 2013 von 6 auf 3 Prozent.

Lebens mehr oder weniger stark vorkommen und alle Funktionen übernehmen (können), hinkt die Darstellung und Präsenz der Frauen in den Medien hinterher. Da gerade Bilder einen wesentlichen Einfluss auf das gesellschaftliche Rollenverständnis von Frauen ausüben, und die Bedeutung des Massenmediums Kino für Frauen eine wesentliche ist (vgl. Schlüpman 2007), findet sich hier ein Tätigkeitsfeld, das mit dem *Bechdel-Test I* zumindest in Schweden und auch in Spanien mit einem Gesetz zur Gleichstellung im Film seit 2007 vorbildhaft bearbeitet wird.

»HABEN SIE HEUTE SCHON EINEN FILM VON EINER FRAU GESEHEN?«

Eine andere Ebene ist die der Produktion von Filmen bzw. die Arbeit von Frauen in der Filmindustrie. Seit 1979 veröffentlicht der *Verband der Filmarbeiterinnen* die Erhebung *Haben Sie heute schon einen Film von einer Frau gesehen?*.[2] Mittlerweile gibt es im Programm der Festivals mehr Filme von Frauen. Aber es sind noch immer männliche Regisseure, die den Großteil der Fördergelder und die Filmpreise bekommen. Wie es Isabell Šuba 2013 ganz richtig mit ihrem Guerilla-Film MÄNNER ZEIGEN FILME, FRAUEN ZEIGEN BRÜSTE in Cannes pointierte, wo es keinen einzigen Film von einer Frau im Wettbewerb gab.

Für mich und meine deutschen Kolleginnen war ein Frauenfilm ganz klar ein Film von einer Regisseur*in*. Wir, das waren die ersten Regisseurinnen aus dem Umfeld des *Neuen Deutschen Films*. Wir Wenigen glaubten zu Recht Pionierinnen zu sein auf einem Gebiet, das Frauen ausschließlich aus männlicher Sicht ins Bild setzte (vgl. Mulvay 1980). Auch das Wort im Film war Männersache, Frauen hatten wenig zu sagen oder sprachen über Männer. Um das zu ändern, mussten wir selbst Filme machen, eine eigene Bildersprache schaffen und uns darüber hinaus unserer eigenen internalisierten männlichen Sichtweise bewusst werden. Nebenbei durften wir uns noch unsere Arbeit und Ausbildung außerhalb gängiger Frauenberufe erkämpfen, z.B. als Cutterin oder Kostümbildnerin. Schon das Erobern der Technik war für mich ein Selbstermächtigungsakt, denn oftmals wurde uns der Zugang als ›unweiblich‹ verwehrt. Manche Kameramänner weigerten sich, wie in einem Film von Jutta Brückner, eine Szene mit Menstruationsblut oder einem Tampon zu filmen. Als ich bei meinem ersten Blick durch die Kamera alles unscharf sah, wies mich mein Lehrer nicht darauf hin, dass er am Okular seine eigene Sehstärke eingestellt hatte. Frauenfilm bedeutete für uns also auch, selbst alles machen zu wollen und zu können, um unsere Perspektiven auch umgesetzt zu sehen.

---

2 | Seit Anfang der 1980er Jahre errechnet der Verband die Beteiligung von Frauen an den Berlinale-Filmen. Diese Statistik wird seitdem unter dieser Fragestellung im Rahmen der Berlinale als Flyer, Plakate etc. veröffentlicht. Für die USA findet sich eine entsprechende Erhebung auf http://womenintvfilm.sdsu.edu/files/2013_Celluloid_Ceiling_Report.pdf (01.06.2014). Vgl. hierzu auch Hallensleben 2014.

BILDERSPRACHE

1968 drehte ich meinen ersten Spielfilm NEUN LEBEN HAT DIE KATZE. Es geht um fünf junge Frauen und deren alltägliche Erfahrungen, Sehnsüchte, sexuelle Aktionen und Fantasien. Das Besondere an diesem Film sind die filmischen Metaphern weiblicher Lust, das Miteinander-Agieren von Laien und Schauspielenden und die Verbindung von Fantasie oder Traumsequenzen mit Wirklichkeitsebenen. Es ging mir um Bilder für unsere Erlebniswelt, unsere Suche nach einer Identität. Diese Suche nach einer Identität schien mir anfänglich nicht unbedingt so geschlechtsspezifisch. Die Erfahrungen, die ich dann machte, und die Grenzen, an die ich stieß, ließen mich die Realität aber schnell als für die Geschlechter unterschiedlich wahrnehmen. Das wollte ich in der Darstellung von Frauen im Arbeits- und Privatleben, der Verbindung unter Frauen als auch in den Beziehungen zwischen den Geschlechtern aufzeigen. Wichtig war mir auch in den späteren Filmen immer, die einzelnen Frauencharaktere nicht zu werten, sondern gleichberechtigt auf ihren Emanzipationswegen zu begleiten. NEUN LEBEN HAT DIE KATZE gilt heute als erster feministischer Film der Bundesrepublik und avancierte zu einem Kultfilm der 1960er Jahre. Als ich ihn damals drehte, existierte der Begriff ›Feministischer Film‹ so noch nicht. Wie in den Filmen meiner Kolleginnen (Margarethe von Trotta, Ulrike Ottinger, Claudia von Alemann, Christina Perincioli, Helke Sander u.a.) ging es auch in meinen Filmen darum, gesellschaftliche, patriarchale Strukturen aufzuzeigen und gegen die festgezurrten Geschlechterverhältnisse anzugehen. Das ist sicher eines der wichtigsten Merkmale feministischer Filme.[3]

AUFBEGEHREN GEGEN MÄNNER

Das Aufbegehren konnte schon vor dem legendären Tomatenwurf[4] großen Aufruhr bewirken. Die schwedische Regisseurin Mai Zetterling wurde ebenfalls 1968 für FLICKORNA, in der deutschen Version DIE MÄDCHEN, von der internationalen Kritik zerrissen. Fünf Schauspielerinnen sind hier mit ihrer Lysistrata-Inszenierung auf Tournee. Für alle ergeben sich familiäre Schwierigkeiten, für deren Lösung einzig sie zuständig erklärt werden. In einer grandiosen Bildsprache wechselt die Erzählung beständig zwischen der Realität, dem aufgeführten Stück und den Phantasien und Ausmalungen der Frauen. Auch hier ist das Feministische in der Darstellung von arbeitenden Frauen zu finden, die aufgrund der gesellschaftlichen Rollenzuschreibungen einer Doppel- bis Mehrfachbelastung ausgesetzt

---

3 | Vgl. hierzu die Filme von Lizzie Borden, Marleen Gorris, Karen Arthur, Chantal Akerman, Rebecca Miller u.a.

4 | Vgl. hierzu z.B. »Ein Tomatenwurf und seine Folgen. Eine neue Welle des Frauenprotestes in der BRD«, www.bpb.de/gesellschaft/gender/frauenbewegung/35287/neue-welle-im-westen?p=all (01.06.2014).

sind. Das Einbinden von anderen Wirklichkeits-, Wahrnehmungs- und Fantasie-Ebenen ist ein weiteres Merkmal vieler feministischer Filme. Tabubrechend war hier auch die ungeblümte Darstellung von sexuellen Szenen, wie Frauen sie erleben. Mit ORGASMUS (1966/67) widmet sich kurz zuvor die Österreicherin Valie Export einem sex-positiven Aspekt der Weiblichkeit. Gleichzeitig provoziert sie mit feministischen Aktionen wie ihrem Tapp- und Tastkino, in dem sie den Voyeurismus der Männer thematisiert. Auch die Französin Catherine Breillat bearbeitet Sexualität und das Geschlechter-Machtgefälle in all ihren Filmen.

DAS F-WORT

In den 1970er Jahren entstanden nach dem *Ersten Internationalen Frauenfilmseminar* im Jahr 1973 allerorten Frauen-Film-Festivals, um sich auszutauschen und zu zeigen, dass es Frauenfilme gab. *Feminale* und *Femme totale* in Deutschland oder *Festival International des Films de Femmes* seit 1975 in Frankreich, das F-Wort für Feminismus war nicht immer im Titel zu lesen. Einerseits weigerten sich manche Feministinnen, Filme für den männlichen Machtapparat und den verlängerten Schwanz zu produzieren, noch weniger wollten sie im Kino gezeigt werden. Andererseits hatten Regisseurinnen Schwierigkeiten mit dem F-Wort und der Einordnung als Frauenfilm. Je nach kulturellem Hintergrund bedeutete diese Identifizierung klar einen Verzicht auf offizielle Gelder. In Frankreich fand sich z.b. keine Regisseurin, die sich selbst als feministisch einordnete, und bis heute entziehen sich viele Regisseurinnen dieser Zuschreibung.

Auch wir hatten zuweilen Schwierigkeiten mit dem Label ›Frauenfilm‹, der damit allzu schnell auf sogenannte weibliche Themen oder einen vermeintlich weiblich-sensiblen Stil reduziert wurde. Was aber viel schwerwiegender war, dass unter diesem Etikett kein Vertrieb bzw. Verleih zu finden war. Angeblich gäbe es kein Publikum dafür, lediglich auf den Festivals standen die Leute Schlange. Mir wurde sogar einmal vorgeschlagen, noch ein paar Sexszenen einzubauen, dann würde der Film auch vertrieben.

Andere Feministinnen machten sich daher gleich unabhängig von staatlichen oder anderen Zuwendungen und gründeten eigene Vertriebe (vgl. Kuhn/Radstone 1990: 148). Sie ermöglichten, dass vom kommerziellen Vertrieb abgelehnte und ignorierte Filme zirkulierten, leisteten wertvolle Arbeit und gruben verschüttete Frauenfilmgeschichte aus, die nun endlich gezeigt wurde: z.B. Filme von Alice Guy, eine der ersten Filmregisseurinnen, von der französischen Filmpionierin Germaine Dulac, oder Avantgardefilme von Maya Deren, Dorothy Arzner und Ida Lupino. Die erste feministische Filmzeitschrift Europas *Frauen und Film* wurde 1974 von Helke Sander in Berlin gegründet. Hier wurden endlich Arbeitsbedingungen von Frauen in der Filmindustrie sowie die Darstellung von Frauen im Film diskutiert, außerdem machte sie wichtige angloamerikanische Aufsätze erstmalig in deutschen Übersetzungen zugänglich.

FRAUENSOLIDARITÄT UND MITTÄTERINNEN: DAS PRIVATE IST POLITISCH

In den Filmen der 1970er Jahre wurde viel über das Leid der Frauen berichtet und erstmal die Opfer-Perspektive ausgeschöpft. Betroffenheitsfilme waren zur gesellschaftlichen Bestandsaufnahme notwendig, auch um das Bewusstsein für Frauensolidarität zu schärfen. Wir alle waren zudem Kriegskinder und hatten uns nicht nur gegen Männer und ihr sexistisches Verhalten zu wehren, sondern auch gegen die autoritär geprägte Elterngeneration und das realitätsferne Nachkriegskino. Letzteres wurde durch das *Oberhausener Manifest* von 1962 folgerichtig als *Papas Kino* bezeichnet.[5] Krieg und Zerstörung sind bis heute elementare Bestandteile patriarchaler Gesellschaften, die sich im Verbot des Denkens und Sprechens gegenüber und auch unter Frauen weiter auswirken. Die Verarbeitung des Krieges und die Beschäftigung mit den gesellschaftlichen Strukturen brachte uns zu der erschütternden Erkenntnis, dass Frauen beste Vertreterinnen männlicher Interessen sein können: »Die Konstruktion von Weiblichkeit ist eine, die Herrschaft zugleich verlangt und versagt und dies in Werte kleidet.« (Haug 1990: 170) Gewalt, Macht und Herrschaft, Totalitarismus zu analysieren, wurde zur feministischen Aufgabe.[6]

Mangels weiblicher Vorbilder hatte ich mir starke mythologische Frauenfiguren gesucht und sie teilweise neu interpretiert, denn auch die Vorlagen schienen mir teilweise schon patriarchal überlagert. Medea, die aus Liebe zu einem Mann ihre Macht aufgibt, würde bei mir eine andere Geschichte schreiben: Sie zerstört alles sie Einzwängende. In der Bildersprache, und hier wieder in den Traum- und Gefühlsebenen, konnte sie das tun. In DER SCHLAF DER VERNUNFT aus dem Jahr 1984 zeige ich Dea, eine erfolgreiche Frauenärztin im letzten Stadium ihrer Ehe. Die Töchter sind erwachsen, suchen ihren eigenen Weg. Der Mann hat eine Geliebte und will sich von ihr trennen. Jason und Dea starten als zwei junge Menschen mit gleichen Chancen, studieren Medizin. Aber er wählt die Arbeit in einem Pharmakonzern, sie in dem Forschungsprojekt »Kontrazeptionspille«. Sie kämpft gegen die Pille, er dafür. Entgegengesetzte Lebensauffassungen, Generationskonflikte, fehlende Solidarität unter den Frauen, der Kampf ökonomischer Interessen gegen jegliche Emanzipationsbestrebungen. Während viele Filme feministischen Inhalts an der Kritik vorbeigingen, erhielt dieser den *Bundesfilmpreis* und den *Preis der deutschen Filmkritik*.

Meine Generation musste erkennen, dass es in erster Linie um Macht und Kontrolle geht und dass diese sich im Privaten kristallisieren. Mein Film DAS

---

5 | Dieses Manifest von 26 Filmschaffenden aus dem Jahr 1962 gilt als die Geburtsstunde des Neuen Deutschen Kinos und fordert eine grundlegende und umfassende staatliche Kulturförderung für den deutschen Autorenfilm.

6 | Vgl. hierzu auch die spätere These der Mittäterinnenschaft von Christina Thürmer-Rohr, die sich in ihrer Arbeit stark auf die Schriften von Hannah Arendt bezieht (vgl. z.B. Thürmer-Rohr 2010).

ALTE LIED, direkt nach der Wende bzw. der Wiedervereinigung gedreht, thematisiert das Hinterfragen von privaten wie gesellschaftlichen Lebenslügen und
Lebensträumen auch in der Vergangenheit, um in der Gegenwart Fragen stellen zu können: Es geht um Krieg der Gesellschaften, Krieg in der Familie, Krieg
der Geschlechter und um die Wiederholungen, die aufgrund der patriarchalen
Strukturen immer wieder vonstattengehen. Es geht um Frauen, die tüchtig und
angepasst waren und um Mütter, denen wir das Überleben im Krieg und den
Wiederaufbau nach dem Krieg verdanken. Es geht um Generationen, und warum
wir nicht von ihnen lernen können aufzubegehren.

SISTERHOOD = DIVERSITY

In der Auseinandersetzung mit den ostdeutschen Frauen waren wir zudem erneut
damit konfrontiert, dass die oft einigende Definition über das weibliche Geschlecht
so nicht zutraf, z.B. die Filme von Helke Misselwitz, Iris Gusner, Evelyn Schmidt.
Das volle Gewicht einer Kultur kam uns entgegen, in der andere Einkommens-
und Beschäftigungsverhältnisse, Fähigkeiten, Familienstände, Mutterschaftssta-
tus und auch andere sexuelle Verhältnisse herrschten. Weitere Faktoren wie Ethnizität, Körperbilder, Alter, Geografie, sexuelle Orientierung wurden diskutiert.
SISTERHOOD IS POWERFUL – ein Film aus dem Jahr 1970 unter der Regie von Robin
Morgan – differenzierte sich jetzt aus, die Präsenz von schwarzen Frauen brachte
wichtige Aspekte wie Privilegien innerhalb der Frauenbewegung ins Bewusstsein.
Zudem thematisierten sie die Darstellung schwarzer Frauen im Film als nicht
nur sexistisch, sondern auch rassistisch. Mittlerweile sind sie mit eigenen Filmfestivals in Deutschland sichtbar, aktuell seit 2007 Afrikamera und seit 2002 z.B.
auch das Asian Women's Filmfestival (IAWRT). Zu der Frage, wie die patriarchale
Filmindustrie undifferenzierte Geschlechterrollen im Film repräsentiert, kam der
Aspekt der Unterschiedlichkeit und Ungleichheit unter Frauen hinzu.

In den letzten vier Jahrzehnten haben sich viele notwendige interne Auseinandersetzungen um die Definition von Geschlecht ergeben und neue spannende Feminismen sind entstanden. Denn auch bei der Betonung von Differenzen
und der Konstruktion von Verschiedenheit sind immer die Machtbeziehungen zu
analysieren. Gerade im Film als einem sehr mächtigen Medium, das öffentliche
Meinung bildet und Verhalten prägt, ist es wichtig, die Konstruktion von Gender
mit anderen Faktoren der Machtbildung zusammen zu denken. Seine Analyse
wurde einmal sehr bezeichnend als das Race-Class-Gender-Mantra beschrieben
(vgl. Isaac/Mercer 1988).

GENDER UND SEXUALITÄT

Dank der Cultural Studies und der Gender-Theorie in den späten 1980er Jahren wurde Laura Mulvays Theorie erweitert. Sie sah Kino »als ein Produkt des
patriarchalen Unbewussten« (zit.n. Gaines 2009: 926) und für ein männliches

Publikum gemacht. Durch die Kamera würde der Blick auf bestimmte Dinge ge-
lenkt, dem Publikum die eingebaute männliche Sichtweise aufgezwungen. Ein-
ziger Ausweg sei es, diese Form der Schaulust zu zerstören. Sie selbst revidierte
diese damals revolutionäre These. Wir Zuschauenden können uns jetzt mit den
unterschiedlichsten Geschlechtern im Film identifizieren und selbst Hollywood-
filme mit ihren Geschlechts-Stereotypen quer lesen und eventuell umdeuten. Vor
allem Lesben, Schwule und andere unterdrückte Minderheiten wiesen auf die
Möglichkeit der verschiedenen Interpretationen und Perspektiven der Rezeption
hin, die individuelles Begehren, Sexualitäten und Geschlechter-Konstruktionen
jenseits der normativen Heterosexualität zulassen. Gleichermaßen sind Filme
wie ORLANDO aus dem Jahr 1985 von Sally Potter, die sich explizit mit einem
Geschlechtswandel beschäftigen, mit wachsenden sozialen Bewegungen (z.B.
Queer, LGBTIQ oder Transbewegung) zunehmend im Kino zu sehen (z.B. Filme
wie TOMBOY, TRANSAMERICA, I AM A WOMAN NOW, XXY oder MAN FOR A DAY).

Die positive Darstellung verschiedener Gender und Sexualitäten ist sicher
auch ein Kriterium für feministische Filme. Monika Treut ist eine deutsche
Pionierin, die die Palette weiblicher Sexualität erweiterte und immer wieder tabubrechend neue Subkulturen wie SM-Community, Transgender, Lesben, Sexarbeiterinnen einführte. Sie zeigt starke Frauen und andere Persönlichkeiten in
ihren Lebenszusammenhängen, stellt die Machtfrage auch beim Sex, geht gegen
Geschlechterzuschreibungen an und filmt mit großer Liebe zu ihren Protagonistinnen deren befreiende Wege (z.B. GENDERNAUTS – EINE REISE DURCH DIE
GESCHLECHTER oder VERFÜHRUNG: DIE GRAUSAME FRAU). Sexualität in Spielfil-
men zeigte lange ausschließlich Gewalt oder Romantik, dabei geht es um eine
komplexe Angelegenheit. Sex wird selten realistisch gezeigt und spiegelt damit
auch eine Realität, die für Frauen weitaus gefährlicher ist als für Männer (vgl. Seger 1996: 212). Verantwortung, Safer Sex, Entwicklung von Sexualität als Teil des
Charakters und Bilder von gesunder, emotionsvoller Sexualität von Frauen jenseits des Schönheitsmythos sind Herausforderungen. Die sex-positive Bewegung
und *PorYes* hat diese derzeit im Genre Porno verortet und einen Paradigmen-
wechsel eingeleitet. Feministische Pornofilme zeigen realistischere, respektvolle
und vor allem konsensuelle Sexualität zwischen Erwachsenen, die als oberstes
Kriterium Vielfalt in der Darstellung aufzeigen. Damit gehen sie auch im Sexfilm
gegen die stereotype Darstellung von Frauen und Männern an (vgl. www.PorYes.
de). »Feminismus ist sexy!« wurde durch die wachsende sex-positive Bewegung
im letzten Jahrzehnt zur neuen Parole. Sex-positive Filme kommen nicht nur wie
gewohnt aus San Francisco, sondern auch aus europäischen Ländern. Schweden
hat progressiv feministische Sex-Filme staatlich gefördert (z.B. DIRTY DIARIES),
Frankreich leistet aufklärend moderne Beiträge (z.B. Arbeiten von Emilie Jouvet)
und Spanien künstlerische (z.B. vom Aktivistinnenkollektiv *girlswholikeporn*). Er-
freulicherweise kommt so jetzt auch in die konservative Sex- und Porno-Industrie
frischer Wind und zur *PorNo*-Bewegung gesellte sich eine sex-positive feministische Alternative.

FEMINISMEN 3.0

Das große Tor öffnete sich für feministische Themen durch technische Errungenschaften, vor allem ab der Jahrtausendwende. In den 1980er Jahren bedeutete die Einführung der Videokameras schon einen enormen Zuwachs an Filmen von Frauen und damit automatisch auch eine größere Repräsentanz von Frauen im Film, dennoch blieb das Equipment teuer, schwer und für viele nicht erreichbar. Die Produktionsbedingungen änderten sich gewaltig mit dem für alle verfügbaren Handy, kostengünstigeren Handkameras und vor allem dem Internet als Vertriebsweg. Jetzt können feministische Themen einem größeren Publikum zukommen und vor allem kann internationale und multikulturelle Aufmerksamkeit gewonnen werden (vgl. feministische Kampagnen wie z.b. *#One Billion Rising*, *#aufschrei*, *PorYes* oder den Slutwalks).

Davon profitiert wiederum auch Hollywood, das neue Strömungen schnell aufgreift. Filme für Frauen als Zielpublikum mit Themen, die Frauen zugeschrieben werden, wurden ja permanent produziert. Nur entsprachen die Frauenrollen meist der gewünschten ideologischen Ausrichtung und bewegten sich *From Reverence to Rape* (vgl. Haskell 1987). Heute werden Frauen als ledige, ambitionierte Persönlichkeiten beschrieben, die sich über Konsum, Erwerbstätigkeit und Romantik definieren. Es sind sogenannte Love-and-Label-Filme à la SEX IN THE CITY oder DER TEUFEL TRÄGT PRADA, die die liberalen Werte des amerikanischen Kapitalismus verkörpern. Diese Filme sind neo-feministisch, d.h. das Feminine überlappt sich mit dem Feministischen, unsere kapitalistische Kultur transformiert und integriert das Politische (vgl. Radner 2010).

Die F-Route geht aber viel weiter, und vor allem gibt es viele Wege: Frauen in der Filmindustrie heute bekennen weltweit mehrheitlich, dass sie andere Filme machen als Männer (vgl. Seger 2003). Alle verlangen eine größere Vielfalt und Authentizität der Frauencharaktere. Das wiederum wird von dem überwiegend weiblichen Publikum honoriert und führt zu höherem Profit der Filmindustrie. Einige der erfolgreichsten Filme und TV-Produktionen werden von Frauen geschrieben, produziert und umgesetzt oder Frauen sind wesentlich daran beteiligt, z.B. BORGEN aus Dänemark. Die Frauenforschung bringt zudem kontinuierlich neue Ergebnisse zutage, die entgegen der Vermutungen eine sehr hohe Anzahl von Frauen auch im letzten Jahrhundert in der internationalen Filmindustrie belegen (vgl. Gaines 2009). Im Jahr 2010 ging erstmals ein *Oscar* an eine Frau: Kathryn Bigelow, die allerdings bei weitem keinen feministischen Film produzierte, sondern einen sogenannten Männerfilm ablieferte. Aber auch Bigelow zeigt in einem anderen Film aus dem Jahr 2012, dem extrem brutalen ZERO DARK THIRTY, weibliche Perspektiven und subtile weibliche Solidarität, die in Kriegsfilmen äußerst selten sind. Es ist klar als Erfolg der Frauenbewegung zu werten, dass eine Frau einen *Oscar* bekommt. Vorreiterinnen in patriarchalen Systemen sind bzw. geben sich zuweilen ›männeridentifiziert‹ und bereiten so den Weg für andere. Andererseits werden feministische Filme durchaus auch von Nicht-Frauen produziert, wie z.B. A WOMAN UNDER THE INFLUENCE von John Cassavetes, DREI FARBEN: BLAU von Krzysztof Kieślowski, GEGEN DIE WAND von Fatih Akin oder DREI von Tom Tykwer.

FAZIT: FEMINISM IS DIVERSITY

Feminismus ist ein offenes Konzept, feministische Filme und Filmanalysen sind es ebenfalls. Allein sich gegenseitig inspirierende Vielfalt garantiert die notwendige Offenheit und das langfristige Ziel, Gender als Kategorie abzuschaffen und nicht biologistisch zu verhärten. Feminismus im Film kanalisiert das Bedürfnis von Frauen nach Repräsentation, die gleichberechtigt den autonomen und vielfältigen Stellungen von Frauen in der Gesellschaft entspricht. Klasse, Kultur, Ethnizität, Alter, Körper, Fähigkeiten, sexuelle Identitäten und vieles mehr sind dabei mit einzubeziehen und machen verschiedene Wege und Strategien sinnvoll. Das Private bleibt auch oder vor allem im Film politisch, denn im Privaten lässt sich bildlich demonstrieren, was strukturell an Ungleichheiten verankert ist. Der Film und seine Rezeption sind elementar von sozio-ökonomischen Bedingungen abhängig, die transparent gemacht werden sollten. Den männlich-internalisierten Blick ablegen, Frauen, Minderheiten und Subkulturen eine Stimme geben, Geschlecht als Konstruktion wahrnehmen und das Begehren verqueeren, das alles ist Feminismus. Jede F-Welle bringt neue Erkenntnisse hervor. Wir freuen uns auf weitere Feminismen, denn Vielfalt ist das beste Mittel gegen Herrschaft und Normierung.

QUELLEN

Becker, Ruth/Kortendiek, Beate (Hg.) (2010): Handbuch Frauen- und Geschlechterforschung. Theorie, Methoden, Empirie, 3. erw. u. aktual. Aufl., Wiesbaden: VS Verlag für Sozialwissenschaften.

Bechdel, Alison (2008): »Dykes to watch out for«, Boston: Houghton Mifflin, http://dykestowatchoutfor.com (27.04.2014).

Carson, Diane/Dittmar, Linda/Welsch, Janice R. (Hg.) (1998): Multiple Voices in Feminist Film Criticism, Minneapolis/London: University Press.

Gaines, Jane (2009): »Filmgeschichte als Kritik feministischer Filmtheorie«, in: Das Argument 9 (6), www.linksnet.de/files/pdf/DA284_gaines.pdf (20.03.2014).

Hallensleben, Silvia (2014): »Frauen in der Filmbranche: ›Wir sind stinksauer‹«, in: dieStandard.at, http://diestandard.at/1389860514715/Frauen-in-der-Film-branche-Wir-sind-stinksauer (01.06.2014).

Haskell, Molly (1987): From Reverence to Rape: The Treatment of Women in the Movies, Chicago/London: University Press.

Haug, Frigga (1990): »Tagträume. Dimensionen weiblichen Widerstandes«, in: dies. (Hg.), Erinnerungsarbeit, Hamburg: Argument, 151-174.

Hemmes, Anne (2013): »Frauen, die mit Frauen sprechen«, in: Süddeutsche Zeitung, 08.11.2013, DerDieDas-Blog, www.sueddeutsche.de/kultur/bechdel-test-in-schwedischen-kinos-frauen-die-mit-frauen-sprechen-1.1813032 (20.03. 2014).

Isaac, Julien/Mercer, Kobena (1988): »Introduction – De Margin and De Centre«, in: Screen 29 (4), 8.

Klippel, Heike (2010): »Film: Feministische Theorie und Geschichte«, in: Becker/ Kortendiek, Handbuch Frauen- und Geschlechterforschung, 744-749.

Kuhn, Annette/Radstone, Susannah (Hg.) (1990): The Women's Companion to International Film, Berkeley/Los Angeles: University of California Press.

Morgan, Robin (1970): Sisterhood is powerful. An Anthology of Writings from the Women's Movement, New York: Vintage.

Mulvay, Laura (1980): »Visuelle Lust und narratives Kino«, in: Nabakowski, Gis-lind/Sander, Helke/Gorsen, Peter (Hg.), Frauen in der Kunst, Bd.1, Frankfurt a.M.: Suhrkamp, 30-46.

Radner, Hilary (2011): Feminism at the Movies. Understanding Gender in Contemporary Popular Cinema, London: Routledge.

Dies. (2010): Neo-Feminist Cinema. Girls Films, Chick Flicks and Consumer Culture, London: Routledge.

Dies. (1994): Shopping Around. Feminine Culture and the Pursuit of Pleasure, London: Routledge.

Schlüpmann, Heide (1998): Abendröthe der Subjektphilosophie. Eine Ästhetik des Kinos, Frankfurt a.M.: Stroemfeld.

Seger, Linda (2003): When Women Call the Shots. The Developing Power and Influence of Women in Television and Film, Lincoln: iUniverse.

Tasker, Yvonne (1998): Working Girls. Gender and Sexuality in Popular Cinema, London/New York: Routledge.

Thürmer-Rohr, Christina (2010): »Mittäterschaft von Frauen: Die Komplizen-schaft mit der Unterdrückung«, in: Becker/Kortendiek, Handbuch Frauen- und Geschlechterforschung, 88-93.

ANTONIAS WELT (NL/B/UK 1995, R: Marleen Gorris)
A WOMAN UNDER THE INFLUENCE (USA 1974, R: John Cassavetes)
BORGEN (DK seit 2010, Serie, Idee: Adam Price)
BORN IN FLAMES (USA 1983, R: Lizzie Borden)
CAGNEY & LACY (USA 1981-1988, 1994-1995, Serie, Idee: Barbara Avedon, Barbara Corday, R. in div. Episoden der 3. und 4. Staffel (1984): Karen Arthur)
DER SCHLAF DER VERNUNFT (D 1984, R: Ula Stöckl)
DAS ALTE LIED (D 1989, R: Ula Stöckl)
DAS FAHRRAD (DDR 1982, R: Evelyn Schmidt)
DER TEUFEL TRÄGT PRADA (USA 2006, R: David Frankel)
DIE BLEIERNE ZEIT (D 1981, R: Margarethe von Trotta)
DIE STILLE UM CHRISTINE M. (NL 1982, R: Marleen Gorris)

DIE TAUBE AUF DEM DACH (D 1973/1990, R: Iris Gusner)
DREI (D 2010, R: Tom Twyker)
DREI FARBEN: BLAU (F/P 1993, R: Krzysztof Kieślowski)
DIRTY DIARIES (S 2000, Kurzfilmsammlung, P: Mia Engberg)
DIE MÄDCHEN (S 1968, Originaltitel: Flickorna, R: Mai Zetterling)
GEGEN DIE WAND (D 2004, R: Fatih Akın)
GENDERNAUTS – EINE REISE DURCH DIE GESCHLECHTER (1999, USA/D, R: Monika
  Treut)
VERFÜHRUNG: DIE GRAUSAME FRAU (D 1985, R: Elfi Mikesch, Monika Treut)
HANNAH ARENDT (D/LUX/F/ISR 2012, R: Margarethe von Trotta)
I AM A WOMAN Now (NL 2012, Dokumentarfilm, R: Michiel van Erp)
JEANNE DIELMAN (B/F 1975, R: Chantal Akerman)
JOHANNA D'ARC OF MONGOLIA (D/F1988/89, R: Ulrike Oettinger)
KICK IT LIKE BECKHAM (GB/D 2002, R: Gurinder Chadha)
UNE VRAIE JEUNE FILLE (F 1976, R: Catherine Breillat)
MÄNNER ZEIGEN FILME & FRAUEN IHRE BRÜSTE (D/F 2013, R: Isabell Šuba)
MAN FOR A DAY (GB/FIN/D 2012, R: Katarina Peters)
NEUN LEBEN HAT DIE KATZE (D 1968, R: Ula Stöckl)
ORGASMUS (NL 1966/67, R: Valie Export)
ORLANDO (GB/F/I/NL/R 1992, R: Sally Potter)
PIPPA LEE (USA 2009, R: Rebecca Miller)
SEX IN THE CITY (USA 1998-2004, Serie, Idee: Darren Starr)
TOMBOY (F 2011, R: Cecile Sciamma)
TOO MUCH PUSSY. FEMINIST SLUTS IN THE QUEER X SHOW (F 2010, R: Emilie Jouvet)
TRANSAMERICA (USA 2005, R: Duncan Tucker)
XXY (ARG/E/F 2007, R: Lucia Puenzo)
VERFOLGT (D 2006, R: Angelina Maccarone)
WINTER ADÉ (DDR 1988, R: Helke Misselwitz)
ZERO DARK THIRTY (USA 2012, R: Kathryn Bigelow)

www.afrikamera.de
www.blickpilotin.de
www.deutsches-filminstitut.de
www.frauenfilmfestival.eu
www.iawrt.org
www.kinothek-asta-nielsen.de
www.poryes.de
www.regisseurinnen-guide.de
www.verbandderfilmarbeiterinnen.de
www.womenfilmnet.org

This is How We Purpleize HipHop

Sookee/Anna Groß

This is How we Purpleize HipHop stellt die Frage nach der Unterwanderung, besser noch Abschaffung patriarchaler Strukturen im Rap und ist das Leitmotiv für Anna und Sookee, die Hand in Hand beim Label *Springstoff* dafür sorgen, dass weibliche Stimmen im HipHop als so einzigartig und zugleich selbstverständlich wahrgenommen werden, wie sie sind.

MÄNNLICHE DOMINANZ IN CONTENT UND STRUKTUREN: UNSERE ERFAHRUNGEN MIT DER HIPHOP-SZENE BIS 2009

Anna: »Anna war ein HipHop-Fan«, dieses Zitat aus dem Song *Anna* der Band *Freundeskreis* aus dem Jahr 1996 begleitete meine Teenagerjahre. Ja, genau. Ich war HipHop-Fan, aber genau dieses Zitat zeigte mir auch meinen Platz als Frau in dieser Szene: Fan sein ja, mitgestalten nicht so wirklich. Die einzige deutsche Rapperin, die ich damals kannte, war Sabrina Setlur und mit ihr konnte ich mich nur mäßig identifizieren. Dass ich als Violine in einer HipHop-Band sehr wohl meinen Part spielte, realisierte ich erst später. Die Bands, die ich feierte, waren männerdominiert bis reine Männercrews (*Fettes Brot, Fünf Sterne Deluxe, Stieber Twins, The Roots, Anarchist Academy, Advanced Chemistry*). Als *Aggro Berlin* begann, die HipHop-Landschaft Deutschlands zu dominieren, zog ich mich vom HipHop zurück. Das war mir zu unheimlich. Plötzlich begannen *Bushido, Sido, Fler* und *B-Tight* mit ihren sexistischen Texten den Rap zu bestimmen. Ich wollte mich dem nicht aussetzen und bewegte mich jahrelang in gitarrenlastigeren Kontexten, um über die Erfahrung einer sehr lebendigen HipHop-Kultur in Südafrika 2006 wieder zurück zu meiner aktiven Rolle als Violine im HipHop zu finden. In Durban an der südafrikanischen Ostküste war HipHop zwar auch männerlastig, doch Frauen spielten dort einen selbstverständlicheren Part darin (Beatboxerinnen & MCs). Ich spielte Violine über Percussions bei Cyphern[1] und HipHop-Jams und stellte damit den Beat für die MCs. Gleichzeitig fand ich auch einen akademischen Zugang zum HipHop: Meine Masterarbeit in der Linguistik

---

1 | Ein Cypher ist eine oft spontane Veranstaltung, bei der gerappt und gebeatboxt wird – oft freestyle, jede*r ist eingeladen zu partizipieren.

an der University of KwaZulu-Natal beschäftigte sich mit Identitätskonzepten im Rap auf isiZulu (eine der meistgesprochenen südafrikanischen Sprachen).

Sookee: »Rap war selten gut zu mir Rap hat mich immer geboxt/Hab viel zu oft mit Stift und Blatt in meinem Zimmer gehockt/Ich hab niemals gefreestyled ich hab mich niemals getraut/Wollte lieber MC sein doch war immer wieder nur Frau.« Mit diesem Zitat resümiere ich auf dem 2014 erschienen Track *Vorläufiger Abschiedsbrief* vor allem meine ersten Jahre in der Berliner Rap-Szene. Ich hatte seit meinen frühen Jugendjahren Kontakte in Graffiti-Kreise, war aber selber mehr zu Hause im Black Book[2] denn an der Wand aktiv. Die Geschichten rund um die Adrenalinkicks, die sich aus der Illegalität von Graffiti ergaben, passten mehr zum Selbstverständnis der Jungs, die mich zu der Zeit umgaben, als in meine eigene gleichsam bekiffte wie behütete Lebenssituation. Um 2000 gab es einen Shift in meinem Umfeld von Graffiti zu Rap: Es wurden Beatproduktions-Softwares geladen, kleine Recording-Booths – also Aufnahmekabinen – geschustert, selbstgebrannte Crew-Sampler auf Jams zur Aufführung gebracht. Die Jungs, mit denen ich rumhing, tobten sich selbstbewusst darin aus, schrieben Texte, freestylten, inszenierten sich. Ich tat zwar, als hätte ich eine große Klappe, war aber vorwiegend damit beschäftigt, sie neidisch anzuhimmeln, bis ich nach und nach auch mit eigenen Texten herauskam. Die ersten Aufnahmen und Gigs waren enorm aufregend. Man ermöglichte mir den Zugang zu Strukturen und teilte Ressourcen, dennoch fühlte ich mich immer als Fremdkörper und spürte die kritischen Blicke auf mir, die mich immer daran erinnerten, dass ich anderen Bewertungsmaßstäben ausgesetzt war. Um das ›Gar-nicht-so-schlecht-für-ne-Frau‹ besser aushalten zu können, tat ich einiges, um Anerkennung zu bekommen und lud einige Schuld auf mein politisches Karma-Konto, indem ich den männlichen Habitus etwas ungelenk imitierte und den postpubertären Party-Machismo übernahm – in Texten, aber auch um der Kredibilität willen im echten Leben.

Zeitgleich landete ich auf der Suche nach einem fächerübergreifenden Studiengang bei der Feministischen Theorie und meine inneren Mühlen des Widerspruchs begannen gehörig zu mahlen. Glücklicherweise siegte die Emanzipation und mir wurde immer klarer, wie falsch ich fand, was ich tat und was mich umgab. Mit zunehmender Politisierung wuchs die Distanz zwischen mir und meinem subkulturellen Umfeld. Konflikte um Sprachgebräuche in Songs und Raumpolitiken auf Partys sorgten dafür, dass ich mich ab 2008 nach neuen Menschen, neuen Bezügen, neuen Bühnen umsah. Über das *We B* Girlz-Festival* (einem von Nika Kramer und Martha Cooper initiierten einmonatigen Female HipHop-Festival in Berlin) konnte ich mir endlich eingestehen, dass mich mit anderen Frauen, die ich bislang im Sinne des Patriarchats eher als Konkurrenz denn als Verbün-

---

2 | Ein Black Book ist ein Skizzenbuch, im dem Fotografien oder Miniaturen von Graffitis im öffentlichen Raum festgehalten werden.

dete empfand, mehr verband, als mir bis dahin klar war. 2007 hatte ich über die Arbeit bei einem Verein für Gewaltprävention und Interkulturelle Bildung Anna Groß kennengelernt, die dort für die Politische Bildungsarbeit zuständig war und Skateboarding-Workshops gab. Von verschiedenen Seiten verdichtete sich nun der Eindruck, dass es Möglichkeiten gab, sich subkulturell und politisch jenseits männlicher Maßgaben und Gunst zu organisieren.

ENERGIE BÜNDELN UND SKILLS VERBINDEN: UNSERE ZUSAMMENARBEIT AB 2010

Anna: Sookee und ich begannen in meiner Elternzeit 2010 zusammen zu arbeiten. Ich konnte kaum glauben, dass solch eine begabte Rapperin ihre Bookings noch selbst organisierte und ihre Pressetexte selbst formulieren musste. Arbeitsteilung war unser großes Stichwort. Ich vereinbarte die Konzerte, sorgte für Pressetexte und -kontakte und verhandelte Sookees Gagen, sie trat auf und produzierte Musik. Wir waren uns ursprünglich als politische Bildnerinnen begegnet und hatten als Kolleginnen ein Jugendkulturprojekt weiterentwickelt. Sehr bald begannen wir auch für die Bühnenperson und Referentin Sookee inhaltlich und strategisch gemeinsame Ideen zu entwickeln. Sookees Präsenz in der HipHop-Szene begann mit den zunehmenden Auftritten langsam zu wachsen, die wiederum durch unsere enge Zusammenarbeit möglich wurden. 2011 stieg ich als Gesellschafterin bei dem Label *Springstoff* ein und begann, gemeinsam mit Rainer Scheerer auch im Bereich Musikproduktion und Vertrieb mitzugestalten. Heute schaffen wir gemeinsam Strukturen, bilden uns weiter und supporten Menschen, denen Feminismus nicht als Fremdwort erscheint, sondern als Gesellschaftskonzept am Herzen liegt.

Sookee: Eigentlich ist Bescheidenheit eine schöne Tugend, die in Form von solidarischer Teilung Gutes bewirken kann, mir aber als ›Sich-unter-Wert-verkaufen‹ eher nachteilig wurde. Ich traute mich lange Zeit nicht, Geld für meine Auftritte zu nehmen und war eher damit beschäftigt dankbar zu sein, dass ich überhaupt irgendwo auf eine Bühne gelassen wurde. Die Nachfrage wuchs ab 2009 enorm, ich wurde auf viele Partys und kleine Festivals eingeladen und gewöhnte mich daran ›Soli‹ zu spielen, also meine Gagen für einen politischen Zweck zu spenden. Ich fühlte mich dadurch gut und zugehörig zu einer linksalternativen Szene, die sich offenbar nicht daran störte, dass ich eine Frau am Mikrophon war. Ganz im Gegenteil: Mancherorts wurde hierfür besonders viel Wertschätzung zum Ausdruck gebracht. Ein Zustand, an den ich mich erst einmal gewöhnen musste. Gleichzeitig manifestierte sich aber auch der Gedanke, dass meine Bühnenarbeit keine vollwertige Arbeit sei, zumal ich nebenbei auch noch nach Abschluss meines Studiums 2009 in zwei halben Stellen Vollzeit arbeitete. Die Frage, ob meine Musik und all das, was sie transportiert und zu vermitteln weiß, einen Wert habe, machte ich mit mir eigentlich nur auf einer ideellen Ebene aus und landete alsbald in einer 8-Tage-Woche. Anna Groß beobachtete das und zeigte mir solidarisch auf, dass sich an mir das Phänomen von unterbezahlter Kulturarbeit aus weiblicher Hand ganz klassisch wiederholte.

Durch die Zusammenarbeit professionalisierten sich meine Auftritte und ihre organisatorische Rahmung. Ich nahm meinen eigenen Output ernster, trat selbstbewusster auf und gerade meine Tätigkeit als Referentin zum thematischen Feld ringsum Geschlechterkonstruktionen und Heteronorm in Sub- und Medienkulturen wurde zunehmend als Expertise wahrgenommen, so dass wir begannen neben meinem musikalischen Programm auch Vorträge anzubieten und ich auf verschiedenste Podien mit meinem feministischen Selbstverständnis eingeladen wurde. Parallel dazu war es Anna und mir wichtig, am *Each-One-Teach-One*-Prinzip festzuhalten und weiterhin Praxis-Workshops zu geben, die andere – vornehmlich Frauen* – dazu ermutigen sollen, sich auf dem Textblatt und am Mikrophon auszuprobieren und Rap für sich als Artikulationskanal zu entdecken.

Das Teamwork hat mir nicht nur eine berufliche Perspektive als Referentin und Musikerin eröffnet, die mich mittlerweile finanziell vollständig trägt, sie hat mich vor allem aus der organisatorischen Vereinzelung geholt. Sich bewusst als weibliches Gespann aufzustellen und auch so nach außen zu präsentieren, ist ein deutliches Symbol, das als ein schöner Zufall begann und zu einer politischen Strategie geworden ist.

SICHTBARKEIT SCHAFFEN UND INHALTE PLATZIEREN: *SPRINGSTOFF* UND *TICKTICKBOOM*

Anna: Um dem sexistisch geprägten Mainstream im Rap etwas entgegenzusetzen, ist es notwendig, Strukturen zu schaffen, die Rapper*innen die Möglichkeit geben, ihre eigenen Akzente zu setzen und wahrgenommen zu werden. Mit unserem Label *Springstoff* versuchen wir genau diese Strukturen anzubieten, zu stabilisieren und für viele verschiedene Stimmen und Projekte nutzbar zu machen. Dabei unterstützen wir mit *Springstoff* vor allen Dingen Musiker*innen, die entweder mit ihrer Musik oder ihrem Engagement oder im Idealfall sogar mit beidem eine politische Message transportieren, bei Auftritten häufig auch Workshops anbieten und Menschen für ihre Ideen begeistern. Das HipHop-immanente Moment von *Each-One-Teach-One* spielt dabei eine wichtige Rolle in der Arbeit von *Springstoff*. Das gilt nicht nur für die Auftritte, sondern zum Beispiel auch für unser Booking und die Arbeit im Label: Wir beraten junge Veranstalter*innen bei der Durchführung von Konzerten, begleiten Musiker*innen auf dem Weg in eine Professionalisierung, informieren zu Urheber- und Nutzungsrechten und bieten Webadministration und PR-Support für unsere Künstler*innen, um eine Sichtbarkeit von female* HipHop und dessen Supporter*innen zu schaffen.

Sookee: Seit ich begann, mit Rap zu experimentieren, war *Springstoff* meine Struktur, und ich hatte letztlich durch alle Phasen hinweg Raum mich auszuprobieren und meinen Ideen Ausdruck zu verleihen. *Springstoff* hat sich als Label mit seiner personellen Aufstellung und thematischen Ausrichtung – ähnlich wie ich – in den letzten zwölf Jahren sehr gewandelt und für ein explizit emanzipatorisches Profil entschieden. Für mich stellte sich nie die Frage, mich einem größeren oder professionelleren Label zuzuwenden, denn alle Wünsche und Bedürfnisse, die ich mit der Zeit entwickelte, hat *Springstoff* mir erfüllt. Seit einem Jahr bin ich selbst Gesellschafterin der GbR und schätze den Grundgedanken, dass wir uns die Kenntnisse, die wir brauchen, um unsere Inhalte zu platzieren, aneignen, damit unabhängig bleiben und nach außen kommunizieren, dass Professionalisierung keine Zauberei und Transparenz Ausdruck von Offenheit und Fairness sind. *Springstoff* behauptet von sich selbst, »die zu Welt zu retten«. Mit dieser selbstironischen Außendarstellung ist natürlich gemeint, dass uns bewusst ist, dass kulturelle Artikulationen politische Relevanz haben und dass wir genau diese Erkenntnis in den Fokus nehmen.

Ähnlich verhält es sich bei dem HipHop-Kollektiv *TickTickBoom*, bei dem ich Gründungsmitglied bin. Die Crew setzt sich aus über 20 HipHop-aktiven Menschen aus Bremen, Berlin, Nürnberg und Hamburg zusammen und steht für pluralen, linkspolitischen Rap, der sich zwar von der Kapitalismusverherrlichung, dem Sexismus und der Homophobie des Mainstream-Raps abgrenzt, aber sich nicht allein in dieser Abgrenzung erschöpft. *TickTickBoom* hat es nach fast einer Dekade Vorarbeit zahlreicher Crews und Solo-Acts in den letzten zwei Jahren geschafft, eine alternative Rap-Szene wachsen zu lassen, die durchaus auch außerhalb ihres subkulturellen Spektrums rezipiert wird. Das Besondere daran ist, dass klassische antifaschistische Themen und Codes nicht neben queeren und feministischen Basics existieren, sondern als Teil einer intersektionalen Orientierung nach innen und außen verstanden werden. So werden der Männerüberhang in der Crew und ansozialisierte männliche Dominanzen intern genauso kritisch diskutiert wie die Frage, wie sich Raumpolitiken auf den Konzerten so gestalten lassen, dass sie möglichst inklusiv sind und nicht die Dynamiken regulärer Rap-Konzerte wiederholen.

Es mag überflüssig wirken dies zu betonen, führt man sich aber die absolute männliche Hegemonie, die sich auch in Form von Verunsichtbarung von nicht-cismännlichen Perspektiven und Heteronormativität selbst in weniger aggressiven Rap-Zusammenhängen äußern, vor Augen, stellt sich eine (pro-)feministischen Ausrichtung doch als Besonderheit dar.

MEHR NAMEN, MEHR NARRATIONEN, MEHR SCHULTERN: FEMALE* MCs SELBSTVERSTÄNDLICH MACHEN

Anna: Unser langfristiger Traum und Ziel ist die Selbstverständlichkeit von female* MCs! Wenn eben nicht mehr die eine Quotenfrau, die mit auf die Bühne gebeten wird, sondern einfach alle gemeinsam Bühnen bespielen und sich in allen Genres tummeln! Solange dies noch nicht der Fall ist, möchten wir mit unserem Engagement dafür sorgen, dass die Sichtbarkeit von weiblichen* Stimmen am

Mic sich nicht nur auf gecastete Girlgroups oder die eine Sängerin einer ansonsten männergeprägten Crew, deren Musik und Texte von den Männern geschrieben werden, bezieht. Vielmehr soll es eine spannende Vielfalt an Musiker*innen geben, die sich diesem Traum widmen und gemeinsam aktiv daran arbeiten. Deshalb nehmen wir gerade verstärkt Ladies in unser Label auf, die Lust haben, mit uns zusammenzuarbeiten. Denn je mehr Menschen sich das female* MC-Dasein teilen, desto mehr Solidarität, Support und Geschichten gibt es zu zeigen, zu erzählen, zu erleben. Ein großes Projekt, das diese Vielfalt sichtbar gemacht hat, war unsere *PURPLE VELVET International Female HipHop Tour* 2014, die erstmalig drei female* MCs aus drei verschiedenen Kontinenten (Sookee aus Deutschland, Shirlette Ammons aus den USA, Lex LaFoy aus Südafrika) für eine fünfwöchige Tour durch Deutschland, Österreich und die Schweiz auf 17 verschiedene Bühnen gebracht hat. Dabei wurden lokale female* und trans* MCs mit auf die Bühne eingeladen, in vereinzelten Städten fanden Workshops und Podien zu verschiedenen Themen statt. Und es wurde ausgelassen und rücksichtsvoll female* HipHop zelebriert!

Sookee: Wenn ich auf die letzten Jahre zurückschaue, stelle ich fest, dass ich von Beginn an mit der von außen gestellten Frage konfrontiert war, wie es denn so sei als Frau im Rap. In ihr offenbarte sich immer ein Erkenntnisinteresse auch von denjenigen, die tendenziell davon genervt sind, dass ich so offensiv mit meinem feministischen Selbstverständnis rausgehe. Natürlich bin ich nicht die einzige Rapperin, die sich mit dieser Frage beschäftigen muss. Mir ist keine deutschsprachige Rapperin bekannt, die nicht darauf zurückgeworfen oder gar festgelegt wurde, dass sie eine Frau ist. Der Umgang damit fällt sehr unterschiedlich aus. Nicht wenige grenzen sich von sogenannten Emanzen ab und hantieren mit einem neoliberalen Sprech, der uns wissen lässt, dass man nur gut genug sein müsse, dann spiele es irgendwann keine Rolle mehr, dass man kein Mann sei. Dieser Zustand ist leider noch nicht eingetreten, was meinem Empfinden nach vor allem mit der Vereinzelung der wenigen Frauen im Rap-Geschehen zu tun hat. Wenn eine Frau in einem männlich dominierten Zusammenhang auftaucht, ist sie die Frau unter all den Jungs mit unterschiedlichen Stimmen, Narrationen, Images, Themen, Inszenierungen und Persönlichkeiten. Sobald aber mehrere Frauen an einem Ort agieren, ist das Publikum gezwungen, sich mit ihnen als Individuen zu befassen und kann sie nicht bloß über ihre Geschlechtlichkeit verbuchen.

Ich habe begonnen, an verschiedenen Stellen für eine verstärkte Sichtbarmachung von Frauen im HipHop zu plädieren, gerne analog zu einer Quotierung in anderen gesellschaftlichen Bereichen, denn wenn mehrere Frauen als Identifikationsfiguren präsent sind und ich das Gefühl habe, dass der Pfad der Andersartigkeit schon beschritten wurde, muss ich nicht den Mut aufbringen, mich mit der Machete durch einen Dschungel aus Testosteron zu schlagen oder mich devot ausschließlich männlichen Bewertungen unterzuordnen.

Springstoff teilt diese Sicht in Gänze mit mir, weswegen wir zunehmend Frauen auf dem Label und im Booking versammeln werden und ich mich auch ab dem kommenden Jahr verstärkt auf den Aufbau und die Unterstützung weiblicher Acts konzentrieren, meine Erfahrungen teilen und Strategien anbieten werde, um tatsächlich zu einer spürbaren Veränderung hinsichtlich weiblicher Präsenz im deutschsprachigen Rap beizutragen. – Demos bitte an mail@springstoff.de senden!

QUELLEN

Groß, Anna (2006): Rap for abokhokho namadlozi nelokishi nabantu bonke – Language Choice in HipHop Music from KwaZulu-Natal. A Sociolingustic Approach, Durban: Unveröffentlichte Masterarbeit.

Gemeinsam in Bewegung –
Feminismen of Color in Deutschland

Natascha Salehi-Shahnian

Der Aufsatz bettet die Konferenz *FemoCo2013 – Die gemeinsame Konferenz zu Feminismen of Color in Deutschland* in die Tradition feministischer Bündnistagungen of Color in Deutschland ein und verortet sie im feministischen und gesellschaftspolitischen Kontext. Die Entstehungsgeschichte sowie zentrale Debatten und Ergebnisse der Konferenz werden nachgezeichnet und reflektiert.

Die *FemoCo2013 – Die gemeinsame Konferenz zu Feminismen of Color[1] in Deutschland* fand am 7. und 8. September 2013 in den Räumen der *Heinrich-Böll-Stiftung* Berlin statt. Sie führte die Arbeit fort, die in den 1990er Jahren mit feministischen Bündnistagungen unter Frauen[2] of Color unter anderem der *Frauentagung von und für ethnische und afro-deutsche Minderheiten* (Bremen, 8.-10. Juni 1990) sowie dem *Zweiten bundesweiten Kongress von und für Immigrantinnen, Schwarze deutsche, jüdische und im Exil lebende Frauen* (Berlin, 3.-6. Oktober 1991) aufgenommen wurde. Mehr als hundert Frauen unterschiedlicher Herkunft, sexueller Orientierung und gesellschaftlicher Verortung kamen 1990 und 1991 in Bremen und Berlin zusammen, diskutierten über ihre Erfahrungen, entdeckten Gemeinsamkeiten und auch Differenzen. Sie brachen damit die Vereinzelung auf, die viele Frauen in und vor allem auch außerhalb der Großstädte betraf. Es wurden individuelle und gemeinschaftliche Strategien entwickelt, um Organisierung und Empowerment in Deutschland voranzutreiben und ein Zeichen für die Solidarität und Unterstützung untereinander zu setzen. Diese zwei Konferenzen waren Teil der ersten Bestrebungen, über Unterschiede hinweg eine gemeinsame Plattform für Frauen in Deutschland zu bieten, die von Sexismus und Rassismus zugleich

---

1 | Der Annex ›of Color‹ bezieht sich auf die emanzipative Selbstbezeichnung Person/People of Color (PoC), die durch Widerstandsbewegungen gegen Kolonialismus und Rassismus geprägt wurde und sich auf Menschen bezieht, die Rassismuserfahrungen teilen (vgl. Dean 2011).

2 | Zur Schreibweise: In diesem Artikel sind bei der Nennung ›Frau‹ all diejenigen gemeint, die sich von dieser Kategorie angesprochen fühlen.

betroffen sind, und deren Stimmen in der deutschen Frauenbewegung bis dahin oft untergingen oder ausgeblendet wurden.

Der deutsche hegemonial-feministische Diskurs fokussierte Sexismus als primäres Gewaltverhältnis. Gender wurde dabei zur ›Masterkategorie‹ deklariert und andere Herrschaftsverhältnisse wie Klassismus und Rassismus spielten allenfalls eine sekundäre Rolle. ›Rasse‹, Klasse und Sexualität wurden zwar seit den 1990er Jahren unter dem Gender-Dach stärker berücksichtigt, jedoch häufig additiv in einer Rhetorik der Aufzählung, bei der die Norm der weißen Mittelstandsfeministin im Zentrum des Diskurses bestehen blieb (Wollrad 2005: 103ff.). Die geschlossenen Bündnistagungen der 1990er Jahre hatten hingegen eine intersektionale Perspektive.[3]

Eine intersektionale Kritik wurde von Schwarzen Feminist_innen in den USA schon früh formuliert. Sojourner Truth sprach auf der Frauenversammlung in Akron, Ohio 1851 die berühmten Worte »Ain't I a woman?«, womit sie zum Ausdruck brachte, als Schwarze Frau aus der emanzipatorischen Bewegung um das Frauenwahlrecht ausgeschlossen bzw. nicht berücksichtigt zu sein. Der US-amerikanische Diskurs Schwarzer Feminist_innen war zweifellos auch für Frauen of Color in Deutschland bedeutend. Die Kritik am weißen Feminismus wurde unter anderem durch Frauen wie Audre Lorde, Angela Davis, Barbara Smith, bell hooks oder Patricia Hill Collins seit den 1970er Jahren beharrlich hervorgebracht: »We knew that there could be no real sisterhood between white women and women of color if white women were not able to divest of white supremacy, if feminist movement were not fundamentally anti-racist.« (hooks 2000: 58) Die Überwindung des Schweigens zu Rassismuserfahrungen im feministischen Kontext hat die Theoriebildung bereichert. Dennoch konnten in der Praxis die Barrieren, die durch die Verbindung von Rassismus und Sexismus zwischen weißen Frauen und Frauen of Color herrschen, nicht durchbrochen werden (ebd.: 59).

Bedeutungsvoll für die Entwicklung der Schwarzen Frauenbewegung in Deutschland war Audre Lorde, die zwischen 1984 und 1992 für längere Zeiträume in Berlin lebte. Sie ermutigte Schwarze Frauen in Deutschland, den Blick auf den eigenen (historischen) Kontext zu lenken, sich kennen zu lernen und ihre Arbeiten zu publizieren. So war sie mitverantwortlich für das Entstehen des Sammelbandes *Farbe bekennen. Afro-deutsche Frauen auf den Spuren ihrer Geschichte* (Oguntoye et al. 2006/1986). Wichtiger Anker im Schwarzen feministischen Kampf waren für Lorde Bündnisse und der Community-Gedanke. Sie bestärkte Frauen of Color in Deutschland darin, Bündnisse einzugehen und sich über Unterschiede und nationale Grenzen hinweg zusammen zu schließen: »Without community there is no liberation, only the most vulnerable and temporary armistice between an individual and her oppression. But community must not mean a

---

3 | Wenn auch noch nicht unter diesem Begriff, der just zu der Zeit von Kimberlé Crenshaw geprägt wurde und das zeitgleiche Wirken von mehreren Diskriminierungsformen benennt (Crenshaw 2010/1989).

shedding of our differences, not the pathetic pretense that these differences do not exist.« (Lorde 1984: 112). Die größte Herausforderung ist dabei, sich im Teile-und-Herrsche-Verhältnis nicht gegeneinander ausspielen zu lassen. Vielmehr muss dieses überwunden und durch eine neue Vision der Solidarität ersetzt werden: »In our world, divide and conquer must become define and empower.« (Ebd.) Die durch Lorde initiierten ersten Zusammenschlüsse Schwarzer Frauen in Deutschland führten 1986 zu den Gründungen von *ADEFRA e.V.*[4] als Forum für Schwarze Frauen und Frauen of Color nicht afrikanischer Herkunft sowie der *Initiative Schwarze Menschen in Deutschland e.V.* (vgl. Lauré al-Samarai et al. 2007: 349ff.). Auf den Bündnistagungen der 1990er Jahre war nach der Wiedervereinigung wesentlich, dass sich ost- und westdeutsche Frauen of Color begegneten und der gesellschaftlichen Vereinzelung entgingen. Im Zuge der deutsch-deutschen Einheit wurden Alltagsrassismus und rassistische Gewalt zunehmend gesellschaftsfähig. Das Selbstbild als weiß und christlich bzw. als farblos und religionsneutral war prägend für dieses Land, das sich nicht als Einwanderungsgesellschaft sah (vgl. Prasad/Ayim 1992: 4). Im Mainstream-Feminismus waren Frauen of Color überwiegend damit beschäftigt, antirassistische Arbeit zu leisten, und konnten sich wenig auf eigene feministisch relevante Debatten konzentrieren. Es wurde schnell deutlich, dass die Frauenbewegung kein Ort für alle Frauen war, auch wenn sie dies gerne gewesen wäre. Sie bot nur weißen, deutschen, christlich säkularisierten Mittelschichtsfrauen einen relativ sicheren Platz (vgl. ebd.: 3): »WIR erklären uns, machen auf UNS aufmerksam, fordern, kritisieren und diskutieren, und dies zumeist als eingeladene Teilnehmerinnen oder sogenannte Betroffene, selten als Eingeladene oder gleichberechtigte Partnerinnen.« (Ebd.: 2, Hervor. i. Orig.)

Durch die beharrliche Kritik von Schwarzen deutschen Feminist_innen und zahlreichen Publikationen ist die kritische intersektionale Perspektive in einem Teil der feministischen Literatur heute durchaus gängig und wird in der rassismuskritischen Lehre an Universitäten rezipiert und von Studierenden geschätzt. Dennoch fand die umfassende wissenschaftliche Auseinandersetzung mit Rassismus in der etablierten Frauen- und Geschlechterforschung bis heute nicht statt (vgl. Wollrad 2005: 109). Gründe dafür sind sicherlich die fehlenden Orte der Begegnung und des kontinuierlichen Austausches sowohl zwischen Feminist_innen of Color untereinander als auch in gemischten Räumen mit anderen Feminist_innen. Erschwerend kommt hinzu, dass ein Sprechen über alltägliche Rassismuserfahrungen, Privilegien und Weiß-Sein in Deutschland nach wie vor tabuisiert ist. Gegenwärtige anti-muslimische Diskurse wie die Sarrazin-Debatte und Praktiken wie die rassistischen Morde des Nationalsozialistischen Untergrund (NSU) haben ein erschreckendes Ausmaß erreicht. Das verweist darauf,

---

4 | *ADEFRA* ist die Abkürzung für Afrodeutsche Frauen. Im Amharischen bedeutet *Adefra* die Frau, die Mut zeigt.

dass es in den letzten 30 Jahren bedauerlicherweise keinerlei Verbesserung des rassistischen Status quo gegeben hat.

In hegemonial-feministischen Diskursen wird der muslimisch konstruierten Gruppe häufig unterstellt, eine konservativ bis fundamentalistische – auf jeden Fall aber eine frauenverachtende – Orientierung zu leben (Prasad 2014: 97). Der Schulterschluss von prominenten deutschen ›Feminist_innen‹ mit Rechtspopulist_innen, die sich in dem Anliegen vereinen, als muslimisch konstruierte Frauen zu ›befreien‹ oder vor ›ihren‹ Männern ›zu retten‹, verdeutlicht, dass Frauenrechte nach wie vor instrumentalisiert werden, um Rassismen zu legitimieren. Auf das gesetzliche Kopftuchverbot für Lehrerinnen in einigen Bundesländern, was in erster Linie ein Arbeitsverbot für Frauen darstellt, gab es beispielsweise weder einen gemeinschaftlichen feministischen Aufschrei noch große solidarische Aktionen. Ganz im Gegenteil, selbsternannte ›Feminist_innen‹ haben sich der rassistischen Argumentation gegen das Kopftuch und die vermeintliche ›Unterdrückung der muslimischen Frau‹ angeschlossen. Alice Schwarzer bezeichnete das Kopftuch pauschal als ›Flagge des Islamismus‹ und unterstützt damit das gesellschaftliche Klima, das kopftuchtragenden Muslima Extremismus unterstellt (vgl. Schooman 2011: 65). Ob sich eine solche Haltung freilich feministisch nennen darf, wage ich zu bezweifeln. Ich teile an dieser Stelle das Feminismus-Verständnis von Barbara Smith, die es 1979 treffend mit den Worten beschrieb:

»Feminismus ist die politische Theorie und Praxis zur Befreiung *aller* Frauen: Frauen of Color, Frauen der Unterschicht, armer Frauen, physisch herausgeforderter Frauen, Lesben, alter Frauen ebenso wie weißer ökonomisch privilegierter heterosexueller Frauen. Alles darunter ist nicht Feminismus, sondern bloß weibliche Selbsterhöhung.« (zit. n. Wollrad 2005: 111, Hervorh. i. Orig.)

VOM SCHWARZEN FEMINISMUS ZUR KONFERENZ FEMINISMEN OF COLOR

Nivedita Prasad gehörte bei den beiden Tagungen 1990 und 1991 zu den Organisator_innen und gab zusammen mit May Ayim die Dokumentation *Wege zu Bündnissen* heraus (Prasad/Ayim 1992). Nach ihrem langjährigen Engagement gegen Frauenhandel und Gewalt gegen Frauen u.a. bei der NGO *Ban Ying e.V.* wurde Nivedita Prasad im März 2012 der erste *Anne-Klein-Frauenpreis* der *Heinrich-Böll-Stiftung* verliehen. Im Zusammenhang mit der Preisverleihung betonte sie die Bedeutung der Schwarzen Frauenbewegung für ihre feministische Sozialisation und ihr persönliches wie politisches Leben. Im Anschluss an die Preisverleihung sicherte die *Heinrich-Böll-Stiftung* die Rahmenfinanzierung und die Bereitstellung von Räumen für eine Nachfolgekonferenz, die inhaltlich autonom von der Stiftung organisiert wurde und zunächst angelehnt an die vergangenen Konferenzen den Arbeitstitel *Schwarzer Feminismus in Deutschland* trug. Im Laufe der ersten Vorbereitungstreffen, an denen mehr als fünfzig Personen mitwirkten, wurden schnell grundsätzliche Fragen in Bezug auf Titel und Zielgruppe aufgeworfen. Einigkeit bestand während der Organisationsphase darin, dass es die Möglichkeit für den geschlossenen Austausch jenseits von weißen feministischen Kreisen mehr denn je braucht. Viele Debatten wurden wiederbelebt, einige haben sich im Laufe der Jahre verschoben. Die programmatische Ausrichtung des Begriffs ›Schwarz‹ als politischer Bündnisbegriff hat sich verstärkt hin zu dem Begriff ›People/Person of Color‹ verschoben. ›Schwarz‹ als positive politische Selbstbezeichnung orientiert sich vermehrt an der afro-zentrischen Perspektive, um die spezifischen afrikanischen bzw. afrodiasporischen Erfahrungen und die damit verbundene Geschichte zu benennen (vgl. Lauré al-Samarai 2011: 611ff.). Eine Haltung, die bereits in den 1990er Jahren präsent war und der sich die Organisator_innen der *FemoCo2013* anschlossen und dementsprechend den neuen Titel entwarfen.

Den größten Unterschied in Bezug auf die Zielgruppe im Vergleich zu den Tagungen der 1990er Jahre markierte die Entscheidung, keine reine cis[5]-Frauen Konferenz of Color zu veranstalten, sondern den Raum explizit für Trans* und Inter*Personen of Color zu öffnen. Die Dekonstruktion der Geschlechterkategorien und das Aufzeigen von Machtunterschieden und Privilegien ist ein zentrales Anliegen (queer-)feministischer Kritik. Demzufolge stand insbesondere für Feminist_innen, deren politischer Zugang stark durch die queere Kritik an Heteronormativität geprägt ist, außer Frage, dass auch Trans* und Inter* of Color zur Zielgruppe gehören. Ein Zusammenschluss von cis-Frauen, Trans* und Inter* of Color ist relevant, da rassifizierte Körper auf eine spezifische Weise vergeschlechtlicht werden und der gemeinsame Fokus auf die Dekolonisierung aus feministischer Perspektive of Color bereichernd ist.

Die *FemoCo2013* wollte all diejenigen Frauen, Trans* und Inter* ansprechen, die in Deutschland Rassismuserfahrungen machen und damit kein rein akademisches Publikum erreichen. Insbesondere Personen, die mit dem Titel *Feminismen of Color* auf Anhieb nichts anfangen können, sollten sich eingeladen fühlen. Infolgedessen wurden im Untertitel die einzelnen Communities aufgeführt, auch wenn diese im inklusiven PoC-Begriff eingeschlossen sind. So wurde sich auf die lange und inklusive Zielgruppenbeschreibung geeinigt: »*FemoCo2013 – , Die gemeinsame Konferenz zu Feminismen of Color in Deutschland*, ist eine Konferenz von und für uns. Wir, das sind alle Frauen, Trans* und Inter*, die sich als Schwarze,

---

5 | ›Cis‹ kommt aus dem lateinischen und bedeutet diesseits, ›trans‹ hingegen bedeutet jenseits oder darüber hinaus gehend.›Cisgender‹ drückt somit aus, dass die Geschlechtsidentität mit dem bei der Geburt zugewiesenen Geschlecht übereinstimmt. Bei Trans*Personen entspricht das gelebte Geschlecht nicht zwangsläufig dem bei der Geburt zugewiesenem Geschlecht bzw. stellt die binäre Geschlechterordnung in Frage (vgl. Köhler 2011). Siehe auch www.intersexualite.de: »Intergeschlechtlichkeit ist das, was entsteht, wenn körperlich die willkürlich gesteckten Grenzen zwischen Männlichkeit und Weiblichkeit überschritten werden.«

of Color, als jüdisch, muslimisch, im Exil lebend, als Sinti, Roma oder als Migrant_in verstehen.«

Der Organisationsprozess für die Konferenz verlief nicht reibungslos. Umso mehr haben die Konflikte deutlich gemacht, dass die zweitägige Konferenz für die diversen Communities of Color nützlich ist, um den Austausch und die Bestandsaufnahme der Bewegung voran zu bringen. Die Konferenz sollte als Plattform dienen, die Vernetzung untereinander zu ermöglichen und sowohl Gemeinsamkeiten als auch Unterschiede bewusst zu machen.

Um *FemoCo* tatsächlich zu einem Community-Event zu machen, wurde das vielfältige Programm durch einen bundesweit versandten Call for Ideas zusammengestellt, bei dem über 40 inhaltliche Wünsche und Vorschläge eingingen. Aus ihnen wurde das Programm der Konferenz mit acht Podiumsdiskussionen, zwölf Workshops, einer Filmvorführung und durchgängigem Open-Space, Market-Place, DJ-Area, Kunst-Installation und Kinderprogramm erstellt.[6] Außerdem gab es während der Konferenz sehr viele Gelegenheiten für den informellen Austausch, wie beim Frühstück, Mittag- und Abendessen. Um die Konferenz möglichst barrierefrei zu halten, wurde auf Eintrittsgeld verzichtet. Alle Podiumsdiskussionen wurden simultan auf Deutsch und Englisch übersetzt. Zusätzlich gab es Flüsterübersetzung in weitere Sprachen.

FEMINISMEN OF COLOR: NEUE UND ALTE VERBINDUNGEN

Die Konferenz *FemoCo2013* hat neue Fragen aufgeworfen und alte adressiert. In Zusammenarbeit mit den Frauen der Konferenzen der 1990er Jahre haben wir auf der *FemoCo2013* einen Ort geschaffen, an dem wir uns über unser feministisches Wissen, unsere Selbstverständnisse sowie unsere Erfahrungen von Mehrfachdiskriminierung und Empowerment-Strategien austauschen konnten. Viele der unter 40-jährigen Teilnehmer_innen haben wertvolle Einblicke in die Arbeit der Schwarzen Frauenbewegung der 1980er und 1990er Jahre gewonnen. Etliche sind zum ersten Mal mit der Geschichte und Tradition von feministischen Bündnistagungen of Color in Deutschland in Berührung gekommen. Bereits beim Betreten der *Heinrich-Böll-Stiftung* wurde deutlich, dass wir den Raum über diese zwei Tage durch eine kreative und empowernde Atmosphäre transformiert würden. Es wurde mehrfach betont, wie außergewöhnlich und wertvoll die Sprecher_innenposition ohne weißes Publikum ist. Die Erfahrung in gemischten oder überwiegend weiß-dominierten feministischen Kreisen nur gehört und gesehen zu werden, wenn nicht kritisch über die eigenen Rassismuserfahrungen gesprochen wird, war bereits in den Tagungen der 1990er Jahre präsent und auch auf der *FemoCo2013* ein wichtiges Narrativ. Für die Schwarze US-amerikanische Feministin Patricia Hill Collins hat diese Praxis System: »Oppressed groups are

---

6 | Das komplette Konferenzprogramm kann auf der Webseite http://femoco2013.jimdo. com eingesehen werden.

frequently placed in the situation of being listened to only if we frame our ideas in the language that is familiar to and comfortable for a dominant group.« (Hill Collins 2000: vii) In dem geschlossenen Raum der *FemoCo2013* war es uns möglich, unsere Themen ins Zentrum zu stellen und somit Inhalte zu adressieren, die in anderen Kontexten von Referent_innen of Color gemieden werden. Es konnte über die eigenen Lebenswirklichkeiten gesprochen werden, ohne Angst vor einer Gültigkeitskontrolle aus weiß-normativer Perspektive zu haben. Diese Methode bleibt Herzstück des Schwarzen feministischen Denkens und Handelns: »Naming daily life by applying language to everyday experience infuses it with the new meaning of a womanist consciousness. Naming becomes a way of transcending the limitations of intersecting oppressions.« (Ebd.: 118) Während der *FemoCo2013* war dennoch auch spürbar, dass wir an diese geschlossenen Räume und die Diskussion untereinander kaum gewöhnt sind. Es wurde relativ viel Zeit darauf verwendet, in einer Art Richtigstellung die Abgrenzung zum weißen Referenzpunkt auszuführen, anstatt direkt mit der feministischen Perspektive of Color einzusteigen. Daher braucht es definitiv weitere Gelegenheiten, die Diskussionen fortzusetzen und zu etablieren.

EINIGE ZENTRALE DEBATTEN DER *FEMOCO2013*

Auch wenn alle Teilnehmer_innen einen gemeinsamen Nenner bei Rassismus- und Sexismuserfahrungen hatten, so trafen sich doch völlig unterschiedliche Lebensrealitäten was z.B. Klassenverhältnisse, Sexualität, Behinderung, Aufenthaltsstatus oder eigene Migrationserfahrung betraf. Der heterogene Raum setzte vieles miteinander in Beziehung. Auf der einen Seite konnten wir intensive Debatten zu politischer Bündnisarbeit, Selbstverortung und Begrifflichkeiten wie z.B. die Anwendung des Begriffs ›People/Person of Color‹ in Deutschland diskutieren, auf der anderen Seite standen die Lebenserfahrungen von Frauen, Inter* und Trans* Personen, bei denen es um existentielle Fragen der Wirkmächtigkeit von aufenthaltsgesetzlicher Abhängigkeit geht. Dies machte sowohl unterschiedlich gelagerte Interessen und Privilegien deutlich, fungierte aber auch in mahnender und erdender Funktion, nicht in subkulturellen Zirkeln verhaftet zu bleiben.

Themen, die extrem marginalisiert sind, haben auf der *FemoCo2013* einen Platz gefunden. Es gab u.a. Workshops zu *passing*[7] in Deutschland, zur kritisch feministischen Perspektive of Color auf Kunst und Kulturbetrieb sowie zu Bündnissen zwischen (weißen) jüdischen Feminist_innen und Feminist_innen of Color. Unter dem Titel *Black Hairitage* fand ein sehr gut besuchter Workshop zum Thema Haare und Kleidung für Schwarze Frauen und Frauen der afrikanischen Diaspora im weißen europäischen Kontext statt. Die Berücksichtigung von in-

---

7 | *Passing* bedeutet in der rassistischen Gesellschaft ›als weiß durchzugehen‹, obwohl man zu einer rassifizierten Gruppe gehört. *Passing* lässt sich auch auf andere Kategorien wie Gender, sexuelle Orientierung oder Religion beziehen (vgl. Ahmed 2009: 270).

tersektionalen Diskriminierungserfahrungen fand sich auch in geschlossenen Workshops von und für Trans* of Color und zum Leben mit Behinderung in unseren Communities, in denen es u.a. darum ging, Handlungsbedarf gegenüber der eigenen Community zu adressieren. Bei der Podiumsdiskussion zu Perspektiven auf muslimische Feminismen in Deutschland gab es besonders viel Redebedarf und große Freude über den internen Austausch. Das verdeutlichte, wie selten eine solche Gelegenheit für den emanzipativen muslimisch-feministischen Austausch in Deutschland ist. Wie der Islam und die muslimischen Communities sind auch die islamisch-feministischen Perspektiven durchaus heterogen. Auf der *FemoCo2013* wurde eine breite Palette an Positionen und Themen diskutiert. Wichtige Fragen, die adressiert wurden, waren beispielsweise, wie der Islam als gemeinschaftlich orientierte Religion auch von queeren Muslim_innen in der Gemeinschaft praktiziert werden kann und wie diese Allianzen sowohl spirituell als auch politisch gestärkt werden können. Bezüge zum präkolonialen Kontext des Mittleren Ostens, Konzepte von Schönheit und der homoerotischen Tradition in arabischer und persischer Literatur und Poesie waren ebenso Gegenstand der Debatte wie gegenwärtiger anti-muslimischer Rassismus, Fragen zur Zusammenarbeit mit weißen Konvertit_innen sowie zu religiösen Auslegungen und Bezugsrahmen. Gemeinsam stehen muslimische Feminist_innen vor der Herausforderung, sich deutlich und laut gegen patriarchale Unterdrückung und Gewalt gegen Frauen, Inter* und Trans* of Color zu äußern, ohne dabei einem rassistischen ›Ehrenmord‹-Diskurs zuzuspielen noch zur Problematik der Partner_innentötung zu schweigen.

ZIELE UND ERGEBNISSE

In der Tradition feministischer Bündnistagungen of Color haben wir uns gewünscht, dass die *FemoCo2013* wie auch ihre Vorgängerkonferenzen, Bündnis- und Vernetzungsarbeit forciert, um die feministischen Bewegungen of Color in Deutschland noch sichtbarer zu machen. Dabei ist es gelungen, Gemeinsamkeiten herauszuarbeiten ohne Unterschiede zu leugnen. Nicht zuletzt nach der konflikt- und diskussionsreichen Anfangsphase stand für alle Beteiligten im Organisationsprozess fest, dass die Konferenz einen Rahmen bieten kann, in dem wir gemeinsam lernen, und in dem wir ganz sicher auch gemeinsam ›stolpern‹ werden, aber einander zugewandt begegnen wollen und die verschiedenen Positionen respektieren und anerkennen – mit dem Ziel, gemeinsam weiter zu gehen.[8]

Wir haben während der zweitägigen Konferenz einen Ort des Empowerments geschaffen, der für die Teilnehmenden auf persönlicher, politischer und kreativer Ebene inspirierend war. In diesem Raum konnten wir über die bloße Reaktion auf weiße feministische Argumente hinausgehen und Themen initiieren, die den fe-

---

8 | In den Vortagen der Konferenz entwickelte sich im Awarenessteam der Slogan: »Together we are, together we learn, together we stumble ... together we move on!«

ministischen Blickwinkel auf Fragen von Rassismuserfahrungen, Körper, Kultur, Bündnisarbeit, Solidarität, Community und Empowerment schärfen. Die überwältigende Mehrheit der über 210 Teilnehmer_innen war überaus glücklich und dankbar für diesen Raum und die Möglichkeit zum Austausch. Die Panel-Diskussionen und Workshops liefen unter reger Beteiligung fast alle deutlich länger als geplant. Aus einigen Workshops sind weiter bestehende Netzwerke wie E-Mail-Verteiler entstanden. Ein anderer Workshop wurde im Nachgang der Konferenz über mehrere Wochenenden weitergeführt. Vielfach betonten die Teilnehmenden, zum ersten Mal in einem feministischen Raum zu sein, der ausschließlich aus Frauen, Trans* und Inter* of Color bestand und empfanden dies als große Bereicherung. In der Abschlussdiskussion wurde der Wunsch geäußert, die Vernetzung und inhaltliche Arbeit fortzusetzen, ggf. auch in Regionalgruppen.

REFLEXIONEN

In einem so diversen Raum wie dem auf der *FemoCo2013* gab es, wie zu erwarten war, auch Reibungen und Spannungen. Unterschiedliche feministische Perspektiven trafen aufeinander. In den zwei mit Programm gefüllten Tagen bestand eine wesentliche Herausforderung darin, durch die Differenzen untereinander nicht den Blick für die Gemeinsamkeiten aus den Augen zu verlieren. Das Ziel der *FemoCo2013* war sicherlich nie, eine Bewegung mit homogener politischer Ausrichtung zu etablieren. Dies wäre weder möglich noch erstrebenswert. Ziel und Ausgangspunkt war es vielmehr, einen Raum für Begegnungen zu schaffen, um sich kennenzulernen, sich zu sehen und zu hören. Auf der Konferenz konnten wir ganz sicher keine umfassende Diskussion über alle relevanten Themen und Felder leisten – dies war insbesondere vor dem Hintergrund der sehr knappen Organisationskapazitäten sowie dem Status quo von Feminismen of Color in Deutschland nicht möglich. Daher ist eine Perspektive für die Zukunft, dass zunächst in kleineren Gruppen an einzelnen Themen gearbeitet wird. In Bezug auf Islamischen Feminismus sowie Asiatische Diaspora werden bereits erste Schritte in diese Richtung unternommen. Es braucht auch zukünftig die geschlossene interne Auseinandersetzung, unter anderem etwa auch, um Strategien zu entwickeln, wie Probleme innerhalb der eigenen Community, z.B. der Umgang mit Gewalt, adressiert werden können, ohne rassistische Diskurse zu befördern. In Zukunft sollte außerdem überlegt werden, wie der Zugang und die konkrete Bündnisarbeit noch inklusiver werden können, um möglichst viele Personen der Zielgruppe zu erreichen, die nicht in der Community organisiert sind.

Obwohl Trans* und Inter* zur Zielgruppe der *FemoCo2013* gehörten und auf Podien und Workshops vertreten waren, muss kritisch darüber reflektiert werden, inwiefern die Trans* Inklusivität geglückt ist. Die Transformation von der Frauenbewegung der 1990er Jahre zur Trans* inklusiven *FemoCo2013* hat sich nicht allen Teilnehmer_innen erschlossen. Insbesondere gab es Unklarheiten, wie die Zusammenarbeit mit Trans* Männern konkret gestaltet werden kann.

Daher gilt es, Debatten über den legitimen Platz von Trans* of Color in der Mitte
von feministischen Bündnissen weiter zu führen.

VISIONEN

FemoCo2013 hat deutlich gemacht, dass der intergenerationelle Austausch und die
Berührungspunkte von Frauen, Inter* und Trans* of Color in Deutschland inten-
siviert werden sollten, um das Wissen, welches jenseits hegemonialer Diskurse
existiert, zugänglich zu machen und die Träger_innen dieses Wissens zu stärken
und zu verbinden. Die feministische Kritik of Color ist ein ungemein wichtiges
Korrektiv, um in Deutschland vermeintlich feministische Diskurse, die Rassismen reproduzieren, zu enttarnen und zu entwaffnen. Ich hoffe, dass diese Kritik
eines Tages so laut sein wird, dass sie auch aus öffentlichen Debatten nicht mehr
wegzudenken ist. Ich hoffe, dass sie auf einen gesellschaftlichen Nährboden fällt,
der darin die Chance erkennt, unsere Gesellschaft für alle lebenswert zu gestalten
und die tatsächliche Gleichstellung zu verwirklichen. Frauen, Inter* und Trans*
of Color sollen zukünftig nicht mehr in Deutschland heranwachsen. ohne unsere
Stimmen und unsere Geschichten zu kennen. So sollten z.B. Kinderbücher entstehen, die starke Identifikationsfiguren of Color enthalten.

   Um dies zu erreichen, sind Kooperationspartner_innen innerhalb und außerhalb der Community wichtig, dazu zählen auch Partner_innen der Mehrheitsgesellschaft. Diese müssten ein intrinsisches Interesse daran entwickeln, Diskriminierungen abzubauen und Feminist_innen of Color auf Augenhöhe zu begegnen.
Gleichstellungspolitik muss sich intersektional ausrichten.

   Spätestens seit den 1990er Jahren ist klar, dass Feminist_innen of Color nicht
mehr um gleichberechtigte Teilhabe bitten, sondern Räume behaupten. Dennoch
sehe ich die breite feministische Zusammenarbeit und Solidarisierung als wichtiges Projekt für die Zukunft an. Dabei ist zu beachten, dass unterschiedliche Positionen anerkannt und reflektiert werden, um gemeinsame feministische Ziele zu
verwirklichen. Ich hoffe, dass zukünftig Plattformen etabliert werden, um feministisches Wissen of Color zu teilen, um miteinander zu lernen und in Bewegung
zu bleiben: Together we move on.

QUELLEN

Ahmed, Aischa (2009): »»Na ja, irgendwie hat man das ja gesehen.‹ Passing in
    Deutschland – Überlegungen zu Repräsentation und Differenz«, in: Eggers,
    Maureen Maisha et al. (Hg.), Mythen, Masken und Subjekte. Kritische Weiß-
    seinsforschung in Deutschland, Münster: Unrast, 270-282.
Crenshaw, Kimberlé W. (2010/1989): »Die Intersektion von ›Rasse‹ und Ge-
    schlecht demarginalisieren: Eine Schwarze feministische Kritik am Antidis-
    kriminierungsrecht, der feministischen Theorie und der antirassistischen
    Politik«, in: Lutz, Helma/Herrera Vivar, Maria Teresa/Supik, Linda (Hg.),

Fokus Intersektionalität. Bewegungen und Verortungen eines vielschichtigen Konzeptes, Wiesbaden: VS Verlag für Sozialwissenschaften, 33-54.

Dean, Jasmin (2011): »People of Colo(u)r«, in: Arndt, Susan/Ofuatey-Alazard, Nadja (Hg.), Wie Rassismus aus Wörtern spricht. (K)Erben des Kolonialismus im Wissensarchiv deutsche Sprache. Ein kritisches Nachschlagewerk, Münster: Unrast, 597-607.

Hill Collins, Patricia (2000): Black Feminist Thought: Knowledge, Consciousness, and the Politics of Empowerment, New York: Routledge.

hooks, bell (2000): Feminism Is for Everybody: Passionate Politics, New York: South End Press.

Köhler, Carola (2011): Frauen* Räume und die Diskussion um Trans*-Offenheit, Berlin: Gladt e.V.

Lauré al-Samarai, Nicola (2011): »Schwarze Deutsche«, in: Arndt, Susan/Ofuatey-Alazard, Nadja (Hg.), Wie Rassismus aus Wörtern spricht. (K)Erben des Kolonialismus im Wissensarchiv deutsche Sprache, Münster: Unrast, 611-613.

Dies. et al. (2007): »Es ist noch immer ein Aufbruch, aber mit neuer Startposition‹: Zwanzig Jahre ADEFRA und Schwarze Frauen/Bewegung in Deutschland«, in: Ha, Kien Nghi/dies./Mysorekar, Sheila (Hg.), re/visionen. Postkoloniale Perspektiven von People of Color auf Rassismus, Kulturpolitik und Widerstand in Deutschland, Münster: Unrast, 347-360.

Lorde, Audre (1984): Sister Outsider. Essays and Speeches, New York: The Crossing Press.

Oguntoye, Katharina/Ayim Opitz, May/Schultz, Dagmar (2006/1986): Farbe bekennen: Afro-deutsche Frauen auf den Spuren ihrer Geschichte, Berlin: Orlanda.

Prasad, Nivedita(2014): »Rassistische Feminismen: Wirkmächtigkeit hegemonial feministischer Akteurinnen im migrationspolitischen Diskurs«, in: Poma Poma, Sara/Pühl, Katharina (Hg.), Perspektiven auf asiatische Migration. Transformationen der Geschlechter- und Arbeitsverhältnisse, Berlin: Rosa-Luxemburg-Stiftung, 96-101.

Dies./Ayim, May (Hg.) (1992): Dokumentation: Wege zu Bündnissen, Berlin: ASTA Druckerei FU Berlin.

Shooman, Yasemin (2011): »Keine Frage des Glaubens. Zur Rassifizierung von ›Kultur‹ und ›Religion‹ im antimuslimischen Rassismus«, in: Friedrich, Sebastian (Hg.), Rassismus in der Leistungsgesellschaft. Analysen und kritische Perspektiven zu den rassistischen Normalisierungsprozessen in der ›Sarrazindebatte‹, Münster: edition assemblage, 59-76.

Wollrad, Eske (2005): Weißsein im Widerspruch. Feministische Perspektiven auf Rassismus, Kultur und Religion, Königsstein/Taunus: Ulrike Helmer.

http://femoco2013.jimdo.com
www.intersexualite.de

IV. Biografische Angaben der Autor*innen

Biografische Angaben

Autor_innengruppe Marburg bestehend aus Denise Bergold-Caldwell, Wiebke Dierkes, emg_Kreszentia, Helga Krüger-Kirn, Susanne Maurer, Jasmin Scholle, Laura Stumpp, Bettina Wuttig (Angaben zu den Autorinnen finden sich alphabetisch gereiht im Verzeichnis).

Autorinnen*kollektiv des FemRefs der Universität Bielefeld. Das *Internationale Autonome Feministische Referat für FrauenLesbenTrans** (FemRef) an der Universität Bielefeld arbeitet hauptsächlich zu den Themen Antisexismus, Antirassismus, Queer Politics, Homophobie, NS-Geschichte und Gedenken und feministischer Widerstand im internationalen Kontext. Die Autorinnen* sind aktive Mitglieder des Referats. Der Text ist in Abstimmung mit dem Plenum des Referats entstanden, spiegelt aber dennoch überwiegend die Perspektiven der drei Autorinnen* wider.

Petra Bentz ist Diplom-Pädagogin und seit 1987 im *Feministischen Frauen-Gesundheit-Zentrum e.V. Berlin* (FFGZ) tätig. Ihre Schwerpunkte sind Migrantinnen und Gesundheit, die Vermeidung von unnötigen Operationen, insbesondere der Gebärmutterentfernung, sowie gynäkologische Probleme wie z.B. Unterleibsbeschwerden, insbesondere von älteren Frauen. Sie ist mit Cornelia Burgert redaktionell verantwortlich für die Zeitschrift *clio* und Qualitätsbeauftragte des FFGZ.

Denise Bergold-Caldwell ist Diplom-Pädagogin und promoviert im Fach Erziehungswissenschaft zum Thema »Subjektivierung und Rassifizierung als die ›Andere‹«. Neben ihrer Arbeit als wissenschaftliche Mitarbeiterin ist sie in der politischen Bildungsarbeit als Anti-Diskriminierungstrainerin tätig.

Cornelia Burgert ist Diplom-Sozialpädagogin und seit 1986 im FFGZ tätig. Sie arbeitet aktuell zu den Schwerpunkten Wechseljahre und Gesund Älterwerden sowie zur Krebsfrüherkennung von Gebärmutterhalskrebs. Sie ist redaktionell verantwortlich für die Zeitschrift *clio* sowie den Bereich Vernetzung, Kooperation, Programmgestaltung und Öffentlichkeitsarbeit und sie ist zuständig für die Frauengesundheitsbibliothek des FFGZ.

Wiebke Dierkes ist Diplom-Pädagogin. Sie studierte in Marburg Pädagogik, Soziologie und Politikwissenschaften. Feminismus und Mädchenarbeit beschäftigen sie in Theorie und Praxis seit vielen Jahren. So war sie z.B. 2009 eine der Mitbegründer*innen des *ju_fem_netz* (Netzwerk junge Feminist*innen in der Mädchenarbeit). Derzeit arbeitet sie als wissenschaftliche Mitarbeiterin an der Philipps-Universität Marburg u.a. mit dem (Interessens-)Schwerpunkt Soziale Arbeit und Soziale Bewegungen.

Dr. **Maureen Maisha Eggers** ist Erziehungswissenschaftlerin und seit April 2008 Professorin für Kindheit und Differenz (Diversity Studies) an der Hochschule Magdeburg-Stendal. 2005-2008 arbeitete sie als Lehrbeauftragte und wissenschaftliche Mitarbeiterin am *Zentrum für transdisziplinäre Geschlechterstudien* und am Institut für Erziehungswissenschaften der Humboldt-Universität Berlin. Seit 1993 ist sie aktiv bei *ADEFRA – Schwarze Frauen in Deutschland e.V.* Ihre Forschungsschwerpunkte sind: Diversität, Rassismuskritik, Kritische Weißseinsforschung sowie Kindheitsforschung und Intersektionalität im Kontext von Critical Race Theory. Ihr aktuelles Forschungsprojekt befasst sich mit Diversität in ost-und westdeutschen Schulmaterialien.

Sonja Eisman lebt und arbeitet in Berlin. Sie studierte in Wien, Mannheim, Dijon und Santa Cruz (USA). 2007 gab sie den Reader *Hot Topic. Popfeminismus heute* heraus. 2008 war sie Mitbegründerin des *Missy Magazine.* 2012 veröffentlichte sie den Reader *absolute: Fashion.* In Texten, Vorträgen und Lehrveranstaltungen beschäftigt sie sich mit aktuellen feministischen Diskursen, der Repräsentation von Geschlecht in der Populärkultur sowie mit Modetheorie.

emg_Kreszentia hat einen Bachelorabschluss in Erziehungs- und Bildungswissenschaft und studierte auch Friedens- und Konfliktforschung, Gender Studies, Arabisch und Philosophie. Sie arbeitet u.a. als Lehrbeauftragte und studentische Hilfskraft an der Universität Marburg, in der Erlebnispädagogik und der politischen Bildungsarbeit. Ihre Arbeitsschwerpunkte bilden reflexive und angewandte Herrschaftskritik, Widerstandstheorie und -praxis (insbesondere bzgl. europäischer Grenzregimes) sowie Anti-Bias- und Antirepressionsarbeit.

Elisabeth Fink ist wissenschaftliche Mitarbeiterin am Institut für Politikwissenschaft im Arbeitsbereich Gender und Postkoloniale Studien der Goethe-Universität Frankfurt a.M. Ihre Arbeitsschwerpunkte sind postkoloniale feministische Theorie, Gender und Globalisierung sowie transnationaler Aktivismus und Textilgewerkschaften in Bangladesch.

Yvonne Franke ist Diplom-Politikwissenschaftlerin und promoviert derzeit zu Fragen von Macht und Herrschaft im globalen Agro-Food-System am Beispiel Argentiniens an der Freien Universität Berlin. Des Weiteren arbeitet sie als Lehrkraft für besondere Aufgaben an der Otto-von-Guericke-Universität Magdeburg. In ihrer Forschungs- und Lehrtätigkeit beschäftigt sie sich unter anderem mit entwicklungstheoretischen und -politischen Fragen, Internationaler Politischer Ökonomie und Agrarpolitik sowie politischer Theorie.

Monika Fränznick ist Diplom-Politologin und seit 1996 im FFGZ tätig. Sie arbeitet zu ungewollter Kinderlosigkeit und Reproduktionsmedizin und bietet Kurse für erwerbslose Frauen sowie Angebote zur Stressbewältigung an.

Dr. **Magdalena Freudenschuss** ist promovierte Soziologin mit den Schwerpunkten feministische Theorie, Arbeitssoziologie, Prekarisierung und Verletzbarkeiten. Sie arbeitet als wissenschaftliche Mitarbeiterin am *Centre for Digital Cultures* der Leuphana Universität Lüneburg an einem Forschungsprojekt zu Verletzbarkeit in digitalisierten Gesellschaften. Freiberuflich beschäftigt sie sich in der politischen Bildungsarbeit mit Fragen globaler Gerechtigkeit und antirassistischen Perspektiven. Unter anderem entwickelt sie Bildungsmaterialien zu Arbeitsbedingungen in der globalen Textilindustrie.

Dr. **Elke Gaugele** ist Empirische Kulturwissenschaftlerin und Professorin an der Akademie der Bildenden Künste in Wien. Am Institut für das künstlerischen Lehramt leitet sie den Fachbereich Moden und Styles: ein künstlerisch-wissenschaftliches Studium, das gestalterische Praxis mit dem Studium kritischer Theorien und der Vermittlung von Moden und Styles verbindet. Sie forscht und publiziert zu den Epistemologien von Mode und Stil, zu postkolonialen und queerfeministischen Perspektiven für die Fashion Studies, zu Biopolitiken und ästhetischen Politiken der Mode, Migration und Globalisierung sowie zu Open Cultures/DIY.

Janina Glaeser ist Diplom-Soziologin und Komparatistin M.A. Sie arbeitet derzeit an dem bi-nationalen Forschungsprojekt »Transnationale Care-Arbeit in Frankreich und Deutschland«, begleitet von einem Cotutelle-Vertrag der Goethe-Universität Frankfurt a.M. und der Université de Strasbourg (Laboratoire Dynamiques Européennes). Ihre Schwerpunkte liegen in der Migrations- und Geschlechterforschung, Social Policy-Evaluation, vergleichenden Wohlfahrtstaatenforschung in Europa und Biografieforschung.

Kerstin Grether hat nicht nur den Pop-Feminismus für Deutschland erfunden, sondern ihn auch in ihrem Romandebüt *Zuckerbabys* (Ventil 2004) sowie in der Musikgeschichten-Sammlung *Zungenkuss* (Suhrkamp 2007) veredelt. Gemeinsam mit ihrer Schwester Sandra ist sie Herausgeberin von *Madonna und wir* (Suhrkamp 2008) und war eine der Organisatorinnen der Berliner Slutwalk-Demonstrationen sowie anderer pop-feministischer Happenings. Sie ist außerdem Sängerin und Songwriterin bei *Doctorella* (*Drogen und Psychologen* 2012) und arbeitet seit ihrer Jugend als Popkultur-Journalistin, derzeit u.a. wieder für *SPEX*.

Ihr zweiter Roman *An einem Tag für rote Schuhe* (Ventil 2014) ist ein leuchtendes Manifest gegen Mobbing und den alltäglichen Sexismus.

Sandra Grether ist Sängerin, Gitarristin und Songschreiberin bei *Doctorella* (*Drogen und Psychologen* 2012), sowie Rockjournalistin, Autorin und Aktivistin. Sie schrieb bereits im Teenageralter für die Musikzeitschrift *Spex* und machte sich in Artikeln, Anthologien und Manifesten für den Import der Ideen und Theorien der US-amerikanischen *Riot-Grrrl*-Bewegung stark. Sie gründete eine der ersten deutschsprachigen *Riot-Grrrl*-Bands *Parole Trixi*, deren Album *Die Definition von süß* 2002 beim Hamburger Label *Zick Zack* erschien. Sie war Mitorganisatorin und Pressesprecherin der Berliner Slutwalks und engagierte sich für verschiedene feministische Happenings wie z.B. *pinkstinks*. Außerdem betreibt sie die Musikschule *Songstärke10* in Berlin und schreibt den Blog *Freundinnen der Nacht*.

Anna Groß ist Sprach- und Kulturwissenschaftlerin. Mit ihrem Label *Springstoff* will sie »die Welt retten«. Sie ist seit 2002 als politische Bildnerin aktiv und hält Vorträge, Workshops und Seminare zu NS-Rap, Nazis im Netz, Sexismus in Subkulturen und anderen wichtigen Themen.

Kübra Gümüşay ist freie Journalistin (u.a. *Die Zeit, Der Freitag, taz*), Bloggerin auf *Ein-Fremdwoerterbuch.com* und Social-Media-Beraterin an der University of Oxford. Sie schreibt und referiert zu den Themen Feminismus, Rassismus, den Islam, Politik und Soziale Medien. 2010 co-gründete sie das *Zahnräder-Netzwerk* für engagierte Muslime. 2013 co-startete sie den Hashtag und das Projekt #*Schau-Hin gegen Alltagsrassismus*.

Dr. **Frigga Haug** war bis 2001 Professorin für Soziologie an der Hamburger Universität für Wirtschaft und Politik. Sie ist Mitherausgeberin der Zeitschrift *Das Argument* und des *Historisch-kritischen Wörterbuchs des Marxismus* und Redakteurin des *Forums Kritische Psychologie*, sie ist u.a. Mitglied im wissenschaftlichen Beirat von *Attac* und der *Rosa-Luxemburg-Stiftung*. Ihr breites gesellschaftliches Engagement umfasst u.a. ihre Aktivität in der Frauenbewegung, der Antiatombewegung, dem SDS und der LINKEN. Sie arbeitet besonders zu Feminismus und Frauenpolitik, Kritische Psychologie, Arbeitsforschung und Erinnerungsarbeit.

Dr. **Bettina Haidinger** lebt und arbeitet in Wien, derzeit bei der *Forschungs- und Beratungsstelle Arbeitswelt* (FORBA). 2013 veröffentlichte sie *Feministische Ökonomie* (Mandelbaum) und *Hausfrau für zwei Länder sein. Zur Reproduktion des transnationalen Haushalts* (Westfälisches Dampfboot).

Dr. **Kathrin Klausing** hat Deutsch als Fremdsprache und Islamwissenschaft an der Technischen Universität Berlin und Freien Universität Berlin studiert. Seit

2012 arbeitet sie in einer Forschungsgruppe zu Religiösen Normen in der Moderne am Institut für Islamische Theologie der Universität Osnabrück. Sie forscht und lehrt dort im Bereich Koranwissenschaften und -exegese. 2014 veröffentlichte sie *Geschlechterrollenvorstellungen im Tafsir* (Peter Lang).

Dr. Gudrun-Axeli Knapp war bis April 2010 Professorin am Institut für Soziologie und Sozialpsychologie der Leibniz-Universität Hannover. Dort war sie langjährige Sprecherin des interdisziplinären Studien- und des Forschungsschwerpunktes Gender Studies. Ihre Arbeitsschwerpunkte sind Sozialpsychologie der Geschlechterdifferenz, Soziologie des Geschlechterverhältnisses, Feministische Theorie und Epistemologie, Intersektionalität, Theorievergleich/Gesellschaftstheorie. 2014 erschien *Arbeiten am Unterschied. Eingriffe feministischer Theorie* (transblick) und 2013 *Im Widerstreit. Feministische Theorie in Bewegung* (Springer VS); mit Cornelia Klinger veröffentlichte sie 2008 *ÜberKreuzungen. Fremdheit, Ungleichheit, Differenz* (Westfälisches Dampfboot) und 2007 zusammen mit Cornelia Klinger und Birgit Sauer *Achsen der Ungleichheit. Zum Verhältnis von Klasse, Geschlecht und Ethnizität* (Campus).

Käthe Knittler ist feministische Ökonomin. Sie lebt und arbeitet in Wien und 2013 veröffentlichte zusammen mit Bettina Haidinger *Feministische Ökonomie* (Mandelbaum).

Helga Krüger-Kirn ist Diplom-Psychologin und arbeitet als psychologische Psychotherapeutin, als Psychoanalytikerin für Kinder, Jugendliche und Erwachsene und als Lehranalytikerin (DGPT). Ihre Arbeitsschwerpunkte sind analytische Paar- und Familientherapie und Körperpsychotherapie. Des Weiteren ist sie als Lehrbeauftragte an der Philipps-Universität Marburg tätig. Ihre Forschung richtet sich auf den weiblichen Körper- und Identitätsdiskurs sowie auf das Thema Mutterschaft.

Bernadette LaHengst kommt aus Ostwestfalen und lebt seit 2004 in Berlin. Von 1990 bis 2004 war sie als Musikerin in Hamburg, veröffentlichte seitdem u.a. mit *Die Braut haut ins Auge, HUAH, Mobylettes, Rocko Schamoni, Schwabinggrad Ballett* oder *Die Zukunft* unzählige Alben und spielte hunderte Konzerte. Seit 2000 tritt sie unter ihrem Namen auf, ihr viertes Soloalbum *Integrier mich, Baby* erschien im Herbst 2012 bei *Trikont*. Seit 2003 arbeitet sie als Regisseurin, Musikerin, Autorin und Schauspielerin in verschiedensten Theater- und Hörspielproduktionen u.a. für die Sophiensaele Berlin, Hebbel am Ufer Berlin, Theater Freiburg, Thalia Theater Hamburg.

Johanna Leinius ist wissenschaftliche Mitarbeiterin am Institut für Politikwissenschaft im Arbeitsbereich Gender und Postkoloniale Studien der Goethe-Universität Frankfurt a.M. Ihre Forschungsschwerpunkte sind postkoloniale und dekoloniale feministische Theorie, soziale Bewegungsforschung und Differenz-politiken.

Lisa Malich hat Psychologie an der Freien Universität Berlin und an der Indiana University in Bloomington studiert. Von 2009 bis 2011 war sie Stipendiatin des Graduiertenkollegs »Geschlecht als Wissenskategorie« an der Humboldt-Universität Berlin. Seit 2012 arbeitet sie als wissenschaftliche Mitarbeiterin am Institut für Medizingeschichte der Charité Berlin. In ihrer Dissertation beschäftigt sie sich mit Konzeptionen von Emotionalität in der Schwangerschaft. Ihre Forschungsschwerpunkte sind Geschlechterstudien, Diskurstheorie sowie Wissens- und Wissenschaftsforschung.

Dr. **Susanne Maurer** ist Diplom-Pädagogin und Professorin für Erziehungswissenschaft und Sozialpädagogik. Sie engagiert sich seit vielen Jahren feministisch in wissenschaftlicher, politischer und beruflicher Praxis und ist Mitbegründerin feministischer Netzwerke und Projekte. Ihre Arbeitsschwerpunkte sind reflexiv-kritische Historiografie und Denkräume, Theorie-Praxis-Verhältnisse in Sozialen Bewegungen und Sozialer Arbeit, Kritik und Transformation der Geschlechterverhältnisse sowie feministische Erkenntniskritik.

Sabine Mohamed studierte Politische Wissenschaft, Islamwissenschaft und Ethnologie an der Karl-Ruprechts-Universität in Heidelberg. Sie forscht über postkoloniale, feministische Theorien und Autokratien. Sie ist Journalistin und bloggt bei der *Mädchenmannschaft*, einem feministischen deutschen Gemeinschaftsblog. Außerdem initiierte sie 2013 mit einer Gruppe von Aktivist*innen auf *Twitter* einen Hashtag *#SchauHin gegen Alltagsrassismus*.

Dr. **Kati Mozygemba** ist Diplom-Soziologin und Gesundheitswissenschaftlerin. Sie arbeitet als wissenschaftliche Mitarbeiterin an der Universität Bremen insbesondere zu sozio-kulturellen Aspekten von Gesundheit und Gesundheitsversorgung, was Fragen einer gendergerechten Versorgung, körper- und leibtheoretische, medizinsoziologische Ansätze sowie Fragen einer nutzerorientierten Gestaltung von Gesundheitsversorgung ebenso einschließt wie die Entwicklung von Methoden zur Nutzenbewertung gesundheitlicher Interventionen.

Dr. **Gisela Notz** ist Sozialwissenschaftlerin und war viele Jahre Mitherausgeberin der Zeitschrift *beiträge zur feministischen theorie und praxis*. Aktuell arbeitet sie in der Redaktion *LunaPark21*. Bis 2007 war sie wissenschaftliche Referentin für Frauenforschung im *Historischen Forschungszentrum* der *Friedrich-Ebert-Stiftung*, arbeitete als Lehrbeauftragte und vertrat Professuren an verschiedenen Universitäten. Ihre Arbeitsschwerpunkte sind Arbeitsmarkt-, Familien-, Frauen- und Sozialpolitik, Alternative Ökonomie und historische Frauenforschung. Seit 2003 ist sie Herausgeberin des jährlich erscheinenden Wandkalenders *Wegbereiterinnen*.

Dr. **Beatrice Osdrowski** ist begeisterte Feministin und wendo-Trainerin, Trauma- und systemische Beraterin sowie Erwachsenenbildnerin und Literaturwissen- schaftlerin. Sie lebt und wirkt in Jena, wo sie zurzeit als Koordinatorin des Frau- enzentrums *TOWANDA Jena e.V.* tätig ist. Nach langjähriger wissenschaftlicher Tätigkeit stärkt sie aktuell den Feminismus vor Ort und im Alltag, indem sie sich mit Frauen für Frauen engagiert.

Kathleen Pöge ist Soziologin. Sie studierte in Leipzig und Paris Soziologie, Poli- tikwissenschaft sowie Medien- und Kommunikationswissenschaften. Derzeit promoviert sie zum Wandel der partnerschaftlichen Arbeitsteilung und seinen Deutungen beim Übergang zur Elternschaft an der Universität Kassel. Sie ist Stipendiatin der *Hans-Böckler-Stiftung*. Ihre Forschungsschwerpunkte sind u.a. Geschlechter- und Paarsoziologie, feministische postkoloniale Theorie, Rechts- extremismusforschung sowie qualitative Sozialforschung.

Dr. **Heike Raab** absolvierte ihr Magisterstudium in Politik, Soziologie, Geschichte und Erziehungswissenschaft in Gießen und Frankfurt a.M. und promovierte am Institut für Politikwissenschaft der Universität Wien. Seit 2007 arbeitet sie als Universitätsassistentin an der Universität Innsbruck und als Lehrbeauftragte an verschiedenen Universitäten in Deutschland und Österreich. Ihre Forschungs- schwerpunkte sind Disability, Queer und Gender Studies.

Bettina Ritter ist Diplom-Pädagogin. Sie studierte in Tübingen und Münster Er- ziehungswissenschaft mit dem Schwerpunkt Sozialpädagogik. Anschließend er- hielt sie ein Promotionsstipendium der *Hans-Böckler-Stiftung* und war Mitglied der Research School Education and Capabilities an der Universität Bielefeld. Ak- tuell arbeitet sie als wissenschaftliche Mitarbeiterin an der Universität Bielefeld, AG 8 Soziale Arbeit. In ihrer Promotion beschäftigt sie sich mit der Frage nach Verwirklichungschancen sogenannter Teenagermütter. Ihre Arbeitsschwerpunk- te sind u.a. Theorien Sozialer Arbeit, Jugendtheorien und qualitative Sozialfor- schung.

Natascha Salehi-Shahnian ist Politikwissenschaftlerin (M.A.) und studierte an der Universität Bremen, der University of Helsinki und am Otto-Suhr-Institut der Freien Universität Berlin. Sie arbeitet im Bereich der Förderung frühkindlicher Bildungschancen sowie zu Rassismus, Feminismen of Color und Empowerment in Berlin und war maßgeblich an der Organisation der Konferenz *FemoCo2013* beteiligt.

Dr. **Mithu Melanie Sanyal** ist Journalistin, Autorin und Kulturwissenschaftlerin. Für ihre Feature und Hörspiele, hauptsächlich für den *Westdeutschen Rundfunk*, wurde sie dreimal mit dem *Dietrich Oppenberg Medienpreis* der *Stiftung Lesen* aus- gezeichnet. 2009 erschien ihre Kulturgeschichte des weiblichen Genitals *Vulva*

– *Die Enthüllung des unsichtbaren Geschlechts* (Wagenbach). 2013 schrieb sie zusammen mit den #aufschrei-Frauen eine Streitschrift zur Sexismusdebatte ›Ich bin kein Sexist, aber ...‹ *Sexismus erlebt, erklärt und wie wir ihn beenden* (Orlanda). Ihre Texte erscheinen im *WDR, Deutschlandradio, RB, SWR, NDR, The European, taz, FR, Missy Magazine* und *SPEX*. Schwerpunkte sind Gender, Postkolonialismus und Cultural Studies.

Dr. **Eva Schindele** ist Sozialwissenschaftlerin und freie Wissenschaftsjournalistin mit den Schwerpunkten Frauengesundheit, Medizin und Ethik. Ihre Hörfunkfeatures wurden mehrfach ausgezeichnet. Sie entwickelt evidenzbasierte Patient*inneninformationen und ist Gutachterin bei *mediendoktor.de*. Sie schreibt Essays und Bücher u.a. 1996 *Pfusch an der Frau* (Fischer Verlag) und 1995 *Schwangerschaft zwischen guter Hoffnung und medizinischem Risiko* (Rasch und Röhring) und engagiert sich im *Arbeitskreis Frauengesundheit e.v.* (AKF).

Jasmin Scholle ist Diplom-Pädagogin und arbeitet als wissenschaftliche Mitarbeiterin am *Institut für Erziehungswissenschaft* der Philipps-Universität Marburg. Sie forscht zur Tanz- und Bewegungsform *Contact Improvisation* als körper-politisches Lern- und Experimentierfeld. Des Weiteren ist sie aktiv in der politischen Bildungsarbeit, insbesondere mit dem Anti-Bias-Ansatz, sowie praktisch bewegt und bewegend im Feld von Tanz- und Contact-Improvisation.

Dr. **Claudia Schöning-Kalender** ist Sozial- und Kulturwissenschaftlerin, sie studierte in Hannover, Tübingen und Istanbul. Ihre Themenschwerpunkte in Lehre und Forschung sind Migration und interkulturelle Frauenforschung. Sie war an zahlreichen Frauenprojekten beteiligt u.a. an der Vorbereitung und Umsetzung der *Internationalen Frauenuniversität ifu* in Hannover im Jahr 2000. Derzeit ist sie Geschäftsführende Vorsitzende des *Mannheimer Frauenhauses e.V.*

Martina Schröder ist Diplom-Pädagogin und seit 1989 im *FFGZ* tätig. Sie arbeitet zu den Themen Gesundheitliche Langzeitfolgen sexueller Gewalt, Brustgesundheit – vor allem zur Brustkrebsprävention und Früherkennung von Brustkrebs sowie zum Thema Endometriose. Sie ist zuständig für Frauengesundheitspolitik und Vernetzung und Mitinitiatorin des *Netzwerks Frauengesundheit*, dessen langjährige Sprecherin sie war.

Nadia Shehadeh ist Soziologin, Bloggerin und feministische Aktivistin und lebt und arbeitet in Bielefeld. Sie ist Autorin bei dem feministischen Blog *maedchenmannschaft.net* und bloggt zudem auf ihrer eigenen Webpräsenz *shehadistan.com*. Der Schwerpunkt ihrer Arbeit liegt in der Intersektionalität, also der Verwebung verschiedener Diskriminierungsarten und deren Auswirkung auf Unterdrückungsstrukturen.

Sookee ist Rapperin und studierte Germanistische Linguistik und Gender Studies. Das Label *Springstoff* und das antifaschistische HipHop-Kollektiv *TickTick-Boom* sind die Strukturen, in denen sie ihrem politischen Anliegen ringsum queerfeministische Artikulationen in Texten mit und ohne Reimen auf Bühnen und Papier Raum geben kann.

Laura Stumpp hat einen Bachelorabschluss in Erziehungs- und Bildungswissenschaft und ist zeitweise im Bereich emanzipatorisch-feministischer Bildungsarbeit tätig. Ihre Arbeitsschwerpunkte geraten beim Balanceakt zwischen Politischem, Pädagogischem und Privatem immer wieder ins Wanken.

Ula Stöckl realisierte als Filmemacherin über 20 Filme. Derzeit ist sie Professorin an der University of Central Florida in Orlando, USA. Ihre Arbeitsschwerpunkte sind Regie und Produktion, Frauen im Film und Deutscher Film. Sie ist Schirmfrau von *PorYes*, der Feministischen Pornfilm-Preisverleihung Europa und beendet derzeit einen Film über den Widerstand in Deutschland während der Nazizeit.

Dr. Dagmar Venohr ist Modewissenschaftlerin und Geschäftsführerin eines Textilgeschäfts. Nach einer Schneiderlehre studierte sie Kulturwissenschaften, Philosophie und Bildende Kunst in Hildesheim und Bologna. Ihre Themenschwerpunkte liegen in der Sprachphilosophie, der Mode- und Medientheorie, der Popkultur und dem Modejournalismus. Sie promovierte in der Kulturwissenschaft über die Konstitution von Mode innerhalb des Text-Bild-Verhältnisses von Modezeitschriften.

Dr. Maria Wersig studierte Rechtswissenschaft an der Freien Universität Berlin und promovierte 2013 an der Stiftungsuniversität Hildesheim. Ihre Arbeitsschwerpunkte sind Sozialrecht, Recht und Politik, Recht der Geschlechterverhältnisse, Rechtssoziologie.

Dr. Karen Wagels forscht und lehrt seit 2011 am *Institut für Sozialwesen* der Universität Kassel. Ihre Promotion ist 2013 bei *transcript* erschienen unter dem Titel *Geschlecht als Artefakt – Regulierungsweisen in Erwerbsarbeitskontexten*. Aktuell beschäftigt sie sich mit gesundheitspolitischen Diskursen um das Phänomen Depression.

Bettina Wuttig ist Diplom-Pädagogin, Doktorandin und Lehrbeauftragte am Fachbereich Erziehungswissenschaft der Universität Marburg. Sie forscht zur somatischen Dimension von Subjektivierungen im Kontext von Trauma und zeitgenössischem Tanz. Außerdem ist sie als Psychotherapeutin (HPG) in eigener Praxis für Psychotherapie (HPG) tätig und Performancekünstlerin.

Gender Studies

Feminismus Seminar (Hg.)
Feminismus in historischer Perspektive
Eine Reaktualisierung

April 2014, 418 Seiten, kart., 29,99 €,
ISBN 978-3-8376-2604-9

Mariacarla Gadebusch Bondio,
Elpiniki Katsari (Hg.)
›Gender-Medizin‹
Krankheit und Geschlecht in Zeiten
der individualisierten Medizin
(unter Mitarbeit von Tobias Fischer)

Oktober 2014, 212 Seiten, kart., zahlr. z.T. farb. Abb., 29,99 €,
ISBN 978-3-8376-2131-0

Mike Laufenberg
Sexualität und Biomacht
Vom Sicherheitsdispositiv zur Politik der Sorge

Oktober 2014, 368 Seiten, kart., 29,99 €,
ISBN 978-3-8376-2841-8

Leseproben, weitere Informationen und Bestellmöglichkeiten
finden Sie unter www.transcript-verlag.de

Gender Studies

Hyunseon Lee, Isabel Maurer Queipo (Hg.)
Mörderinnen
Künstlerische und mediale Inszenierungen
weiblicher Verbrechen

2013, 372 Seiten, kart., zahlr. Abb., 33,99 €,
ISBN 978-3-8376-2358-1

Julia Reuter
Geschlecht und Körper
Studien zur Materialität und Inszenierung
gesellschaftlicher Wirklichkeit

2011, 252 Seiten, kart., 25,80 €,
ISBN 978-3-8376-1526-5

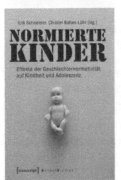

Erik Schneider, Christel Baltes-Löhr (Hg.)
Normierte Kinder
Effekte der Geschlechternormativität
auf Kindheit und Adoleszenz

September 2014, 400 Seiten, kart., 29,99 €,
ISBN 978-3-8376-2417-5

Leseproben, weitere Informationen und Bestellmöglichkeiten
finden Sie unter www.transcript-verlag.de

Gender Studies

**Leseproben, weitere Informationen und Bestellmöglichkeiten
finden Sie unter www.transcript-verlag.de**

clio

DIE ZEITSCHRIFT FÜR FRAUENGESUNDHEIT